KT-910-660

NOUVEAU DICTIONNAIRE DES PRÉNOMS

Français, régionaux, étrangers

NOUVEAU DICTIONNAIRE DES PRÉNOMS

Français, régionaux, étrangers

JEAN-MAURICE BARBÉ

ÉDITIONS OUEST-FRANCE
13 RUE DU BREIL, RENNES

Maquette de couverture : Marthe Lauffray

© 1991 - © 1995 - Édilarge S.A. - Éditions Ouest-France, Rennes

Introduction

Un prénom pour toute une vie ! L'importance du choix est évidente. Sans affirmer qu'un nom est un présage, *nomen omen*, comme le faisaient nos ancêtres, sans tomber dans le déterminisme et prétendre que tous les Jacques ont un caractère en or, que toutes les Béatrice sont mélomanes, les Virginie très spirituelles, etc... il faut admettre que le prénom n'est pas sans exercer quelque influence sur la personnalité de celui, de celle qui le porte ; des études sérieuses l'ont constaté.

« Je ne dis pas que c'est parce que je m'appelle Tanguy que j'ai composé des drames bretons ; je dis seulement que je n'aurais peut-être pas eu le courage de les écrire si je m'étais appelé Célestin ». Tanguy Malmanche, dramaturge breton, exprime avec humour une réalité dont il faut tenir compte.

Si le ''cœur de l'homme modèle son visage'' (Sirac 13,25), comment son prénom qui est son indicatif, son code d'accès personnel, un mot si souvent perçu dans une vie, crié ou murmuré par tous ceux qui lui sont chers, ne finirait-il pas par marquer un caractère, un comportement, voire un destin ?

Dès l'origine de l'humanité le nom est important pour l'individu dans tous les peuples, dans toutes les civilisations. Chez les Hébreux le nom n'est pas une désignation arbitraire ; il exprime quelque chose de la personne, il est souvent la personne elle-même. Livrer son nom, c'est se livrer. Huit jours après sa naissance, le jour-même de sa circoncision, le nouveau-né reçoit un nom qui indique une circonstance de cette naissance (Jean, en hébreu *Yohanân* : ''Dieu a fait grâce'' ; Isaac : ''le Seigneur a souri''), ou traduit un cri du cœur, un mouvement de reconnaissance (Jude : ''gloire à Yahvé !'' ; Anne : ''grâce !''), ou annonce une mission : « Tu l'appelleras Jésus, ordonne l'ange à Joseph, car c'est lui qui *sauvera* son peuple ». A cause d'une mission, d'un destin particulier, on peut être amené à changer de nom : Abraham est ainsi nommé parce qu'il sera le *père d'une multitude* ; et Simon, le pêcheur du lac de Galilée, est surnommé Pierre en prévision du rôle fondamental qu'il devra jouer dans l'établissement de l'église du Christ.

En Egypte le nom peut avoir un pouvoir particulier. Selon la légende d'Isis, avant d'accepter de guérir le dieu Râ qui a été mordu par un reptile, la déesse magicienne exige de lui la révélation de son nom, secret de sa toute-puissance.

Pour les Grecs le nom est une métaphore (Démosthène : ''force du peuple'' ; Hélène : ''éclat du soleil'' ; Philomène : ''amie de la lune'') ou un surnom, dû le plus souvent à une qualité (André, de *Andros* : "viril, brave" ; Irène : "pacifique"), à un aspect physique (Platon : "large d'épaules"), à une habitude (Onuphre : "celui qui porte ses ongles sans jamais les couper"). En Grèce le nom individuel est souvent accompagné d'un second vocable indiquant l'appartenance à une dynastie, ou au *dème*, circonscription géographique d'origine.

Le Romain possède trois, souvent quatre désignations : le *gentilice*, c'est-à-dire le nom de la *gens* (groupe de familles dont les chefs descendent d'un ancêtre commun, parfois un dieu), le *cognomen* ou nom de famille propre, particulier, le *praenomen* ou prénom, attribué au nouveau-né d'une dizaine de jours après sa naissance et, souvent un quatrième vocable, l'*agnomen*, sorte de surnom mérité à l'âge adulte à l'occasion d'un exploit (Victor : "le vainqueur" ; Auguste : "le vénérable") mais parfois dû à un accident de naissance (César, de *cœdere*, couper) ou à un défaut physique (Claude, de *claudicare*, boiter). La femme romaine n'a le droit ni au prénom ni au surnom ; elle porte seulement, au féminin, le nom de la *gens* et celui de la famille de son père. Plutôt que prénommé le garçon est parfois... numéroté ! Ainsi sont nés des prénoms dérivés d'adjectifs numéraux ordinaux (Prime : "le premier" ; Quentin : "le cinquième" ; Octave : "le huitième").

Les Gaulois qui ne portent qu'un seul nom — surnom guerrier dans la plupart des cas — adoptent le schéma latin lors des invasions romaines, mais ce système de dénomination ne survit pas à la chute de l'empire. Si les Germains qui déferlent alors sur le pays n'imposent pas leur langue, ils en laissent des bribes, exerçant une influence certaine sur le répertoire des prénoms français ; nombre de ceux-ci en dérivent, formés d'un ou plusieurs éléments, préfixes aux consonances sonores et plutôt flatteuses (*hrod*, gloire et *berht*, brillant, ont fait Robert ; *haim*, maison et *rik*, riche, puissant, ont donné Henri ; *adal*, noble, se retrouve dans Adèle, Adeline, Adélaïde).

A la même époque, 5e-6e siècles (la conversion spectaculaire de Clovis donne le signal en 496), le développement du christianisme encourage le culte des saints. L'usage se répand très vite de donner au nouveau-né, le jour de son baptême, le nom d'un martyr célèbre, en le plaçant sous la protection de ce personnage, patron céleste du nouveau chrétien, son modèle et son compagnon, discret mais vigilant, le temps du pèlerinage terrestre.

Vers la fin du 9e siècle, fixés sur le territoire devenu depuis la Normandie, les Vikings répandent à leur tour de nouveaux noms comme Brigitte, Eric, Anschaire qui a fait Oscar...

Jusqu'au 11e ou 12e siècle le nom de baptême est unique. Mais tout le monde accaparant les mêmes noms illustres des plus grands saints, on assiste bientôt à une pléthore d'homonymie très embarrassante. Apparaissent alors des surnoms, inspirés par le métier exercé, par une caractéristique toponymique..., ou sobriquets plus ou moins courtois. La coutume se généralise ; le surnom passe souvent de père en fils : c'est le patronyme ou "nom de famille".

En 1539 François Ier crée l'état civil. Dans chaque paroisse du royaume le curé doit tenir un registre à jour, où sont consignées toutes les naissances sous une double désignation : nom de baptême et nom de famille. En 1598 l'édit de Nantes confie la même tâche aux pasteurs huguenots et, deux siècles plus tard, en 1787, Louis XVI charge les officiers de justice de l'établissement des actes d'état civil des non-chrétiens. En 1792 sont décrétées l'unification et la laïcisation de toutes les procédures ; décret entériné par la loi du 11 germinal an XI (1er avril 1803), sous le Consulat qui travaille alors à la rédaction du Code civil. Un article de ce texte stipule que la tenue des registres de l'état civil incombe aux maires et à leurs adjoints.

Mais le calendrier révolutionnaire, né l'an II de la République, dans lequel les saints sont supprimés et les jours désignés par des noms de plantes, d'animaux et d'objets divers (parmi les vocables inspirés de noms de fleurs figurent des prénoms aussi extravagants que Chicorée, Bêche, Cordeau, Greffoir et... Cochon !), n'est pas accueilli dans un enthousiasme délirant. On revient vite au calendrier traditionnel, réimprimé chaque année par la Poste et complété par le martyrologe, c'est-à-dire la liste non seulement des martyrs mais de tous les saints reconnus comme tels, par les populations elles-mêmes dans les premiers siècles, puis par les papes ; liste revue et corrigée lors du concile Vatican II.

Les experts du concile ont modifié aussi le rituel du baptême. La mention concernant le choix des prénoms a été supprimée et, du même coup, l'obligation de puiser parmi les noms de saints ; sage décision qui permet d'en créer de nouveaux. Il existe de si jolis prénoms de fleurs, de pierres précieuses, sans parler des noms extraits de la mythologie ! Quelques-uns égaient d'ailleurs l'hagiographie depuis déjà fort longtemps, prouvant qu'il n'y a pas vraiment d'incompatibilité. Avant d'être le nom d'une sainte, au 3ᵉ siècle, Marguerite ne désignait qu'une plante rustique, ou parfois une ''perle'' (étymologie même du mot). Moine dominicain, Hyacinthe a sanctifié le nom d'une pierre (précieuse, tout de même) au 13ᵉ siècle, et Bacchus, compagnon de saint Serge, le nom d'un dieu païen, au début du 4ᵉ ; il est vrai que Dionysos, ou Denis, avait déjà produit plusieurs auréoles !

Prénoms anciens que propose l'Histoire, à commencer par celle de notre pays (Blandine, Martin, Rémi, Clotilde et Geneviève, Eloi, Bernard, Louis, Jeanne, Vincent...) et tous ceux-là qui constellent aujourd'hui nos cartes routières — l'énumération de nos communes ''ressemble à une litanie'' faisait observer Emile Mâle — ou prénoms modernes glanés dans la nature : pierres, fleurs, fruits de l'arbre... ou fruits de l'imagination, le choix est varié, immense.

Mais les prénoms traditionnels ont encore la faveur des nouveaux baptisés ; les calendriers non moins traditionnels (c'est au 15ᵉ siècle qu'ont été dressées les premières listes fixant le vocable d'un saint pour chaque jour de l'année) contribuent toujours à la dénomination et il s'avère que la référence à un protecteur céleste joue encore souvent, plus ou moins consciemment, un rôle déterminant dans le choix du prénom, comme cela a été en tous temps quelles que soient les croyances. « Le problème du rapport entre les dénominations des enfants et les personnages de l'au-delà se pose déjà dans l'antiquité », écrit Jacques Maître. (1)

L'homme est corps, âme et *nom*, disaient alors les Egyptiens. Le corps c'est d'abord, c'est surtout un visage. L'âme anime ce visage et parfois l'illumine. Mais c'est vrai, aussi beau, aussi aimable qu'il soit, ce visage reste celui d'un inconnu tant que me manque un nom.

Ce livre en revanche ne propose que les noms, les prénoms, tous les prénoms, illustres ou ignorés, d'hier et d'aujourd'hui, qui racontent l'histoire, évoquent la vie d'innombrables amis — ''une multitude de frères'', dit saint Paul — parmi lesquels il faut choisir, pour un nouveau visage, pour l'enfant qui va naître, celui qu'il choisirait, le nom, le compagnon, pour une vie tout entière.

(1) Dans *Epistémologie sociologique*, Paris, éd. Anthropos 1970.

Avertissement

L'une des raisons de ce dictionnaire étant d'aide.· au choix des prénoms, il peut être utile de rappeler le texte de la Loi tel qu'il ʋ été revu en 1966 (Journal Officiel du 3 mai 1966) et tel qu'il figure dans l'édition d'août 1970 de l'Instruction :

INSTRUCTION GENERALE RELATIVE A L'ETAT CIVIL
Titre III, Chapitre 1er, Section 2, II.
CHOIX DES PRENOMS

Principes généraux

223. Les noms en usage dans les différents calendriers et ceux des personnages connus dans l'histoire ancienne pourront seuls être reçus comme prénoms dans les registres de l'état civil destinés à constater la naissance des enfants, et il est interdit aux officiers publics d'en admettre aucun autre dans leurs actes (Loi du 11 germinal an XI, 1er avril 1803, art. 1er).

Ces dispositions répondent essentiellement à la préoccupation d'épargner aux enfants l'attribution de prénoms de pure fantaisie.

Elles procèdent par ailleurs du principe que les enfants français doivent, normalement, recevoir des prénoms français, et elles se situent dans le même esprit que la règle selon laquelle les actes de l'état civil doivent être rédigés en langue française (cf. ci-dessus n° 88). Ainsi, les « différents calendriers » auxquels il est fait allusion sont-ils les calendriers de langue française.

Ce sont, d'un autre côté, l'influence de la culture gréco-romaine particulièrement vive à l'époque révolutionnaire et celle de la tradition biblique, qui ont inspiré l'admission des noms des hommes connus dans « l'histoire ancienne ». Cette dernière expression, qui doit être prise dans le sens qu'on lui attribuait alors (cf. circulaire du ministre de l'Intérieur du 13 septembre 1813) a donc un sens précis, limité à la Bible et à l'antiquité gréco-romaine. En outre, la référence à des personnages historiques conduit à exclure en principe la mythologie de l'histoire ancienne ainsi entendue.

Application pratique

223 a. Il y a cependant lieu d'observer que la force de la coutume, en la matière, a sensiblement élargi les limites initialement assignées à la recevabilité des prénoms par les prescriptions littérales de la loi du 11 germinal an XI.

Celles-ci présentent certes l'intérêt pratique d'offrir un rempart aux officiers de l'état civil contre des innovations qui leur paraîtraient de nature à nuire aux intérêts des enfants et seraient dès lors inadmissibles.

En fait, on voit mal les officiers de l'état civil, en tant que juges immédiats de la recevabilité des prénoms, chercher à inventorier les ressources exactes des calendriers et de l'histoire ancienne afin de déterminer si tel prénom figure ou non parmi ceux de ce patrimoine du passé. Il leur appartient, en réalité, d'exercer leur pouvoir d'appréciation avec bon sens afin d'apporter à l'application de la loi un certain réalisme et un certain libéralisme, autrement dit de façon, d'une part, à ne pas méconnaître l'évolution des mœurs lorsque celle-ci a notoirement consacré certains usages, d'autre part, à respecter les particularismes locaux vivaces et même les traditions familiales dont il peut être justifié (1). Ils ne devront pas perdre de vue que le choix des prénoms appartient aux parents et que, dans toute la mesure du possible, il convient de tenir compte des désirs qu'ils ont pu exprimer.

Telle est d'ailleurs, semble-t-il, la tendance de la jurisprudence actuelle (cf. cour d'appel de Grenoble, 15 déc. 1965, affaire Martin, et tribunal de grande instance de Caen, 20 oct. 1965, affaire Duclos).

223 b. Outre les prénoms normalement recevables dans les strictes limites de la loi de germinal, peuvent donc, compte tenu des considérations qui précèdent et, le cas échéant, sous réserve des justifications appropriées, être éventuellement admis :

1° - Certains prénoms tirés de la mythologie (tels : Achille, Diane, Hercule, etc.) ;

2° - Certains prénoms propres à des idiomes locaux du territoire national (basques, bretons, provençaux, etc.) ;

3° - Certains prénoms étrangers (tels : Ivan, Nadine, Manfred, James, etc.) (2) ;

4° - Certains prénoms qui correspondent à des vocables pourvus d'un sens précis (tels : Olive, Violette, etc.) ou même à d'anciens noms de famille (tels : Gonzague, Régis, Xavier, Chantal, etc.) ;

5° - Les prénoms composés, à condition qu'ils ne comportent pas plus de deux vocables simples (tels : Jean-Pierre, Marie-France, mais non par exemple : Jean-Paul-Yves, qui accolerait trois prénoms).

223 c. Exceptionnellement, les officiers de l'état civil peuvent encore accepter, mais avec une certaine prudence :

1° - Certains diminutifs (tels : "Ginette" pour Geneviève, "Annie" pour Anne, ou même "Line" qui est tiré des prénoms féminins présentant cette désinence) ;

2° - Certaines contractions de prénoms doubles (tels : "Marianne" pour Marie-Anne, "Marlène" ou "Milène" pour Marie-Hélène, "Maïté" pour Marie-Thérèse, "Sylviane" pour Sylvie-Anne, etc.) ;

3° - Certaines variations d'orthographe (par exemple Michèle ou Michelle, Henri ou Henry, Ghislaine ou Guislaine, Madeleine ou Magdeleine, etc.).

223 d. En définitive, il apparaît que les officiers de l'état civil ne doivent se refuser à inscrire, parmi les vocables choisis par les parents, que ceux qu'un usage suffisamment répandu n'aurait pas manifestement consacrés comme prénoms en France. C'est ainsi notamment que devraient être systématiquement rejetés les prénoms de pure fantaisie ou les vocables qui, à raison de leur nature, de leur sens ou de leur forme, ne peuvent normalement constituer des prénoms (noms de famille, de choses, d'animaux ou de qualités, vocables utilisés comme noms ou prénoms de théâtre ou pseudonymes, vocables constituant une onomatopée ou un rappel de faits politiques).

Contentieux

224. Les officiers de l'état civil, à la prudence desquels est laissé le pouvoir immédiat d'apprécier si un nom doit ou non être admis, comme il est expliqué ci-dessus (n° 223 a), peuvent, en cas de difficultés particulières, solliciter les instructions du parquet dans le ressort duquel est situé le lieu de naissance.

Lorsqu'il n'apparaît pas possible de donner satisfaction aux parents, il convient de leur indiquer qu'ils ont la faculté de saisir le tribunal de grande instance du lieu de la naissance, seul compétent pour se prononcer en dernière analyse sur la recevabilité du prénom litigieux.

S'il était jugé que celui-ci devait être accepté, l'officier de l'état civil ne saurait invoquer, pour se refuser à l'inscrire, le fait qu'une décision différente aurait été rendue par une autre juridiction : en effet, en vertu du principe de l'autorité relative de la chose jugée, seule la décision prise par la juridiction territorialement compétente à propos du cas d'espèce qui lui a été soumis s'impose de façon absolue à l'officier de l'état civil.

224 a. Lorsque l'un des prénoms choisis par les parents paraît devoir être refusé, l'officier de l'état civil doit tout de même dresser l'acte en inscrivant seulement les autres prénoms.

Dans l'hypothèse où aucun des prénoms choisis par les parents ne paraît pouvoir être inscrit, l'officier de l'état civil doit également dresser l'acte de naissance, mais sans y faire figurer de prénom, et en référer sans délai au procureur de la République.

Il appartiendra au procureur de la République de saisir le tribunal de grande instance de son siège afin de faire attribuer des prénoms à l'enfant, tout en ayant soin de provoquer la mise en cause des parents et de requérir leur condamnation aux dépens.

224 b. Il est rappelé que le tribunal est également compétent pour décider, en cas d'intérêt légitime, la modification des prénoms figurant dans l'acte de naissance ou une adjonction de prénoms (cf. art. 57 du code civil et n° 166 ci-dessus).

Afin de prévenir, dès la rédaction de l'acte, certaines difficultés qui motivent couramment de tels recours au tribunal, il est souhaitable que les officiers de l'état civil appellent éventuellement l'attention des parents sur l'intérêt qui s'attache à l'attribution de plusieurs prénoms à l'enfant (3) et sur les inconvénients auxquels expose l'attribution de prénoms identiques à des frères et sœurs, ainsi que sur les résultats parfois malencontreux du rapprochement de certains prénoms et du nom de famille.

225. Les prénoms sont choisis par le père, la mère ou, en leur absence, par le déclarant.

Toutefois, l'officier de l'état civil attribue lui-même les prénoms quand il s'agit d'un enfant trouvé ou d'un enfant né de parents non dénommés et pour lequel le déclarant n'a pas lui-même indiqué de prénoms. Dans ces deux cas, il convient que l'enfant soit désigné par une suite de prénoms, dont le dernier lui servira de nom patronymique tant qu'il n'aura pas été reconnu, légitimé ou adopté. Il est donc recommandé de choisir un dernier prénom qui puisse être facilement porté comme nom patronymique.

---

(1) Ces considérations militent en faveur de l'admission des prénoms coraniques pour les enfants de Français musulmans. Il y aurait d'ailleurs intérêt, dans ce dernier cas, à ce que l'officier de l'état civil conseille discrètement aux parents d'adjoindre un prénom français au prénom coranique de leur enfant. Cette pratique serait, en effet, de nature à permettre, ultérieurement, une meilleure assimilation de l'intéressé à la communauté nationale.

(2) Il est rappelé que le prénom étant un élément de l'état des personnes, lequel est régi par la loi nationale des intéressés, rien ne s'oppose à ce que des prénoms étrangers soient attribués à un enfant de nationalité étrangère.

(3) Le nombre de prénoms qui peuvent être attribués à un même enfant n'a pas été fixé par la loi ; il serait toutefois opportun qu'il fût limité à quatre.

A

AANOR (f) Cf. Eléonore. Forme bretonne du prénom.

AARON (m) Etym. hébraïque *(ahar, aharôn,* celui qui vient après). Personnage biblique, Aaron est présenté comme le premier grand-prêtre hébreu, le frère de Moïse* et son compagnon, au 13e s. av. J.-C. Il est aussi son porte-parole. Il implore Pharaon pour tous ses compatriotes exilés en Egypte mais cède à leurs revendications lorsqu'ils veulent ériger la statue du veau d'or tandis que Moïse est monté au sommet du Sinaï pour y recevoir de Dieu les tables de la Loi. Cf. le Livre de l'Exode. **Fête le 1er juillet.** — Ermite sur la presqu'île rocheuse qui deviendra Saint-Malo, Bretagne, Aaron fonde un monastère à Aleth, auj. Saint-Servan, au 6e s., avec l'un de ses premiers disciples, le moine gallois Mac-Low. **Fête le 22 juin.**

ABACHUM (m) Etym. gréco-latine *(Bacchus,* nom latinisé de *Bacchos,* autre appellation de *Dionysos,* le dieu grec de la vigne et du vin). Chrétien persan en pèlerinage à Rome avec ses parents et son frère, Abachum est surpris par la persécution de Claude le Gothique, au 3e s. Il faut visiter et réconforter les prisonniers, ensevelir dignement ceux qui ont succombé au supplice. Ils s'y emploient tous les quatre inlassablement, jusqu'au jour où ils sont eux-mêmes arrêtés, jugés et condamnés à subir le martyre, en famille, un jour de l'an 270. Cf. Marius, Marthe et Audifax. **Fête le 19 janvier.**

ABBON (m) Etym. grecque *(abbas,* père). Abbé de Fleury, aujourd'hui Saint-Benoît-sur-Loire, Abbon est le conseiller de Hugues Capet et Robert II au 10e s. Il défend Arnulf, archevêque de Reims, accusé de trahison, et s'oppose à Gerbert, futur pape Sylvestre II. Savant, poète, mathématicien, auteur d'ouvrages juridiques, Abbon est avant tout un homme de paix. Blessé en tentant de séparer des ennemis, il meurt en 1004 des suites de ces blessures. **Fête le 13 novembre.**

ABDIAS (m) Etym. hébraïque : « serviteur de Yahvé ». Personnage biblique, Abdias ou Obadiah est l'un des douze petits prophètes au 5e s. av. J.-C. **Fête le 12 mai.**

ABDON (m) Etym. cf. Abdias. Chrétien originaire de Perse, Abdon est martyrisé à Rome au 3e s. avec saint Sennen*. Tous deux sont inhumés au cimetière de Pontien, sur la voie de Porto, où subsiste un sarcophage qui a contenu leurs corps. Un sanctuaire est dédié à saint Abdon et saint Sennen près du Colisée, à Rome. En France l'église d'Arles-sur-Tech, Roussillon, conserve une partie de leurs reliques et le tombeau, maintenant plein d'une eau miraculeuse, où ont été déposés leurs ossements rapportés de Rome en 960 par l'abbé de Vallespir. **Fête le 30 juillet.**

ABEL (m) Etym. assyrienne *(habel,* fils). Second fils d'Adam* et Eve*, Abel est pasteur et offre au Seigneur ses plus beaux agneaux. Selon la Genèse, il est assassiné par son frère, Caïn, jaloux à l'idée que Dieu préfère aux siens les sacrifices de son cadet. Dans son épître aux Hébreux, Paul met en relief la foi d'Abel, foi qui donne à son sacrifice une excellence que ne possède pas celui de son frère. Jésus fait allusion au ''juste'' Abel (Mt 23, 35) et Jean à ses « œuvres justes ». (1 Jn 3, 12). **Fête le 30 juillet.** — Ecossais, Abel est moine bénédictin à Lobbes, dans le Hainaut, lorsque Colomban* le désigne pour l'archevêché de Reims, Champagne, en 744. Nomination approuvée par Pépin le Bref qui vient d'entreprendre la réforme de l'Eglise dans le royaume. Mais les tracasseries et les affronts que lui inflige le sinistre Milon, son prédécesseur furieux d'avoir été évincé, contraignent bientôt Abel à se retirer. Il meurt à Lobbes vers 770. **Fête le 5 août.** Prénoms dérivés : Abélard, Abélia, Abella.

ABÉLARD (m) Cf. Abel. — Le prénom est un nom illustre au 12e s. Philosophe et théologien breton, auteur d'ouvrages très contestés et... de mémorables billets doux, Abélard est célèbre pour sa passion amoureuse et les funestes conséquences qu'elle lui a values. Titulaire d'une chaire de théologie, il est le maître d'Héloïse : elle est sa maîtresse ! Il l'épouse en secret à la naissance de leur enfant, mais l'oncle de sa femme le fait émasculer. Il se

résoud alors à la séparation et se retire à l'abbaye de Saint-Denis, puis fonde près de Nogent/Seine le monastère du Paraclet où Héloïse sera abbesse. Mort près de Chalon, Bourgogne, en 1142.

ABÉLIA (f) Cf. Abel.

ABELLA (f) Cf. Abel.

ABENADAR (m) Etym. persane. Converti sur le Golgotha, au pied de la croix, à Jérusalem, le vendredi de la mort du Christ, Abenadar reçoit le baptême après la Pentecôte et accompagne Jacques, frère de Jean, lors d'une mission d'évangélisation en Espagne. Il retourne plus tard dans ce pays pour escorter la dépouille du disciple martyrisé à Jérusalem en 44 sur l'ordre d'Hérode Agrippa. A Grenade, d'anciens manuscrits et des reliques indiquent qu'Abenadar est mort en Espagne avec d'autres disciples de Jacques. **Fête le 25 juillet.**

ABONDANCE (m) Etym. latine *(abundantia,* opulence, richesse). C'est de grâces qu'il est riche, Abondance, pour persévérer dans sa foi jusqu'au don de sa vie, en 304, pendant les persécutions de Dioclétien. **Fête le 16 septembre.**

ABRAHAM (m) Etym. sémitique *(ab hamôn,* père de multitude). A Ur, en Chaldée, au 19e s. av. J.-C., Dieu suscite Abraham et l'engage à se mettre en route vers Canaan, le pays qu'il destine à sa descendance. Abraham s'en va. Dieu lui donne un fils, Isaac*, alors que sa femme Sara* et lui, très âgés, n'en attendent plus. Abraham exulte. Mais Dieu lui demande le sacrifice de ce fils chéri. Abraham va obéir...Dieu retient à temps le bras de son ami, ayant éprouvé son cœur. Patriarche du peuple juif et ancêtre du Christ, par sa fidélité au Seigneur, Abraham mérite d'être le père de tous les croyants : juifs, musulmans et chrétiens. Cf. Genèse 11-25. **Fête le 20 décembre.**

ABRAM (m) Cf. Abraham. Abram est le nom originel du patriarche, jusqu'au moment où Dieu le choisit pour faire de lui le père d'une multitude. Cf. Genèse 17, 5.

ACACE (m) Etym. grecque *(acacia, innocence)*. Evêque d'Antioche, Asie Mineure, sous le règne de Dèce, au 3e s., Acace est arrêté, conduit enchaîné devant l'empereur et sommé de renier sa foi. L'évêque plaide si bien sa cause qu'il est libéré. **Fête le 31 mars.** — Appartenant à la 12e légion, la ''Fulminante'', en cantonnement à Sébaste, en Cappadoce, Asie Mineure, Acace est arrêté et précipité nu dans un étang avec trente-neuf de ses compagnons l'hiver de l'an 320 pour avoir refusé de sacrifier aux dieux païens lors de la persécution de Licinius. **Fête le 10 mars.**

ACCURSE (m) Etym. latine *(accurere, accourir)*. Avec la bénédiction de François*, Accurse et ses quatre compagnons franciscains traversent la Méditerranée pour aller évangéliser les Sarrasins. A Séville, Espagne, puis au Maroc, ils prêchent jusque dans les mosquées. Roués de coups, emprisonnés, chassés, ils récidivent sitôt leurs plaies cicatrisées, critiquant le Coran et affirmant qu'il n'y a pas d'autre vérité que l'Evangile. Jusqu'au jour où ils sont appelés à comparaître devant le miramolin Abou Yacoub. Alors ils font preuve d'une telle impertinence vis-à-vis de Mahomet qu'ils sont livrés aux bourreaux. Accurse et ses frères sont torturés toute une nuit et décapités à l'aube du 16 janvier 1220. **Fête le 16 janvier.**

ACEPSIMAS (m) Etym. grecque. Saint Acepsimas est l'une des dernières victimes de la féroce persécution ordonnée par Sapor II, roi assanide de Perse, en 380. **Fête le 14 mars.**

ACHAIRE (m) Etym. grecque *(akos, remède)*. Moine à Luxeuil, alors en Bourgogne, sous la houlette du grand abbé Eustase*, Achaire meurt évêque de Tournai au 7e s. **Fête le 2 mai.**

ACHÈNE (f) Etym. grecque *(Akhaios, nom d'un des premiers peuples indo-européens venu s'installer en Grèce en repoussant les Pélasges)*. Afin qu'il guérisse son mari Tiridate*, roi lépreux d'Arménie aux 3e et 4e s., Achène fait libérer leur prisonnier, le missionnaire Grégoire qui a été offert en nourriture à une douzaine de serpents venimeux ; car les reptiles sont morts autour de Grégoire en parfaite santé dans sa cage ! Le roi guéri se convertit. Le christianisme devient religion d'Etat et le missionnaire le grand saint Grégoire* l'Illuminateur. Achène meurt paisiblement à Karni au début du 4e s. En 317 Tiridate est assassiné par des gens qui ne lui pardonnent pas sa conversion au christianisme. **Fête le 8 juin.**

ACHILLE (m) Etym. grecque : « celui qui a de belles lèvres ». Héros homérique, Achille est le plus brave des guerriers qui ont participé au siège de Troie. Il tue Hector pour venger son ami Patrocle, mais il est tué lui-même par une flèche qui vient se ficher dans son talon, seule partie vulnérable de son corps. — En Thessalie, Grèce, saint Achille est évêque de Larissa au 4e s. Il participe au concile de Nicée en 325 et meurt dans sa ville en 330. Les chrétiens bulgares obtiennent ses reliques et les transfèrent à Presbo, Bulgarie, en 978, ville alors rebaptisée Achilli en mémoire du saint. **Fête le 12 mai.**

ACHILLÉE (m) Etym. cf. Achille. Militaire dans la garde impériale à la fin du 3e s., Achillée se convertit au christianisme et refuse de prêter serment à l'empereur. Il est martyrisé à Rome avec Nérée* son compagnon. Leurs tombes ont été retrouvées dans la catacombe romaine Domitilla sur la voie Ardéatine. Le bas-relief qui représente Achillée frappé par le bourreau est la plus ancienne représentation de martyre que l'on possède. **Fête le 12 mai.**

ACMÉ (f) Cf. Aimée.

ADA (f) Cf. Adnette.

ADALARD (m) Etym. germanique *(adal,* noble et *hard,* dur). Petit-fils de Charles Martel, Adalard ou Adélard est abbé de Corbie, en Picardie, et précepteur des fils de Charlemagne au 9ᵉ s. Mort en 837. **Fête le 2 janvier.** Prénoms dérivés : Adélard, Allard.

ADALBALD (m) Etym. germanique *(adal,* noble et *bald,* hardi). Chevalier à la cour de Dagobert 1ᵉʳ et Sigebert II, Adalbald est assassiné en 652, bientôt vénéré comme un saint. Sa femme est sainte Rictrude*, ses filles saintes Eusébie* et Adalsinde*. **Fête le 2 mai.**

ADALBÉRON (m) Etym. germanique *(adal,* noble et *bern,* ours). Evêque d'Augsbourg, en Bavière, Adalbéron ordonne son neveu Ulric* qui lui succédera en 924. **Fête le 4 juillet.**

ADALBERT (m) Etym. germanique *(adal,* noble et *berht,* brillant, illustre). Vojtech est vraiment d'une noble et illustre famille de Bohême, mais il renonce très tôt au monde et à ses pompes pour se consacrer au service du Seigneur. Il reçoit son nouveau nom de l'évêque de Magdebourg et, encore jeune, se voit chargé de l'évêché de Prague. En 985 il baptise Etienne*, futur roi de Hongrie. Mais l'action missionnaire d'Adalbert ne commence effectivement que lorsqu'il a fondé le monastère bénédictin de Brevnov, près de Prague. Alors, avec ses moines, il s'en va évangéliser les peuples slaves et les Baltes. C'est à Tenkitten, en Prusse, qu'ils sont massacrés en 997. Son tombeau est à Prague mais saint Adalbert est surtout vénéré comme l'apôtre de la Hongrie. **Fête le 23 avril.**

ADALPHARD (m) Cf. Adelphe. Forme germanique du prénom. — Moine bénédictin, Adalphard fonde un monastère en Westphalie sous le nom de Corvey et sur le modèle de l'abbaye de Corbie, Picardie, au 8ᵉ s. **Fête le 2 janvier.**

ADALSINDE (f) Etym. germanique *(adal,* noble). Fille de saint Adalbald* et de sainte Rictrude*, Adalsinde ne fait rien de particulier que chercher Dieu dans le silence, par la prière et la pratique de l'évangile, au monastère fondé par sa mère à Marchiennes, près de Douai, où elle meurt encore jeune vers 680. **Fête le 25 décembre.** Prénom dérivé : Cyndie.

ADAM (f) Etym. sémitique *(adama,* glaise rouge, de *edom,* roux, ou *dam,* le sang c'est-à-dire la vie, puis *adâm,* homme, l'humanité en général). Selon la Bible, Adam est le premier homme, créé par Dieu et destiné au bonheur. Mais, avec Eve* sa compagne, il se détourne de son Créateur et découvre la souffrance et la mort pour lui et toute sa descendance. Cf. Genèse 1-4. — En Pologne, aux 19ᵉ et 20ᵉ s., Adam Chmielowski est un peintre célèbre. Un instant séduit par l'idéal révolutionnaire et ayant participé à une insurrection, il renonce au monde, revêt la bure monacale et fonde l'ordre des Albertins. Mort en 1916, il est béatifié par Jean-Paul II en 1983. **Fête le 17 juin.** Prénom dérivé : Adama.

ADAMA (f) Cf. Adam.

ADAMANTE (f) Etym. latine *(adamatis,* nom d'une herbe magique). Prénom en vogue à l'époque romaine. Sainte Fleur* est la patronne des Adamante. **Fête le 5 octobre.**

ADEGRIN (m) Etym. germanique *(adal,* noble et *grin,* cruel). Militaire dans l'armée du comte d'Anjou au 10ᵉ s., Adegrin se convertit au christianisme, renonce à tous ses biens et embrasse la vie érémitique pour ne plus servir que le Christ. Mort vers 940. **Fête le 4 juin.** Prénom dérivé : Adegrine.

ADEGRINE (f) Cf. Adegrin.

ADÉLAÏDE (f) Etym. germanique *(adal,* noble et *hild,* combat). Fille du roi de Bourgogne, Adélaïde ou Alice épouse Lothaire II, roi d'Italie, dès l'âge de seize ans. Veuve trois ans plus tard, elle est emprisonnée par l'usurpateur Béranger. Elle parvient à s'évader et, en 962, épouse l'empereur Otton 1er qui a renversé Béranger. De nouveau veuve en 973, elle prend en charge la régence de l'empire, dotée de toutes les qualités d'un chef d'état chrétien. Elle ne profite des avantages de son rang qu'en vue du bien de ses sujets et surtout des plus indigents. « C'était une merveille de grâce et de beauté », dit saint Odilon* de Cluny. Morte le 16 décembre 999 au monastère de Seltz, en Alsace, où elle a pris sa retraite. Urbain II l'a canonisée en 1092. **Fête le 16 décembre.** — Au 13e s. sainte Adélaïde de Shaerbeek est religieuse cistercienne à la Cambre, Bruxelles. Atteinte de la lèpre peu de temps après sa profession religieuse, elle est séquestrée pour le reste de sa vie dans une cellule construite à l'extrémité du monastère. Elle affirme être heureuse malgré les souffrances atroces causées par la maladie. Il est vrai que le Christ lui-même vient la visiter dans sa misère. Elle le supplie de lui ôter la vue afin d'éviter les distractions pendant sa prière. Il l'exauce d'abord, puis met un terme à ses souffrances le 11 juin 1250. **Fête le 11 juin.** Prénoms dérivés : Aïda, Alaïs, Alice, Aliocha, Aleyde, etc.

ADÉLARD (m) Cf. Adalard.

ADÈLE (f) Etym. germanique : « la noble ». Fille de Dagobert II, roi d'Austrasie au 7e s., Adèle fonde le monastère de Pfalzel, près de Trèves, en Rhénanie, veillant personnellement

à l'éducation de son petit-fils, futur saint Grégoire d'Utrecht, qui vit dans son monastère jusqu'au jour où il suit saint Boniface* pour aller travailler à l'évangélisation des Saxons. On possède encore de sainte Adèle, morte en 735, un testament daté de 732. **Fête le 24 décembre.** Prénoms dérivés : Adelice, Adula.

ADELICE (f) Cf. Adèle.

ADELIND (m) Etym. germanique *(adal,* noble et *lind,* doux). Prêtre et ermite à Celles, près de Dinant, aujourd'hui en Belgique, Adelind évangélise les populations des rives de la Lesse et de la Meuse au 7e s. **Fête le 4 février.**

ADELINDE (f) Etym. cf. Adelind. Sitôt veuve, Adelinde prend le voile à l'abbaye de Buchau, Souabe ; peut-être pour expier les turpitudes de ses trois mécréants de fils tués en donnant l'assaut à un monastère de femmes. Morte en 930. **Fête le 28 août.** Prénom dérivé : Linda.

ADELINE (f) Etym. cf. Adelind. Sœur du bienheureux Vital*, fondateur d'un monastère dans la forêt de Savigny, Bretagne, Adeline est la première abbesse des Dames Blanches fondées vers 1115 par Guillaume de Mortain, à Mortain même, en Normandie. Morte en 1125. **Fête le 20 octobre.**

ADELPHE (m) Etym. grecque *(adelphos,* frère). Lorrain, Adelphe étudie sous la direction d'Arnoul*, évêque de Metz, et se consacre à Dieu à l'abbaye de Luxeuil, alors en Bourgogne. En 643, il est élu troisième abbé de Remiremont, le monastère fondé dans les Vosges par son grand-père saint Romaric*. Mort en 670. **Fête le 11 septembre.**

ADELTRUDE (f) Etym. germanique *(adal,* noble et *trud,* fidélité). La sainte fille est comblée, plusieurs fois bienheureuse, de se retrouver en famille sur les autels. Et quelle famille ! Le père d'Adeltrude est saint Vincent* Mauger ou Madelgaire, sa mère sainte Valtrude*, ses frères saint Landry* et saint Dentelin*, sa sœur sainte Maldeberte* et sa tante sainte Aldegonde* à qui elle succède comme abbesse de Maubeuge au 7e s. **Fête le 25 février.**

ADÉMAR (m) Cf. Aldemar.

ADÉODAT (m) Etym. cf. Déodat. Romain, saint Adéodat (ou Dieudonné) est le 68e pape, de 615 à 618. **Fête le 8 novembre.**

ADÉSIOS (m) Etym. gréco-latine : "à Dieu". Adolescent chrétien, Adésios est torturé et jeté à la mer à Césarée de Palestine, en 306, avec ses deux compagnons. **Fête le 7 avril.**

ADJUTEUR (m) Cf. Adjutor.

ADJUTOR (m) Etym. latine (adjuvare, aider, secourir). Il porte bien son nom, le comte de Vernon, toujours prêt à porter secours, à faire profiter les malades des dons de guérisseur que Dieu lui a donnés ! Rescapé de la première croisade au cours de laquelle il est resté captif des musulmans, Adjutor fait ériger une chapelle dédiée à sainte Marie-Madeleine dès son retour au pays natal. Devenu bénédictin à l'abbaye de Tiron, dans le Perche, il obtient l'autorisation de vivre en ermite près du sanctuaire, tout en restant à la disposition de ses malades. Il s'attire aussi la sympathie des bateliers en comblant, miraculeusement, un gouffre qui provoquait de nombreux accidents dans la Seine. Son tombeau est à Pressagny, près de Vernon, dans la chapelle Sainte-Marie-Madeleine où il est mort en 1131. **Fête le 30 avril.** Prénoms dérivés : Adjuteur, Ayoutre.

ADJUTUS (m) Etym. cf. Adjutor. Moine fransiscain, Adjutus est l'un des compagnons de saint Accurse. Voir ce prénom. **Fête le 16 janvier.**

ADNETTE (f) Etym. cf. Anne. Moniale à Sainte-Marie de Soissons, Adnette introduit la règle bénédictine à Sainte-Marie du Mans lorsqu'elle en est élue abbesse vers 683. **Fête le 4 décembre.** Prénom dérivé : Ada.

ADOLPHE (m) Etym. germanique (adal, noble et wulf, loup). Pas très édifiant, le chanoine de Saint-Pierre de Cologne ! Mais Dieu l'attend au tournant chez les cisterciens de Camp, près de Clèves. Adolphe ne résiste pas. Il se laisse retourner complètement, docile à la grâce. Admis parmi les moines, il devient leur modèle. Elu évêque d'Osnabrück en 1216, il étonne son entourage par sa simplicité, son amour des pauvres et des lépreux. Il est d'ailleurs si parfait, tellement aimé, qu'on le place sur les autels le lendemain même de sa mort, en 1224. **Fête le 11 février.**

ADOLPHINE (f) Etym. cf. Adolphe. Hollandaise, Adolphine Dierkx est massacrée par les Boxers, secte fanatique, à Taï-Yuan-Fou, en Chine, le 9 juillet 1900, avec ses compagnes franciscaines missionnaires de Marie. **Fête le 9 juillet.**

ADON (m) Etym. sémitique (adôn, adônaï, seigneur). Frère de Dodon, plus connu sous le nom de saint Ouen*, Adon est le fondateur du premier monastère de Jouarre, vers 635. **Fête le 24 août.** — Moine bénédictin à Ferrières, en Gâtinais, Adon meurt archevêque de Vienne, Dauphiné, en 875. Il est l'auteur d'un ouvrage hagiographique important. **Fête le 16 décembre.**

ADÒUFE (m) Cf. Adolphe. Forme provençale du prénom.

ADRIA (f) Cf. Adrien.

ADRIAN (m) Cf. Adrien. Forme occitane du prénom.

ADRIEN (m) Etym. grecque (adrianos, originaire de la ville d'Adria, en

Vénétie). Gardien de prison pendant la terrible persécution de Dioclétien, vers 304, Adrien est très impressionné par la foi et la ferveur des chrétiens détenus. Il se fait baptiser, aussitôt arrêté et emprisonné avec ceux qu'il gardait. L'ancien geôlier est martyrisé peu de temps après, en 304, à Nicomédie, Asie Mineure, avec sa femme Natacha* qui l'a rejoint dans sa foi. En 1110 leurs reliques sont transférées au monastère de Gerardsbergen, aujourd'hui en Belgique. **Fête le 8 septembre.** — Compagnon de saint Aubule*, Adrien est parmi les derniers martyrs de Césarée de Palestine en 310. **Fête le 5 mars.** — Africain, Adrien gouverne pendant trente ans l'abbaye des Saints-Pierre-et-Paul de Canterbury, Angleterre, aux 7e et 8e s. Il en fait un centre important de ferveur religieuse et d'humanisme, enseignant lui-même le grec et le latin que nombre de ses moines parlent aussi couramment que leur langue maternelle, selon Bède-le-Vénérable*, et collabore efficacement à l'œuvre de l'archevêque Théodore à une époque prépondérante de l'histoire de l'Eglise anglicane. Mort le 9 janvier 710. — **Fête le 9 janvier.** — Adrien III est le 109e pape, romain, au 9e s. **Fête le 8 juillet.** Prénoms dérivés : Adria, Adrian, Adrienne, Adriette.

ADRIENNE (f) Cf. Adrien.

ADRIETTE (f) Cf. Adrien.

ADULA (f) Cf. Adèle.

ADVENTOR (m) Etym. latine *(adventus,* avènement). Une basilique est dédiée à saint Adventor et à ses deux compagnons, saint Octave* et saint Solutor*, à Turin, au 5e s. On suppose qu'il s'agit de trois chrétiens martyrisés dans cette ville lors des grandes persécutions des premiers siècles. **Fête le 20 novembre.**

AEL (m) Cf. Ange.

AELA (f) Cf. Ange. Forme bretonne du prénom.

AELIG (f) Cf. Ange.

AELRED (m) Etym. germanique *(al,* tout et *rad,* conseil). Vivant à la cour de David, roi d'Ecosse, au 12e s., et ne désirant rien tant qu'aimer et être aimé, Aelred lit Cicéron, ne pense, ne voit que par lui, jusqu'au jour où il rencontre le Christ. Alors il n'hésite pas, rompt de tendres liens et, à vingt-six ans, revêt le froc chez les cisterciens de Rielvaux, dans le Yorkshire. Elu abbé, il dirige avec tant de sagesse et de bonté que le monastère compte jusqu'à six cents moines à cette époque, tous parfaits et parfaitement heureux. Aelred voyage beaucoup malgré de précoces et douloureuses infirmités, soucieux de voir souvent tous les religieux de son ordre. « Il pleure en les retrouvant et pleure en les quittant », écrit son biographe. A sa sœur qui lui demande comment pratiquer la charité, il répond : « Rassemble le monde entier au creux de ton amour ». Auteur d'un intéressant petit traité sur l'*Amitié spirituelle,* Aelred meurt à son poste, unanimement regretté, le 12 janvier 1167. **Fête le 12 janvier.** Prénom dérivé : Ailred, Elred.

AENOR (f) Cf. Eléonore. Forme bretonne du prénom.

AEMILIA (f) Cf. Emilie.

AÉTIUS (m) Etym. latine *(Aetius,* gens romaine illustre aux 2e et 3e s.). Appartenant à la 12e légion, la '' Fulminante'', en cantonnement à Sébaste, en Cappadoce, Asie Mineure, Aétius est arrêté et précipité nu dans un étang glacé, avec trente-neuf de ses compagnons, l'hiver de l'an 320, pour avoir refusé de sacrifier aux dieux païens pendant la persécution de Licinius. **Fête le 10 mars.**

AESA (f) Cf. Isabelle. Forme bretonne du prénom.

AETHÈRE (m) Etym. grecque *(aither,* ciel, firmament, espace aérien). Evêque de Lyon au 6ᵉ s., Aethère lutte énergiquement contre la licence des mœurs de son clergé. Mort vers 602. **Fête le 7 octobre.**

AFRA (f) Etym. grecque *(aphros,* écume). Prostituée de grand luxe, Afra est soudain touchée par la grâce et n'y résiste pas. Sa conversion ne passe pas inaperçue dans Augsbourg, Bavière, en 304. Encore catéchumène elle est sommée de sacrifier aux dieux païens et, sur son refus, condamnée à être brûlée vive. « Mon martyre me servira de baptême, Dieu soit loué ! » dit-elle, fortifiée par cette condamnation dans l'assurance du pardon divin. **Fête le 5 août.**

AGAPÉ (f) Etym. grecque *(agapê,* amour). Sœur d'Irène* et de Chiona*, Agapé est arrêtée avec elles à Thessalonique, Grèce, en 304, sous l'inculpation de christianisme et de détention de livres saints. Elles sont interrogées et pressées d'apostasier par le gouverneur Dulcétius puis, sur leur refus, brûlées vives toutes les trois. **Fête le 5 avril.**

AGAPET (m) Etym. cf. Agapé. Fils de l'illustre Eustache*, Agapet est martyrisé pendant les persécutions de Trajan au début du 2ᵉ s. **Fête le 20 septembre.** — Condamné aux lions par le gouverneur de Palestrina, Latium, lors des persécutions du 3ᵉ s., Agapet ne tente aucune de ces bêtes, d'habitude si voraces ! Comportement étrange et... fatal pour le magistrat chargé de l'exécution de la sentence qu'un coup de sang étend raide mort sur le podium. Son acolyte doit désigner un bourreau d'office afin que soit réglé le sort de ce chrétien boudé par les fauves. **Fête le 18 août.** — Romain, Agapet ou Agapit 1ᵉʳ est le 57ᵉ pape au 6ᵉ s. Mort à Constantinople où il intercéde auprès de l'empereur Justinien afin de sauver l'Italie de l'invasion des Goths. **Fête le 22 avril.** Prénom dérivé : Agapit.

AGAPIT (m) Cf. Agapet.

AGATHANGE (m) Etym. grecque *(agathos,* bon). Religieux capucin originaire de Vendôme, France, Agathange est martyrisé en Ethiopie en 1638 avec son confrère Cassien* de Nantes. **Fête le 7 août.**

AGATHE (f) Etym. cf. Agathange. Agathe s'est consacrée à Dieu dès son enfance et affirme à qui veut bien l'entendre qu'être esclave du Christ constitue la vraie liberté et la suprême noblesse. Elle résiste farouchement à Quintianus, juge lubrique et cruel, qui la condamne alors à subir des tortures dont l'atrocité dépasse l'imagination. Mutilée, traînée sur des charbons ardents mais criant de joie et remerciant le Seigneur de l'appeler à lui, elle meurt à Catane, en Sicile, le 5 février 251. Les artistes l'ont représentée portant ses seins sur un plateau. Elle est la patronne des nourrices, souvent invoquée aussi contre les maladies de seins. **Fête le 5 février.**

AGATHON (m) Etym. cf. Agathange. Saint Agathon est le 79ᵉ pape, sicilien, au 7ᵉ s. Il fait condamner le monothélisme au concile de Constantinople en 680 et meurt l'année suivante. Il est le patron de la ville de Palerme, en Sicile. **Fête le 10 janvier.**

AGATHOPOS (m) Etym. cf. Agathange. A Gortyne, capitale de la Crète, sous le règne de Décius, vers 250, le proconsul préside à l'inauguration d'un temple dédié à la déesse Fortune au milieu de tout son peuple. Cris, slogans hostiles... Agathopos et ses neuf compagnons chrétiens ne sont pas d'accord et le proclament bien haut. Arrêtés, il sont condamnés à mort. C'est justement ce qu'ils désiraient. Et ils sont pressés ! Théodule* doit calmer ses amis et les placer dans l'ordre où ils sont capables de subir le martyre ! **Fête le 23 décembre.**

AGÉNOR (m) Cf. Agilbert.

AGGÉE (m) Etym. hébraïque : "la

fête''. Personnage biblique, Aggée est le dixième des douze petits prophètes. Il encourage la reconstruction du temple de Jérusalem, sous le règne de Zorobabel, au 6ᵉ s. av. J.-C. **Fête le 22 décembre.**

AGILBERT (m) Etym. germanique *(ghil,* otage et *berht,* brillant). Frère de sainte Théodechilde*, Agilbert est évêque de Dorchester, Angleterre, puis archevêque de Paris. Mort en 685. Son tombeau est à Jouarre, en Brie. **Fête le 11 octobre.** Prénom dérivé : Agénor.

AGILBERTE (f) Cf. Gilberte.

AGILE (m) Etym. germanique *(ghil,* otage). Moine colombaniste, Agile est le premier abbé du monastère de Rebais, fondé en Brie par saint Ouen au 7ᵉ s. Des tableaux racontent sa vie et deux châsses gardent ses reliques dans la belle église romane qui subsiste de l'abbaye. **Fête le 29 février.**

AGLAÉ (f) Etym. grecque *(aglaïa,* la rayonnante de beauté). Aglaé est l'une des trois Charites ou Grâces, divinités de la Beauté, qui appartenaient à la suite d'Apollon dans la mythologie. — Rayonnante de beauté aussi est sainte Aglaé, convertie au christianisme à Rome au 4ᵉ s. Elle persuade son régisseur et ancien amant Boniface* de l'imiter mais, sous-estimant sans doute l'ardeur de cette nouvelle foi, lui fait part de son désir de posséder les os d'un martyr ! Il promet de la satisfaire, s'embarque pour l'Orient où Maximin Daïa s'obstine à traquer les chrétiens et, à Tarse, dans le stade même où ils sont suppliciés, proclame bien haut son appartenance au Christ. Sa tête tombe sous le sabre du bourreau, rachetée par les deux compagnons qui ont promis de la rapporter à Aglaé. Celle-ci dépose la précieuse relique dans une chapelle érigée par ses soins sur la Via Latina où elle vient presque chaque jour pour prier. **Fête le 14 mai.**

AGLAÏA (f) Cf. Aglaé.

AGLAÏANE (f) Cf. Aglaé.

AGLAONÉMA (f) Cf. Aglaé.

AGNAN (m) Etym. latine *(agnus,* agneau) ou grecque *(agne,* chaste, innocent). Né à Vienne, France, en 358, saint Agnan ou Aignan est élu évêque d'Orléans en 391. On attribue à ses prières la victoire d'Aétius sur Attila aux champs Catalauniques en 451. **Fête le 17 novembre.**

AGNANE (f) Cf. Agnan.

AGNEL (m) Etym. cf. Agnan. Né à Pise en 1194, Agnel est reçu chez les franciscains par saint François lui-même et chargé d'aller implanter l'ordre en Angleterre. Les débuts sont difficiles. La pauvreté confine à la misère. Tombé malade en plein hiver, le premier novice manque mourir de froid. Les moines n'ont pas de bois de chauffage mais des idées, heureusement ! « La charité leur suggère le remède auquel ont recours les porcs en pareille extrémité, rapporte Eccleston ; ils mettent le moribond au lit entre deux d'entre eux qui se frottent contre lui jusqu'à ce qu'ils l'aient ranimé et réchauffé ». Agnel et ses frères connaissent un grand succès pour leur ordre après ces temps héroïques. De nombreux étudiants d'Oxford les rejoignent, ainsi que des maîtres illustres comme Richard de Cornouailles, Robert Grosse-Tête et Adam de Marisco. Agnel exulte. Et souffre en même temps ! Epreuve pour l'humble disciple de saint François : devenu célèbre, il est sollicité par tous les grands du pays. Henri III fait de lui son conseiller ; les évêques comptent sur lui pour intercéder en leur faveur auprès du pape et celui-ci pour le réconcilier avec le roi. Usé prématurément par le labeur, les veilles et les austérités, Agnel meurt à Oxford vers 1236. **Fête le 13 mars.** Prénoms dérivés : Agnella, Agnello.

AGNELLA (f) Cf. Agnel.

AGNELLO (m) Cf. Agnel.

AGNÈS (f) Etym. cf. Agnan. De nombreuses légendes se mêlent à l'histoire de sainte Agnès. Il semble qu'elle soit née à Rome à la fin du 3ᵉ s. alors que Dioclétien s'apprête à déclancher sa terrible persécution contre les chrétiens. Très belle, elle est remarquée par le fils du préfet de la ville mais refuse de l'épouser, répondant qu'elle a déjà un époux : Jésus-Christ. « Je l'aime, déclare-t-elle ; à lui seul je garde ma foi, à lui je me livre sans réserve. Il a posé sa marque sur mon front ». Elle est alors condamnée à subir divers tourments, dont le feu d'où elle sort indemne. Elle meurt finalement décapitée en 303 ou 304. A Milan, le 21 janvier 375, l'évêque Ambroise* prononce une homélie pour célébrer la petite romaine, soulignant sa jeunesse, sa chasteté crânement défendue et la spontanéité de son témoignage, jusqu'au martyre librement et joyeusement consenti. A la même époque, le pape Damase* compose une épitaphe à la mémoire de sainte Agnès et l'empereur Constance fait ériger une basilique sur son tombeau à Rome. **Fête le 21 janvier.** Prénoms dérivés : Aina, Ania, Aïssa, Nessie.

AGOBART (m) Etym. francique : ''lame dure''. Prêtre en 804, Agobart est sacré archevêque de Lyon douze ans plus tard. Il est bientôt célèbre pour la rectitude de son enseignement et l'énergie avec laquelle il pourfend impitoyablement toutes les hérésies. Brouillé avec Louis le Pieux, il participe même à la révolte de ses quatre fils, mais finit par se réconcilier avec lui. C'est au cours d'un voyage qu'ils font ensemble que l'archevêque meurt à Saintes en 840. **Fête le 6 juin.**

AGRICOLA (m) Etym. latine (agricola, de agri, champ) ou grecque (agrios, des champs, sauvage). Riche patricien converti au christianisme à Bologne, Italie, au 3ᵉ s., Agricola est arrêté et emprisonné avec Vital*, son esclave. Agricola subit le supplice de la croix peu de temps après. Retrouvés dans le cimetière juif, son corps et celui de saint Vital sont transférés dans une église de la via Emilia, à l'est de Bologne, en 393. **Fête le 4 novembre.**

AGRICOLE (m) Etym. cf. Agricola. Evêque de Chalon, en Bourgogne, de 532 à 580, saint Agricole est le vrai fondateur de la ville, bâtisseur de plusieurs églises et monastères. Mort en 580. **Fête le 17 mars.**

AGRIPPIN (m) Etym. latine (Agrippa, patronyme d'une illustre famille romaine au 1ᵉʳ s. av. J.-C.) Evêque d'Autun, en Bourgogne, saint Agrippin est l'ami de saint Germain*, futur évêque de Paris, au 6ᵉ s. **Fête le 8 août.**

AGRIPPINE (f) Etym. cf. Agrippin. Chrétienne, Agrippine est arrêtée et martyrisée à Rome, sous le règne de Valérien, vers 258. **Fête le 23 juin.**

AGRY (m) Cf. Airy.

AGUETO (f) Cf. Agathe. Forme provençale du prénom.

AHMED (m) Etym. arabe (Mohammed, de Muhammad, le loué). Fils d'un émir de la province de Valence, Espagne, Ahmed embrasse la foi chrétienne. Baptisé sous le nom de Bernard, il est martyrisé à Alcira le 21 août 1180 avec Marie et Grâce, ses deux sœurs. **Fête le 21 août.**

AIBERT (m) Cf. Aybert.

AÏDA (f) Cf. Adélaïde.

AIGNAN (m) Cf. Agnan.

AIGNANE (f) Cf. Agnan.

AILBE (m) Etym. latine (albus, blanc). Irlandais, saint Ailbe est évêque d'Emly au 6ᵉ s. **Fête le 18 janvier.**

AILEEN (f) Cf. Hélène. Forme saxonne du prénom.

AILRED (m) Cf. Aelred.

AIMABLE (m) Etym. latine *(amabilis, qui mérite d'être aimé)*. Chantre à Clermont, prêtre à Riom et chasseur de serpents dans ses loisirs, saint Aimable est mort vers 485. Une croyance veut qu'il ait débarrassé la région, entre Clermont et Riom, Auvergne, de tous les reptiles dont elle était infestée à l'époque. **Fête le 18 octobre.** Prénoms dérivés : Amable, Mabel, Mabelle, Mavel, Mavelle, Maveline, Mavis, etc.

AIMÉ (m) Etym. latine *(amatus,* qui est aimé)*. Grenoblois, Aimé est ermite à St-Maurice-d'Agaune, Valais, puis moine à Luxeuil, en 614, lorsqu'il rencontre le comte Romaric*, propriétaire d'un immense domaine dans les Vosges. L'amitié et le désir de servir Dieu leur suggèrent d'y fonder ensemble un double monastère au mont Habend (auj. Remiremont, *Romarici mons,* et Vieux-Saint-Amé), les moines en bas, les moniales en haut. Premier abbé, Aimé y établit l'usage de l'office perpétuel, les moines et les moniales se relayant à l'église pour louer Dieu jour et nuit. Très âgé, Aimé se retire au fond d'une crevasse, recevant sa maigre pitance au bout d'une corde, et meurt dans son ermitage vers 628. **Fête le 13 septembre.** Prénoms dérivés : Amé, Amet.

AIMÉE (f) Etym. cf. Aimé. Nièce de sainte Claire*, Aimée appartient à la famille des Offreduccio, l'une des plus illustres d'Assise au 13ᵉ s. D'abord très mondaine, Aimée se convertit le jour où elle va rendre visite à sa tante au couvent St-Damien. Un coup de foudre. Elle décide de se faire religieuse sur-le-champ, refusant d'aller prendre congé des siens. Affligée d'hydropisie et usée par les austérités qu'elle s'est imposées, elle meurt prématurément vers 1254. **Fête le 20 février.** Prénoms dérivés : Acmé, Aimie, Amata, Amaya, Amicie, Ammie.

AIMERIC (m) Cf. Emeric.

AIMERY (m) Cf. Emeric.

AIMIE (f) Cf. Aimée.

AINA (f) Cf. Agnès.

AIRY (m) Etym. germanique *(haim,* maison et *rik,* puissant). Evêque de Verdun au 6ᵉ s., Airy fustige sévèrement les seigneurs mérovingiens et condamne leurs mœurs cruelles. Mort en 588. **Fête le 1ᵉʳ décembre.** Prénom dérivé : Agry.

AÏSSA (f) Cf. Agnès.

ALAÏDO (f) Cf. Adélaïde. Forme provençale du prénom.

ALAIN (m) Etym. latine *(Alani,* les Alains, membres d'une tribu nomade d'origine iranienne, vaincus par les Huns au 4ᵉ s., en partie repoussés jusqu'en Gaule puis en Espagne où ils sont anéantis par les Wisigoths). Evêque de Quimper, Bretagne, au 6ᵉ s., saint Alain est surnommé « Modèle et Protecteur des rois ». **Fête le 27 novembre.** — Evêque du même diocèse de Quimper au 15ᵉ s., Alain est élu archevêque d'Avignon, Provence, en 1448. Mort en 1477. **Fête le 22 juillet.** — Breton aussi, Alain de la Roche prend l'habit dominicain à Dinan vers 1450, enseigne à Paris et prêche partout en France, en Allemagne et aux Pays-Bas, le culte de la Vierge Marie et l'usage du chapelet. Mort à Zwolle, Pays-Bas, le 8 septembre 1475. **Fête le 9 septembre.** — Périgourdin, Alain de Solminihac est nommé abbé d'un monastère en ruines où deux moines sur trois refusent les réformes du concile de Trente qui vient de s'achever. Sacré évêque malgré lui en 1637, il hérite du diocèse de Cahors, Quercy, aussi délabré que son monastère quatorze ans plus tôt. Alain s'en va faire retraite, prie, revient et se met au travail, fondant écoles, hôpitaux, orphelinats, réformant un clergé à la dérive et farouchement hostile aux décisions conciliaires. Un vent de contestation souffle en rafales sur l'immense diocèse ; une fronde des prêtres du bas Quercy aboutit à des pamphlets, des insultes, et même une attaque à main armée contre l'évêque en plein synode. En dix-huit ans Alain a ressuscité le diocèse mais lui est usé. En 1652 il affronte encore la peste dans les paroisses que désertent les curés et s'éteint peu de temps après, pleuré surtout par les pauvres, ses meilleurs amis. Alain de Solminihac est béatifié par Jean-Paul II le 4 octobre 1981. **Fête le 4 octobre.** Prénoms dérivés : Alaine, Alan, Alanic, Alanne.

ALAINE (f) Cf. Alain.

ALAÏS (f) Cf. Adélaïde. Forme provençale du prénom.

ALAN (m) Cf. Alain.

ALANIC (m) Cf. Alain. Forme bretonne du prénom.

ALANNE (f) Cf. Alain.

ALAR (m) Cf. Alaric ou Éloi.

ALARA (f) Cf. Alaric.

ALARIC (m) Etym. germanique *(al, tout et rik, puissant).* Descendant de l'illustre famille des Burckhard, souche des Hohenzollern, Alaric prend l'habit bénédictin à Einsiedeln (auj. en Suisse), et se retire, ermite, sur l'île d'Ufnau, dans le lac de Zurich. Mort vers 973. **Fête le 29 septembre.** Prénoms dérivés : Alar, Alara, Alric, Alor.

ALAUDE (f) Cf. Aude.

ALAYETTE (f) Cf. Eliette. Forme provençale du prénom.

ALBA (f) Cf. Alban.

ALBAN (m) Etym. latine *(albus, blanc).* « Alban est un païen charitable qui a recueilli chez lui, à Verulamium (auj. Saint-Alban, dans le Hertfordshire), un prêtre chrétien traqué par la

police, selon Bède*. Le prêtre le convertit et le baptise. Lorsque les policiers arrivent, ils arrêtent Alban qui, pour sauver le prêtre, a revêtu son habit ecclésiastique ». Exécuté le 22 juin 287, saint Alban est vénéré par les Anglais comme leur premier martyr. En 793, Offa II, roi de Murcie, fait bâtir un monastère sur son tombeau. **Fête le 22 juin.** — Moine bénédictin, Alban Roe est pendu à Londres en 1642 avec Thomas* Greene et trois assassins dont l'un se convertit au dernier moment, comme le bon larron du Calvaire, touché par le témoignage des deux prêtres. Alban est canonisé par Paul VI. **Fête le 31 janvier.** Prénoms dérivés : Alba, Albane, Albe.

ALBANE (f) Cf. Alban.

ALBE (f) Cf. Alban.

ALBÉRIC (m) Etym. germanique *(al, tout, berht, brillant et rik, roi).* De la lignée des rois mérovingiens, Albéric ou Aubry est nommé évêque d'Utrecht, Pays-Bas, après un séjour à la cour de Charlemagne au 8e s. Mort vers 784. **Fête le 21 août.** — Moine cistercien, Albéric succède à saint Robert* comme abbé de Cîteaux, en Champagne, au début du 12e s. Mort en 1109 en priant la Mère de Dieu, il est l'auteur des *Institutions* cisterciennes. **Fête le 26 janvier.** — Prêtre italien de la congrégation des Missions Etrangères, Albéric Crescitelli est massacré par les Boxers, secte fanatique, près de Yentsepien, Chine, en 1900. **Fête le 21 juillet.** Prénom dérivé : Aubry.

ALBERT (m) Etym. germanique *(al, tout et berht, brillant, illustre).* Originaire de Louvain et sacré évêque de Liège en 1191, saint Albert est assassiné l'année suivante, à Reims, par des émissaires de l'empereur Henri VI. **Fête le 21 novembre.** — En 1187 le royaume franc de Jérusalem n'est plus. Soixante mille chrétiens se replient sur Saint-Jean-d'Acre qui résiste encore aux Sarrasins. En 1205, le pape Innocent III y envoie un évêque, Albert Avogrado, fin diplomate, avec mission de persuader le sultan d'Egypte de restituer la Ville Sainte aux chrétiens. Albert échoue malgré tous ses efforts et meurt, poignardé dans une église, le 14 septembre 1214. Auteur d'une Règle approuvée par Rome après sa mort, le bienheureux Albert est reconnu par les carmes et les carmélites comme leur législateur. **Fête le 8 avril.** — Fils d'un officier de l'armée de Frédéric II, Albert de Bollstaedt est né à Lauingen (Souabe) en 1206. Il entre chez les dominicains et enseigne la théologie à Cologne, Fribourg, Strasbourg, et à Paris de 1240 à 1248 ; huit années qui laissent un souvenir impérissable dans le quartier latin, ainsi qu'en témoigne la place Maubert (contraction de *Maître-Albert)*. A l'université, l'un de ses élèves s'appelle Thomas* d'Aquin. Elu provincial de son ordre, puis évêque de Ratisbonne, en Bavière (habitués à un prince-évêque, les habitants de la ville surnomment "Godasse" cet évêque toujours mal chaussé !), Albert obtient de revenir à l'enseignement, participe au deuxième concile de Lyon en 1274 et meurt à Cologne le 15 novembre 1280, laissant une œuvre écrite considérable tant scientifique et philosophique que théologique. Au 16e s., l'illustre Lefèvre d'Etaples estime que les trois plus grands génies que l'humanité a produits sont Aristote, Salomon et Albert le Grand. Béatifié en 1622, il n'est canonisé qu'en 1931. Pie XI le proclame docteur de l'Eglise la même année. **Fête le 15 novembre.** Prénoms dérivés : Alberta, Alberte, Albertine, Albrecht, Aldebert.

ALBERTA (f) Cf. Albert.

ALBERTE (f) Cf. Albert.

ALBERTINE (f) Cf. Albert.

ALBIN (m) Etym. latine *(albus,* blanc). Né à Languidic, près de Van-

nes, Bretagne, Albin est abbé de Guérande lorsqu'il est élu par le peuple et bien malgré lui évêque d'Angers en 529. De toutes ses forces et souvent au péril de sa vie, il s'emploie à lutter contre les mœurs incestueuses en usage parmi les seigneurs. Mort le 1er mars 550. **Fête le 1er mars.** Prénoms dérivés : Albine, Albina, Aubin.

ALBINA (f) Cf. Albin.

ALBINE (f) Cf. Albin.

ALBRECHT (m) Cf. Albert. Forme alsacienne du prénom.

ALCIBIADE (m) Etym. grecque *(Alkibiadês,* nom d'un général et homme politique grec du 5e s. av. J.-C.). Saint Alcibiade est l'un des 48 martyrs de Lyon avec Blandine et l'évêque Pothin, en 177. **Fête le 2 juin.**

ALCIDE (m) Cf. Alcibiade. Forme moderne du prénom.

ALDA (f) Etym. germanique *(adal,* noble). Née à Sienne et veuve encore très jeune, Alda ou Alida distribue ses biens aux indigents et se consacre au soin des malades. Ce qu'elle fait jusqu'à sa mort, le 26 avril 1309. Ses reliques sont vénérées dans l'église Saint-Thomas de Sienne, Italie. **Fête le 26 avril.** Prénom dérivé : Aldo, Aldona, Alida.

ALDEBERT (m) Cf. Albert. Forme primitive du prénom.

ALDEGONDE (f) Etym. germanique *(adal,* noble et *gund,* guerre). Originaire du Hainaut, sainte Aldegonde est la fondatrice du monastère de Maubeuge où elle accueille ses nièces Adeltrude* et Madelberte*, lesquelles lui succéderont comme abbesse. **Fête le 30 janvier.**

ALDEMAR (m) Etym. germanique *(adal,* noble et *maro,* célèbre). Né à Capoue, en Campanie (Italie), Aldemar est diacre à l'abbaye du mont Cassin. Persécuté par la princesse Aloara, de Capoue, il va finir ses jours dans un monastère des Abruzzes, sans cesser toutefois d'accomplir des miracles pour le salut des âmes et la gloire de Dieu. Il a laissé la réputation d'un grand thaumaturge. 11e siècle. **Fête le 24 mars.** Prénoms dérivés : Adémar, Valda, Valdenar.

ALDHELM (m) Etym. germanique *(adal,* noble et *helm,* casque). Erudit anglo-saxon et évêque de Sherborne en 705, Aldhelm met lui-même ses poèmes en musique. Il est l'auteur de *Lettres à Arcicius,* ouvrage truffé d'énigmes, véritable traité de prosodie latine. Mort à Doulting en 709. **Fête le 25 mai.**

ALDITH (f) Cf. Edith.

ALDO (m) Cf. Alda.

ALDONA (f) Cf. Alda.

ALDRED (m) Cf. Aldric.

ALDRIC (m) Etym. germanique *(adal,* noble et *rik,* roi). Page à la cour de Charlemagne, Aldric se lie d'amitié avec Louis, le fils de l'empereur. Il est plus tard son chapelain et son confesseur lorsque Louis 1er règne sur l'Occident. Elu évêque du Mans en 832, Aldric met sa fortune à la disposition des indigents et fonde plusieurs monastères sur son diocèse. Mort en 856. **Fête le 7 janvier.** Prénoms dérivés : Aldred, Amalric.

ALDWIN (m) Cf. Baudouin. Forme primitive du prénom.

ALEAUME (m) Etym. germanique *(al,* tout et *helm,* heaume, casque). Né à Loudun, Poitou, Aleaume est militaire lorsqu'il perçoit l'appel du Seigneur à la vie parfaite. Moine à la Chaise-Dieu, Auvergne, il est élu abbé du monastère, puis de l'abbaye Saint-Jean, près de Burgos, Espagne, où il meurt vers 1100. **Fête le 30 janvier.**

ALEC (m) Cf. Alexandre.

ALÉGRIA (f) Cf. Laetitia.

ALÈNE (f) Etym. latine *(ales,* ailes). Née à Bruxelles dans une famille païenne, Alène reçoit le baptême à l'insu de ses parents et se cache dans un couvent. Retrouvée et ramenée de force au bercail, elle meurt en 640 des suites des mauvais traitements subis. **Fête le 7 juin.** Prénom dérivé : Naïla.

ALESSI (m) Cf. Alexis. Forme provençale du prénom.

ALETH (f) Etym. latine *(alitis,* qui a des ailes). Aleth de Montbard est l'épouse du seigneur Tescelin et la mère de saint Bernard*, en Bourgogne, au 12e s. **Fête le 4 avril.**

ALETTE (f) Cf. Aleth.

ALEX (m) Cf. Alexandre.

ALEXA (f) Cf. Alexis.

ALEXANDRA (f) Etym. cf. Alexandre. Originaire de Paphlagonie, en Asie Mineure, Alexandra est martyrisée à Amide (id.), avec cinq de ses amies chrétiennes, lors des persécutions de Maximin II Daïa, au début du 4e s. **Fête le 20 mars.** Prénoms dérivés : Sandie, Sandra, Sanga.

ALEXANDRE (m) Etym. grecque *(alexein,* repousser et *andros,* viril). Parmi les nombreux personnages, papes et souverains, qui ont porté le prénom, Alexandre le Grand, roi de Macédoine et maître d'un immense empire au 4e s. av. J.-C, est sans doute le plus illustre. — Romain, Alexandre 1er est le sixième pape, élu en 105, martyrisé vers 115, pendant les persécutions de Trajan. **Fête le 3 mai.** — Chrétien grec résidant en Gaule, Alexandre subit le martyre à Lyon, en 177, avec son ami Epipode*. **Fête le 22 avril.** — Au 3e s., évêque de Cappadoce, Asie Mineure, Alexandre est emprisonné durant plusieurs années pour délit de prosélytisme. Libéré, il s'en va en Terre sainte pour ce qu'il croit être un pèlerinage. Il n'en revient pas. Successeur de Narcisse*, le très vieil évêque de Jérusalem, il accueille Origène qui vient d'être dépossédé de sa chaire à Alexandrie, l'ordonne prêtre et l'installe à Césarée de Palestine. Il fonde aussi une bibliothèque à Jérusalem et parvient à persuader les judéo-chrétiens que la circoncision est une pratique périmée. Arrêté lors des persécutions de Dèce, il meurt vers 250, enchaîné dans une geôle de Césarée. **Fête le 18 mars.** — Patriarche d'Alexandrie, Egypte, durant quinze ans, Alexandre réunit un synode qui décide l'excommunication d'Arius en 323. Il participe au concile de Nicée en 325 et meurt en 328. **Fête le 26 février.** — Au 5e s. saint Alexandre l'Acémète est le fondateur des monastères où l'on ne dort jamais. Du moins le croit-on ; ce qui explique le surnom d'acémète, *akoïmetos,* donné aux moines. En fait on ne dort pas tous en même temps afin de se relayer jour et nuit à l'église pour y chanter des psaumes et des hymmes. Ainsi la louange divine n'est-elle jamais interrompue. « Toujours présents à la pensée et au cœur de Dieu, explique Alexandre, nous devons lui rendre la pareille, l'aimer et le louer continuellement ». Son idée est bonne mais le brave homme dépeuple les monastères voisins pour la réaliser dans le sien. Evêques et abbés s'émeuvent, menacent et en viennent même à rudoyer le novateur obstiné. C'est la persécution. Tombé dans un guet-apens et roué de coups par des gens du patriarche Théodote à Antioche, il doit renoncer et fuir, déguisé en mendiant. C'est à Gomon, près de Constantinople, qu'il parvient à établir sa dernière communauté de moines acémètes parmi lesquels il meurt en paix vers 430. **Fête le 15 janvier.** — Saint Alexandre Nevski, ou Newski, est le plus illustre des héros que les Russes ont canonisés pour avoir défendu leur pays. Grand-duc de Novgorod, puis grand-prince de Vladimir, à vingt ans il écrase les Suédois au bord de la Néva (d'où ce surnom de Nevski :

« homme de la Néva »). En 1242 il gagne la « bataille de la Glace », en Livonie, sur les chevaliers teutoniques. Vassal des Mongols il obtient une modération de l'impôt qu'il leur verse et, déclinant, lègue la petite communauté de Moscou à son fils Daniel, le fondateur de la grande Russie. Mort à Gorodets en 1263, Alexandre est canonisé par l'Eglise orthodoxe. Son nom est donné à un ordre russe par Pierre le Grand en 1722. En 1938, sa vie inspire un excellent film à Eisenstein, pour lequel Prokofiev écrit la musique. **Fête le 30 août.** — Au 16e s., saint Alexandre Sauli est un prédicateur réputé de l'ordre des Barnabites. Evêque d'Aléria, son rayonnement et l'ampleur de son action apostolique lui valent le titre d' « Apôtre de la Corse ». Nommé évêque de Pavie en 1591, il meurt l'année suivante. **Fête le 11 octobre.** Prénoms dérivés : Alex, Alec, Sander, Sandro, Sacha.

ALEXANDRINE (f) Etym. cf. Alexandra. La bienheureuse Alexandrine, ou Sandrina, est la fondatrice d'un couvent de religieuses clarisses à Foligno, en Ombrie (Italie) au 15e s. Morte en 1458. **Fête le 2 avril.** Prénoms dérivés : Sandrine, Sandie, Sandy...

ALEXANE (f) Cf. Alexis.

ALEXIA (f) Cf. Alexis.

ALEXIS (m) Etym. grecque *(alexein,* repousser). Alexis est le fils du noble et riche sénateur romain Euphémien. Mais, fiancé contre son gré, il disparaît au beau milieu de la cérémonie nuptiale, saute sur un navire en partance pour la Syrie, gagne Edesse (auj. Urfa, en Turquie) et vit pendant dix-sept ans parmi les plus pauvres de la ville. Revenu à Rome, il n'est pas reconnu, tant son allure est misérable. Accueilli par les siens comme un mendiant, un fou de Dieu, il finit ses jours sous un escalier de sa maison natale, ne sortant que pour aller prier dans les églises et chercher sa nourriture dans les détritus. Jusqu'au jour où le pape Innocent 1er, célébrant l'Eucharistie, entend une voix intérieure qui lui révèle la présence d'un véritable homme de Dieu dans Rome. Il le fait rechercher. Le 17 juillet 412, on trouve Alexis sous son escalier, dans la maison du sénateur Euphémien, mais il n'est plus de ce monde. Près de lui un parchemin, son seul bien, révèle son identité et raconte son histoire. **Fête le 17 juillet.** — Au 13e s., Alexis Falconieri est l'un des sept marchands florentins et amis inséparables qui renoncent à leur fortune pour s'adonner ensemble, exclusivement, à la prière et au travail manuel, mendiant le pain et les humiliations. Ils ne songent pas à fonder un ordre comme vient de le faire François* à Assise, mais on les y incite tant qu'ils s'inclinent. Ce sont les Servites de Marie, fondés en 1249 en l'honneur de Notre-Dame. Tous deviennent prêtres sauf Alexis qui choisit de rester frère lai. Mort vers 110 ans. **Fête le 17 février.** — Surnommé parfois le ''Richelieu russe'' pour le rôle qu'il a joué dans l'histoire de la fondation de son pays, saint Alexis est le troisième métropolite de Moscou au 14e s. Il ne désespère pas d'en faire la nouvelle capitale de toute la chrétienté à une époque où, pour les Russes, Byzance et Rome ont à jamais perdu leur primauté. Mort en 1378, saint Alexis laisse une traduction des Evangiles en russe et la réputation d'un grand thaumaturge parmi ses compatriotes. **Fête le 12 février.** Prénoms dérivés : Alexa, Alexane, Alexia, Lexane.

ALEYDE (f) Cf. Adélaïde.

ALFIE (f) Cf. Elfried.

ALFRED (m) Etym. anglo-saxonne : « tout pour la paix ». Moine à l'abbaye bénédictine de Corvey, Allemagne, Alfred (ou Altfrid) est élu évêque d'Hildesheim en 851. Bien nommé il s'emploie essentiellement à maintenir la paix entre les carolingiens sous le règne de Louis le Germanique dont il est l'ami et souvent l'agent diplomatique. Mort le 15 août 874, son corps est enseveli dans l'église-abbatiale d'Essen. **Fête le 15 août.** — Roi de Wessex, puis des Anglo-Saxons de 871 à 899, Alfred le Grand reprend Londres aux Danois et étend sa souveraineté sur toute l'Angleterre. Brillant législateur, administrateur habile et protecteur des lettres, il est sans doute le plus célèbre des rois anglo-saxons. On lui doit l'université d'Oxford. **Fête le 12 décembre.** Prénoms dérivés : Alfrèda, Alfrède, Altfried, Freddo, Freddy, Manfred.

ALFRÈDA (f) Cf. Alfred.

ALFRÈDE (f) Cf. Alfred.

ALFRET (m) Cf. Alfred. Forme provençale du prénom.

ALGASIE (f) Cf. Algis.

ALGIANE (f) Cf. Algis.

ALGIE (f) Cf. Algis.

ALGIS (m) Etym. germanique (al, tout et gari, lance). Disciple de saint Fursy*, Algis se voue à l'évangélisation du nord de la France au 7e s. Mort en 670 dans un petit village de Picardie qui a pris son nom : Saint-Algis, dans l'Aisne. **Fête le 2 juin.** Prénoms dérivés : Algasie, Algiane, Algie.

ALI (m) Etym. arabe proche de celle d'Allah (al ilâh, le Dieu). Né à La Mecque vers 600, Ali est le cousin de Mahomet et l'un de ses premiers adeptes. Il épouse Fatima*, fille du prophète, en 622, gagne la « bataille du Chameau » contre Talha et Zubayr, et devient le quatrième calife en 656. Assassiné en 661, il est reconnu par les shi'ites comme jouissant d'un pouvoir semi-divin que lui aurait transmis Mahomet. **Fête le 20 juillet.**

ALICE (f) Cf. Adélaïde ou Alix.

ALICIA (f) Cf. Adélaïde ou Alix.

ALIDA (f) Cf. Alda.

ALIÉNOR (f) Cf. Eléonore. Forme occitane du prénom.

ALINE (f) Cf. Adeline.

ALIOCHA (f) Cf. Adélaïde. Forme russe du prénom.

ALISE (f) Cf. Reine.

ALITH (f) Cf. Edith. Forme saxonne du prénom.

ALITHE (m) Etym. latine *(ales, alitis,* celui qui a des ailes). Réputé pour sa sagesse, Alithe est l'un des premiers évêques de Cahors à l'origine du christianisme dans le Quercy. **Fête le 11 juillet.**

ALIX (f) Etym. cf. Alithe. Alix Le Clerc est née en 1576 dans une famille aisée de Remiremont, Vosges. Encore adolescente et « se sentant l'âme fort triste parmi les vanités », elle renonce au monde et se consacre à Dieu « afin de ne plus faire que ce qui lui est agréable ». Dirigée par Pierre* Fourier, curé de Mattaincourt, elle se voue à l'enseignement gratuit des filles appartenant à des familles pauvres. Suivie dans son élan vers une forme d'apostolat pourtant insolite à l'époque, elle réunit ses compagnes et fonde la congrégation de Notre-Dame la nuit de Noël 1597. L'évêque de Toul est réticent. On n'a encore jamais vu des religieuses dans les écoles. Alix persévère, se dépense sans compter, rayonnante de douceur, d'humilité, et gagne. L'approbation est accordée. L'œuvre prospère, les écoles se multiplient et regorgent d'élèves. Mais usée prématurément la fondatrice s'éteint à 46 ans, à Nancy, le 9 janvier 1622. **Fête le 9 janvier.** Prénoms dérivés : Alice, Alicia.

ALLA (f) Etym. cf. Ali. Convertie au christianisme, Alla est arrêtée, jugée sommairement et brûlée vive dans une église de Crimée au 4e s., avec vingt-deux autres chrétiens, lors d'une persécution ordonnée par un roi goth arien. **Fête le 26 mars.**

ALLAMANDA (f) Ce prénom évoque une plante, originaire d'Amérique tropicale, dont les magnifiques fleurs jaune d'or s'épanouissent à l'automne. **Fête le 5 octobre.**

ALLARD (m) Cf. Adalard.

ALLE (m) Etym. germanique *(all,* tout). Moine à Luxeuil sous la houlette de Colomban*, fondateur de la plus illustre abbaye en Gaule pendant deux siècles, Alle devient évêque de Rebais, près de Meaux, au 7e s. **Fête le 23 novembre.**

ALLORE (m) Cf. Alaric. Forme bretonne du prénom. — Evêque de Quimper, Allore signe la paix entre les Bretons et le général Aétius, représentant de l'empereur romain, en 440. Saint Allore est à l'origine de la paroisse de Tréméoc, Bretagne, et en reste le patron céleste. Les Bretons l'invoquent pour la bonne qualité de la farine et, avec le grand saint Eloi*, pour la santé de leurs chevaux ! **Fête le 26 octobre.**

ALLOWIN (m) Etym. germanique *(all,* tout et *win,* ami). Grand seigneur du pays de Liège, Allowin mène une vie dissolue et scandaleuse jusqu'à la mort de son épouse ; événement qui provoque sa conversion, grâce aussi, pourtant, à l'influence du missionnaire Amand* dont il devient le disciple. Baptisé sous le nom de Bavon, il renonce au monde et se consacre totalement au Seigneur à l'ermitage de Ganda, vivant en reclus dans le creux d'un arbre jusqu'à sa mort en 657. Son nom est alors donné au monastère bâti à l'emplacement de l'ermitage et berceau de la ville de Gand, en Belgique. **Fête le 1er octobre.**

ALLYRE (m) Etym. latine *(lyra,* lyre). Auvergnat, Allyre est évêque de Clermont, « Clarus Mons », la capitale de

son pays, vers 370. **Fête le 7 juillet.**
Prénom dérivé : Allyriane.

ALLYRIANE (f) Cf. Allyre.

ALMA (f) Cf. Almeda.

ALMAQUE (m) Cf. Télémaque.

ALMEDA (f) Etym. celtique *(maël,* prince, chef). Sainte fille du pays de Galles, Almeda est décapitée par un prétendant éconduit,au 6ᵉ s. **Fête le 1ᵉʳ août.** Prénom dérivé : Alma.

ALOARA (m) Cf. Éloi. Forme gauloise du prénom.

ALODIE (f) Cf. Élodie.

ALOÏS (m) Cf. Louis.

ALOR (m) Cf. Alaric. Forme bretonne du prénom.

ALPAIS (f) Etym. incertaine (peut-être « d'origine alpestre »). Née à Cudot, près de Sens, vers 1155, Alpais est bergère lorsqu'elle est gravement atteinte de la lèpre à l'âge de vingt ans. Elle inspire une telle répulsion qu'on lui jette sa nourriture, de loin, devant l'espèce de tanière où elle a été reléguée. C'est au tréfonds de cette misère et de cette solitude que la Vierge Marie lui apparaît, la guérit complètement et la favorise du don des miracles. Alors commence pour Alpais une étonnante carrière de conseillère et de guide. De partout on vient consulter l'humble paysanne. Elle a aussi d'étranges révélations dans les domaines les plus inattendus, parfois d'ordre scientifique, comme par exemple à propos du système planétaire, trois siècles avant Copernic ! Sa vie même est un prodige permanent. Alpais se nourrit exclusivement de l'hostie pendant des années. Après sa mort, vers 1210, un prieuré est construit sur sa tombe, dont il ne reste que l'église qui garde ses reliques. Alpais est canonisée par Pie IX en 1874. **Fête le 3 novembre.**

ALPHÉE (m) Etym. grecque *(alpha,* première lettre de l'alphabet grec ou *Alpheios,* fleuve du Péloponèse). Alphée est le père de Jacques*, Galiléen et disciple de Jésus au 1ᵉʳ s., selon les évangiles. Cf. Mt 10,3 et Mc 3, 18. **Fête le 3 mai.**

ALPHONSE (m) Etym. germanique *(adal,* noble et *funs,* prompt, rapide). Humble portier du collège des jésuites à Palma, Majorque, pendant trente-huit ans, Alphonse Rodriguez exerce une grande influence spirituelle sur son entourage. Son livre, *Les Jeux de Dieu et de l'âme,* révèle une expérience religieuse exceptionnelle et explique le rayonnement du saint frère. Mort en 1617. **Fête le 31 octobre.** Prénoms dérivés : Alphonsie, Alphonsine.

ALPHONSE-MARIE (m) Etym. cf. Alphonse et Marie. Il est riche, intelligent, docteur en droit à seize ans, brillant avocat au barreau de Naples à vingt-six ans, mais insatisfait ! Alphonse-Marie de Liguori ne trouve qu'une issue. Il renonce à tout : carrière, fortune, notoriété…, devient prêtre et se voue à l'évangélisation des campagnes. Il prêche toujours, dit son biographe, « de façon que les vieilles femmes ignorantes puissent comprendre ce qu'il dit ». En 1732 il fonde les rédemptoristes, dont les membres s'engagent à imiter le Christ dans sa manière de vivre et d'annoncer l'Evangile. A soixante-six ans, très éprouvé physiquement, il accepte le petit diocèse de Sainte-Agathe-des-Goths dont personne ne veut, rédige sa *Théologie morale* que les rigoristes et les laxistes combattront avec le même acharnement et s'emploie à ranimer partout le culte de la Vierge Marie. Les épreuves ne le lâchent pas. Ses frères le chassent de l'ordre qu'il a fondé, le pape Pie VI le boude, le Seigneur lui-même semble l'oublier. Dix-huit mois durant, l'âme d'Alphonse-Marie titube dans un long tunnel obscur comme s'il avait perdu la foi et l'espérance. Mais Dieu n'est pas loin. Il vient au-devant de son ami.

Et c'est dans une joie intense que celui-ci lui remet son esprit à Nocera, en Campanie, le 1er août 1787. Alphonse-Marie de Liguori est proclamé docteur de l'Eglise en 1871. **Fête le 1er août.**

ALPHONSIE (f) Cf. Alphonse.

ALPHONSINE (f) Cf. Alphonse.

ALRIC (m) Cf. Alaric.

ALTFRIED (m) Cf. Alfred.

ALYPIUS (m) Prénom inspiré d'un patronyme. Saint Alypius est l'un des premiers disciples de saint Augustin*, évêque d'Hippone, à la fin du 4e s. **Fête le 24 juillet.**

ALYSSE (f) Prénom inspiré d'une plante naine vivace dont les fleurs blanches ou jaunes s'épanouissent entre avril et juin. Cf. Fleur. **Fête le 5 octobre.**

AMABLE (m) Cf. Aimable.

AMADÉA (f) Cf. Amédée.

AMADÉO (m) Cf. Amédée.

AMADEUS (m) Cf. Amédée.

AMADOUR (m) Etym. cf. Amédée. En 1162, on croit avoir découvert les restes de saint Amadour et son tombeau devient aussitôt un centre de pèlerinage très fréquenté au Roc-Amadour, le piton rocheux où le saint aurait vécu, ermite, au 2e ou 3e. ; aujourd'hui Rocamadour, dans le Quercy. **Fête le 20 août.**

AMAËL (m) Cf. Maël.

AMALBERT (m) Etym. franque : « fort et brillant ». Brouillé dès l'adolescence avec son père qui rêve pour lui de la carrière militaire, Amalbert réalise son propre rêve et passe sa vie sur le domaine paternel, au pays de Landshut, en Bavière. Il se résigne d'abord à y garder les vaches, plutôt que de consentir à porter le sabre ou l'épée ; mais il se défend, armé d'un tison, contre les courtisanes que lui envoie son père. Celui-ci disparu, Amalbert se met aux études, reçoit le sacerdoce et devient le curé des nombreux serfs vivant sur le fief dont il a hérité. Sa porte est ouverte jour et nuit. Son cœur aussi. Sa maison, son temps, ses deniers, il partage tout avec ses bons paysans et meurt parmi eux, vers l'an 800, sur la terre où il est né. **Fête le 17 janvier.**

AMALIA (f) Cf. Amélie.

AMALRIC (m) Cf. Aldric.

AMANCE (m) Etym. latine *(amans, de amare,* aimer). Saint Amance est évêque de Rodez, Rouergue, dans la seconde moitié du 5e s. **Fête le 4 novembre.** Prénom dérivé : Amans.

AMAND (m) Etym. cf. Amance. Au 4e s. Amand est le troisième évêque de Bordeaux, successeur de saint Delphin* qui l'a amené à la foi chrétienne. Il rend le même service à un autre grand Bordelais, Paulin*, alors préfet de Rome, ou du moins est-il l'un des principaux artisans de sa conversion. **Fête le 18 juin.** — Elu évêque de Rennes, Bretagne, en 478, Amand laisse sa place à Mélaine* en 505. Ses reliques sont vénérées dans une chapelle de la ville. **Fête le 14 novembre.** — Ermite en Limousin, Amand participe à l'évangélisation de l'Aquitaine avec saint Sourd* au début du 6e s. **Fête le 9 mai.** — Moine à l'île d'Yeu, puis à Bourges, Amand est appelé à la cour pour y remplir les fonctions de chapelain de Dagobert 1er au 7e s. Mais, voyageur dans l'âme, il s'en va bientôt par monts et par vaux, prêchant de ville en ville, évangélisant les campagnes. Evêque itinérant mais authentique, les chemins sont les nefs de sa cathédrale, le bâton sa crosse. Amand est d'autant plus zélé pour annoncer la Bonne Nouvelle qu'il est maltraité par beaucoup de ceux qu'il veut convertir. Il se fixe un moment à Maastricht, en Flandre, pérégrine encore quelques années et fonde plusieurs monastères, dont l'abbaye d'Elnone autour de laquelle s'établira la ville de Saint-Amand-les-Eaux, près de Valenciennes. C'est là qu'il meurt nonagénaire le 6 février 684. Saint Amand est surnommé plus tard « l'apôtre des Flandres et du Hainaut ». **Fête le 6 février.**

AMANDA (f) Cf. Amandine.

AMANDIN (m) Etym. Cf. Amance. Saint Amandin a donné son nom à un petit village d'Auvergne, aujourd'hui dans le Cantal, mais ses reliques sont vénérées dans une église de Clermont-Ferrand. **Fête le 7 novembre.**

AMANDINE (f) Etym. Cf. Amance. Née en Belgique en 1872, Pauline Jeuris reçoit le nom d'Amandine avec l'habit des fransiscaines missionnaires de Marie. En Chine où l'a envoyée la supérieure on l'appelle « la vierge européenne qui rit toujours ». Elle est martyrisée par les Boxers, secte fanatique, le 9 juillet 1900. **Fête le 9 juillet.** Prénoms dérivés : Amanda, Amandino.

AMANDINO (f) Cf. Amandine. Forme provençale du prénom.

AMANET (m) Cf. Amand. Forme provençale du prénom.

AMANS (m) Cf. Amance.

AMARANDE (f) Cf. Amarante.

AMARANTE (f) Etym. grecque. Prénom inspiré de la plante ornementale dont la fleur, longue grappe frêle et pourpre, est aussi appelée « queue-de-renard ». Cf. Fleur. **Fête le 5 octobre.**

AMARYLLIS (f) Etym. grecque. L'amaryllis est une plante bulbeuse ornementale à fleurs roses et blanches. Le prénom est très en vogue au 19e siècle. **Fête le 5 octobre.**

AMAT (m) Cf. Aimé. Forme provençale du prénom.

AMATA (f) Cf. Aimée.

AMATEUR (m) Etym. latine *(amator,* celui qui aime). Saint Amateur ou Amatre est l'un des premiers évêques d'Auxerre au 5e s. Patrick*, de passage en Gaule, est parmi ses disciples dans ses vieux jours. Sentant approcher la mort, Amateur prie Dieu de lui donner un successeur. Surprise ! L'homme qui se présente n'est autre que le gouverneur de la province, chef d'armée, marié à une noble Romaine et grand chasseur devant l'Eternel. Nanti des dispenses nécessaires, Amateur tonsure Germain* et meurt l'âme en paix. **Fête le 1er mai.**

AMATRE (m) Cf. Amateur.

AMAURY (m) Cf. Maurice. Forme médiévale du prénom.

AMAYA (f) Cf. Aimée.

AMBRE (f) Cf. Ambroise. Forme féminine du prénom.

AMBROISE (m) Etym. grecque *(ambrotos,* immortel. Nourriture des dieux de l'Olympe, l'ambroisie leur assurait l'immortalité). La situation est confuse dans la communauté des chrétiens de Milan à la mort de l'évêque Auxence au 4e s. Ariens et orthodoxes s'affrontent. Dépêché par l'empereur, le gouverneur des provinces Liguria et Emilia parvient pourtant à dominer l'assemblée houleuse qui se cherche un nouveau pasteur. Encore catéchumène il parle si bien de la paix à ces chrétiens divisés que ceux-ci le réclament comme évêque. Choix ratifié par l'empereur. Ambroise s'incline et reçoit presqu'en même temps le baptême, le sacerdoce et, le 7 décembre 374, le sacre épiscopal ! Brillant archevêque, Ambroise est la voix qui porte dans tout l'Occident. Il en impose à tous les grands de son siècle. Il empêche Justine, l'impératrice régente, de donner des églises aux ariens, impose une pénitence publique à Théodose le Grand, auteur du massacre des Thessaloniciens, et dissuade Valentinien II de replacer un autel païen dans l'enceinte du Sénat. Mais surtout préoccupé de ses ouailles, il s'emploie à les instruire et à les mettre en garde contre les nombreuses erreurs de l'époque, réforme le chant liturgique et s'ingénie à mettre les psaumes à la portée de tous. Il ranime aussi le culte des martyrs milanais Gervais* et Protais*, et instaure dans les églises chrétiennes l'usage grec de chanter des hymnes. Enfin il baptise Augustin* la veille de Pâques 387. Homélies, oraisons funèbres, hymnes et traités moraux, toute l'œuvre d'Ambroise vise à l'efficacité plus qu'à la littérature. Mort à Milan le 4 avril 397, il est père et docteur de l'Eglise. **Fête le 7 décembre.** — Au 6e s. saint Ambroise est moine puis abbé de l'Ile-Barbe, près de Lyon. Mort en 520 à l'abbaye Saint-Maurice d'Agaune, en Suisse. **Fête le 2 novembre.** — A 8e s. saint Ambroise est évêque de Cahors, dans le Quercy. **Fête le 21 juin.** — A Florence, au 15e s., Ambroise Traversari est abbé général des camaldules. Sa science facilite beaucoup les rapports entre Grecs et Latins au concile de Florence. Mort en 1439. **Fête le 20 novembre.**

AMBROISIE (f) Cf. Ambroise.

AMBROISINE (f) Cf. Ambroise.

AMÉ (m) Cf. Aimé.

AMÉDÉE (m) Etym. latine *(amare Deum,* celui qui aime Dieu). Encore très jeune, Amédée revêt le froc des cisterciens à l'abbaye de Clairvaux dirigée par saint Bernard*. Abbé de Hautecombe en 1139, il est nommé évêque de Lausanne en 1144. Mort en 1159. **Fête le 28 janvier.** — Né à Thonon en 1435, Amédée de Savoie épouse Yolande de France à dix-sept ans et succède au duc Louis en 1465, préoccupé par-dessus tout de sauvegarder la paix pour son peuple. « Soyez justes, dit-il, aimez les pauvres, et le Seigneur gardera votre pays en paix ». Pour les pauvres, Amédée construit hospices et hôpitaux ; pour la propagation de la foi dans son duché, il bâtit des monastères. Gravement malade, il réunit sa femme, ses huit enfants, ses amis, et s'éteint doucement, paisible et résigné, âgé de trente-sept ans, à Verceil, Italie, le 30 mars 1472. Le pape Innocent XI le béatifie en 1677. **Fête le 30 mars.**

AMÉLIA (f) Cf. Amélie.

AMÉLIANE (f) Cf. Amélie.

AMÉLIE (f) Etym. grecque *(aïmulos,* rusé). Fille de Pépin de Landen, maire du palais sous Clotaire II et Dagobert 1er, Amélie ou Begge épouse le fils de saint Arnoul*, évêque de Metz. Leurs enfants éduqués, ils se séparent d'un commun accord pour se consacrer à Dieu dans un monastère chacun de leur côté. Sainte Amélie est morte en 690. **Fête le 17 décembre.** Prénoms dérivés : Amalia, Amélia, Améliane, Ameline, Mallia, Mélie, etc.

AMELINE (f) Cf. Amélie.

AMÉRIC (m) Cf. Amaury.

AMERIGO (m) Cf. Amaury.

AMET (m) Cf. Aimé.

AMICIE (f) Cf. Aimée.

AMIEL (m) Cf. Emile. Forme provençale du prénom.

AMMIE (f) Cf. Aimée.

AMMON (m) Etym. hébraïque *(ammi,* peuple). Personnage biblique, Ammon est le fils de Loth et l'ancêtre éponyme des Ammonites. — Soldat de service au tribunal, à Alexandrie, Egypte, vers 250, Ammon intervient pendant un jugement et témoigne de sa foi au Christ afin de réconforter un chrétien qui lui semble fléchir. Il subit le martyre dans les jours qui suivent avec quatre autres soldats chrétiens. Cf. Théophile d'Alexandrie. **Fête le 20 décembre.**

AMOS (m) Etym. hébraïque. Personnage biblique, Amos est pâtre à Técoa, en Palestine, au 8ᵉ s. av. J.-C., lorsque Dieu lui confie la mission de parler à son peuple élu, Israël, afin de le remettre dans le bon chemin. Le prophète n'est pas tendre. Il s'en prend sévèrement aux habitants de Jérusalem, dénonçant leurs excès, leurs mœurs dépravées. Ce qui ne plaît pas du tout à ces gens. Amos persiste et meurt des suites des mauvais traitements subis. Auteur du livre qui porte son nom, il est le troisième des douze petits prophètes de la Bible. **Fête le 31 mars.**

AMOUR (m) Etym. latine évidente. **Dieu est amour,** écrit Jean deux fois dans sa première épître (1 Jn 4, 8.16). « L'aigle de Pathmos » sait de quoi il parle. Personne n'a jamais approché de plus près le mystère insondable de l'amour de Dieu pour l'homme. Mais, dans la multitude des élus, qui est donc celui-là qui a mérité de laisser un aussi joli nom à la postérité ? Sans doute n'a-t-il rien fait d'extraordinaire que croire et consentir à cet amour. Illustre inconnu dont plusieurs localités de France gardent heureusement le nom, saint Amour doit être un patron très sollicité ! **Fête le 9 août.**

AMY (m) Cf. Aimé.

ANA (f) Etym. hébraïque *(hannah,* grâce). Très jeune encore, Ana est martyrisée par les manichéens en 343. **Fête le 20 novembre.**

ANACLET (m) Etym. hébro-grecque *(hannah,* grâce et *kleos,* célébration). Romain, Anaclet est le troisième pape, successeur de Lin* en 76. Mort en 88. **Fête le 26 avril.**

ANAËL (m) Cf. Anne.

ANAËLLE (f) Cf. Anne.

ANAÏS (f) Cf. Anne.

ANANIE (m) Etym. hébraïque : « Yahvé a eu pitié ». A Damas, au 1ᵉʳ s., le disciple Ananie est l'intermédiaire que se choisit le Christ pour convertir Saul de Tarse, futur saint Paul*. Cf. Actes 9, 1-18. **Fête le 25 janvier.**

ANASTASE (m) Etym. grecque *(anastasis,* résurrection). Romain, Anastase est le 39ᵉ pape, de 399 à 401, très estimé par saint Paulin* de Nole et saint Jérôme*. **Fête le 19 décembre.** — Romain aussi, Anastase II est le 50ᵉ pape à la fin du 5ᵉ siècle. **Fête le 3 février.** — Au 6ᵉ s. un saint Anastase est patriarche d'Antioche (auj. Antakia, en Turquie) de 559 à 599. **Fête le 17 février.** — Au 8ᵉ s. saint Anastase du Sinaï est aussi célèbre pour son éloquence que pour l'étendue de ses connaissances théologiques. **Fête le 21 avril.**

ANASTASIA (f) Cf. Anastasie.

ANASTASIE (f) Etym. cf. Anastase. Patricienne romaine, Anastasie est martyrisée à Rome au 1ᵉʳ s. pour avoir participé à l'ensevelissement des apôtres Pierre et Paul. **Fête le 15 avril.** — Née à Constantinople, Asie Mineure, Anastasie est si belle que Justinien ne dort plus depuis qu'il l'a aperçue à la cour ; ce qui ne plaît pas du tout à l'impératrice Théodora. Anastasie comprend le danger et prend le parti de disparaître. Après la mort de Théodora elle est retrouvée par les envoyés de l'empereur dans le monastère qu'elle a fondé à Alexandrie, Egypte. Justinien veut absolument l'épouser. Déguisée en homme et à la faveur de la nuit, Anastasie disparaît encore, définitivement. Sous le nom d'Anastase l'Eunuque elle mène pendant vingt ans la vie rude des moines du désert de Scété, en Egypte, au 6ᵉ s. Près de mourir, en 567, elle retourne près de l'ermite Daniel qui connaît son secret. C'est lui qui l'ensevelit et révèle qu'Anastasie avait préféré le service de Dieu à l'honneur d'être couronnée impératrice d'Orient. **Fête le 10 mars.** Prénoms dérivés : Anastasia, Nastasia.

ANATOLE (m) Etym. grecque *(ana-tolê,* aurore). Parmi les néophytes de Victor*, en Galilée, Palestine, à la fin du 1er s., se trouve Anatole dont on ne sait rien sauf qu'il est mort, martyrisé avec plusieurs autres chrétiens, pour vivre de la vie du Christ. **Fête le 20 mars.** — Proclamé évêque de Laodicée, Asie Mineure, malgré lui, Anatole est célèbre pour ses travaux de mathématiques et des ouvrages théologiques, en particulier sur la Pâque, au 3e s. **Fête le 2 juillet.** — Evêque irlandais retenu dans la région par la beauté du paysage au retour d'un pèlerinage à Rome ou, plus vraisemblablement, chrétien d'Asie Mineure chassé de son pays par la persécution, un moine nommé Anatole veille sur Salins, dans le massif du Jura, du haut du rocher où il a construit son ermitage, au 4e s. Patron de la ville, saint Anatole poursuit sa mission. **Fête le 3 février.**

ANATOLIE (f) Etym. cf. Anatole. A Tubulano, Italie, sont vénérées sainte Anatolie et sa sœur sainte Victoire*, toutes deux martyrisées dans les premiers siècles. **Fête le 25 décembre.**

ANATOLINE (f) Cf. Anatolie.

ANCEL (m) Cf. Anselme.

ANCELIN (m) Cf. Anselme.

ANCELINE (f) Cf. Anselme.

ANDÉOL (m) Etym. cf. André. Venu d'Orient pour évangéliser la Gaule, saint Andéol est l'apôtre du Vivarais. Il est arrêté, torturé et finalement décapité en 208, pendant la persécution de Septime Sévère. Jeté dans le Rhône, son corps aborde à l'endroit où existe aujourd'hui le village de Bourg-Saint-Andéol. Son tombeau est encore visible dans l'église. **Fête le 1er mai.**

ANDOCHE (m) Etym. cf. André. Missionnaire de l'époque gallo-romaine, Andoche est dépêché par Irénée*, évêque de Lyon, pour annoncer l'évangile dans la région d'Autun,

en Bourgogne, où il subit le martyre à la fin du 2e s. **Fête le 24 septembre.**

ANDRÉ (m) Etym. grecque *(andros,* viril, courageux). Frère de Pierre* et disciple du Baptiste, André est le premier à suivre Jésus, avec Jean*, dès que leur est désigné l'Agneau de Dieu par son précurseur, à Béthanie de Pérée, au-delà du Jourdain, au 1er s. C'est lui qui signale au Maître la présence de l'enfant aux cinq pains d'orge et deux poissons, en Galilée, le jour de la multiplication des pains. Peu de temps avant la Passion, à Jérusalem, André et Philippe vont dire à Jésus que des païens désirent lui parler. Après la Pentecôte, André évangélise la Thrace, le Péloponèse et la Scythie. Evêque de Patras, Grèce, il est martyrisé sur une croix en forme d'X. Depuis le Moyen-Age on dit d'ailleurs « Croix de Saint-André ». Les restes de cette croix, conservés dans la crypte de Saint-Victor, à Marseille, depuis le 13e s., sont transférés à Patras le 20 janvier 1980. Saint André est le patron de la Russie et de l'Ecosse. **Fête le 30 novembre.** — Ayant revêtu la bure des franciscains, à Rome, André de Segni s'en va vivre en ermite dans une grotte des Apennins. Ce qui contrarie fort sa famille, en renom dans la capitale. Deux papes, un oncle et un neveu d'André, à vingt-cinq ans d'intervalle, lui proposent le chapeau cardinalice. Le premier, Alexandre IV, va le lui porter dans sa grotte, pour décider André à revenir. Il ramène le chapeau mais non le neveu. Boniface VIII ne se dérange pas lui-même mais n'a pas plus de succès. Grand admirateur de son oncle, il projette de le placer sur les autels après sa mort, mais il meurt en même temps que lui. André de Segni est parmi les plus grands théologiens de son temps, souvent comparé à Thomas* d'Aquin et Bonaventure*. Mort en 1302. **Fête le 1er février.** — Avocat, au 16e s., André Avellin éprouve un tel remords d'avoir menti pour défendre l'un de ses clients qu'il abandonne le barreau et entre dans les ordres. Mort en 1608. **Fête le 10 novembre.** Prénoms dérivés : Andrès, Andréu, Andrev, Andy.

ANDRÉA (f) Cf. Andrée.

ANDRÉE (f) Etym. cf. André. Religieuse sacramentine, Andrée Minutte est décapitée à Orange, Provence, en juillet 1794, âgée de cinquante-quatre ans, « pour avoir voulu détruire la République par le fanatisme et la superstition ». **Fête le 9 juillet.** Prénoms dérivés : Andréa, Andréva.

ANDRÉ-HUBERT (m) Etym. cf. André et Hubert. Prêtre mondain du diocèse de Poitiers avant la Révolution, André-Hubert Fournet en sort transformé par toutes les épreuves qu'il a subies. Il ne cesse de témoigner de la puissance de la grâce dans le cœur de celui qui s'abandonne totalement à Dieu. Co-fondateur de l'institut des Filles de la Croix avec sainte Elisabeth Bichier, il meurt en 1834. **Fête le 13 mai.**

ANDRÈS (m) Cf. André. Forme bretonne du prénom.

ANDRÉU (m) Cf. André. Forme provençale du prénom.

ANDREV (m) Cf. André. Forme bretonne du prénom.

ANDRÉVA (f) Cf. Andrée. Forme bretonne du prénom.

ANDRONIC (m) Etym. cf. André. Chrétiens vivant au 5ᵉ s., Andronic et sa femme se séparent d'un commun accord après la mort accidentelle de leurs enfants. Ermites dans le désert de Syrie, leur unique occupation est de chercher Dieu et la perfection. **Fête le 9 octobre.**

ANDY (m) Cf. André.

ANÉMONE (f) Etym. grecque *(anemos,* vent). Prénom inspiré de la plante herbacée, de la famille des renonculacées, à fleurs sans corolle, de couleurs vives et variées, qui se prêtent à l'entraînement du pollen par le vent (anémophilie). Ce prénom s'écrit aussi Anne-Aymone. **Fête le 26 juillet.**

ANETH (f) Cf. Anne.

ANFOS (m) Cf. Alphonse. Forme provençale du prénom.

ANFRAY (m) Cf. Ansfrid. Forme normande du prénom.

ANGA (f) Cf. Angadrème.

ANGADRÈME (f) Etym. germanique *(angil,* lame et *drugan,* combattre). Repoussant les avances d'un prince proche de Clotaire III, Angadrème fuit la cour afin de se consacrer à Dieu dans un monastère de Beauvais où elle est élue abbesse au 7ᵉ s. Sainte Angadrème est la patronne de Beauvais. **Fête le 14 octobre.** Prénom dérivé : Anga.

ANGE (m) Etym. grecque *(agellos,* messager). Né à Jérusalem en 1185, Ange prend l'habit religieux chez les carmes à dix-huit ans. Après un séjour à Rome, il va en Sicile pour y prêcher contre les Cathares. C'est là, prononçant l'homélie dans l'église Saint-Jacques de Licata, qu'il tombe mortellement blessé, le 5 mai 1220, atteint cinq fois par l'épée d'un seigneur incestueux dont il a converti la fille. **Fête le 5 mai.** Prénoms dérivés : Ael, Aela, Aelig, Angel.

ANGEL (m) Cf. Ange.

ANGÈLE (f) Etym. cf. Ange. Appartenant à une famille fortunée de Foligno, en Ombrie (Italie), Angèle se convertit brusquement, après plusieurs années de vie mondaine et insouciante. Ayant vécu dans l'opulence, elle n'aspire plus qu'à la pauvreté et à la pénitence pour l'amour du Christ. Les pires épreuves ne lui sont pas épargnées. La disparition de ses enfants, de ses amis, les persécutions, les souffrances physiques et morales... elle ne refuse rien, favorisée en même temps il est vrai de grâces extraordinaires. L'ouvrage qu'elle a laissé relatant ses expériences spirituelles compte parmi les joyaux de toute la littérature mystique. Entrée au tiers-ordre de saint François* qu'elle a choisi pour modèle, elle meurt à Foligno le 4 janvier 1309. **Fête le 4 janvier.** — Au 16ᵉ s. Angèle Mérici est aussi tertiaire de saint François. Consciente des lacunes dont souffre l'éducation des jeunes filles de son entourage, elle ouvre une école à Brescia, Italie, en 1516 et, rejointe par plusieurs personnes qui approuvent son entreprise, fonde l'ordre des ursulines en 1530. L'originalité de ce nouvel ordre, à l'époque, réside dans le fait que ses membres renoncent à la vie monastique pour se vouer exclusivement à l'enseignement et à l'éducation dans la vie séculière. Morte à Brescia en 1540, Angèle est canonisée en 1807. **Fête le 27 janvier.** Prénoms dérivés : Angélina, Angeline, Angélique, Angelouno, Angie, etc.

ANGELICO (m) Cf. Jean de Fiesole.

ANGÉLINA (f) Cf. Angèle.

ANGELINE (f) Cf. Angèle.

ANGÉLIQUE (f) Cf. Angèle.

ANGELOUNO (f) Cf. Angèle. Forme provençale du prénom.

ANGIE (f) Cf. Angèle.

ANGILBERT (m) Cf. Engelbert.

ANGILBERTE (f) Cf. Engelbert.

ANGILRAN (m) Cf. Engerand.

ANGLEBERT (m) Cf. Engelbert.

ANIA (f) Cf. Agnès.

ANICET (m) Etym. latine (anicetum, anis). Syrien, Anicet est le 11ᵉ pape, de 155 à 166. Il rencontre un jour Polycarpe*, le vieil évêque de Smyrne, aujourd'hui Izmir, en Turquie, pour tenter de se mettre d'accord sur la date de la célébration de la fête de Pâques, entre Orientaux et Occidentaux. Ils n'y parviennent pas mais se quittent bons amis. **Fête le 17 avril.**

ANIELA (f) Cf. Agnel.

ANIEN (m) Etym. cf. Agnel. Cordonnier de son état dans la bonne ville d'Alexandrie, en Egypte, au 1ᵉʳ s., Anien travaille dans son échoppe lorsque Marc*, l'évangéliste, pousse sa porte pour faire réparer sa sandale. Anien se blesse et lâche un juron, comme il en a l'habitude. Marc lui en fait le reproche mais guérit le doigt. Témoin du prodige, l'artisan maladroit se convertit, se fait instruire de la religion chrétienne et succède plus tard à saint Marc comme évêque d'Alexandrie. **Fête le 25 avril.**

ANIKA (f) Cf. Anne.

ANIMAÏDA (f) Etym. arabe. Convertie au christianisme, Animaïda est arrêtée, jugée sommairement et brûlée vive dans une église de Crimée, au 4ᵉ s., avec ses vingt-deux compagnons chrétiens, lors d'une persécution ordonnée par un roi goth arien. **Fête le 26 mars.**

ANITA (f) Cf. Anne.

ANNA (f) Cf. Anne.

ANNABELLE (f) Cf. Anne.

ANNAÏC (f) Cf. Anne.

ANNAÏG (f) Cf. Anne.

ANNE (f) Etym. hébraïque (hannah, grâce). Anne est depuis vingt ans l'épouse de Joachim* lorsque Dieu exauce enfin leurs prières et leur donne un enfant, Marie, qu'une destinée exceptionnelle propulse au-dessus de toute l'humanité puisqu'elle sera la mère de Dieu. Rien d'étonnant à ce que le culte rendu à sainte Anne soit important dès le 5ᵉ s., du moins en Orient. En Occident, sainte Anne est honorée depuis l'époque des Croisades. Nombreux sont les sanctuaires qui lui sont consacrés. Les plus célèbres sont Sainte-Anne-de-Beaupré, au Canada, et Sainte-Anne-d'Auray, en Bretagne. Les Bretons affirment d'ailleurs que sainte Anne est née au manoir de Moëllien, non loin de la Palud, et qu'elle a fait le voyage aller et retour en Judée au 1er s. grâce à un équipage d'anges ! Mais la souriante légende n'enlève rien à l'immense dévotion qu'ils gardent pour la "Bonne Mère". Sainte Anne a inspiré de grands artistes comme Giotto, Quentin Metsys et Léonard de Vinci. **Fête le 26 juillet.** Prénoms dérivés : Anaël. Anaëlle, Anaïs, Aneth, Anika, Anita, Anna, Annabelle, Annaïc, Annaïg, Annette, Anneto, Annick, Annie, Annouk, Ano, Anouchka, Naïs, Nancy, Nanette, Nannig, etc.

ANNE-AYMONE (f) Cf. Anne et Aymone. On écrit aussi Anémone*.

ANNE-JOSÈPHE (f) Etym. cf. Anne et Joseph. Religieuse clarisse recueillie par les ursulines de Valenciennes pendant la Révolution, Anne-Josèphe est guillotinée avec ses compagnes en 1794. **Fête le 23 octobre.**

ANNE-MARIE (f) Etym. cf. Anne et Marie. Héroïne nationale en Equateur, Anne-Marie Parédès n'est pas une triste sainte. Orpheline à six ans, elle est élevée par sa grande sœur à Quito où elle est née en 1618. Encore gamine elle entraîne ses nièces à la récitation du rosaire et risque même parfois des expéditions plus périlleuses. Ainsi, on décide un jour de rejoindre les Indiens Maïnas afin de les convertir, ou même d'aller vivre en ermite sur le mont Pichincha ! On oublie heureusement de se réveiller. Ou la mauvaise mine d'un taureau en travers du chemin coupe l'élan des fillettes . Pourtant, lorsqu'on parle de couvent à Anne-Marie quelques années plus tard, elle refuse net. Elle passe vingt-sept ans dans une aile aménagée de la grande demeure qu'elle ne quitte que pour visiter les pauvres et assister aux offices ; si heureuse qu'elle chante souvent à tue-tête, s'accompagnant de sa guitare. Mais les austérités qu'elle s'inflige l'épuisent complètement. Pratiquant la saignée, le médecin lui tire le peu de sang qui lui reste. En 1645 la terre tremble à Quito, provoquant une terrible épidémie. Anne-Marie offre sa vie pour que cesse le fléau. Elle s'éteint le 26 mai et tout rentre aussitôt dans l'ordre à Quito. **Fête le 26 mai.** — Anne-Marie Taïgi, c'est Nanette pour tous ses proches. Née à Sienne en 1769, dans une famille très pauvre, elle travaille à douze ans. Mariée, elle a sept enfants et recueille ses parents ; onze bouches pour le maigre salaire du père. Il crie, fait parfois voler les assiettes mais la laisse agir à sa guise. Elle évite de le contredire, trouve un mot drôle pour calmer la tempête, toujours douce, affectueuse et joyeuse. Il reconnaîtra plus tard : « Avec les six écus que je gagnais par mois nous aurions dû mourir de faim. Grâce aux prières de ma femme, nous avions le nécessaire. C'est pourquoi je la laissais prier tant qu'elle voulait ». Nanette ne s'en prive pas. Mais son secret ne sera dévoilé que lors du procès de sa béatification : du jour de son mariage à celui de sa mort, le 9 juin 1837, elle est favorisée de phénomènes mystiques qui lui valent des souffrances continuelles en même temps que de grandes consolations spirituelles. **Fête le 9 juin.** — « Quel homme, cette femme ! » C'est à peu près ce que Louis-Philippe dit un jour d'Anne-Marie Javouhey, solide bourguignonne et missionnaire de premier ordre ; « la première femme missionnaire » selon Pie XI. Voyage au Sénégal où elle lutte avec force et intelligence pour l'affranchissement des esclaves, fondation de l'institut Saint-Joseph-de-Cluny qu'elle dirige pendant près de quarante ans... elle reste l'une des grandes figures du 19e s.

Morte à Paris en 1851, elle est béatifiée par Pie XII en 1950. **Fête le 15 juillet.**

ANNETTE (f) Cf. Anne.

ANNETO (f) Cf. Anne. Forme provençale du prénom.

ANNIBAL (m) Etym. sémitique *(hannah,* grâce et *ba'al,* maître, seigneur). Général et homme d'Etat carthaginois aux 3e et 2e s. av. J.-C., Annibal tient les Romains en échec sur leur propre territoire (passage des Alpes, victoire de Cannes en 216 av. J.-C). Il est l'un des plus grands chefs de guerre de l'Antiquité. — Prénom inscrit au catalogue des Saints, c'est aussi celui d'un pape, Léon XII, au 19e siècle. **Fête le 1er novembre.**

ANNICK (f) Cf. Anne.

ANNIE (f) Cf. Anne.

ANNONCIADE (f) Etym. latine *(annuntiatio,* annonciation). Prénom attribué et porté par les chrétiens en l'honneur de la Vierge Marie à qui l'ange Gabriel vient annoncer qu'elle serait la mère du Christ. **Fête le 25 mars.**

ANNOUK (f) Cf. Anne.

ANO (f) Cf. Anne. Forme provençale du prénom.

ANOUCHKA (f) Cf. Anne.

ANSAN (m) Etym. germanique *(Ans,* nom d'une divinité teutonne). Premier apôtre de la ville de Sienne, en Toscane (Italie), au 3e s. Ansan est martyrisé sous Dioclétien en 304. **Fête le 1er décembre.**

ANSBERT (m) Etym. germanique *(Ans,* nom d'une divinité teutonne et *berth,* brillant, illustre). Chancelier de Clotaire III au 7e s., Ansbert renonce à sa brillante situation pour se consacrer à Dieu au monastère de Fontenelle, en Normandie. Elu abbé en 677, puis évêque de Rouen en 684, il œuvre par

priorité en faveur des pauvres et des malades. Victime d'une calomnie, il est exilé dans le Hainaut où il meurt en 695 au monastère de Hautmont. **Fête le 9 février.**

ANSBERTE (f) Cf. Ansbert.

ANSCHAIRE (m) Etym. germanique *(Ans,* nom d'une divinité teutonne et *gari,* lance). Saint Anschaire, ou Anskar, ou Oscar, est né près de Corbie, en Picardie. Parti au Danemark et en Suède, vers 828, pour évangéliser les païens normands, il est expulsé. Missionnaire intrépide, il parvient à construire quelques églises au Schleswig (Jutland) ; elles seront détruites lors de la première invasion des Danois. Anschaire meurt évêque de Brême, Germanie, en 865, dans une très grande humilité. Il répond à Rembert*, son disciple, qui fait un jour allusion à ses miracles : « Si j'avais le don des miracles, le premier que je ferais serait de changer ma mauvaise nature en celle d'un honnête homme. » **Fête le 3 février.** Prénoms dérivés : Anskar, Oscar.

ANSÉGISE (m) Etym. germanique *(Ans,* nom d'une divinité teutonne et *ghil,* otage). Intendant sous Charlemagne et Louis le Pieux, saint Anségise est l'auteur d'un recueil dans lequel il a rassemblé les capitulaires des deux empereurs. Devenu moine à Fontenelle, en Normandie, il est élu abbé et meurt vers 833. **Fête le 20 juillet.**

ANSELME (m) Etym. germanique *(Ans,* nom d'une divinité teutonne et *helm,* heaume). Né à Aoste, Piémont, en 1033, et jugeant son père invivable, Anselme de Gislebert fuit le château familial avec un âne et un valet après la mort de sa mère. En France, six ans durant, sa préoccupation est la recherche du plaisir. Mais l'étude aussi l'attire, ce qui l'oriente vers l'abbaye du Bec, en Normandie, où enseigne encore le célèbre Lanfranc, futur conseiller de Guillaume le Conquérant.

Anselme passe trente-quatre ans au Bec, faisant du monastère, grâce à son enseignement, l'école la plus renommée de France. Elu abbé en 1078, son prestige est tel que des rois et des papes se disputent son amitié. Grégoire VII l'invite à Rome afin « de pouvoir respirer l'odeur de ses vertus », Urbain II pour « jouir un peu de son affection ». En 1093, Guillaume le Roux le nomme contre son gré archevêque de Canterbury et primat d'Angleterre. Anselme consacre ses dernières forces à lutter pour obtenir l'indépendance de l'Eglise par rapport à l'Etat. Un accord est signé en 1106. L'archevêque rentre de Rome où il s'était réfugié, reprend les rênes de l'Eglise anglicane et meurt à son poste le 21 avril 1109. Saint Anselme est sans doute le plus grand théologien de son siècle. **Fête le 21 avril.** Prénoms dérivés : Ancel, Ancelin, Anceline, Selma, etc.

ANSFRID (m) Etym. germanique *(Ans,* nom d'une divinité teutonne et *frido,* paix). Comte de Brabant, Ansfrid renonce au monde et entre dans les ordres pour mieux servir Dieu. Elu évêque d'Utrecht (Pays-Bas), il fonde deux abbayes et meurt à Heiligenberg en 1010. **Fête le 11 mai.**

ANSKAR (m) Cf. Anschaire.

ANSTRUDE (f) Etym. germanique *(Ans,* nom d'une divinité teutonne et *trud,* fidélité). Fidèle, sainte Anstrude l'est toute sa vie, mais au vrai Dieu au service duquel elle s'est consacrée dans la vie religieuse. Abbesse de Laon, elle meurt vers l'an 700. **Fête le 17 octobre.**

ANTÈRE (m) Cf. Anthère.

ANTHELME (m) Etym. germanique *(Ans,* nom d'une divinité teutonne et *helm,* heaume, casque). Savoyard, Anthelme est le septième prieur de la Grande Chartreuse, en Dauphiné, au 12e s. Il la fait reconstruire après l'avalanche qui l'a ravagée presque entièrement et fonde les premières chartreuses

pour femmes. Nommé contre son gré évêque de Belley en 1163, Anthelme demeure profondément chartreux. Frédéric Barberousse l'élève cependant à la dignité de prince électeur du Saint Empire Romain Germanique ; lourde épreuve pour un homme qui ne rêvait que de rentrer dans le rang. Mort à Belley le 26 juin 1178. **Fête le 26 juin.** Prénoms dérivés : Thelma, Thelmy.

ANTHÈRE (m) Etym. grecque *(anthêrios,* de nature céleste). Elu pape en 235, Anthère est arrêté et martyrisé quarante-trois jours après, le 3 janvier 236. **Fête le 3 janvier.**

ANTHIA (f) Etym. grecque *(anthias,* nom d'un poisson de mer). Anthia est la mère du pape Eleuthère* au 2e s. Veuve du consul Eugène, elle refuse de sacrifier aux dieux païens. Arrêtée en 130, sur l'ordre de l'empereur Adrien, elle est décapitée. **Fête le 18 avril.**

ANTHIME (m) Etym. cf. Anthelme. Rendus responsables d'un incendie au palais impérial de Nicomédie (auj. Izmir, Turquie), en 303, les chrétiens sont traqués, arrêtés et massacrés. Retrouvé dans une ferme, l'évêque Anthime invite à déjeuner les soldats qui ne le connaissent pas : « Moi, je le connais, leur dit-il. Je vous le livrerai tout à l'heure. Mangeons et buvons d'abord ensemble pour fêter un si heureux événement ! » Puis il les suit jusqu'à Nicomédie où les juges de l'empereur Dioclétien le condamnent à subir le martyre : l'heureux événement pour Anthime. **Fête le 27 avril.**

ANTHONY (m) Cf. Antoine.

ANTIOPE (f) Cf. Anthia. Prénom très en vogue à l'époque romaine.

ANTOINE (m) Etym. latine *(antonius,* inestimable). Saint Antoine est le père du monachisme chrétien. Né à Qeman, Egypte, en 251, à vingt ans il prend l'Evangile à la lettre, distribue tous ses biens aux indigents et s'enfonce dans le désert. Là, nous savons par son biographe, saint Athanase*, toutes les misères que lui fait le démon (le cochon de saint Antoine inspirera les artistes)mais l'ermite ne le prend pas au sérieux et se garde bien de suivre les conseils d'un personnage qui a si mal réussi. Rejoint par de nombreux disciples, Antoine ne sait que leur répéter : « L'Evangile contient la réponse à toutes les questions que vous vous posez ». En 312, il gagne le désert de la Thébaïde, en Haute-Egypte, toujours plus épris de silence et de solitude. C'est dans ce tête-à-tête avec Dieu qu'il meurt en 356, plus que centenaire. Les moines qui ont adopté son style de vie sont appelés ''anachorètes'' : ermites contemplatifs indépendants ; tandis que les ''cénobites'' se rassemblent sous l'autorité d'un abbé. **Fête le 17 janvier.** — Saint Antoine de Padoue est sans doute le plus sollicité de tous les grands thaumaturges, mais la dévotion populaire a déformé complètement la physionomie de cet illustre docteur de l'Eglise. Portugais, Fernando prend le nom d'Antonio en même temps que la bure des franciscains. Il est ermite à San Paolo, près de Forli (Italie), et ne sort que pour assister aux offices et balayer le couvent, jusqu'au jour où, prié de remplacer au pied levé un prédicateur défaillant, on découvre son talent. Il prêche dans toute l'Italie, puis en France : à Toulouse, Arles, Montpellier, Le Puy, Limoges et Brive où il fonde un couvent. C'est un grand théologien et un spécialiste de la controverse, notamment contre les Albigeois. Il meurt à Padoue, à trente-six ans, le 13 juin 1231, en chantant une hymne liturgique. Sa réputation de sainteté est telle que Grégoire IX le canonise moins d'un an après, le 30 mai 1232. **Fête le 13 juin.** — Jésuite dieppois, Antoine Daniel est l'un des huit missionnaires martyrisés au Canada par les Iroquois en 1648 et canonisés ensemble par Pie XI en 1930. **Fête le 19 octobre.** — Saint Antoine Baldinucci, jésuite, prêche l'Evangile par la parole et surtout l'exemple, dans les populations rurales du centre de l'Italie, au début du 18e s. Mort à Pofi en 1717. **Fête le 7 novembre.** Prénoms dérivés : Anton, Antonia, Antonio, Anthony, Toine...

ANTOINE-MARIE (m) Etym. cf. Antoine et Marie. Né à Crémone, Lombardie, en 1502, Antoine-Marie Zaccaria est médecin lorsqu'il entend l'appel de Dieu. Ordonné prêtre, il est frappé par la nécessité et l'urgence de travailler à la réforme de l'Eglise. C'est dans ce but qu'il réunit plusieurs confrères et fonde, en 1530, la congrégation des Barnabites, du nom du cloître Saint-Barnabé, berceau du nouvel institut à Milan. **Fête le 5 juillet.** — Catalan, Antoine-Marie Claret est missionnaire ambulant dans sa province au 19e s., distribuant partout des brochures qu'il a composées lui-même. Ancien typographe, il est convaincu de l'influence salutaire de la page imprimée dans l'œuvre apostolique. Il croit aussi au contact direct, au geste amical. A la frontière française il tire un jour d'embarras un pauvre contrebandier qui tente de passer du tabac. Ouvrant le sac, les gabelous y trouvent... des haricots ! Devenu archevêque de Santiago de Cuba, Antoine-Marie parcourt trois fois en six ans son immense diocèse. Il n'arrête pas de prêcher, de baptiser et de marier, de défendre les esclaves noirs que leurs maîtres traitent comme des bêtes et de tenter la réforme d'un clergé qui n'en veut pas. Il échappe à quinze attentats ! Rappelé en Espagne, il doit fuir son pays avec la reine en 1868. Il meurt chez les cisterciens de Fontfroide, France, le 24 octobre 1870. **Fête le 24 octobre.**

ANTOINETTE (f) Etym. cf. Antoine. Pendant trente ans dominicaine au couvent de Brescia, en Lombardie, Antoinette est envoyée dans celui de Ferrare avec mission de le réformer.

« Mes sœurs, leur dit-elle, les gens ne vous font pas l'aumône pour entretenir votre confort et votre oisiveté, mais dans l'espoir d'avoir part à vos prières et à vos mérites ! » Pleines de bonne volonté, les religieuses se convertissent toutes d'un même élan. Elles n'attendaient qu'une prieure pour le faire ; une vraie prieure. On leur a envoyé une sainte. Elle l'ont gardée jusqu'à sa mort, le 27 octobre 1507. **Fête le 27 octobre.** Prénom dérivé : Toinon.

ANTONIA (f) Etym. cf. Antoine. Mariée à quinze ans, Antonia est bientôt veuve. Son enfant éduqué, elle se consacre à Dieu chez les clarisses du monastère St-Onuphre. Prieure à Aquila, dans les Abruzzes (Italie), elle réforme les mœurs et rétablit la stricte observance de la Règle. Morte au couvent de Corpus Christi, à Aquila, en 1472. **Fête le 28 février.**

ANTONIE (f) Etym. cf. Antoine. Sainte Antonie est martyrisée à Carthage, en 252, avec son amie Tertullia et beaucoup d'autres chrétiens. **Fête le 30 avril.**

ANTONIN (m) Etym. cf. Antoine. Dominicain, Antonin est le prieur et l'ami de Fra Angelico à Florence au 15e s. Auteur d'une *Somme théologique*, il meurt en 1459, archevêque de sa ville natale et déjà à demi canonisé par ses contemporains. **Fête le 5 mai.**

ANTONINE (f) Etym. cf. Antoine. Convertie au christianisme, Antonine est martyrisée en 304, à Nicomédie, sous le règne de Dioclétien. **Fête le 12 juin.**

ANTONY (m) Cf. Antoine.

ANTOUNET (m) Cf. Antoine. Forme provençale du prénom.

ANYSIA (f) Etym. latine grécisée *(anisum,* anis). Convertie au christianisme, Anysia est martyrisée à Thessalonique, Macédoine, en 304, lors des sanglantes persécutions de Dioclétien. **Fête le 30 décembre.**

AODA (f) Cf. Aude. Forme bretonne du prénom.

AODREN (m) Cf. Audren. Forme bretonne du prénom.

APELLES (m) Etym. grecque *(Appelês,* nom d'un célèbre peintre grec de l'Antiquité). Compagnon de saint Paul* au 1er s., Apelles est l'un de ceux que l'apôtre nomme "mes coopérateurs". Et il désigne Apelles en particulier comme « celui qui a fait ses preuves ». **Fête le 10 septembre.**

APHIANOS (m) Etym. grecque *(aphas,* fleur d'épine). Avec ses deux compagnons Adésios* et Ulpianus*, adolescents comme lui, Aphianos est torturé et jeté à la mer, près de Césarée de Palestine, en 306, parce qu'il a embrassé la foi chrétienne. **Fête le 7 avril.**

APHRAATE (m) Etym. grecque *(aphros,* écume). Né en Perse et mort en Syrie vers 360, saint Aphraate est un ermite, écrivain et poète sacré, vivant près d'Antioche au 4e s. **Fête le 7 avril.**

APHRODISE (f) Etym. grecque *(Aphroditê,* déesse de l'amour et de la fécondité). Convertie au christianisme, Aphrodise est arrêtée et martyrisée à Alexandrie avec trente autres chrétiens, dans les premiers siècles de l'Eglise. **Fête le 30 avril.**

APOLLINAIRE (m) Etym. latine *(apollinaris,* qui concerne Apollon). Elève de saint Mamert* puis évêque de Valence, France, aux 5e et 6e siècles, saint Apollinaire est le patron de la ville. **Fête le 6 octobre.** — Apollinaire Franco, né à Aguilar de Campo, Espagne, vers 1600, enseigne à l'université de Salamanque lorsqu'il demande son admission chez les fransiscains. Missionnaire aux Philippines, puis au Japon, il est arrêté en 1617, emprisonné pendant cinq ans et condamné à être brûlé vif avec ses huit compagnons. **Fête le 12 septembre.**

APOLLINE (f) Etym. cf. Apollinaire. Quoique déjà très âgée, Apolline est prise à partie par la foule déchaînée contre les chrétiens, à Alexandrie, Egypte, en 249. On lui brise la mâchoire, les dents, et on la menace de la brûler vive si elle refuse de prononcer les « formules de l'impiété ». Elle se précipite elle-même dans le brasier. Sainte Apolline est invoquée contre les maux de dents. **Fête le 9 février.**

APOLLONE (m) Etym. cf. Apollinaire. Ermite dans le désert de la Thébaïde, en Egypte, au 3e s., Apollone n'hésite pas à quitter sa retraite pour aller aider les chrétiens arrêtés et torturés pendant les terribles persécutions de Dioclétien. Ayant converti Philémon*, célèbre flûtiste, il est traîné avec lui devant le juge Arien*, lequel est converti à son tour par ses deux clients. Tous les trois sont condamnés à mort et noyés. **Fête le 8 mars.**

APOLLONIE (f) Cf. Apolline.

APOLLONIUS (m) Etym. cf. Apollinaire. Savant célèbre, Apollonius est arrêté et sommé de s'expliquer sur sa foi devant le Sénat, vers 185, sous le règne de l'empereur Commode. Au juge qui le prie de l'aider à comprendre les mystères chrétiens pour lesquels il veut mourir, Apollonius répond : « C'est au Verbe de Dieu qu'il appartient de te donner la foi, car en cette matière un homme n'est pas plus capable d'en éclairer un autre que la lumière du jour de luire pour les aveugles ». L'inculpé est néanmoins jugé et condamné à la peine capitale. **Fête le 18 avril.**

APPHIEN (m) Etym. grecque *(aphas,* fleur d'épine). Adolescent chrétien, Apphien est condamné à la noyade pour avoir protesté contre un édit du gouverneur de Césarée de Palestine au 4e s. **Fête le 2 avril.**

AQUILA (m) Etym. latine *(aquila,* aigle). Juifs chassés de Rome par la persécution de l'empereur Claude, Aquila et Priscille*, son épouse, trouvent refuge à Corinthe, Grèce, et y exercent le métier de tisserands. En 50 ou 51, ils font la connaissance de Paul*, deviennent ses disciples et risquent un jour leur vie pour sauver la sienne. **Fête le 8 juillet.**

AQUILIN (m) Etym. cf. Aquila. Né à Bayeux, Normandie, Aquilin est évêque d'Evreux au 7e s. Une chapelle cimétériale lui est dédiée à Solesmes. **Fête le 18 octobre.**

AQUILINE (f) Etym. cf. Aquila. Chrétienne, Aquiline n'a que douze ans lorsqu'elle est arrêtée et condamnée à être décapitée parce qu'elle refuse d'abjurer sa foi, en Asie Mineure, au 3e s. **Fête le 13 juin.**

ARABELLE (f) Cf. Anne. Forme dérivée de Annabelle.

ARANKA (f) Cf. Ariane.

ARCADE (m) Etym. latine *(arcadius,* qui concerne l'Arcadie). Saint Arcade est le vingt-deuxième évêque de Bourges, Berry, de 535 à 549. **Fête le 1er août.** Prénom dérivé : Arcadie.

ARCADIE (f) Cf. Arcade.

ARCADIUS (m) Etym. cf. Arcade. Chrétien, Arcadius est martyrisé par les soldats de Genséric, roi des Vandales, entre Carthage et Hippone (auj. Anaba), Afrique du Nord, au 5e s., parce qu'il refuse de renier sa foi. **Fête le 13 novembre.**

ARCHIBALD (m) Etym. germanique *(ercan,* naturel et *bald,* audacieux). Africain converti au christianisme, Archibald subit le martyre sur l'ordre de Genséric, roi des Vandales, qui soutient l'hérésie arienne au 5e s. **Fête le 29 mars.**

ARÉDIUS (m) Etym. latine *(radius,* rayon). Originaire du Limousin, Aré-

dius ou Yrieix est à la cour de Théodebert, à Trèves, lorsqu'il est ordonné
prêtre par l'évêque de la ville. Rentré
au pays, il fonde un monastère à Atta-
num, qui deviendra la ville de Saint-
Yrieix, évangélise toute la Gaule et
revient mourir à l'abbaye le 25 août
591. **Fête le 25 août.**

ARGAN (m) Cf. Barthélemy. Forme
bretonne du prénom.

ARGANTHAËL (m) Cf. Barthélemy.
Forme bretonne du prénom.

ARIANE (f) Etym. grecque *(Ariadnê,*
fille de Minos et de Pasiphaé dans la
mythologie). Jeune esclave d'Asie
Mineure, sainte Ariane a vécu vraisemblablement au 3e s. Convertie au christianisme, elle est arrêtée, jugée, et ne
doit son salut qu'à l'intercession de la
foule rassemblée pour son procès. **Fête
le 18 septembre.** Prénom dérivé :
Aranka.

ARICIE (f) Cf. Aristide. Dérivé féminin du prénom.

ARIEL (m) Etym. hébraïque : « Dieu
est un lion ». Dans la Bible, Ariel est
l'un des noms donnés à Jérusalem. Cf.
Isaïe 29, 1-7 et 33,7. Saint David est le
patron des Ariel. **Fête le 29 décembre.**

ARIELLE (f) Cf. Ariel.

ARIEN (m) Prénom dérivé de *Arius,*
prêtre hérésiarque d'Alexandrie,
Egypte, dont l'erreur est condamnée à
Nicée en 325 et à Constantinople en
381. — Magistrat chargé de juger deux
chrétiens, Philémon* et Apollone*, en
Egypte, au 3e s., Arien est converti par
ses clients, condamné à mort et exécuté
avec eux. **Fête le 8 mars.**

ARISTARQUE (m) Etym. grecque
(aristos, le meilleur). Chrétien de Thessalonique, en Macédoine, Aristarque
est l'un des compagnons d'apostolat
de saint Paul au 1er s., ceux-là qu'il
appelle « mes coopérateurs ». Arrêté,
Aristarque partage aussi la captivité de

l'apôtre à Rome, vers 66. **Fête le 4
août.**

ARISTIDE (m) Etym. grecque *(aristos,* le meilleur). Philosophe grec du
2e s., Aristide se convertit au christianisme et intervient auprès de l'empereur Adrien en faveur des chrétiens. Il
lui remet une apologie dont le ton de
sincérité joyeuse prouve à quel point il
est heureux d'avoir trouvé la foi. Aristide réussit à adoucir les persécutions
pour un temps, mais il meurt lui-même
martyr sous le règne d'Antonin, entre
140 et 160. **Fête le 31 août.** Prénom
dérivé : Aricie.

ARISTION (m) Etym. cf. Aristide.
Aristion est l'un des soixante-dix disciples de Jésus, en Palestine, dans les
années 30, selon saint Papias*, lui-
même disciple de saint Jean* à Ephèse.
Fête le 4 mai.

ARLETTE (f) Cf. Charlette ou Charlotte.

ARMAËL (m) Cf. Armel. Forme bretonne du prénom.

ARMAËLLE (f) Cf. Armel.

ARMAND (m) Etym. cf. Amand.
Moine en Bavière puis évêque de
Brixen-Bolzano, Italie, saint Armand
est considéré comme un grand réformateur, au 12e s. Mort en 1164. **Fête le
23 décembre.** — Réformateur aussi,
mais seulement de son ordre et dans
son pays au 16e s., saint Armand est un
franciscain hollandais mort à Louvain
en 1534. **Fête le 9 juillet.** — Deux bienheureux Armand sont parmi les
martyrs de septembre 1792. **Fête le 2
septembre.**

ARMANDE (f) Cf. Armand.

ARMANDINE (f) Cf. Armand.

ARMEL (m) Etym. celtique *(arzh,*
ours et *mael,* prince, chef). Missionnaire gallois, Armel travaille à l'évangélisation de l'Armorique au 6e s. Per-

sécuté il se réfugie à Paris, mais revient en Bretagne et meurt dans la paroisse qui prendra son nom, Ploërmel, vers 570. Ses reliques sont vénérées à Saint-Armel, près de Rennes. **Fête le 16 août.** Prénoms dérivés : Armelle, Armaël, Armaëlle.

ARMELLE (f) Cf. Armel.

ARNAL (m) Cf. Arnaud.

ARNAUD (m) Etym. germanique *(arn,* aigle). Fils d'une noble famille de Padoue, Italie, Arnaud entre très jeune chez les bénédictins. A vingt-quatre ans il est élu abbé du monastère Sainte-Justine. Persécuté puis emprisonné par le seigneur Eolin, il passe huit ans au fond d'une geôle et y meurt en 1255. **Fête le 10 février.** Prénoms dérivés : Arnaude, Aulnay, Naud, Naudet, Naudin.

ARNAUDE (f) Cf. Arnaud.

ARNEC (m) Etym. cf. Arnaud. Fils de saint Judicaël, roi de Bretagne au 7e s., Arnec construit un ermitage sur les rives de l'Elorn. L'ermitage est devenu un monastère et Land-Arnec…Landerneau ! Saint Arnec est aussi le patron de Trégarantec (Finistère). **Fête le 11 octobre.**

ARNOLD (m) Etym. germanique *(arn,* aigle). Chevalier flamand, Arnold renonce au monde et se consacre à Dieu au monastère Saint-Médard de Soissons. Elu abbé, il demande vingt-quatre heures de réflexion et en profite pour fuir, effrayé par la charge qu'on veut lui imposer. Un loup le ramène au monastère par le pan de sa robe ! En 1081, Arnold est élu évêque de Soissons par les pères du concile de Meaux et, trois ans après, chargé par Grégoire VII d'une mission de pacification auprès du comte de Flandre, Robert le Frison. Il n'en revient jamais. Edifié par ses vertus, Robert et ses sujets le gardent et lui construisent un monastère à Oudenbourg (auj. en Belgique). Les moines affluent aussitôt et c'est parmi eux que s'éteint Arnold le 15 août 1087. Très populaire dans les Flandres, saint Arnold est le patron des brasseurs de bière. **Fête le 15 août.**

ARNOUL (m) Etym. germanique *(arn,* aigle et *wulf,* loup). Né près de Nancy en 582, Arnoul est intendant des biens royaux à Metz, capitale du royaume d'Austrasie. En 614 Clovis II le nomme évêque de la ville, contre son gré et bien qu'il n'ait jamais été ordonné prêtre. Dora, son épouse, prend le voile dans un couvent de Trêves pour lui faciliter l'exécution de sa mission. A l'avènement de Dagobert, en 629, Arnoul se démet de ses fonctions d'intendant et se consacre exclusivement à son diocèse. Puis il prend sa retraite au mont Habend, dans les Vosges, où son ami Romaric* a fondé avec Aimé* un double monastère, les moines en bas, les moniales en haut (auj. Remiremont). Très humble, Arnoul se considère comme un grand pêcheur, se reprochant par-dessus tout d'être resté trop longtemps à la cour, chez « ces débauchés et ces assassins qu'étaient les successeurs de Clovis ». Mort le 18 juillet 641. **Fête le 18 juillet.**

ARNOULT (m) Etym. cf. Arnoul. Epoux de la nièce de Clovis, Arnoult renonce à sa fortune et va en Espagne pour y travailler à l'évangélisation des païens. Ayant pris bien des risques et bravé de nombreux périls dans ce pays, c'est à son retour qu'il meurt assassiné en traversant la forêt d'Yvelines, au 6e s. Une église est bâtie sur son tombeau au 12e s. et son nom donné au village qui s'établit autour, Saint-Arnoult-en-Yvelines, à l'orée de la forêt de Rambouillet. **Fête le 17 septembre.**

ARNULF (m) Cf. Arnoul. Forme primitive du prénom.

ARSÈNE (m) Etym. latine *(arsen,* mâle). Saint Arsène est l'un des plus célèbres « pères du désert ». Né sans doute à Rome vers 354, il fuit très tôt le monde pour chercher Dieu dans la solitude du désert de Scété, en Egypte. Chassé par les Vandales, il se réfugie à Canope, puis à Troë. Pour Arsène le silence est vraiment la règle d'or : « Je me suis souvent repenti d'avoir parlé ; rarement de m'être tu », lit-on dans ses maximes. Il fabrique des corbeilles pour vivre mais passe le plus clair de son temps en prière. D'ailleurs, qu'il travaille ou qu'il prie, il fond en larmes à la pensée de certains passages de l'Evangile, comme par exemple ces paroles de Jésus rapportées par Jean* : « Il n'y a pas de plus grand amour que de donner sa vie pour ceux qu'on aime », (Jn 15, 13) et il s'essuie tellement les yeux qu'il n'a plus de cils aux paupières à la fin de sa vie, dit l'ermite qui l'ensevelit, à Memphis, en 412. **Fête le 19 juillet.**

ARTÈME (m) Etym. latine *(artemo,* mât). Converti au christianisme, Artème est martyrisé à Pouzzoles, en Italie, dans les premiers siècles de l'Eglise. **Fête le 25 janvier.**

ARTÉMIS (f) Cf. Artème. — Artémis, la déesse grecque, est la Diane romaine. Prénom très en vogue au 18e siècle.

ARTÉMISE (f) Cf. Artémis.

ARTHAUD (m) Etym. germanique *(hart,* dur, fort et *ald,* vieux). Moine à la chartreuse des Portes, Arthaud est "fait" évêque de Belley par la population, âgé de quatre-vingt-sept ans ! Il démissionne deux ans après pour entrer à la Grande Chartreuse et meurt à cent cinq ans, vers 1125. **Fête le 6 octobre.**

ARTHELLAÏS (f) Etym. grecque (Arthellaïs ou Athéna est la déesse de la Pensée, des Arts et des Sciences, fille de Zeus et divinité éponyme d'Athènes). Fille d'un proconsul de Constantinople, Arthellaïs est d'une grande beauté. Pour échapper aux avances de

l'empereur Justinien, elle se réfugie dans un couvent de Bénévent, en Campanie (Italie), et disparaît prématurément, épuisée par les jeûnes et les veilles. 6e siècle. **Fête le 3 mars.**

ARTHUR (m) Etym. celtique *(arzh,* ours). Roi légendaire du pays de Galles au 6e s., Arthur est le héros des romans courtois du *cycle de la Table ronde.* — Victime de la persécution déclenchée par Henri VIII contre ceux qui refusent la séparation entre l'Eglise d'Angleterre et Rome, Arthur est martyrisé à Glastonbury, dans le Somerset, Angleterre, en compagnie de Richard Whiting, le 15 novembre 1539. **Fête le 15 novembre.** Prénoms dérivés : Arthus, Arturo, Arty, Arzhul, Arzur, etc.

ARTHUS (m) Cf. Arthur.

ARTURO (m) Cf. Arthur.

ARTY (m) Cf. Arthur. Forme hypocoristique du prénom.

ARZHELEN (f) Cf. Hélène. Forme bretonne du prénom.

ARZHUL (m) Cf. Arthur. Forme bretonne du prénom.

ARZUR (m) Cf. Arthur. Forme bretonne du prénom.

ASCAGNE (m) Prénom dérivé d'un patronyme. Né dans les Abruzzes en 1563 et mort à Campobasso (Italie) le 4 juin 1608, saint Ascagne est le fondateur des Clercs réguliers mineurs. Plus connu sous le nom de François Caracciolo. **Fête le 4 juin.**

ASCELIN (m) Cf. Asceline.

ASCELINE (f) Etym. franque *(azzelin,* noble). Champenoise, sainte Asceline passe pour être la cousine de saint Bernard au 12e s. Très jeune elle prend le voile chez les cisterciennes de Boulancourt. Morte vers 1195. **Fête le 23 août.**

ASCLÈPE (m) Etym. grecque *(Asclé-pios,* dieu de la médecine dans la mythologie). Evêque de Limoges, saint Asclèpe est mort en décembre 613. **Fête le 11 décembre.**

ASELLE (f) Etym. latine *(asella,* petite ânesse). A Rome, au 4ᵉ s., des femmes de la plus haute société, des patriciennes, s'encouragent entre elles et entraînent leurs maris à tout sacrifier, à tout perdre pour gagner Dieu. Aselle est l'une d'entre elles, « cette femme si belle et si douce, soutien des communautés » écrit son biographe. Selon saint Jérôme*, Aselle a passé sa vie dans une cellule, absorbée par la contemplation des mystères de Dieu. **Fête le 6 décembre.** Prénoms dérivés : Asella, Azeline.

ASTÈRE (m) Etym. gréco-latine *(aster,* étoile). Sénateur à Rome, Astère est condamné à mort et exécuté en 262 pour avoir enseveli dignement le corps de saint Marin*, officier martyrisé à cause de sa foi. **Fête le 3 mars.** Prénom dérivé : Astérine.

ASTÉRINE (f) Cf. Astère.

ASTRID (f) Etym. scandinave : « la divine cavalière ». Sainte Astrid est la mère de saint Olaf*, viking norvégien converti au christianisme, en Angleterre, au 11ᵉ s. **Fête le 27 novembre.**

ASTRIK (m) Etym. germanique *(Ans,* nom d'une divinité païenne et *rik,* roi). Evangélisateur des Magyars sous le règne d'Etienne 1ᵉʳ, saint Astrik est mort à la tâche en 1040. **Fête le 12 novembre.**

ATHANASE (m) Etym. grecque *(athanatos,* immortel). Saint Athanase est l'un des quarante martyrs de Sébaste, en Cappadoce (Turquie). Appartenant à la 12ᵉ légion, la ''Fulminante'', en cantonnement à Sébaste, il est arrêté et précipité nu dans un étang glacé avec tous ses compagnons, l'hiver de l'an 320, sous Licinius,

empereur d'Orient, pour avoir refusé de sacrifier aux dieux païens . **Fête le 10 mars.** — Elu évêque d'Alexandrie en 328, Athanase est aussitôt la cible de tous les ariens, simili-ariens et anti-nicéens de tout poil soutenus par les empereurs hostiles aux décisions du concile de Nicée où il a contribué, trois ans plus tôt, à la condamnation de son compatriote Arius. Ils les lui font payer cher, cette condamnation et son intransigeance à leur égard ! Cinq fois chassé de son évêché, tenu à l'écart en tout dix-sept ans sur les quarante-cinq années de son épiscopat, et même accusé d'avoir assassiné Arsène, l'évêque d'Ypsélé, après lui avoir coupé une main. Heureusement, la victime apparaît en plein synode, bien vivante et intacte. Jusqu'à son dernier souffle, Athanase ne parle, n'écrit et ne vit que pour défendre la divinité du Christ. « Cet homme extraordinaire est, après les apôtres , l'instrument principal dont Dieu s'est servi pour faire connaître au monde la vérité », selon Newman. Grand artisan de la défaite de l'arianisme, Athanase s'éteint à Alexandrie le 2 mai 373. **Fête le 2 mai.** — Au 10ᵉ s., saint Athanase l'Athonite est le premier organisateur des célèbres laures du mont Athos, en Macédoine (Grèce). Mort en 1003. **Fête le 5 juillet.**

ATHANASIE (f) Etym. cf. Athanase. Au 9ᵉ s., sur la petite île d'Egine, en Grèce, Athanasie qui aspire à la vie religieuse depuis son enfance se marie deux fois. La première fois, contrainte par ses parents. La seconde, après la mort de son époux sur un champ de bataille, par une loi qui oblige les jeunes veuves d'Egine à se remarier, tant la guerre a dépeuplé l'île. Aussi riche qu'elle aime les pauvres, son nouveau mari la soutient dans ses œuvres jusqu'à la dernière drachme, puis se retire dans un monastère. Elle meurt quelques années après lui, au milieu des religieuses qu'elle a installées dans leur maison. **Fête le 14 août.**

ATHÉNAÏS (f) Cf. Arthellaïs.

ATTALE (m) Etym. grecque *(Attalos,* nom de trois rois de Pergame aux 3e et 2e s. av. J.-C.) Elu en 615 et successeur direct du fondateur saint Colomban*, saint Attale est le deuxième abbé de Luxeuil. Mort en 627, ses restes sont transférés à Bobbio (Italie), la dernière fondation de Colomban. **Fête le 23 novembre.**

ATTALIA (f) Cf. Attale.

AUBAN (m) Cf. Alban. Forme provençale du prénom.

AUBE (f) Cf. Aubert ou Aubin. Formes féminines de ces prénoms.

AUBERT (m) Etym. cf. Albert. Evêque d'Avranches, en Normandie, saint Aubert est le fondateur du Mont-Saint-Michel au 8e s. L'archange lui apparaît plusieurs fois, croit-on, pour réclamer la construction d'un sanctuaire sur le mont Tombe, multipliant les prodiges afin de convaincre l'évêque réticent. Aubert s'exécute en 709, visiblement assisté du Ciel, et meurt en 725. Au 10e s., sur l'emplacement de l'oratoire construit par Aubert, les moines bénédictins entreprennent l'édification d'une abbaye qui fera du mont Saint-Michel l'un des plus grands centres de pèlerinages de toute la chrétienté. **Fête le 10 septembre.** — Ermite près de Tournai, dans le Hainaut, Aubert fait cuire des pains que son âne va, seul, livrer à la ville. L'argent qu'il rapporte est distribué aux pauvres. Aubert meurt évêque de Cambrai vers 670. **Fête le 13 décembre.** Prénoms dérivés : Ober, Obéron.

AUBIERGE (f) Cf. Edelburge.

AUBIN (m) Cf. Albin.

AUBRY (m) Cf. Albéric.

AUBULE (m) Etym. latine *(albus,* blanc). Avec Adrien, son compagnon, Aubule est parmi les dernières victimes de la terrible persécution de Dioclétien au début du 4e s. Martyrisé à Césarée de Palestine en 310. **Fête le 5 mars.**

AUDE (f) Etym. germanique *(ald,* ancien). Peut-être originaire de Meaux, sainte Aude est l'une des compagnes de sainte Geneviève*, à Paris, au 5e s. Elle est honorée comme telle dans la capitale au 13e s. En 1239, le roi Louis* conduit une procession en l'honneur des reliques de la Passion qu'il a rapportées de Terre Sainte ; les chanoines de l'église Sainte-Geneviève sont présents avec la châsse « qui renferme le corps de sainte Aude ». **Fête le 18 novembre.** — Cf. Haude. Prénoms dérivés : Aoda, Audie, Eodez.

AUDIE (f) Cf. Aude.

AUDIFAX (m) Etym. latine : « celui qui fait avec audace ». Chrétien persan en pèlerinage à Rome avec ses parents et son frère, Audifax est surpris par la persécution de Claude le Gothique au 3e s. Pris à visiter les chrétiens prisonniers, il est arrêté et condamné à subir le martyre avec les siens en 270. **Fête le 19 janvier.**

AUDOUARD (m) Cf. Edouard. Forme provençale du prénom.

AUDRAIN (m) Cf. Audren.

AUDREN (m) Etym. celtique *(alt,* haut et *roen,* royal). Fils de Salaün*, roi de Bretagne au 9e s., Audren est le fondateur de la ville de Châtelaudren. **Fête le 7 février.** Prénoms dérivés : Aodren, Audrain, Audrena.

AUDRENA (f) Cf. Audren.

AUDREY (f) Etym. cf. Audren. Née à Exning, dans le Suffolk, Angleterre, Audrey est la fille d'Anna, roi d'Est-Anglie au 7e s. Celui-ci lui impose le mariage bien qu'elle ait fait vœu de chasteté, mais le prince Tonbert respecte sa virginité et meurt au bout de trois ans. Contrainte de se remarier pour des raisons politiques, Audrey se réfugie à l'abbaye de Cuningham et, plus tard, fonde à Ely une importante abbaye mixte qu'elle gouverne jusqu'à sa mort, le 23 juin 679. Le grand nombre d'églises qui lui sont dédiées en Angleterre témoigne de la popularité de sainte Audrey dans le pays. **Fête le 23 juin.**

AUDRY (f) Cf. Audrey.

AUGIAS (m) Etym. grecque *(Augias,* nom du roi légendaire d'Elide, fils d'Hélios et l'un des Argonautes). Saint Augias est l'un des quarante martyrs de Sébaste (auj. Sivas, en Turquie). Appartenant à la douzième légion, la "Fulminante", en cantonnement à Sébaste, il est arrêté avec tous ses compagnons pour avoir refusé de sacrifier aux dieux païens et précipité nu avec eux dans un étang glacé l'hiver de l'an 320, sous la persécution de Licinius, empereur d'Orient. **Fête le 10 mars.**

AUGURE (m) Etym. latine *(augurium,* prédiction, présage). Compagnon de l'évêque Fructueux*, Augure est comme lui brûlé vif à Tarragone, Espagne, en 259. **Fête le 21 janvier.**

AUGUSTA (f) Etym. cf. Auguste. Fille du duc de Frioul, en Italie, et convertie au christianisme, Augusta refuse d'obéir à son père qui lui ordonne d'apostasier. Il la fait décapiter. 5ᵉ s. **Fête le 27 mars.**

AUGUSTE (m) Etym. latine *(augustus,* vénérable). Saint Auguste ou Gustave vit près de Bourges au 6ᵉ s. « Il est si perclus, écrit Grégoire de Tours, qu'il se traîne sur le ventre pour mendier ». Ayant constitué un magot, il fait construire près de Bourges un oratoire qu'il dédie à saint Martin. C'est là qu'il est guéri de tous ses maux. Devenu abbé du monastère Saint-Symphorien, il meurt vers 560. **Fête le 7 octobre.** — Né à La Rochelle, Auguste Chapdelaine est ordonné prêtre en 1843. Missionnaire en Chine en 1852, il attend le martyre comme la

meilleure chose qui puisse lui arriver. A Kouang-Si où il a fondé une petite chrétienté, il vit tantôt au milieu de ses gens, tantôt en prison, selon l'humeur des autorités locales. On l'enferme un jour dans l'une de ces cages réservées, dans lesquelles on tourmente d'habitude les brigands notoires. Rien ne lui est épargné. Comme il respire encore le lendemain, il est décapité. Accrochée à un arbre, sa tête est lapidée par des enfants jusqu'à ce qu'elle tombe, finalement dévorée par des chiens errants ! **Fête le 29 février.**

AUGUSTIN (m) Etym. cf. Auguste. Né à Thagaste (auj. Souk-Ahras, Algérie) en 354, Augustin n'a pas trouvé son auréole dans son berceau ! Entre un père libertin et une sainte mère, il imite d'abord le premier. Il est pourtant tout le contraire d'un tiède ou d'un médiocre. Sincère, ardent, généreux, Augustin l'est dans l'erreur comme dans la recherche de la vérité. Brillant étudiant ou professeur à Carthage, puis à Rome, « marchand d'éloquence » à Milan et manichéen déclaré, il ne fait que cela : chercher la vérité. Il la découvre soudain dans l'Evangile, mais attend encore la foi. En 386 les prières et les larmes de Monique*, sa mère, ont raison de ses hésitations. Il réclame le baptême, pour lui et pour Adéodat , le fils qu'il chérit. Ambroise*, évêque de Milan, les baptise ensemble la veille de Pâques 387. Ordonné prêtre quatre ans plus tard, Augustin prend l'Evangile au sérieux, abandonne aux pauvres tout ce qu'il possède. Evêque d'Hippone (auj. Anaba) en 396, il prêche, arbitre les conflits, combat les hérésies, écrit énormément pendant trente-cinq ans, consulté par tous et sollicité de partout. Peu d'hommes ont tenu une telle place dans un siècle. Peu occupent une telle place dans l'Eglise. Mort à 76 ans, le 28 août 430. Son corps est d'abord transféré en Sardaigne, ainsi soustrait aux Vandales qui déferlent sur la

Numidie, puis amené à Pavie, en Lombardie, où il est toujours vénéré dans l'église Saint-Pierre-au-Ciel-d'Or. **Fête le 28 août.** — Saint Augustin de Canterbury est le fondateur de l'Eglise en Angleterre à la fin du 6ᵉ s. Envoyé par le pape Grégoire* avec quarante moines bénédictins, il baptise le roi saxon Ethelbert* qui décide la construction d'une cathédrale et d'un monastère à Canterbury, puis la fondation des trois évêchés de Londres, Manchester et Canterbury sur son royaume. Augustin échoue, en revanche, chez les Celtes du pays de Galles. Mort à Canterbury en 604. **Fête le 27 mai.**

AUGUSTINE (f) Cf. Augustin ou Marie-Augustine.

AULNAY (m) Cf. Arnaud.

AUNEMOND (m) Etym. germanique *(adal,* noble et *mund,* protection). Gouverneur du palais de Dagobert 1ᵉʳ, Aunemond est nommé évêque de Lyon en 653. Son influence est telle dans toute la région qu'il est assassiné quatre ans plus tard par les sbires de la reine Mathilde. **Fête le 28 septembre.**

AUNEMONDE (f) Cf. Aunemond.

AURA (f) Etym. latine : « toute-en-or ». Religieuse au couvent de Cuteclara, près de Cordoue (Espagne), depuis trente ans, Aura est arrêtée et traînée au tribunal du calife Mohamed 1ᵉʳ, en 856. Impressionnée par les instruments de torture qu'on étale sous ses yeux pour la faire apostasier, elle faiblit et promet d'abord tout ce que l'on veut d'elle mais se ressaisit aussitôt pour clamer haut et clair qu'elle n'a jamais été aussi chrétienne. Elle est exécutée et jetée dans le Guadalquivir. **Fête le 19 juillet.** Prénoms dérivés : Oria, Orianna, Orianne, Orna, Ornella.

AURE (f) Etym. cf. Aura. De 633 à 666, Aure est abbesse d'un monastère fondé par saint Eloi* pour les jeunes

Franques, à Paris, près de l'église Saint-Paul-Saint-Louis. **Fête le 4 octobre.**

AUREGUENN (f) Cf. Aure. Forme bretonne du prénom.

AURÈLE (m) Etym. latine *(aurum,* or). Lui-même évêque de Carthage et véritable chef de l'Eglise d'Afrique qui compte alors près de cinq cents évêques, Aurèle gouverne habilement et de façon exemplaire de 392 à 430, conseillé et soutenu par son ami Augustin*, évêque d'Hippone. Leur grande préoccupation est de combattre les hérésies, si nombreuses qu'il faudrait convoquer un concile chaque année pour les condamner. Ils meurent la même année, en 430, Augustin à Hippone, Aurèle à Carthage. **Fête le 20 juillet.** — A Cordoue, au 9ᵉ s., Aurèle et Nathalie* se cachent, feignent même parfois d'être musulmans pour garder la vie sauve, si dure est la persécution déclenchée par l'émir contre les chrétiens. Jusqu'au jour où Aurèle est le témoin d'une scène bouleversante : nu et juché sur un âne, un chrétien est fouetté jusqu'au sang par deux bourreaux et tourné en dérision par un crieur public. Honteux de son comportement, Aurèle cesse de feindre et affiche son appartenance au christianisme, imité par sa femme, deux de leurs amis et Georges, un moine qu'ils cachent chez eux. Arrêtés, ils sont décapités tous les cinq en 852. **Fête le 27 juillet.**

AURÉLIE (f) Etym. cf. Aurèle. On sait seulement d'Aurélie que saint Colomban* a déposé les reliques d'une sainte de ce nom à Brégenz, Autriche, en 610. Reliques qu'il avait reçues à Strasbourg où sainte Aurélie fait l'objet d'un culte particulier depuis les premiers siècles du christianisme. **Fête le 15 octobre.**

AURÉLIEN (m) Etym. cf. Aurèle. Bourreau de son état pendant la persécution de Silanus, Aurélien participe à la flagellation de Martial, évêque de Limoges dans les premiers siècles du christianisme en Limousin. Foudroyé lors de la libération miraculeuse de Martial, Aurélien est ressuscité par le saint et, devenu chrétien, il est ordonné prêtre puis sacré évêque de Limoges à la mort de saint Martial*. Aujourd'hui la confrérie de saint Aurélien est celle des bouchers de la ville. Lors des ostentions, tous les sept ans, on va prendre sa relique dans l'église qui lui est dédiée, rue de la Boucherie, et on l'expose près des reliques des saints Martial et Loup, afin d'honorer les trois limougeauds en même temps. **Fête le 30 juin.** — Evêque d'Arles en 546, puis vicaire du pape pour la Gaule, Aurélien combat farouchement l'hérésie de ceux qui refusent d'admettre que Marie, mère du Christ, est vraiment la mère de Dieu. Avec Childebert, le fils de Clovis, il fonde à Arles deux monastères, l'un pour les moines, l'autre pour les moniales, et rédige pour eux une règle dans laquelle il juge bon de préciser que tous doivent apprendre à lire ! Mort à Lyon le 16 juin 551. **Fête le 16 juin.**

AURIA (f) Etym. cf. Aura. Simple et pauvre paysanne, Auria ou Gloria parvient à se faire admettre dans un couvent, sans dot, au 11e s. Elle y vit saintement et y meurt de la même façon, laissant la réputation d'une grande thaumaturge. **Fête le 11 mars.**

AURIANE (f) Cf. Auria.

AURORE (f) Cf. Aura ou Aure.

AUSONE (m) Etym. latine *(Ausonius,* nom d'un poète latin bordelais, maître et ami de saint Paulin* de Nole au 4e s.) Disciple de saint Martial* qui l'aurait lui-même converti, saint Ausone est le premier évêque d'Angoulême à l'origine du christianisme en Angoumois. **Fête le 6 août.**

AUSTIN (m) Cf. Augustin. Forme populaire du prénom.

AUSTREBERTE (f) Etym. germanique *(aust,* est et *berth,* brillant, illustre). Fille du comte de Hesdin qui veut la marier à tout prix, Austreberte se réfugie chez Omer*, le saint évêque de Thérouanne. Il la fait admettre au monastère de Pavilly où elle devient abbesse et meurt en 704. **Fête le 10 février.**

AUSTRÉGISILLE (m) Etym. germanique *(aust,* est et *ghil,* otage). Encore jeune et vivant à la cour de Bourgogne, Austrégisille est bien décidé à rester célibataire et s'en explique volontiers : « Si je trouve une bonne épouse, je vais vivre malheureux dans la crainte de la perdre. Si c'est pour en prendre une mauvaise, je préfère m'en passer ! » Il quitte d'ailleurs la cour pour se consacrer exclusivement au service de Dieu à Lyon où il est ordonné prêtre en 590. Sacré évêque de Bourges, sa ville natale, en 612, il devient vite très populaire en débarrassant la région d'un seigneur, illustre brigand, qu'il parvient lui-même à persuader, l'épée à la main, d'aller accomplir ses méfaits ailleurs. Mort à Bourges le 20 mai 634. **Fête le 20 mai.**

AUSTREMOINE (m) Etym. grécolatine : « le moine qui vient du sud ». Il vient de Rome, envoyé par le pape. Selon Grégoire* de Tours, Austremoine est l'un des sept évêques venu évangéliser la Gaule au milieu du 3e s. Compagnon de saint Nectaire*, il est le premier évêque de Clermont. Après trente-trois ans d'un apostolat fécond, il se retire à Issoire et y fonde un monastère. Mais il s'attire la haine d'un seigneur dont il a converti le fils unique et meurt, décapité, vers 300. Un sanctuaire est érigé sur son tombeau à Issoire et, au 12e s., une superbe abbatiale qui reste l'un des joyaux du roman auvergnat. Une châsse y garde les ossements de saint Austremoine, excepté son ''chef'', vénéré à Saint-Yvoine, près d'Issoire. **Fête le 6 juillet.**

AUSTRILLE (m) Cf. Austrégisille.

AUTHIER (m) Cf. Gauthier.

AUXANE (m) Cf. Euxane.

AUXENCE (m) Etym. latine *(augere,* augmenter, croître). Militaire, Auxence abandonne l'armée pour vivre en ermite sur le mont Oxia, Italie. Mort en 473. **Fête le 14 février.**

AUZIAS (m) Cf. Elzéar.

AVA (f) Etym. latine *(avis,* oiseau). Ayant recouvré la vue sur le tombeau de sainte Remfroid , au monastère de Denain, près d'Arras, Ava prend le voile et lègue sa fortune au monastère. **Fête le 29 avril.** Prénoms dérivés : Avelaine, Aveline, Aviva.

AVEL (m) Cf. Abel. Forme bretonne du prénom.

AVELAINE (f) Cf. Ava.

AVELINE (f) Cf. Ava.

AVENANT (m) Cf. Venance.

AVENTIN (m) Etym. latine *(adventus,* arrivée, venue ; ou peut-être originaire du mont Aventin, l'une des sept collines de Rome). Saint Aventin est l'un des premiers évangélisateurs de Chartres et de Blois à l'origine du christianisme. **Fête le 19 avril.**

AVERTAN (m) Etym. latine *(avertere,* détourner). Religieux carme en route pour les Lieux saints avec son compagnon Roméo*, Avertan contracte la peste noire et meurt à Lucques, Toscane, le 26 février 1380. **Fête le 26 février.**

AVIT (m) Etym. latine *(avis,* oiseau). Fils du sénateur Esychius élu évêque de Vienne, France, vers 475, Avit fonde une famille. Mais veuf à quarante ans il distribue tous ses biens aux pauvres et se retire dans un monastère. Elu aussi évêque de Vienne après la mort de son père, en 494, il convertit au christianisme l'arien Sigismond*, roi des Burgondes. On a gardé une lettre de saint Avit, datée de 496, par laquelle il félicite Clovis de s'être converti. **Fête le 5 février.**

AVIVA (f) Cf. Ava.

AVOYE (f) Cf. Edwige.

AWEN (m) Cf. Venance. Forme bretonne du prénom.

AXEL (m) Etym. latine *(axis,* axe). Témoin du martyre de saint Paul* vers 67, Axel se convertit au christianisme et verse son sang pour sa foi peu de temps après. **Fête le 2 juillet.**

AXELLE (f) Cf. Axel.

AYA (f) Etym. latine *(aio,* j'acquiesce). Fille de Brunulphe, comte d'Ardennes, et épouse de saint Hydulphe*, Aya prend le voile à l'abbaye de Mons fondée par sainte Mathilde*, tandis que son mari entre au monastère de Lobbes (auj. en Belgique). Morts tous les deux en 707. **Fête le 18 avril.**

AYBERT (m) Etym. germanique *(haim,* maison et *berth,* brillant, illustre). Né près de Tournai dans la famille d'un officier, Aybert choisit de se consacrer au service de Dieu. Ermite, sa sainteté attire les foules, l'obligeant à se déplacer souvent pour sauvegarder sa solitude. Il n'en opère pas moins de nombreuses guérisons et conversions. Son habitude de saluer la Vierge Marie cinquante fois par jour est peut-être à l'origine du chapelet. Mort vers 1170. **Fête le 7 avril.**

AYMAR (m) Etym. germanique *(haim,* maison et *mar,* important). Le bienheureux Aymar succède à saint Odon comme abbé de Cluny en 942. **Fête le 19 novembre.** — Au 13e s. un autre bienheureux Aymard est appariteur d'une équipe d'inquisiteurs au temps de l'hérésie albigeoise. Tombé dans un guet-apens au cours d'une mission, il est massacré par les hérétiques le 29 mai 1242 avec tous ses compagnons. **Fête le 29 mai.**

AYMÉ (m) Cf. Aimé.

AYMERIC (m) Cf. Emeric.

AYMON (m) Cf. Raymond. Forme occitane du prénom.

AYMONE (f) Cf. Raymonde. Forme occitane du prénom.

AYOUTRE (m) Cf. Adjutor.

AZELINE (f) Cf. Aselle.

AZILIZ (f) Cf. Cécile. Forme bretonne du prénom.

B

BABETTE (f) Cf. Elisabeth.

BABINE (f) Cf. Balbine.

BABOLIN (m) Etym. sémitique *(Bab-Ili,* la porte du dieu). Moine à Luxeuil, Bourgogne, sous la houlette de saint Colomban*, le fondateur de la plus illustre abbaye en Gaule pendant deux siècles, Babolin devient évêque de Saint-Maur-des-Fossés au 7e s. **Fête le 23 - novembre.**

BABYLAS (m) Etym. cf. Babolin. Evêque, saint Babylas est mort martyr à Antioche (auj. Antakya, Turquie), en 250, sous le règne de l'empereur Dèce. Saint Jérôme* et saint Jean-Chrysostome* ont fait son éloge au 4e s. **Fête le 24 janvier.**

BACCHUS (m) Etym. gréco-latine *(Bacchus,* nom latinisé de *Bacchos,* autre appellation de *Dionysos,* le dieu grec de la vigne, du vin et du délire extatique). Saint Bacchus est le compagnon de captivité de saint Serge* ; il est martyrisé à Soura, en Syrie, vers 304, lors des persécutions ordonnées par Dioclétien. **Fête le 7 octobre.**

BADÉMIUS (m) Cf. Vadim.

BALBINE (f) Etym. latine *(balbus,* bègue). Balbine ou Babine, vierge martyre des premiers siècles ou matrone romaine donatrice du cimetière qui porte ce nom dans la ville éternelle au 9e s., sainte Balbine a figuré très longtemps au catalogue des Saints. **Fête le 31 mars.**

BALDRIC (m) Cf. Baud.

BALDWIN (m) Cf. Baudouin.

BALTHAZAR (m) Etym. sémitique (nom donné dans la Bible à *Bêl-Shar-Usur,* régent de Babylone, tué par Cyrus lors du siège de la ville au 6e s. av. J.-C.) Balthazar est l'un des rois-mages, nommé généralement le troisième et représentant la race noire, venu adorer l'Enfant Jésus à Bethléem, en Judée, quelques jours après sa naissance. « Il offre de la myrrhe, explique Bède* le Vénérable, sachant que Jésus, fils de Dieu, est aussi fils de l'homme, et que comme tel il doit mourir pour notre salut ». **Fête le 6 janvier.**

BAPTISTA (f) Etym. grecque *(bapti-zein,* immerger). Née en 1458 dans une illustre famille de Camerino, en Italie, Baptista est très belle ; elle aime le monde, le luxe et tous les avantages que lui offre la vie dans son milieu fortuné. Touchée par la grâce, elle renonce pourtant à tout et se consacre à Dieu dans l'ordre des clarisses. Abbesse en 1499 elle meurt, victime de la peste, en 1527. **Fête le 31 mai.** Prénom dérivé : Baptistine.

BAPTISTE (m) Cf. Jean-Baptiste.

BAPTISTIN (m) Cf. Jean-Baptiste.

BAPTISTINE (f) Cf. Baptista.

BAPTISTOUN (m) Cf. Baptiste ou Jean-Baptiste. Forme provençale du prénom.

BARACHISE (m) Etym. persane. Originaire de Beth-Asa, Barachise *(Berikjesu* en iranien) est arrêté avec son frère Jonas* pendant la persécution de Sapor II, parce qu'il visite les chrétiens persécutés et enchaînés pour les réconforter. Contraint de partager leur sort, son humeur n'en est que plus joyeuse. Il rit tellement du magistrat qui prétend lui faire adorer le soleil et le feu, provoquant le délire dans l'assistance, qu'il faut le juger la nuit quand tout le monde dort. Condamné à subir les pires tortures, il ne semble même pas souffrir, soutenu par une grâce extraordinaire de Dieu. Mort en 327. **Fête le 29 mars.**

BARBAN (f) Cf. Barbe. Forme bretonne du prénom.

BARBANTOINE (m) Cf. Barbe et Antoine. Forme provençale de ces prénoms associés.

BARBARA (f) Cf. Barbe.

BARBE (f) Etym. latine *(barbari,* les barbares, nom donné jadis par les Grecs à tous les peuples restés en dehors de leur civilisation). La légende de sainte Barbe parle d'une jeune fille très belle et très riche vivant au 3e ou 4e s. Convertie au christianisme contre la volonté de son père, elle est emprisonnée dans une tour du château, mais s'obstine et persévère encore dans sa foi. Furieux, le père met le feu à la tour et, retrouvant sa fille indemne, la fait décapiter. C'est alors le feu du ciel qui tombe sur lui et le consume intégralement. Invoquée contre la mort violente, sainte Barbe est aussi la patronne des pompiers et des artilleurs. **Fête le 4 décembre.** — Barbe Avrillot, ou Madame Acarie, ou Marie de l'Incarnation, est mère de six enfants mais surtout célèbre pour avoir introduit en France la réforme du Carmel instaurée en Espagne par Thérèse* d'Avila. Veuve, elle prend le voile au carmel de Pontoise et y meurt, simple sœur converse, en 1618. Béatifiée par Pie VI en 1791. **Fête le 18 avril.** Prénoms dérivés : Barbara, Barban, Barberine.

BARBERINE (f) Cf. Barbe.

BARNABAS (m) Cf. Barnabé.

BARNABÉ (m) Etym. hébraïque : « fils de consolation » selon saint Luc* qui nous dit aussi dans les Actes des Apôtres (4,36) que Barnabé est le surnom de Joseph, un lévite cypriote qui vend son champ et verse le montant du revenu dans la caisse de la première communauté établie par les apôtres. C'est grâce à Barnabé que ceux-ci accueillent parmi eux Saul ou Paul*, l'ancien persécuteur du Christ. Il travaille avec lui pendant un an à Antioche (auj. Antakya, Turquie) et l'accompagne ensuite dans ses grands voyages apostoliques, prêchant l'Evangile à Chypre et dans plusieurs villes d'Asie Mineure. Plus tard il est le compagnon de Jean-Marc*, puis il revient à Chypre où il meurt lapidé et brûlé vers 60. **Fête le 11 juin.**

BARNARD (m) Etym. cf. Bernard. Né à Lyon vers 780, Barnard vit à la cour de Charlemagne. Après sept ans de mariage et avec le consentement de sa femme il se consacre à Dieu au monastère d'Ambronay (Bresse). Archevêque de Vienne, France, en 810, il meurt à Romans en 842. **Fête le 23 janvier.**

BARTHÉLEMY (m) Etym. araméenne *(bar-Tolmaï, fils de Tolmaï).* Selon les exégètes Barthélemy est vraisemblablement le Nathanaël de l'évangile de Jean, celui qui dit, apprenant que Jésus est de Nazareth : « Peut-il sortir quelque chose de bon de Nazareth ? » Pourtant, retourné par les paroles que lui adresse le Christ, il le suit et devient l'un de ses apôtres, en Palestine, au 1er s. Après la Pentecôte il contribue à l'évangélisation du Bosphore, de la Phrygie, et meurt, écorché vif, en Arménie à la fin du 1er s. Son martyre a inspiré plusieurs peintres, dont Ribera en 1630 (Musée du Prado, Madrid). **Fête le 24 août.** — Saint Barthélemy Amidei est l'un des sept marchands florentins et amis inséparables, fondateurs des Servites de Marie au 13e s. Mort en 1266. Cf. Alexis Falconieri. **Fête le 17 février.** Prénoms dérivés : Bartholomé, Barthy, Bartolo, Bartoumiéu, etc.

BARTHOLOMÉ (m) Cf. Barthélemy.

BARTHOLOMÉE (f) Etym. cf. Barthélemy. Sainte Bartholomée est la fondatrice de la congrégation des sœurs de la Charité de Milan au 19e s. **Fête le 26 juillet.**

BARTHY (m) Cf. Barthélemy. Forme hypocoristique du prénom.

BARTOLO (m) Cf. Barthélemy.

BARTOUMIÉU (m) Cf. Barthélemy. Forme provençale du prénom.

BASILE (m) Etym. grecque *(basileus,* roi). Enseignant à Césarée de Cappadoce au début du 4e s., saint Basile l'Ancien est le père de saint Basile le Grand. **Fête le 2 janvier.** — Né vers 329 à Césarée de Cappadoce (auj. Kayseri, en Turquie), Basile étudie à Constantinople et Athènes, visite les ascètes d'Orient et fonde un monastère en Cappadoce. Evêque de Césarée en 370, il lutte énergiquement contre l'arianisme de l'empereur Valens, écrit deux

Règles monastiques, de nombreux ouvrages comme *Sur la Genèse* et *Sur les Psaumes,* des homélies et des lettres. Il est admiré par les païens comme par les chrétiens. Père et docteur de l'Eglise, saint Basile le Grand est honoré le même jour que saint Basile l'Ancien, son père, et saint Grégoire* de Naziance, son ami. **Fête le 2 janvier.** Prénom dérivé : Vassili.

BASILIDE (m) Etym. cf. Basile. Soldat chargé de conduire au supplice sept disciples d'Origène qui viennent d'être condamnés à mort, Basilide doit s'interposer entre une bande de libertins et la jeune et jolie Potamiène* dont ils veulent abuser. La menace écartée grâce au courage et à l'épée du soldat, Potamiène lui promet : « Je t'enverrai ta récompense dès que je serai auprès de Dieu ». Deux jours plus tard Basilide reçoit le baptême du sang, à Alexandrie, Egypte, en l'an 202. **Fête le 21 juin.**

BASILISSA (f) Cf. Vassilissa.

BASILISSE (f) Cf. Vassilissa.

BASILLE (f) Etym. cf. Basile. Princesse impériale convertie au christianisme contre la volonté de son père, Basille fait aussi vœu de virginité perpétuelle. Furieux, l'empereur lui donne le choix entre le mariage et la mort, aussitôt contraint d'ordonner l'exécution de sa fille, en 304. **Fête le 20 mai.**

BASILLOU (m) Cf. Basile. Forme provençale du prénom.

BASSO (m) Etym. italienne *(basso,* bas). Premier évêque de Nice, Basso est martyrisé en 257. Sa mitre est conservée à la cathédrale de Nice. **Fête le 5 décembre.**

BASTIAN (m) Cf. Sébastien. Forme occitane du prénom.

BASTIANE (f) Cf. Sébastien.

BASTIEN (m) Cf. Sébastien.

BASTIENNE (f) Cf. Sébastien.

BATHILDE (f) Etym. germanique *(bald,* audacieux et *hild,* combat). Jeune esclave anglaise, Bathilde est revendue en France. Après bien des péripéties, elle devient l'épouse de Clovis II, successeur de Dagobert, et lui donne trois fils qui monteront sur le trône : Clotaire, futur roi de Neustrie et de Bourgogne, Childéric, futur roi d'Austrasie et Thierry qui succédera à Clotaire. Veuve et régente, Bathilde libère tous les esclaves qu'elle peut acheter et fonde un monastère à Corbie en 657, puis un autre à Chelles où elle se retire et meurt en 680. **Fête le 30 janvier.**

BATHYLLE (f) Cf. Bathilde.

BATISTET (m) Cf. Baptiste. Forme provençale du prénom.

BATISTIN (m) Cf. Baptiste.

BATISTOUN (m) Cf. Baptiste.

BAUCIS (m) Cf. Baud. — Dans la mythologie, Baucis et son mari Philémon sont épargnés, lors du déluge, pour avoir ouvert leur porte à Zeus et Hermès qui leur accordent aussi la faveur de n'être jamais séparés.

BAUD (m) Etym. germanique *(bald,* audacieux). Evêque de Tours au 6ᵉ s., saint Baud est célèbre pour sa bonté et le souci qu'il a de soulager tous les pauvres de son diocèse. Mort vers 552. On l'invoque en période de grande sécheresse. **Fête le 7 novembre.** Prénom dérivé : Baucis.

BAUDILE (m) Etym. germanique *(bald,* hardi, audacieux et *hild,* combat). Saint Baudile est l'un des premiers évangélisateurs de Nîmes, martyrisé dans cette ville au 3ᵉ s. Derrière l'église qui lui est dédiée, la chapelle des Trois-Fontaines a été construite sur le lieu présumé de sa mort. **Fête le 20 mai.**

BAUDOLIN (m) Etym. germanique *(bald,* hardi, audacieux). Moine ermite, saint Baudolin (ou Baldo) vit près d'Alessandria, dans le Piémont, au 8ᵉ s. Son tombeau est confié à la garde des dominicains en 1571. **Fête le 10 novembre.**

BAUDOUIN (m) Etym. germanique *(bald,* hardi, audacieux et *win,* ami). Archidiacre de Laon au 7ᵉ s., saint Baudouin est assassiné en 679 par les émissaires d'Ebroïn, maire du palais de Neustrie. Sa sœur, sainte Anstrude*, le fait inhumer solennellement à l'abbaye Notre-Dame de Laon dont elle est l'abbesse. **Fête le 17 octobre.** — Aux 12ᵉ et 13ᵉ s. saint Baudouin est moine au mont Blandin, en Flandre, grand artisan de la mise en valeur des terres de toute la région. Mort en 1205 au monastère de Baudeloo. **Fête le 25 juillet.** Prénoms dérivés : Aldwin, Baldwin.

BAUTEZAR (m) Cf. Balthazar. Forme provençale du prénom.

BAVON (m) Cf. Allowin.

BAZIRE (m) Cf. Basile. Forme normande du prénom.

BÉATRICE (f) Etym. latine : « la bienheureuse ». Fille du marquis de Ferrare, Béatrice se consacre à Dieu chez les bénédictines après la mort de son fiancé. En 1254 elle fonde un couvent sur le fief de sa famille, à Ferrare, en Emilie (Italie), où elle meurt vers 1270. **Fête le 18 février.** — En Dauphiné, la bienheureuse Béatrice d'Ornacieux est la fondatrice de la chartreuse d'Eymeu en 1290. **Fête le 13 février.** — Nièce d'Isabelle, reine de Castille, Béatrice de Silva est aussi fondatrice mais d'un nouvel ordre, celui des conceptionnistes, en l'honneur de l'Immaculée Conception de la Vierge Marie, en 1484. Morte à Tolède le 16 août 1490. **Fête le 16 août.**

BÉATRIX (f) Etym. cf. Béatrice. Ayant inhumé les corps de ses frères

Faustin* et Simplice* et farouchement déterminée à persévérer dans sa foi malgré toutes les promesses et toutes les menaces des juges, Béatrix ou Viatrix est martyrisée à Rome en 304, pendant la persécution de Dioclétien. **Fête le 29 juillet.**

BEAU (m) Cf. Baud.

BÈDE (m) Etym. germanique *(bald,* hardi, audacieux). Saint Bède, dit le Vénérable, est l'auteur du 8ᵉ s. le plus important pour tout l'Occident. Il se présente lui-même à la fin de son *Histoire des Anglais,* peu de temps avant sa mort. Né près de l'abbaye de Jarrow, à Wearmouth, Angleterre, il n'a que sept ans lorsqu'il est confié aux soins de l'abbé Benoît* Biscop. Il passe sa vie toute entière à l'abbaye, partageant son temps entre l'étude de la Bible et la célébration de l'Office divin. Tout son bonheur est d'étudier, d'enseigner et d'écrire. Prêtre à trente ans il écrit beaucoup trente autres années durant, sur l'Ecriture, les saints et les pères de l'Eglise, mais aussi sur des sujets aussi divers que l'orthographe, le soleil, le tonnerre et le calendrier grégorien qu'il contribue à faire adopter en Occident. Le 25 mai 735 il travaille encore, dans son lit, à la traduction de l'évangile de saint Jean en anglais, puis meurt le lendemain, aussi tranquille et humble qu'il a vécu. **Fête le 25 mai.**

BEE (f) Etym. anglaise : ''l'abeille''. Originaire de Northumbrie, sainte Bee est la première femme religieuse ermite en Grande-Bretagne au 7ᵉ s. **Fête le 6 septembre.**

BEGGE (f) Etym. néerlandaise *(beggen,* bavarder). Fille de sainte Itte* et de Pépin* de Landen, Begge épouse Ansegisel, fils de saint Arnoul*. De leur union naît Pépin d'Héristal, fondateur de la lignée carolingienne au 7ᵉ s. **Fête le 17 décembre.**

BÈGNE (f) Cf. Begge. Forme populaire du prénom.

BELETTE (f) Cf. Isabelette.

BELINE (f) Etym. germanique *(Belinus,* nom d'une divinité d'Europe Centrale). Vierge chrétienne, sainte Beline est décapitée par un seigneur qu'elle refuse d'épouser, au 8ᵉ s. **Fête le 8 septembre.**

BELLA (f) Cf. Isabelle.

BELLE (f) Cf. Isabelle.

BEN (m) Cf. Benjamin.

BENEAD (m) Cf. Benoît. Forme bretonne du prénom.

BÉNÉDICTE (f) Etym. cf. Benoît. Originaire d'Assise, sainte Bénédicte succède à sainte Claire comme abbesse du couvent Saint-Damien en 1253. Morte le 16 mars 1260. **Fête le 16 mars.**

BÉNÉDIT (m) Cf. Benoît. Forme provençale du prénom.

BÉNEZET (m) Etym. cf. Benoît. Popularisé par une chanson enfantine, le célèbre pont d'Avignon serait l'œuvre de saint Bénezet, jeune pâtre de Burzet (Vivarais), selon un très vieux parchemin conservé aux archives du Vaucluse. Arrivé à Avignon en 1177, le berger entreprend la construction du pont, aidé de tous les habitants de la ville et assisté par le Ciel qui lui en a donné l'ordre. Achevé en 1185, l'ouvrage s'inspire des ponts romains, comportant vingt-deux arches et formant en son milieu un angle qui s'oppose aux crues violentes du Rhône. Quatre arches seulement ont résisté à l'affaissement du pont en 1670. Juste assez pour garder à la postérité le nom de saint Bénezet ! **Fête le 11 juillet.**

BÉNIGNE (m) Etym. latine *(benignus,* bienveillant). Selon Grégoire de Tours dont l'aïeul est évêque de Dijon au début du 6e s., saint Bénigne est le premier évêque de la ville au 2e s. Mort vers 178. L'actuelle cathédrale, construite au 14e s. sur une crypte du 11e, conserve le sarcophage du saint. **Fête le 1er novembre.**

BÉNILDA (f) Cf. Bénilde.

BÉNILDE (m) Etym. latine *(benedictus,* béni). Né à Thuret en 1805, Pierre Romançon reçoit le nom de Bénilde avec l'habit religieux des frères des écoles chrétiennes et, pendant plus de cinquante ans, se dévoue à l'apostolat de l'école, modèle de patience, de charité et de piété pour ses frères et ses élèves. Mort à Saugues, Auvergne, le 13 août 1862, il est canonisé par Paul VI le 29 octobre 1967. **Fête le 13 août.**

BENJAMIN (m) Etym. hébraïque *(ben yamîn,* fils de la main droite, c'est-à-dire fils de bon augure). Dans la Bible, Benjamin est le dernier fils de Jacob* et de Rachel*, et l'ancêtre éponyme de l'une des douze tribus d'Israël. Avec Joseph* il semble être l'enfant préféré de Jacob. Cf. Gn 35, 16-20 et 44, 20-29. **Fête le 18 janvier.** — Diacre en Perse au 5e s., Benjamin provoque de nombreuses conversions parmi les prêtres de Zarathoustra. Victime de la persécution ordonnée par le roi contre les chrétiens, il est libéré après deux ans de prison mais redouble d'ardeur pour annoncer l'Evangile et prêcher la vraie lumière à des gens qui adorent le feu. De nouveau arrêté, Benjamin est condamné à subir le supplice du pal, vers 425. **Fête le 31 mars.** Prénoms dérivés : Benjamine, Yasmine.

BENJAMINE (f) Cf. Benjamin.

BENNET (m) Cf. Benoît.

BENNIGED (m) Cf. Benoît. Forme bretonne du prénom.

BENNON (m) Etym. cf. Benoît. Ermite, saint Bennon vient s'établir près du tombeau de saint Meinrad* à Einsiedeln (auj. en Suisse), vers 926. **Fête le 21 janvier.**

BENOÎT (m) Etym. latine *(benedictus,* béni). Né à Nursie, Italie, vers 480, Benoît abandonne ses études à quatorze ans pour se retirer dans la solitude, partageant son temps entre la prière et le travail. Avec ceux qui le rejoignent et veulent partager sa vie, son idéal, il fonde en 529 le célèbre monastère du Mont-Cassin, Latium, berceau de l'ordre bénédictin pour lequel il rédige la Règle qui est longtemps l'élément de base du monachisme en Occident. Mort en 547, saint Benoît est honoré comme le père et le patriarche de tous les moines d'Occident. En 577 ses restes sont transférés à Fleury, aujourd'hui Saint-Benoît-sur-Loire, Orléanais, avec ceux de sa sœur Scholastique*, tellement mêlés qu'un miracle est nécessaire pour les séparer. Saint Benoît est proclamé patron de l'Europe en 1958. **Fête le 11 juillet.** — Après un séjour à l'abbaye de Lérins, Provence, Benoît Biscop fonde deux monastères en Northumbrie, Angleterre, et contribue à l'organisation de l'Eglise de Grande-Bretagne au 7e s. **Fête le 12 janvier.** — Prince wisigoth, Witiza prend le nom de Benoît avec l'habit bénédictin et fonde l'abbaye d'Aniane en Languedoc. Commentateur et codificateur de la règle de saint Benoît de Nursie sous l'égide de Louis le Pieux, il meurt en 821 près d'Aix-la-Chapelle. **Fête le 13 décembre.** — Né à Patras, Grèce, et débarqué à Nantes avec sa sœur Avenie, Benoît entre-

Adam (Venise).

prend la construction d'une église à Pen-Bu, en Bretagne. Cerné par des grenouilles et incapable de chanter l'office divin dans le concert de leurs coassements — il n'est pas François d'Assise — il se replie sur le domaine de Massérac mis à sa disposition par Gondebaut, comte de Nantes. C'est là qu'il se sanctifie et meurt en 845, aussitôt très vénéré par tous les Bretons du pays nantais. **Fête le 22 octobre.** — Au 16ᵉ s., en Sicile, Benoît est africain, fils d'esclaves et encore esclave. Affranchi à dix-huit ans il travaille aux champs et vit en ermite, puis entre chez les fransiscains. Cuisinier, maître des novices, supérieur, il est « le saint noir » pour les gens de la ville, et les foules se pressent sur sa tombe dès le lendemain de sa mort. Béatifié en 1807, il est le premier Africain placé sur les autels. **Fête le 4 avril.** Prénoms dérivés : Benoîte, Bennet, Bénédit, Bénezet...

BENOÎTE (f) Cf. Bénédicte.

BENOÎT-JOSEPH (m) Etym. cf. Benoît et Joseph. Né à Amettes, en Artois, le 26 mars 1748, la première occupation sérieuse de Benoît-Joseph est de bercer ses quatorze petits frères et sœurs. Puis il pense avoir la vocation monastique, mais six tentatives dans ce sens échouent. Sortant de la trappe de Sept-Fons en 1770, il trouve enfin sa voie au sens propre : la route Vêtu de la bure que lui ont laissée les trappistes il parcourt plus de 25 000 km sur les chemins de France, d'Allemagne, de Pologne, de Suisse, d'Italie et d'Espagne, se nourrissant d'herbe et de racines, de croûtes qu'il faut tremper pour les manger, dormant sous les haies, dans les fossés. Le soleil et les étoiles le guident. Extrêmement doux, toujours joyeux, il marche à la rencontre du Seigneur, visiblement comblé. On le trouve mourant à Rome, un matin d'avril 1783, devant l'église N.-D. des Monts où il vient de participer à l'eucharistie. Canonisé en 1881, il est le

patron de tous les routards, pèlerins et sans-logis. **Fête le 16 avril.**

BÉRANGER (m) Etym. germanique *(berth,* brillant, illustre et *gari,* lance). Moine bénédictin de l'abbaye Saint-Papoul, Roussillon, saint Béranger a la réputation d'un grand thaumaturge. Mort en 1093. **Fête le 26 mai.**

BÉRARD (m) Etym. germanique *(berth,* brillant, illustre et *hard,* dur). Compagnon de François* d'Assise, Bérard est envoyé au Maroc pour y prêcher l'évangile. Il est arrêté, condamné et décapité avec plusieurs frères franciscains peu de temps après leur débarquement, au 13ᵉ s. **Fête le 16 janvier.** Prénoms dérivés : Bérarde, Bérardine.

BÉRARDE (f) Cf. Bérard.

BÉRARDINE (f) Cf. Bérard.

BERCHAIRE (m) Etym. germanique *(berth,* brillant, illustre et *hard,* dur). Disciple de saint Nivard*, archevêque de Reims au 7ᵉ s., Berchaire accompagne parfois son maître en promenade. Ils font un jour un rêve commun, Nivard pendant sa sieste, Berchaire bien éveillé, et tombent d'accord pour interpréter leur vision comme un signe du Ciel. Ils décident donc la construction d'une abbaye sur le coteau de Hautvillers, près d'Epernay. Abbaye placée sous la houlette de Berchaire, son premier abbé, mais surtout célèbre pour les reliques de sainte Hélène* qu'elle conserve depuis 845. **Fête le 26 septembre.**

BERCHMANS (m) Etym. germanique *(berht,* brillant, illustre et *mann,* homme). Adolescent belge, Jean Berchmans n'a qu'un souci : répondre et correspondre à la grâce que Dieu lui donne et toujours dans la bonne humeur. Soutenue par une intense dévotion à la Vierge Marie, sa vie spirituelle le hisse en quelques années au sommet de la perfection. Il meurt à

Rome, au noviciat des jésuites, le 13 août 1621, âgé de vingt-deux ans. Canonisé en 1888. **Fête le 14 août.** Le patronyme est devenu un prénom.

BÉRENGER (m) Cf. Béranger.

BÉRENGÈRE (f) Cf. Béranger.

BÉRÉNICE (f) Etym. grecque *(Phere-nikê,* porteuse de victoire). Dans la mythologie Bérénice est la fille d'Arsinoë et de Ptolémée. La légende prétend que sa chevelure est devenue une constellation dans le firmament. — Au 1er s. sainte Bérénice est peut-être la femme compatissante qui essuie le visage de Jésus sur le chemin du Calvaire, surnommée Véronique à la suite du prodige dont elle est favorisée. Cf. Véronique. **Fête le 4 février.** — Au 4e s. sainte Bérénice ou Bernice est martyrisée à Antioche, Asie Mineure, en 302, avec sa mère et sa sœur. **Fête le 4 octobre.**

BERHED (f) Cf. Brigitte. Forme bretonne du prénom.

BERNADETTE (f) Etym. cf. Bernard. Elle a quatorze ans, est malade, analphabète et vit dans une pauvreté qui confine à la misère mais c'est elle que choisit la Mère de Dieu pour lui confier son message à « faire passer » au monde, lui apparaissant dix-huit fois à Lourdes, au cœur des Pyrénées, du 11 février au 16 juillet 1858. « Vêtue d'une robe et d'un voile blancs, avec un large ruban bleu en guise de ceinture, elle semble avoir seize ou dix-sept ans, demande qu'on prie et qu'on fasse pénitence pour les pêcheurs » dit Bernadette. Quelqu'un lui rétorque qu'il n'y croit pas ? « Je ne suis pas chargée de vous le faire croire, réplique-t-elle ; je suis chargée de vous le dire. » Bernadette ne perd pas sa simplicité, son naturel, mais souffre de la curiosité dont elle est l'objet. Un jour qu'elle traverse le parloir du couvent Saint-Gildard où elle est devenue religieuse sous le nom de Marie-Bernard, à

Nevers, une dame lui demande : « Puis-je voir Bernadette ?—Certainement, Madame, elle va passer par cette porte », répond la sœur qui salue et sort par la porte désignée. Au terme d'une longue et douloureuse maladie — mais la Vierge ne lui avait pas promis le bonheur en ce monde — Bernadette meurt à Saint-Gildard le 16 avril 1879, âgée de trente-cinq ans. Elle est canonisée en 1933. **Fête le 18 février.**

BERNARD (m) Etym. germanique *(bern,* ours et *hard,* dur). Né au château de Fontaine, près de Dijon, Bourgogne, en 1091, Bernard entre à Cîteaux dans sa vingtième année, entraînant dans son sillage son oncle, quatre de ses frères et deux douzaines d'amis en quête d'absolu comme lui. Fondateur et premier abbé de Clairvaux, près de Langres, en 1115, le rayonnement de Bernard dépasse vite les limites de l'abbaye. Il tranche en faveur d'Innocent II au concile d'Etampes en 1131, obtient la condamnation d'Abélard* au concile de Sens en 1140, prêche la 2e croisade à Vézelay en 1146. Rédacteur du statut de l'ordre du Temple, conseiller des rois et des papes, régulateur, médiateur et conciliateur, prédicateur et auteur *(Sermons* et *Poèmes* à la gloire de la Vierge Marie), et pourtant malade, obligeant Dieu à le ressusciter chaque matin, selon ses propres termes, la forte personnalité et l'activité prodigieuse de ce contemplatif font de saint Bernard l'une des plus grandes figures de l'Occident chrétien. L'Europe entière prend le deuil à sa mort en 1153. Proclamé docteur de l'Eglise en 1830. **Fête le 20 août.** — Prêtre puis archidiacre de la cathédrale d'Aoste, saint Bernard de Menthon est le fondateur des hospices du Grand et du Petit-Saint-Bernard dans les Alpes, et d'une congrégation pour les desservir. Mort le 15 juin 1081 à Novare, Italie, où il est enseveli, il est proclamé patron des skieurs et des alpinistes en 1923. **Fête le**

15 juin. — Cf. Ahmed ou Bernard d'Alcira.

BERNARDIN (m) Etym. cf. Bernard. Né à Massa Maritima, près de Sienne, Toscane (Italie), en 1380, Bernardin Albizeschi est considéré comme le plus grand orateur de son temps. Toutes les villes d'Italie se le disputent. Doué d'une voix exceptionnellement forte et claire, il parle d'un trait pendant deux ou trois heures, sur les places publiques faute d'églises assez vastes, devant vingt ou trente mille personnes. Il enchante, enthousiasme, provoque rires ou pleurs, et surtout convertit. Deux ou trois sermons lui suffisent pour réconcilier des factions ennemies. Franciscain, il est élu vicaire général de son ordre en 1430. Il emplit les noviciats, condamne la simonie, le luxe des prêtres, et encourage la dévotion au saint Nom de Jésus. Mort à Aquila, dans les Abruzzes, le 20 mai 1444. **Fête le 20 mai.** — Bernardin Realino est un saint jésuite d'une inlassable et délicate charité, en Italie méridionale, aux 16e et 17e s. Les magistrats de Lecce se rassemblent autour de son lit de mort, en 1616, pour le supplier de prendre la ville sous sa protection. **Fête le 2 juillet.**

BERNARDINE (f) Cf. Bernardin.

BERNAT (m) Cf. Bernard. Forme provençale du prénom.

BERNEZ (m) Cf. Bernard. Forme bretonne du prénom.

BERNICE (f) Cf. Bérénice.

BERNON (m) Etym. germanique *(bern,* ours). Avec Guillaume, duc d'Aquitaine, Bernon fonde l'abbaye de Cluny (Bourgogne) en 910 et en devient le premier abbé. Mort en 927. **Fête le 13 janvier.**

BERNWARD (m) Etym. germanique *(bern,* ours et *warno,* défenseur). Expert en architecture, peinture et orfèvrerie, Bernward est le précepteur puis le chapelain d'Otton III au 10e s. Evêque d'Hildesheim, il meurt dans cette ville en 1022. **Fête le 20 novembre.**

BERTEL (m) Cf. Barthélemy. Forme bretonne du prénom.

BERTHE (f) Etym. germanique *(berht,* brillant, illustre). Fille de Rigobert, comte du Palais et seigneur de Blangy-sur-Ternoise, Berthe épouse Sigefroy, cousin germain de Clovis II, et fonde une abbaye à Blangy, près d'Abbeville. Veuve, elle prend le voile et succède à la première abbesse, puis se fait emmurer au flanc de l'église abbatiale. Cérémonie de réclusion solennelle à laquelle assistent plusieurs évêques qui bénissent la recluse et l'abandonnent « à la garde des saints anges ». Morte en 723, ses reliques sont vénérées dans l'église de Blangy avec celles de ses trois filles : Déotille*, Emme* et Gertrude*. **Fête le 4 juillet.**

BERTHOLD (m) Etym. germanique *(berht,* brillant, illustre et *hrod,* gloire). Abbé de deux abbayes jumelles à Engelberg, Suisse, au 12e s., saint Berthold est l'auteur d'une *Apologia* dans laquelle il réfute les doctrines de Burchard, abbé de Thurtal et théologien qui enseigne que tous les hommes morts avant le Christ sont en enfer, Abraham et Moïse compris. **Fête le 1er novembre.** Prénoms dérivés : Bertil, Till.

BERTIL (m) Cf. Berthold.

BERTILE (f) Cf. Bertille.

BERTILIE (f) Etym. germanique *(berht,* brillant et *til,* habile). Epouse de saint Walbert*, Bertilie est la mère de sainte Valtrude* et sainte Aldegonde* de Maubeuge, et donc la grand-mère des saints Landry, Dentelin, Adeltrude et Maldeberte aux 7e et 8e siècles. **Fête le 3 janvier.**

Saint Cornély (église de Carnac).

BERTILLE (f) Etym. cf. Bertilie. Moniale à Jouarre depuis une dizaine d'années, Bertille est nommée abbesse du monastère de Chelles, près de Meaux, par la reine Bathilde* qui en est la fondatrice. Morte à Chelles vers 710. **Fête le 6 novembre.** — Infirmière, Bertille Boscardin est remarquée pour son courage et sa compétence pendant la première guerre mondiale. Morte à Trévise, Vénétie, en 1922. **Fête le 20 octobre.** Prénom dérivé : Bertile.

BERTIN (m) Etym. germanique *(berht,* brillant, illustre). Moine à Luxeuil, Bertin est envoyé à Thérouanne, en Artois, pour aider l'évêque Omer* à convertir les Morins. Devenus grands amis, ils fondent ensemble le monastère de Sithiu (auj. Saint-Omer) en 663 , mais le sont-ils restés après la rédaction du texte qui stipule que les moines de Sithiu échappent à la juridiction de l'évêque de Thérouanne, que celui-ci ne doit pas venir déjeuner à l'abbaye s'il n'y est expressément invité par l'abbé et que, s'il doit y remplir quelque ministère, il doit se retirer sitôt terminée la cérémonie ? Saint Bertin est aussi le fondateur d'un monastère à Wormhoudt, en Flandre, avec les quatre moines bretons Madoc, Ingenoc, Quadranoc et Winnoc, venus se placer sous sa protection, peu de temps avec sa mort, dans les dernières années du 7e siècle. **Fête le 5 septembre.**

BERTRAM (m) Cf. Bertrand. Forme méridionale du prénom.

BERTRAND (m) Etym. germanique *(berht,* brillant, illustre et *hramm,* corbeau). Evêque de Comminges, Pyrénées, en 1073, Bertrand fait ériger la cathédrale romane et le palais épiscopal autour desquels s'établira une nouvelle ville : Saint-Bertrand-de-Comminges. Mort en 1123 d'une fièvre contractée lors d'une visite pastorale dans les montagnes de son diocèse. **Fête le 16 octobre.** — Né à Garrigues, Languedoc, le bienheureux Bertrand est l'un des premiers compagnons de saint Dominique* qui l'envoie à Paris en 1217 pour y fonder le couvent Saint-Jacques (auj. rue des Tanneries, 13e). « Homme de grande piété, très exigeant pour lui-même » dit son biographe, Bertrand voyage beaucoup. Revenu à Toulouse il est élu prieur provincial de Provence en 1221. Mort en 1230. **Fête le 6 septembre.** Prénoms dérivés : Bertram, Bertrane, Bertranet.

BERTRANE (f) Cf. Bertrand.

BERTRANET (m) Cf. Bertrand. Forme provençale du prénom.

BESSARION (m) Etym. grecque. Né en Egypte dans une famille riche, Bessarion renonce à tous ses biens pour l'amour de Dieu ; tous sauf une chose, l'Evangile qu'il s'est fait composer en lettres d'or et qu'il porte toujours sous son bras, moine itinérant, vagabond de Dieu, jusqu'au jour où il s'en défait aussi, y ayant lu que l'or est Mammon et qu'il faut choisir entre Dieu et Mammon. Il lui arrive même de se défaire de son manteau et de sa tunique, pour vêtir un pauvre ou pour ensevelir un mort. (4e s.) **Fête le 17 juin.**

BESSE (f) Cf. Elisabeth.

BESSIE (f) Cf. Elisabeth.

BETH (f) Cf. Elisabeth.

BÉTHAIRE (m) Etym. germanique *(berht,* brillant, illustre et *hard,* dur, fort). Saint Béthaire est l'un des premiers évangélisateurs de Chartres et Blois à l'origine du christianisme. **Fête le 2 août.**

BETHSABÉE (f) Cf. Elisabeth. — Personnage biblique. Epouse d'Urie, Bethsabée est très belle. Séduit, le roi David l'enlève et l'épouse après la mort d'Urie ; mort provoquée à dessein par le roi. Bethsabée est la mère du roi Salomon. (2 Samuel, 11 et 12).

BETTELIN (m) Etym. germanique *(bet,* lit et *lind,* doux). Saint Bettelin est le compagnon de saint Guthlac*, ermite dans le Lincolnshire (Angleterre), aux 7e et 8e s. **Fête le 9 septembre.**

BETTINA (f) Cf. Elisabeth.

BETTY (f) Cf. Elisabeth.

BETTY-ANN (f) Etym. cf. Elisabeth et Anne. Née à New-York en 1774, fille d'un médecin et élevée dans l'Eglise épiscopalienne, Betty-Ann se retrouve veuve à vingt-neuf ans avec cinq enfants. Elle entre dans l'Eglise catholique et, en 1812, fonde pour le soin des malades une petite congrégation qui fusionne ensuite avec celle des filles de la Charité. Faire la volonté de Dieu et suivre, confiante, même sans comprendre, la voie qu'il lui a tracée : c'est la règle d'or de sainte Betty-Ann, où elle puise la paix de l'âme et la force de rester toujours d'humeur joyeuse malgré de grandes souffrances. Morte à Baltimore, Maryland, le 4 décembre 1821, elle est canonisée en 1975. Sainte Betty-Ann est la première femme née aux Etats-Unis et placée sur les autels. **Fête le 4 janvier.**

BEUNO (m) Etym. cf. Bruno. Saint Beuno est un grand missionnaire gallois du 7e s., évangélisateur du nord-ouest du pays de Galles et fondateur de nombreuses églises et abbayes. **Fête le 21 avril.**

BEUVE (f) Cf. Veuve.

BIANCA (f) Etym. latine évidente.

Chrétienne, Bianca ou Blanche est martyrisée à Rome et ensevelie au cimetière de Pontien dans les premiers siècles du christianisme. **Fête le 3 octobre.**

BIBIANE (f) Etym. latine *(vivus,* vivant). Confiée à une femme perverse chargée de la corrompre et de l'amener à renier sa foi, Bibiane ou Viviane ne cède pas. Elle est alors fouettée par deux bourreaux munis de cordes plombées jusqu'à ce qu'elle succombe, à Rome, au 4e s., lors des persécutions de Julien l'Apostat. **Fête le 2 décembre.**

BIBLIS (m) Etym. grecque *(biblion,* livre). Biblis est l'un des quarante-huit martyrs de Lyon, compagnon de Blandine*, Pothin et Ponticus en 177. **Fête le 2 juin.**

BIENVENU (m) Etym. latine évidente. Archidiacre d'Ancône, sa ville natale, Bienvenu est nommé évêque d'Osimo, Marches (Italie) par Urbain IV au 13e s. Rien n'est facile pour lui dans ce diocèse où tout le monde est gibelin, c'est-à-dire hostile au pouvoir temporel du pape et partisan de celui de l'empereur d'Allemagne. Mais la compétence et la sainteté de Bienvenu en imposent et il a vite fait de retourner la situation à l'avantage du pape. Mort en 1282, est-il surpris de se voir canonisé dans les deux ans qui suivent ? **Fête le 22 mars.**

BIENVENUE (f) Etym. latine. Tertiaire de saint Dominique, Bienvenue Bojani se sanctifie dans le monde par la pratique des plus austères pénitences, à Cividale, Frioul (Italie), au 13e s. Béatifiée par Clément XII en 1763. **Fête le 30 octobre.**

BIEUZY (m) Etym. celtique *(buhezeg,* plein de vie). Venu d'Angleterre, saint Bieuzy est le disciple de saint Gildas* au 6e s. Il partage l'ermitage de son maître, une grotte au bord du Blavet, dans la presqu'île de Rhuys (Bretagne).

Après la mort de Gildas, en 570, un riche seigneur le fait appeler un jour pour soigner sa meute de chiens ! Bieuzy le fait attendre un peu, le temps d'achever l'office divin. Hors de lui, le seigneur fait irruption dans le sanctuaire et frappe le saint à la tête avec son épée. Bieuzy attend encore un instant, pour mourir, d'avoir terminé son office. Saint Bieuzy est invoqué dans les épidémies de rage et contre les maux de tête. **Fête le 25 novembre.**

BILL (m) Cf. Guillaume.

BILLY (m) Cf. Guillaume.

BLAISE (m) Etym. latine *(blaesus,* bègue). Evêque de Sébaste, auj. Sivas en Turquie, Blaise jouit d'un pouvoir particulier : il peut approcher les animaux sauvages pour les guérir lorsqu'ils ont besoin de ses services. N'ayant pu obtenir l'apostasie de l'évêque, le gouverneur Agricola le fait décapiter vers 316. On invoque saint Blaise contre les morsures de serpent. **Fête le 3 février.** Prénoms dérivés : Blaisian, Blaisiane, Blasioun, Bleiz.

BLAISIAN (m) Cf. Blaise.

BLAISIANE (f) Cf. Blaise.

BLANCHE (f) Cf. Bianca ou Gwenn.

BLANDA (f) Etym. latine *(blandus,* caressant). Sainte Blanda est martyrisée en 222 avec son mari, le prêtre Calepode, pour avoir refusé d'apostasier. **Fête le 31 mai.**

BLANDINE (f) Etym. cf. Blanda. Jeune esclave chrétienne, Blandine est martyrisée à Lyon en 177 avec l'évêque Pothin et quarante-six autres chrétiens. La plupart meurent asphyxiés au fond de la geôle où ils croupissent pendant quatre mois. Les autres survivent jusqu'au 2 août 177, jour du sanglant spectacle offert aux délégués des soixante nations gauloises dans le grand amphithéâtre des trois Gaules. Une lettre écrite par des témoins évoque l'adolescente Blandine, la plus célèbre du groupe, en qui la force de l'Esprit-Saint se manifeste davantage. Elle encourage ses compagnons livrés dans l'arène à la cruauté des bêtes sauvages et meurt la dernière, emprisonnée dans un filet, livrée aux cornes d'un taureau et finalement poignardée par le bourreau. **Fête le 2 juin.**

BLASIOUN (m) Cf. Blaise. Forme provençale du prénom.

BLEIZ (m) Cf. Blaise. Forme bretonne du prénom.

BLÉSILLE (f) Etym. cf. Blaise. Dame romaine, Blésille est l'une des quatre filles de sainte Paule* au 4e s. **Fête le 22 janvier.**

BLEUETTE (f) Prénom inspiré du bleuet, nom courant de la centaurée. Cf. Fleur. **Fête le 5 octobre.**

BLUETTE (f) Cf. Bleuette.

BOB (m) Cf. Robert.

BODMAËL (m) Etym. celtique *(maël,* prince, chef). Bodmaël est l'un des compagnons de saint Tudi*, lui-même disciple de saint Gwenolé au 6e s. **Fête le 12 avril.**

BOÈCE (m) Etym. greco-latine *(boetius,* originaire de Béotie : *Boiôtia,* région de la Grèce centrale). Nommé consul par Théodoric qui gouverne l'Italie, Boèce est assassiné en 524 par le même Théodoric qui l'accuse de l'avoir trahi après douze années de service. Saint Boèce est le traducteur de plusieurs philosophes grecs et latins. **Fête le 23 octobre.**

BOÈCIA (f) Cf. Boèce.

BOÈCIANE (f) Cf. Boèce.

BOGOMILE (m) Etym. slave. Né à Kozmin, Bogomile fait ses études à Paris et meurt archevêque de Gniezno, Pologne, en 1182. **Fête le 10 juin.**

BOILEAU (m) Prénom ancien né d'un

sobriquet, très antérieur au patronyme célèbre depuis le 17e s. Les Boileau sont fêtés avec les David, le Gallois. Voir ce prénom.

BOLCAN (m) Cf. Volcan.

BONAVENTURE (m) Etym. latine *(bonus,* bon et *adventura,* avenir, destin). Franiscain italien, Bonaventure enseigne à Paris de 1248 à 1257. Célèbre théologien, souvent comparé à Thomas d'Aquin* et Duns Scot*, il affirme que de pauvres paysans illettrés savent aimer Dieu mieux que lui. Supérieur général de son ordre en 1257, il refuse le poste d'archevêque d'York mais se voit contraint d'accepter la pourpre cardinalice en 1273, afin de pouvoir représenter Grégoire X au concile de Lyon. Il signe la réconciliation des Eglises grecque et latine avec l'empereur et le patriarche de Constantinople le 6 juillet 1274. Il meurt le 15 juillet suivant, enseveli dans l'église Saint-François de Lyon, devenue depuis l'église Saint-Bonaventure. La réunification des deux Eglises en vue de laquelle il a dépensé ses dernières forces ne durera hélas que quelques mois. **Fête le 15 juillet.**

BONFILS (m) Cf. Alexis. Saint Bonfils est l'un des six compagnons d'Alexis Falconieri. Mort en 1262. **Fête le 17 février.**

BONIFACE (m) Etym. latine *(bonifacies,* celui qui a bonne mine). Amant et régisseur d'Aglaé, matrone romaine, Boniface est finalement converti par elle et martyrisé à Tarse, en Asie Mineure, au 4e s. Cf. Aglaé. **Fête le 14 mai.** — 42e pape, au 5e s., saint Boniface 1er lutte contre le pélagianisme. **Fête le 4 septembre.** — Anglais et éduqué par les bénédictins, Winfrid se porte volontaire pour aller évangéliser les Saxons. Surnommé Boniface par le pape, il est sacré évêque en 722 et envoyé convertir les Frisons, puis les païens de Hesse et de Thuringe. Son

Abel (porche de l'église de Guimiliau).

zèle et le grand nombre de conversions provoquées par Boniface lui ont valu le titre d'Apôtre de l'Allemagne. Assassiné près de Dokkum (auj. en Hollande) le 16 juin 754, ses restes sont transférés à Fulda, Hesse, Germanie. **Fête le 5 juin.**

BONNE (f) Etym. latine évidente. Sainte Bonne est la sœur de Jacques, duc de Nemours, mort sur l'échafaud en 1477 après avoir goûté aux tristement célèbres cages de fer de Louis XI. La naissance de Bonne est attribuée aux prières de sainte Colette*, et sa vocation de clarisse prédite par la sainte de Corbie. « Ayant demandé pardon à son père de toutes les fâcheries qu'elle lui a causées, puis reçu la bénédiction de sa mère qui pousse des cris si pitoyables que tout le monde sanglote

avec elle, Bonne fait une dernière visite à la léproserie de femmes qu'elle entretient, écrit son biographe. Elle arrive à Lézignan le 24 mars 1459, escortée de sept gentilshommes, sept demoiselles, six gardes, des laquais, des pages et un sénéchal qui, chapeau bas, lui donne la main... ». Bonne meurt discrètement dans sa vingt-huitième année, trois ans seulement après cette entrée remarquée au couvent. « Elle était brave, gentiment moqueuse, magnanime et toujours joyeuse » ! **Fête le 26 octobre.**

BONNIE (f) Cf. Bonne.

BOOZ (m) Etym. hébraïque : le "fort". Personnage biblique, Booz est l'époux de Ruth, le père d'Obed et l'arrière grand-père de David. Cf. le Livre de Ruth. **Fête le 3 juillet.**

BORIS (m) Etym. slave : « combat ». Fils du tzar Wladimir*, Boris et Gleb* sont assassinés par leur frère aîné, Sviatopolk, hostile au partage de l'héritage paternel, Boris le 24 juillet 1015 tandis qu'il rentre d'une expédition contre les tribus païennes. Mortellement blessé, il n'a que le temps de supplier Dieu en faveur du meurtrier. Canonisé cinq ans après sa mort, saint Boris est le patron de Moscou. **Fête le 2 mai.**

BOSCO (m) Etym. italienne : « bois ». Prénom dérivé d'un patronyme, lui-même inspiré d'une localité de Lombardie. Fils de paysans piémontais, Jean Bosco est ordonné prêtre à Turin en juin 1841, mais sa véritable vocation ne lui est soufflée que six mois plus tard lorsqu'il sauve d'une fessée un gosse malencontreusement tombé entre les mains d'un sacristain peu indulgent. Il adopte l'enfant et tente une autre méthode pour le rééduquer. Le succès est tel qu'ils sont bientôt vingt, puis cent, davantage encore, venus de la rue, souvent sans foyer ni famille, qu'il faut loger, nourrir et instruire. La tâche est immense. Le cœur du père Bosco aussi. Il construit une maison, fonde un institut, les salésiens, en 1857, bâtit d'autres maisons, en Italie, à l'étranger, fonde une autre congrégation en 1872 et trouve encore le temps de faire des miracles ! Car c'est un vrai thaumaturge et un grand saint qui meurt à Turin le 31 janvier 1888. Canonisé en 1934, il est proclamé patron des apprentis par Pie XII en 1958. **Fête le 31 janvier.**

BOUNIFÀCI (m) Cf. Boniface. Forme provençale du prénom.

BRANDAN (m) Etym. scandinave *(brand,* lame d'épée). Après Patrick, Brandan est sans doute le saint le plus populaire d'Irlande, l'île heureuse qu'il aurait découverte après plusieurs jours de navigation. Expédition relatée dans *Navigatio sancti Brendan,* poème anglo-normand du 10e s. En fait il est né à Tralee Kerry, Irlande, en 484. Moine puis abbé et évêque de Clonfert, il meurt à Annadown le 16 mai 578. Très vénéré en Bretagne sous le nom de saint Brévalaire ou saint Broladre, il patronne de nombreuses localités comme Loc Brévalaire et Kerlouan en Finistère, Saint-Broladre en Ille-et-Vilaine, Saint-Brandan dans les Côtes-du-Nord. **Fête le 16 mai.**

BRAULION (m) Disciple de saint Isidore* de Séville puis évêque de Saragosse de 631 à 646, Braulion joue un rôle important à l'occasion de plusieurs conciles. On conserve de lui une lettre dans laquelle il parle, comme d'une chose très connue, du Suaire « dont le corps du Seigneur fut enveloppé ». Mort en 651, il est le patron de l'Aragon, en Espagne. **Fête le 26 mars.**

BREGIDO (f) Cf. Brigitte. Forme provençale du prénom.

BRENDAN (m) Cf. Brandan.

BRETT (m) Cf. Briac. Forme bretonne du prénom.

BRÉVALAIRE (m) Cf. Brandan.

BRIAC (m) Etym. celtique *(bri,* estime, considération). Irlandais débarqué en Armorique au 6e s., Briac rencontre le gallois Tugdual* et devient son disciple. Il fonde plus tard un monastère près de Guingamp et meurt en 555. Saint-Briac, près de Dinard, et Bourbriac (Ille-et-Vilaine) ont gardé son nom, tandis que ses reliques sont conservées et vénérées à l'abbaye de Boquen (Côtes-du-Nord). **Fête le 18 décembre.** Prénoms dérivés : Brett, Briaga, Briagenn, Brian, Brianne, Brivaëlle.

BRIAG (m) Cf. Briac.

BRIAGA (f) Cf. Briac.

BRIAGENN (f) Cf. Briac.

BRIAN (m) Cf. Briac.

BRIANNE (f) Cf. Briac.

BRICE (m) Etym. celtique *(bri,* estime, considération). C'est l'évêque Martin* qui confie aux moines de Marmoutier, près de Tours, le gosse qu'il a ramassé dans le ruisseau. Mais Brice est l'enfant terrible du monastère. Méchant, orgueilleux, ingrat, il semble qu'il soit possédé du démon. Confiant dans la grâce de Dieu, Martin refuse de le renvoyer. Devenu prêtre, Brice quitte le monastère, vit luxueusement, entouré de jolies esclaves, contestant l'action et les directives de « ce vieux fou de Martin » comme il l'appelle... Il lui succède en 397, aussitôt chassé par les diocésains. C'est le pape qui le ramène à Tours, en même temps qu'à une conduite plus édifiante, après de nombreuses et scandaleuses péripéties. Martin a gagné. Brice gouverne le diocèse d'une manière si édifiante qu'il est rapidement canonisé après sa mort survenue en 444. **Fête le 13 novembre.**

BRIEC (m) Etym. celtique *(bri,* estime, considération). Né en 409 d'une illustre famille de Grande-Bretagne, Briec (ou Brieuc) vient d'être nommé évêque lorsqu'il reçoit du Ciel l'ordre de se rendre en Armorique. Le monastère qu'il fait construire à l'embouchure du Gouët attirent de nombreux disciples qui, avec lui, évangélisent la région, défrichent les terres et sont à l'origine de la ville de Saint-Brieuc, érigée en évêché par Nominoë en 844. La générosité de saint Briec l'a rendu si populaire que les fabricants de bourses et d'aumônières l'ont pris pour patron. **Fête le 1ᵉʳ mai.** Prénoms dérivés : Brieg, Brieuc, Brioc.

BRIEG (m) Cf. Briec.

BRIEUC (m) Cf. Briec.

BRIGIDE (f) Cf. Brigitte.

BRIGITTE (f) Etym. celtique *(bri,* estime, considération). Née en Irlande en 452, Brigitte est « une femme gaie, au caractère généreux, véhément et énergique », dit son biographe. Fondatrice du monastère de Kildare, Irlande, où elle meurt en 524, sainte Brigitte est la patronne de l'Irlande, très vénérée aussi en Bretagne où plusieurs localités se réclament de son patronage, comme Loperhet en Finistère, Sainte-Brigitte dans le Morbihan, Berhet et Kermoroch dans les Côtes-du-Nord. **Fête le 1ᵉʳ février.** — En Suède, au 14ᵉ s. Brigitte est l'épouse d'un gouverneur de province et la mère de huit enfants, dont Catherine*, première abbesse générale de l'ordre brigittin. Veuve, Brigitte va se fixer à Rome, rejointe par Catherine l'année suivante. Elles font ensemble un pèlerinage en Terre sainte, en 1372 ; « les plus beaux mois de sa vie », affirme Brigitte. Elle meurt à Rome l'année suivante. Ses visions et les *Révélations* où elle relate ses expériences spirituelles et mystiques, ainsi que l'influence qu'elle a exercée sur les rois et les papes, font de sainte Brigitte la femme la plus extraordinaire de son pays et de son siècle. **Fête le 23 juillet.** Prénoms dérivés : Brigide, Britt.

BRIOC (m) Cf. Briec.

BRITHWALD (m) Etym. germanique *(berht,* brillant, illustre et *wald,* celui qui gouverne). Archevêque de Cantorbery pendant trente-sept ans, saint Brithwald meurt en 731. **Fête le 9 janvier.**

BRITHWOLD (m) Etym. cf. Brithwald. Moine à l'abbaye de Glastonbury, Angleterre, puis évêque de Ramsbury, saint Brithwold est favorisé du don de prophétie et de visions extraordinaires. Mort à Glastonbury en 1045. **Fête le 22 janvier.**

BRITT (f) Cf. Brigitte.

BRIVAËL (m) Cf. Briac.

BRIVAËLLE (f) Cf. Briac.

BRIXIO (m) Cf. Brice. Forme primitive du prénom.

BROLADRE (m) Cf. Brandan.

BRUNE (f) Cf. Bruno.

BRUNO (m) Etym. germanique *(brun,* bouclier). Fils d'Henri 1er l'Oiseleur et de sainte Mathilde*, saint Bruno le Grand est archevêque de Cologne au 10e s. Mort en 965. **Fête le 11 octobre.** — Né à Cologne vers 1035, Bruno de Hautenfaust est trop épris de paix et de silence pour s'incruster à Reims où il enseigne la théologie lorsque l'archevêque lui déclare son antipathie. Il se retire discrètement, fait deux tentatives de vie monastique à Molesmes et Sèche-Fontaine, en Champagne, et se résoud à la fondation d'un nouvel ordre, avec sept compagnons qui rêvent comme lui d'une vie religieuse à la fois érémitique et liturgique. Ce sont les chartreux, du nom du massif de la Grande Chartreuse, où Bruno établit son premier monastère en 1084. Quelque temps conseiller du pape Urbain II, son ancien élève, Bruno se libère et fonde en Calabre une seconde chartreuse où il meurt en 1101. La vie du saint a inspiré une série de tableaux au peintre Le Sueur au 17e s. **Fête le 6 octobre.**

BRUNON (m) Etym. cf. Bruno. Saxon et moine bénédictin, Brunon de Querfurt est le chapelain d'Otton III aux 10e et 11e s. Consacré « archevêque des gentils » en 1004, il prêche l'évangile en Prusse, en Pologne et en Ukraine. Assassiné en 1009 par les sbires de Boleslas le Vaillant. **Fête le 19 juin.** — Brunon d'Egisheim-Dagsburg est le 150e pape, alsacien, de 1049 à 1054, sous le nom de Léon IX. Il participe aux conciles de Pavie, Mayence, Reims, condamne Bérenger de Tours qui nie la présence réelle, lutte en Italie du Sud contre les Normands de Robert Guiscard et se défend énergiquement contre les provocations de Michel Cérulaire. Mort en 1054, l'année même du Grand Schisme. **Fête le 19 avril.**

BUDOC (m) Etym. celtique. Né en Irlande en 540, Budoc est évêque de Cashel avant de venir travailler à l'évangélisation de l'Armorique. Il débarque à Porspoder et construit un ermitage, puis une église, à Plourin où son bras est encore vénéré. Evêque de Dol il meurt en 618. Saint Budoc est le patron des mariniers bretons et des paroisses de Pospoder, Plourin, Beuzec-Cap-Sizun. **Fête le 9 décembre.**

BURGONDOFARE (f) Etym. latine : « froment de Burgondie », ou de Bourgogne. Fille du comte Agnéric, Burgondofare tombe malade en apprenant que son père veut la marier. Eustase*, moine à Luxeuil et ami de la famille, persuade le comte de ne pas la contraindre, mais celui-ci parle encore de mariage dès que le moine a tourné les talons. Burgondofare doit se réfugier dans une église, d'où elle refuse de sortir, protégée par le droit d'asile, jusqu'à ce que son père s'engage à renoncer à son projet. Plus docile aux conseils de l'ami Eustase, le comte se résigne et consent même à bâtir le monastère que réclame sa fille : Faremoutiers, près de Meaux. Burgondofare en est la première abbesse vers 627 et y meurt vers 660. **Fête le 3 avril.** Prénoms dérivés : Fare, Fara, Farah.

Saint Antoine (retable d'Issenheim, Colmar).

C

CADET (m) Cf. Kadeg.

CADO (m) Cf. Kadeg.

CADROE (m) Etym. celtique *(kad,* combat). En Ecosse où il est né au début du 10e s., Cadroe se voue à l'instruction et à la formation des prêtres. Venu en France, il est abbé de Wanlsor puis de Saint-Clément, à Metz où il meurt vers 976. **Fête le 6 mars.**

CADWALLADER (m) Etym. celtique *(kad,* combat et *wal,* valeur) : « le combattant valeureux ». Roi du pays de Galles au 7e s., Cadwallader abdique, optant pour un autre combat, fonde plusieurs monastères, prêche l'Evangile dans tout le royaume et meurt en 664, emporté par la peste. **Fête le 12 novembre.**

CAEDMON (m) Etym. celtique *(kad,* combat et *man,* sage). Palefrenier et bouvier au monastère de Whitby, à l'embouchure de l'Esk, en Angleterre, Caedmon partage son temps entre les travaux de la ferme et la poésie. Ses dons découverts, il est admis parmi les moines. Saint Caedmon est le premier poète saxon au 7e s. **Fête le 11 février.**

CAGNOALD (m) Etym. francique *(waidanjan,* gagner et *wald,* celui qui gouverne). D'abord moine à l'abbaye colombaniste de Luxeuil, alors en Bourgogne, saint Cagnoald est l'un des premiers évêques de Laon, en Ile-de-France, au 6e s. **Fête le 21 septembre.**

CAÏC (m) Etym. coréenne. Précoce et curieux, dès l'âge de douze ans, Caïc se met en quête de la vérité. Il pense un moment l'avoir trouvée chez les bonzes mais la découvre finalement chez les jésuites. Missionnaire en Corée, son pays, puis au Japon, il est arrêté, condamné et brûlé vif à Nagasaki en 1624. **Fête le 5 novembre.**

CAINNECH (m) Etym. celtique. Né et mort en Irlande au 6e s., saint Cainnech est l'un des plus grands saints irlandais après Patrick et Brigitte. **Fête le 11 octobre.**

CAÏUS (m) Etym. cf. Gaïus. Originaire de Dalmatie, Caïus est le vingt-huitième pape au 3e s. Mort en 296. **Fête le 22 avril.**

CALAIS (m) Etym. latine *(cala,* bûche). Ermite près de Riom, en Auvergne, puis dans le Perche, Normandie, Calais fonde un monastère près du Mans au 6e s. Des reliques du saint sont à l'origine de la localité sarthoise de Saint-Calais. **Fête le 1er juillet.**

CALIXTE (m) Cf. Calliste.

CALIA (f) Cf. Calliope.

CALLIA (f) Cf. Calliope.

CALLIOPE (f) Etym. grecque *(kalliopê,* qui a une jolie voix). Dans la mythologie Calliope est la muse de l'éloquence et de la poésie. — Appartenant à la famille d'un sénateur romain, Calliope se convertit au christianisme. Dénoncée, elle est arrêtée, torturée et exécutée par les bourreaux du préfet Maxime au 4e s. **Fête le 7 avril.**

CALLISTA (f) Cf. Calliste.

CALLISTE (m) Etym. grecque *(kallistos,* le plus beau). Fils d'esclave et esclave lui-même, Calliste travaille dans les mines de Sardaigne. Affranchi, il est baptisé, ordonné prêtre et devient le proche collaborateur du pape Zéphirin* ; si proche qu'il lui succède en 217. Et si bon, si indulgent à l'égard des coupables, qu'il finit par s'attirer des ennuis. Peu lui importe. Pourvu que Dieu soit content ! Pour le célébrer Calliste fait ériger la magnifique basilique Sainte-Marie-du-Transtévère. On lui doit aussi la catacombe qui porte son nom, à Rome, où reposent de nombreux papes et martyrs des premiers siècles. Mort en 222. **Fête le 14 octobre.** — Moine au mont Athos à la fin du 14e s., Calliste est élu patriarche de Constantinople en 1397. Il est l'auteur d'une *Règle à l'intention des hésychastes* et d'un traité *Sur la prière,* deux classiques de la littérature spirituelle de l'Orient chrétien. **Fête le 28 mai.**

CALLISTINE (f) Cf. Calliste.

CALLYANE (f) Cf. Calliope.

CALYPSO (f) Etym. grecque *(kalyx,* le calice de la fleur). Dans la mythologie, Calypso ou *Kalupsô* est une nymphe de l'île d'Ogypie. Selon l'Odyssée, elle accueille Ulysse après son naufrage et le garde pendant dix ans. On peut fêter les Calypso avec les Nymphe*. Voir ce prénom.

CAMIHO (m-f) Cf. Camille. Forme provençale du prénom.

CAMILLA (f) Etym. latine *(Camillus,* nom d'un enfant noble qui aidait aux sacrifices dans l'antiquité). Consacrée à Dieu chez les clarisses, Camilla fonde un monastère près de Modène, Italie, où elle meurt vers 1505. **Fête le 31 mars.**

CAMILLE (m-f) Etym. cf. Camilla. Née à Florence en 1465, Camille Bartolini doit se résigner à l'entrée de son mari chez les dominicains. Mais lorsqu'il en sort et veut la reprendre, elle ne cède pas, s'étant donnée à Dieu de son côté. Sous le nom de Lucie elle ne vit plus que pour lui, comblée, d'une extrême bonté pour les autres et d'une grande austérité pour elle-même. Morte à Sienne en 1520. **Fête le 30 octobre.** — A dix-sept ans Camille se bat contre les Turcs, engagé dans l'armée espagnole au côté de son père, le marquis de Lellis. Géant de près de deux mètres et pourvu de pieds immenses (témoin son vieux soulier qu'on peut encore voir à Florence), il vagabonde ensuite jusqu'à vingt-cinq ans, goûtant à tout, exerçant tous les métiers, y compris aide-maçon, ânier chez les capucins de Rome, garde-malade... Comment s'y prend-il ? Renvoyé de l'hospice avec la mention « Jeune homme incorrigible et complètement inapte à l'office d'infirmier » en 1569, Camille sera proclamé « patron céleste des infirmiers » par Pie XI en 1930. Que s'est-il passé ? A l'hôpital où il a repris du service il ne veut plus voir que ses malades. Au cardinal qui vient l'importuner dans sa besogne, il fait répondre qu'il ne peut le recevoir, occupé qu'il est à panser les plaies de Jésus. Car sous les haillons de ses moribonds, Camille a rencontré le Christ. Et il se donne à lui corps et âme. En 1582 il fonde « les

Saint Maturin, Saint Armel, Saint Yves, Saint Brieuc (de gauche à droite) (vitrail de la basilique Saint-Sauveur de Dinan).

Serviteurs des Infirmes », appelés en France « les frères du Bien-Mourir ». Il les envoie sur les champs de bataille, dans les geôles, dans les taudis. Leur règle précise qu'ils doivent considérer l'hôpital comme un jardin de délices et les malades comme leurs seigneurs et maîtres. Epuisé, Camille succombe à Rome le 14 juillet 1614 et le cardinal Bellarmin déclare qu'en raison de sa charité, l'homme a aussitôt pris place parmi les séraphins. **Fête le 14 juillet.**

CANDICE (m-f) Cf. Candide.

CANDIDE (m-f) Etym. latine *(candidus,* blanc). Chrétiens, Candide et ses compagnons sont arrêtés, torturés et exécutés en 287, ayant refusé de participer aux sacrifices offerts aux dieux païens. **Fête le 3 octobre.** — Au 4e s.

saint Candide est l'un des quarante martyrs de Sébaste. Cf. Acace. **Fête le 10 mars.**

CANDIE (f) Cf. Candide.

CANDY (m) Cf. Candide.

CANNELLE (f) Etym. latine *(canna,* tuyau). La cannelle est la substance aromatique extraite de l'écorce du cannelier. Prénom en vogue. Cf. Fleur. **Fête le 5 octobre.**

CANT (m) Etym. latine *(cantus,* chant). Chrétien, Cant est arrêté et martyrisé avec ses deux frères, Cantien et Cantianille, chantres comme lui, lors de la persécution de Dioclétien au début du 4e s. **Fête le 31 mai.** Prénom dérivé : Cantiane.

CANTIANE (f) Cf. Cant.

CANTIANILLE (m) Cf. Cant.

CANTIEN (m) Cf. Cant.

CANUT (m) Etym. scandinave. Habile roi de Danemark et ami de l'Eglise au 11e s., Canut (Knud en danois) se dispose à envahir l'Angleterre en 1085, afin de faire valoir les prétentions danoises sur l'île, mais les impôts qu'il doit prélever pour financer l'expédition le rendent très impopulaire. Il est vaincu, puis assassiné à Odensee en 1086. Canonisé en 1101, Canut est considéré comme le premier martyr danois. **Fête le 19 janvier.** Prénoms dérivés : Knud, Knut.

CAPRAIS (m) Etym. latine *(capra,* chèvre). Premier évêque d'Agen, en Aquitaine, Caprais se cache dans une caverne au début de la persécution qui sévit dans la région au 3e s. Mais bientôt enhardi par le courage de chrétiennes de sa connaissance qui ne cessent de clamer leur foi, il les rejoint et subit le martyre à son tour en professant son appartenance au Christ. La cathédrale d'Agen est dédiée à saint Caprais. **Fête le 20 octobre.** — Au 5e s. Caprais contribue à la fondation de l'abbaye de Lérins, au large de Cannes, en Provence, avec Honorat*, futur évêque d'Arles. **Fête le 1er juin.**

CAPUCINE (f) Etym. italienne *(cappucino,* porteur de capuce). Prénom inspiré de la plante ornementale à feuilles rondes, qui donne de jolies fleurs jaunes et orangées du mois de juin jusqu'en automne. Cf. Fleur. **Fête le 5 octobre.**

CARADEC (m) Cf. Karadeg.

CARANTEC (m) Cf. Karadeg.

CAREN (f) Cf. Carine.

CARINE (f) Etym. cf. Catherine. Convertie au christianisme, Carine est arrêtée et martyrisée à Ancyre, aujourd'hui Ankara, Turquie, avec son mari, Mélasippe, et son fils, Antoine, lors des persécutions ordonnées par Julien l'Apostat entre 361 et 363. **Fête le 7 novembre.** Prénoms dérivés : Caren, Karel, Karelle, Karen, etc.

CARL (m) Cf. Charles.

CARLA (f) Cf. Charlotte.

CARLO (m) Cf. Charles.

CARLOMAN (m) Etym. germanique *(karl,* fort et *mann,* homme). Roi d'Austrasie, de Souabe et de Thuringe depuis 741, Carloman fait alliance avec Pépin le Bref, son frère, pour combattre les Saxons et les Alamans. Il appuie la mission de saint Boniface* et, en 747, renonce au trône pour se consacrer à Dieu à l'abbaye du mont Cassin, en Italie. Chargé d'une négociation par les Lombards, il consent à sortir de sa retraite en 754 et meurt la même année au monastère de Vienne, France. **Fête le 17 août.** Prénoms dérivés : Loman, Lomance, Lomane.

CARLOS (m) Cf. Charles.

CARLYNE (f) Cf. Charlotte.

CARMEL (m) Etym. hébraïque : « vigne de Dieu ». Prénom inspiré par la fête de Notre-Dame du Mont-Carmel célébrée par les religieux carmes dès la fin du 14e s. en souvenir de l'approbation donnée à leur règle par Honorius III. Le Carmel est un ordre monastique né des laures et ermitages établis sur le mont Carmel, Palestine, dès 1155. **Fête le 16 juillet.** Prénoms dérivés : Carmelle, Carmela, Carmelo, Carmen, Carmine.

CARMELLE (f) Cf. Carmel.

CARMELO (m) Cf. Carmel.

CARMEN (f) Cf. Carmel. Forme populaire du prénom due au roman de Mérimée (1845) et à l'opéra-comique de Bizet (1875).

CARMINE (f) Cf. Carmel.

CAROL (m) Cf. Charles.

CAROLE (f) Cf. Charlotte.

CAROLINE (f) Cf. Charlotte.

CASILDA (f) Etym. latine *(casella,* maisonnette). Sainte Casilda est une vierge espagnole morte en 1007, selon le martyrologe. **Fête le 9 avril.**

CASIMIR (m) Etym. slave *(kas,* assemblée). Né à Cracovie en 1458, saint Casimir est le fils du roi de Pologne, Casimir IV Jagellon. En l'absence de son père il gouverne le pays avec une grande sagesse et beaucoup de simplicité. Sollicité pour ceindre la couronne de Hongrie, il juge le projet injuste et décline l'offre. Mort à Grodno en 1484, victime de la tuberculose, il est le patron de la Pologne et de la Lithuanie. **Fête le 4 mars.**

CASSIEN (m) Etym. gréco-latine *(kassia,* cassier : arbuste tropical qui donne le fruit dont on extrait la pulpe purgative). Maître d'école, Cassien est aussi chrétien à une époque où cela est un crime. Découvert, il est livré par le juge aux mains des enfants qu'il a enseignés et lardé par eux de coups de stylets, de poinçons, jusqu'à ce qu'il ait rendu l'âme, à Imola, en Emilie, vers 250. **Fête le 13 août.** — Moine à Bethléem, Palestine, et en Egypte, puis diacre de Jean Chrysostome* à Constantinople, Asie Mineure, Cassien débarque à Marseille vers 410. Evêque, il fonde une abbaye sur le tombeau de saint Victor*, sénateur romain martyrisé dans la cité phocéenne en 290. Fondateur de deux autres monastères dans la région, Jean Cassien est aussi l'auteur des *Conférences des Anciens* et des *Institutions cénobitiques.* Mort à Marseille en 433. **Fête le 23 juillet.** — Religieux capucin originaire de Nantes, Bretagne, Cassien est martyrisé en Ethiopie en 1638 avec son confrère Agathange* de Vendôme, Orléanais. **Fête le 7 août.**

CAST (m) Cf. Kadeg.

CASTOR (m) Etym. grecque *(Kastôr,* frère jumeau de Pollux dans la mythologie, placé avec lui parmi les constellations sous le nom de Gémeaux). Evêque d'Apt, en Provence, saint Castor est mort en 419. Erigée en 1096, la cathédrale de Nîmes, Languedoc, est dédiée conjointement à Notre-Dame-et-Saint-Castor. **Fête le 23 septembre.**

CASTULE (m) Etym. portugaise *(casto,* pur). Martyrisé au 3e s., saint Castule est l'époux d'Irène, la chrétienne qui ne craint pas de se compromettre en recueillant chez elle pour le soigner le soldat Sébastien* abandonné mourant par les archers de Dioclétien. **Fête le 22 août.** Prénom dérivé : Catulle.

CASTUS (m) Etym. cf. Castule. A Carthage, au 3e s., Castus et Emile* sont arrêtés et menacés d'être brûlés vifs. Ils cèdent presque, terrifiés, mais se ressaisissent et subissent le martyre, comme le relate lui-même saint Cyprien*, évêque de la ville. **Fête le 22 mai.**

CATARINO (f) Cf. Catherine. Forme provençale du prénom.

CATHEL (f) Cf. Catherine. Forme alsacienne du prénom.

CATHELLE (f) Cf. Catherine.

CATHERINE (f) Etym. grecque *(katharos,* pur). Débarrassée de toutes les légendes qui l'encombrent, la vie de Catherine se résume en un mot, Dieu, et c'est pour le rejoindre plus vite qu'elle subit le martyre à Alexandrie au début du 4e s. Un monastère lui est dédié dans le Sinaï, au pied du mont Horeb (auj. Djebel Mouça), fortifié au 6e s. par Justinien. Sainte Catherine est l'une des "voix" de Jeanne d'Arc* et la patronne des catherinettes. **Fête le 25 novembre.** — Fille de sainte Brigitte* de Suède, la *prophétesse du* *nord,* Catherine est la première supérieure de l'ordre du Saint-Sauveur fondé par sa mère. Morte à Vadstena, Suède, en 1381. **Fête le 24 mars.** — A Sienne, Catherine Benincasa est tertiaire dominicaine mais laïque. Elle vit en famille, avec ses vingt-trois frères et sœurs. Sa cellule est la prière. L'activité de cette contemplative est extraordinaire. Illettrée (elle n'apprend à lire que très tard), elle prêche passionnément l'amour de Dieu, réconcilie des villes ennemies, dirige deux expéditions en Avignon pour tenter de ramener le pape à Rome, toujours et partout suivie de ses fans, les *caterinati,* que fascinent sa gaieté et sa sainteté. Son *Dialogue,* ses lettres et ses poèmes sont rangés parmi les chefs-d'œuvre de la littérature italienne. Morte à Rome le 29 avril 1380, près d'Urbain VI qui l'a appelée à son aide, sainte Catherine de Sienne est sans doute la femme qui a exercé la plus grande influence visible sur l'Eglise. Elle est la patronne de l'Italie. Proclamée docteur de l'Eglise en 1970. **Fête le 29 avril.** — Clarisse, Catherine de Bologne fonde dans sa ville le couvent du Saint-Sacrement en 1456 et écrit le *Traité des sept armes spirituelles.* Morte à Bologne en 1463. **Fête le 9 mars.** — Fille du vice-roi de Naples, Catherine de Gênes se voue aux soins des pestiférés de 1490 à 1496 et écrit aussi des ouvrages mystiques. Morte à Gênes en 1510. **Fête le 15 septembre.** — Née à Fain-les-Moutiers, Bourgogne, Zoé ou Catherine Labouré prend la cornette des filles de la Charité au noviciat de la rue du Bac, Paris, où la Vierge Marie lui apparaît plusieurs fois et la charge de répandre « la médaille miraculeuse » en 1830. Envoyée à l'hospice d'Enghien, rue de Reuilly, Paris 12ᵉ, Catherine y passe sa vie, religieuse discrète, toute dévouée au soin des vieil-

lards. Elle cache deux gendarmes évadés pendant la Commune et tient tête aux fédérés qui la traitent de « vieille bête » mais, d'une certaine façon désarmés, l'abandonnent à ses malades. C'est après sa mort, survenue le 31 décembre 1876, que son confesseur révèle qu'elle était la voyante de la rue du Bac. Catherine est canonisée par Pie XII le 27 juillet 1947. **Fête le 31 décembre.** — Voir aussi Kateri (forme indienne du prénom). Prénoms dérivés : Cathel, Cathelle, Catarino, Cathy, Katia, Kateri, Ketty, Kittie, etc.

CATHY (f) Cf. Catherine. Forme hypocoristique du prénom.

CATIA (f) Cf. Catherine.

CATOUN (f) Cf. Catherine. Forme provençale du prénom.

CATULLE (m) Cf. Castule.

CÉCILE (f) Etym. latine *(Cecilii,* nom d'une illustre famille romaine). Grande dame romaine, Cécile lègue une maison et un terrain aux chrétiens, dans les premiers siècles de l'Eglise. La maison devient un sanctuaire dédié plus tard à Sainte-Cécile-du-Transtévère. Le terrain est aménagé en cimetière où sont ensevelis des papes, des martyrs et Cécile elle-même, la donatrice. Au 5ᵉ s., une légende naît autour de sa personne, en faisant une vierge fiancée au païen Valérien qu'elle convertit la nuit même de leurs noces. Il respecte donc sa virginité et partage son martyre au petit jour. Au 16ᵉ s., représentée par les peintres s'adonnant à la musique, Cécile devient tout naturellement la patronne des musiciens. **Fête le 22 novembre.** Prénoms dérivés : Cécilia, Céciliane, Cécilie, Céciline, Sharon, Sheila, Shere, etc.

Hadrien (Vaison-la-Romaine).

CÉCILIA (f) Cf. Cécile.

CÉCILIANE (f) Cf. Cécile.

CEDDE (m) Cf. Cédric.

CÉDRIC (m) Etym. celtique *(kad,* combat et *rik,* roi). Né en Northumbrie, Angleterre, Cédric (ou Cedde) est l'un des grands évangélisateurs du pays au 7e s. Mort de la peste en 664. **Fête le 7 janvier.**

CÉLESTE (m) Etym. latine *(caelestis,* qui concerne le ciel). Saint Céleste est le deuxième évêque de Metz au début du 4e s. Ses restes sont vénérés à l'église de Marmoutier, près de Saverne, Alsace. **Fête le 14 octobre.**

CÉLESTIN (m) Etym. cf. Céleste. Originaire de Campanie, saint Célestin 1er est le 43e pape au 5e s. Il dépêche saint Loup* de Troyes et saint Germain* d'Auxerre en Grande-Bretagne pour y combattre le pélagianisme, condamne Nestorius au synode de Rome en 430 et fait ratifier cette condamnation au concile d'Ephèse en 431. **Fête le 6 avril.** — Saint Célestin V est le 190e pape au 13e s. Moine au mont Morrone, Pierre est élu après vingt-sept mois de conclave. Plus résigné qu'enthousiaste et juché sur l'âne du monastère, il rejoint à Pérouse les cardinaux qui veulent le couronner de la tiare. L'un d'eux, Caetani, admet heureusement son incompétence. Célestin suit ses conseils et abdique six mois après, heureux à l'idée de retrouver sa cellule, au monastère. Il n'aura pas cette joie, aussitôt emprisonné par son successeur, Caetani lui-même, élu sous le nom de Boniface VIII. Mort en 1296, l'humble pontife est canonisé par Clément V en 1313 sous le nom de Pierre-Célestin. **Fête le 19 mai.**

CÉLESTINE (f) Cf. Célestin.

CÉLIA (f) Cf. Céline.

CÉLINE (f) Etym. latine *(celare,* tenir secret). Sainte Céline est la mère de saint Rémi*, évêque de Reims. Morte près de Laon vers 458. **Fête le 21 octobre.** Prénoms dérivés : Célia, Célina.

CÉLOSIE (f) Prénom inspiré de la plante dont les fleurs ressemblent à des panaches duveteux rouge feu ou jaune d'or. Cf. Fleur. **Fête le 5 octobre.**

CELSE (m) Etym. latine *(excellens,* excellent). Martyrisé au 1er ou 2e s., Celse est enseveli à Milan, Lombardie. Son corps est retrouvé par saint Ambroise*, vers 397, avec celui de saint Nazaire*. **Fête le 28 juillet.**

CÉOLFRID (m) Etym. germanique *(hrod,* gloire et *frido,* paix). Né vers 642, Céolfrid est abbé du monastère de Wearmouth, dans le Northumberland (Angleterre) au 8e s. Mort en 716 pendant un voyage à Rome. **Fête le 25 septembre.**

CÉPHAS (m) Cf. Pierre.

CERISE (f) Prénom en vogue. Cf. Fleur. **Fête le 5 octobre.**

CERNY (m) Cf. Sernin. Forme hypocoristique du prénom.

CÉSAIRE (m) Etym. cf. César. Moine à Lérins, Provence, Césaire succède à Eonius, évêque d'Arles, en 503. Primat des Gaules, il voyage beaucoup, soucieux de la formation des prêtres et de l'efficacité des évêques. Aux prises avec d'énormes difficultés en cette période d'invasions des barbares (les Wisigoths, puis les Ostrogoths qui les chassent, puis les Francs qui repoussent ceux-ci pour s'installer définitivement à leur place), Césaire lutte énergiquement contre l'hérésie arienne, défend l'augustinisme et convoque plusieurs conciles. Il est le fondateur du premier monastère de femmes en pays gaulois et l'auteur de nombreux sermons écrits. Mort à Arles en août 543. **Fête le 26 août.**

CÉSAR (m) Etym. latine *(coesar,* enfant mis au monde par incision).

Prénom immortalisé par l'un des plus illustres hommes d'Etat romains, Caius Julius Caesar, né et mort à Rome (101-44 av. J.-C.). — Prêtre éducateur en Avignon, mort en 1607, César de Bus est béatifié par Paul VI en 1975. **Fête le 15 avril.**

CÉSARI (m) Cf. César. Forme provençale du prénom.

CÉSARIE (f) Etym. cf. César. Sainte Césarie est le sœur de saint Césaire*. Abbesse du monastère Saint-Jean-d'Aliscamps, en Arles, elle meurt en 529. **Fête le 12 janvier.**

CÉSARINE (f) Cf. Césarie.

CHAD (m) Etym. celtique. Frère de saint Cédric* et abbé de Lastingham, Yorkshire, Chad est nommé évêque d'York par le roi de Northumbrie en 666. Bon pour les autres et dur pour lui-même, son activité essentielle est de sillonner son vaste diocèse et d'évangéliser les pauvres. Il ne se soucie d'ailleurs que des pauvres, les traite comme ses enfants. Nommé évêque de Lichfield vers 670, il meurt de la peste le 2 mars 672. **Fête le 2 mars.**

CHANTAL (f) Cf. Jeanne-Françoise.

CHARBEL (m) Etym. cf. Charles. Forme arabe du prénom. Libanais, Joseph Makhlouf prend le nom de Charbel avec l'habit religieux au couvent maronite des Antonins d'Annaya en 1851. Ordonné prêtre en 1859, il se retire dans un ermitage en 1875, pour y vivre en solitaire et en état d'oraison permanent. Sa mort, le 24 décembre 1898, provoque une floraison de prodiges et sa tombe est toujours, pour chrétiens et musulmans, un des hauts-lieux du Proche-Orient. **Fête le 24 décembre.**

CHARLAINE (f) Cf. Charlotte.

CHARLEMAGNE (m) Etym. latine *(Carolus magnus,* Charles le Grand). Fils de Pépin le Bref, roi des Francs en 768, puis des Lombards, puis empereur d'Occident (800-814), Charlemagne est canonisé le 29 décembre 1165 par l'antipape Pascal III. Le silence des papes romains est ensuite interprété comme une approbation. En 1471, Louis XI ordonne que la Saint-Charlemagne soit célébrée partout en France comme le dimanche, sous peine de mort ! En 1661, la Sorbonne prend Charlemagne comme patron céleste et, en 1734, le cardinal Lambertini, futur pape, écrit que « rien ne s'oppose à ce que son culte soit célébré dans les Eglises particulières ». Plusieurs missels accordent même au saint un office propre dans les diocèses de Paris, Reims et Rouen. Mais la Saint-Charlemagne, jadis fête des écoliers, est tombée en désuétude, sauf dans quelques villages de Rhénanie. **Fête le 28 janvier.**

CHARLÈNE (f) Cf. Charlotte.

CHARLES (m) Etym. germanique *(karl,* fort, vigoureux). Fils de saint Canut* roi de Danemark, Charles le Bon est comte de Flandre au retour de la première croisade. Il fait régner la paix et la justice dans son comté, met en application la « trêve de Dieu » proposée par saint Odilon* au siècle précédent et s'illustre surtout par son amour des pauvres. Il est assassiné le 2 mars 1127, dans l'église Saint-Donatien de Bruges, par un seigneur dont il a déjoué les intrigues politiques. **Fête le 2 mars.** — Secrétaire d'Etat de son oncle le pape Pie IV et cardinal comblé d'honneurs et de revenus à vingt et un ans, Charles Borromée se convertit à la mort de son frère en 1562. Ordonné prêtre l'année suivante, il renonce à la chasse, à sa fortune et se dévoue corps et âme à son immense diocèse de Milan. Il réforme, fonde plusieurs séminaires et une congrégation, veille à l'application des décisions du concile de Trente, souvent en butte à l'hostilité des laïcs, des moines et des prêtres que dérangent ses initiatives. Mort à Milan en 1584. **Fête le 4 novem-**

bre. — Monarque absolu, saint Charles 1er Stuart règne sur l'Angleterre, l'Ecosse et l'Irlande de 1625 à 1649. De bonne foi mais souvent maladroit, il provoque la révolte des parlementaires, puis la guerre civile. Condamné à mort, avant de poser sa tête sur le billot, à Whitehall, Londres, en 1649, il pardonne à tous ceux qui lui ont fait du tort et déclare mourir « pour son peuple et pour Dieu dans la vraie foi protestante ». L'Eglise anglicane l'honore comme un martyr le 30 janvier dans le *Prayer Book*. Le peintre Van Dyck a fait de lui un portrait célèbre. **Fête le 30 janvier.** — Jésuite, Charles Garnier est l'un des huit missionnaires martyrisés au Canada par les Iroquois entre 1642 et 1649, et canonisés ensemble par Pie XI en 1930. **Fête le 19 octobre.** — Chef des pages du roi d'Ouganda, Charles Lwanga est brûlé à petit feu avec plusieurs de ses jeunes compagnons en 1886 parce que, chrétiens, ils refusent de se prêter aux caprices du tyran. Proclamé Patron de la Jeunesse Africaine par Pie XI en 1934, Charles Lwanga est canonisé avec ses amis en 1964. **Fête le 3 juin.** Prénoms dérivés : Chalie, Charlot, Charley, Charlez, etc.

CHARLES-RÉGIS (m) Etym. cf. Charles et Régis. Le bienheureux Charles-Régis est l'un des cent quatre-vingt-onze prêtres, religieux et laïcs massacrés à Paris par les révolutionnaires entre le 2 et le 6 septembre 1792. **Fête le 2 septembre.**

CHARLETTE (f) Cf. Charlotte.

CHARLEY (m) Cf. Charles.

CHARLEZ (m) Cf. Charles. Forme bretonne du prénom.

CHARLIE (m) Cf. Charles.

CHARLINE (f) Cf. Charlotte.

CHARLOTTE (f) Etym. cf. Charles. La bienheureuse Charlotte est l'aînée des seize carmélites de Compiègne guillotinées à Paris le 17 juillet 1794. **Fête le 17 juillet.**

CHARLOUN (m) Cf. Charles. Forme provençale du prénom.

CHARLY (m) Cf. Charles.

CHIONA (f) Etym. grecque *(chionê,* blanc comme neige). Sœur d'Agapé* et d'Irène*, Chiona est arrêtée avec elles à Thessalonique, Grèce, en 304, sous l'inculpation de christianisme et de détention de livres saints. Elles sont interrogées et pressées d'apostasier par le gouverneur Dulcétius puis, sur leur refus, brûlées vives toutes les trois. **Fête le 5 avril.**

CHLOÉ (f) Cf. Cloélia.

CHLORIS (f) Etym. grecque *(khlôros,* vert). Dans la mythologie, Chloris est la déesse des fleurs et l'épouse de Zéphir, personnification du vent d'ouest. Cf. Nymphe. **Fête le 10 novembre.**

CHONG (m) Prénom inspiré d'un patronyme. Catéchiste coréen, Marc Chong est décapité dans son pays le 11 mars 1866, âgé de soixante-douze ans. Canonisé par Jean-Paul II à Séoul, Corée, le 6 mai 1984. **Fête le 11 mars.** Prénom dérivé : Sung.

CHOUCHAN (f) Etym. arménienne. Fille de saint Vartan et née en Arménie, Chouchan est reine de Géorgie au 5e s. Elle se sépare de son mari, le roi Vasken, lui reprochant d'avoir renié le

Saint Ronan (église de Locronan).

Christ en acceptant pour leur pays les conditions honteuses du shah de Perse. Etablie près d'une église à Tbilissi, elle meurt peu de temps après, en 458, victime des violences de son mari. Arméniens et Géorgiens la vénèrent comme l'une de leurs saintes nationales. **Fête le 29 juin.**

CHRIS (m-f) Cf. Christian, Christiane, Christine.

CHRISTA (f) Cf. Christine.

CHRISTABELLE (f) Cf. Christine.

CHRISTELLE (f) Cf. Christine.

CHRISTEN (m) Cf. Christian.

CHRISTIAN (m) Etym. grecque *(kristos,* oint, sacré) : "chrétien". Moine camaldule polonais, Christian est massacré à Kazimierz, près de Gniezno, Pologne, dans la nuit du 11 novembre 1003, avec quatre confrères italiens et polonais. Vénéré comme martyr, saint Christian est l'un des patrons protecteurs de la Pologne. **Fête le 12 novembre.**

CHRISTIANE (f) Etym. grecque *(kristos,* oint, sacré) : "chrétienne". Jeune femme obscure, vivant dans la prière et la pénitence, sainte Christiane est à l'origine de l'évangélisation de la Géorgie au milieu du 4e s. Surnommée Christiana, puis Nina ou Ninon, parce qu'on ne sait rien d'elle sauf qu'elle est chrétienne, sa sainteté éclate le jour où elle guérit un enfant en le couvrant de son cilice. La reine de Géorgie, mourante, la fait appeler à son chevet et, guérie aussi, veut récompenser somptueusement sa bienfaitrice. Christiane refuse l'or, tous les présents. Elle ne désire que la conversion de la reine et l'obtient, puis celle du roi. Evénement qui entraîne la christianisation de la capitale, puis du pays tout entier. **Fête le 14 janvier ou le 15 décembre.**

CHRISTINA (f) Cf. Christine.

CHRISTINE (f) Etym. cf. Christiane.

Sainte Christine, Kristell en breton, est la cousine de saint Hervé au 7e s. De nombreuses chapelles lui sont dédiées en Bretagne. **Fête le 24 mars.** — Selon Jacques de Vitry, honnête chroniqueur du 13e s., la vie de sainte Christine, surnommée l'Admirable, n'est qu'une succession de prodiges. Et il a bien connu la célèbre mystique à Oignies, près de Namur, pendant deux ans (1211-1213). Christine est favorisée de grâces extraordinaires : extases, visions, don de lévitation. Elle accompagne les âmes des défunts au purgatoire, parfois même jusqu'au Ciel. Mais elle subit aussi de terribles épreuves, jetée par le diable dans les fours à pain ou plongée l'hiver dans l'eau glacée. Toujours humble et obéissante comme la plus obscure des sœurs converses, elle meurt vers 1224 au couvent de Saint-Trond, près de Hasselt, en Campine. **Fête le 24 juillet.** Prénoms dérivés : Christa, Christabelle, Christie, Chrystalle, Christelle ou Kristell, etc.

CHRISTOBAL (m) Cf. Christodule ou Christophe.

CHRISTODULE (m) Etym. grecque *(Kristos* et *douleia) :* « serviteur du Christ ». Ermite itinérant, Christodule vient en France pour étudier la réforme de Cluny et fonde plusieurs communautés monastiques sur les îles de la mer Egée. Auteur d'un ouvrage sur la *Manière de servir Dieu,* il meurt à l'île d'Eubée vers 1100. **Fête le 16 mars.**

CHRISTOPHE (m) Etym. grecque *(Kristos* et *phorein)* : « celui qui porte le Christ ». Martyrisé au 3e s. en Lycie, Asie Mineure (auj. Turquie), saint Christophe n'est connu que par la légende inspirée de l'étymologie de son nom au 5e s. Géant résolu à mettre sa force au service de l'homme le plus puissant de la terre, de prince en roi et de roi en empereur, l'orgueil de Christophe le conduit jusqu'à Satan lui-même. Pourtant, un jour qu'ils approchent tous deux d'un calvaire, le diable fait un détour pour l'éviter. « Que crains-tu ? dit l'athlète. Le Christ est donc plus puissant que toi ? » Christophe a enfin trouvé son maître. Il le sert en servant ses semblables, dans la mesure de ses moyens, docile aux conseils d'un pieux ermite. Ayant fait passer un enfant sur ses épaules, d'une rive à l'autre d'un fleuve, il s'étonne de son poids : « Ah ! petit, tu as tant pesé sur moi que j'ai cru porter le monde entier ! » s'exclame-t-il. « Ne t'étonne pas, Christophe, dit l'enfant, tu as porté le monde entier et aussi Celui qui a créé le monde ». Puis il disparaît mais, le lendemain matin, le bâton de Christophe a pris racine, fait des feuilles et des fruits ! Patron des voyageurs, saint Christophe l'est aujourd'hui des automobilistes. Son culte est très important en France au Moyen-Age à en juger par le grand nombre de sanctuaires qui lui sont dédiés dans le pays à cette époque. **Fête le 25 juillet.** — Moine à Cordoue, Espagne, au 9ᵉ s., Christophe n'a plus qu'un désir : subir le martyre pour rejoindre Dieu au plus vite. Afin d'être sûr de parvenir à ses fins, il s'en va proférer des insultes contre Mahomet en plein tribunal musulman. Condamné avec Léovigild*, son confrère, il respecte néanmoins l'ordre de préséance au moment de monter sur l'échafaud le 20 août 852 : « Passez d'abord, je vous en prie, puisque vous êtes l'aîné ! » (selon saint Euloge* de Cordoue, maître de saint Christophe). **Fête le 21 août.** Prénoms dérivés : Christopher, Christobal.

CHRISTOPHER (m) Cf. Christophe.

CHRODEGANG (m) Etym. cf. Rotgang. Evêque de Sées, en Normandie, au 8ᵉ s., Chrodegang donne l'habit religieux à sa sœur, sainte Opportune*, à l'abbaye voisine d'Almenèche. **Fête le 22 avril.** — Cf. Rotgang.

CHRYSANTE (m) Etym. grecque *(khrusos,* or et *anthemon,* fleur). Epoux de sainte Darie*, saint Chrysante est martyrisé et enseveli avec sa femme sur la via Salaria, à Rome, dans les premiers siècles du christianisme. **Fête le 25 octobre.** Prénom dérivé : Crisant.

CHRYSOGONE (m) Etym. grecque *(khrusos,* or et *gonos, gonia,* génération). Saint Chrysogone est martyrisé à Aquilée, en Vénétie (Italie) au 3ᵉ s. **Fête le 24 novembre.**

CHRYSOLE (m) Etym. grecque *(khrusos,* or). Saint Chrysole est l'un des premiers missionnaires envoyés de Rome par le pape pour évangéliser la région de Lille au 3ᵉ s. **Fête le 3 septembre.**

CHRYSOLOGUE (m) Cf. Pierre-Chrysologue.

CHRYSOSTOME (m) Cf. Jean-Chrysostome.

CINNIE (f) Etym. celtique *(ken,* beauté). Issue de la famille royale irlandaise au 5ᵉ s., Cinnie, ou Kinnie, renonce au monde et prend le voile dans un monastère que vient de fonder saint Patrick*, évêque d'Armagh. Morte en 482. **Fête le 1ᵉʳ février.**

CIPRIAN (m) Cf. Cyprien. Forme occitane du prénom.

CIRCÉ (f) Etym. grecque *(kirkê,* épervier). Fille d'Hélios, le soleil, et sœur de Pasiphaé, Circé métamorphose en pourceaux les compagnons d'Ulysse qui l'ont outragée, selon la mythologie. Cf. Nymphe. **Fête le 10 novembre.**

Saint Christophe, Saint Vincent Ferrier, Saint Sébastien (de gauche à droite) (polyptique de Bellini, à S.S. Giovanni e Paolo, Venise). ▶

CLAIR (m) Etym. latine *(clarus, clair)*. Premier évêque de Nantes vers 275, Clair (Kler en breton) se réfugie à Rennes puis à Vannes qu'il évangélise, afin de fuir les persécutions. Mort à Reguiny le 10 octobre 309, il est le patron du diocèse de Nantes et de la paroisse de Reguiny, Morbihan, où se trouve son tombeau. **Fête le 10 octobre.** — Disciple de saint Martin*, Clair est maître des novices au monastère de Marmoutier, près de Tours. Mort vers 396. **Fête le 8 novembre.** — Né dans un village du Dauphiné qui a gardé son nom, Saint-Clair-du-Rhône, Clair est abbé du monastère Saint-Marcel, à Vienne, où il meurt vers 660. Ses reliques sont vénérées dans l'église d'Aix-les-Bains, en Savoie. **Fête le 2 janvier.**

CLAIRE (f) Etym. cf. Clair. Née à Assise en 1193 et séduite à dix-neuf ans par l'idéal de saint François*, Claire fuit le palais de son père la nuit du dimanche des Rameaux 1212 en compagnie de sa cousine Pacifica. Saint-Damien est le berceau du nouvel ordre des « Pauvres Dames » appelé plus tard les clarisses. Claire bénit le Créateur d'avoir fait le monde aussi beau et se lève la nuit pour veiller sur ses sœurs mais verse des larmes de sang lorsqu'elle médite la Passion du Christ. Sa dernière joie terrestre est de pouvoir vénérer la dépouille de François, son père bien-aimé, qui a prescrit à ses disciples ce détour par Saint-Damien lorsqu'ils l'emporteraient au cimetière. C'est lui, d'ailleurs, qui vient au-devant de Claire lorsqu'elle meurt le 11 août 1253, selon le témoignage de ses sœurs. **Fête le 11 août.** — Séquestrée par son père, Claire Gambacorta finit par obtenir sa libération pour entrer chez les dominicaines, à Pise, au 15e s. Morte en 1419. **Fête le 17 avril.** Prénoms dérivés : Clara, Clarinde.

CLAIRE-ISABELLE (f) Etym. cf. Claire et Isabelle. Née à Rome en 1697, Claire-Isabelle Fornari entre chez les clarisses de Todi en 1712, aussitôt favorisée de grâces mystiques extraordinaires, attestées sous serment par ses sœurs, son médecin et son confesseur. Au cours de longues extases lui apparaissent la Vierge Marie et son divin Fils qui l'appelle son « épouse de douleur ». Les mains, les pieds et le côté de Claire-Isabelle sont en effet marqués de stigmates apparents et qui saignent. Sa tête est couronnée d'épines. Le diable lui fait endurer les pires tourments, jusqu'à l'inciter au désespoir et au suicide... Mais Claire-Isabelle se déclare la plus heureuse des créatures et refuse catégoriquement d'échanger ses souffrances contre tous les plaisirs terrestres. Morte à Todi, en Ombrie, le 9 décembre 1744. **Fête le 9 décembre.**

CLAR (m) Cf. Clair. Forme provençale du prénom.

CLARA (f) Cf. Claire.

CLARENCE (m) Etym. cf. Clair. Clarence est évêque de Vienne, en France, au début du 7e s. Mort en 620. **Fête le 26 avril.**

CLARENT (m) Cf. Clarence.

CLARINDE (f) Cf. Claire.

CLARISSE (f) Etym. : « disciple de sainte Claire ». Insupportable, la Mariscotti est enfermée provisoirement dans un couvent par sa famille. Là, faute d'amendement, le confesseur refuse de la confesser, provoquant le choc salutaire. Clarisse, du nom de l'ordre religieux qui l'a recueillie, refuse de retourner dans sa famille, pleure ses turpitudes et devient le modèle de la communauté. Morte à Viterbe, Latium (Italie), en 1640. **Fête le 12 août.**

CLAROUN (f) Cf. Claire. Forme provençale du prénom.

CLAUDE (m-f) Etym. latine *(Claudia, de Claudianus,* gens romaine illustre ou *claudus,* boîteux). Claude Apollinaire est évêque et écrivain au 2ᵉ s. Mort à Hiérapolis, Asie Mineure (auj. Turquie), en 180. **Fête le 8 janvier.** — Saint Claude de Sébaste est l'un des quarante légionnaires martyrisés dans cette ville en 320. Cf. Acace. **Fête le 10 mars.** — Au 7ᵉ s., saint Claude est le 29ᵉ archevêque de Besançon. Né à Salins en 607, il renonce vite à la carrière des armes qu'il a embrassée pour se consacrer à Dieu au monastère Saint-Oyan, fondé à Condat par saint Romain* au 5ᵉ s. Elu abbé, il est enlevé et fait archevêque de Besançon par les diocésains, mais n'en poursuit pas moins ses austérités, jeûnant et passant ses nuits en prière. Revenu à Condat, il meurt le 6 juin 699. Son corps retrouvé intact au 12ᵉ s., Condat devient Saint-Claude, ville prospère et centre important de pèlerinage. Profanées et partiellement détruites par les révolutionnaires le 19 juin 1794, ses reliques sont vénérées aujourd'hui dans la cathédrale de la ville. **Fête le 6 juin.** — Jésuite, le bienheureux Claude La Colombière est le confesseur de sainte Marguerite-Marie* à Paray-le-Monial, en Bourgogne, au 17ᵉ s., le premier et sans doute le seul à prendre au sérieux la voyante, se portant garant de sa sincérité et de l'authenticité de sa mission. Mort à Paray le 15 février 1682 et béatifié par Pie XI en 1929. **Fête le 15 février.** Prénoms dérivés : Claudic, Claudio, Claudius, Claudy, etc.

CLAUDETTE (f) Cf. Claudia.

CLAUDIA (f) Etym. cf. Claude. Sainte Claudia est la mère de saint Lin*, 2ᵉ pape au 1ᵉʳ s. **Fête le 7 août.** — Martyrisée à Amide, en Asie Mineure (auj. Turquie), au début du 4ᵉ s., sainte Claudia est l'une des compagnes de sainte Alexandra*. **Fête le 20 mars.** — Refusant de sacrifier aux déesses païennes Diane et Minerve, sainte Claudia est fouettée et noyée à Ancyre (auj. Ankara, Turquie) au début du 4ᵉ s. **Fête le 18 mai.** Prénoms dérivés : Claudette, Claudie, Claudine.

CLAUDIC (m) Cf. Claude. Forme bretonne du prénom.

CLAUDIE (f) Cf. Claudia ou Claudine.

CLAUDINE (f) Etym. cf. Claude. En 1793, Claudine Thévenet a dix-neuf ans lorsque ses deux frères sont massacrés sous ses yeux par les révolutionnaires en lui criant : « Pardonne comme nous pardonnons ». Elle fait mieux, elle consacre toute sa vie à Dieu et aux pauvres, les plus deshérités, installée au milieu d'eux, au cœur du quartier populaire de la Croix-Rousse, à Lyon, et en 1816 fonde les sœurs de Jésus et Marie pour continuer son œuvre. Morte en 1837, elle est béatifiée par Jean-Paul II le 4 octobre 1981. **Fête le 30 septembre.**

CLAUDIUS (m) Cf. Claude.

CLAUDY (m) Cf. Claude.

CLAUS (m) Cf. Nicolas. Forme alsacienne du prénom.

CLÉA (f) Cf. Clélia.

CLÉLIA (f) Etym. latine *(lenire,* adoucir). Encore adolescente, Clélia Barbieri se voue à l'éducation des enfants à Budrie, près de Bologne (Italie), encouragée par son curé et imitée par plusieurs amies, ce qui donne naissance à une nouvelle congrégation de religieuses enseignantes en 1868. Clélia meurt deux ans après, seulement âgée de vingt-trois ans. **Fête le 13 juillet.** — Missionnaire en Chine, Clélia Nanetti (en religion Maria-Chiara) est massacrée en 1900 par les Boxers, membres fanatiques de la secte de Lotus Blanc des « Poings de Justice ». **Fête le 9 juillet.** Prénoms dérivés : Clio, Clœlia.

CLÉMENCE (f) Etym. latine *(clemens,* bonté, indulgence). Au 12ᵉ s. Clémence d'Hohenberg se consacre à Dieu à l'abbaye bénédictine de Trêves, en Rhénanie, après la mort du comte de Spanheim, son époux. **Fête le 21**

mars. Prénoms dérivés : Clémentia, Clémentine.

CLÉMENT (m) Etym. cf. Clémence. Saint Clément 1er est le 4e pape, de 89 à 97. Sa *Lettre aux Corinthiens* contribue amplement à la réconciliation des fidèles de Corinthe, Grèce, et de leurs pasteurs en 96. On appelle *Pseudoclémentines* dix livres des *Reconnaissances* et vingt-huit homélies attribuées par erreur à ce pape. **Fête le 23 novembre.**

CLÉMENT-MARIE (m) Etym. cf. Clément et Marie. Fils d'un paysan tchèque, Clément-Marie est garçon boulanger avant d'entrer chez les rédemptoristes de Rome. A Varsovie, pendant vingt ans, il dirige une mission populaire permanente, invitant les meilleurs prédicateurs, les organistes en renom, et provoquant de nombreuses conversions. Banni de Pologne, il renouvelle son expérience à Vienne, Autriche, avec autant de succès. Mort le 15 mars 1820, à midi, en disant l'Angelus, saint Clément-Marie est le patron de Vienne. **Fête le 15 mars.**

CLÉMENTIA (f) Cf. Clémence.

CLÉMENTINE (f) Cf. Clémence.

CLÉO (f) Cf. Cléopâtre.

CLÉOPÂTRE (f) Etym. grecque *(kleo,* célébrer). Convertie au christianisme, Cléopâtre cache les chrétiens traqués et poursuivis par les magistrats romains dans la région du lac de Tibériade, en Palestine, au 4e s. **Fête le 19 octobre.** — Le prénom évoque aussi les reines de Macédoine et de Syrie, et Cléopâtre VII, reine d'Egypte de 51 à 30 av. J.-C.

CLÉOPHAS (m) Etym. grecque *(kleo,* célébrer et *phasis,* le lever d'une étoile). Cléophas est l'un des proches de Jésus en Palestine au 1er s. Cf. Lc 24,18 et Jn 19,25. **Fête le 2 décembre.**

CLERVIE (f) Cf. Klervi.

CLET (m) Etym. grecque *(kleos,* célébration). Romain, Clet ou Anaclet est le troisième pape, successeur de Lin* en 76. Mort en 88. **Fête le 26 avril.** Cf. Jean-François.

CLIMAQUE (m) Etym. grecque *(klimakos,* échelle). Prénom inspiré d'un patronyme. Cf. Jean.

CLIO (f) Cf. Clélia. — Dans la mythologie, Clio est l'une des neuf muses, patronne de l'Histoire, généralement représentée un rouleau de papyrus dans la main.

CLIVIA (f) Prénom inspiré de la plante ornementale originaire d'Afrique du Sud ; la clivia a de longues feuilles vert sombre entre lesquelles surgissent de magnifiques fleurs rouge orangé dont la forme rappelle le lys. Cf. Fleur. **Fête le 5 octobre.**

CLODOALD (m) Etym. germanique *(hrod,* gloire et *wald,* celui qui gouverne). Petit-fils de Clovis et de sainte Clotilde*, Clodoald échappe de justesse à ses oncles Clotaire et Childebert, assassins de ses frères, mais refuse la couronne et se retire sur les hauteurs de Novigentum, près de Paris, où il meurt en 560. Autour de son ermitage s'établit une ville qui garde son souvenir : Saint-Cloud. Profanées et partiellement détruites pendant la Révolution, ses reliques sont conservées dans l'église actuelle, érigée

Saint Nicolas (jubé de la chapelle Saint-Nicolas du Faouët).

sous le Second Empire. **Fête le 7 septembre.**

CLOÉLIA (f) Cf. Clélia.

CLOPAS (m) Cf. Cléophas.

CLOTAIRE (m) Etym. germanique *(hrod,* gloire et *arn,* aigle). Saint Clotaire est abbé du monastère de Vitry, en Champagne, vers 800. **Fête le 7 avril.**

CLOTILDE (f) Etym. germanique *(hrod,* gloire et *hild,* combat). Née à Lyon vers 470, Clotilde est la fille de Chilpéric, roi des Burgondes. Elle épouse Clovis, roi des Francs, en 493, et prépare sa conversion au christianisme. Provoqué soudainement par la victoire de Tolbiac sur les Alamans en 496, l'événement est solennisé quelques semaines plus tard à Reims où Clovis reçoit le baptême avec trois mille de ses guerriers. Après cette joie, les épreuves ne sont pas épargnées à Clotilde : mort du roi en 511, enlèvement de sa fille contrainte d'épouser un roi arien wisigoth et surtout massacre de ses petits-enfants, les orphelins de Clodomir, par Clotaire et Childebert, ses propres fils. Elle fuit Paris dont Clovis avait fait sa capitale pour se retirer à Tours, près du tombeau de saint Martin, où elle meurt le 3 juin 545. Transférés à Vivières, près de Soissons, pour les mettre à l'abri des incursions normandes, ses restes sont partiellement brûlés pendant la Révolution, mais les cendres sont aujourd'hui vénérées dans l'église Saint-Leu-Saint-Gilles de Paris. La basilique Sainte-Clotilde, érigée à Paris vers 1856, possède aussi quelques reliques. **Fête le 4 juin.**

CLOU (m) Etym. germanique, comme Clovis, forme primitive de Louis *(hlod-wig,* illustre combat). Fils de saint Arnoul*, Clou vit à la cour de Dagobert avant de succéder à son père sur le siège épiscopal de Metz. Mort en 696. **Fête le 18 juillet.**

CLOUD (m) Cf. Clodoald.

COEMGEN (m) Etym. celtique *(coemgen,* le bien planté). Fondateur de l'abbaye de Glendalough, Irlande, vers 550, saint Coemgen est l'un des saints les plus populaires de « l'île des saints ». Si grande est sa sainteté que les loups se couchent à ses pieds et que les arbres s'inclinent sur son passage lorsqu'il traverse la forêt ! Mort en 618. **Fête le 3 juin.** Prénoms dérivés : Gaven, Kevin.

COLAS (m) Cf. Nicolas.

COLETTE (f) Etym. cf. Nicolas. Fille d'un charpentier de Corbie, en Picardie, Nicolette ou Colette est ainsi prénommée par ses parents en reconnaissance pour saint Nicolas qui leur a envoyé l'enfant qu'ils n'osaient plus espérer. Orpheline à dix-huit ans, Colette entre chez les béguines d'Amiens, les quitte pour aller chez les bénédictines de Corbie, les quitte aussi pour essayer les clarisses de Pont-Sainte-Maxence. La vie est partout trop douce et facile. Alors Colette se fait emmurer, recluse, dans la collégiale Saint-Etienne de Corbie : trois ans de bonheur qu'elle doit interrompre pour s'acquitter d'une mission reçue de saint François* et sainte Claire*. Consulté, le pape Benoît XIII donne son accord et, par bulle spéciale du 29 avril 1406, nomme officiellement Colette réformatrice des trois ordres franciscains. La jeune femme se heurte aux positions établies, à la tiédeur et à l'inertie de communautés bien installées, mais réussit finalement son entreprise. A sa mort (Gand, Flandre, 1447), sa réforme est bien implantée partout en France, en Flandre, en Savoie et en Espagne. Colette est canonisée en 1807. Ses reliques sont vénérées au couvent des clarisses de Poligny en Franche-Comté. **Fête le 6 mars.** Prénoms dérivés : Colinette, Nicole, Nicolette, Nicoletta, etc.

COLIN (m) Cf. Nicolas.

COLINETTE (f) Cf. Colette.

COLINOT (m) Cf. Nicolas.

COLMAN (m) Etym. celtique *(koulma,* colombe). Barde celte converti au christianisme par saint Brandan*, Colman devient moine puis évêque de Cloyne, en Irlande, au 6e s. **Fête le 24 novembre.**

COLOMAN (m) Etym. cf. Colman. Prêtre irlandais, Coloman est assassiné à Wurtzbourg, Bavière, en 689, avec le moine Killian* et le diacre Totman* par la concubine de Guzbert, le duc régnant, farouchement hostile à la conversion de son illustre amant. **Fête le 8 juillet.**

COLOMBA (m) Etym. latine *(columba,* colombe). Avec Patrick* et Brigitte*, Colomba constitue la célèbre triade des grands saints thaumaturges irlandais. Prêtre en 543, il parcourt son île natale pendant près de quinze ans, prêchant l'Evangile et fondant des monastères à Kills, Derry, Durrow. Il débarque sur l'île d'Iona, l'une des Hébrides, vers 563, y fonde aussi un monastère et, avec plusieurs de ses disciples, s'en va évangéliser les îles Orcades, les Shetland et l'Islande. En 575 Colomba assiste au concile de Drumceatt. Auteur de poèmes en gaélique et en latin, il meurt au monastère d'Iona le 9 juin 597. **Fête le 9 juin.**

COLOMBAN (m) Etym. cf. Colomba. Né en Irlande vers 540, Colomban quitte Bangor, dans l'Ulster, avec douze compagnons, vers 590, pour aller essayer de stopper le retour du paganisme chez les Francs. Avec saint Gontran*, roi de Bourgogne, il fonde les monastères de Luxeuil, Annegray et Fontaine d'où sortiront tous les grands apôtres de l'ère mérovingienne, mais fuit la Gaule en 610 pour échapper à la cruelle Brunehaut. Il évangélise alors la région de Zurich, fonde un monastère à Bregenz, sur les rives du lac de Constance, et un autre à Bobbio, Italie, où il meurt le 23 novembre 615. **Fête le 23 novembre.**

COLOMBE (f) Etym. latine évidente. Jeune vierge chrétienne, Colombe est martyrisée à Sens vers 200. Son suaire est encore dans le trésor de la cathédrale mais ses restes sont vénérés en l'église Saint-Laurent à Ornans, en Franche-Comté. **Fête le 31 décembre.** — Moniale à Cordoue, Espagne, Sainte Colombe (ou Columba) est décapitée par les musulmans en 853, parce qu'elle refuse d'apostasier. **Fête le 21 juillet.** Prénoms dérivés : Colombine, Yona, Yonie.

COLOMBINE (f) Cf. Colombe. Forme souriante du prénom qui évoque un personnage de la comédie italienne.

CÔME (m) Etym. grecque *(kosmos,* monde). Frères ou amis, Côme et Damien sont inséparables toute leur vie, jusqu'au martyre qu'ils subissent ensemble à Cyr, au nord de la Syrie, dans les premières années du 4e s. Médecins dits ''anargyres'' parce qu'ils ne font pas payer leurs services, en même temps que les misères physiques ils soignent aussi celles de l'âme, convertissent les pêcheurs, délivrent les possédés, apaisent les angoissés et rendent l'espoir à ceux qui l'ont perdu. Leur culte se répand très vite après leur mort en Orient comme en Occident. Ils ont deux basiliques à Constantinople dès le 5e s. De magnifiques églises leurs sont dédiées à Rome, à Ravenne, à Edesse, et ils sont considérés depuis cette époque comme les patrons célestes des médecins et des chirurgiens. **Fête le 26 septembre.**

COMGALL (m) Cf. Kongal.

CONCEPTION (f) Etym. latine *(conceptio,* de *concipere,* concevoir). Prénom attribué et porté par les chrétiens, surtout en Espagne, en l'honneur de la Vierge Marie préservée du péché originel dès sa conception. **Fête le 8 décembre.** Prénom dérivé : Conchita.

CONCHITA (f) Cf. Conception.

CONNAN (m) Cf. Konan.

CONNIE (f) Cf. Côme. Forme féminine du prénom.

CONOG (m) Cf. Koneg ou Tégonec.

CONOGAN (m) Cf. Gwenegan.

CONON (m) Etym. germanique *(con,* audacieux). Eduqué en Sicile et ordonné à Rome, saint Conon est le 85e pape, élu le 21 octobre 686, mort le 21 septembre 687. **Fête le 21 septembre.**

CONRAD (m) Etym. germanique *(con,* audacieux et *rad,* conseil). Elu évêque de Constance en 934, saint Conrad est un grand bâtisseur d'églises et d'abbayes. Ayant distribué tous ses biens aux indigents, il trouve encore le temps et les moyens de faire trois fois le pèlerinage de Terre sainte. Mort à Constance, Allemagne, en 975. **Fête le 26 novembre.** — Riche aristocrate de Plaisance, Italie, au 14e s., Conrad ne peut supporter longtemps qu'un innocent soit accusé de l'incendie dont lui-même est responsable. Il emploie toute sa fortune à dédommager les victimes du désastre, se retrouve aussi démuni que celui qu'il laissait lâchement châtier et fait pénitence le reste de sa vie, soignant les malades et les infirmes, puis ermite tertiaire franciscain près de Noto, Sicile, où il meurt le 19 février 1351. **Fête le 19 février.**

CONSTANCE (f) Etym. latine *(constantia,* persévérance). Epouse de Pierre III d'Aragon, la bienheureuse Constance est la mère de sainte Elisabeth de Portugal. Veuve, elle assure la régence avec une extrême justice et une immense charité. Elle a un tel renom de bonté que Dante la mettra dans son *Paradis,* l'appelant « la bonne Constance ». Morte à Rome le 8 avril 1302. **Fête le 8 avril.** Prénoms dérivés : Consuela, Costanza.

CONSTANT (m) Etym. cf. Constance. Sacristain de l'église Saint-Etienne, à Ancône, Italie, au 5e s., Constant partage son temps entre la prière et le service de l'église. Dans ses *Dialogues,* saint Grégoire* le Grand évoque la simplicité et la foi du serviteur de Dieu qui, à court d'huile, utilise de l'eau pour alimenter les lampes du chœur, docile aux conseils de Jésus dans l'évangile : « Si vous aviez de la foi gros comme un grain de sénevé... » (Luc 17,6). Les lampes fonctionnent parfaitement et Constant n'en est pas surpris. Les restes de saint Constant sont vénérés à Venise. **Fête le 23 septembre.**

CONSTANTIN (m) Etym. cf. Constance. Né à Naïsse, Serbie, vers 280, couronné empereur en 306 et mort en 337, Constantin 1er le Grand est vénéré comme un saint par certaines Eglises d'Orient. Peut-être parce qu'il est le fils de sainte Hélène*, ou pour l'édit de Milan par lequel il garantit aux chrétiens la liberté de culte en 313 ? Pour les somptueuses basiliques qu'il fait ériger à Jérusalem, à Rome et à Constantinople, ou pour les privilèges et les bienfaits dont il comble le clergé ? Ou tout simplement parce que, n'ayant reçu le baptême qu'au dernier moment, il est mort innocent ? **Fête le 21 mai.** — Roi de Cornouailles au 6e s., saint Constantin renonce au trône pour se consacrer à Dieu au monastère Saint-David. Il participe à l'évangélisation de l'Ecosse avec saint Colomban* et meurt, lors d'une mission, assassiné par des pirates. **Fête le 11 mars.** — Frère de saint Méthode*, saint Constantin, apôtre des Slaves au 9e s., est plus connu sous le nom de saint Cyrille. Voir ce prénom. **Fête le 14 février.** Prénoms dérivés : Tina, Tino.

CONSUELA (f) Cf. Constance.

CONVOYON (m) Etym. celtique. Ermite dans la forêt de Redon, en Bretagne, vers 823, Convoyon construit un oratoire dédié à saint Etienne au confluent de la Vilaine et de l'Oust. Il participe aussi à la construction de l'église Saint-Sauveur de Redon, travaille à l'évangélisation des Normands qui envahissent la vallée de la Vilaine et meurt le 5 janvier 872. **Fête le 5 janvier.**

CORA (f) Cf. Corentin.

CORALIE (f) Cf. Corentin.

CORALINE (f) Cf. Corentin.

CORALISE (f) Cf. Corentin.

CORBINIEN (m) Etym. latine *(corvinus,* de *corvus,* corbeau). Né sans doute à Arpajon, près de Paris, Corbinien va à Rome pour solliciter du pape l'autorisation de vivre en ermite dans un coin des catacombes, sur les tombes des saints martyrs. Grégoire II l'écoute attentivement, lui confère la consécration épiscopale et l'envoie évangéliser la Bavière ! Corbinien est reçu à bras ouverts par le duc Grimoald, mais bientôt contraint de fuir pour échapper à la haine meurtrière de son épouse. Il construit un monastère à Maïs, au Tyrol, et travaille pendant quinze ans à l'évangélisation du pays. Revenu en Bavière, il meurt à Freising vers 730. **Fête le 8 septembre.**

CORDÉLIA (f) Cf. Délia ou Diane.

CORENTIN (m) Etym. celtique *(korventenn,* ouragan). Avec les saints Brieuc, Malo, Patern, Pol, Samson et Tugdual, saint Corentin est l'un des sept fondateurs de la Bretagne. Ermite dans la forêt de Névet au 5e ou au 6e s., il fonde un monastère sur le domaine que lui lègue le roi Gradlon, en Cornouaille, et devient plus tard évêque de Quimper. La ville est longtemps nommée Quimper-Corentin en hommage à son fondateur et patron. La cathédrale lui est dédiée et conserve, dans un reliquaire, un bras de saint Corentin et un linge taché de trois gouttes de sang qui aurait coulé d'un crucifix au 11e s. **Fête**

le 12 décembre. Prénoms dérivés : Corentine, Corinne, Cora, Coralie, Coraline, Coralise.

CORENTINE (f) Cf. Corentin.

CORINNE (f) Cf. Corentin.

CORNALINE (f) Cf. Corneille.

CORNEILLE (m) Etym. latine *(cornix,* corneille). Selon saint Luc*, auteur des *Actes des Apôtres,* Corneille est un centurion romain converti par saint Pierre*, preuve que la prédication du christianisme n'est pas réservée aux Juifs. **Fête le 2 février.** — Romain, Corneille est élu 21e pape en 251, après dix-huit mois de vacance du siège épiscopal de Rome. Il combat l'influence néfaste de l'antipape Novatien et, avec son ami saint Cyprien*, règle l'affaire des *lapsi.* Ayant décidé que les chrétiens étaient responsables d'une épidémie de peste, l'empereur Gallien ordonne une nouvelle persécution en 253. Corneille est exilé à Centumcellae où il meurt la même année. Il est honoré comme martyr et ses reliques sont vénérées à Sainte-Marie-du-Transtévère, à Rome. Une lettre nous est restée, du pape Corneille, adressée à Fabius, évêque d'Antioche, qui nous révèle la composition du clergé de Rome au milieu du 3e s. **Fête le 16 septembre.**

CORNÉLIE (f) Cf. Corneille.

CORNÉLY (m) Cf. Corneille. Forme bretonne du prénom. Saint Cornély, ou Korneli, fait l'objet d'un culte spécial à Carnac où, selon la légende, le pape Corneille serait venu en exil, chassé par les persécutions de Gallien au 3e s. Patron des bêtes à cornes, il est représenté entre deux bœufs sur le porche de l'église de Carnac. Car c'est juché sur un chariot tiré par deux bœufs que saint Corneille, fuyant l'Italie, serait arrivé à Carnac, poursuivi par une armée ! Acculé à la mer, il n'a que le temps de lever la main, et tous les soldats sont soudain pétrifiés. Telle est l'origine des menhirs de Carnac !

CORNILLE (m) Cf. Corneille.

COSETTE (f) Cf. Colette ou Nicolette.

COSIMA (f) Cf. Côme.

COSME (m) Cf. Côme.

COSTANZA (f) Cf. Constance.

COULETH (m) Etym. celtique. Saint Couleth, ou Kouled, est le premier évêque de Kildare, en Irlande, aux 5e ou 6e s., et le patron de Saint-Coulitz, en Bretagne. **Fête le 10 décembre.**

COULITZ (m) Cf. Couleth.

COUSTANTIN (m) Cf. Constantin. Forme provençale du prénom.

CRÉPIN (m) Etym. latine *(crispus,* crépu). Probablement romains, Crépin et Crépinien sont aussi inséparables que les deux souliers d'une même paire. Ils sont d'ailleurs cordonniers, venus de Rome avec saint Quentin pour évangéliser la Gaule, établis à Soissons, dans les premiers siècles du christianisme. Leur charité — ils chaussent les pauvres gratuitement — n'a d'égale que leur souci de prêcher le Christ et de convertir les païens. Dénoncés au préfet Rictovar, ils sont condamnés aux pires supplices, mais leur vaillance est encore supérieure à la cruauté de leurs bourreaux. Saints Crépin et Crépinien sont les patrons célestes des bottiers et des cordonniers. **Fête le 25 octobre.**

CRÉPINIEN (m) Cf. Crépin.

CRESCENCE (m) Etym. latine *(crescere,* naître). Chrétien, Crescence est martyrisé au 4e s., lors des persécutions ordonnées par l'empereur Valérien, avec les saints Guy et Modeste. **Fête le 15 juin.**

CRESCENT (m) Etym. cf. Crescence.

Compagnon de saint Paul au 1er s., saint Crescent est cité par l'apôtre dans la deuxième lettre qu'il envoie à Timothée. Cf. 2 Tm 4, 10. **Fête le 27 juin.**

CRESCENTIA (f) Etym. cf. Crescence. Née à Kaufbeuren, Allemagne, en 1682, Crescentia se consacre à Dieu chez les franciscaines et devient rapidement supérieure de la communauté. Dès sa mort, en 1744, des prodiges confirment sa réputation de sainteté. **Fête le 5 avril.**

CRISANT (m) Cf. Chrysante.

CRISPIN (m) Etym. latine *(crispus,* crépu). Né à Viterbe en 1688, Pietro Fioretti prend le nom de Crispin en revêtant la bure des capucins à l'âge de vingt-cinq ans. Jardinier, cuisinier, portier ou quêteur au service de sa communauté, à Rome ou à Orvieto pendant quarante ans, Crispin se sanctifie sans faire quoi que ce soit d'extraordinaire, sauf aimer Dieu, servir ses frères et rayonner la joie, au jour le jour, jusqu'au dernier en 1750, à Rome même où il sera canonisé par Jean-Paul II le 20 juin 1982. **Fête le 29 août.**

CRISPINE (f) Etym. cf. Crispin. Très fortunée et mère de plusieurs enfants, sainte Crispine est torturée et décapitée à cause de sa foi en 304 à Tébessa, auj. Théveste, en Afrique du Nord. Son interrogatoire a été conservé. **Fête le 5 décembre.**

CRISTÒU (m) Cf. Christophe. Forme provençale du prénom.

CUCUFA (m) Etym. arabe *(Kûfa,* ville d'Irak). Chrétien arabe, Cucufa est martyrisé en Espagne dans les premiers siècles du christianisme. Une chapelle lui est dédiée près de Paris, dans une forêt qui perpétue son nom. **Fête le 1er novembre.**

CUNÉGONDE (f) Etym. germanique *(gund,* guerre et *godo,* dieu). Fille du comte de Luxembourg, Cunégonde est l'épouse d'Henri II, empereur germanique couronné chef du Saint-Empire par Benoît VIII en 1014. Veuve en 1024, elle se retire au couvent qu'elle a fondé à Kaufungen, Hesse, où elle meurt en 1033. Transférée à Bamberg, près de son mari, Cunégonde est canonisée en 1200, cinquante-quatre ans après lui. **Fête le 3 mars.**

CUNIBERT (m) Etym. germanique *(gund,* guerre et *berht,* brillant). Evêque de Cologne et signataire de la charte de fondation de Stavelot-Malmédy, Cunibert meurt vers 660. **Fête le 12 novembre.**

CUTHBERT (m) Etym. germanique *(gund,* guerre et *berht,* brillant). Berger écossais dans la région d'Edimbourg, Cuthbert entre au monastère en 651. Il est élu évêque d'Hesham mais meurt ermite le 20 mars 687, le jour même de la mort de son ami Herbert*, ainsi qu'il le lui avait promis. **Fête le 20 mars.** — Etudiant anglican à Oxford, Cuthbert Mayne se convertit au catholichisme, va recevoir l'ordination en France en 1576 et, de retour en Angleterre, exerce le ministère de prêtre missionnaire itinérant. Découvert chez l'ami qui le cache, Cuthbert est condamné au supplice, éventré et dépecé sur la place de Launceston, en Cornouailles, « pour avoir introduit la superstition dans le pays et y avoir célébré la messe romaine ». Il est canonisé par Paul VI le 25 octobre 1970. **Fête le 29 novembre.**

CYDALISE (f) Cf. Elisabeth. Forme fantaisiste du prénom, forgée et très en vogue au 18e s.

CYNDIE (f) Cf. Adalsinde.

CYNTHIA (f) Cf. Jacinthe.

CYNTHIE (f) Cf. Jacinthe.

CYPRIA (f) Cf. Cyprien.

CYPRIANE (f) Cf. Cyprien.

CYPRIEN (m) Etym. latine *(cyprius,* originaire de Chypre). Né et mort à Carthage, Tunisie, saint Cyprien est l'illustre évêque de la célèbre ville de 248 à 258. Elu peu de temps après sa conversion au christianisme, vers l'âge de quarante-cinq ans, plus que théologien il est un pasteur soucieux de l'unité de l'Eglise. Son nom est lié à la querelle des *lapsi,* chrétiens ''tombés'' pendant la persécution de Dèce, qui trouble profondément l'Eglise à cette époque. Cyprien fait preuve de modération, proclamant avec l'Evangile que la miséricorde de Dieu est infiniment plus grande que les plus grands péchés. L'évêque est très aimé par tous ses fidèles mais sa notoriété dépasse largement les limites de son diocèse. Chef de l'Eglise d'Afrique, son influence s'exerce bien au-delà, sur tout l'Occident chrétien,au 3e s. Arrêté le 30 août 257, pendant la persécution de Valérien, Cyprien est exilé et condamné à mort l'année suivante. Arrivé sur les lieux du supplice, Cyprien ôte son manteau, sa tunique dalmate et, en chemise, fait compter vingt-cinq pièces d'or pour le bourreau qui tremble. Puis il se bande les yeux lui-même et présente sa tête sur le billot. C'est le 14 septembre 258. Parmi tous les écrits de saint Cyprien, il faut détacher ses *Lettres,* dont soixante-cinq sont conservées. **Fête le 16 septembre.** — Saint Cyprien d'Antioche, martyrisé avec sa compagne Justine dans les premiers siècles du christianisme, a servi de prototype au Docteur Faust. **Fête le 26 septembre.** — Saint Cyprien, évêque de Toulon, est mort vers 545. **Fête le 3 octobre.** Prénoms dérivés : Cypria, Cyprian, Cypriane, Cyprienne, Sabrina.

CYPRIENNE (f) Cf. Cyprien.

CYR (m) Etym. grecque *(kurios,* seigneur, maître). Cyr n'a que cinq ans lorsqu'il réussit à se glisser furtivement sur la tribune du juge Alexandre pour lui crier dans l'oreille : « Moi aussi, je suis chrétien ». Ecumant de rage, le magistrat l'attrape par une jambe et lui fracasse la tête contre la muraille. La tradition veut que saint Cyr soit le fils de sainte Julitte*, martyrisée le même jour à Tarse, Asie Mineure, au 4e s. Il est l'un des plus jeunes et des plus célèbres martyrs de l'Eglise, mais c'est en France que son culte se répand le plus rapidement, d'où le grand nombre de localités qui ont gardé son nom dans le pays. Saint Cyr est aussi le patron de la ville de Nevers. **Fête le 16 juin.**

CYRAN (m) Etym. cf. Cyr. Fils du comte de Bourges au 7e s., Cyran distribue tous ses biens aux pauvres et, moine itinérant, s'en va en pèlerinage à Rome. A son retour il fonde deux abbayes, dont celle de Longoritus, aujourd'hui Saint-Cyran, dans le Berry. **Fête le 5 décembre.** Prénoms dérivés : Siran, Sirana.

CYRIAQUE (m) Etym. cf. Cyr. Fils d'Exupère*, Cyriaque est brûlé vif avec son père, sa mère et son frère, dans le four de la maison du citoyen romain Catallus, à Antalia, Asie Mineure, au 2e s., le jour où le maître découvre qu'ils sont chrétiens. **Fête le 2 mai.** — Patriarche de Constantinople de 596 à 616, Cyriaque est célèbre pour ses démêlés avec Rome où le pape lui reproche de s'être arrogé le titre de « patriarche œcuménique ». **Fête le 6 août.**

CYRIELLE (f) Cf. Cyrille.

CYRIL (m) Cf. Cyrille.

CYRILLE (m) Etym. cf. Cyr. Evêque de Jérusalem, sa ville natale, en 350, Cyrille en est chassé plusieurs fois par les ariens. Il y revient définitivement en 378 et meurt dix ans plus tard, inhumé dans le caveau de l'église des Disciples,

sur la grotte des Enseignements, au mont des Oliviers, comme le sont tous les évêques de Jérusalem jusqu'à l'incendie de l'église provoquée par les Perses en 614. Saint Cyrille est l'auteur des *Catéchèses baptismales,* résumé de toute la doctrine chrétienne pour l'instruction des catéchumènes. Proclamé docteur de l'Eglise par Léon XIII en 1893. **Fête le 18 mars.** — Patriarche d'Alexandrie en 412, Cyrille est le grand défenseur de l'orthodoxie dans tout l'Orient au 5e s., mais on lui reproche son caractère violent et intransigeant. Son mérite est d'avoir fait condamner Nestorius lors du concile d'Ephèse, en 431. Mort en 444, il est aussi docteur de l'Eglise. **Fête le 27 juin.** — Fils d'un officier supérieur de Salonique et frère de saint Méthode*, Constantin adopte le nom de Cyrille en se faisant moine au monastère du mont Olympe, en Bithynie (Grèce). En 863, chargés d'une mission en Moravie par l'empereur Michel III, Cyrille et Méthode inventent une écriture, composée d'un alphabet de 38 lettres, qui leur permet de traduire en slave la Bible et les livres liturgiques. Intrépides évangélisateurs, Cyrille et Méthode jettent les bases du christianisme en Crimée, en Pologne, en Hongrie, en Dalmatie..., prêchant et officiant en slavon, et souvent traités d'hérétiques parce qu'ils ne célèbrent pas la liturgie en latin. A Rome où ils vont réclamer l'arbitrage du pape Adrien II, Cyrille meurt le 14 février 869. Saints Cyrille et Méthode sont proclamés « patrons de l'Europe » avec saint Benoît* par Jean-Paul II le 31 décembre 1980. Une peinture anonyme représente les trois saints ensemble dans l'église San-Pietro d'Assise. **Fête le 14 février.** Prénom dérivé : Cyrielle.

D

DAHLIA (f) Etym. scandinave *(Dahl,* nom d'un botaniste suédois). Plante à tubercules, le dahlia donne des fleurs simples ou doubles aux couleurs riches et variées. Cf. Fleur. **Fête le 5 octobre.**

DAISY (f) Cf. Marguerite.

DALIA (f) Cf. Dahlia.

DALIANE (f) Cf. Dahlia.

DALMACE (m) Etym. latine *(dalmatius,* originaire de Dalmatie). Saint thaumaturge de l'ordre dominicain, Dalmace est mort en Espagne en 1341. **Fête le 26 septembre.**

DAMASCÈNE (m) Cf. Jean-Damascène.

DAMASE (m) Etym. incertaine (peut-être « originaire de Damas »), Espagnol, le diacre Damase est élu pape à la mort de Libère, en 366. Son pontificat est très agité du fait d'un antipape élu presqu'en même temps que lui et à cause des nombreux schismes créés à Rome par les novatiens, les donatistes et les lucifériens. Ce qui n'empêche pas Damase de s'occuper activement de son Eglise. Il réunit un concile à Rome, confie à saint Jérôme* la traduction de la Bible en latin, fait déblayer les catacombes et restaure le culte des saints martyrs. Poète, il compose pour leurs tombes des épitaphes en vers latins. Mort en 384, il est enseveli dans la basilique Saint-Laurent, sur la voie Ardéatine. **Fête le 11 décembre.**

DAMIA (f) Cf. Damien. Dans la mythologie, Damia est le surnom de Cybèle, déesse de la fertilité.

DAMIAN (m) Cf. Damien. Forme occitane du prénom.

DAMIANE (f) Cf. Damien.

DAMIEN (m) Etym. grecque *(Damia,* surnom de Cybèle, déesse de la fertilité dans la mythologie). Saint Damien est le frère ou l'ami de Côme. Voir ce prénom. **Fête le 26 septembre.** — Né à Ravenne, en Italie, vers 1007, Pierre Damien garde les porcs avant de pouvoir se payer des études. Entré à vingt-huit ans chez les camaldules, il est abbé de Fonte Avellano huit ans plus tard. Cardinal malgré lui, il voyage pendant six ans, légat du pape Alexandre II mais impatient de retrouver la solitude de Fonte Avellano. Il écrit continuellement. De nombreuses lettres nous sont restées, adressées aux papes et aux antipapes, aux empereurs et aux rois, ainsi que des traités, des opuscules, des vies de saints et ce *Livre de Gomorrhe,* resté à l'Index jusqu'en 1900. Mort à Faenza, Emilie, le 22 février 1072, saint Pierre Damien est proclamé docteur de l'Eglise par Léon XII en 1828. **Fête le 21 février.**

DANA (f) Cf. Daniel.

DANAÉ (f) Cf. Daniel. Danaé est la fille du roi d'Argos dans la mythologie ; la scène de Zeus séduisant Danaé sous une pluie d'or a inspiré plusieurs grands peintres.

DANIÈ (m) Cf. Daniel. Forme provençale du prénom.

DANIEL (m) Etym. hébraïque (*dan,* juge et *El,* Dieu). Héros du livre biblique qui porte son nom, écrit vers 168 av. J.-C., Daniel est l'un des quatre grands prophètes de Dieu. Esclave à Babylone avec ses jeunes frères, entre 587 et 538 av. J.-C., il se fait remarquer par son intelligence, sa vivacité, et obtient une place à la cour de Nabuchodonosor. Mais les conseillers du roi sont jaloux et le font jeter dans la fosse aux lions. Peine perdue ! Repus ou... végétariens, les fauves ne touchent pas au prophète. Le prodige émeut le roi. Darius admet la suprématie du Dieu de Daniel. **Fête le 21 juillet.** — Jeune Egyptien, Daniel est décapité à Césarée-Maritime, Palestine, en 309, avec ses quatre amis, au retour d'un voyage en Cilicie, Turquie, où tous les cinq ont accompagné des chrétiens condamnés aux mines. **Fête le 16 février.** — Né à Mratha, en Asie Mineure, vers 409, Daniel adopte le genre de vie de Siméon*, son maître : il ''s'installe'' au sommet d'une colonne, près de Constantinople, pour ne plus s'occuper que de Dieu, soit qu'il le prie, soit qu'il le prêche, ne sachant que répéter qu'il faut l'aimer puisqu'il nous aime, et aimer aussi nos semblables, surtout les pauvres, puisqu'il les aime. Des personnages importants, des empereurs même, comme Léon 1er et Zénon, viennent l'écouter et solliciter

ses avis. Mort en 493. **Fête le 11 décembre.** — Franciscain impatient de verser son sang pour le Christ, Daniel est martyrisé près de Ceuta, au Maroc, en 1227, avec ses six compagnons. **Fête le 10 octobre.** — Né près de Blois en 1876, Daniel Brottier entre en 1902 chez les spiritains. Missionnaire au Sénégal ou aumônier militaire sur le front en 1914-1918, son amour de Dieu et du prochain le pousse toujours au-devant des situations les plus périlleuses, mais c'est surtout à la tête de l'Œuvre des Orphelins-Apprentis d'Auteuil où il est placé en 1923 qu'il provoque l'étonnement, et souvent l'admiration, par la force de sa foi, l'audace et l'originalité de son action. Daniel Brottier provoque même le Ciel par son absolue confiance en Dieu et en Thérèse de Lisieux, sa ''complice'', faisant de ces treize ans avec les Orphelins un miracle permanent. Mort à Paris le 28 février 1936, il est béatifié par Jean-Paul II le 25 novembre 1984. **Fête le 28 février.** Prénoms dérivés : Daniela, Danièle, Danielle, Danitza, Dany, Deniel, Deniela, etc.

DANIELA (f) Cf. Daniel.

DANIÈLE (f) Cf. Daniel.

DANIELLE (f) Cf. Daniel.

DANISET (m) Cf. Daniel. Forme provençale du prénom.

DANITZA (f) Cf. Daniel.

DANY (m) Cf. Daniel.

DAOUD (m) Cf. David.

DAPHNÉ (f) Etym. grecque *(daphnê,* laurier). Dans la mythologie, Daphné est une nymphe chasseresse aimée d'Apollon, mais elle fuit les ardeurs du dieu et se voit changée en laurier ! Cf. Nymphe. **Fête le 10 novembre.**

DARIA (f) Cf. Darie.

DARIE (f) Etym. latine *(dare,* donner). Epouse de saint Chrysante*, sainte Darie est martyrisée et ensevelie avec lui sur la via Salaria, à Rome, dans les premiers siècles du christianisme. **Fête le 25 octobre.** Prénoms dérivés : Daria, Darius.

DARIUS (m) Cf. Darie.

DAUPHIN (m) Cf. Delphin.

DAVE (m) Cf. David.

DÀVI (m) Cf. David. Forme provençale du prénom.

DAVIANE (f) Cf. David.

DAVID (m) Etym. hébraïque : « tendrement aimé ». David est roi d'Israël de 1015 à 976 av. J.-C. Toute son histoire est relatée dans la Bible (les deux livres de Samuel et le 1er livre des Rois). Jeune berger il tue, de sa fronde, le géant Goliath. Sacré roi, il fait de Jérusalem la capitale et le centre religieux de son pays. C'est un roi ingénieux mais aussi un poète et un musicien. Pécheur, sa faute est à l'origine d'un immense repentir sanctificateur et de quelques-uns des plus beaux Psaumes dont se nourrissent tous les jours juifs et chrétiens. David incarne le roi idéal et, après sa mort, vers 976 av. J.-C., le peuple espère que l'un de ses descendants sera le Messie. Son espérance devrait être comblée : Jésus, né de la Vierge Marie, est de la race de David. Inscrit dans leurs martyrologes par Florus de Lyon et saint Adon* de Vienne au 9e s., David a inspiré de nombreux peintres comme Sluter, Michel-Ange et Donatello, Verrochio, Rembrandt et Poussin. **Fête le 29 décembre.** — Né en Mésopotamie vers 450, saint David est un ermite, guide spirituel de nombreuses âmes, qui vit près de soixante-dix ans dans une cellule, à Salonique, Grèce. Mort vers 540, il est placé sur les autels le lendemain de sa mort dans l'Eglise grecque. **Fête le 26 juin.** — Evêque de Menevia, aujourd'hui Saint-David's, et fondateur de nombreux monastères en pays

de Galles au 6e s., saint David, l'austère moine gallois, surnommé Waterman, le buveur d'eau, est aussi l'un des créateurs de la liturgie celtique avec saint Gildas*. Ses dernières paroles aux amis qui entourent son lit de mort à Mynyw, dans le Pembrokeshire : « N'oubliez pas le peu de choses que je vous ai apprises et restez toujours gais ! » C'est le grand saint du pays de Galles où plus de cinquante églises lui sont dédiées. **Fête le 1er mars.** Prénoms dérivés : Dave, Davia, Daviane, Davina, Davy, Dewi, Divi, etc.

DAVINA (f) Cf. David.

DAVINIA (f) Cf. David.

DAVIOUN (m) Cf. David. Forme provençale du prénom.

DAVY (m) Etym. cf. David. Chartreux anglais, Jean Davy (David) est martyrisé avec huit autres moines à Londres, le 8 juin 1537, pour avoir refusé de reconnaître Henri VIII comme le seul chef spirituel de l'Eglise d'Angleterre. **Fête le 20 septembre.**

DAYANA (f) Cf. Diane.

DEBBIE (f) Cf. Déborah.

DÉBORAH (f) Etym. hébraïque : "abeille". Prophétesse et juge d'Israël vers 1150 av. J.-C., Déborah chante la victoire remportée par Baraq sur le Cananéen Sisera. Chant d'émerveillement devant la libération opérée par le Seigneur, son cantique est l'un des monuments de toute la littérature hébraïque. Cf. Juges 4 et 5. **Fête le 6 septembre.**

DÉICOLE (m) Etym. latine : "avec Dieu". Irlandais comme son maître saint Colomban*, Déicole est toujours foncièrement gai et plein d'entrain. « C'est parce que Dieu que je possède, personne ne pourra jamais me le ravir », explique-t-il à ceux qui s'étonnent. Envoyé en France avec Colomban, il fonde près de Luxueil un monastère autour duquel s'établit la ville de Lure, en Franche-Comté. Mort vers 625. **Fête le 18 janvier.** Prénom dérivé : Desle.

DÉLIA (f) Etym. grecque : « originaire de Délos ». Dans la mythologie, Artémis (ou Diane), reine des Bois et déesse de la Chasse, est souvent qualifiée de ''délia'' parce que née dans l'île de Délos, en Grèce. Cf. Diane. **Fête le 9 juin.**

DÉLIANE (f) Cf. Diane.

DELPHIN (m) Etym. latine *(delphinus,* dauphin). Evêque de Bordeaux vers 380, saint Delphin participe au concile de Saragosse, Espagne, et prépare saint Amand* à lui succéder. On possède de Delphin des lettres adressées à saint Ambroise* et saint Paulin*. **Fête le 24 décembre.**

DELPHINE (f) Etym. cf. Delphin. Née en Provence vers 1283, la bienheureuse Delphine est l'épouse de saint Elzéar* de Sabran. Ils ont treize et quinze ans lorsqu'ils sont unis par le mariage, d'accord pour servir Dieu dans la prière et la pénitence ; ce qu'ils réalisent sans attirer l'attention ni jamais négliger les obligations mondaines de leur état. Veuve, Delphine vit encore vingt ans à la cour de Naples, en Italie. Revenue en Provence, elle assiste à la glorification d'Elzéar à Avignon mais connaît la misère, mendiant son pain sur les chemins du Lubéron, et s'éteint le 26 novembre 1360 à Apt où elle est inhumée près de son époux. Leurs restes sont vénérés aujourd'hui dans la cathédrale de la ville. **Fête le 26 novembre.**

DÉMÉTRIA (f) Cf. Démétrius.

DÉMÉTRIUS (m) Etym. latine *(Demeter,* déesse romaine de la Terre). Disciple des apôtres, saint Démétrius est diacre au 1er s. C'est peut-être à lui que saint Jean rend hommage dans la lettre qu'il envoie à Gaïus (3 Jn 12) :

«Quant à Démétrius, tout le monde lui rend témoignage, y compris la Vérité elle-même ! » Les sources divergent en ce qui concerne ses dernières années et sa mort. Devenu premier évêque de Gap, dans les Alpes, selon les unes, il est martyrisé à Sirmium, au nord de la Macédoine, selon les autres. **Fête le 8 octobre.**

DENEZ (m) Cf. Denis. Forme bretonne du prénom. Un dicton subsiste du temps où les jeunes se rassemblaient dans la forêt de Rennes, autour de la chapelle dédiée à saint Denis : « A l'assemblée de Saint-Denis-des-Bois, on y va deux, on en revient trois ! »

DENIEL (m) Cf. Daniel. Forme bretonne du prénom.

DENIS (m) Etym. grecque *(Dionysos,* dieu grec de la vigne et du vin). Juge au tribunal suprême d'Athènes et converti par saint Paul*, saint Denis ou Denys l'Aréopagite est le premier évêque de l'Eglise d'Athènes au 1er s. **Fête le 9 octobre.** — Selon saint Grégoire* de Tours, saint Denis de Paris est un missionnaire venu de Rome pour évangéliser la Gaule au 3e s. Premier évêque de Paris, il est arrêté et martyrisé en 258 avec ses amis Rustique et Eleuthère sur la colline devenue Montmartre *(mons martyrum).* A ce fait historique se greffe une croyance à partir du 9e s. : ayant été décapité, Denis ramasse sa tête et la porte lui-même jusqu'au lieu de sa sépulture, là où s'élève aujourd'hui la cathédrale Saint-Denis dans la ville du même nom. Quoi qu'il en soit, une *Vie de sainte Geneviève,* écrite au 6e s., témoigne du culte fort ancien qui lui est rendu. Sa popularité est telle que son étendard devient la bannière des rois de France, et l'on connaît le cri de ralliement guerrier depuis le 12e siècle : « Montjoie... saint Denis ! » Elevée au rang de cathédrale en 1966, sa basilique est la nécropole de nombreux rois depuis Dagobert. Saint Denis est le patron de

Paris. **Fête le 9 octobre.** — Successeur d'Origène à la tête du didascalée chrétien d'Alexandrie, Egypte, vers 231, saint Denis le Grand est élus évêque de la ville en 248. Auteur de *Lettres* dogmatiques et pastorales, il meurt en 264. **Fête le 16 novembre.** — Grec, saint Denis (ou Denys) est le 25e pape, de 259 à 268. **Fête le 26 décembre.**

DENISE (f) Etym. cf. Denis. Adolescente témoin de la mort subite d'un chrétien apostat, sainte Denise rejoint ses deux compagnons et partage leur martyre à Lampasque (auj. Lapsaki, en Turquie) le 15 mai 251. **Fête le 15 mai.** — En Afrique romaine, lors des persécutions infligées aux chrétiens par les Vandales ariens, sainte Denise est martyrisée en 484 avec son fils, sa sœur et plusieurs amis. **Fête le 6 décembre.**

DENTELIN (m) Etym. latine : « celui qui a encore ses premières dents ». Mort dans l'innocence du jeune âge, saint Dentelin est l'un des quatre enfants de sainte Valtrude*. **Fête le 9 avril.**

DENYS (m) Cf. Denis.

DENYSE (f) Cf. Denise.

DÉODAT (m) Etym. latine *(deus dedit,* dieu a donné). Moine cénobite puis ermite à Ycs au 5e s., Déodat débarrasse la région d'un monstre redoutable et reçoit la visite de Clovis à qui ses prières valent de nombreuses victoires. Enseveli dans un sarcophage, maintenant recouvert d'une dalle de verre, il est vénéré dans l'église de Saint-Dyé (Déodat), près de Blois. **Fête le 24 avril.** — La ville de Saint-Dié, dans les Vosges, doit son nom à Déodat, évêque de Nevers au 7e s. Epris de solitude, il fuit son siège épiscopal et fait d'une grotte son ermitage. Rejoint par des gens qu'attire sa sainteté, Déodat fonde un monastère au confluent de la Fave et de la Meurthe, vers 667. Mort en 679, il est inhumé dans l'église du monastère qui prend le nom de Saint-Dié. La ville établie autour est érigée en évêché en 1777. Le dynamitage de la cathédrale de Saint-Dié par les Allemands en 1944 a épargné une partie des reliques du saint. **Fête le 19 juin.**

DEOGRATIAS (m) Etym. latine : « grâce à Dieu ». Evêque de Carthage lors de l'invasion des Vandales de Genséric au 5e s., Deogratias a fort à faire pour défendre les intérêts de l'Eglise et protéger les chrétiens. Mort en 457. **Fête le 22 mars.**

DÉOTILLE (f) Etym. latine *(Deus,* Dieu et *tilia,* écorce de tilleul et par ext. écorce en général). Sainte Déotille est l'une des trois filles de sainte Berthe*, fondatrice de l'abbaye de Blangy-sur-Ternoise, près d'Abbeville, au 8e s. **Fête le 4 juillet.**

DERHEN (m) Cf. Derien. Forme bretonne du prénom.

DERIEN (m) Etym. celtique *(der,* chêne). Au retour d'un pèlerinage en Terre sainte, Derien et son frère Neventer* délivrent d'un redoutable dragon la terre du seigneur d'Elorn (auj. le pays de Landerneau), provoquant la conversion du seigneur et celle de son fils Rioc*, au 6e s. Saint Derien est le patron de Commana, en Finistère. **Fête le 7 février.**

DERRIEN (m) Cf. Derien.

DÉSIRAT (m) Cf. Désiré. Forme provençale du prénom.

DÉSIRÉ (m) Etym. latine *(desirare,* regretter l'absence de). Chancelier des fils de Clovis, Clotaire et Childebert, au 6e s., Désiré assume ses fonctions à la satisfaction de tout le monde, sauf les hérétiques qu'il traite sévèrement, profitant de sa situation pour construire partout églises et monastères. Impatient de fuir la cour et ses princes cruels et débauchés, il se réjouit de son élection à l'évêché de Bourges en 543. Il combat énergiquement les hérésies, organise la formation des prêtres et n'hésite jamais à arbitrer des conflits bien au-delà de son diocèse. Il réconcilie le Poitou et l'Anjou en guerre depuis longtemps et, à Cologne, rétablit la paix entre des clans sur le point de s'entr'égorger. Saint Désiré est l'un des grands évêques de l'époque mérovingienne qui ont contribué à sortir le pays du chaos où l'avait plongé l'effondrement de l'empire romain. Mort à Bourges le 8 mai 550. **Fête le 8 mai.**

DÉSIRÉE (f) Cf. Désiré.

DESLE (m) Cf. Déicole. Forme dérivée du prénom.

DESMOND (m) Cf. Edmond.

DÉVOTE (f) Etym. latine : « Vouée à Dieu ». Martyrisée en Corse au 3e s., sainte Dévote est la patronne de Monaco. Une légende affirme qu'une colombe apparue à l'instant de sa mort à guidé vers la côte monégasque l'embarcation contenant son corps. Son culte est très ancien dans l'île de Beauté. **Fête le 27 janvier.**

DEWI (m) Cf. David. Forme bretonne du prénom.

DIANA (f) Cf. Diane.

DIANE (f) Etym. latine (Diana, déesse romaine des bois et de la chasse, identifiée à l'Artémis grecque dès le 6e s. av. J.-C.. Née à Bologne, Italie, en 1201, Diane d'Andalo est belle et intelligente mais renonce très tôt aux avantages que lui offre sa famille illustre et fortunée. Empêchée d'entrée chez les augustines (on la ramène sur une civière, blessée dans une bagarre avec des parents), elle participe à la fondation d'un couvent de dominicaines, sous la direction de Jourdain , deux ans plus tard, et meurt en 1256, supérieure de la communauté. Diane est la sœur de Loderingo que Dante place en enfer, dans sa Divine Comédie, pour son hypocrisie. **Fête le 9 juin.**

DICIOLE (f) Etym. latine (dies, jour). Sainte Diciole est la compagne de sainte Radegonde*, fondatrice du monastère Sainte-Croix à Poitiers, au 6e s., et elle lui tient encore compagnie dans la crypte, sous le chœur de l'église, où l'on vénère leurs reliques. **Fête le 13 août.**

DICK (m) Cf. Richard. Forme hypocoristique du prénom.

DIDACE (m) Etym. grecque (didaskein, enseigneur). Né près de Séville, Espagne, vers 1400, saint Didace, ou Diego (Jacques, en français), est l'un des plus grands extatiques et thaumaturges espagnols. Jardinier, cuisinier, infirmier ou portier... il sert là où il est, humble frère lai franciscain. Que lui importe. Dieu seul compte et il est avec lui. Une toile de Murillo représente le saint en extase dans sa cuisine tandis que des anges surveillent les marmites. Une épidémie se déclare à Rome où quatre mille moines sont venus se réjouir ensemble de la canonisation de Bernardin* de Sienne en 1450. Didace se dévoue, administre sans arrêt ses remèdes aux frères malades, mais ses fioles et ses tubes ne se vident pas, et des moribonds soudain guéris se ruent affamés vers le réfectoire ! Didace ne s'en étonne pas. « Dieu est plus puissant que tous les médecins réunis », explique-t-il simplement. Mort le 12 novembre 1463 au couvent d'Alcalà, en Andalousie, il fait encore un miracle en 1562, cent ans après. Le fils du roi agonise, gravement blessé à la tête. Philippe II fait ouvrir la tombe de Didace. Celui-ci repose, intact, comme endormi. On lui passe sur le visage un foulard de soie qu'on place ensuite sur le crâne ouvert du prince. La guérison est presque instantanée. L'Espagne entière explose de joie. Didace est canonisé en 1588. **Fête le 13 novembre.** Prénom dérivé : Diego.

DIDER (m) Cf. Didier. Forme bretonne du prénom.

DIDIA (f) Cf. Didier.

DIDIANE (f) Cf. Didier.

DIDIER (m) Etym. latine *(desiderius,* désir). Troisième évêque de Langres, Didier ou Dizier participe aux conciles de Serdica, auj. Sofia, à la fin du 4ᵉ s. A son retour en Gaule, vers 407, il tente de résister aux Vandales mais, fait prisonnier, il est décapité après la prise de la cité langroise. La ville de Saint-Dizier perpétue son souvenir. **Fête le 23 mai.** — Evêque de Vienne, Dauphiné, en 596, Didier s'attire les foudres de la cour en protestant contre les mœurs de Thierry II et Brunehaut. Il est traduit devant un concile réuni à Chalon, accusé de tentative de viol par de faux témoins à la solde de l'évêque de Lyon, le complice du roi, et déposé. Réintégré dans ses fonctions épiscopales, il s'en prend à nouveau aux princes. Il est arrêté et assassiné à coups de bâtons et de pierres par les sbires de Brunehaut, en 606 ou 607, au lieu dit depuis Saint-Didier-sur-Chalaronne (Rhône). Le saint évêque de Vienne est inscrit au martyrologe le même jour que saint Didier, évêque de Langres. **Fête le 23 mai.** — Né à Rennes, Didier est élu évêque de la ville vers 687. Mort un 18 septembre à la fin du 7ᵉ s., il est invoqué par les jeunes mères rennaises pour que leur enfant parle normalement. Saint-Didier, petite localité située à vingt-cinq kilomètres de Rennes, garde son souvenir et son nom. **Fête le 18 septembre.** — Abbé du Mont-Cassin où il a effectué d'importants travaux, Didier Epifani est élu 156ᵉ pape en 1086. Couronné seulement l'année suivante, il ne règne que quatre mois sous le nom de Victor III. **Fête le 16 septembre.** Prénoms dérivés : Didia, Didiane, Dieter.

DIDRICH (m) Cf. Thierry ou Théodoric.

DIDYME (m) Etym. grecque *(didumos,* jumeau). Dans l'évangile de Jean, Didyme est le surnom de saint Thomas. Voir ce prénom. **Fête le 3 juillet.** — Soldat préposé à la garde du tribunal à Alexandrie, Egypte, Didyme assiste aux audiences de chrétiens sommés d'apostasier publiquement lors des persécutions de Dioclétien, en 304. Il est touché par l'accent de sincérité de la jeune vierge Théodora* condamnée au lupanar et décide de la sauver du déshonneur. Entré dans l'établissement de débauche, il la persuade de revêtir sa tenue militaire et de fuir. Le stratagème s'avère efficace mais Didyme est arrêté, traîné au lieu des supplices et décapité. **Fête le 28 avril.**

DIÉ (m) Cf. Déodat.

DIEGO (m) Cf. Didace.

DIETER (m) Cf. Didier. Forme alsacienne du prénom.

DIETRICH (m) Cf. Thierry. Forme alsacienne du prénom.

DIEUDONNÉ (m) Cf. Déodat. Forme moderne du prénom. Dieudonné est cordonnier à Rome au milieu du 6ᵉ s. Saint Grégoire*, son voisin avant d'être pape, raconte que chaque samedi, il partage avec les pauvres de son entourage tout ce qu'il a gagné pendant la semaine. **Fête le 10 août.**

DIMITRI (m) Etym. cf. Démétrius. A la mort de saint Dimitri Bassarabov, ermite sur la rive du Danube au 12ᵉ s., le roi de Roumanie se déplace personnellement pour enlever son corps, mais les chevaux refusent d'avancer. Il faut décharger le carrosse et placer les restes du saint sur un chariot attelé à un petit bœuf qui va librement s'arrêter au seuil d'une modeste église, dans un petit village appelé depuis Bassarabov, d'où ils sont transférés à la cathédrale de Bucarest en 1774. **Fête le 26 octobre.** — Saint Dimitri de Rostov est surtout célèbre pour la *Fleur des Saints* dont il est l'auteur. L'ayant commencée au monastère de Kiev où il est entré à dix-sept ans, il achève le 3ᵉ tome lorsqu'il est nommé métropolite de Sibérie. Consternation du moine épris de solitude, d'étude et de contemplation ! Le tsar Pierre le Grand consent à revenir sur sa décision, le nommant métropolite de Rostov où existe au moins une bibliothèque. Dimitri se révèle aussi saint évêque que bon écrivain. On le trouve mort, à genoux contre son lit, un matin de novembre 1709, quelques années après la publication du 4ᵉ tome de son ouvrage. **Fête le 21 novembre.**

DINAH (f) Etym. grecque *(dunamis,* force). Dinah est le nom de la Samaritaine de l'évangile de Jean, selon la voyante Anne-Catherine Emmerich. Les Grecs l'appellent Photine. Voir ce prénom. **Fête le 20 mars.**

DINAN (m) Etym. celtique *(an dinaou,* la descente). Ayant pillé et mis à feu et à sang toute la vallée de la Rance à la tête de sa tribu de barbares, Dinan se convertit au christianisme, évangélise la région et fonde un monastère autour duquel s'établit la ville de Dinan. 8ᵉ ou 9ᵉ siècle. **Fête le 21 février.**

DIOSCORE (m) Etym. grecque *(dia,* à travers et *korê,* pupille). Collecteur d'impôts converti au christianisme au 2ᵉ s., Dioscore est martyrisé à Alexandrie, Egypte, en 303. La rage des bourreaux acharnés à le torturer ne parvient même pas à le distraire de son extase. **Fête le 18 mai.**

DIRK (m) Cf. Thierry ou Théodoric.

DISMAS (m) Etym. grecque *(dus,* difficulté, mauvais état). Saint Dismas est le bon larron crucifié au côté du Seigneur sur le calvaire un vendredi d'avril, an 30. Bon mais larron, ne donne-t-il pas l'impression de voler même le Ciel ? « Aujourd'hui, tu seras avec moi au paradis », lui dit Jésus. Canonisé avant sa mort, immédiatement après sa confession : « Pour nous

cette punition est juste, car nous recevons ce que nous avons mérité par nos actes », saint Dismas est la preuve flagrante que la miséricorde de Dieu est sans limite. Cf. Luc 23, 39-43. **Fête le 25 mars.**

DIVI (m) Cf. David. Forme bretonne du prénom. Fils de sainte Nonn*, ou Mélarie, princesse galloise débarquée en Armorique au 6ᵉ s., saint Divi, Divinon, Dirinon ou Ivi, est évêque régionnaire et grand missionnaire breton, parfois confondu avec saint David*, évêque de Menevia en pays de Galles. Dirinon, Pontivy, Saint-Divy et plusieurs autres localités de Bretagne revendiquent le patronage de saint Divi. **Fête le 6 octobre.**

DIVINON (m) Cf. Divi.

DIVY (m) Cf. Divi.

DIZIER (m) Cf. Didier.

DODE (f) Etym. grecque : le ou la "douzième". Sainte Dode est abbesse à Reims au 7ᵉ s. **Fête le 24 avril.**

DODON (m) Etym. cf. Dode. Frère d'Adon et Radon, Dodon est l'illustre évêque de Rouen, saint Ouen. Voir ce prénom. **Fête le 24 août.**

DOETVAL (m) Etym. celtique. Frère d'Eumaël et Ingenoc, princes de Bretagne, Doetval partage comme eux deux la vie exemplaire et les activités apostoliques de saint Josse* au 7ᵉ s. **Fête le 20 janvier.**

DOEZWAL (m) Cf. Doetval.

DOGMAËL (m) Etym. celtique *(maël,* prince, chef). Moine gallois du 6ᵉ s., saint Dogmaël est très vénéré en Bretagne. **Fête le 14 juin.**

DOGMAËLA (f) Cf. Dogmaël.

DOGMEEL (m) Cf. Dogmaël.

DOLLY (f) Cf. Dolorès.

DOLORÈS (f) Etym. latine. Prénom

donné et porté en l'honneur de la Vierge Marie Mère des Douleurs. **Fête le 15 septembre.**

DOMINEUC (m) Cf. Dominique.

DOMINICA (f) Etym. latine *(domina, maîtresse, souveraine).* En route vers Rome où ils vont en pèlerinage, Dominica et son frère Indract sont assassinés par les Saxons au 8e s. **Fête le 5 février.**

DOMINIQUE (m-f) Etym. latine : « voué, consacré au Seigneur ». Originaire de Campanie, Italie, et fervente chrétienne, Dominique est martyrisée sur les rives de l'Euphrate (Asie occidentale) au 4e s. **Fête le 6 juillet.** — Né en 1170 près de Burgos, en Vieille-Castille, Dominique de Guzman est prêtre et bien décidé à s'en aller évangéliser les Ukrainiens lorsque, en 1206, le pape Innocent III l'envoie combattre l'hérésie cathare en Languedoc. Par réaction à la pompe des seigneurs évêques et légats pontificaux, Dominique prône d'emblée la simplicité évangélique, pratique la pénitence, la pauvreté, et rassemble quelques disciples conquis par son idéal. Ils vont pieds nus, jeûnent et prêchent Jésus-Christ, l'amour et la paix. Doucement, avec du temps, leur entreprise devrait réussir. Hélas, Innocent III perd patience et c'est l'horrible guerre des Albigeois de 1208 à 1213. Mais l'ordre des frères prêcheurs est né, approuvé en 1215 par le successeur d'Innocent. Six années restent à Dominique pour consolider son œuvre. Prématurément épuisé par les austérités et une intense activité, il meurt à Bologne le 6 août 1221. Son ordre est l'un des plus importants de toute l'histoire de l'Eglise. Supprimé en France sous la Révolution, il est rétabli par Lacordaire en 1843. **Fête le 8 août.** — Au 19e s. saint Dominique Savio est l'élève de saint Jean Bosco*. Mort à Riva, Piémont, âgé de quinze ans, il est canonisé en 1954. **Fête le 10 mars.**

DOMITIA (f) Cf. Domitien.

DOMITIANE (f) Cf. Domitien.

DOMITIEN (m) Etym. latine *(domus,* maison). Saint Domitien est le 3e évêque de Châlons, en Champagne, au 4e s. **Fête le 9 août.**

DOMITILLE (f) Etym. cf. Domitien. Domitille et Domitille ! Deux saintes du même nom, dans l'illustre famille romaine des Flavii, au 1er s., une jeune fille et l'épouse d'un consul, mère de sept enfants, sont toutes deux déportées, à cause de leur foi au Christ, l'une dans l'île de Ponza, l'autre dans l'île de Ventotene, au large de Gaëte, Italie, vers 95. **Fête le 7 mai.**

DOMNA (f) Etym. latine *(domina,* maîtresse). Ayant reçu le baptême à l'insu de son entourage, Domna continue de servir au palais impérial jusqu'au jour où elle est dénoncée. Arrêtée, elle simule la folie dans son cachot pour tenter de sauver sa vie mais refuse d'apostasier. Elle est exécutée sur l'ordre de l'empereur. 2e siècle. **Fête le 28 décembre.**

DOMNÉ (m) Etym. cf. Dominique. Franciscain impatient de verser son sang pour le Christ, Domné est martyrisé près de Ceuta, au Maroc, en 1227, avec ses six compagnons. **Fête le 10 octobre.**

DOMNIN (m) Etym. cf. Dominique. A Avrillé, près de Talmont, aujourd'hui en Vendée, depuis fort longtemps on vénère saint Domnin, un enfant de dix ans, d'origine juive, converti au christianisme et martyrisé dans les premiers siècles de l'Eglise. **Fête le 21 juillet.**

DOMNINE (f) Etym. cf. Dominique. Mère chrétienne traquée par les soldats de Dioclétien, en Syrie, en 302, Domnine se jette dans un fleuve avec ses deux filles pour échapper au déshonneur. **Fête le 4 octobre.**

DOMNUS (m) Etym. cf. Dominique. Saint Domnus est l'un des quarante martyrs de Sébaste, en Cappadoce (Turquie), appartenant à la 12ᵉ légion, la "Fulminante" et compagnon de saint Acace. Voir ce prénom. **Fête le 10 mars.**

DONALD (m) Etym. celtique *(da,* bon et *noal,* noël). Saint Donald est abbé à Ogilvy, Forfar, en Ecosse, au 7ᵉ s., mais ses moines sont des moniales, ses neuf filles qui ont pris le voile à la mort de leur mère dans la maison familiale aménagée en monastère, et l'on n'a jamais vu un père abbé mieux soigné dans ses vieux jours. **Fête le 15 juillet.**

DONAN (M) Etym. celtique *(da,* bon et *nin,* hauteur). Missionnaire écossais voué à l'évangélisation de son pays, saint Donan, ou Donnan, est massacré par les Vikings, en 617, avec tous ses compagnons. **Fête le 24 septembre.** — Disciple de saint Brieuc et abbé aux 5ᵉ et 6ᵉ s., saint Donan est le patron d'Esquibien et Saint-Donan en Bretagne. **Fête le 17 avril.**

DONASIAN (m) Cf. Donatien. Forme bretonne du prénom.

DONAT (m) Etym. latine *(donatus,* donné). Né à Besançon vers 592, Donat est le fils du duc de Valdelène. Moine à Luxeuil, puis évêque de Besançon en 625, il écrit une Règle pour l'abbaye de femmes fondée par Flavie, sa mère. Règle dans laquelle on peut lire que les moniales qui manquent au silence pendant les repas reçoivent six coups de fouet ! Un autre des 77 chapitres stipule qu'il est interdit de servir la moindre nourriture aux « visiteurs du sexe masculin », évêques, abbés, etc... afin de les inciter à abréger leur visite au couvent. Le saint évêque a tout de même vécu soixante-huit ans. Mort à Besançon vers 660. **Fête le 7 août.**

DONATIANE (f) Cf. Donatien.

DONATIEN (m) Etym. latine *(donatio,* donation). Surnommés « les

enfants nantais », Donatien et Rogatien sont frères, nés et morts à Nantes au 3ᵉ s. Le premier est baptisé, le second encore catéchumène. Dénoncés, ils sont arrêtés et jetés dans un cachot lors des persécutions de Maximin. Ils passent leur dernière nuit à prier et à s'embrasser, persuadés que, faute de prêtre et d'eau, les baisers du chrétien peuvent remplacer le baptême pour celui qui ne l'est pas. Ils sont torturés et finalement décapités à Nantes entre 235 et 238. Une église est érigée sur leurs tombes où sont conservés le chef de Donatien et le bras droit de Rogatien. Quelques fragments de leurs reliques, épargnés par la Révolution, sont aujourd'hui vénérés dans la cathédrale de Nantes. Deux croix de granit, rue Saint-Donatien, indiquent le lieu de leur martyre. **Fête le 24 mai.** Prénoms dérivés : Donasian, Donatiane, Donatienne.

DONATIENNE (f) Cf. Donatien.

DONATILLA (f) Etym. cf. Donatien. Jeune chrétienne, Donatilla est martyrisée à Tebourda, en Tunisie, vers 304, avec ses deux compagnes, les saintes Maxima et Secunda. **Fête le 30 juillet.** Prénom dérivé : Donia.

DONIA (f) Cf. Donatilla.

DONNA (f) Cf. Domna.

DONNAN (m) Cf. Donan.

DORA (f) Cf. Théodora.

DORÉE (f) Cf. Dorothée.

DOREEN (f) Cf. Dorothée.

DORIA (f) Cf. Darie.

DORIAN (m) Cf. Théodore. Forme franc-comtoise du prénom.

DORINE (f) Cf. Théodora ou Dorothée.

DORIS (f) Cf. Théodora ou Dorothée.

DOROTHÉE (m-f) Etym. grecque

(doron, cadeau et *théos,* dieu). Jeune chrétienne conduite au supplice, sainte Dorothée convertit au christianisme les deux femmes chargées de la faire apostasier et Théophile, un avocat païen, qui l'accompagnent jusqu'au martyre à Césarée de Cappadoce à la fin du 3e s. **Fête le 6 février.** — Officiers de Dioclétien convertis au christianisme, Dorothée et Gorgon* sont martyrisés en 303. **Fête le 3 août.** — Saint Dorothée de Thèbes, en Haute-Egypte, est ermite au 4e s. Ermite mais sûrement pas solitaire dans son approche de Dieu. Il voit le Salut comme un cercle dont le centre est Dieu. Les hommes partent de la circonférence pour aller vers lui, rayons se rapprochant les uns des autres à mesure qu'ils approchent du Centre. **Fête le 10 mai.** — Mariée pour obéir à ses parents et mère de neuf enfants, Dorothée Swartz réalise sa vocation de recluse après la mort de son époux, emmurée dans une cellule accotée à la cathédrale de Marienwerder où elle meurt en 1394. Sa fille, bénédictine, assiste à sa béatification en 1404. Sainte Dorothée est la patronne de la Prusse. **Fête le 30 octobre.** Prénoms dérivés : Dorée, Doreen, Dorine, Doris.

DOSITHÉE (m) Etym. grecque *(dosis,* action de donner et *théos,* dieu). Converti brusquement lors d'un pèlerinage à Gethsemani, Dosithée entre au monastère et meurt cinq ans après, à Gaza, Palestine, en 530, admiré de tous ses frères. **Fête le 23 février.**

DOUCE (f) Cf. Douceline.

DOUCELINE (f) Etym. latine *(dulcis,* douce). Selon une *Vie de sainte Douceline,* écrite en provençal peu de temps après sa mort, Douceline est née à Digne en 1214. Conseillée par son frère, Hugues de Barjols, fransiscain célèbre par ses sermons et dont parle Joinville dans ses *Mémoires,* elle prend l'habit des pénitentes, en l'occurrence les béguines, femmes consacrées demeurant dans le monde. Grande mystique, favorisée de dons exceptionnels, Douceline est toujours très humble et ne sort de ses extases que pour s'inquiéter aussitôt des plus simples et des plus pauvres autour d'elle. De nombreuses disciples la rejoignent à Roubaud, près de Marseille, « vivant en grande charité mutuelle et s'aimant toutes d'un seul amour en Dieu ». Douceline passe ses nuits en prière, vouée le jour au soin des malades et des infirmes. Elle meurt à Marseille, âgée de soixante ans, le 1er septembre 1274. **Fête le 1er septembre.**

DOUFINET (m) Cf. Delphin. Forme provençale du prénom.

DOUMÉNIQUE (m) Cf. Dominique. Forme provençale du prénom.

DROCTOVÉE (m) Etym. latine *(octavus,* huitième). Moine à Saint-Symphorien d'Autun, Droctovée rejoint son ancien abbé, Germain, nommé évêque de Paris par Childebert, et fonde avec lui l'abbaye Saint-Vincent, futur Saint-Germain-des-Prés, vers 560. Mort en 576. **Fête le 10 mars.**

DROTTÉ (m) Cf. Droctovée. Altération du prénom.

DRUON (m) Etym. gauloise *(drûto,* fort, vigoureux). Né à Epinoy, en Flandre, vers 1118, Druon se loue comme berger dans une ferme de Sebourg par goût du silence et de la solitude qui favorisent la prière. Après six ans, il va en pèlerinage à Rome et y retourne huit années de suite, s'arrêtant dans tous les sanctuaires qui sont sur sa route. Malade et contraint à l'immobilité, il se fait emmurer dans une cellule au chevet de l'église de Sebourg où il vit encore trente ou quarante ans et meurt le 16 avril 1189. Les habitants d'Epinoy tentent alors de rapatrier son corps mais le chariot sur lequel ils l'ont placé refuse de rouler et les restes de saint Druon sont toujours à Sebourg. **Fête le 16 avril.**

DUKLIDA (f) Etym. latine *(dulcis,* douce). Convertie au christianisme, Duklida est arrêtée, jugée sommairement et brûlée vive dans une église de Crimée au 4e s. avec vingt-deux autres chrétiens, lors d'une persécution ordonnée par un roi goth arien. **Fête le 26 mars.**

DUNCAN (m) Cf. Dunstan.

DUNS SCOT (m) Etym. celtique *(da,* bon et *scot,* de *Scotland,* Ecosse). Franciscain écossais né à Maxton/Tweed, près de Melrose, en 1266, Duns Scot enseigne à Cambridge, Oxford, Paris et Cologne où il meurt à quarante-deux ans le 8 novembre 1308. Il est l'un des trois plus célèbres docteurs de la scolastique avec Thomas d'Aquin et Bonaventure. C'est sous son influence que la croyance à l'immaculée conception de Marie, mère de Dieu, est acceptée dans les écoles où elle était jusqu'alors très contestée. Paul VI compare l'œuvre de Duns Scot à « une grande cathédrale d'une architecture audacieuse, mais d'une construction si robuste qu'elle peut défier les siècles ». **Fête le 8 novembre.**

DUNSTAN (m) Etym. celtique *(da,* bon et *tan,* ardent). Moine à Glastonbury où il introduit la règle de saint Benoît*, puis évêque de Worchester, Dunstan, ou Duncan, est nommé archevêque de Cantorbery en 960. Encouragé par le roi, Dunstan participe au développement de l'Eglise anglicane et fonde plusieurs monastères. Mort en 988. **Fête le 19 mai.**

DYÉ (m) Cf. Déodat.

E

EADBERT (m) Etym. germanique *(od,* richesse et *berht,* brillant, illustre). Evêque de Lindisfarne, ou Holy Island (l'île sainte), dans le Northumberland, au 7e s., saint Eadbert est très populaire dans la contrée pour sa connaissance de la Sainte Ecriture. **Fête le 6 mai.**

EADWIN (m) Cf. Edwin.

EANFLEDA (f) Cf. Elflèda.

EASTERWIN (m) Etym. germanique *(easter,* de l'est et *win,* ami). Saint Easterwin est le successeur de saint Benoît* Biscop à la tête du monastère de Wearmouth au 7e s. **Fête le 7 mars.**

EARINE (f) Cf. Irène. Forme bretonne du prénom.

EBBA (f) Etym. germanique *(bald,* hardi, audacieux). Sœur de saint Oswald de Northumbrie, sainte Ebba l'Ancienne est la fondatrice de l'abbaye d'Ebbchester, puis d'un double monastère pour moines et moniales à Coldingham, en Ecosse. Morte en 683. **Fête le 25 août.** — Au 11e s., Ebba et ses compagnes, moniales au monastère de Coldingham, en Ecosse, se mutilent volontairement le visage dès l'apparition des guerriers danois, afin de sauvegarder leur virginité. Elles sont brûlées vives dans leur abbaye par les vikings. **Fête le 2 avril.**

EBBANE (f) Cf. Ebba.

EBBON (m) Etym. germanique *(eber,* sanglier). Saint Ebbon est évêque de Sens, Champagne, au 8e s. Des vêtements sacerdotaux lui ayant appartenu sont encore dans le trésor de la cathédrale. **Fête le 13 octobre.**

EBERHARD (m) Etym. germanique *(eber,* sanglier et *hard,* dur). Gendre de Louis le Débonnaire et père de sept enfants, saint Eberhard est l'un des plus puissants seigneurs de l'empire au 9e s. Mort à Musiestro en 867. **Fête le 16 décembre.** — Avec ou sans leur avis, saint Eberhard rassemble tous les ermites vivant dans la région pour fonder son monastère au lieu dit depuis Einsiedeln (Suisse), en 934. L'église est consacrée le 14 septembre 948 sous le vocable de Notre-Dame des Ermites. **Fête le 14 août.** — Bénédictin et évêque de Salzbourg, aujourd'hui en Autriche, en 1146, saint Eberhard se consacre à la réorganisation de l'Eglise au 12e s. Mort en 1164. **Fête le 12 juin.** Prénoms dérivés : Ebrard, Evrard.

EBRARD (m) Cf. Eberhard.

ED (m) Cf. Edouard.

EDARD (m) Cf. Edouard. Forme occitane du prénom.

EDDIE (m) Cf. Edouard.

EDDY (m) Cf. Edouard.

EDELBURGE (f) Etym. germanique *(adal,* noble et *burg,* forteresse). Filles d'Anna, roi d'Est-Anglie au 7e s., Edelburge, ou Aubierge, et sa sœur Ercongote* passent la Manche pour se consacrer à Dieu au monastère de Faremoutiers, près de Meaux, en Brie. Edelburge succède à sa sœur comme abbesse, Ercongote ayant elle-même succédée à sainte Fare*, la fondatrice. **Fête le 7 juillet.**

EDELINE (f) Cf. Adeline.

EDERN (m) Etym. celtique. Irlandais, Edern arrive en Armorique vers 894 et construit son ermitage au lieu dit depuis Lannédern (auj. en Finistère), où il est représenté sur un cerf au pied du calvaire. D'après une vieille complainte trégorroise, traqué par les chiens d'un gentilhomme, le cerf vient se réfugier près du saint ermite et ne le quitte plus que pour paître, sans jamais s'éloigner de l'ermitage. Etonné et émerveillé, le seigneur se laisse convaincre par l'ermite, de la puissance et de la bonté de Dieu, le suppliant d'intercéder en sa faveur pour le pardon de ses péchés. Saint Edern est le patron de Lannédern, Kerédern, Edern et Plouédern, Bretagne. **Fête le 26 août.**

EDERNEZ (m) Cf. Edern.

EDGAR (m) Etym. germanique *(ed* ou *od,* richesse et *gari,* lance). Roi des Anglos-Saxons au 10e s., Edgar débarrasse son pays des loups qui l'infestent et ne contraint jamais ses sujets à porter les armes. Assisté de saint Dunstan* qu'il a nommé archevêque de Cantorbery, il promulgue des lois condamnant le paganisme et la violence dans son royaume. L'une de ces lois, dites « de saint Edgar », punit les homicides de trois ans de prison et les adultères de sept ans ! Saint Edgard le Pacifique est le père de sainte Edith* et de saint Edouard* le Martyr. Mort le 8 juillet 975, il est enseveli à Glastonbury. **Fête le 8 juillet.**

EDGARD (m) Cf. Edgar.

ÉDIGNA (f) Etym. germanique *(edel,* altération de *adal,* noble). Fille de Henri 1er, roi de France au 11e s., Édigna renonce au monde pour se consacrer à Dieu au monastère de Furstemberg, en Bavière, où elle meurt vers 1110. **Fête le 26 février.** Prénoms dérivés : Édina, Édine.

EDILBERT (m) Cf. Ethelbert.

ÉDINA (f) Cf. Edigna.

ÉDINE (f) Cf. Edigna.

ÉDITH (f) Etym. germanique *(ed* ou *od,* richesse). Princesse anglaise en route vers Rome où elle veut vénérer les reliques des martyrs, Édith est assassinée avec ses deux compagnes, Sabine* et Elfried*, en 820, non loin de la côte française où elles venaient de débarquer. Une chapelle leur est dédiée à Caëstre (Nord). **Fête le 8 décembre.** — Fille de saint Edgar* le Pacifique, roi des Angles au 10e s., et de sainte Wilfride* qui a pris le voile au monastère de Wilton, dans le comté de Wilts, Édith rejoint sa mère et se consacre aussi à Dieu, encore adolescente. Morte à vingt-trois ans le 16 septembre 984. **Fête le 16 septembre.** Prénoms dérivés : Aldith, Alith, Alitha.

EDITIUS (m) Etym. cf. Edith. Saint Editius est l'un des quarante martyrs de Sébaste, en Cappadoce (Turquie), appartenant à la 12e légion, la ''Fulminante'', et compagnon de saint Acace. Voir ce prénom. **Fête le 10 mars.**

EDMA (f) Cf. Edmond.

EDME (m) Cf. Edmond.

EDMÉ (m) Cf. Edmond.

EDMÉE (f) Cf. Edmond.

EDMOND (m) Etym. germanique (*ed,* richesse et *mund,* protection). Né en 841 et couronné à quatorze ans roi d'Est-Anglie, Edmond ne néglige rien pour attirer la bénédiction de Dieu sur son petit royaume. Sa grande charité est devenue légendaire. Particulièrement dévoué à saint Jean l'Evangéliste et attentif à son enseignement, le roi ne refuse jamais d'aider quiconque lui adresse une requête au nom du saint. Un jour, n'ayant rien d'autre à sa portée, en l'absence de son camérier, Edmond donne l'anneau d'or qu'il porte au doigt à un pèlerin qui lui demande l'aumône avec insistance au nom de saint Jean. Rentrant d'une longue mission outre-mer, un soldat lui rapporte le bijou quelques jours plus tard avec un message de la part du mendiant : « Celui à qui tu as donné cet anneau par amour te le renvoie ». Mais les Danois envahissent le royaume. Capturé pendant la bataille de Hoxne, dans le Suffolk, le 20 novembre 870, Edmond refuse de signer des conditions contraires au bien-être et à la foi de ses sujets. Attaché à un arbre, il est criblé de flèches puis décapité. Son corps et sa tête sont pourtant retrouvés intacts après le passage des Vikings, ayant été protégés par un loup de la gloutonnerie des rapaces de la forêt. Ce prodige et beaucoup d'autres attirent l'attention des Anglais sur la sainteté de leur roi, alors vénéré comme martyr. De nombreuses églises lui sont dédiées en Angleterre, mais les reliques de saint Edmond sont à Saint-Sernin de Toulouse, rapportées par Louis VIII en 1216. **Fête le 20 novembre.** — Né près d'Oxford vers 1170, Edmond Rich est élu archevêque de Cantorbery en 1234 mais, en conflit avec le roi Henri III qui empiète sur les affaires ecclésiastiques, il se réfugie à Pontigny, près d'Auxerre, et meurt à Soisy, près de Provins, le 16 novembre

1240. Canonisé en 1246, saint Edmond est vénéré en Bourgogne sous le nom de saint Edme et son corps repose à Pontigny. **Fête le 14 novembre.** — Missionnaire papiste clandestin, saint Edmond Campion est martyrisé à Londres en 1581. **Fête le 1er décembre.** Prénoms dérivés : Desmond, Edma, Edme, Edmé, Edmée.

EDNA (f) Cf. Édigna.

ÉDOUARD (m) Etym. germanique *(ed,* richesse et *warden,* garder). Fils de saint Edgar* le Pacifique, Édouard est couronné roi d'Angleterre en 975 et assassiné en 978, seulement âgé de seize ans, à l'instigation de sa belle-mère. **Fête le 18 mars.** — Fils d'Ethelred le Malavisé et dernier roi d'Angleterre avant la conquête du pays par Guillaume le Conquérant, saint Édouard, surnommé le Confesseur pour sa grande piété, est peut-être plus soucieux de son salut personnel que de son royaume. Couronné en 1042, il est pourtant très aimé, préoccupé des pauvres et économe de la vie de ses sujets. Mort le 5 janvier 1066 à l'abbaye de Westminster qu'il a fondée sur les ruines d'un ancien monastère. **Fête le 5 janvier.** Prénoms dérivés et diminutifs : Édouarde, Édouardine, Ed, Édard, Eddie, Eddy, Ned, Neil, etc.

ÉDOUARDE (f) Cf. Edouard.

ÉDOUARDINE (f) Cf. Edouard.

EDUIN (m) Cf. Edwin.

EDWIGE (f) Etym. germanique *(ed,* richesse et *wig,* combat). Née en Bavière en 1174, Edwige (ou Avoye) a deux sœurs reines : Agnès, troisième femme de Philippe-Auguste, et la reine de Hongrie, mère de sainte Elisabeth*. A douze ans elle épouse Henri 1er le Barbu, duc de Silésie, qui refait presque l'unité de la Pologne au 12e s. Ils ont sept enfants qui, sans doute, supportent mal la vie austère de leurs saints parents. Gertrude seule survit à sa mère, abbesse du monastère de Trebnitz, en Pologne. Louis aurait peut-être vécu mais il est tué par les Tartares à la bataille de Liegnitz. « Seigneur, dit Edwige apprenant la nouvelle, que ta volonté soit faite. Tant que vivait ce fils que j'aimais et qui m'aimait, j'étais heureuse. Je le suis plus encore à présent qu'il est auprès de toi ». Veuve en 1238, elle rejoint Gertrude à Trebnitz et meurt le 15 octobre 1243. **Fête le 16 octobre.**

EDWIN (m) Etym. germanique *(ed,* richesse et *win,* ami). Couronné roi de Northumbrie en 617, Edwin épouse une princesse chrétienne et se convertit, à son contact, après beaucoup d'hésitations. Mort en 633 lors d'une bataille contre les Gallois. **Fête le 12 octobre.** Prénoms dérivés : Eadwin, Eduin, Edwina.

EDWINA (f) Cf. Edwin.

EFFIE (f) Cf. Elflèda.

EFFLAM (m) Etym. celtique *(elf,* étincelle). Pour faire la paix, le roi d'Irlande marie son fils Efflam (ou Eflamm) à Enora*, la fille de son rival, monarque saxon, au 5e s. N'ayant pas le choix, les jeunes gens se résignent mais s'engagent à ne jamais consommer le mariage pour se consacrer à Dieu. D'ailleurs, Efflam s'en va évangéliser les païens d'Armorique, rejoint plus tard par Enora. **Fête le 12 octobre.**

EFLAMM (m) Cf. Efflam.

EGBERT (m) Etym. germanique *(ger,* épée et *berht,* brillant). Moine anglo-saxon à Iona, en Ecosse, Egbert réussit à convaincre les monastères celtes d'adopter la date pascale romaine. Et c'est le matin même de Pâques, en 729, qu'il effectue son propre *passage* sur l'autre rive. **Fête le 24 avril.**

ÉGIDE (m) Etym. grecque : « celui qui protège ». Né à Assise vers 1190, Égide ou Gilles est l'un des premiers disciples

de François* d'Assise. Paysan, il abandonne ses bœufs pour suivre le Poverello et voyage beaucoup par obéissance. A Tunis où il croyait mériter la couronne du martyre, les Maures l'écoutent poliment et... le renvoient en Italie ! Égide va aussi en Terre Sainte et accomplit partout de nombreux pèlerinages, travaillant dans les fermes, creusant les tombes dans les cimetières pour gagner sa nourriture. Il passe les dernières années de sa vie dans les ermitages des environs de Pérouse, parfois visité par de grands personnages. Le pape Grégoire IX lui-même se dérange pour solliciter ses avis. « Cet illettré, écrit saint Bonaventure*, pratique la vertu à un degré sublime et atteint les sommets de la contemplation. Il est si souvent ravi en extase, comme je l'ai constaté moi-même, qu'il semble mener ici-bas une vie angélique plutôt qu'humaine ». Les propos du bienheureux Égide rapportés dans les *Fioretti* sont souvent pleins d'humour. Mort près de Pérouse, Ombrie, le 23 avril 1262. **Fête le 23 avril.**

ÉGINA (f) Cf. Eginer.

ÉGINE (m) Cf. Eginer.

EGINER (m) Etym. celtique. Converti au christianisme en 453 et disciple de saint Patrick*, Eginer ou Eguiner, ou Fingar, refuse la couronne que lui propose son père, Clyton, roi d'Ulronie, en Irlande. Chassé pour ce comportement, il s'en va prêcher l'Evangile en Armorique et repasse la Manche pour tenter de convertir aussi les païens de Cornouailles anglaise. Mais, arrêté et refusant de renier sa foi, il est décapité. Saint Eginer est le patron de plusieurs localités en Bretagne. Une chapelle lui est dédiée dans la cathédrale de Vannes. **Fête le 14 décembre.** Prénoms dérivés : Égina, Égine, Eguiner, Fingar.

ÉGLANTINE (f) Etym. latine *(aculea-*

tus, qui a des piquants). L'églantine est la fleur de l'églantier qu'on appelle aussi le rosier sauvage. Cf. Fleur. **Fête le 5 octobre.**

EGUINER (m) Cf. Eginer.

EHOARN (m) Etym. celtique. Moine à Saint-Gildas-du-Rhuys, près de Vannes, au XIᵉ s., saint Ehoarn, ou Ehouarn, est massacré par des brigands dans l'abbaye. **Fête le 12 février.**

EIMOUND (m) Cf. Edmond. Forme provençale du prénom.

EISABÈU (f) Cf. Isabelle. Forme provençale du prénom.

ÉLAINE (f) Cf. Hélène.

ÉLÉANOR (f) Cf. Éléonore.

ELÉAZAR (m) Etym. hébraïque *(El,* Dieu et *zecher,* mémoire). Docteur de la Loi en Israël au 2ᵉ s. av. J.-C., saint Eléazar est martyrisé à l'âge de quatre-vingt-dix ans pendant la persécution d'Antiochus Epiphane parce qu'il refuse manger de la viande de porc, interdite par la loi juive. Cf. 2 Mac. 6, 18-31. **Fête le 1ᵉʳ août.**

ÉLÉNA (f) Cf. Hélène.

ÉLÉNAIRE (f) Cf. Éléonore.

ÉLÉONORE (f) Etym. latine *(lenire,* calmer, adoucir). Sainte Éléonore, ou Élénaire, est martyrisée au 3ᵉ s. mais aucun détail n'est resté sur la vie de cette sainte. **Fête le 2 mai.** — Fille du comte de Provence et belle-sœur de saint Louis*, roi de France, Éléonore épouse Henri III, roi d'Angleterre, en 1236. Excellente épouse, sainte femme, elle est douée pour tout, sauf la politique. Veuve en 1272, elle vit encore près de vingt ans, heureuse, dans un monastère bénédictin. Morte le 25 juin 1291. **Fête le 25 juin.** Prénoms dérivés : Aanor, Aénor, Adénora, Éléanor, Énora, Léonor, Léonora, Léonore, Lora, Lore, Lorette, Lorraine, Nora, Nore, etc.

ÉLEUTHÈRE (m) Etym. grecque *(eleutheria,* liberté). Saint Éleuthère est le 13ᵉ pape, de 175 à 189. D'origine grecque, il est diacre avant de succéder à Sotère sur le siège de Rome. Il reçoit Irénée*, futur évêque de Lyon, porteur d'une lettre des chrétiens de cette ville au sujet de l'hérésie montaniste. Les circonstances de sa mort sont inconnues. **Fête le 26 mai.** — Selon Grégoire* de Tours, saint Éleuthère est martyrisé avec saint Denis*, évêque de Paris, sur la colline devenue Montmartre *(mons martyrum),* en 258. **Fête le 9 octobre.** — Premier évêque de Tournai, saint Éleuthère est mort en 531. **Fête le 20 février.**

ELFI (f) Cf. Elflèda ou Elfried.

ELFIE (f) Cf. Elflèda ou Elfried.

ELFLÈDA (f) Etym. germanique *(edel* ou *adal,* noble et *frido,* paix). Princesse de Northumbrie, Elflèda renonce à la cour pour se consacrer à Dieu au monastère de Whitby que dirige sa mère. Elle en devient abbesse à son tour et meurt en 714. **Fête le 8 février.**

ELFRIED (f) Etym. cf. Elflèda. Sainte Elfried est l'une des deux compagnes de sainte Edith, Voir ce prénom. **Fête le 8 décembre.** Prénoms dérivés : Elfi, Elfie, Frida.

ELGA (f) Cf. Olga.

ÉLIA (f) Cf. Élie ou Élisabeth.

ÉLIACIN (m) Cf. Élie.

ÉLIAN (m) Cf. Élie.

ÉLIANE (f) Cf. Élie ou Élisabeth.

ÉLIAZ (m) Cf. Élie. Forme bretonne du prénom.

ÉLIBOUBANN (f) Cf. Élisabeth. Forme bretonne du prénom. — Sainte Éliboubann est la mère de saint Gonery* au 6ᵉ s. **Fête le 28 mai.**

ÉLIE (m) Etym. hébraïque *(El-Yah,* Seigneur Dieu). Personnage biblique vivant au 9e s. av. J.-C., Élie est décrit en une phrase par Ben Sira : « Alors le prophète Élie se leva comme un feu : sa parole brûlait comme une torche ». (Si 48,1). Célèbre par ses prodiges, il est emporté près de Dieu sans passer par la mort, enlevé au ciel dans un char de feu sous les yeux écarquillés de son disciple Élisée*. Son retour sur terre est annoncé par plusieurs de ses successeurs dans l'Ancien Testament. Plus tard on prend le Baptiste, puis Jésus lui-même, pour le prophète (Marc 6, 15) et, le jour de la transfiguration du Seigneur, les trois apôtres présents reconnaissent Élie dans l'un des deux personnages qui leur apparaissent aux côtés du Maître (Marc 9, 4). **Fête le 20 juillet.** — Au 4e s. saint Élie est décapité à Césarée-Maritime, Palestine, avec ses quatre amis, égyptiens comme lui, au retour d'un voyage en Cilicie, Turquie, où ils ont accompagné des chrétiens condamnés aux mines. **Fête le 16 février.** Prénoms dérivés : Élia, Éliacin, Élian, Éliane, Éliaz, Éliette ou Élyette, Élina, Éline, Lélia, etc.

ÉLIEN (m) Etym. cf. Élie. Saint Élien est l'un des quarante martyrs de Sébaste en Cappadoce, Turquie, appartenant à la 12e légion, la ''Fulminante'', et compagnon de saint Acace. Voir ce prénom. **Fête le 10 mars.**

ÉLIETTE (f) Cf. Élie.

ÉLINA (f) Cf. Élie.

ÉLINE (f) Cf. Élie.

ÉLIOUN (m) Cf. Élie. Forme provençale du prénom.

ÉLISABETH (f) Etym. hébraïque *(El-Yah-beth :* la maison de Dieu). Selon l'évangile de Luc, Élisabeth est l'épouse stérile et déjà âgée du prêtre Zacharie lorsqu'elle devient, miraculeusement, la mère de Jean*, le cousin de Jésus et son précurseur. Cf. Luc 1, 5-80. **Fête le 5 novembre.** — Au 13e s. sainte Élisabeth de Hongrie est la fille du roi André II. Mariée à quatorze ans au duc Louis IV de Thuringe, ils ont trois enfants. « On n'a jamais vu époux plus tendrement unis, écrit le biographe d'Élisabeth. Lorsqu'elle prie, Louis lui prend la main et la tient dans les siennes ». Il est tué pendant la croisade, en 1227. Lourde épreuve pour la jeune veuve : « Rien ne valait pour moi sa délicieuse présence. J'aurais voulu mendier toute ma vie si nous avions pu le faire ensemble ». Chassée du palais par sa belle-mère, puis rappelée plus tard, Élisabeth fait couronner son fils aîné, se retire elle-même dans le tiers-ordre de saint François et se voue au service des malades à l'hôpital de Marbourg qu'elle a fondé, où elle meurt le 17 novembre 1231. **Fête le 17 novembre.** — Sainte Élisabeth de Portugal est la petite-nièce de la précédente et lui ressemble à plus d'un titre. Fille de Pierre III d'Aragon, elle épouse Denis, roi de Portugal, en 1283, seulement âgée de douze ans. Elle a deux enfants et sa vie de reine n'est pas exempte d'épreuves. Son fils, Alphonse, prend deux fois les armes contre son père et, plus tard, déclare la guerre à son beau-frère, Ferdinand de Castille. Veuve en 1325, Élisabeth se retire comme tertiaire franciscaine chez les clarisses de Coïmbra, dévouée aux pauvres et aux malades. En 1336, elle tente une démarche pour réconcilier son fils et son gendre mais tombe malade pendant le voyage et meurt à Estremoz, Portugal, le 4 juillet 1336. Ensevelie à Coïmbra, elle est canonisée par Urbain VIII en 1628. **Fête le 4 juillet.** — Sainte Élisabeth Bichier est la co-fondatrice des Filles de la Croix, près de Poitiers, au 19e s. Morte en 1838. **Fête le 26 août.** — Née à Dijon en 1880, Élisabeth Catez n'attend pas d'être religieuse pour faire la rencontre importante de sa vie. Sa chance est de savoir prendre à la lettre l'étymologie de son prénom, d'en faire une réalité et de vivre constamment en tête-à-tête avec Dieu qui l'habite. En 1901, elle n'a que deux cents mètres à franchir pour entrer au couvent où elle devient Élisabeth de la Trinité en revêtant l'habit des carmélites. Elle n'aura pas le temps de l'user complètement, emportée cinq ans après par la maladie d'Addison, en 1906, l'année de ses 25 ans. Elle est béatifiée par Jean-Paul II le 25 novembre 1984. **Fête le 9 novembre.** Cf. Isabelle. Prénoms dérivés : Babette, Beth, Bettina, Bessie, Élise, Elsa, Elsie, Isabelle, Leslie, Liliane, Lisbeth, Lise, Sissie, Xytilis, Xytilise.

ÉLISABETH-ANNE (f) Cf. Betty-Ann.

ÉLISE (f) Cf. Élisabeth.

ÉLISÉE (m) Etym. hébraïque *(El-Yah,* Seigneur Dieu). Personnage biblique, Élisée est le disciple du prophète Élie* qui, enlevé sur un char de feu, lui abandonne son manteau et lui transmet ses pouvoirs surnaturels (9e s. av. J.-C.) Cf. 2 Rois 2,10. **Fête le 14 juin.**

ÉLISSA (f) Cf. Élisabeth.

ELLA (f) Etym. cf. Élie. Epouse de Guillaume Longue-Epée, la bienheureuse Ella Fitzpatrick est la belle-sœur de Richard Cœur de Lion. Pris dans une tempête, au retour de la 3e croisade, Guillaume croit voir Ella qui soutient de ses propres mains le grand mât, l'empêchant de se rompre sous les trombes d'eau et les rafales de vent. Il prend aussitôt la résolution de ne plus la tromper, persuadé qu'il lui doit son salut. Il tient parole et s'efforce même d'imiter les vertus de sa femme afin de s'assurer aussi le salut éternel. Veuve en 1226, Ella fonde à Laycock, dans le Lancashire, une abbaye de moniales augustines dont elle est la première abbesse jusqu'à sa mort en 1261. **Fête le 1er février.**

ELLEN (f) Cf. Hélène.

ELLENITA (f) Cf. Hélène.

ELLINA (f) Cf. Hélène.

ELMA (f) Cf. Érasme ou Elme.

ELME (m) Cf. Érasme. — Surnommé saint Elme, Pierre Gonzalès est un dominicain espagnol, grand pacificateur au 13e s. Mort à Tuy, en Galice, Espagne, en 1246, il est invoqué comme leur patron par les marins espagnols. **Fête le 15 avril.**

ELMIE (f) Cf. Érasme ou Elme.

ELMER (m) Etym. germanique *(edel,* noble et *maro,* illustre). Evêque de Reims au 7e s., saint Elmer fait l'objet d'un culte très ancien dans la région. **Fête le 28 août.**

ÉLODIE (f) Etym. latine *(alodis,* propriété). Filles d'une mère chrétienne et d'un père musulman, Élodie et Nunilon sont obligées d'embrasser la foi de leur père en vertu d'un décret arrêté par Abd Al-Rahman II, émir de Cordoue, en 851. Réfractaires, elles sont recherchées, découvertes chez une tante chrétienne et décapitées ensemble le 12 octobre de la même année. **Fête le 22 octobre.** Prénom dérivé : Alodie.

ÉLOI (m) Etym. latine *(eligius,* élu). Né à Chaptelat, Limousin, vers 588, Éloi fait son apprentissage à Limoges, monte à Paris et devient vite un orfèvre réputé. On lui attribue le reliquaire de saint Denis, la châsse de sainte Geneviève et celle de saint Martin. Trésorier de Clotaire II, puis ami et confident de Dagobert, Éloi est le précieux conseiller du roi, et pas seulement en matière vestimentaire ! L'activité du ministre s'exerce dans tous les domaines : fondation de monastères (Solignac en 632), d'hospices et d'hôpitaux, justice — il est surnommé « le Salomon des Francs » —, rachat des prisonniers et affranchissement des esclaves, évangélisation... Ordonné prêtre, Éloi est sacré évêque dans les jours qui suivent, à Rouen, avec son ami, le futur saint Ouen, et succède à saint Médard sur le siège de Noyon-Tournai en 641. Intrépide missionnaire, il porte la bonne parole aux Flamands et jusque chez les Frisons, provoquant d'innombrables conversions, encore orfèvre pour fondre les cœurs, ciseler les âmes et les gagner à Dieu. Éloi meurt à Noyon le 1er décembre 660, très aimé et regretté dans tout le royaume. Si populaire que son patronage est bientôt réclamé par Limoges, et par les orfèvres, les batteurs de monnaie, les forgerons et les charrons, les couteliers, les chaudronniers, les carrossiers et tous les travailleurs de la métallurgie, mais aussi par les maréchaux et les vétérinaires, les selliers, les maquignons, les valets de ferme et les laboureurs ! **Fête le 1er décembre.** Prénoms dérivés : Alar, Aloara.

ÉLOUAN (m) Etym. celtique. Irlandais, saint Élouan est l'un des nombreux missionnaires venus évangéliser l'Armorique au 6e s. **Fête le 28 août.**

ELPHÈGE (m) Etym. latine *(effulgere,* être lumineux). Archevêque de Cantorbery, en Grande-Bretagne, aux 10e et 11e s., saint Elphège est massacré à la hache par les Danois en 1012. **Fête le 19 avril.**

ELRED (m) Cf. Aelred.

ELRIC (m) Cf. Aldric.

ELSA (f) Cf. Élisabeth.

ELSIE (f) Cf. Élisabeth.

ELVIRE (f) Etym. latine *(vir,* homme). Sainte Elvire est abbesse du monastère d'Ohren, en Rhénanie, au 12e s. **Fête le 16 juillet.**

ELZÉAR (m) Etym. hébraïque *(El,* Dieu et *zecher,* mémoire). Saint Elzéar (ou Auzias) de Sabran est l'époux de la bienheureuse Delphine. Voir ce prénom. **Fête le 27 septembre.**

ÉMELINE (f) Etym. latine *(emendatus,* pur, sans défaut). Sainte Émeline est religieuse cistercienne au monastère de Boulancourt, près de Troyes, au 11e s. **Fête le 27 octobre.**

ÉMERAUDE (f) Etym. grecque *(smaragdos,* émeraude). Variété de béryl, l'émeraude est une pierre précieuse d'une belle couleur verte, très vive. Saint Smaragde* est le patron des Émeraude et des Esméralda. **Fête le 10 mars.**

ÉMÉRENTIENNE (f) Etym. latine *(emerere,* mériter). Sœur de lait de sainte Agnès*, Émérentienne est lapidée sur le tombeau de la jeune martyre, à Rome, en 305, parce qu'elle s'obstine à y prier malgré l'interdiction qui lui en a été faite. **Fête le 23 janvier.**

ÉMERIC (m) Etym. germanique *(haim,* maison et *rik,* roi). Fils de sainte Gisèle* et de saint Étienne*, le fondateur du royaume chrétien de Hongrie et roi de 997 à 1038, Émeric (Imre en hongrois) a des loisirs très sains dans sa jeunesse : il visite les monastères, malgré les réticences de certains abbés. C'est que, jouissant d'un don particulier, le prince lit dans les cœurs et s'autorise de ce charisme pour encourager les moines à sa façon : une simple accolade aux tièdes, trois baisers aux fervents et sept à ceux en qui il voit des saints ! Mort prématurément près de Budapest en 1031, Émeric est canonisé par Grégoire VII en même temps que son père en 1083. Un monument lui est dédié à Budapest en 1930. **Fête le 4 novembre.** Prénoms dérivés : Aimeric ou Aymeric, Émerika, Imre.

ÉMERIKA (f) Cf. Émeric.

ÉMÉRITA (f) Etym. cf. Émérentienne. Les restes de sainte Émérita sont retrouvés à Rome au 3e s. dans une catacombe avec, gravée dans la pierre, une mention pour qu'ils soient honorés. **Fête le 22 septembre.**

ÉMIE (f) Cf. Émérita.

ÉMILE (m) Etym. latine *(aemulus,* émule). Avec Castus*, Émile est arrêté et condamné au bûcher, à Carthage, au 3e s. Ils cèdent d'abord aux exigences des juges, effrayés à la perspective du supplice, mais se reprennent aussitôt et subissent le martyre courageusement, selon saint Cyprien*. **Fête le 22 mai.** — Saint Émile de Cordoue est martyrisé en 852, en Espagne, pendant la persécution du calife Abd El-Rahman. **Fête le 15 septembre.** Prénom dérivé : Miloud.

ÉMILIA (f) Cf. Émilie.

ÉMILIAN (m) Cf. Émilien.

ÉMILIANE (f) Cf. Émilie ou Émilien.

ÉMILIE (f) Etym. cf. Émile. Chrétienne lyonnaise, sainte Émilie est l'une des compagnes de Blandine, de l'évêque Pothin et de quarante-six autres personnes entassées dans les geôles, mortes d'épuisement ou martyrisées le 2 août 177 dans le grand amphithéâtre des trois Gaules, à Lyon. Voir Blandine, Pothin, Ponticus, etc. **Fête le 2 juin.** — Sainte Émilie de Rodat est la fondatrice des sœurs de la Sainte-Famille, pour l'instruction des filles pauvres et le soin des malades à domicile, à Villefranche-de-Rouergue, en 1820. Cruellement éprouvée dans son âme pendant près de vingt ans, Émilie croit avoir perdu la foi et mérité la damnation. Ce qui ne l'empêche pas de diriger habilement son institut. De nombreux établissements ont été fondés en France et à l'étranger lorsqu'elle meurt à Villefranche le 19 septembre 1852. **Fête le 19 septembre.** — Dix ans plus jeune et à quelques kilomètres seulement, sainte Émilie de Vialar fonde aussi une congrégation d'enseignement et d'assistance à Gaillac, près d'Albi, en 1833. Les sœurs de Saint-Joseph-de-l'Apparition se dévouent en Algérie pendant dix ans, reviennent à Gaillac, puis rayonnent dans toute la région (Toulouse en 1847, Marseille en 1852) et bien au-delà des frontières. Morte à Marseille en 1856, Émilie est béatifiée en 1939 et canonisée en 1951. **Fête le 24 août.**

ÉMILIEN (m) Etym. cf. Émile. Militaire sous Julien l'Apostat, Émilien embrasse la foi chrétienne et renverse les idoles qui lui sont devenues insupportables. Arrêté, il est condamné et brûlé vif vers 362. **Fête le 18 juillet.** — Né en 474, Émilien de la Cogollá est un adolescent heureux. Il joue de la flûte et prie, gardant son troupeau, chaque jour que Dieu fait. Appelé à une vie parfaite, il abandonne musique et moutons pour se retirer dans un ermitage, près de Najera, province de Logroño, Espagne, puis devient prêtre et curé de Berceo. Mais il est si généreux qu'il distribue aux pauvres tous les biens de l'église. Alerté, l'évêque le renvoie dans son ermitage. Émilien en est ravi. A ce point qu'il ne le quitte, définitivement, qu'à l'âge de cent ans tout juste, en 574. Fondé par quelques-uns de ses disciples, le monastère San-Millan-de-la-Cogollà remplace l'ermitage. **Fête le 12 novembre.** Prénoms dérivés : Émilian, Émiliane.

ÉMILIENNE (f) Etym. cf. Émile. Sainte Émilienne est la tante paternelle de saint Grégoire* le Grand, à Rome, au 6ᵉ s. **Fête le 5 janvier.**

ÉMILION (m) Etym. cf. Émile. Vannetais, Émilion est intendant de la maison du comte de Vannes depuis plusieurs années lorsqu'il décide de se rendre en pèlerinage à Saint-Jacques-de-Compostelle. A l'aller ou au retour il s'arrête en Saintonge et, plus tard, moine bénédictin, fonde un ermitage près de Libourne, sur les rives de la Dordogne, où il meurt en 767. Une très belle église lui est dédiée à Loguivy-Plougras, en Bretagne. **Fête le 17 novembre.**

EMMA (f) Etym. cf. Emmanuel. Veuve encore jeune, Emma se voue à l'assistance des indigents et à la construction de plusieurs églises dans le diocèse de Brême. Elle fonde aussi deux monastères : celui de Gurk, en Autriche, et l'abbaye Saint-Ludger à

Werden, en Westphalie, qu'elle dédie à son inoubliable époux. C'est dans l'abbatiale de Werden qu'elle est ensevelie en 1040. **Fête le 19 avril.**

EMMANUEL (m) Etym. hébraïque : « Dieu-avec-nous ». Emmanuel est le nom par lequel Isaïe désigne le Messie sept siècles avant sa naissance. (Is. 7,14). Voir Noël. **Fête le 25 décembre.**
— Moine franciscain, Emmanuel Ruiz est martyrisé à Damas, Syrie, en 1860, avec six frères de son ordre et trois jeunes maronites qui refusent de les quitter au moment du martyre. **Fête le 10 juillet.**

EMMANUELLE (f) Cf. Emmanuel. Voir aussi Soledad.

EMME (f) Etym. latine *(aemulus,* émule). Sainte Emme est l'une des trois filles de sainte Berthe*, fondatrice de l'abbaye de Blangy-sur-Ternoise, près d'Abbeville, au 8e s. **Fête le 4 juillet.**

EMMÉLIE (f) Etym. cf. Emme. Epouse de saint Basile* l'Ancien, Emmélie est mère de dix enfants dont quatre sont au catalogue des Saints : saint Basile* le Grand (329-379), saint Grégoire* de Nysse (332-395), sainte Macrine* la Jeune et saint Pierre, évêque de Sébaste, Arménie, mort en 391. **Fête le 2 janvier.**

EMMERAN (m) Etym. germanique *(ernim,* énorme et *hramm,* corbeau). Evangélisateur de la Bavière au 7e s., saint Emmeran est arrêté, condamné et exécuté à Rome où il est venu en pèlerinage. **Fête le 22 septembre.**

EMMERANNE (f) Cf. Emmeran.

ENA (f) Cf. Anne.

ENDORA (f) Eudes.

ENGELBERT (m) Etym. germanique *(engil,* ange et *berht,* brillant). Né vers 1185 dans la famille des ducs de Berg, Engelbert ou Angelbert ou Anglebert est archevêque de Cologne à trente ans, en 1216, grâce à l'appui du pape Innocent III. Pasteur exemplaire, Engelbert conduit son troupeau avec bonté mais sans faiblesse, obligeant ses prêtres à vivre dignement et à donner l'exemple, encourageant les nouveaux ordres, franciscain et dominicain, très contestés par le haut clergé, et protégeant les biens d'Eglise contre la voracité des seigneurs. Chargé du gouvernement de la région cisalpine de l'Empire par Frédéric II en 1220, Engelbert est assassiné cinq ans plus tard par son cousin, Frédéric d'Isenberg, auquel il reproche de s'emparer des biens ecclésiastiques. Retrouvé poignardé dans un fourré le 7 novembre 1225, il est vénéré comme martyr par ses compatriotes, puis inscrit par Rome au martyrologe. **Fête le 7 novembre.**

ENGELMOND (m) Etym. germanique *(engil,* ange et *mundo,* protection). Missionnaire et compagnon de saint Willibrord*, Engelmond travaille à l'évangélisation de la Frise au 8e s. **Fête le 21 juin.**

ENGERAND (m) Etym. germanique *(engil,* ange et *hramm,* corbeau). Moine très érudit, fin lettré et aimant la musique, Engerand (ou Enguerrand, ou Angilran) est nommé évêque de Metz en 768. Chapelain de Charlemagne après la mort de Fulrad, il lui devient indispensable au point d'être autorisé par le pape à le suivre dans tous ses déplacements. C'est ainsi qu'il trouve la mort en Hongrie où il accompagne l'empereur, au cours d'une expédition contre les Avars en 791. **Fête le 28 octobre.**

ENGLEBERT (m) Cf. Engelbert.

ENGUERRAND (m) Cf. Engerand.

ÉNIMIE (f) Etym. grecque *(eunomia,* bonne législation). Fille présumée de Clotaire II, au 6e s., Énimie supplie Dieu de lui ôter ses attraits afin de pouvoir se soustraire au mariage qu'on veut lui imposer. Lépreuse, elle se réfugie dans le Gévaudan où elle obtient aussitôt sa guérison et, peut-être en reconnaissance de tant de grâces, prend le voile au monastère de Mende. Un village de Lozère garde le souvenir de sainte Énimie, patronne de Mende. **Fête le 5 octobre.**

ENNATA (f) Cf. Théana.

ENNODE (m) Etym. grecque *(eunomia,* bonne législation). Né en Arles vers 474 et évêque de Pavie, Lombardie, en 513, saint Ennode est l'auteur d'une *Vie de saint Epiphane.* Mort à Pavie en 521. **Fête le 17 juillet.**

ÉNOGAT (m) Etym. celtique *(gal,* bravoure). Abbé d'un monastère breton au 7e s., saint Énogat est le patron de la localité qui perpétue son nom en Ille-et-Vilaine. **Fête le 13 janvier.**

ÉNORA (f) Etym. cf. Éléonore. Sainte Énora est l'épouse de saint Efflam (voir ce prénom) au 5e s. **Fête le 14 octobre.**

ENRIQUE (m) Cf. Henri.

ENVEL (m) Etym. celtique *(avel,* vent). Selon la tradition, saint Envel construit son ermitage dans le bois de Koat an Noz, y vit et y meurt saintement, à l'époque de l'évangélisation de la région, au lieu dit aujourd'hui Loquenvel, Bretagne. **Fête le 11 décembre.**

ENVELA (f) Cf. Envel.

EODEZ (f) Cf. Aude. Forme bretonne du prénom.

EOZEN (m) Cf. Yves. Forme bretonne du prénom.

ÉPAGATHE (m) Etym. grecque *(epi,* sur et *agathos,* bon). Épagathe est l'un des quarante-huit chrétiens martyrisés à Lyon dans le grand amphithéâtre des trois Gaules le 2 août 177, à moins qu'il ait succombé dans sa geôle l'un des jours précédents. Voir Blandine, Pothin, Ponticus. **Fête le 2 juin.**

ÉPAPHRAS (m) Etym. grecque : « très désirable ». Compagnon de Paul*, en particulier pendant sa captivité, Épaphras est le fondateur de l'Eglise de Colosses, en Asie Mineure, vers 50. Cf. Phm 23 et Col 1, 7 ; 4, 12. **Fête le 19 juillet.**

ÉPAPHRODITE (m) Etym. cf. Épaphras. Collaborateur de Paul*, Épaphrodite tombe gravement malade à Rome où il est venu porter secours à l'apôtre, dans les années 60. Paul qui a pour lui beaucoup d'estime (Ph. 2, 25) le renvoie aux Philippiens dès qu'il est guéri. **Fête le 23 mars.**

ÉPHRAÏM (m) Etym. hébraïque *(ephraïm,* habitants de la ville d'Ephrôn ou Ephraïm, en Palestine). Personnage biblique, Éphraïm est le fils de Joseph, né en Egypte, que Jacob adopte et bénit comme ses propres enfants. Ancêtre éponyme d'une des douze tribus d'Israël. Cf. Gn 48. **Fête le 20 avril.** Prénom dérivé : Éphrem.

ÉPHREM (m) Etym. cf. Ephraïm. Né à Nisibe, Syrie, en 306, dans une famille de modestes paysans, Éphrem se convertit au christianisme à dix-huit ans mais, ordonné diacre, refuse la prêtrise, s'en croyant indigne. Mystique jusqu'au don des larmes, orateur incomparable, c'est aussi un excellent poète. Il est surnommé « la cithare du Saint-Esprit ». Les hymnes qu'il compose pour répondre aux couplets des hérétiques sont les premières à être chantées dans les églises et ses homélies en vers y sont lues à haute voix. Éphrem compose aussi de nombreux ouvrages de controverse et des commentaires bibliques. Ses lumières sur le mystère de Marie toujours vierge et nouvelle Ève confèrent à ses études scripturaires et à ses hymnes une valeur exceptionnelle. Marquée par la culture sémitique, la pensée d'Éphrem est riche d'images et de symboles, avec un intérêt particulier pour l'eucharistie perçue comme « feu et Esprit ». Ermite près d'Edesse (auj. Urfa, en Turquie), Éphrem meurt le 9 juin 373. Il est proclamé docteur de l'Eglise en 1920. **Fête le 9 juin.**

ÉPIMAQUE (m) Etym. grecque *(epi,* sur et *makhê,* combat). Converti au christianisme, Épimaque est martyrisé à Rome en 250, pendant la persécution de Dèce. Il est souvent associé à saint Gordien, jeune chrétien décapité vers 362 et inhumé près d'Épimaque sur la voie Latine. **Fête le 10 mai.**

ÉPIPHANE (m) Etym. grecque *(epi,* sur et *phainem,* paraître). Né en Palestine vers 315, Épiphane est élu évêque de Salamine, Chypre, en 376, après une longue expérience de vie érémitique en Egypte. Il participe au concile de Constantinople en 381 et écrit plusieurs ouvrages traduits en latin par saint Jérôme*. L'*Ancoratus,* exposé de la foi d'après les Ecritures, et le *Panarion* ou *La Boîte à drogues,* compendium des hérésies et de leur réfutation, sont parmi les plus importants. Épiphane périt en mer en 403. **Fête le 12 mai.** — Evêque de Pavie, sa ville natale, Épiphane exerce une grande influence sur la politique de son temps. Mort en 496, il est surnommé « la gloire de l'Italie ». **Fête le 21 janvier.** Prénoms dérivés : Typhaine, Tifenn, Tiffanie, Tiphaine, Tiphania, etc.

ÉPIPODE (m) Etym. grecque *(epi,* sur et *podos,* pied). Lyonnais et ami d'Alexandre*, un chrétien grec résidant en Gaule, Épipode rend avec lui témoignage de sa foi au Christ jusqu'à l'effusion de son sang, à Lyon, en 177 ou 178. Selon Grégoire* de Tours, leurs corps sont placés aux côtés d'Irénée* après la mort de l'évêque. **Fête le 22 avril.**

ÉPONINE (f) Etym. grecque *(epi,* sur et *onoma,* nom : *épônumos ;* l'épo-nyme est celui qui donne son nom à quelqu'un ou quelque chose ; parmi les magistrats qui gouvernent les républiques grecques, l'archonte éponyme donne son nom à l'année nouvelle). Éponine est le prénom d'une héroïne gauloise. Epouse de Julius Sabinus, officier romain d'origine gauloise qui profite de la révolte de Civilis pour tenter de soulever la Gaule contre Rome en 69, Éponine est arrêtée et condamnée avec lui. Morte à Rome en 79. On peut fêter les Éponine le jour de la Toussaint, fête de tous les saints connus et inconnus. **Fête le 1er novembre.**

EPVRE (m) Etym. latine : "sanglier". Evêque de Toul au 6e s., saint Epvre est le patron des porchers. **Fête le 15 septembre.**

EQUITIUS (m) Etym. latine : "équitable". Equitius prêche avant même d'être prêtre et s'en excuse : « C'est au-dessus de mes forces, je ne puis m'empêcher de parler de Dieu ». Devenu moine puis abbé dans la province de Valérie, Italie, il meurt peu de temps avant l'invasion des Lombards en 571. **Fête le 12 août.**

ÉRASME (m) Etym. grecque *(erasmios,* gracieux, charmant). Evêque de Formiae, en Campanie, Italie, Érasme est martyrisé en 303, sous Dioclétien. Battu avec des fouets garnis de plomb, puis arrosé de résine, de cire et d'huile bouillantes, il ne meurt pas. L'ayant éventré, ses tortionnaires enroulent ses intestins sur un treuil ! C'est pourquoi, classé parmi les quatorze saints auxiliaires, saint Érasme est invoqué pour les maux d'entrailles et parfois dans les accouchements. Sous le nom de saint Elme, il est aussi invoqué par les marins et l'on appelle « feux-Saint-Elme » les aigrettes lumineuses qui apparaissent parfois en mer à l'extrémité des mâts. Les restes de saint Érasme sont transférés à Gaète, Italie, en 842, lors de la destruction de Formiae par les Sarrasins. **Fête le 2 juin.**

ÉRASTE (m) Etym. grecque *(erân, aimer)*. Disciple de Paul*, Éraste est envoyé par lui en Macédoine avec Timothée*, au 1er s. **Fête le 26 juillet.**

ERBLAIN (m) Cf. Hermeland.

ERBLON (m) Cf. Hermeland.

ERCONGOTE (f) Cf. Edelburge.

ERCONWALD (m) Etym. germanique *(ehre,* honneur, *con,* audacieux et *wald,* celui qui gouverne). A Barking, Angleterre, Erconwald fonde un monastère et en confie la direction à sa sœur Ethelbruge au 7e s. **Fête le 12 octobre.**

EREMBERT (m) Etym. germanique *(ehre,* honneur et *berht,* brillant). Evêque de Toulouse au 7e s., Erembert doit se démettre de ses fonctions et se retirer dans un monastère pour cause de mauvaise santé. **Fête le 14 mai.**

ERENTRUDE (f) Etym. germanique *(ehre,* honneur et *trud,* fidélité). Cousine et fille spirituelle de Rupert*, évêque de Juvavum, future Salzbourg, aujourd'hui en Autriche, Erentrude fonde sous sa direction un monastère de femmes dont elle est la première abbesse au début du 8e s. **Fête le 30 juin.**

ERGAD (m) Cf. Ergat.

ERGAT (m) Etym. celtique *(haer,* fort et *gast,* courage). Les reliques de saint Ergat sont conservées à l'abbaye de Plouergat. **Fête le 26 mars.**

ERHARD (m) Etym. germanique *(ehre,* honneur et *hard,* dur). Saint Erhard est évêque de Ratisbonne, en Bavière, au 7e s. **Fête le 8 janvier.**

ÉRIC (m) Etym. germanique *(ehre,* honneur et *rik,* roi). Éric succède à son père, Jedward, sur le trône de Suède en 1156. Défenseur de l'Eglise, il améliore la condition de la femme, traitée jusque-là en esclave dans son pays, et entreprend une croisade pour évangéli-ser les Finlandais restés païens. Il est attaqué en 1160 par le prince danois Magnus Henrikson qui prétend avoir des droits sur son royaume. Rejoint par son ennemi pendant la liturgie, Éric attend qu'elle soit terminée pour se porter à sa rencontre. Poignardé plusieurs fois, il expire à Ostra-Aras, aujourd'hui Uppsala, le 18 mai 1160, considéré aussitôt comme un saint et un martyr par tous ses sujets. L'anniversaire de sa mort devient fête nationale et les Suédois marchent au combat sous la bannière de saint Éric comme les Français sous celle de saint Denis. **Fête le 18 mai.**

ERIK (m) Cf. Éric.

ERIKA (f) Cf. Éric.

ERINNA (f) Cf. Irène.

ERLÉ (m) Etym. celtique *(haer,* fort). Diacre et l'un des premiers martyrs à l'origine du christianisme en Bretagne, saint Erlé est le patron de Ploaré en Finistère. **Fête le 9 août.**

ERMAGORAS (m) Etym. grecque *(Hermès,* dieu messager des Olympiens et *agora,* la place). Converti par saint Marc*, Ermagoras est fait évêque d'Aquilée, en Vénétie, sa ville natale, par saint Pierre*, au 1er s. Mort martyr au début du second. **Fête le 25 avril.**

ERMELINDE (f) Etym. germanique *(ehre,* honneur et *lind,* doux). Ayant fui le château de ses parents et les soupirants qui y défilaient tous les jours, Ermelinde doit quitter aussi sa retraite de Beauvechain (Brabant), afin d'échapper au seigneur et au curé du village qui la poursuivent avec autant d'acharnement que le faisaient ses prétendants. Son ange gardien la guide jusqu'à Meldert, près de Tirlemont, où elle peut suivre sa vocation. Fin du 6e siècle. **Fête le 29 octobre.**

ERMENFROY (m) Etym. germanique *(heri,* armée, *mein,* mon, ma, moi et *frido,* paix) : « tu veux la paix, prépare la guerre ! » Moine de Luxeuil, saint Ermenfroy est l'un des grands convertisseurs de l'ère mérovingienne au 6ᵉ s. **Fête le 23 novembre.**

ERMENGARDE (f) Etym. germanique *(heri,* armée, *mein,* ma et *gard,* demeure). Née en 1057, la bienheureuse Ermengarde est la fille du comte d'Anjou et l'épouse, en seconde noce, d'Alain IV Fergent, duc de Bretagne. Amie de saint Bernard*, elle encourage la fondation de nombreux monastères cisterciens en Bretagne. **Fête le 5 juin.**

ERMÉNILDE (f) Etym. germanique *(ehre,* honneur et *hild,* combat). Epouse de Wulphère, roi de Mercie, Angleterre, et mère de trois enfants, dont sainte Werburge*, Erménilde prend le voile à l'abbaye royale d'Ely, dans le Kent, après la mort de son mari. 7ᵉ et 8ᵉ s. **Fête le 13 février.**

ERMIN (m) Etym. germanique *(ehre,* honneur et *mein,* mon). Moine bénédictin, Ermin est le successeur de saint Ursmer*, évêque-abbé de Lobbes, près de Tournai. Mort en 737. **Fête le 25 avril.**

ERMINE (f) Cf. Hermine.

ERMINIE (f) Cf. Hermine.

ERNA (f) Cf. Ernest.

ERNAUT (m) Cf. Arnaud.

ERNEST (m) Etym. germanique *(ernst,* grave, sérieux). Abbé de l'abbaye mixte de Zwiefalten, sur le lac de Constance, Ernest donne sa démission en 1146 pour se croiser et se joindre à l'armée de l'empereur Conrad III, à l'appel de saint Bernard* qui prêche la deuxième croisade à Vézelay. « Je ne compte pas vous revoir ici-bas, dit-il à ses moines et moniales en les quittant ; j'espère que Dieu m'accordera la faveur de verser mon sang pour lui ». Espérance comblée. Ernest n'est pas dans la poignée de rescapés que ramène Conrad en 1149. Il a péri vrai-semblablement lors du désastre de Dorylée (auj. Eskisehir, en Turquie) le 26 octobre 1147. **Fête le 7 novembre.** Prénoms dérivés : Erna, Ernestine, Ernst.

ERNESTINE (f) Cf. Ernest.

ERNST (m) Cf. Ernest. Forme alsacienne du prénom.

ERWAN (m) Cf. Yves. Forme bretonne du prénom.

ERWANA (f) Cf. Yvette. Forme bretonne du prénom.

ERWANEZ (f) Cf. Yvette. Forme bretonne du prénom.

ERWIN (m) Cf. Yves. Forme bretonne du prénom.

ESMÉRALDA (f) Cf. Émeraude.

ESPÉRANCE (f) Cf. Nadège.

ESPERIT (m) Cf. Esprit. Forme provençale du prénom.

ESPRIT (m) Etym. latine *(spiritus,* souffle). Prénom rare. Qui l'a sanctifié ? On ne connaît pas *de* mais *le* saint Esprit et tous les saints sont sanctifiés par lui. Réalité inexprimable mais expérimentée par chacun d'eux. Il est la troisième personne de la Trinité, le souffle, la vie, l'effusion de Dieu, symbolisé dans l'Ecriture par la colombe, par l'eau vive et surtout par le feu, la flamme qu'on peut éteindre — l'Esprit ne s'impose pas — mais qui peut se communiquer, se multiplier, se répandre à l'infini sans jamais s'épuiser. Prénom rare, réalité de chaque instant : « C'est son haleine qui vivifie l'univers. S'il retenait son souffle, le monde s'effondrerait. C'est par ce souffle, ami, que tu parles. C'est par ce souffle que tu respires ». (Saint Théophile d'Antioche). **Fête le jour de la Pentecôte.**

ESTÉBAN (m) Cf. Etienne. Forme provençale du prénom.

ESTEL (m) Cf. Estelle.

ESTELLE (f) Etym. latine *(stella,* étoile). Convertie au christianisme par Eutrope*, évêque de Saintes, Estelle est décapitée avec lui au 1ᵉʳ s. Sainte Estelle est la patronne du félibrige, école littéraire fondée par le poète Mistral et ses amis en 1854. **Fête le 11 mai.** Prénoms dérivés : Estel, Ethélinda, Ethelle, Eustelle, Métella, Stella.

ESTÈPHE (m) Cf. Etienne.

ESTÈVE (m) Cf. Etienne.

ESTHER (f) Etym. persane : "étoile". Personnage biblique et héroïne du Livre qui porte son nom, Esther est juive (sa famille a été déportée en Perse vers 586 av. J.-C.) et vit à la cour d'Assuérus, roi de Perse. L'ayant épousé, elle obtient de lui la grâce des juifs menacés par le vizir Aman, puis le remplacement de celui-ci par son cousin Mardochée. **Fête le 1ᵉʳ juillet.**

ESTIN (m) Cf. Etienne. Forme bretonne du prénom. — Lorsqu'il revient de Rome, Estin ou Gestin trouve un coucou dans son nid. Efflam* s'est installé dans son ermitage pendant son absence. Brave homme, Estin le lui abandonne et va plus loin bâtir un autre gîte où il vit et meurt saintement sans autre mésaventure. 6ᵉ siècle. Mais trois cent cinquante ans plus tard, patron de la nouvelle paroisse, Plou-Estin (auj. Plestin, Côtes-du-Nord), établie autour de son ermitage, saint Estin doit encore céder sa place au même Efflam, vénéré aussi comme un saint et intronisé premier patron de la paroisse lors du transfert de ses reliques à Plestin en 994 ! **Fête le 19 avril.**

ESTRELLA (f) Cf. Estelle.

ETHELBERT (m) Etym. germanique *(edel,* noble et *berht,* brillant, illustre). Roi de Kent, Angleterre, Ethelbert (ou Edilbert) se convertit et reçoit le baptême le jour de la Pentecôte 597, grâce à l'influence de son épouse, Berthe, princesse franque chrétienne, et à celle de saint Augustin*, archevêque de Cantorbery. Mort en 616 au terme d'un très long règne. **Fête le 24 février.**

ETHELBRUGE (f) Etym. germanique *(edel,* noble et *burg,* forteresse). Sœur de saint Erconwald*, Ethelbruge est abbesse de l'abbaye fondée par son frère à Barking, Angleterre, au 7ᵉ s. **Fête le 12 octobre.**

ETHELDRED (f) Cf. Audrey. Forme primitive du prénom.

ETHÉLINDA (f) Cf. Estelle.

ETHELLE (f) Cf. Estelle.

ETHELRED (f) Cf. Audrey.

ETHELWOLD (m) Etym. germanique *(edel* ou *adal,* noble et *waldo,* celui qui gouverne). Evêque de Winchester en 962, saint Ethelwold est le grand restaurateur des abbayes et monastères de Grande-Bretagne après les invasions danoises. **Fête le 1ᵉʳ août.**

ETHÈRE (m) Etym. grecque *(aithêr,* fluide subtil que l'on supposait régner au-delà de l'atmosphère). Disciple de saint Nizier* et évêque, Ethère gouverne l'Eglise de Lyon durant une trentaine d'années. Il est en Angleterre pour accueillir les moines missionnaires en 601, sacre Augustin archevêque de Cantorbery l'année suivante et meurt à Lyon en 603. **Fête le 8 octobre.**

ÉTIENNE (m) Etym. grecque *(stephanos,* couronné). « Homme rempli de foi et du Saint Esprit..., qui accomplit de grands prodiges dans le peuple par la bénédiction de Dieu » selon saint Luc (Actes 6, 5-8), Étienne est l'un des sept premiers diacres choisis par les apôtres et fixés à Jérusalem au 1ᵉʳ s. Apologiste enflammé, doué de charismes extatiques et du don des miracles, il irrite les juifs zélés et les membres du Sanhédrin. Arrêté en 36 et sommé de s'expliquer, Étienne affirme que Dieu peut être rencontré non seulement dans le temple et en Israël mais n'importe où. Il ajoute que les chefs du judaïsme ont toujours rejeté les prophètes de Dieu, les ont persécutés et assassinés, couronnant leur œuvre par la crucifixion du Juste, le Fils de l'homme, mais que rien ne peut empêcher que Jésus est maintenant dans la gloire à la droite de Dieu. Aussitôt enchaîné, le diacre est traîné hors de la ville et lapidé, tandis qu'il prie pour ses bourreaux. Sa prière est particulièrement efficace pour Saul, leur complice, qui se convertit peu après et, sous le nom de Paul*, fait triompher le message universaliste de « salut et de libération » pour lequel est mort Étienne. **Fête le 26 décembre.** — Baptisé en 985 par Adalbert* de Prague en même temps que son père, le prince magyar Géza, Étienne est couronné roi de Hongrie en 997. Pendant quarante ans de règne, il crée huit évêchés, construit de nombreuses églises, des monastères, accueillent d'innombrables moines et missionnaires venus de Cluny, de Bohême ou de Bavière pour l'aider à christianiser le pays. Sa plus lourde épreuve est la disparition prématurée de son fils, Émeric*, qu'il avait préparé à lui succéder. Mort à Buda le 15 août 1038, peu de temps après avoir consacré son royaume à la Vierge Marie, Étienne laisse le souvenir d'un grand roi et d'un homme d'une charité sans limites. Il est canonisé avec son fils par Grégoire VII en 1083. **Fête le 16 août.** — Né à Thiers, en Auvergne, vers 1048, Étienne est diacre comme son saint patron. Ermite à Muret, près d'Ambazac, en Limousin, il répète souvent aux disciples qui le rejoignent, épris de son idéal de vie parfaite : « Nous sommes de la Règle chrétienne primitive, l'Evangile, source et principe de toutes les règles ». Après sa mort, en 1124, ses moines transfèrent son corps à Grandmont, localité voisine, où est érigée l'abbaye-mère de l'ordre grandmontain. **Fête le 8 février.** — Moine bénédictin à Sher-

borne, dans le Dorsetshire, Angleterre, Étienne Harding quitte son monastère pour revenir dans le monde. C'est au retour d'un voyage à Rome qu'il rencontre Robert*, abbé de Molesme, en Bourgogne. De l'amitié des deux futurs saints, et de leur soif commune de rigueur et d'absolu, naît Cîteaux, non loin de Molesme, en 1098, et l'ordre cistercien quelques années plus tard. Abbé en 1108, Étienne meurt à Cîteaux en 1134. « C'était un bel homme, écrit l'un de ses moines, toujours abordable, de bonne humeur, et que tous aimaient ». **Fête le 17 avril.** — Franc-comtois, Étienne Cuénot est évêque missionnaire clandestin à Binh-Dinh, en Annam, pendant vingt-six ans, au 19e s. Arrêté et jeté en prison, il meurt d'épuisement en 1861. A peine a-t-il expiré qu'arrive à la prison l'ordre de l'exécuter et il s'en faut de peu que le cadavre d'Étienne ne soit décapité ! Pie X l'a béatifié en 1909. **Fête le 14 novembre.** Prénoms dérivés : Estéban, Estèphe, Estève, Estin, Étiennette, Stéphane, Stéphanie, Stéphen, Stève, etc.

ÉTIENNETTE (f) Cf. Étienne.

ÉTOILE (f) Cf. Estelle.

ETTA (f) Cf. Henriette.

EUBERT (m) Etym. germanique *(edel,* noble ou *ed,* richesse et *berht,* brillant, illustre). Missionnaire envoyé de Rome par le pape, saint Eubert est évêque de Lille dans les premiers siècles du christianisme. **Fête le 27 août.**

EUCHER (m) Etym. grecque *(eu,* bien, bon et *kêros,* cire). Célèbre pour ses écrits (commentaires scripturaires, vie de saint Maurice, lettres sur la vie érémitique) et père de saint Véran*, saint Eucher est l'un des plus illustres évêques de Lyon. Mort vers 450. **Fête le 16 novembre.** — Né à Orléans vers 695, Eucher est moine et heureux à Jumièges, Normandie, quand Charles Martel le nomme évêque de sa ville natale ; si heureux qu'il fait la sourde oreille et, rappelé à l'ordre, pleure beaucoup en quittant Jumièges. Lorsqu'il proteste contre le pillage de l'Eglise par le vainqueur de Poitiers en 732, il est exilé à Cologne où le riche clergé le reçoit en héros parce qu'il a osé défendre les biens ecclésiastiques contre le terrible maire du palais. Il lui faut, malgré lui, loger dans un palais et officier solennellement dans le chœur de la cathédrale les jours de fête. Vexé de le savoir traité en seigneur, Charles Martel le fait séquestrer par le duc Robert, gouverneur de Liège. Devenu l'ami d'Eucher, le duc persuade Charles qu'il n'y aurait pas de plus sûre séquestration pour son ennemi que l'abbaye de Sarchinium (auj. Saint-Trond, dans le Limbourg belge). Eucher y coule des jours paisibles, aussi heureux qu'à Jumièges, et y meurt le 20 février 738. **Fête le 20 février.**

EUDELIN (m) Cf. Eudes.

EUDELINE (f) Cf. Eudes.

EUDES (m) Etym. germanique *(edel,* noble ou *ed,* richesse). Saint Eudes est le premier abbé de Monastier, en Auvergne, au 8e s. **Fête le 19 novembre.** Voir Jean-Eudes. Prénoms dérivés : Eudelin, Eudiane, Eudine, Eudora.

EUDIANE (f) Cf. Eudes.

EUDINE (f) Cf. Eudes.

EUDORA (f) Cf. Eudes. Dans la mythologie Eudora est l'une des cinq déesses, filles d'Océan et de Téthys, qui provoquaient les averses et les ondées sur la terre. Cf. Nymphe.

EUDOXIE (f) Etym. grecque *(eu,* bien, bon et *doxa,* opinion, doctrine). Riche courtisane vivant à Héliopolis (auj. Baalbek, Liban) au 2e s., Eudoxie est convertie au christianisme par un moine de passage, puis instruite, baptisée et dirigée par le vieil évêque Théo-dote. Dénoncée comme chrétienne par un ancien client furieux de son retournement, elle est jetée en prison et décapitée peu de temps après. Sainte Eudoxie est en grande vénération dans les Eglises orientales. **Fête le 1er mars.**

EUGEND (m) Etym. grecque *(eugenios,* bien né, de noble race). Saint Eugend est l'un des premiers abbés de l'abbaye de Condat (auj. Saint-Claude, en Franche-Comté) fondée par Romain et Lupicin au 5e s. **Fête le 1er janvier.**

EUGÈNE (m) Etym. grecque *(eugenios,* bien né, de noble race). Elu évêque de Carthage, Tunisie, en 477, Eugène doit subir la dernière phase, et la plus sanglante, de la persécution vandale, à partir de 484. Mort en exil à Albi en 505. **Fête le 13 juillet.** — Romain, Eugène 1er est le 75e pape de 654 à 657. **Fête le 2 juin.** — Moine cistercien disciple de saint Bernard*, Eugène III est le 165e pape de 1145 à 1153. **Fête le 8 juillet.** — Né et ordonné à Aix-en-Provence, Eugène de Mazenod fonde les « Missionnaires de Provence » en 1816 pour évangéliser les pauvres et réparer les dégâts causés dans les esprits par la Révolution. Les "Missionnaires" deviennent les Oblats de Marie Immaculée en 1826 et le père Mazenod évêque de Marseille en 1837. Mort en 1861, il est béatifié par Paul VI le 19 octobre 1975. **Fête le 21 mai.**

EUGÉNIE (f) Etym. cf. Eugène. Martyrisée pendant les persécutions de l'empereur Gallien, au milieu du 3e s., sainte Eugénie est ensevelie sur la voie Latine à Rome. **Fête le 25 décembre.** — Née à Lille le 25 mars 1825, Eugénie Smet passe le plus clair de son temps à faire le catéchisme aux enfants. Encouragée par le saint curé d'Ars, elle fonde les Auxiliatrices du Purgatoire en 1856. On dit d'elle : « Elle est faite pour tout comprendre et consoler de tout ». Morte à Paris en 1871, elle est béatifiée par Pie XII le 26 mai 1957. **Fête le 7 février.**

EULALIE (f) Etym. grecque *(eulalia,* la belle parole). Encore enfant, Eulalie ne supporte pas qu'on martyrise les chrétiens. Elle se rend à Merida, Espagne, et le dit franchement au juge Calpurnius qui siège au tribunal. Sa franchise n'est pas du tout appréciée. Eulalie est arrêtée, condamnée et martyrisée vers 300. Son culte se répand rapidement en Espagne, en Gaule et dans toute la chrétienté. L'enfant martyre inspire les poètes Prudence et Fortunat. Saint Grégoire* de Tours raconte son histoire et saint Augustin* lui consacre une homélie. On la trouve aussi à Ravenne, sur les superbes mosaïques, et la *Cantilène de sainte Eulalie,* composée au 9e s. à l'abbaye Saint-Amand, près de Valenciennes, est le plus ancien poème que nous possédions en langue d'oïl :

Buona pulcella fut Eulalia ;
Bel avret corps, bellezour anima.
Voldrent la veintre li Deo inimi,
Voldrent la faire diable servir...

« Bonne pucelle fut Eulalie. Elle avait un beau corps mais une âme encore plus belle. Voulurent la vaincre, les ennemis de Dieu ; voulurent lui faire diable servir... » (la suite du poème montre qu'ils n'y sont point parvenus). **Fête le 10 décembre.** — Sainte Eulalie de Barcelone, martyrisée à la même époque, est sans doute aussi la même sainte. **Fête le 12 février.**

EULOGE (m) Etym. grecque : « celui qui parle bien ». Diacre, Euloge est martyrisé à Tarragone, Espagne, en 259, avec saint Fructueux*, évêque, et saint Augure*, autre diacre. « Dès que leurs liens ont brûlé, écrit un témoin, les trois hommes s'agenouillent et prient, pleins d'allégresse, au milieu du brasier ». **Fête le 21 janvier.** — Disciple du célèbre abbé Espérendieu, Euloge est prêtre et écrivain à Cordoue, Espagne, au 9e s. Ses livres nous renseignent sur la vie et la mort des chrétiens martyrisés sous le règne des califes Abd-al Rahman II et Mohammed 1er. Euloge est lui-même condamné et martyrisé en 859. **Fête le 11 mars.**

EUMAËL (m) Etym. celtique *(mael,* prince, chef). Frère d'Ingenoc* et de Doetval*, princes de Bretagne, saint Eumaël partage comme eux deux la vie exemplaire et les activités apostoliques de saint Josse* au 7e s. **Fête le 20 janvier.**

EUPHÉMIE (f) Etym. grecque *(eu,* bien, bon et *phainen,* briller). Jeune vierge chrétienne, Euphémie est martyrisée à Amide, Asie Mineure, avec ses compagnes Alexandra*, Claudia*, Euphrasie*, Julienne* et Théodosie*, lors des persécutions de Maximim II Daïa, au début du 4e s. Ensevelie à Chalcédoine, sainte Euphémie devient un symbole de l'orthodoxie lors du 4e concile œcuménique qui se tient près de son tombeau en 451. Localité savoyarde, Sainte-Offenge garde son nom et sa mémoire. **Fête le 20 mars.**

EUPHRASIE (f) Etym. grecque *(eu,* bien, bon et *phrenos,* esprit). Compagne d'Alexandra*, Claudia*, Euphémie*, Julienne* et Théodosie*, Euphrasie est martyrisée à Amide, Asie Mineure, pendant les persécutions de Maximin Daïa au début du 4e s. **Fête le 20 mars.** — A la même époque (début 4e s.), Euphrasie est noyée à Ancyre, auj. Ankara, Turquie, avec cinq de ses compagnons chrétiens, parce qu'elle refuse de sacrifier aux déesses païennes Diane et Minerve. Voir Théodote. **Fête le 18 mai.**
— Au 19e s. Euphrasie Pelletier parvient à adapter aux nouveaux besoins l'œuvre du Bon-Pasteur fondée par saint Jean-Eudes* deux siècles plus tôt. A sa mort, en 1868, l'institut a essaimé d'Europe au Canada, aux U.S.A., en

Birmanie et en Australie. Cf Rose-Virginie. **Fête le 24 avril.**

EUPHRONE (m) Etym. grecque *(eu, bien, bon* et *phrenos,* esprit). Nommé évêque de Tours en 556, saint Euphrone est très actif pendant les dix-sept années de son pontificat. Il apporte solennellement une relique de la vraie Croix à sainte Radegonde* à Poitiers, fait restaurer la basilique Saint-Martin qui a souffert d'un incendie, fonde de nouvelles paroisses et construit plusieurs églises. Mort à Tours en 573. **Fête le 4 août.**

EUPHROSINE (f) Etym. cf. Euphrone. A Alexandrie, Egypte, au 5ᵉ s., Euphrosine refuse le mari que lui propose son père et, pour lui échapper, parvient à se faire admettre chez les moines de l'abbaye voisine, déguisée en homme ! Elle réussit même à y demeurer trente-huit ans sans que son subterfuge soit découvert. C'est du moins ce que prétend le biographe de la sainte après la mort d'Euphrosine vers 470. **Fête le 1ᵉʳ janvier.** — Dans la mythologie, Euphrosine est l'une des trois Charites, ou Grâces, divinités de la Beauté qui appartenaient à la suite d'Apollon.

EUPORUS (m) Etym. grecque *(eu, bien, bon* et *poros,* passage). Saint Euporus est l'un des neuf compagnons d'Agathopos (voir ce prénom) martyrisés à Gortyne, Crète, sous le règne de Dèce, au milieu du 3ᵉ s. **Fête le 23 décembre.**

EURIEL (m) Cf. Urielle.

EURIELLE (f) Cf. Urielle.

EUROSIE (f) Etym. grecque *(eu,* bien, bon et *rhodos,* rose). Massacrée par les Sarrasins au 8ᵉ s. pour avoir refusé d'épouser un émir, sainte Eurosie est invoquée contre le mauvais temps. **Fête le 25 janvier.**

EURYDICE (f) Etym. grecque *(Euru-dikê,* épouse d'Orphée qui descend aux enfers pour tenter de la délivrer de la Mort). On peut fêter les Eurydice le jour de la sainte Nymphe. **Fête le 10 novembre.**

EUSÈBE (m) Etym. grecque *(eusebé,* pieux). Grec, saint Eusèbe est le 31ᵉ pape, du 18 avril au 17 août 310. Déporté et mort en Sicile, ses restes sont ramenés au cimetière Saint-Calliste, à Rome. **Fête le 17 août.** — Simple lecteur dans l'Eglise de Rome, Eusèbe est nommé evêque de Verceil, Piémont, par le pape Jules 1ᵉʳ, en 340. Il vit en communauté avec ses prêtres et proches collaborateurs laïcs, soucieux d'édifier les fidèles et de ne pas se comporter en seigneur. Il combat énergiquement l'arianisme et, partisan enthousiaste de saint Athanase*, souscrit au symbole de Nicée. Exilé en Palestine, puis en Cappadoce (Asie Mineure) et en Thébaïde (Egypte) par l'empereur arien Constance, il est rappelé par Julien en 361 et sacre le premier évêque d'Embrun, près de Gap, Dauphiné, en 362. Mort à Verceil le 1ᵉʳ août 370. **Fête le 2 août.** — Au 5ᵉ s. saint Eusèbe de Crémone est le fidèle disciple de saint Jérôme à Bethléem, Palestine, un disciple au zèle excessif et qui ne recule devant aucun des moyens susceptibles de servir la cause de celui qu'il admire par-dessus tout. Jérôme lui dédie son dernier livre, un commentaire de Jérémie, et Eusèbe est sans doute l'auteur d'un écrit relatant la mort de son maître. **Fête le 5 mars.**

EUSÉBIE (f) Etym. cf. Eusèbe. Agée de neuf ans, Eusébie ou Ysoie entre à l'abbaye de Hamage que dirige sa grand-mère, sainte Gertrude*. Elle lui succède comme abbesse en 640, passe plusieurs années avec sa mère, sainte Rictrude*, abbesse de Marchiennes, près de Douai, revient à Hamage et y meurt en 680. Transférés à Marchiennes, puis à l'archevêché de Paris en 1793, ses restes ont disparu lors du sac de 1830. **Fête le 16 mars**. Prénoms dérivés : Ysoie, Ysoline.

EUSICE (m) Etym. grecque. Originaire de Selles-sur-Cher, moine à Patriciacum, près de Romorantin, Orléanais et mort en 542, saint Eusice est le patron des boulangers avec saint Honoré* et saint Aubert* de Cambrai. **Fête le 27 novembre.**

EUSTACHE (m) Etym. grecque (*eustachios*, bon épi). Selon la légende, Placidius est général dans l'armée de Trajan, au début du 2ᵉ s. Témoin d'un prodige, un jour qu'il participe à une chasse au cerf, il se convertit au christianisme, baptisé sous le nom d'Eustache. Il connaît par la suite bien des aventures, victime de terribles épreuves ou favorisé de nouveaux miracles, jusqu'au jour de l'an 117 où il est invité à sacrifier aux idoles au cours d'un festin offert en son honneur pour célébrer sa victoire sur les Parthes. Sommé d'expliquer les raisons de son refus, Eustache témoigne de sa foi au Christ. Il est martyrisé dans les jours suivants avec sa femme et ses deux fils, dont saint Agapet*, enfermés tous les quatre dans un taureau d'airain chauffé à blanc. Nullement incommodés, assure l'auteur de la passion de saint Eustache, ils conversent joyeusement, prient ensemble et chantent des cantiques d'actions de grâce ! **Fête le 20 septembre.** — Né en 1735, le bienheureux Eustache est massacré à Paris sous la Terreur avec cent quatre-vingt-dix autres prêtres, religieux et laïcs entre le 2 et le 5 septembre 1792. **Fête le 2 septembre.**

EUSTASE (m) Etym. grecque : "parfaitement stable". Né en Bourgogne vers 560, Eustase est moine et disciple de saint Colomban* qu'il suit dans son exil à Metz et à Bregentz en 610 et 611. Après la mort du maître en 615, Eustase évangélise les Warasques sur les rives du Doubs, puis les Boïens en Bavière. Rentré à Luxeuil, alors en Bourgogne, il dépense ses dernières forces à lutter contre le schisme d'Agrestius condamné par les pères du concile de Mâcon en 628 et meurt, abbé, en 629. **Fête le 29 mars.**

EUSTATE (m) Etym. cf. Eustase ou Eustache. Monophysites, et donc hérétiques, le prêtre Eustate (ou Eutychès) et ses compagnons n'en sont pas moins appelés à témoigner de leur foi au Christ jusqu'à l'effusion de leur sang. Au nombre de plusieurs dizaines, peut-être plusieurs centaines, ils sont emmenés captifs par un émir décidé à leur faire embrasser l'islam. Encouragés par Eustase, tous refusent et subissent le martyre à Carrhes, Mésopotamie, en 741. **Fête le 14 mars.**

EUSTELLE (f) Cf. Estelle.

EUSTOCHIUM (f) Etym. cf. Eustache. Fille et émule de sainte Paule*, Eustochium vit à Bethléem, en Terre sainte où sa mère a fondé un monastère, et y meurt vers 419. **Fête le 28 septembre.**

EUTHYME (m) Etym. grecque (*eu*, bon, bien et *thema*, sujet posé). Né en 377 et consacré à Dieu à l'âge de trois ans, Euthime franchit tous les degrés de la cléricature jusqu'à la prêtrise et vit près de soixante-dix années dans la laure de Sahel, près de Jérusalem. Mort presque centenaire, saint Euthime le Grand est l'un des plus célèbres moines de Palestine aux 4ᵉ et 5ᵉ siècles. **Fête le 20 janvier.** — Cénobite au mont Olympe, en Bithynie, puis ermite dans une grotte, stylite et supérieur de couvent, saint Euthime le Jeune expérimente presque toutes les formes de monachisme. Il meurt dans son ermitage du mont Athos, Grèce, en 898. **Fête le 15 octobre.**

EUTROPE (m) Etym. grecque (*eu* et *tropos*, celui qui a pris la bonne direction). Fils du roi de Perse au 1ᵉʳ s., c'est à l'occasion d'un séjour à la cour d'Hérode qu'Eutrope entend parler de

Jésus de Nazareth. Il devient l'un de ses soixante-dix disciples et, après la Pentecôte, le premier apôtre des Santons. Mediolanum (future ville de Saintes) le reçoit d'abord à coups de bâtons. Découragé, Eutrope fuit jusqu'à Rome d'où le pape Clément le renvoie, l'ayant sacré évêque. Impressionnés par sa charité et l'austérité de sa vie, les Santons lui prêtent une oreille plus attentive. Les conversions se multiplient. Estelle*, la propre fille du légat, demande le baptême, renonce au monde et construit son ermitage près de celui de l'évêque. Furieux, le père ordonne le massacre d'Eutrope. Mission accomplie à la hache par les bouchers de la ville. Estelle conduit la cérémonie d'inhumation du saint et, réconfortée dans sa foi, subit à son tour le martyre. Saint Eutrope est le patron de Saintes et de la Saintonge. Retrouvés le 19 mai 1843, ses restes sont vénérés dans la crypte de l'église qui lui est dédiée à Saintes, sauf un bras conservé à Béziers. **Fête le 30 avril.**

EUTROPIE (f) Etym. cf. Eutrope. Sainte Eutropie est la sœur de saint Nicaise*, évêque de Reims, et tous les deux sont massacrés par les Vandales sur le parvis de la cathédrale en 407. **Fête le 14 décembre.**

EUTYCHÈS (m) Cf. Eustate.

EUTYCHIEN (m) Etym. cf. Eustache. Toscan, saint Eutychien est le 27e pape, de 275 à 283. **Fête le 7 décembre.**

EUVERT (m) Etym. anglo-saxonne (*ever*, toujours, immortel). Saint Euvert, ou Evert, est l'un des premiers évêques d'Orléans à l'origine du christianisme dans la région. **Fête le 14 avril.**

EUXANE (m-f) Etym. grecque (*euxenos*, hospitalier). Nommé évêque de Milan en 557, saint Euxane meurt deux ans plus tard, ne laissant rien de lui que

l'exemple d'une extrême charité. **Fête le 3 septembre.**

ÉVA (f) Cf. Ève.

ÉVADNÉ (f) Cf. Ève. — Dans la mythologie, Évadné est la fille de Pitané, nymphe de Laconie, et de Poséidon, dieu de la mer. Elle s'éprend d'Apollon et lui donne un fils, Iamos, qui deviendra l'ancêtre de la grande famille des devins d'Olympie, les Iamides.

ÉVAGRE (m) Etym. latine (*evagor*, s'étendre, se propager). Né dans le Pont, Asie Mineure, en 346, et célèbre prédicateur à Constantinople, Evagre fuit le monde en 386. Ermite aux déserts de Nitrie puis des Cellules, en Egypte, il est l'auteur de nombreux ouvrages traitant de la vie monastique et mystique, très marqués par les spéculations origénistes. Mort en Egypte en 399. **Fête le 1er avril.**

ÉVAN (m) Cf. Jean l'Evangéliste. Forme du prénom dérivée de la fonction.

ÉVANDRE (m) Cf. Évariste.

ÉVANGÉLINE (f) Cf. Jean l'Évangéliste.

ÉVARISTE (m) Etym. cf. Évagre. Originaire d'Antioche, saint Évariste est le 5e pape, successeur de saint Clément*, de 95 à 107. Mort martyr sous Trajan. On lui attribue le partage du diocèse de Rome en paroisses. **Fête le 26 octobre.** Prénom dérivé : Évandre.

ÈVE (f) Etym. hébraïque (*hawwâh*, vivante). Selon la Bible, Ève est la première femme, l'épouse d'Adam et la mère de Caïn, Abel* et Seth. Cf. Adam. — Vierge et martyre, sainte Ève est vénérée à Dreux, en Ile-de-France, dès les premiers siècles du christianisme. Une chapelle est érigée en 1693 près de la croix qui marque le lieu de son supplice, mais la croix et la chapelle sont abattues par les républicains en 1796. L'église Saint-Pierre garde les reliques de la patronne de Dreux. **Fête le 6 septembre.** — Recluse à proximité de la collégiale Saint-Martin à Liège, au 13e s., la bienheureuse Ève est l'amie de nombreux théologiens, dont Jacques de Troyes qui, pape en 1261, lui envoie un exemplaire de la bulle *Transiturus* instituant la Fête-Dieu. **Fête le 14 mars.** Prénoms dérivés : Éva, Évadné, Évelyne, Évette, Évelaine, Euveline, Évita, Naéva, etc.

ÉVELYNE (f) Cf. Ève.

EVEN (m) Cf. Yves. Forme bretonne du prénom. — Abbé du monastère Saint-Mélaine à Rennes au 11e s., Even est sacré archevêque de Dol, Bretagne, vers 1075, par le pape Grégoire VII. **Fête le 17 avril.**

ÉVERGILE (m) Etym. germanique (*ehre*, honneur et *ghil*, otage). Evêque de Cologne au 6e s., Évergile est appelé en Gaule pour arbitrer un conflit à l'abbaye Sainte-Croix, près de Poitiers, en 590, avec Grégoire* de Tours et plusieurs autres évêques. Mort vers 594. **Fête le 24 octobre.**

EVERILDE (f) Etym. germanique (*ehre*, honneur et *hilde*, combat) Encouragée par saint Wilfrid*, bénédictin et archevêque d'York, Grande-Bretagne, au 7e s., sainte Everilde renonce aux avantages de son illustre famille pour fonder un monastère près de la capitale de Northumbrie. **Fête le 9 juillet.**

ÉVETTE (f) Cf. Ève.

ÉVODE (m) Etym. grecque (*eu*, bien bon et *ôdê*, chant). Saint Évode est le second évêque d'Antioche (auj. Antakya, Turquie), après le départ de saint Pierre* pour Rome et avant saint Ignace*. 1er siècle. **Fête le 6 mai.**

ÉVRARD (m) Cf. Eberhard.

ÉVROULT (m) Etym. germanique (*ehre*, honneur et *wulf*, loup). Abbé au pays d'Ouch, en Normandie, Évroult meurt vers 596 au terme d'une très longue vie de prières et d'aumônes. Ses reliques sont conservées à Saint-Christophe-le-Jajolet (Orne). **Fête le 29 décembre.**

ÉWALD (m) Etym. germanique (*waldo*, celui gouverne). Bède* le Vénérable, leur compatriote et contemporain, raconte l'histoire des deux frères distingués grâce à la couleur de leur chevelure : Éwald-le-Brun et Éwald-le-Blond. Nés en Northumbrie, Angleterre, ils s'aiment trop pour pouvoir se séparer. Ils se font moines ensemble, suivent saint Willibrord ensemble jusqu'en Frise et le quittent ensemble pour aller évangéliser les Saxons. Sur le point de convertir un satrape, ils sont capturés, massacrés et jetés dans une rivière le 3 octobre 695 par les gens de sa tribu qui craignent la vengeance de leurs dieux au cas où leur chef embrasserait la foi au Christ. Un chrétien les ensevelit dignement en cachette et, plus tard, Pépin d'Héristal fait transférer leurs restes à Saint-Cunibert de Cologne où ils sont vénérés depuis. Saint Éwald-le-Brun et saint Éwald-le-Blond sont les patrons de la province de Westphalie, Allemagne, et plus spécialement d'Anlerbek, près de Dortmund, où les deux missionnaires ont été martyrisés. **Fête le 3 octobre.**

EWEN Cf. Yves et Even. Forme bretonne des prénoms.

EXPÉDIT (m) Etym. latine : « celui qui se hâte d'exécuter ». Martyrisé à Mélitène, en Arménie (Asie Mineure), dans les premiers siècles du christianisme, saint Expédit est très populaire dans toute la chrétienté, surtout en Occident, considéré comme le patron des causes urgentes, du fait de l'étymologie de son nom. **Fête le 19 avril.**

EXUPÉRANCE (m-f) Cf. Exupère ou Exupérantia.

EXUPÉRANTIA (f) Etym. cf. Exupère. Provenant des catacombes de Rome, le corps de sainte Exupérantia, vierge martyrisée dans les premiers siècles du christianisme, est honoré dans la chapelle Sainte-Anne, à Verdelais, en Gironde. **Fête le 23 août.**

EXUPÈRE (m) Etym. latine (*exuperare*, surpasser). Au service du citoyen romain Catallus, à Antalia, Asie Mineure, au 2e s., Exupère est brûlé vif avec sa femme et ses deux fils dans le four de la maison du maître le jour où celui-ci découvre qu'ils sont chrétiens. **Fête le 2 mai.** — Au 3e s., saint Exupère est l'un des compagnons de saint Maurice, martyrisés à Agaune, dans le Valais. Cf. Maurice. **Fête le 22 septembre.** — Evêque de Toulouse au 5e s., Exupère achève l'abbaye dédiée à saint Sernin* et y fait transférer les reliques du saint patron de la ville. Mort vers 412. **Fête le 28 septembre.** Prénom dérivés : Exupérance, Exupérien, Exupéry.

EXUPÉRIEN (m) Cf. Exupère.

EXUPÉRY (m) Cf. Exupère.

EYMARD (m) Cf. Pierre-Julien.

EYSTEIN (m) Etym. celtique (*stein*, pierre). Archevêque de Nisaros, en Norvège, Eystein consacre la majeure partie de sa vie apostolique à combattre les abus du pouvoir hostile au développement du christianisme dans le pays aux 11e et 12e siècles. **Fête le 26 janvier.**

EZÉCHIEL (m) Etym. hébraïque. Personnage biblique, Ezéchiel est le 3e des quatre grands prophètes au 6e s. av. J.-C. A ses compatriotes captifs à Babylone il annonce la ruine de Jérusalem et la restauration future d'Israël. **Fête le 10 avril.**

EZÉQUIEL (m) Etym. cf. Ezéchiel, Prêtre et religieux espagnol de l'ordre des Augustins Récollets, Ezéquiel Moreno Diaz est missionnaire aux Philippines puis en Colombie. Evêque de Pasto, en Colombie du sud, et mort en 1906, il est béatifié par Paul VI le 1er novembre 1975. **Fête le 1er novembre.**

F

FABIA (f) Cf. Fabien ou Fabiola.

FABIAN (m) Cf. Fabien. Forme occitane du prénom.

FABIEN (m) Etym. latine (*faber*, artisan). Romain, saint Fabien est le 20e pape, de 236 à 250. Il est victime de la persécution de Dèce, ainsi que l'attestent une lettre de saint Cyprien* et l'épitaphe retrouvée en 1854 dans la catacombe Saint-Calliste, à Rome. **Fête le 20 janvier.**

FABIENNE (f) Cf. Fabien.

FABIOLA (f) Etym. cf. Fabien. Issue d'une famille appartenant à l'aristocratie romaine, Fabiola divorce de son premier mari, trop libertin, et fait pénitence après la mort du second, puis construit un hôpital, réservé aux indigents, à Rome ; c'est le premier hôpital fondé en Occident. En 394 et 395 elle étudie l'Ecriture Sainte en Palestine, sous la direction de saint Jérôme*. Rentrée à Rome, elle ouvre une maison d'accueil sur le port d'Ostie pour tous les étrangers et voyageurs pauvres. Morte en 399. **Fête le 27 décembre.**

FABRICE (m) Etym. latine (*faber*, artisan). Saint Fabrice est inscrit au martyrologe romain en 1584 comme "martyr espagnol", sans autre précision. Plusieurs sources indiquent qu'il a versé son sang à Tolède dès les premières persécutions. Le prénom doit une bonne part de son succès au Fabrice del Dongo du roman de Stendhal, *La Chartreuse de Parme* (1839). **Fête le 22 août.** Prénom dérivé : Fabricien.

FABRICIEN (m) Cf. Fabrice.

FACOND (m) Etym. latine (*facundia*, éloquence). Pendant des siècles, les pèlerins de Saint-Jacques-de-Compostelle font halte à Sahagun, Espagne, pour s'agenouiller sur la tombe de saint Facond. **Fête le 1er novembre.**

FADILLA (f) Cf. Françoise. Prénom en vogue à l'époque romaine.

FALIBERT (m) Cf. Philibert. Forme provençale du prénom.

FANCH (m) Cf. François. Forme bretonne du prénom.

FANCHETTE (f) Cf. Françoise.

FANCHON (f) Cf. Françoise.

FANETTE (f) Cf. Stépahnie.

FANNY (f) Cf. Stéphanie.

FANTIN (m) Etym. latine (*infans*,

enfant). Abbé d'un monastère grec en Calabre, Italie, Fantin voyage beaucoup et meurt à Thessalonique, en Macédoine, au 10ᵉ s. **Fête le 30 août.**

FANTINE (f) Cf. Fantin.

FARA (f) Cf. Burgondofare

FARAH (f) Cf. Burgondofare.

FARE (f) Cf. Burgondofare.

FARGEAU (m) Cf. Ferjeux.

FARON (m) Etym. latine (*far*, froment). Evêque de Meaux, en Brie, au 7ᵉ s., saint Faron encourage la fondation de plusieurs monastères colombaniens sur son diocèse. Accueillant le moine irlandais Fiacre*, il lui cède une clairière en forêt de Brie pour qu'il y construise son ermitage. Mort vers 670. **Fête le 28 octobre.**

FATA (f) Cf. Fatima ou Fausta.

FATIMA (f) Prénom d'origine arabe : née à La Mecque vers 606, Fâtima est la fille de Mahomet* et l'épouse d'Ali*. Le prénom évoque aussi un village du Portugal où la Mère de Dieu apparaît plusieurs fois à trois jeunes bergers en 1917. **Fête le 13 octobre.**

FAUST (m) Etym. latine (*faustus*, heureux). Abbé de Lérins, Provence, en 433, saint Faust succède à saint Maxime* sur le siège épiscopal de Riez vers 460. Exilé par le roi wisigoth Euric qui s'est emparé de la Provence, l'évêque revient à Riez, près de Digne, et y meurt vers 485. **Fête le 28 septembre.**

FAUSTA (f) Etym. cf. Faust. Chrétienne martyrisée au 4ᵉ s., sainte Fausta est particulièrement honorée en Gascogne. **Fête le 4 janvier.**

FAUSTE (m) Cf. Faust.

FAUSTIN (m) Etym. cf. Faust. Chrétien, Faustin est arrêté et martyrisé à Brescia, Italie, avec son frère Jovite*, pendant les persécutions d'Hadrien, entre 117 et 138. Au 6ᵉ s., saint Grégoire* le Grand écrit qu'une église leur est dédiée à Brescia, dans laquelle on vénère leurs reliques. **Fête le 15 février.** — En 304, pendant la persécution de Dioclétien, Faustin est arrêté et jeté dans le Tibre, à Rome, avec son frère Simplice*. Leurs corps sont retrouvés et inhumés sur la via de Porto par leur sœur Viatrix ou Béatrix*. **Fête le 29 juillet.**

FAUSTINE (f) Cf. Faustin.

FAUVETTE (f) Etym. latine (*falvus*, fauve). Prénom inspiré du petit passereau à plumage fauve qui égaie les buissons de son chant mélodieux. On peut fêter les Fauvette le jour de la Saint-François, avec celui qui parlait aux oiseaux et louait Dieu avec eux. **Fête le 4 octobre.**

FÉ (f) Cf. Foy.

FÉDOR (m) Cf. Frédéric.

FÉLIBERT (m) Cf. Philibert. Forme provençale du prénom.

FÉLICE (m) Etym. latine (*felix*, heureux). Chez les capucins de Rome, Félice de Cantalice est le frère quêteur. Sa simplicité et sa candeur font la joie de saint Philippe Néri qui lui envoie, un jour, le cardinal-archevêque de Milan, Charles Borromée, pour lui soumettre les constitutions de l'ordre que celui-ci vient de fonder. Mort en 1587. **Fête le 18 mai.**

FÉLICIE (f) Cf. Félicité.

FÉLICIEN (m) Etym. cf. Félice. Saint Félicen est martyrisé à Mentana, Sabine (Italie), à la fin du 3ᵉ s., avec son frère ou son ami Prime*. Leur tombeau, sur la via Nomentane, est un pèlerinage fréquenté à la fin du 4ᵉ s. Pour soustraire leurs reliques aux déprédations des Lombards, le pape Théodore 1ᵉʳ les fait transférer à Rome, dans la basilique Saint-Etienne, sur le mont Célius, au 7ᵉ s. **Fête le 9 juin.**

FÉLICIENNE (f) Cf. Félicien.

FÉLICISSIME (m) Etym. latine : "très heureux". Lorsqu'éclate la persécution de Dèce, en 250, Félicissime est l'un des premiers chrétiens incarcérés à Carthage, Afrique du Nord, avec Rogatien*, prêtre, et leur principale occupation est de soutenir le courage des chrétiens et des catéchumènes qui partagent leur geôle. **Fête le 26 octobre.** — Diacre, Félicissime est inculpé et martyrisé en août 258 avec le pape Sixte II* et cinq autres diacres. Inhumé au cimetière de Prétextat, à Rome, un sanctuaire érigé sur son tombeau est retrouvé en 1866. **Fête le 5 août.**

FÉLICITÉ (f) Etym. latine (*felicitas*, chance). Jeune esclave chrétienne et enceinte, Félicité met son bébé au monde au fond d'une geôle quelques jours seulement avant les Jeux au cours desquels elle verse son sang pour le Christ. Elle est livrée aux fauves puis égorgée avec Perpétue* et leurs quatre compagnons dans l'arène de Carthage, Afrique du Nord, le 7 mars 203, au terme d'une pénible captivité. **Fête le 7 mars.**

FELIZ (m) Cf. Félix. Forme bretonne du prénom.

FÉLIX (m) Etym. latine (*felix*, heureux). Prêtre martyrisé à Nole, Campanie (Italie), Félix survit aux tortures qu'on lui a infligées, décline le titre d'évêque qu'on lui propose et choisit de vivre en ermite, ayant abandonné tous ses biens aux pauvres, Mort en 260. **Fête le 14 janvier.** — Romain, Félix 1ᵉʳ est le 26ᵉ pape, de 269 à 274. **Fête le 30 mai.** — Romain aussi, Félix III est le 48ᵉ pape au 5ᵉ s. Il excommunie Acace, patriarche de Constantinople, qui a inspiré l'édit d'union ou *hénotique* à Zénon l'Isaurien, provoquant le schisme antichalcédonien. Mort en 492. **Fête le 1ᵉʳ mars.** — Béné-

ventin, Félix IV est le 54ᵉ pape au 6ᵉ s. **Fête le 12 février.** — Issu d'une illustre famille d'Aquitaine, Félix est marié lorsqu'il est appelé sur le siège épiscopal de Nantes en 550, âgé de trente-sept ans. Ayant converti les Saxons du Croisic, il contracte la peste, en guérit pour un temps mais meurt, miné par la fièvre, les bras et les jambes putréfiés, à la fin du 6ᵉ s. Saint Félix est longtemps invoqué par les paysans bretons lors des calamités publiques. **Fête le 6 juillet.** — Cf. Félice. **Fête le 18 mai.**

FÉNELLA (f) Cf. Hélène.

FÉODOSE (m) Etym. cf. Théodose. Riche, cultivé, sachant gouverner, législateur et organisateur de génie, Féodose prend l'Evangile au sérieux et ne s'inspire que de lui. Il s'obstine à travailler de ses mains. Ayant rencontré un ermite à Petchersk, il se fixe près de lui et fonde un monastère, le premier monastère russe, au 11ᵉ s. Homme doux, patient, indulgent et bon à l'extrême, saint Féodose (ou Théodose) meurt à Petchersk en 1074. **Fête le 3 mai.**

FERDINAND (m) Etym. germanique (*frido*, paix et *nanths*, courageux). Né près de Salamanque en 1199, Ferdinand III monte sur le trône de Castille en 1217 et réunit définitivement le Léon et la Castille en 1230. Il chasse les Maures de Cordoue, puis de Séville, fonde l'université de Salamanque et fait du dialecte castillan la langue officielle des Espagnols. Mort à Séville (Andalousie) en 1252, il est le modèle de tous les rois d'Espagne. Canonisé en 1671. **Fête le 30 mai.** — Fils de Jean 1ᵉʳ, roi de Portugal, frère et compagnon de voyage d'Henri le Navigateur, Ferdinand est fait prisonnier lors d'une expédition contre les Maures avec douze compagnons dont Alvarez, son plus fidèle ami et plus tard son biographe. Traité comme un esclave, chargé le jour des plus pénibles besognes, enchaîné et enfermé la nuit dans un cachot glacial et puant, Ferdinand succombe bientôt, à Fez, Maroc, en 1443. Libéré huit ans après, Alvarez rapporte le cœur du prince pour le déposer dans l'église Notre-Dame de Batalha au Portugal. **Fête le 5 juin.** Prénoms dérivés : Fernand, Fernande, Fernando, Nandou.

FERGAL (m) Etym. celtique (*fur*, sage et *gal*, brave). Moine en Irlande, Fergal est envoyé missionnaire dans le Norique (auj. Autriche) vers 743. Son nom latinisé devient *Virgil* mais ses méthodes de travail de bon Celte le mettent parfois en conflit avec saint Boniface*. Celui-ci l'accuse même un jour, chez le pape Zacharie, de supposer que certaines étoiles sont peut-être habitées ! Sacré évêque de Salzbourg après la disparition de Boniface en 754, saint Fergal (ou Virgil) meurt dans sa ville vers 784. **Fête le 27 novembre.**

FERJEUX (m) Etym. latine (*far*, blé et *jejunus*, à jeun). Frère ou ami de Ferréol*, Ferjeux (ou Fargeau) est encore diacre lorsqu'ils sont envoyés tous les deux à Besançon par saint Irénée*, évêque de Lyon, à la fin du 2e s. Leur sainteté provoque des miracles et de nombreuses conversions parmi les Bisontins, à tel point que le préfet de Séquanie en prend bientôt ombrage et fait arrêter les deux missionnaires. On les somme d'apostasier. Ils sourient, inébranlables dans leur foi. On les flagelle, on leur arrache la langue, on leur plante d'énormes clous autour de la tête. Ils sourient encore. Ils sont alors décapités, le 16 des calendes de juillet de l'an 212. Recueillis par des chrétiens, leurs corps sont inhumés dans l'une des grottes où ils se réunissent pour célébrer l'Eucharistie. Le 5 septembre 390, les restes des saints Ferjeux et Ferréol sont retrouvés et transférés dans la cathédrale de Besançon. Le 30 mai 1053, ils sont ramenés au lieu de leur sépulture, dans l'église

construite sur leur tombeau. Aujourd'hui, près de Besançon, s'élève une basilique Saint-Ferjeux sur une crypte romane où est conservée une partie des reliques des deux apôtres. **Fête le 16 juin.**

FERNAND (m) Cf. Ferdinand. Forme abrégée du prénom. Des reliques de saint Ferdinand ayant été transférées à Caiazzo, en Italie, la piété populaire a déformé le nom et fait de l'illustre souverain espagnol un évêque italien. **Fête le 27 juin.** — Cf. Antoine. Fernando est le nom de baptême de saint Antoine de Padoue. **Fête le 13 juin.**

FERNANDE (f) Cf. Fernand.

FERRÉOL (m) Etym. latine (*ferreola*, espèce de vigne). Frère ou ami de saint Ferjeux, Ferréol est l'un des premiers missionnaires de Besançon. Voir Ferjeux. **Fête le 16 juin.** — Soldat, Ferréol est martyrisé à Vienne, en France, au 3e s. L'évêque saint Mamert fait ériger une basilique sur son tombeau au 5e s. **Fête le 18 septembre.** — Elu évêque de Limoges vers 520, saint Ferréol meurt en 591, selon saint Grégoire de Tours. **Fête le 9 mai.**

FESCÉNIA (f) Cf. Fuscien. Prénom en vogue à l'époque romaine.

FEUILLEN (m) Cf. Pholien.

FIACRE (m) Etym. celtique. Moine irlandais, Fiacre (ou Fiachra) est accueilli fraternellement par saint Faron*, évêque de Meaux, au 7e s. Ayant construit son ermitage dans une clairière mise à sa disposition dans la forêt de Brie, Fiacre ne tarde pas à attirer de nombreux visiteurs. Il les conseille, les réconforte, prie sur eux comme le faisaient les Apôtres et provoque parfois des guérisons spectaculaires. Puis Fiacre entreprend la construction d'un hospice pour tous ceux qui viennent de loin et ne peuvent rentrer chez eux le jour même. Ses loisirs, Fiacre les passe à cultiver son jardin, pour nourrir ses pauvres et ses malades. Mort vers 670, le saint continue à soulager les misères de tous ceux qui viennent sur sa tombe. Il exauce même la reine Anne d'Autriche venue le prier en 1637 afin d'avoir un enfant mâle. Elle met au monde le futur Louis XIV l'année suivante à Saint-Germain-en-Laye. L'ermitage de Fiacre devient bientôt un monastère autour duquel s'établit une petite ville, Breuil (auj. Saint-Fiacre-en-Brie) et la popularité du saint s'étend à toute l'Europe. Il est le patron des jardiniers et des horticulteurs parce que renommé pour avoir eu la main verte, et le patron des cochers depuis qu'en 1640 des voitures attelées remplacent les chaises à porteurs ; des voitures appelées "fiacres", du nom de l'endroit d'où elles partent et où elles reviennent, l'hôtel Saint-Fiacre, rue Saint-Antoine, à Paris. **Fête le 30 août**.

FIDÈLE (m) Etym. latine (*fides*, foi) Né à Sigmaringen, Souabe, en 1578, Marc Roy est avocat à Colmar, Alsace, lorsqu'il perçoit l'appel de Dieu. Il entre chez les capucins et reçoit le nom de Fidèle avec l'habit religieux. Longtemps gardien du couvent de Feldkirch, Tyrol, il prêche ensuite en Allemagne, en Suisse et en Autriche, provoquant de nombreuses conversions à une époque difficile où catholiques et protestants s'entretuent au nom de l'Evangile. Il est abattu à coups de sabre par deux soldats partisans de Zwingle à Seevis, Suisse, le 24 avril 1622. **Fête le 24 avril**.

FIDÉLIA (f) Cf. Fidèle.

FIDÉLIO (m) Cf. Fidèle.

FIEG (m) Cf. Fiacre. Forme bretonne du prénom. Saint Fiacre est particulièrement vénéré en Bretagne. Non loin des Iffs, sur la route de Saint-Brieuc-des-Iffs (I. et V.), l'eau de la fontaine Saint-Fiacre a des vertus curatives et, au Faouët (Morbihan), la chapelle qui lui est dédiée a rassemblé souvent de nombreux pèlerins.

FILOUMENO (f) Cf. Philomène. Forme provençale du prénom.

FINA (f) Cf. Fine.

FINE (f) Etym. cf. Delphine ou Séraphine. Jeune et jolie, Fine est soudain frappée de paralysie, immobilisée complètement, excepté sa langue qu'elle utilise souvent, non pour se révolter mais pour louer Dieu, exprimer sa reconnaissance aux personnes qui la soignent et se déclarer "la plus heureuse des créatures" ! Elle est aussi couverte d'ulcères et supporte, souriante, les mouches qu'attirent les plaies de son visage. On la trouve morte un matin, le 12 mars 1253, à Geminiano, en Toscane, le corps disparaissant sous un linceul de ces violettes que les Toscans appellent des "finas", depuis cet événement, en souvenir de sainte Fine. **Fête le 12 mars**.

FINETTE (f) Cf. Fine.

FINGAR (m) Cf. Eginer.

FINNIAN (m) Etym. celtique. Evêque, saint Finnian fonde le monastère de Clonard, dans le comté de Meath, en Irlande, au 6e s. **Fête le 12 décembre**.

FINTAN (m) Etym. celtique. Illustre abbé mort à Clonenagh, Iralnde, en 603, saint Fintan est considéré comme le patriarche des moines irlandais. Dur pour lui-même, il est bon pour les autres au-delà de toute expression. Saint Colomba* nous le présente comme « un homme à la face vermeille, aux yeux flamboyants et aux magnifiques cheveux blancs ». **Fête le 17 février**.

FIONA (f) Cf. Foy.

FIRMIANE (f) Cf. Firmin.

FIRMIN (m) Etym. latine (*firmus*, solide, ferme dans ses convictions).

Saint Firmin est le premier évêque d'Amiens à la fin du 3e s. Originaire d'Espagne, il traverse toute la Gaule pour venir évangéliser les Ambiani et son succès est tel qu'il inquiète le préfet. Celui-ci redoute tant la colère de ses dieux qu'il fait décapiter l'évêque. Patron de la ville et du diocèse, saint Firmin a son effigie tout près du Christ, au tympan du portail occidental de la cathédrale d'Amiens. **Fête le 25 septembre.** — Disciple, ami et, plus tard, biographe de saint Césaire* d'Arles, Firmin est nommé évêque d'Uzès en 534. Avec six de ses collègues, il signe la règle que Césaire impose à ses religieuses. Firmin a un don particulier pour enseigner les dogmes de l'Eglise aux gens simples et pour toucher leurs cœurs. Mort à Uzès, Gaule narbonnaise, vers 553. **Fête le 11 octobre**. Prénoms dérivés : Firmiane, Firmine, Firminie.

FIRMINE (f) Cf. Firmin.

FIRMINIE (f) Cf. Firmin.

FLAMINIA (f) Etym. latine (*flamen*, prêtre romain). Vierge chrétienne, Flaminia est martyrisée pendant les persécutions de Dioclétien, au début du 4e s. On vénère ses reliques près de Clermont, en Auvergne, et on invoque la sainte pour garder de bons yeux ou recouvrer la vue. **Fête le 2 mai.**

FLAVIA (f) Cf. Flavie.

FLAVIAN (m) Cf. Flavien. Forme occitane du prénom.

FLAVIANE (f) Cf. Flavien. Forme occitane du prénom.

FLAVIE (f) Etym. latine (*flavus*, jaune). Prénom dérivé de *Flavii*, patronyme d'une illustre famille romaine à laquelle appartiennent Domitille et Domitille, deux saintes du même nom, au 1er s. Cf. Domitille. **Fête le 7 mai.**

FLAVIEN (m) Etym. latine (*flavus*,

jaune). Diacre à Carthage, Afrique du Nord, au 3e s., Flavien est arrêté et jeté en prison avec onze de ses compagnons, dont Montan* et Lucius*. Trois d'entre eux succombent au régime de famine auquel ils sont soumis. Les autres, avec Flavien, sont décapités en 259. **Fête le 24 février.** — Patriarche de Constantinople en 446, Flavien participe au concile d'Ephèse réuni par Théodose II le 8 août 449 pour affirmer et proclamer que le Christ est en même temps Dieu et homme, lorsqu'une horde de soldats et de moines enragés déferle dans l'édifice, rouant de coups les pères conciliaires hostiles à Eutychès qui prône le monophysisme. Sérieusement molesté, déposé et exilé, Flavien meurt à Hypaypa, en Lydie, peu de temps après ce qu'on a appelé "le brigandage d'Ephèse". **Fête le 18 février.**

FLAVIÈRE (f) Cf. Flavie.

FLAVIUS (m) Etym. cf. Flavien. Appartenant à la 12e légion la "Fulminante", Flavius est l'un des quarante martyrs de Sébaste (auj. en Turquie), en l'an 320. Cf. Acace. **Fête le 10 mars.**

FLAVY (m) Etym. cf. Flavien. Lombard, Flavy est fait prisonnier par les Francs et ramené d'Italie en Champagne vers 553. Acheté pour le prix d'un cheval et marié à une esclave par un riche propriétaire qui lui confie l'intendance d'un de ses nombreux domaines, Flavy obtient son affranchissement et celui de son épouse après plusieurs années de bons et loyaux services. Ils sont baptisés par l'évêque de Sens et se consacrent au Seigneur, elle au couvent, lui comme ermite au lieu dit depuis Saint-Flavy, dans le canton de Marcilly-sur-Hayer (Aube), où il meurt à la fin du 6e s. **Fête le 18 décembre.**

FLEUR (f) Etym. latine (*flos*, fleur). Née à Maurs, Auvergne, dans une famille de dix-neuf enfants, Fleur ou

Flore est l'une des premières femmes religieuses vouées au soin des malades dans un ordre hospitalier, en l'occurance l'hospice que possèdent à Beaulieu, dans le Quercy, les chevaliers de Saint-Jean-de-Jérusalem. Toute sa vie, Fleur est comblée de grâces extraordinaires mais aussi très éprouvée. Ses tentations rappellent celles de saint Antoine*. Le diable ne lui laisse guère de repos. Seul son amour de Dieu et des malades permet à Fleur de mettre le malin en déroute. Sa vie et ses œuvres nous sont connues grâce à un texte écrit dans le dialecte populaire du Quercy. Morte à Beaulieu en 1347, sainte Fleur est la patronne des Capucine et des Violette, des Amaryllis, des Eglantine, des Pâquerette et de toutes les autres dont le prénom a été choisi dans le grand bouquet de la nature. **Fête le 5 octobre.**

FLEURETTE (f) Cf. Fleur.

FLOBERT (m) Etym. germanique (*falc*, faucon et *berht*, brillant, illustre) Abbé de deux monastères à Gand, en Flandre, Flobert (ou Floibert) n'en trouve pas moins le temps de courir le pays, infatigable, prêchant, exhortant, partout où se trouvent des païens à évangéliser. Mort en 657 au monastère Saint-Pierre de Gand. **Fête le 19 avril.**

FLOCEL (m) Etym. latine (*flos*, fleur). Inquiet des progrès du christianisme, l'empereur Valérien se déplace lui-même jusqu'à Autun, près d'un siècle après le martyre de Symphorien*. Haranguant violemment la foule contre le Christ et les chrétiens, il est soudain interrompu par les cris de protestation d'un enfant de douze ans, Flocel, qui est aussitôt saisi et traîné aux pieds de l'empereur, fouetté et torturé sur son ordre. Flocel n'arrête pas de louer le Christ, son Dieu. On lui perce la langue mais on ne parvient pas à le réduire au silence. Flocel continue sa prière de louange et ne se tait vraiment qu'à l'instant où sa tête roule à terre.

(Autun, milieu du 3e s.) **Fête le 17 septembre.**

FLOIBERT (m) Cf. Flobert.

FLORA (f) Etym. Cf. Fleur. Née à Cordoue, Espagne, de père musulman et de mère chrétienne, Flora est décapitée en 851 après une longue captivité avec sa sœur Maria. **Fête le 24 novembre.**

FLORE (f) Cf. Fleur ou Flora.

FLORENCE (f) Etym. latine (*florens*, en fleur). Ainsi nommée parce que florentine, Florence est convertie par saint Hilaire*, évêque de Poitiers, vers 360. Elle prend le voile dans un couvent, en Poitou, et y meurt vers 366, seulement âgée de trente ans. **Fête le 1er décembre.** — A Agde, en Languedoc, sainte Florence est martyrisée dans les premiers siècles du christianisme avec ses compagnons Tibère* et Modeste*. **Fête le 10 novembre.** — Sœur des saints Léandre*, Isidore* et Fulgence*, sainte Florence ou Florentine est supérieure de l'abbaye d'Astigi, en Andalousie, au 7e s. Elle est inhumée dans la cathédrale de Séville, près de son frère Léandre qui avait assuré son éducation. **Fête le 20 juin.**

FLORENT (m) Etym. cf. Florence. Premier évêque de Cahors, saint Florent joue un rôle important dans l'évangélisation du Quercy aux 4e et 5e s. Saint Paulin* de Nole lui écrit en 405 pour le féliciter de son excellent travail apostolique. **Fête le 4 juillet.** — Diacre, saint Florent est massacré par les Vandales sur le parvis de la cathédrale de Reims en 407 avec l'évêque saint Nicaise*, sa sœur Eutropie* et le lecteur Jucundus. **Fête le 14 décembre.** — Originaire de Rome puis ermite à Haslach, en Alsace, saint Florent meurt évêque de Strasbourg vers 600. Ses restes sont transférés à Haslach en 810. **Fête le 7 novembre.**

FLORENTIA (f) Cf. Florence.

FLORENTIN (m) Etym. latine (*floretum*, jardin de fleurs). Instruit et formé par saint Césaire*, Florentin est le premier abbé du monastère des Saints-Apôtres fondé à Arles par saint Aurélien*. Mort à soixante-dix ans en 553. Premier exemple du genre en Occident, une épitaphe en vers est gravée sur son tombeau à Sainte-Croix d'Arles. **Fête le 24 octobre.**

FLORENTINE (f) Cf.Florence.

FLORESTAN (m) Cf. Florentin. Forme occitane du prénom.

FLORETTE (f) Cf. Fleur ou Flora.

FLORIAN (m) Etym. latine (*florus*, fleuri). Officier de l'armée romaine en garnison en Autriche et chrétien en secret, Florian occupe ses loisirs à visiter les prisonniers pour tenter de les réconforter. Arrêté et jugé sommairement, il est jeté dans l'Enns, près de Lorch, avec une pierre au cou, le 4 mai 304. On invoque saint Florian lors des fléaux provoqués par l'eau ou par le feu. Il est le saint protecteur de l'Autriche. **Fête le 4 mai.**

FLORIANE (f) Cf. Florian.

FLORIBERT (m) Etym. latinogermanique (*florens*, florissant et *berht*, brillant, illustre). Fils de saint Hubert*, évêque de Liège au 8ᵉ s., Floribert succède à son père et meurt en 746. **Fête le 27 avril.**

FLORIDE (f) Cf. Florine.

FLORINE (f) Etym. latine (*florus*, fleuri). Romaine vivant en Gascogne, Florine se réfugie en Auvergne afin d'échapper aux Alamans lors des invasions de 365-368. Une vallée garde son nom dans le département du Puy-de-Dôme. **Fête le 1ᵉʳ mai.**

FLOUR (m) Etym. latine (*florus*, fleuri). La croyance populaire veut que saint Flour soit un disciple du Christ venu évangéliser les Arvernes au 1ᵉʳ s. Les Sanflorains le vénèrent depuis le 10ᵉ s. **Fête le 4 novembre.**

FLOURÈNCO (f) Cf. Florence. Forme provençale du prénom.

FOËLAN (m) Etym. celtique. Saint Foëlan (ou Faelan) est abbé d'un monastère en Armorique au 7ᵉ s. **Fête le 9 janvier.**

FOLCUIN (m) Etym. germanique (*folc*, peuple). Nommé évêque de Thétouanne en 816, saint Folcuin meurt à Esquelbecq, Flandre française, en 855, au cours d'une tournée pastorale. **Fête le 14 décembre.**

FORÉANNAN (m) Etym. celtique. Evêque irlandais et missionnaire, saint Foréannan fonde le monastère de Maulsort, en Lotharingie (Lorraine) au 10ᵉ s. **Fête le 30 avril.**

FORTUNAT (m) Etym. latine (*fortuna*, hasard, chance). Diacre, Fortunat est envoyé à Valence, en Dauphiné, par saint Irénée*, évêque de Lyon, avec le prêtre Félix et Achille, un autre diacre. Ils sont arrêtés, jugés et décapités tous les trois vers 212, pendant la persécution de Caracalla. **Fête le 23 avril.**

FORTUNÉ (m) Cf. Fortunat.

FOULQUES (m) Etym. germanique (*folc*, peuple). Archevêque de Reims de 882 à 900, Foulques est intimement mêlé aux événements politiques de son temps. Il fait fortifier la ville pour la mettre à l'abri des invasions normandes et couronne Charles le Simple en 893. Mort en 900, assassiné par Baudouin, comte de Flandre. **Fête le 10 juin.** — Né en Angleterre, saint Foulques va en pèlerinage à Jérusalem et se fixe en Italie, partageant son temps entre la prière et le soin des malades. 12ᵉ siècle. **Fête le 22 mai.**

FOURIER (m) Cf. Pierre.

FOY (f) Etym. latine (*fides*, confiance,

croyance). Jeune chrétienne de douze ans, Foy est martyrisée à Agen au 3e s. ou tout début 4e avec plusieurs compagons dont l'évêque saint Caprais*. Son culte est très important en France, puis en Espagne et dans toute la chrétienté à partir du 9e s., époque où ses reliques sont transférées à Conques, Rouergue, sur le chemin des pèlerins de Saint-Jacques-de-Compostelle. De nombreuses localités portent son nom et se réclament de son patronnage en Europe et en Amérique (Santa-Fé). **Fête le 6 octobre.** Prénoms dérivés : Fé, Fiona.

FRAGAN (m) Etym. celtique. Gallois, saint Fragan débarque en Armorique à la fin du 4e s. et, gouverneur du Léon, repousse victorieusement les envahisseurs barbares. C'est avec le butin qu'il fait construire l'abbaye de Lochrist (auj. en Finistère). Il est aussi le chef d'une belle famille de saints : Gwenn* son épouse, Klervi* sa fille, Gwenolé*, Guéthenoc* et Jagu* ses fils ! **Fête le 3 octobre.**

FRANCA (f) Etym. latine (*Franci*, les Francs). Abbesse du monastère Saint-Cyr à Plaisance, Italie, Franca déborde de zèle et d'ardeur pour tenter de réformer la vie religieuse de ses moniales, mais celles-ci n'apprécient pas du tout et provoquent sa démission. Heureusement, les cisterciennes de Montelana s'accomodent mieux de la rigueur de la sainte. 12e siècle. **Fête le 26 avril.**

FRANCE (f) Cf. Françoise.

FRANCELIN (m) Cf. François.

FRANCELINE (f) Cf. Françoise.

FRANCÈS (m) Cf. François. Forme occitane du prénom.

FRANCESO (f) Cf. Françoise. Forme provençale du prénom.

FRANCET (m) Cf. François. Forme provençale du prénom.

FRANCETTE (f) Cf. Françoise.

FRANCINE (f) Cf. Françoise.

FRANCIS (m) Cf. François.

FRANCISQUE (f) Cf. Françoise.

FRANCK (m) Cf. François. Forme alsacienne du prénom.

FRANÇOIS (m) Etym. latine (*Franci*, les Francs). Né à Assise, en Ombrie (Italie), en 1182, Jean Bernardone est surnommé François par son père qui rentre de France peu de temps après son baptême. Un surnom qui fait un prénom à succès : soixante-trois François sont inscrits au catalogue des saints après celui-ci, sans doute le plus populaire, en tout cas le moins triste et le moins raisonnable. François chante, rit, et va de fête en fête, en joyeuse compagnie, entraînant ses amis, ne rêvant que de plaisir, de fortune et de gloire. Et tout à coup il devient fou, renonce à tout, jusqu'aux luxueux habits qu'il porte, coupés dans les plus beaux tissus de l'entreprise paternelle. Vêtu d'un froc en drap bourru, pieds nus, l'ambitieux mondain mendie sa nourriture, le joyeux bout-en-train embrasse les lépreux. Il rêve toujours de gloire mais de la gloire de Dieu, et puisque le ciel et la terre en sont pleins il chante encore plus fort, ravi comme un enfant, heureux comme un amant. Sa nouvelle maîtresse est Dame Pauvreté, qui plaît aussi à ses nouveaux amis ; mieux, des frères, et bientôt des sœurs, tous contaminés par sa douce folie. Les franciscains sont nés. Il renonce vite à les diriger. Dieu l'attend sur l'Alverne. Il y reçoit les stigmates, les cinq plaies du Christ, en septembre 1224. Mort à Assise le 3 octobre 1226, étendu nu sur la terre nue de sa cellule, François est canonisé deux ans après. Son *Cantique des créatures* est le premier grand poème en langue italienne. La famille franciscaine comprend l'ordre des frères mineurs, les clarisses, les capucins, les conventuels et le tiers-ordre de saint François. **Fête le 4 octobre**. — Né en Calabre vers 1436, François de Paule est ermite à quatorze ans et chef d'une communauté ascétique à dix-neuf. Il fonde les Minimes, les "plus petits", ordre mendiant voué au carême perpétuel,et court au chevet de Louis XI, à Plessis-lez-Tours, lorsque le roi l'appelle. Il ne le guérit pas mais l'aide à mourir et fonde deux couvents à Amboise et Montils-lez-Tours. Mort à Plessis-lez-Tours en 1507. **Fête le 2 avril**. — Duc de Gandie et vice-roi de Catalogne, Espagne, François de Borgia renonce au monde après la mort de sa femme, vers 1548. Il établit ses huit enfants, entre dans la Compagnie de Jésus et prêche en Espagne, au Portugal, religieux toujours zélé, fervent et d'une étonnante humilité. Exécuteur testamentaire de Charles Quint, il prononce l'oraison funèbre de l'empereur en 1558. Il est élu vicaire général des jésuites en 1565 et contribue considérablement à l'extension de la compagnie, surtout en Amérique. Mort à Rome en 1572, François est ramené en Espagne et inhumé à Madrid. **Fête le 3 octobre**. — François de Sales est ordonné prêtre en 1593 après des études à Paris. Evêque de Genève, Suisse, en 1602, il fonde les religieuses de la Visitation avec Jeanne-Françoise* de Chantal, prêche carêmes et avents à Paris, Dijon, Grenoble, Annecy, signe plusieurs ouvrages importants à travers lesquels il apparaît comme le type parfait de l'humaniste chrétien. Après un entretien avec lui, Vincent* de Paul écrit : « Oh ! que Dieu est bon, puisque si bon est l'évêque de Genève ». Mort à Lyon le 28 décembre 1622, François de Sales est proclamé docteur de l'Eglise en 1877. **Fête le 24 janvier**. — Evêque missionnaire en Chine, François Serrano est martyrisé à Fou-Tchéou en 1747 ou 1748. Béatifié par Léon XIII en 1893. **Fête le 28 octobre**. — Tonkinois, François Mau est torturé, battu à coups de rotin et étranglé, parce qu'il refuse de fouler aux pieds la croix du Christ au Tonkin en 1839. **Fête le 19 décembre**. — Evêque franciscain en Chine, François Fogolla est martyrisé à Taï-Yuan-Fou en 1900. Béatifié en 1946. **Fête le 9 juillet**. Prénoms dérivés : Fanch, Francelin, Francès, Franceso, Francet, Francis, Franck, Franckie, etc.

FRANÇOIS-ANTOINE (m) Etym. cf. François et Antoine. Franciscain conventuel originaire des Pouilles, Italie, François-Antoine Fasani est prédicateur, ardent apôtre de l'Eucharistie et du culte marial. Mort à Assise en 1742, il est béatifié en 1951. **Fête le 24 juin**.

FRANÇOIS-MARIE (m) Etym. cf. François et Marie. Berger, François-Marie entre chez les capucins de Gênes en 1825. Convers puis quêteur, il va par les rues de Gênes, dans les cabarets, partout où se trouvent des malades et des miséreux à réconforter. Victime d'une épidémie de choléra, il meurt en 1866. Canonisé par Jean XXIII le 9 décembre 1962. **Fête le 29 octobre**.

FRANÇOIS-XAVIER (m) Etym. cf. François et Xavier. Né en Navarre en 1506, François-Xavier fait partie de la première équipe de collaborateurs de saint Ignace*, le fondateur des jésuites. Sollicité par le roi de Portugal, il s'en va prêcher l'Evangile en Inde (1542) puis au Japon en 1549. Son zèle, sa piété et l'austérité de sa vie provoquent de nombreuses conversions au christianisme. Il ne peut lui-même évangéliser la Chine mais la piste vers l'Extrême-Orient est tracée pour ses successeurs. Epuisé, François-Xavier meurt à quarante-six ans, en 1552, dans l'île de Sancian, au large de Canton. Il est le patron des missions et le protecteur de l'Inde, du Pakistan et de la Mongolie. **Fête le 3 décembre**. — Catéchiste au Tonkin, François-Xavier Can est torturé et finalement étranglé sur ordre du mandarin, en 1837, parce qu'il refuse non seulement de fouler aux pieds un crucifix mais même de simuler l'apostasie. **Fête le 20 novembre.**

FRANÇOISE (f) Etym. cf. François. Née à Rome, Françoise est mariée dès treize ans et contre son gré à Lorenzo de Ponziani. Elle est pourtant presque heureuse avec son époux. Mais les épreuves ne tardent pas : deux enfants morts en bas-âge, leur père blessé lors d'un attentat puis exilé, la maison pillée. Françoise ne se décourage pas, soutenue par sa foi. Elle se distingue aussi par son immense charité pendant la peste de 1413-1414. Veuve en 1436, elle se retire au monastère des oblates bénédictines qu'elle a fondé à Tor de Specchi. Morte en 1440, elle est inscrite au calendrier sous le nom de sainte Françoise Romaine, du fait de son origine. **Fête le 9 mars.** — Epouse de Pierre, fils de Jean VI, 21ᵉ duc de Bretagne, Françoise d'Amboise fonde un couvent de clarisses à Nantes et un carmel à Vannes. C'est au carmel, transféré près de Nantes, qu'elle se retire après la disparition de son mari. Morte en 1485. **Fête le 4 novembre.** — Filles de la Charité, Françoise Lanel et ses trois compagnes continuent leur service parmi les pauvres et les malades à Arras pendant la Révolution, mais refusent de prêter serment. Arrêtées en avril 1794, elles sont conduites à Cambrai et exécutées ensemble le 26 juin suivant. **Fête le 26 juin.** Prénoms dérivés : France, Franceline, Francette, Franciane, Francine, Francisca, Francisque, Fransez, Franseza, Soa, Soaz, Soazic, Fanchette, Fanchon, Fadilla, etc.

FRANÇOISE-XAVIÈRE (f) Etym. cf. François et Xavier. Treizième enfant d'une famille de cultivateurs lombards, Françoise-Xavière Cabrini veut être missionnaire en Chine et cherche une congrégation qui lui permette de suivre sa vocation, mais toutes les portes se referment sur elle à cause de sa petite santé. Elle rassemble donc six amies et fonde sa propre congrégation, l'Institut des Missionnaires du Sacré-Cœur, en 1880. Aux pieds du pape, nouvelle déception pour Françoise-Xavière. Léon XIII est formel : non pas la Chine mais les Etats-Unis où vivent, dans une situation misérable, des centaines de milliers d'émigrants italiens. La volonté du pape est celle de Dieu pour la mère Cabrini. Elle embarque avec ses sœurs et fonde là-bas des hôpitaux, des dispensaires, des écoles et plus de cinquante communautés sur tout le continent américain. Elle a le don des affaires et de l'organisation, avec une foi à déplacer les montagnes. Rien, personne ne lui résiste, et surtout pas Dieu lorsqu'elle lui dit : « Mais enfin, Seigneur, est-ce pour moi ou pour vous que je veux faire cela ? » Naturalisée américaine en 1909, elle meurt à Chicago en 1917. Canonisée par Pie XII le 7 juillet 1946. **Fête le 22 décembre.**

FRANCOUN (f) Cf. Françoise. Forme provençale du prénom.

FRANCK (m) Cf. François.

FRANKIE (m) Cf. François.

FRANSEZ (m) Cf. François. Forme bretonne du prénom.

FRANSEZA (f) Cf. Françoise. Forme bretonne du prénom.

FRANTZ (m) Cf. François. Forme alsacienne du prénom.

FRANZ (m) Cf. François.

FRED (m) Cf. Frédéric.

FREDDIE (m) Cf. Frédéric.

FREDDY (m) Cf. Frédéric.

FRÉDÉRI (m) Cf. Frédéric. Forme provençale du prénom.

FRÉDÉRIC (m) Etym. germanique (*frido*, paix et *rik*, roi) : "roi pacifique" ; étymologie qui explique sans doute le succès du prénom parmi les souverains. Vingt-cinq empereurs, rois, princes et électeurs au moins l'ont porté, peut-être justifié ? Parmi les saints, le plus célèbre est Frédéric, évêque d'Utrecht, Pays-Bas, asassiné le 18 juillet 838 par des émissaires de l'impératrice Judith dont il réprouve la conduite scandaleuse. C'est à lui que Raban* Maur, archevêque de Mayence, Allemagne, dédie son "Commentaire de Josué". **Fête le 18 juillet.** — Au 11e s. saint Frédéric est moine bénédictin au monastère Saint-Vanne de Verdun lorsqu'il est nommé abbé de Saint-Vaast, à Arras, en Artois. Mort en 1020. **Fête le 6 janvier.** — Frédéric d'Hirschau est aussi abbé bénédictin. Déposé en 1059 sur témoignage calomnieux, il se retire à Ebersberg, Suisse, où il meurt en 1070. **Fête le 8 mai.** Prénoms dérivés : Fred, Freddie, Freddy, Frédéri, Frédérika, Frédérique, Frédrich, Frida, Manfred, etc.

FRÉDÉRIKA (f) Cf. Frédéric.

FRÉDÉRIQUE (f) Cf. Frédéric.

FRÉDIAN (m) Etym. germanique (*frido*, paix). Fils d'un roi d'Irlande, Frédian va en pèlerinage à Rome et reste en Italie. Moine augustin, il est nommé évêque de Lucques, en Toscane, à la fin du 7e s. Il y fait construire une église à laquelle succèdera au 12e s. un vaste sanctuaire austère à trois nefs, dédié à saint Frédian. **Fête le 3 mai.**

FRÉDIEN (m) Cf. Frédian.

FRÉDRICH (m) Cf. Frédéric. Forme alsacienne du prénom.

FRIARD (m) Etym. latine (*friare*, broyer), à moins que le prénom ne dérive de *frier* ou *frire*: "brûler d'envie" en vieux français ! Ermite sur l'île de Vendunite, dans l'estuaire de la Loire, Friard ne brûle que d'un désir, voir Dieu, tout comme son compagnon, Segondel*, qui partage son ermitage. Friard meurt heureux le 1er

août 577 et ses reliques sont gardées depuis à Besné, près de Nantes, son village natal. **Fête le 1er août.**

FRIDESTAN (m) Etym. germanique (*frido*, paix et *Ans*, nom d'une divinité teutonne). Evêque de Winchester, en Angleterre, pendant près de vingt ans, Fridestan est vénéré comme un saint dès avant sa mort, survenue en 933, par tous ses diocésains. **Fête le 9 avril.**

FRIDESWIDE (f) Etym. germanique (*frido*, paix et *waldo*, celui qui gouverne). Très belle, Frideswide est poursuivie sans relâche par un prince qui veut l'enlever et l'épouser malgré elle. A sa prière, sainte Catherine frappe l'importun de cécité, permettant à Frideswide de vaquer tranquillement à ses occupations en attendant de pouvoir se consacrer à Dieu dans un monastère de la région d'Oxford. 8e s. **Fête le 19 octobre.**

FRIDIEN (m) Cf. Frédian.

FRIDOLIN (m) Etym. germanique (*frido*, paix et *lind*, doux). Fridolin évangélise la Bourgogne, l'Alsace, la Suisse et fonde un monastère dans l'île de Sickingen, sur le lac de Constance, au 6e s. Patron protecteur du canton suisse de Glaris, saint Fridolin est très populaire dans les pays de langue allemande. **Fête le 6 mars.**

FRITZ (m) Cf. Frédéric. Forme alsacienne du prénom.

FROBERT (m) Etym. germanique (*frido*, paix et *berht*, brillant). Moine à Luxeuil (auj. en Franche-Comté) sous la houlette de saint Colomban*, le fondateur de la plus illustre abbaye en Gaule pendant deux siècles, saint Frobert fonde le monastère de Moûtier-la-Celle au 7e s. **Fête le 11 septembre.**

FRONT (m) Etym. latine (*frons, frontalis).* Saint Front est le premier évêque de Périgueux au 3e s. Exhumé plusieurs fois, le corps du saint est placé dans un superbe monument au 15ᵉ s. Monument et reliques sont détruits par les protestants peu de temps après. **Fête le 25 octobre.**

FRUCTUEUX (m) Etym. latine (*fructuosus*, qui donne des fruits). Evêque, Fructueux est arrêté et condamné à mort avec ses deux diacres Augure* et Euloge* à Tarragone, Espagne, en 259. Tous les trois sont brûlés vifs. « Dès que leurs liens les libèrent, écrit un témoin, les trois hommes s'agenouillent et prient, pleins d'allégresse, au milieu du brasier ». **Fête le 21 janvier.**

FRUDESTAN (m) Cf. Fridestan.

FRUMENCE (m) Etym. latine (*frumentum*, froment). Précepteur du jeune roi d'Axoum, en Ethiopie, Frumence obtient la liberté pour tous les chrétiens du pays. Sacré évêque par saint Athanase*, il meurt vers 350, aussitôt vénéré comme l'apôtre et le saint protecteur du royaume. **Fête le 27 octobre.**

FULBERT (m) Etym. germanique (*full*, abondance et *berht*, brillant). Etudiant à Reims vers 985, Fulbert devient l'un des plus brillants esprits de son temps. Lorsque Gerbert, son maître, est élu pape en 999, il le rejoint à Rome et le sert avec dévouement, refusant toujours l'argent et les honneurs. Après la mort de Sylvestre II, Fulbert regagne la France, occupe pendant quatre ans un poste d'écolâtre et, de 1007 à 1029, celui d'évêque de Chartres. Son influence est importante dans les domaines religieux, culturel et politique. Il est le conseiller de Louis le Pieux, fils et successeur d'Hugues Capet, et son ami depuis l'époque de leurs études à Reims. Après l'incendie qui l'a détruite en 1021 Fulbert reconstruit la cathédrale de Chartres grâce aux dons du roi Canut* de Danemark et fait de sa ville épiscopale le premier centre intellectuel de la Gaule. Mort à Chartres le 10 avril 1029, il laisse des traités, des homélies, des hymnes liturgiques et une abondante correspondance qui révèle son humilité, son courage et son excellent caractère. **Fête le 10 avril.**

FULCRAN (m) Etym. germanique (*full*, abondance et *Ans*, nom d'une divinité teutonne). Originaire de Lodève, Languedoc, Fulcran se distingue par son zèle pour l'évangélisation de la région. Il est élu évêque mais, effrayé par la charge, s'enfuit et se cache. Découvert, il est sacré malgré lui en 949, se résigne et, jusqu'à sa mort en 1006, se dépense sans compter dans son diocèse pour la prédication et le soulagement des pauvres. Il est aussi le fondateur de l'abbaye du Saint-Sauveur et le restaurateur du monastère de Joncels. **Fête le 13 février.**

FULGENCE (m) Etym. latine (*fulgens*, fulgurant). Fonctionnaire, Fulgence quitte le monde et se consacre à Dieu dans un monastère après la lecture d'une homélie de saint Augustin* sur le psaume 36. Nommé évêque de Ruspe, près de la côte tunisienne, il combat l'arianisme des rois vandales, professe l'augustinisme et, lors de son exil en Sardaigne (517-523), fonde le monastère de Cagliari. Mort à Ruspe en 553, il est l'auteur de plusieurs ouvrages théologiques. **Fête le 1ᵉʳ janvier.** — Fils du gouverneur de Séville, Espagne, Fulgence est le frère des saints Léandre* et Isidore*, et de sainte Florence* au 7ᵉ s. Mort évêque d'Ecija vers 633. **Fête le 14 janvier.**

FULRAD (m) Etym. germanique (*full*, abondance et *ragin*, conseil). D'origine alsacienne, Fulrad est abbé de Saint-Denis au 8ᵉ s. Il assiste au couronnement de Pépin le Bref par saint Boniface* en 752 et peut-être à son sacre par le pape Etienne II en 754. **Fête le 16 juillet.**

FURSY (m) Etym. germanique (*fürst*,

prince). Frère de saint Feuillen ou Pholien* et de saint Ultan*, Fursy fonde plusieurs monastères en Irlande, en Angleterre, et celui de Lagny, en Champagne. Mort à Péronne, en Picardie, vers 648. **Fête le 16 janvier.**

FUSCIANE (f) Cf. Fuscien.

FUSCIEN (m) Etym. latine (*fuscus*, noir). Missionnaire envoyé de Rome, saint Fuscien est martyrisé à Amiens au début du 4e s. pendant les persécutions de Dioclétien. **Fête le 11 décembre.**

FUSCIENNE (f) Cf. Fuscien.

G

GAATHA (f) Etym. cf. Agathe. Chrétienne, Gaatha est arrêtée, sommairement jugée et brûlée vive dans une église de Crimée, au 4ᵉ s., avec vingt-deux compagnons, pendant une persécution décrétée par un roi goth arien. **Fête le 26 mars.**

GABIA (f) Cf. Gabin ou Gabrielle.

GABIE (f) Cf. Gabrielle.

GABIEN (m) Cf. Gabin.

GABIN (m) Etym. latine (*Gabies*, ville du Latium, en Italie centrale, ou *Gabinius*, patronyme d'une illustre famille romaine). Frère du pape Caïus* et parent de l'empereur Dioclétien, Gabin est sénateur, à Rome, dans la deuxième partie du 3ᵉ s. Converti au christianisme, il est arrêté et incarcéré avec sa fille Suzanne*. Après le martyre de celle-ci en 296, Gabin refuse toute nourriture et se laisse mourir dans son cachot. Ses restes sont transférés plus tard dans la basilique Sainte-Suzanne. **Fête le 19 février.** Prénoms dérivés : Gabia, Gabien, Gabinia, Gabinien, Gabinienne.

GABINIA (f) Cf. Gabin.

GABINIEN (m) Cf. Gabin.

GABINIENNE (f) Cf. Gabin.

GABRIEL (m) Etym. hébraïque (*gabar*, force et *El*, Dieu). Archange, Gabriel est l'un des trois esprits célestes dont nous trouvons le nom dans la Bible. "Chargé de mission" du Seigneur, il apparaît au prophète Daniel* pour lui dévoiler la signification d'une vision, au prêtre Zacharie* pour lui annoncer qu'il aura un fils : Jean* le Baptiste, et à la Vierge Marie, à Nazareth, pour lui faire part de l'événement le plus heureux de toute l'histoire du monde : l'incarnation du Fils de Dieu, la venue du Messie parmi les hommes.

En 1951 Pie XII proclame saint Gabriel patron de toutes les activités relatives aux communications. **Fête le 29 septembre.** — Au 5ᵉ s., prêtre et higoumène, saint Gabriel dirige pendant vingt-quatre ans la communauté féminine Saint-Etienne à Jérusalem. Mort octogénaire dans son ermitage vers 490. **Fête le 26 janvier.** — Né à Paris en 1610, Gabriel Lalemant entre chez les jésuites en 1630. Il arrive à Québec en 1646 et rejoint Jean de Brébeuf à Sainte-Marie-du-Sault en 1649, juste à temps pour cueillir avec lui la palme du martyre. Torturés par les Iroquois, Gabriel survit à Jean toute une nuit. Ils sont canonisés par Pie XI en 1930. **Fête le 17 mars.** — Evêque missionnaire, Gabriel Taurin-Dufresse est décapité à Tcheng-Tou, Chine, en présence de trente-trois chrétiens, en 1815, après vingt ans d'un fécond apostolat exercé dans des conditions très difficiles. Béatifié par Léon XIII. **Fête le 14 septembre.**— Né à Assise, Italie, en 1838, François Possenti fait ses études chez les frères des écoles chrétiennes et chez les jésuites. Adolescent tiède et frivole, la mort de sa sœur, victime du choléra, provoque en lui un choc décisif. Il entre chez les passionnistes, revêt l'habit religieux et prend le nom de Gabriel dell' Addolorata, c'est-à-dire de la Vierge douloureuse. Sa dévotion à la Mère de Dieu est d'ailleurs le chemin qui le conduit à la sainteté. Très court chemin : Gabriel meurt à vingt-quatre ans, en 1862, emporté par une phtisie pulmonaire à la veille de recevoir le sacerdoce. Canonisé en 1920, saint Gabriel est le patron-protecteur des novices et des séminaristes. **Fête le 27 février.**

GABRIELLE (f) Etym. cf. Gabriel. Filles de la Charité, Gabrielle Fontaine et ses trois compagnes continuent leur service parmi les pauvres et les malades, à Arras, pendant la Révolution, mais refusent de prêter serment. Arrêtées en avril 1794, elles sont conduites à Cambrai et condamnées à mort. Au pied de l'échafaud, le 26 juin, Gabrielle Fontaine prophétise à haute voix qu'elle sera la dernière victime de la Terreur à Cambrai. **Fête le 26 juin.** Prénoms dérivés : Gabia, Gabie, Gabriella, Gaby.

GABY (m-f) Cf. Gabriel ou Gabrielle.

GAËL (m) Etym. celtique (les *Gaëls*, peuple celte qui envahit les îles britanniques et s'établit surtout en Irlande et au pays de Galles vers 500 av. J.-C.). Moine cistercien et disciple de saint Bernard au 12e s., saint Jean de Châtillon est vénéré en Bretagne sous le nom de *Sant Yann ar Gaël*. Abbé de l'abbaye de Guingamp, il est nommé évêque d'Aleth (auj. Saint-Servan)

vers 1142, fait transférer le siège épiscopal à Saint-Malo et encourage la construction de plusieurs monastères. **Fête le 1er février.** — Gaël est aussi la forme abrégée de Gwenaël et Judicaël. Voir ces prénoms.

GAËLLA (f) Cf. Gaël.

GAËLLE (f) Cf. Gaël.

GAËLIG (m) Cf. Gaël.

GAÉTAN (m) Etym. latine (*gaietanus*, habitant de la ville de Gaète, Latium, Italie centrale). Ordonné prêtre en 1516, Gaétan de Thienne se voue au service des malades incurables et, à Rome, en 1523, avec Jean-Pierre Caraffa (futur pape Paul IV), fonde l'institut des clercs réguliers, les Théatins. Mort le 7 août 1547, il est canonisé en 1671. **Fête le 7 août.**

GAÉTANE (f) Cf. Gaétan.

GAÏA (f) Cf. Gaïane.

GAÏANE (f) Etym. grecque (*Gaïa*, personnification de la terre dans la mythologie). Chrétienne consacrée, Gaïane fonde une communauté de jeunes vierges appelées à la vie parfaite, à Rome, à la fin du 3e s. Dioclétien ayant remarqué l'une d'entre elles, elles s'enfuient toutes ensemble pour protéger leur compagne. Retrouvées, Gaïane et ses amies sont exécutées en 312. Sainte Gaïane est particulièrement honorée dans l'Eglise arménienne de Rome. **Fête le 22 septembre.**

GAID (f) Cf. Marguerite. Forme bretonne du prénom.

GAIÉTANA (f) Cf. Gaétan.

GAÏL (m) Cf. Gaël.

GAÏUS (m) Etym. grecque (*Gaïa*, personnification de la Terre dans la mythologie). Baptisé par saint Paul lui-même à Corinthe, Grèce, au milieu du 1er s., Gaïus est plus tard le destinataire de la 3e épître de saint Jean, ce "très cher Gaïus" à qui l'Ancien ne cache pas son affection, lui souhaitant que son corps soit en aussi bonne santé que son âme. 3Jn 1-2. **Fête le 4 octobre.**

GALA (f) Cf. Galane.

GALACTOIRE (m) Etym. grecque (*galaktos*, lait). Evêque de Lescar, Béarn, au 5e s., Galactoire est tué par les Wisigoths à la tête de ses diocésains qu'il entraîne au secours des Francs. **Fête le 27 juillet.**

GALANE (f) Plante d'environ un mètre de hauteur, la galane donne de jolies fleurs en forme de longues grappes blanches, roses ou rouges. Cf. Fleur. **Fête le 5 octobre.**

GALATAS (m) Etym. cf. Galactoire. Compagnon de saint Expédit*, Galatas est martyrisé avec lui à Mélitène, en Arménie, Asie Mineure, dans les premiers siècles du christianisme. **Fête le 19 avril.**

GALATÉE (f) Etym. grecque. Dans la mythologie, Galatée est l'une des Néréides, une nymphe aimée par Polyphème ; mais elle lui préfère le berger Acis. Jaloux, le géant écrase son rival sous un rocher. A cet endroit jaillit une source et Acis devient le dieu des rivières. L'histoire inspire une pastorale à G. Haendel au 18e s. Une autre légende prétend que Galatée s'est donnée à Polyphème et qu'elle en a eu trois fils : Galos, Celtos et Illyrios, les héros éponymes des Galates, des Celtes et des Illyriens. — Galatée est aussi le nom de la statue animée par Pygmallion. On peut fêter les Galatée le jour de la sainte Nymphe. Voir ce prénom. **Fête le 10 novembre.**

GALERAN (m) Cf. Galmier.

GALGANO (m) Etym. grecque (*gala*, lait et *ganos*, éclat). Né en 1148, Galgano Guidotti est ermite sur le mont Siepi, près de Chiusdino, en Toscane. Erigée sur son ermitage après sa mort,

en 1181, la chapelle Saint-Galgano existe encore. Daté du 7 août 1185, le procès de canonisation du saint ermite est le plus ancien qui nous soit parvenu. **Fête le 3 décembre.**

GALIA (f) Cf. Galla.

GALL (m) Etym. celtique (*gal*, bravoure). Evêque de Clermont mort en 551, saint Gall est très vénéré en Auvergne pendant plusieurs siècles. **Fête le 1er juillet.** — Originaire d'Irlande et compagnon de saint Colomban*, Gall participe à la fondation de l'illustre abbaye de Luxeuil, aujourd'hui en Franche-Comté, puis se fixe non loin de Bregenz, près de la source de la rivière Steinach, Vorarlberg, où il vit en ermite jusqu'en 646, date de sa mort. En 720 est fondée, à l'emplacement de son ermitage, une abbaye bénédictine autour de laquelle se développe la ville de Saint-Gall, en Suisse orientale. Le culte du saint reste vivace en Suisse, en Allemagne du sud-ouest et en Alsace. **Fête le 16 octobre.** Prénom dérivé : Gallien.

GALLA (f) Etym. latine (*Galli*, les Gaulois). Veuve encore très jeune Galla renonce aux avantages d'une famille fortunée et célèbre pour se consacrer à Dieu dans un monastère, à Rome, au 6e s. **Fête le 12 mars.** Prénoms dérivés : Galia, Gallia, Galliane.

GALLIA (f) Cf. Galla.

GALLIANE (f) Cf. Galla.

GALLIEN (m) Cf. Gall.

GALMIER (m) Etym. germanique (*wald*, celui qui gouverne et *heri*, armée). Originaire du Forez, Galmier, ou Galeran, est serrurier à Lyon, très apprécié de son entourage pour sa charité et sa piété. Moine au monastère Saint-Just, il reçoit les ordres mineurs mais refuse la prêtrise, s'en croyant indigne. Mort vers 650, il est enseveli dans l'église Saint-Just, mais ses restes sont dispersés par les huguenots au

16ᵉ s. L'un de ses bras est pourtant conservé dans l'église de la ville qui perpétue son nom : Saint-Galmier, dans le Lyonnais. **Fête le 26 février.**

GALMIÈRE (f) Cf. Galmier.

GANAËL (m) Cf. Gwenaël.

GANET (m) Cf. Gérard. Forme saxonne du prénom.

GANGULPHE (m) Cf. Gengulphe.

GARNIER (m) Cf. Werner.

GASPAR (m) Etym. sanscrite (*gathaspa*, celui qui vient voir). Gaspar est le second des trois mages venus d'Orient à Bethléem pour y adorer l'enfant Jésus quelques jours ou quelques semaines après sa naissance et retournés dans leurs pays respectifs par un autre chemin, évitant Jérusalem où les attend le roi Hérode (Matthieu 2, 1-12). Au 6ᵉ s. on fait d'eux des rois. Au 8ᵉ s. saint Bède* parle d'eux comme s'il les avait connus : « Jeune encore, imberbe et rouge de peau, Gaspar offre de l'encens au fils de Dieu pour bien marquer qu'il reconnaît sa divinité ». **Fête le 6 janvier.**

GASPARD (m) Etym. cf. Gaspar. Prêtre romain, Gaspard del Bufalo refuse de prêter le serment de fidélité que Napoléon exige du clergé des Etats Pontificaux, préférant disparaître de la circulation en attendant des jours meilleurs. Pie VII le charge plus tard de prêcher des missions en Italie centrale. Le style théâtral de ses interventions impresionne les foules et provoque de nombreuses conversions, mais la moisson est immense... Pour l'aider dans sa tâche Gaspard fonde les Prêtres du Précieux Sang en 1818. Mort le 28 décembre, peu de temps après l'épidémie de choléra en 1836, il est béatifié en 1904 et canonisé en 1954. **Fête le 28 décembre.** — Fondateur de la congrégation des Saints Stigmates du Christ pour le ministère paroissial en

Italie , Gaspard Bertoni meurt en 1853. Béatifié par Paul VI le 1ᵉʳ novembre 1975. **Fête le 29 août.**

GASPARDE (f) Cf. Gaspard.

GASPARDINE (f) Cf. Gaspard.

GASTON (m) Etym. germanique (*gast*, hôte). Originaire du centre de la France, Gaston ou Vaast est prêtre à Toul à la fin du 5ᵉ s. lorsqu'il est nommé catéchiste de Clovis. Il l'accompagne à Reims et assiste à son baptême le jour de Noël 496. Sacré évêque d'Arras par saint Rémi*, Gaston travaille quarante ans durant à la restauration des Eglises du nord de la Gaule, anéanties ou réduites à de minuscules communautés clandestines par les invasions barbares. Saint Gaston est le véritable premier titulaire de l'évêché d'Arras et l'apôtre de la région où plus de soixante églises gardent son souvenir. Mort le 1ᵉʳ octobre 540, il repose à l'abbaye qui lui est dédiée à Arras, le cœur même de la cité pendant plusieurs siècles. **Fête le 6 février.** Prénoms dérivés : Gastoun, Gastounet, Vaast, Waast.

GASTOUN (m) Cf. Gaston. Forme provençale du prénom.

GATA (f) Cf. Agathe.

GATIANE (f) Cf. Gatien.

GATIEN (m) Etym. latine (*Gates*, nom d'une peuplade d'Aquitaine). Selon Grégoire* de Tours, Gatien est l'un des sept missionnaires envoyés de Rome en Gaule par le pape Fabien* au 3ᵉ s. Premier évêque de Tours pendant près de cinquante ans, Gatien lutte activement contre les coutumes païennes et les méfaits de la civilisation romaine. Mort au début du 4ᵉ s, il est enseveli au cimetière parmi ses diocésains. Plus tard saint Martin* fait transférer ses restes dans la basilique construite par saint Lidoire* à l'intérieur de la cité. **Fête le 18 décembre.** Prénoms dérivés : Gatiane, Gatienne.

GATIENNE (f) Cf. Gatien.

GAUBERT (m) Etym. germanique (*waldo*, celui qui gouverne et *berht*, brillant). Troisième abbé de Luxeuil au 7ᵉ s., Gaubert remplace la règle de saint Colomban*, le fondateur de l'abbaye, par celle de saint Benoît*, moins sévère. **Fête le 2 mai.**

GAUCHER (m) Etym. germanique (*waldo*, celui qui gouverne et *heri* armée). Saint Gaucher, qu'il ne faut pas confondre avec le bon frère Gaucher, amateur d'élixir, que Daudet a immortalisé dans *Les Lettres de mon Moulin*, est le fondateur d'un monastère à Chavagnac, dans le Limousin, et le maître d'une véritable "école de sainteté" au 12ᵉ s. Ses principaux disciples sont saint Lambert*, futur évêque d'Angoulême, saint Etienne* de Grandmont, fondateur d'ordre, et saint Faucher dont le chef est conservé dans une coupe en or massif à l'église d'Aureil, près de Limoges. Mort nonagénaire en avril 1140. **Fête le 9 avril.**

GAUD (f) Cf. Marguerite. Forme bretonne du prénom.

GAUDENCE (m) Etym. latine (*gaudens*, joie). Evêque de Brescia, Italie, vers 390, saint Gaudence fait ériger dans sa ville une basilique en l'honneur des 40 martyrs de Sébaste. En 404, il est l'un des ambassadeurs dépêchés par Innocent 1ᵉʳ à Constantinople pour prendre la défense de saint Jean Chrysostome qui s'est mis dans une situation délicate en dénonçant les injustices et les mauvaises mœurs de la Cour. Mort vers 410, Gaudence laisse des homélies, dont une vingtaine nous sont parvenues, intéressantes par leur contenu doctrinal et les précisions historiques qu'elles donnent. **Fête le 25 octobre.** — Cf.Gaudens.

GAUDENCIA (f) Cf. Gaudence.

GAUDENS (m) Etym. cf. Gaudence. Missionnaire en Comminges, Pyré-nées, dans les premiers siècles du christianisme, saint Gaudens est à l'origine d'une ville de Haute-Garonne, capitale du Nébouzan, Gascogne, au Moyen Age. **Fête le 3 juillet.**

GAUDÉRIC (m) Etym. germanique (*waldo*, celui qui gouverne et *rik*, roi). Saint Gaudéric, ou Gaudérique, fait la pluie et le beau temps en Roussillon depuis des siècles mais il est originaire de Comminges. Né vers 820, il est paysan, fervent chrétien et toujours prêt à rendre service. Un jour qu'un ouragan éclate sur les champs de blé de ses voisins, compromettant sérieusement la récolte, Gaudéric se met en prière. Le vent tombe et les nuages se dissipent presque aussitôt. Dérobées dans l'église de Viéville, les reliques de saint Gaudéric sont transférées en 1014 à l'abbaye Saint-Martin-du-Canigou, puis à la cathédrale Saint-Jean de Perpignan en 1785. Le saint laboureur est en honneur dans tout le Roussillon, prié depuis près de mille ans lors de calamités de toutes sortes. **Fête le 16 octobre.**

GAUDÉRICE (f) Cf. Gaudéric.

GAUDÉRIQUE (m) Cf. Gaudéric.

GAUDRY (m) Cf. Gaudéric.

GAUTHIER (m) Etym. germanique (*waldo*, celui qui gouverne et *heri*, armée). Elu abbé de Saint-Martin de Pontoise, Gauthier est aimé par ses moines mais bien incapable d'occuper la première place parmi eux quand l'Evangile recommande de prendre la dernière. Il fuit donc Saint-Martin à la faveur d'une nuit sans lune et va se réfugier à Cluny. Ses moines éplorés finissent par le retrouver et le ramènent joyeusement à Pontoise. Nouvelle fugue de Gauthier quelques semaines après. Il vit en ermite sur un îlot de la Loire, en aval de Tours, lorsqu'il est rejoint par quelques-uns de ses moines qu'un pèlerin a alertés. Gauthier les suit jusqu'au monastère, docile mais non guéri. Ne voient-ils donc pas qu'il est indigne de les diriger ? Le pape s'en rendra compte immédiatement. Gauthier s'en va à Rome pour lui donner sa démission. Grégoire VII l'écoute attentivement, le bénit très paternellement et le renvoie à Pontoise avec l'ordre de ne plus quitter son poste. Soumis et toujours aimé de ses moines, Gauthier meurt le 8 avril 1099, abbé de Saint-Martin de Pontoise. **Fête le 9 avril**. Prénoms dérivés : Authier, Walder, Walter, Walther.

GAUTIER (m) Cf. Gauthier.

GAUZELIN (m) Etym. germanique (*gast*, hôte et *lind*, doux) Evêque de Toul, saint Gauzelin est le fondateur de l'abbaye de Bouxières-aux-Dames en 930. Son évangéliaire est l'un des plus prestigieux éléments du trésor de la cathédrale de Nancy. **Fête le 16 mai.**

GAVIN (m) Cf. Coemgen.

GÉDÉON (m) Etym. hébraïque. Juge d'Israël, Gédéon, dit Jéroubbaal, est le vainqueur des Madianites aux 12e et 11e s. av. J.-C. (Cf. le *Livre des Juges*, 6-8). **Fête le 1er septembre.**

GÉLASE (m) Etym. latine (*Gelasius*, gens romaine illustre aux 2e et 3e s.). Elu 49e pape en 492, Gélase 1er définit l'autorité pontificale dans l'Eglise et promulgue le canon des livres saints. Le *Sacramentaire gélasien*, à la fin du 7e s., garde la marque de ses réformes liturgiques. De nombreuse lettres parvenues jusqu'à nous témoignent de son activité théologique et disciplinaire. Mort à Rome en 496. **Fête le 21 novembre.**

GELLIA (f) Cf. Galane.

GELLIANE (f) Cf. Galane.

GEMMA (f) Etym. latine (*gemma*, pierre précieuse). Orpheline, Gemma assure l'éducation de ses frères et sœurs tout en travaillant comme domestique chez un pharmacien de Lucques, en Toscane (Italie). Elle est guérie miraculeusement du mal de Pott par saint Gabriel dell' Addolorata et, en 1899, marquée des stigmates de la Passion du Christ, phénomènes longuement étudiés par d'éminents médecins et théologiens, tous d'accord pour admettre qu'il n'y a pas d'explication naturelle. Torturée par de pénibles épreuves intérieures, Gemma souffre tout en réparation des péchés de l'humanité. Morte à Lucques en 1903, elle est canonisée le 2 mai 1940. **Fête le 11 avril.**

GEMMIE (f) Cf. Gemma.

GÉNÉBAUD (m) Etym. germanique (*geno,* race et *bald*, audacieux). Saint Génébaud est le premier évêque de Laon au 6e s. **Fête le 5 septembre.**

GENCE (m) Cf. Gentien.

GENÈS (m) Etym. latine (*genus*, origine). Greffier en Arles, Provence, Genès refuse de transcrire un édit de persécution, au 3e s. Il est décapité et enterré au cimetière des Aliscamps. L'église Saint-Genès-de-la-Colonne élevée à Trinquetaille à l'emplacement de son martyre est un centre de pèlerinage important au 4e s. Saint Genès d'Arles est le patron des greffiers, des notaires et depuis peu des sténographes. **Fête le 25 août.** — Comédien à Rome, au 4e s., Genès est amené à jouer le rôle d'un païen qui se convertit au christianisme et que l'on tourne en

Saint Yves (église de Pont-Croix).

Sant Youenn

dérision. Pris à son propre jeu et touché par la grâce, il demande le baptême après le spectacle. Mais on est en pleine période de persécution ; Genès est aussitôt arrêté, condamné et décapité. Saint Genès de Rome a été si souvent confondu avec son homonyme d'Arles qu'il est fêté le même jour.

GENEST (m) Cf. Genès.

GÈNEVA (f) Cf. Geneviève.

GENEVIÈVE (f) Etym germanique (*geno*, race et *wefa*, femme). Née à Nanterre vers 420, Geneviève va habiter chez sa marraine, à Lutèce, après la mort de ses parents, et mène la vie non cloîtrée des religieuses de ce temps. Favorisée de grâces extraordinaires, comme de lire dans les consciences et de calmer les énergumènes, elle joue aussi un rôle déterminant dans la protection de la cité contre les Huns, exhortant la population à ne pas fuir et lui promettant que Lutèce sera épargnée. Dieu exauce les prières de Geneviève. Attila se rabat sur la Loire, bientôt vaincu et contraint de quitter la Gaule. Lorsque plus tard les Francs harcèlent la ville et tentent d'affamer ses habitants, c'est encore Geneviève qui sauve la situation en allant par voie d'eau jusqu'à Troyes pour y chercher des vivres. Providence du petit peuple, Geneviève est aussi la conseillère des rois, Childéric et son fils Clovis, qui lui témoignent toujours une grande vénération. La reconnaissance des Parisiens suit leur bienfaitrice longtemps après sa mort (vers 505). La colline où elle est ensevelie prend son nom et l'église bâtie sur sa tombe devient le cœur de l'une des plus célèbres abbayes d'Ile-de-France jusqu'à la Révolution. Les ossements de Geneviève sont brûlés en place de Grève et ses cendres jetées à la Seine en décembre 1792, mais son culte se perpétue dans l'église Saint-Etienne-du-Mont, au sommet de ''sa montagne'', d'où la sainte patronne de Paris continue à veiller sur la ville. **Fête le 3 janvier.** — Prénoms dérivés : Gèneva, Gènevote. Guenièvre, Ginévra, Gina, Ginette.

GÈNEVOTE (f) Cf. Geneviève.

GENGOUX (m) Cf. Gengulphe.

GENGULPHE (m) Etym. germanique (*geno*, race et *wulf*, loup). Mari trompé, Gengulphe fait, des infidélités de sa femme, son chemin de croix. Assassiné par l'amant, près de Langres, Champagne, vers 760, il est très populaire en Allemagne après qu'une moniale a écrit son histoire en vers au 10e s. Patron de Florennes, en Belgique, saint Gengulphe est aussi invoqué pour l'union et la paix dans les ménages. **Fête le 11 mai.** Prénoms dérivés : Gengoux, Gengoulph.

GÉNIE (f) Cf. Eugénie.

GÉNOVÉFA (f) Cf. Geneviève.

GENS (m) Etym. provençale (*gent*, beau et aimable). Né à Monteux, comtat Venaissin, en 1104, dans une famille de pauvres paysans, Gens fuit le mas paternel à quinze ans pour échapper au mariage qu'on veut lui imposer. Ermite dans une grotte au Beaucet, près de Carpentras, il intervient efficacement en faveur de ses compatriotes lors d'une période de grande sécheresse. Un autre jour, un loup ayant écorché sa vache, Gens le condamne à tirer la charrue ! L'animal devient d'ailleurs son compagnon familier et prévient le village de sa fin, hurlant à la mort, le 16 mai 1127. Saint Gens est aussitôt très populaire en Provence où sa tombe attire de nombreux pèlerins. Au Beaucet un loup grandeur nature veille sur la châsse qui contient ses reliques. **Fête le 16 mai.**

GENSÉRIC (m) Cf. Gentien. Forme primitive du prénom.

GENTIANE (f) Cf. Gentien. — La gentiane est aussi une plante herbacée à suc amer, dont les fleurs, bleues, jaunes ou violettes selon les espèces, égaient les pâturages de montagne entre mai et juillet.

GENTIEN (m) Etym. cf. Gens. Apôtre de la Gaule au 4e s., saint Gentien est martyrisé par les barbares de Rictovar avec plusieurs de ses compagnons. **Fête le 11 décembre**. Prénoms dérivés : Genséric, Gentienne, Gentiane.

GENTIENNE (f) Cf. Gentien.

GENTILE (f) Etym. latine (*gentilis*, de race). Epouse d'un tailleur vénitien jaloux et irascible, Gentile Giusti est mère de deux enfants dont l'un meurt en bas âge. Les épreuves s'accumulent dans la vie de Gentile. Elle est chassée de la maison et de la ville avec son fils après la mort de son mari mais, au lieu de l'aigrir, la souffrance l'incite à s'inquiéter du malheur des autres et à les soulager quand elle le peut. Morte à Ravenne, Italie, en 1530. **Fête le 29 janvier**.

GEOFFREY (m) Cf. Godefroy.

GEOFFROY (m) Cf. Godefroy.

GEORDIE (m-f) Cf. Georges.

GEORGE (f) Cf. Georges ou Georgia.

GEORGES (m) Etym. grecque (*gê*, terre et *ergon*, travail, force). Martyrisé à Lydda, Palestine, au début du 4e s., saint Georges est vite accaparé par la légende... Noble et héroïque tribun cappadocien de l'armée impériale, il renverse les idoles et transperce un dragon pour sauver une adolescente. Finalement arrêté par la faute de Dadianus, un empereur persan dont on n'a jamais retrouvé la trace, il subit un long martyre de sept ans, non sans succomber et ressusciter plusieurs fois ! Seuls le fait et le lieu de son martyre sont certains. Et aussi le culte dont saint Georges fait l'objet dès la fin du 4e s. en Orient puis en Occident, surtout en Angleterre où il devient si populaire qu'en 1222 un concile natio-nal rend sa fête obligatoire. Le drapeau de saint Georges apparaît en 1284 et, au 16e s, la Réforme protestante garde le nom du saint dans son calendrier. En France, saint Georges est le patron des Scouts et des Eclaireurs. **Fête le 23 avril**. — Elu patriarche de Constantinople vers 790, saint Georges étudie les personnages bibliques, dit son biographe, ''comme de vivantes images d'instruction divine proposées à notre imitation''. Mort à Amastris (auj. Amasra, Turquie), en 806. **Fête le 21 février**. — Originaire du Caucase et consacré à Dieu dès ses premières années, saint Georges l'Hagiorite dirige pendant dix ans le couvent des Ibères au mont Athos, Grèce. Il est connu comme hagiographe et commentateur de la Bible. Mort sur la Sainte-Montagne en 1065. **Fête le 30 juin**. — Enlevé par des pirates et vendu aux Indes comme esclave à l'âge de douze ans, Georges Gervaise parvient à rejoindre son frère réfugié en Flandre douze ans plus tard. Ordonné prêtre en 1603, il est arrêté, condamné à mort et exécuté à Tyburn, Angleterre, en 1608. **Fête le 11 avril**. Prénoms dérivés : Geordie, Georgio, Jordan, Jordi, Jore, Jòrgi, Jorioz, Youra, Youri, etc.

GEORGETTE (f) Cf. Georgia.

GEORGIA (f) Etym. cf. Georges. Selon Grégoire* de Tours, Georgia est une sainte femme morte vers l'an 500 à Clermont, en Auvergne. Le jour de son enterrement, raconte-t-il, un vol de colombes l'accompagne de sa maison jusqu'à l'église, disparaît pendant l'office pour ne pas distraire les fidèles et réapparaît sur le chemin du cimetière jusqu'à l'instant où le cercueil de Georgia est recouvert par la terre. **Fête le 15 février**. Prénoms dérivés : Georgette, Georgiane, Georgie, Georgina, Georgine, Jordane, etc.

GEORGIANE (f) Cf. Georgia.

GEORGIE (f) Cf. Georgia.

GEORGINA (f) Cf. Georgia.

GEORGINE (f) Cf. Georgia.

GEORGIO (m) Cf. Georges.

GÉRALD (m) Etym. germanique (*gari*, lance et *wald*, celui qui gouverne). Abbé de Mayo, en Irlande, au 8e s., saint Gérald confie la direction des moines irlandais à son disciple Colman et garde celle des Anglais afin de préserver la paix dans le monastère ! **Fête le 13 mars**, — Né à Corbie, Picardie, vers 1025, Gérald va à Rome dans l'espoir de retrouver la santé au mont Gargan ou au mont Cassin. Il revient prêtre, ordonné par Léon IX, mais c'est saint Adalard, à Corbie même, qui le délivre de ses atroces migraines. Abbé de Saint-Vincent de Laon, il tente une réforme, renonce au bout de cinq ans et s'en va pour un long pèlerinage à travers la France avec ses deux meilleurs moines. Epris de solitude et de prière, ils fondent le monastère de la Grande-Sauve, en 1079, sur un domaine que leur laisse Guillaume, duc d'Aquitaine, entre la Garonne et la Dordogne. Mort en 1095. **Fête le 5 avril**. — Moine bénédictin à Moissac, Quercy, Gérald est nommé évêque de Braga, Portugal, malgré ses réticences. Il construit des églises, réforme le clergé et œuvre à la rechristianisation de son diocèse, après une longue occupation du pays par les Maures, avec un zèle et une énergie extraordinaires. Mort à Bornos en 1109. **Fête le 5 décembre**. Prénom dérivé : Géraud.

GÉRALDINE (f) Etym. cf. Gérald. Mariés malgré eux, Géraldine et son époux se séparent d'un commun accord afin de suivre leur véritable vocation, lui chez les camaldules de Saint-Savin à Pise, en Toscane, elle comme ermite, tertiaire du même ordre, s'adonnant à la prière et à la pénitence dans une cellule voisine de l'abbaye. Morte en 1240. **Fête le 29 mai.**

GÉRARD (m) Etym. germanique (*gari*, lance et *hard*, dur). Militaire de carrière, Gérard prend l'habit bénédictin après la mort de son père, le seigneur de Brogne, et fonde une abbaye sur le domaine familial. Formé à Saint-Denis, près de Paris, il fait aussi œuvre de réformateur dans les monastères qui relèvent de sa juridiction, à la demande du duc de Lotharingie et du comte de Flandre. Mort à Brogne (auj. Saint-Gérard, en Belgique) le 3 octobre 959, Gérard est canonisé par Innocent II, lors du concile de Reims, en 1131. **Fête le 3 octobre**. — Humble cellérier du chapitre de Saint-Pierre de Cologne, Gérard est nommé évêque de Toul (auj. en Lorraine) en 963, pour sa sainteté plus que pour ses dispositions à gouverner un diocèse. Le nouvel évêque ne tarde pas à étonner. Il fait ériger une nouvelle cathédrale, fonde des monastères, des écoles, et opère de nombreux miracles si l'on en croit son biographe, l'abbé de Saint-Epore de Toul. Mort en 994, Gérard est canonisé en 1051 par Léon IX, l'un de ses successeurs à Toul avant de coiffer la tiare. **Fête le 23 avril**. — Né à Venise vers 980, Gérard devient moine puis abbé de l'abbaye Saint-Georges. Envoyé en Hongrie, il est l'éducateur d'Émeric*, fils du roi Étienne*. Puis successivement ermite dans la forêt de Bakony et évêque de Csanad, aux confins de la Hongrie, de la Roumanie et

Saint Germain (église de Plogastel-Saint-Germain).

TRONC POUR
St GERMAIN

de la Yougoslavie, il est enlevé par des païens, lapidé, achevé à coups de lance et jeté dans le Danube le 24 septembre 1046. **Fête le 24 septembre.** — Frère aîné de saint Bernard*, Gérard n'est pas enthousiasmé par l'idée d'entrer dans les ordres. Blessé lors d'un combat et emmmené en captivité, il change d'avis et demande son admission à Cîteaux dès sa libération en 1112. En 1115 il participe à la fondation de Clairvaux avec Etienne* Harding et Bernard. Mort en 1138, très regretté par son frère. **Fête le 13 juin.** — Fils d'un modeste artisan napolitain, Gérard est placé en apprentissage. Mais, appelé à la vie parfaite, il va tirer la cloche du couvent des capucins. On le trouve parfaitement inapte à la vie religieuse ! Gérard ne se décourage pas, frappe à d'autre portes, comme le recommande l'Evangile : « Frappez et l'on vous ouvrira ». Plusieurs s'entrouvrent et se referment aussitôt. Les rédemptoristes que vient de fonder Alphonse-Marie* de Liguori le laissent enfin rentrer en 1749. Après trois ans de noviciat, Gérard Majella fait sa profession comme frère convers et sa très courte vie n'est plus qu'une suite de prodiges, d'extases et de conversions autour de lui. Les épreuves ne manquent pas non plus. Calomnié par une femme, Gérard est sur le point d'être chassé ; il est privé des sacrements par le fondateur lui-même mais ne dit rien, ne se défend pas, heureux de pouvoir ressembler un peu plus à son Maître. Mort à Caposele en 1755, il est béatifié en 1893 et canonisé en 1904. **Fête le 13 octobre.** Prénoms dérivés : Ganet, Gérardin, Gérardine, Guérard ou Guérart.

GÉRARDIN (m) Etym. cf. Gérard. Saint Gérardin est l'un des sept marchands florentins et amis inséparables, fondateurs des Servites de Marie au 13e s. Mort en 1282. Cf. Alexis Falconieri. **Fête le 17 février.**

GÉRARDINE (f) Cf. Gérard ou Gérardin.

GÉRASE (m) Etym. germanique (*gari*, lance et *Ans*, nom d'une divinité païenne). D'orgine burgonde, saint Gérase est évêque de Grenoble au milieu du 5e s. Son culte est confirmé par Pie X en 1903. **Fête le 6 juin.**

GÉRASIME (m) Etym. cf. Gérase. Fondateur d'une laure sur la rive du Jourdain, près de Jéricho, Palestine, vers 451, saint Gérasime s'est surtout rendu célèbre par son amitié pour un lion ! Délivré par la douce main du moine d'une épine fichée dans sa patte, le fauve suit partout Gérasime et refuse de quitter le monastère. Il garde la maison, tient compagnie à l'âne des moines et s'accomode assez bien du régime végétarien de la communauté. Mais le 5 mars 475, la mort de Gérasime plonge l'animal dans un tel désespoir qu'il se couche sur la tombe de son ami et se laisse mourir de faim. **Fête le 5 mars**

GÉRAUD (m) Cf. Gérald. — Comte d'Aurillac, Géraud administre son domaine avec simplicité, soucieux du bien-être de son peuple. Il accorde leur liberté à de nombreux serfs. C'est un homme juste et bon, aimé de ses gens. On lui attribue la fondation de l'abbaye d'Aurillac, Auvergne, en 890. Mort aveugle à Saint-Cirgues le 13 octobre 909, ses restes sont ramenés à Aurillac. **Fête le 13 octobre.** — Seigneur de Salles, près de Bergerac, en Guyenne, Géraud consacre son immense fortune à fonder des monastères dans le sud-ouest de la France, puis se retire dans l'un d'eux et finit ses jours comme servant de messe. Mort en 1120. **Fête le 20 avril.** Prénoms dérivés : Giraud, Guérande

GERBERT (m) Cf. Guibert.

GERLAND (m) Etym. germanique (*gari*, lance et *land*, terre). Bisontin, Gerland est envoyé en Sicile qui vient d'être envahie par les Normands au 11ᵉ s. Il s'emploie activement à la rechristianisation de l'île longtemps occupée par les Maures et meurt vers 1100, évêque d'Agrigente. **Fête le 25 février.**

GERMAIN (m) Etym. latine (*germen*, qui est du même sang). Etudiant à Rome, puis avocat, Germain se marie et accepte le poste de gouverneur de la province d'Auxerre. Très populaire et estimé, il est proclamé évêque par tous ses administrés en 418. Il fonde un monastère qui a gardé son nom, sur la rive droite de l'Yonne, prépare le futur saint Patrick* à sa mission et, à la demande du pape Célestin 1ᵉʳ, accompagne saint Loup de Troyes en Angleterre pour y combattre l'hérésie pélagienne. Intervenant auprès de Valentinien III en faveur des chrétiens d'Armorique, il meurt à Ravenne, en Emilie (Italie), en 448. **Fête le 31 juillet.** — Selon Venance* Fortunat, son ami et son biographe, Germain a beaucoup de chance de voir le jour, sa mère ayant tout fait pour avorter. Né près d'Autun vers 496, sa tante essaie ensuite de l'empoisonner. Visiblement protégé par Dieu, Germain se consacre à lui. Il est ordonné prêtre en 531, puis nommé abbé de Saint-Symphorien d'Autun, mais bientôt expulsé par les moines allergiques à sa rigueur et à sa notion de l'ascèse. Childebert, fils de Clovis et roi de Paris, cherche heureusement un évêque. Germain compte parmi les personnalités les plus influentes de son siècle. Avec saint Droctovée*, le premier abbé, il fonde l'abbaye Sainte-Croix-Saint-Vincent, futur Saint-Germain-des-Prés, dont l'église est consacrée le 23 décembre 558. Mort octogénaire le 28 mai 576, il y est enseveli. **Fête le 28 mai.** — Evêque de Constantinople au 8ᵉ s., saint Germain est célèbre pour sa fermeté à défendre le culte des images et pour ses homélies sur la Mère de Dieu. **Fête le 20 mai.** Prénom dérivé : German.

GERMAINE (f) Etym. cf. Germain.

Née à Pibrac, près de Toulouse, en 1579, Germaine perd sa mère très jeune. Son père et sa marâtre n'ont que mépris pour elle et la traitent moins bien que leurs animaux domestiques. Germaine ne se plaint pas. Elle aime. C'est le secret de sa sainteté. Elle aime ceux qui ne l'aiment pas, elle aime ses moutons, son chien, les oiseaux, les fleurs. Dehors par tous les temps, elle garde son troupeau dès l'âge de neuf ans, le chapelet à la main, répond aux railleries en rendant les services qu'elle peut et en partageant son pain sec avec les vagabonds. Des miracles font taire les mauvaises langues à la fin de sa courte vie. Retrouvée morte sous son escalier à l'aube du 15 juin 1601, Germaine est ensevelie dans l'église. Exhumé en 1644, son corps est intact. Pie IX béatifie Germaine en 1854 et la canonise dès 1867. **Fête le 15 juin.** Prénoms dérivés : Germane, Germina, Germinia, Germinie, etc.

GERMAN (m) Cf. Germain.

GERMANE (f) Cf. Germaine.

GERMER (m) Etym. germanique (*gari*, lance et *maro*, illustre). Ayant fui la cour de Clovis II, Germer fonde un monastère en Normandie, mais son austérité et son intransigeance pour faire observer la règle le rendent très impopulaire. Il meurt dans la solitude vers 658. **Fête le 24 septembre.** Prénom dérivé : Germond.

GERMIER (m) Etym. cf. Germer. Saint Germier est évêque de Toulouse au 6ᵉ s. **Fête le 16 mai.**

GERMINA (f) Cf. Germaine.

GERMINIA (f) Cf. Germaine.

GERMINIE (f) Cf. Germaine.

GERMOND (m) Cf. Germer. Forme alsacienne du prénom.

GÉROLD (m) Etym. germanique (*gari*, lance et *ald*, vieux). Ermite, saint

Gérold meurt en Alsace vers 980. **Fête le 19 avril.**

GÉRONIMA (f) Cf. Jérôme.

GERTRUDE (f) Etym. germanique (*gari*, lance et *trud*, fidélité). Fille de Pépin de Landen et de sainte Itte*, et sœur de sainte Begge*, Gertrude est consacrée à Dieu par sa mère dans sa plus tendre enfance. Dès l'âge requis elle prend le voile au monastère de Nivelles, en Brabant, fondé par sainte Itte, succède à sa mère comme abbesse en 647 et meurt en 659, à trente-trois ans, épuisée par les austérités. **Fête le 13 février.** — Au 8e s. sainte Gertrude est l'une des trois filles de sainte Berthe*, fondatrice de l'abbaye de Blangy-sur-Ternoise, près d'Abbeville. **Fête le 4 juillet.** — Recueillie à cinq ans par les moniales cisterciennes d'Helfta, en Saxe, Gertrude est douée d'une vive intelligence et d'une excellente mémoire. Elle se plonge avec délices dans les études profanes, se passionne pour la littérature, la poésie, la philosophie et la musique, se souciant de son âme comme de ses vieux souliers, selon sa propre expression, et vivant en païenne parmi des païennes. Jusqu'au jour de sa vingt-cinquième année où Dieu lui souffle qu'elle passe à côté de l'essentiel. Elle n'ouvre plus alors que la Bible et les ouvrages des Pères de l'Eglise, attentive à l'enseignement du Christ qui la comble de faveurs extraordinaires : extases, visions, révélations, communications célestes qu'elle consigne par écrit à partir de 1289. Ses livres font de sainte Gertrude l'un des plus grands auteurs de la littérature mystique universelle. Morte à Helfta en 1301, elle est la patronne des Indes occidentales. **Fête le 16 Novembre.** Prénoms dérivés : Trudie, Trudy.

GÉRULPHE (m) Etym. germanique (*gari*, lance et *wulf*, loup). Adolescent, Gérulphe vient de recevoir le sacrement de confirmation des mains de l'évêque de Tournai à l'abbaye du Mont-Blandain, près de Gand, en Flandre, lorsqu'il est traitreusement assassiné, vers 750. Son corps est transféré à Drongen au 10e s. **Fête le 21 septembre.**

GERVAIS (m) Etym. grecque (*gherazein*, honorer). De passage à Milan en 386, Monique* et Augustin* sont témoins de la découverte des corps de saint Gervais et saint Protais par l'évêque Ambroise*. Les deux frères martyrs portent encore la trace de leurs souffrances, l'un ayant la mâchoire entaillée par le glaive, l'autre le crâne martelé. Ils reposent depuis sous l'autel de la basilique Saint-Ambroise de Milan où le saint évêque les a rejoints en 397. Une église leur est dédiée à Paris. **Fête le 19 juin**

GERVAISE (f) Cf. Gervais.

GERVIN (m) Cf. Gerwin.

GERWIN (m) Etym. germanique (*gari*, lance et *win*, ami). Originaire de Reims, Gerwin est abbé bénédictin de Saint-Riquier, en Picardie, de 1045 à 1075. Les ouvrages patristiques et hagiographiques dont il dote la bibliothèque de l'abbaye nous instruisent sur la spiritualité du 11e s. Mort en 1075. **Fête le 3 mars.**

GERWINE (f) Cf. Gerwin.

GÉRY (m) Etym. germanique (*gari*, lance). A Yvois, aujourd'hui Carignan, Ardennes, Géry étudie les Ecritures, distribue sa nourriture aux pauvres et participe chaque matin à

Saint Hubert (basilique Sainte-Madeleine de Vézelay).

l'Eucharistie. Magnéric, évêque de Trèves, l'ordonne diacre dès qu'il sait le psautier par cœur. Elu évêque de Cambrai vers 590, Géry devient la providence des prisonniers et des serfs, versant de fortes rançons pour obtenir leur libération. Il assiste au concile de Paris en 614 et meurt vers 625. Son culte est très important dans le nord de la France et jusqu'aux Pays-Bas. **Fête le 11 août.**

GESLAIN (m) Cf. Ghislain.

GESTIN (m) Cf. Estin.

GHISLAIN (m) Etym. germanique (*ghil,* otage et *lind,* doux). Fondateur et abbé d'un monastère près de Mons, Hainaut, Ghislain est à l'origine de la ville de Saint-Ghislain, en Belgique. Mort en 683. **Fête le 10 octobre.** Prénoms dérivés : Geslain, Ghislie, Ghisline, Guilain, Guilaine, etc.

GHISLAINE (f) Cf. Ghislain.

GHISLIE (f) Cf. Ghislain.

GHISLINE (f) Cf. Ghislain.

GIANNI (m) Cf. Jean.

GIBRIAN (m) Cf. Gibrien.

GIBRIEN (m) Etym. celtique *(gur,* davantage et *bri,* estime, considération). Missionnaire irlandais ordonné par saint Remi*, Gibrien est mort en 509. Le sanctuaire où il est enseveli est brûlé par les Normands en 892. Retrouvé intact, le corps de saint Gibrien est mis à l'abri et, au 10e s., transféré sous l'autel de l'abbatiale Saint-Remi, près de Reims. Le 16 avril 1145, les reliques sont placées dans une châsse neuve commandée par l'abbé de Cluny ; cérémonie qui provoque une véritable avalanche de miracles et un regain extraordinaire de popularité en faveur du saint. Un village porte son nom au bord de la Marne, près de Châlons, et au musée de Reims se trouve une magnifique pièce de bois sculpté

qu'on appelle le bâton de saint Gibrien. **Fête le 28 juillet.**

GILBERT (m) Etym. germanique (*ghil,* otage et *berht,* brillant). Après l'échec de la 2e croisade, Gilbert distribue ses biens aux pauvres et fonde l'abbaye de Neuffonts, en Limagne, sous la règle des moines prémontrés. Mort en 1152. **Fête le 7 juin.** — Seigneur de Sempringham, Angleterre, Gilbert fonde deux monastères sur son domaine, pour les moniales en 1131, pour les moines en 1147, conseillé par Bernard* de Clairvaux et encouragé par le pape Eugène III. Ces fondations constituent le noyau de l'ordre spécifiquement anglais, les Gilbertins, qui compte déjà une dizaine de monastères en 1154. Ami de Thomas* Becket, Gilbert souffre de la persécution dont est victime l'archevêque de Cantorbery. Mort à Sempringham en 1189, il est canonisé par Innoncent III en 1202. **Fête le 4 février.**

GILBERTE (f) Etym. cf. Gilbert. Sainte Gilberte, ou Agilberte, est la deuxième abbesse de Jouarre, près de Meaux, au 7e s. Dans la crypte de l'abbatiale, son tombeau porte d'étranges motifs abstraits. **Fête le 11 août.**

GILDA (m) Cf. Gildas.

GILDARD (m) Cf. Godard.

GILDAS (m) Etym. celtique. Gweltaz ou Weltaz en breton, Gildas est originaire de Dumbarton, en Ecosse. Disciple de saint Illtud*, il évangélise le nord de l'Angleterre et l'Irlande avant de débarquer en Armorique où il travaille à la réforme de plusieurs monastères. En 538, il est ermite dans l'île de Houat, près de Belle-Ile, mais les disciples affluent et Gildas fonde un nouveau monastère dans la presqu'île de Rhuys. On a de lui plusieurs ouvrages dont un *Sommaire de l'Histoire de l'Angleterre depuis la conquête romaine.* Mort dans l'île de Houat en

570, saint Gildas, dit le Sage, jouit d'une immense popularité en Bretagne dès le 7ᵉ s., établi leur patron protecteur par de nombreuses villes et paroisses, invoqué contre la rage, le « malsant-Weltas », contre la folie, les maux de tête et de dents. **Fête le 29 janvier.**

GILDUIN (m) Etym. germanique *(ghil,* otage et *win,* ami). Né en 1052, Gilduin ou Gildwin est le fils du seigneur de Dol et de Combourg. Elu très jeune et contre son gré évêque de Dol, il transmet ses pouvoirs à Even, abbé de monastère à Rennes, et se retire à l'abbaye Saint-Pierre de Chartres. Il y meurt le 27 janvier 1077, terrassé par une fièvre. Saint Gilduin est le patron de l'église de Combourg. **Fête le 27 janvier.** Prénoms dérivés : Ghéhen, Guihen.

GILDWIN (m) Cf. Gilduin.

GILIA (f) Cf. Gilles. — La gilia est aussi une plante qui donne de ravissantes fleurs mauves de mai à août.

GILIAN (m) Cf. Gilles.

GILLES (m) Etym. germanique *(ghil,* otage). Après la mort de ses parents, Gilles distribue tous ses biens aux pauvres, abandonnant même son manteau à un indigent qui est aussitôt guéri de tous ses maux en s'en vêtant. Gilles reste deux ans en Arles, près de saint Césaire*, et se retire dans la solitude du désert de la Crau, se nourrissant de racines, de plantes sauvages et du lait d'une biche devenue familière. Des miracles attirent l'attention de Wambo, roi des Wisigoths. La grotte de Gilles est découverte, un monastère est construit dont il devient l'abbé en dépit de ses protestations. Mort en 521, saint Gilles est bientôt très populaire dans toute la chrétienté. Une basilique est érigée sur son tombeau où s'arrêtent tous les pèlerins de Compostelle. Une ville s'établit autour du sanctuaire, qui prend vite des allures de petite capitale (auj. Saint-Gilles-du-Gard, près de Nîmes). En 1562 les restes de saint Gilles sont transférés à Saint-Sernin de Toulouse. Son sarcophage est retrouvé en 1865, lors des fouilles qui permettent le dégagement du premier sanctuaire dédié au saint. Invoqué contre le cancer, la stérilité des femmes, la folie et les frayeurs nocturnes, saint Gilles est aussi le patron éponyme de trois localités de Belgique et d'un chef-lieu de canton vendéen. **Fête le 1ᵉʳ septembre.** — Jeune moine de Coïmbre, Portugal, Gilles perd le goût de la prière, néglige l'office, uniquement préoccupé de problèmes d'alchimie et résolu à percer les secrets de la nature. Il abandonne même le monastère et prend la route de Paris afin d'y rencontrer des savants. C'est le diable qu'il rencontre, qui lui promet de réaliser tous ses désirs, de le combler de tous les biens de cette terre, mais en échange de son âme. Gilles signe la cédule que lui tend le sinistre personnage, aussitôt terriblement désemparé. Personne, à Paris ni ailleurs, n'est capable de l'instruire, de répondre à ses questions. Déçu, trompé, Gilles sombre dans la débauche, touche le fond du désespoir. Il songe à en finir définitivement, lorsqu'une voix intérieure lui suggère une idée, un nom. Docile, Gilles invoque la Mère de Dieu. Elle le guide sur le chemin du retour, jusqu'au Portugal où un moine dominicain l'exorcise. Il vit encore de nombreuses années au couvent de Santarem, ignorant tout des secrets de la nature mais persuadé de l'amour que le Christ et sa Mère lui portent, et uniquement préoccupé d'en être digne. Mort en paix un jour de 1265, Gilles est canonisé par Benoît XIV en 1748. **Fête le 14 mai.** — Le bienheureux Gilles d'Assise, cf. Egide. **Fête le 23 avril.** Prénoms dérivés : Gilia, Gilian, Giliane, Gillette, Gillou, etc.

GILLETTE (f) Cf. Gilles.

GILLIAN (m) Cf. Gilles.

GILLIANE (f) Cf. Gilles.

GILLIE (f) Cf. Gilles.

GILOUN (m) Cf. Gilles. Forme provençale du prénom.

GINA (f) Cf. Geneviève, Régine ou Luigi.

GINÈVRA (f) Cf. Geneviève.

GINETTE (f) Cf. Geneviève ou Régine.

GINO (m) Cf. Luigi.

GIRARD (m) Etym. cf. Gérard. Doué du don de télépathie, Girard assiste, de son monastère de Brossay, en Anjou, à la mort du pape Gélase*, à l'incendie de Vézelay et à plusieurs autres événements marquants de son temps. Mort en 1123. **Fête le 4 novembre.**

GIRAUD (m) Cf. Géraud.

GIREG (m) Etym. celtique *(gur, davantage)*. Originaire du pays de Galles, Gireg prêche l'évangile en Armorique avec saint Tugdual*, fonde un monastère près de Lanmeur et un ermitage à Ploudaniel. Auxiliaire de saint Pol*, évêque de Léon, Gireg meurt en 547. Ses restes sont à l'abbaye de Locquirec, Bretagne. **Fête le 17 février.** Prénoms dérivés : Gevrog, Guireg, Kireg, Quirec.

GISÈLE (f) Etym. germanique *(gisil, flèche)*. Fille de Pépin le Bref et sœur de Charlemagne, Gisèle est aussi la filleule du pape Etienne II. Ayant fait vœu de virginité, il lui faut éconduire de nombreux et illustres prétendants, princes, rois et même l'empereur d'Orient Constantin Copronyme. Après la mort brutale de son directeur spirituel, le moine Venant*, assassiné par l'un d'eux, Gisèle fait construire un monastère à Aire-sur-la-Lys, en Artois, et y vit ses trente dernières années dans la prière et la pénitence. 8e-9e siècles. **Fête le 21 mai.** — Epouse de saint Étienne* de Hongrie et mère de saint Émeric*, Gisèle se consacre à Dieu à l'abbaye de Niedernburg, en Bavière, après la mort de son mari, en 1038. **Fête le 7 mai.**

GLADEZ (f) Etym. celtique *(glad, richesse)*. Epouse du roi de Clamorgan, au pays de Galles, Gladez n'est pas toujours un modèle de fidélité conjugale. Mais veuve, elle se convertit au christianisme et vit en ermite sur les bords de l'Ebbw, aux 5e et 6e s. L'un de ses fils est saint Cado*, grand missionnaire en Armorique au 6e s. **Fête le 29 mars.** Prénoms dérivés : Gladys, Glwadys.

GLADYS (f) Cf. Gladez.

GLAÔDE (m-f) Cf. Claude. Forme bretonne du prénom.

GLAUDE (m-f) Cf. Claude. Forme provençale du prénom.

GLAUDINO (f) Cf. Claudine. Forme provençale du prénom.

GLEB (m) Etym. slave : David. Fils du tzar Wladimir, Gleb et Boris* sont assassinés par leur frère Sviatopolk, hostile au partage de l'héritage paternel. Gleb est abattu près de Smolensk en 1015, peu de temps après Boris. Comme lui Gleb refuse de se défendre et expire en pardonnant à ses meurtriers. Gleb et Boris sont canonisés ensemble en 1020 par l'Eglise orthodoxe russe. **Fête le 24 juillet.**

David (vitrail de la cathédrale de Chartres).

GLORIA (f) Etym. latine : "gloire". Née dans un famille de pauvres paysans toscans, Gloria ou Auria parvient à se faire admettre sans dot dans un monastère où elle mène une vie parfaitement exemplaire et opère de nombreux miracles au 11ᵉ s. **Fête le 11 mars.**

GLOSSINDE (f) Etym. grecque *(glôssa,* langue). Sainte Glossinde fonde le premier couvent de femmes à Metz au 5ᵉ s. **Fête le 28 avril.**

GLWADYS (f) Cf. Gladez.

GOAL (m) Etym. celtique *(gal,* bravoure ou *gwarck,* arc). Ermite au 7ᵉ s., saint Goal ou Gudwal est le patron protecteur de Locoal-Mendon, Morbihan, où se trouve son tombeau. **Fête le 26 mars.**

GOAR (m) Etym. germanique *(warno,* celui qui défend). Prêtre à Trèves, en Rhénanie, au 6ᵉ s., saint Goar met sa joie à recevoir les pèlerins et les mendiants. Il les invite à sa table après l'Eucharistie pour s'entretenir avec eux des choses spirituelles. D'une simplicité évangélique il accepte volontiers les humiliations mais refuse les honneurs. **Fête le 6 juillet.**

GOBAIN (m) Etym. latine *(gobius,* goujon). Disciple de saint Fursy*, Gobain construit son ermitage près de Laon. Il est massacré par les envahisseurs germains en 670. Une ville établie autour de son tombeau perpétue son souvenir. **Fête le 20 juin.**

GOBERT (m) Etym. germanique *(godo,* dieu et *berht,* brillant). Au retour de la croisade, le seigneur Gobert d'Aspremont fait le pèlerinage de Saint-Jacques-de-Compostelle et revêt l'habit des moines cisterciens à l'abbaye de Villers, en Brabant. Mort vers 1263. **Fête le 20 août.**

GOBRIAN (m) Cf. Gobrien.

GOBRIEN (m) Etym. celtique. Saint Gobrien, Govran en breton, est évêque de Vannes au 8ᵉ s. **Fête le 16 novembre.**

GODARD (m) Etym. germanique *(godo,* dieu et *hard,* dur). Evêque, probablement de Rouen, saint Godard ou Gildard assiste au concile d'Orléans en 511. Le transfert de ses reliques à Soissons au 9ᵉ s., par crainte des Normands, est sans doute à l'origine d'une légende qui fait de lui le frère jumeau de saint Médard. **Fête le 8 juin.**

GODEBERTE (f) Etym. germanique *(godo,* dieu et *berht,* brillant). Docile aux sages conseils du grand saint Eloi*, Godeberte renonce au monde et prend le voile dans une abbaye au 8ᵉ s. Abbesse, elle fonde un monastère dans les murs du palais de Noyon, Ile-de-France, que le roi Clotaire III a légué à son ordre. **Fête le 11 avril.**

GODEFROI (m) Cf. Godefroy.

GODEFROY (m) Etym. germanique *(godo,* dieu et *frido,* paix). Prénom en vogue au Moyen Age. Réformateur apprécié de l'abbaye de Nogent, Champagne, Godefroy se voit offrir la direction de Saint-Remi de Reims, la plus riche abbaye du diocèse. Il refuse net. Un homme honnête n'abandonne pas sa femme pour en prendre une plus belle, explique-t-il à l'archevêque Manassès. Mais il obéit au pape qui lui confie le diocèse d'Amiens en 1104. Le grand souci de Godefroy est de défendre et de protéger les humbles. Il prend même le parti de la "commune" pour tenter de soustraire la ville à la tyrannie des seigneurs ; il est aussitôt persécuté, tourné en dérision et vilipendé, y compris par ses pairs. Contraint de fuir, il est retrouvé chez les chartreux et ramené de force dans son diocèse. De passage à Soissons il meurt d'épuisement, âgé de cinquante ans, le 8 novembre 1115. **Fête le 8 novembre.** — Saint Godefroy de Cappendberg, lui, transforme son château en monastère de prémontrés, mettant sa femme au comble de l'ahurissement. Mort en 1127. **Fête le 13 janvier.** — Le plus illustre des Godefroy est sans doute le fils d'Eustache II de Boulogne et de sainte Ida*, Godefroy de Bouillon, duc de Lothier, qui conduit l'armée des chevaliers des régions de la Meuse et du Rhin à la première croisade. Elu souverain de Jérusalem, il refuse « de porter une couronne royale là où le Christ a été couronné d'épines », envoie le diadème à Boulogne pour la statue de Notre-Dame et meurt en 1100 à Jérusalem. **Fête le 13 avril.** Prénoms dérivés : Geoffroy, Geoffrey.

GODELAINE (f) Cf. Godelieve.

GODELIEVE (f) Etym. germanique *(godo,* dieu et *liut,* peuple). Epouse d'un riche et illustre aristocrate, Godelieve est traitreusement assassinée par sa belle-mère à Ghistelles, près de Bruges, en 1070. L'élévation du corps est faite par Radbod, évêque de Tournai, en 1084. **Fête le 6 juillet.** Prénoms dérivés : Godelaine, Godeline, Godelive, Godiva.

GODELINE (f) Cf. Godelieve.

GODELIVE (f) Cf. Godelieve.

GODON (m) Etym. germanique *(godo,* dieu). Neveu de saint Wandrille*, Godon ou Gond acquiert avec lui le domaine de Fontenelle, Normandie, en 648, mais construit son ermitage à Oyes, près de Sézanne, Champagne, vers 662. Mort vers 690, ses reliques sont vénérées dans l'église d'Oyes, près de l'abbaye bénédictine érigée sur son tombeau. Les marais de Saint-Gond sont célèbres depuis la bataille décisive de septembre 1918. **Fête le 26 mai.**

GODIVA (f) Cf. Godelieve.

GOËRIC (m) Etym. germanique *(godo,* dieu et *rik,* roi). Saint Goëric est le successeur de saint Arnoul* sur le siège épiscopal de Metz au 7e s. **Fête le 19 septembre.**

GOHARD (m) Etym. germanique *(godo,* dieu et *hard,* dur). Nommé évêque de Nantes en 836, Gohard est décapité dans sa cathédrale, à l'issue d'une célébration de l'Eucharistie, le 24 juin 843. Mais à l'instant où les Normands vont mettre le feu à l'édifice « le corps du saint pontife Gohard se lève sur pied, écrit Albert le Grand*, et tenant sa tête dans ses mains, sort de la cathédrale au grand étonnement des infidèles ». Une croyance prétend que l'évêque poursuit sa marche jusqu'au fleuve et embarque pour Angers où il est enseveli par les chanoines de Saint-Pierre. L'histoire atteste que saint Gohard repose effectivement à Angers où d'ailleurs le pape Urbain II qui l'a canonisé vient le vénérer en 1095. **Fête le 27 juin.**

GOHARZ (m) Cf. Gohard. Forme bretonne du prénom.

GOND (m) Cf. Godon.

GONERI (m) Etym. celtique *(gwenn,* blanc). Fils de sainte Eliboubann*, Goneri construit son ermitage dans la forêt de Bringuilly et prêche l'Evangile dans tout le pays de Vannes au 6e s. Tombé dans un guet-apens, il est roué de coups par les valets du seigneur Alvand, jaloux de sa popularité. Remis de ses blessures, Goneri se venge à sa façon. Plein d'audace et confiant dans la grâce de Dieu, il va évangéliser son ennemi et parvient à le convertir. Mais sa grande renommée dans la région décide Goneri à fuir. Il met ses dernières forces au service de saint Tugdual* et meurt sans doute à Plougrescant (auj. dans les Côtes-du-Nord) où une chapelle lui est dédiée, reconnaissable de loin à sa tour penchée et magnifiquement décorée à l'intérieur de scènes bibliques en bandes dessinées . Les reliques du saint y sont conservées, mais plusieurs autres localités de Bretagne se réclament aussi de son patronage, dont Saint-Gonnery dans le Morbihan. **Fête le 18 juillet.**

Saint Georges, peinture de Carpaccio (église de San Giorgio dei Sciavonni, Venise). ▶

GONTRAN (m) Etym. germanique *(gund,* guerre et *Ans,* nom d'une divinité teutonne). Second des quatre fils de Clotaire 1er, Gontran hérite du royaume mérovingien de Bourgogne en 561. Il fait de Chalon-sur-Saône sa capitale, crée l'évêché de Maurienne et reconstruit l'abbaye d'Agaune dans le Valais. Homme de paix, Gontran tente de faire coïncider ses profondes convictions chrétiennes avec les affaires de la vie politique, répare le mal causé dans son peuple par les luttes intestines et contribue à la fondation de plusieurs monastères dont l'abbaye de Luxeuil avec saint Colomban*. Surnommé « le bon roi Gontran », il meurt à Chalon le 28 mars 592. Très vivace en Bourgogne dès le 7e s., le culte de saint Gontran connaît une recrudescence au 15e s. après la restauration de son tombeau. **Fête le 28 mars.**

GONZAGUE (m) Cf. Louis.

GONZALÈS (m) Etym. germanique *(gund,* guerre et *al,* tout). Rentrant de Terre sainte, Gonzalès trouve son neveu en deuil de lui ! Le drôle a annoncé la mort de l'oncle et s'est approprié tous ses biens pendant son absence. Gonzalès qui possède un autre "trésor" lui laisse sa fortune, lui pardonne et entre chez les dominicains. Ermite près d'Amaranthe, sur les bords du Tamega, Portugal, il reçoit tellement d'aumônes de ses admirateurs qu'il peut financer la construction d'un pont sur la rivière, à la grande satisfaction de tous les riverains. Mort dans son ermitage vers 1259, saint Gonzalès est l'un des rares saints dominicains qui ne soient pas aussi un grand théologien. **Fête le 10 janvier.** — Missionnaire au Japon au 16e s., Gonzalès est massacré par Hidegoschi, prêtres et laïcs chrétiens ou catéchumènes. **Fête le 5 février.**

GORDIEN (m) Etym. grecque *(Gordius,* nom d'un roi légendaire de Phrygie ; le nœud "gordien" qui attache le joug au timon de son char est si difficile à défaire qu'Alexandre le tranche d'un coup d'épée). Jeune chrétien décapité vers 362, Gordien est inhumé sur la voie Latine, près de la tombe d'Épimaque* martyrisé un siècle plus tôt. Ce qui explique qu'ils sont toujours nommés ensemble comme deux frères. **Fête le 10 mai.**

GORDIUS (m) Etym. cf. Gordien. Soldat romain révolté à la vue des supplices dont sont victimes les chrétiens, Gordius démissionne pour se vouer à l'étude de leur religion. Instruit, baptisé et brûlant de confesser le Christ, il s'affiche parmi les païens et les autorités de la ville, à Césarée, en Cappadoce (Turquie), lors d'une fête donnée en l'honneur du dieu Mars, proclamant qu'il est chrétien et tonnant que c'est une honte pour l'Empire de traiter ainsi d'inoffensifs citoyens. Arrêté sur-le-champ, il est condamné et décapité dans les jours qui suivent, en l'an 304. **Fête le 3 janvier.**

GORGON (m) Etym. cf. Georges. Officiers de Dioclétien convertis au christianisme, Gorgon et Dorothée* sont arrêtés, condamnés et étranglés à Nicomédie, Asie Mineure, en 303. **Fête le 3 août.**

GORGONIE (f) Etym. cf. Georges. Fille de saint Grégoire l'Ancien et sœur de Grégoire* de Nazianze, Gorgonie est l'une des femmes d'élite qui ont le plus contribué au progrès de la foi chrétienne dans l'Eglise d'Orient des premiers siècles. Morte à quarante ans vers 370. **Fête le 9 décembre.**

GOTHARD (m) Etym. germanique *(godo,* dieu et *hard,* dur). Ordonné prêtre par saint Wolfgang* de Ratisbonne en 994, Gothard est abbé bénédictin de Nieder-Altaich, Bavière, deux ans plus tard. Elu évêque d'Hildesheim, près de Hanovre, Basse-Saxe, en 1022, il meurt en 1038. Au 13e s. une église lui est dédiée à Hildesheim, la Godehardkirche, et plus tard une chapelle au col du massif alpin nommé le Saint-Gothard. **Fête le 4 mai.**

GOUESNOU (m) Etym. celtique *(gwenn,* blanc). Ermite près de Brest, le moine Gouesnou construit son oratoire et évangélise les païens de la région au 7e s. Il parvient à convertir le seigneur Comonor qui, baptisé, lui construit un monastère. Mais Gouesnou est bientôt nommé évêque du Léon. Il gouverne son diocèse pendant vingt-quatre ans et meurt à Quimperlé, le 25 octobre 675, assassiné croit-on tandis qu'il visite un monastère en chantier en compagnie de saint Korvaz*. Plusieurs localités bretonnes se réclament du patronage de saint Gouesnou : Saint-Guinoux (Ille-et-Vilaine), Saint-Gouéno (Côtes-du-Nord) et surtout Gouesnou, près de Brest, à l'emplacement de l'ermitage du saint. **Fête le 25 octobre.** Le prénom s'écrit aussi Goueznou, Gwenou ou Guenou.

GOUEZNOU (m) Cf. Gouesnou.

GOULVEN (m) Etym. celtique *(gwenn,* blanc). Pour le remercier de l'avoir aidé à repousser une invasion de pirates par ses prières, le comte Even lègue une terre à Goulven au 6e s. Le moine y bâtit un monastère dont il est le premier abbé jusqu'à son élection au siège épiscopal du Léon en 573. Il est ensuite évêque de Rennes. Mort à la Motte-Mérioul (Ille-et-Vilaine), les reliques de saint Goulven sont conservées à Rennes, mais son culte est vivace dans tout le Léon. **Fête le 1er juillet.** Prénoms dérivés : Goulc'hen, Goulch'an.

GOULWEN (m) Cf. Goulven.

GOUSTAN (m) Etym. celtique. Originaire de Grande-Bretagne, Goustan est moine à Saint-Gildas-de-Rhuys au 11e s. sous la houlette de saint Félix qui l'a sauvé des mains des pirates. Mort le

27 novembre 1040, son sarcophage est conservé à l'abbaye Saint-Gildas. **Fête le 27 novembre.**

GOUZIERN (m) Cf. Gunthiern.

GOVRAN (m) Cf. Gobrien. Forme bretonne du prénom.

GRÂCE (f) Etym. latine *(gratia,* grâce). Fille d'un émir de la région de Valence, Espagne, Zaïde se fait instruire de la religion chrétienne et reçoit le prénom de Grâce avec le baptême. Arrêtée, elle est martyrisée le 21 août 1180 avec sa sœur Marie et son frère Ahmed*, cistercien, plus connu sous le nom de Bernard d'Alcira. **Fête le 21 août.** Prénoms dérivés : Gracia, Gracieuse, Grazia, Graziella, Griselda.

GRACIA (f) Cf. Grâce.

GRACIEUSE (f) Cf. Grâce.

GRADLON (m) Etym. celtique. Roi de Cornouaille aux 5e-6e s., Gradlon est instruit de la religion chrétienne et baptisé par saint Corentin*. **Fête le 1er novembre.**

GRALON (m) Cf. Gradlon.

GRATIEN (m) Etym. latine *(gratia,* grâce). Né à Mulla, près de Kotor, Montenegro, vers 1439, Gratien est caboteur sur la côte de l'Adriatique. Touché par un sermon dans une église de Venise, il vend son bateau, sa maison, tout ce qu'il possède et entre chez les moines augustins de Monte Ortone, près de Padoue. Jardinier, maçon, tailleur ou cordonnier, il fait tous les métiers dans le monastère, heureux du moment qu'il peut rendre service. Il lui reste encore du temps pour opérer des miracles et passer de longs moments devant le tabernacle. Il jeûne plusieurs fois par semaine et porte un rude cilice, conservé à la cathédrale de Kotor (auj. en Yougoslavie). Nommé au couvent Saint-Christophe de Venise où l'audition d'une homélie avait provoqué sa vocation, Gratien y meurt vers 1509. **Fête le 22 décembre.**

GRAZIA (f) Cf. Grâce.

GRAZIELLA (f) Cf. Grâce.

GRÉGOIRE (m) Etym. grecque *(egregorein,* veiller). Seize papes, quatre patriarches d'Arménie et une vingtaine de saints ont illustré le prénom. Disciple d'Origène et évêque de Néocésarée (auj. Niksar en Turquie) sa ville natale, au 3ᵉ s., saint Grégoire le Thaumaturge est célèbre pour les nombreuses guérisons miraculeuses qu'il obtient, les conversions qu'il provoque et les apparitions de la Vierge Marie accompagnée de saint Jean l'Evangéliste dont il est favorisé. Il participe au concile d'Antioche vers 265 et meurt vers 270, auteur d'un *Eloge d'Origène* et de plusieurs ouvrages de théologie. **Fête le 19 novembre.** — Apôtre de l'Arménie, saint Grégoire l'Illuminateur est le fils du meurtrier du roi Khosro 1ᵉʳ. Unique rescapé des représailles exercées sur sa famille, il est éduqué chrétiennement à Césarée de Cappadoce, retourne en Arménie pour l'évangéliser et convertit le roi Tiridate. Sacré évêque, il sacre lui-même ses deux fils et leur laisse la direction de l'Eglise arménienne avant de se retirer dans un ermitage. Mort vers 326. **Fête le 30 septembre.** — Fils de saint Grégoire l'Ancien, évêque de Nazianze (près de l'actuel village de Nezeri, en Turquie), Grégoire est l'ami de saint Basile*. Ordonné prêtre par son père en 361, puis sacré évêque de Sasima par Basile en 372, Grégoire fuit plusieurs fois ses responsabilités pastorales, attiré par la solitude. En 374, il doit pourtant prendre la place de son père qui vient de mourir. Nommé évê-

que de Constantinople en 378, il se révèle éminent théologien mais doit lutter contre les ariens, déjouer les intrigues d'un rival, Maxime, que l'empereur Théodose finit par écarter, et subir les sarcasmes des prélats d'Egypte et de Macédoine. Il démissionne encore, dès 381, et se retire en Cappadoce. Mort à Nazianze en 390, saint Grégoire laisse de précieux traités de théologie, des poèmes et des lettres. Docteur de l'Eglise comme son ami saint Basile, il est honoré le même jour. **Fête le 2 janvier.** — Frère du même saint Basile, Grégoire est nommé évêque de Nysse, Cappadoce, en 371, mais destitué par les ariens cinq ans après. Il participe au concile de Constantinople en 381 et devient conseiller religieux de l'empereur. Mort vers 395, il est l'auteur d'importants ouvrages dogmatiques et exégétiques. **Fête le 9 mars.** — Né à Clermont, Auvergne, en 538, saint Grégoire est évêque de Tours en 573. Hardi défenseur des droits de l'Eglise lors des querelles entre les rois francs, il est aussi intransigeant pour faire respecter le droit d'asile, refusant à Chilpéric l'autorisation de poursuivre Mérovée et Brunehaut qui se sont réfugiés à l'abbaye Saint-Martin. Il est aussi le seul évêque à défendre Prétextat* de Rouen victime de la vengeance des princes. Mais Grégoire est surtout l'auteur d'ouvrages hagiographiques et d'une *Histoire des Francs* en 40 volumes qui fait de lui le père de l'Histoire de France. **Fête le 17 novembre.** — Saint Grégoire 1ᵉʳ le Grand est le 64ᵉ pape, de 590 à 604. Préfet de Rome en 573, il vend son héritage et fait de sa demeure un monastère bénédictin dédié à saint André. Elu pape malgré

Saint Roch (église de Pont-Croix).

ST ROCH

ROCH

lui, il réforme l'administration pontificale et la vie ecclésiastique, organise la défense contre les Lombards, intervient en Afrique contre les donatistes et en Espagne contre les ariens. Il envoie des missionnaires en Angleterre, dont Augustin*, futur archevêque de Cantorbery, et rétablit le primat d'Arles en Gaule. En Orient il lutte contre l'empereur Maurice qui refuse la prêtrise aux militaires et aux fonctionnaires, et il combat énergiquement les prétentions du patriarche « œcuménique » de Constantinople. Enfin il simplifie la liturgie et rédige plusieurs ouvrages importants sur la pastorale de l'Eglise. Il se dit humblement « le serviteur des serviteurs de Dieu », titre que tous les papes ont adopté jusqu'à maintenant. Il est docteur de l'Eglise mais certainement pas l'auteur du chant grégorien dont la tradition lui attribue la création. **Fête le 3 septembre.** — Moine au mont Athos et archevêque de Thessalonique au 14e s., saint Grégoire Palamas est le maître de l'hésychasme (mystique de la contemplation sensible de Dieu par le silence et l'immobilité). Sa puissante synthèse théologique justifie, contre les attaques rationalistes, le réalisme de la déification et l'expérience transfigurante de la «lumière incréée». Sa théologie des « énergies divines » qui permet d'inclure le *Filioque* devrait rapprocher les orthodoxes et les catholiques. Mort à Thessalonique en 1359, Grégoire a été canonisé par l'Eglise grecque. **Fête le 12 juillet.** — Diplomate, Grégoire Barbarigo renonce vite à la brillante carrière qu'il entrevoit et demande la prêtrise. A peine ordonné, il est sacré évêque et nommé au siège épiscopal de Bergame, Italie, puis créé cardinal (1660) et transféré au siège de Padoue. C'est là qu'il donne toute sa mesure, dotant son séminaire d'une imprimerie polyglotte et d'une chaire de langues orientales. Quant aux pauvres, ils sont toujours les enfants préférés de Grégoire ; il leur distribue ses vêtements, son

mobilier, jusqu'à son lit. Il meurt plus pauvre qu'eux mais aimé de tous, en 1697. Il est le type même du ''bon pasteur''. Canonisé par Jean XXIII le 26 mai 1960. **Fête le 17 juin.** Prénoms dérivés : Grégor, Grégoria, Grégoriane, Grégorie, Grégory, etc.

GRÉGOR (m) Cf. Grégoire.

GRÉGORI (m) Cf. Grégoire. Forme provençale du prénom.

GRÉGORIA (f) Etym. cf. Grégoire. Appartenant à la cohorte des onze mille vierges de la légende de sainte Ursule*, Grégoria est martyrisée par les Huns près de Cologne au 5e s. **Fête le 21 octobre.**

GRÉGORIANE (f) Cf. Grégoria.

GRÉGORIE (f) Cf. Grégoria.

GRÉGORY (m) Cf. Grégoire.

GRÉTA (f) Cf. Marguerite.

GRETEL (f) Cf. Marguerite. Forme alsacienne du prénom.

GRETEN (f) Cf. Marguerite. Forme alsacienne du prénom.

GRIMAUD (m) Etym. francique *(grima,* masque). Originaire de Saint-Omer, Artois, Grimaud franchit la Manche et se consacre à Dieu au monastère de Winchester. Elu abbé, il meurt à son poste en 903. **Fête le 8 juillet.**

GRINGOIRE (m) Cf. Grégoire.

GRISELDA (f) Cf. Grâce.

GUALBERT (m) Cf. Valbert.

GUDULE (f) Etym. germanique *(gund,* guerre et *lind,* doux). Elevée par sainte Gertrude* de Nivelles, sa marraine, Gudule est formée très jeune à la piété et à la mortification. Elle aime les pauvres comme de véritables frères et sa mort, en 712, à Moorsel, Belgique, est un immense deuil pour eux. Sainte Gudule est la patronne de Bruxelles où ses reliques ont été transférées en 988. **Fête le 8 janvier.**

GUDWAL (m) Cf. Goal.

GUÉNAËL (m) Cf. Gwenaël.

GUÉNAUT (m) Cf. Gwenaël.

GUENIÈVRE (f) Cf. Geneviève. — Le prénom est illustré sous cette forme par l'auteur des romans de la Table Ronde. Femme du roi Artus, Guenièvre est aimée du chevalier Lancelot, mais elle lui impose de cruelles épreuves, ainsi que l'exigent les lois médiévales de l'amour courtois.

GUÉNOLÉ (m) Cf. Gwenolé.

GUÉRANDE (m) Cf. Géraud.

GUÉRARD (m) Cf. Gérard.

GUERARHT (m) Cf. Gérard. Forme alsacienne du prénom.

GUÉRIN (m) Etym. germanique *(waran,* protéger). Disciple de saint Robert* de Molesme, Guérin fonde le monastère d'Aulps, Savoie, avec trois compagnons. Elu second abbé, il affilie l'abbaye Notre-Dame d'Aulps à l'ordre de Cîteaux vers 1136. Saint Bernard* y passe quelques jours, comme le prouve une lettre conservée dans laquelle il félicite Guérin pour le bon ordre de son monastère. Nommé évêque de Sion, Valais, en 1138, malgré ses réticences, Guérin ne ménage pas sa peine, mais son bonheur est de pouvoir retourner à Aulps chaque fois qu'il le peut pour retrouver ses frères et la paix monastique. C'est d'ailleurs là, dans sa cellule de moine, qu'il rend son âme à Dieu le 27 août 1150. Il est inhumé à l'abbaye et pendant des siècles ses reliques sont vénérées par tous les habitants de Saint-Jean-d'Aulps. **Fête le 6 janvier.**

GUERRIC (m) Etym. germanique *(waran,* protéger et *rik,* roi). Né à Tournai et chanoine de la cathédrale,

Guerric prend l'habit cistercien à Clairvaux en 1131. Saint Bernard* le propose comme abbé aux moines d'Igny, en Champagne, sept ans plus tard. Charge qu'il remplit jusqu'en 1153. Mort le 19 août 1157, saint Guerric est célèbre pour ses homélies encore très appréciées aujourd'hui. **Fête le 19 août.**

GUÉTHENOC (m) Etym. celtique. Fils de saint Fragan* et de sainte Gwenn*, Guéthenoc ou Vennec est le co-fondateur de l'abbaye de Landévennec, au fond de la rade de Brest, Bretagne, en 485, avec son frère Gwenolé*. **Fête le 3 mars.**

GUEWEN (f) Cf. Gwenn.

GUI (m) Cf. Guy.

GUIBERT (m) Etym. germanique *(wig,* combat et *berht,* brillant). Né à Gembloux, près de Namur, vers 892, Guibert fonde une abbaye sur le domaine dont il hérite de son père, le seigneur Liétold, y installe les bénédictins et leur donne même un abbé, Erluin, un ancien clerc séculier, pour vivre lui-même en simple moine. Lorsque les Hongrois envahissent la région en 954, Guibert profite de leur passage pour leur prêcher l'Evangile. Retiré à l'abbaye de Gorze, sa sainteté est si évidente que ses anciens confrères de Gembloux viennent lui demander de leur réserver sa dépouille mortelle. Guibert n'y voit pas d'inconvénient et, mort en 962, retourne à Gembloux qui devient un grand centre de pèlerinage. **Fête le 23 mai.**

GUIDON (m) Cf. Guy.

GUIER (m) Etym. celtique *(gur,* davantage). Ermite en Cornouailles, Angleterre, saint Guier guérit miraculeusement le roi Alfred* le Grand à la fin du 9e s. **Fête le 4 avril.**

GUIGNER (m) Etym. francique *(wingjan,* faire signe). A Pluvigner, près d'Auray, Morbihan, une église est dédiée à saint Guigner ou Pleuigner, missionnaire en Armorique au 5e s. Deux vitraux y évoquent toute sa vie spirituelle et apostolique. **Fête le 1er juin.**

GUIGNOLET (m) Cf. Gwenolé.

GUIHEN (m) Cf. Gilduin.

GUIHÉUME (m) Cf. Guillaume. Forme provençale du prénom.

GUIHÉUMETO (f) Cf. Guillaume. Forme provençale féminine du prénom.

GUILAIN (m) Cf. Ghislain.

GUILAINE (f) Cf. Ghislain.

GUILBAUD (m) Cf. Willibald.

GUILEN (f) Cf. Ghislain.

GUILLAUME (m) Etym. germanique *(will,* volonté et *helm,* heaume). Prénom illustré par une vingtaine de princes, rois ou empereurs, et près de cinquante saints et bienheureux. Gouverneur de la marche d'Espagne sous le règne de Charlemagne, Guillaume le Grand s'empare de Barcelone en 801. Duc d'Aquitaine, il fonde l'abbaye de Gellone, près de Montpellier, et y meurt, simple moine, en 812. Les chansons de geste ont fait de lui un héros légendaire sous le nom de Guillaume d'Orange. **Fête le 28 mai.** — Au 11e s. le bienheureux Guillaume de Volpiano restaure l'abbaye dédiée à saint Bénigne* à Dijon. Promoteur du renouveau architectural en Bourgogne et en Normandie, il meurt à Fécamp en 1031. **Fête le 1er janvier.** — Chanoine de Sainte-Geneviève de Paris, saint Guillaume est chargé de la réforme d'un monastère danois. Mort à Eskill,

Danemark, dans la nuit de Pâques 1203. **Fête le 6 avril.** — Né à Nevers et pourvu d'un riche canonicat dès l'adolescence, Guillaume se retire dans la solitude de Grandmont, près de Limoges. Puis successivement prieur cistercien de Pontigny, abbé de Fontaine-Saint-Jean, près de Sens, et abbé de Chaalis, Senlis, Guillaume est nommé archevêque de Bourges en 1200. Il distribue alors tous ses biens aux indigents, soigne lui-même les malades, exorcise les possédés, héberge sous son toit les ivrognes et les débauchés. L'incroyable austérité dont il donne l'exemple est toujours tempérée par une extrême douceur et une perpétuelle gaieté, dit son biographe. Mort le 10 janvier 1209, Guillaume est canonisé dès 1218, mais ses restes sont détruits par les calvinistes au 16e s. **Fête le 10 janvier.** — Elu évêque de Saint-Brieuc en 1220, Guillaume réussit à empêcher ses diocésains de mourir de faim pendant une disette mais, persécuté par Pierre Mauclerc, duc de Bretagne, il passe quatre années à Poitiers, banni. Revenu à Saint-Brieuc, il entreprend la construction de la cathédrale. Mort en 1234, Guillaume est le premier saint breton canonisé par Rome, en 1247. **Fête le 29 juillet.** — Né à Sérignan, Languedoc, Guillaume Courtet prend l'habit dominicain en 1608. Prieur du couvent d'Avignon, professeur de théologie à Toulouse puis à Madrid, il est aux Philippines en 1635 et au Japon l'année suivante. Aussitôt arrêté et jeté en prison, il est jugé à Nagasaki le 13 septembre 1637. Martyrisé avec plusieurs de ses compagnons, Guillaume survit à la torture. Il est décapité le 29 septembre 1637. Son corps est brûlé et ses cendres sont jetées à la mer. Il est

Saint Joachim (retable de Bodilis, Finistère).

béatifié par Jean-Paul II à Manille le 18 février 1981 avec ses quinze compagnons. **Fête le 29 septembre.** Prénoms dérivés : Guilhem, Guillaumette, Guillemette, Gwilherm, William, Wilhelm, Wilhelmine, Vilma, Willy.

GUILLAUMETTE (f) Cf. Guillaume.

GUILLEMETTE (f) Cf. Guillaume.

GUILLOT (m) Cf. Guillaume. Forme normande du prénom.

GUINGALOIS (m) Cf. Gwenolé.

GUINOU (m) Cf. Gouesnou.

GUINOUX (m) Cf. Gouesnou.

GUIREG (m) Cf. Gireg.

GUITE (f) Cf. Marguerite.

GUITOU (m) Cf. Guy. Forme hypocoristique du prénom.

GUNILDA (f) Cf. Gudule.

GUNTHER (m) Cf. Gunthiern. Forme alsacienne et allemande du prénom.

GUNTHIERN (m) Etym. gaélique *(cun,* seigneur et *tiern,* prince). Souverain de Cambrie, pays de Galles, au 5e s., Gunthiern renonce au monde, débarque en Armorique et se retire dans l'île de Groix pour y vivre en ermite, partageant son temps entre la prière, la pénitence et la prédication. Mais l'éclat de ses miracles attire l'attention du roi Gradlon qui l'appelle en Cornouaille au début du 6e s. Gunthiern est probablement mort à Quimperlé où se trouvent ses reliques. **Fête le 7 juillet.** Prénoms dérivés : Gouziern, Gunther.

GURGUY (m) Cf. Tanguy.

GURLOÈS (m) Etym. celtique *(gur,* davantage et *Loeiz,* Louis). Ancien prieur de l'abbaye de Redon, Gurloès est le premier abbé de Sainte-Croix à Quimperlé, Bretagne, au 11e s. Mort en 1057. Gurloès et Urlo sont vraisem-

blablement les deux noms du même saint que les Bretons invoquent contre la goutte ou « mal de Saint-Urlo ». **Fête le 25 août.**

GURVAL (m) Etym. celtique *(gur,* davantage et *valan,* genêt). Disciple de saint Brendan*, Gurval vient en Armorique à la fin du 6e s. Moine puis abbé, il a sans doute succédé à saint Malo* comme évêque d'Aleth, aujourd'hui Saint-Servan, Bretagne. **Fête le 6 juin.** Prénoms dérivés : Gurvan, Gurvane.

GURVAN (m) Cf. Gurval.

GURVANE (f) Cf. Gurval.

GUSTAVE (m) Etym. germanique *(gustaf,* celui qui prospère). Abbé de Saint-Symphorien, à Bourges, au 6e s., saint Gustave est aussi vénéré sous le nom de saint Auguste. Voir ce prénom. **Fête le 7 octobre.**

GUTHENOC (m) Cf. Guéthenoc.

GUTHLAC (m) Etym. celtique *(gur,* davantage et *uualt,* valeureux). Né en 673 dans la famille du roi de Mercie, Angleterre, Guthlac est un adolescent turbulent et belliqueux. A vingt-quatre ans, appelé à la vie parfaite, il renonce soudain au monde et se retire dans un ermitage du Lincolnshire. Avec Bettelin*, son compagnon, Guthlac vit au milieu des animaux sauvages qu'ils apprivoisent par leur douceur et leur sainteté. Mort en 714. **Fête le 11 avril.**

GUY (m) Etym. latine *(viscum,* plante sacrée de l'antiquité). Fils d'un riche Sicilien, Guy ou Vite est instruit dans la foi chrétienne par ses deux précepteurs Crescence* et Modeste*, puis baptisé à l'insu de son père. Fouetté et sommé d'apostasier lorsque l'affaire est découverte, Guy parvient à fuir pour rejoindre ses deux maîtres qui ont été chassés. Devenus inséparables, ils évangélisent la Lucanie, Italie méridionale, sont arrêtés et martyrisés ensemble par les soldats de Dioclétien au début du 4ᵉ s. Le culte de saint Guy est très important d'abord en Allemagne, puis dans toute la chrétienté. On invoque saint Guy contre l'épilepsie et contre la chorée, agitation nerveuse dite *danse de Saint-Guy*. **Fête le 15 juin.** — Sacristain de Notre-Dame de Laeken, Guy (ou Guidon) s'adonne au négoce pour soulager les pauvres avec ses petits bénéfices. Il se ruine complètement et effectue un pèlerinage expiatoire à Rome et en Terre sainte. Revenu à Anderlecht, près de Bruxelles, il succombe d'épuisement vers 1012. Longtemps négligée, sa tombe est signalée à l'attention des fidèles par le comportement étrange des animaux qui s'en approchent et devient bientôt un centre de pèlerinage. **Fête le 12 septembre.** — Formé à la vie monastique par un ermite près de Ravenne, Guy est élu abbé de Pomposa, Parme, Italie, en 998. Il est persécuté et l'on fait contre lui de faux rapports à l'archevêque sans qu'il fasse jamais la moindre démarche pour se justifier. Il jeûne, prie pour ses détracteurs et gouverne sa communauté pendant quarante-huit ans, paisiblement, confiant en Dieu qui voit les cœurs. Mort à Pomposa en 1046. **Fête le 31 mars.** — Particulièrement bien reçu par le seigneur Vagnotelli, à Cortone, Toscane, frère François éprouve une grande affection pour le chevalier courtois. « Tu vois, explique-t-il à son compagnon sur le chemin d'Assise, la courtoisie est un des plus beaux attributs de Dieu, vu que c'est par courtoisie qu'il fait briller son soleil sur les méchants aussi bien que sur les bons. Ce gentilhomme qui possède une vertu si divine, j'aimerais qu'il soit des nôtres. Il faudra que nous revenions le voir ». Ils reviennent et Guy Vagnotelli vient à Assise peu de temps après, en 1211. Revêtu de la bure franciscaine, il vit encore trente ans aux Celles, près de Cortone, dans une grotte qu'il ne quitte que pour aller prêcher l'Evangile dans les villages voisins. Mort en 1245. **Fête le 12 juin.**

Prénoms dérivés : Guitou, Guyenne, Guyette, Guyonne, etc.

GUYENNE (f) Cf. Guy.

GUYETTE (f) Cf. Guy.

GUYLÈNE (f) Cf. Ghislain ou Guy.

GUYONNE (f) Cf. Guy.

GWALDYS (f) Cf. Gladez.

GWELTAZ (m) Cf. Gildas.

GWEN (f) Cf. Gwenn.

GWENAËL (m) Etym. celtique *(gwenn,* blanc et *maël,* prince, chef). Né à Quimper, Gwenaël est le second abbé de Landévennec, successeur immédiat du fondateur, saint Gwenolé*. Mort vers 590 dans le pays de Vannes, il est le patron protecteur de plusieurs paroisses bretonnes : Tréguidel, Plougonvelin, Bolazec, etc. **Fête le 3 novembre.** Prénoms dérivés : Gaël, Gaëlle, Ganaël, Ganaëlle.

GWENAËLLE (f) Cf. Gwenaël.

GWENDOLINA (f) Cf. Gwendoline.

GWENDOLINE (f) Etym. celtique *(gwenn,* blanc et *laouen,* gai). Sainte Gwendoline est abbesse du monastère de Llanwyddelan, comté de Merioneth, pays de Galles, au 6ᵉ ou au 7ᵉ s. **Fête le 14 octobre.**

GWENEGAN (m) Etym. celtique *(gwenn,* blanc et *gal,* bravoure). Evêque de Quimper mort en 456, saint Gwenegan est le patron de Guénézan et Tréogan (Côtes-du-Nord). De nombreuses chapelles lui sont dédiées en Bretagne. **Fête le 21 octobre.** Prénom dérivé : Conogan.

GWENIVAR (f) Cf. Geneviève. Forme bretonne du prénom.

GWENN (f) Etym. celtique *(gwenn,* blanc). Epouse de saint Fragan* à la fin du 5ᵉ s., santez Gwenn ou sainte Blanche est la mère des saints Gwenolé, Jagu, Guéthenoc ou Vennec et de sainte Klervi, dont trois sont nés ensemble ; ce qui explique que sainte Gwenn soit souvent représentée pourvue de trois mamelles, comme à Briec et à Saint-Cast, en Bretagne, où pendant des siècles, elle est invoquée par les mères qui manquent de lait pour nourrir leurs bébés. **Fête le 18 octobre.**

GWENNA (f) Cf. Gwenn.

GWENNAÏG (f) Cf. Gwenn.

GWENNIN (m) Etym. cf. Gwenn. Saint Gwennin est évêque de Vannes au 7e s. **Fête le 19 août.**

GWENNOLINE (f) Cf. Gwendoline.

GWENOLA (f) Cf. Gwenolé.

GWENOLÉ (m) Etym. celtique *(gwenn,* blanc). Fils de saint Fragan* et de sainte Gwenn*, Gwenolé est moine dans l'île Lavret, près de Bréhat, sous la houlette de saint Budoc*, avant de fonder l'abbaye de Landévennec au fond de la rade de Brest en 485 avec son frère Guéthenoc*. Premier abbé, il forme de nombreux moines, dont saint Gwenaël qui lui succède à sa mort, en 532. Très tôt canonisé par la ferveur populaire, saint Gwenolé est invoqué en Bretagne contre la stérilité des femmes et pour la sécurité des marins. De nombreuses localités se sont placées sous son patronage. **Fête le 3 mars.** Prénoms dérivés : Guignolet, Guingalois.

GWENOU (m) Cf. Gouesnou.

GWINOG (m) Cf. Winnoc.

GWIER (m) Cf. Guy. Forme bretonne du prénom.

GWILHEM (m) Cf. Guillaume. Forme bretonne du prénom.

GWILLERM (m) Cf. Guillaume. Forme bretonne du prénom.

GWILLOU (m) Cf. Guillaume. Forme bretonne du prénom.

GWION (m) Cf. Guy. Forme bretonne du prénom.

Saint Antoine et Saint Paul (retable d'Issenheim, Colmar).

H

HABACUC (m) Etym. araméenne *(abba,* père). Habacuc est l'un des douze petits prophètes bibliques en Israël à la fin du 7e s. av. J.-C. **Fête le 15 janvier.**

HABIB (m) Etym. arabe : « aimé ». Né à Tel-Sheba, près d'Edesse (auj. Urfa, en Irak), Habib est diacre à Edesse et prédicateur dans toute la contrée. Arrêté, il comparaît devant le préfet Lysanias qui l'accuse de prosélytisme et le condamne à être brûlé vif. Au dernier moment, avant de monter sur le bûcher, Habib vient embrasser sa mère qui assiste à son supplice, le 27 mars 322. **Fête le 27 mars.**

HADELIND (m) Cf. Adelind.

HADRIANA (f) Cf. Adrien.

HADRIEN (m) Cf. Adrien. — Le prénom évoque aussi l'un des plus illustres empereurs romains, fils adoptif et successeur de Trajan, né en 76 à Italica, Espagne, et mort en 138 à Baïes en Campanie, Italie.

HALWARD (m) Etym. germanique *(hal,* mystérieux et *hart,* dur). Cousin du roi Olaf 1er de Suède, Halward est assassiné en 1043 après avoir tenté de défendre une femme accusée de vol. **Fête le 15 mai.**

HAMON (m) Etym. celtique. A Plescop, près de Vannes, Bretagne, une chapelle est dédiée à saint Hamon, chevalier breton mort assassiné en 1456. **Fête le 20 avril.**

HANNIBAL (m) Cf. Annibal.

HANS (m) Cf. Jean. Forme alsacienne du prénom.

HANSIE (f) Cf. Jeanne. Forme alsacienne du prénom.

HARALD (m) Cf. Harold.

HARAN (m) Cf. Aaron. Forme bretonne du prénom.

HARIBERT (m) Cf. Herbert ou Héribert.

HARLINDE (f) Etym. germanique *(hart,* dur et *lind,* doux). Sœur de sainte Relinde, Harlinde apprend puis enseigne l'enluminure à Valenciennes avant de diriger un monastère au 7e s. Morte près de Maeseyck, dans le Limbourg belge. **Fête le 13 février.**

HAROLD (m) Etym. germanique *(hart,* dur et *hrod,* gloire). Roi du Danemark, Harold se consacre à l'évangélisation de son pays après son baptême, en 948, et tombe sous les

coups d'une horde de rebelles païens vers 986. **Fête le 1er novembre.**

HAROUN (m) Cf. Aaron. Forme slave du prénom.

HARRY (m) Cf. Henri.

HARTMAN (m) Cf. Armand. Forme alsacienne du prénom.

HARVEY (m) Cf. Hervé.

HAUDE (f) Cf. Aude. — En Bretagne, sainte Haude est vénérée depuis le 6e ou le 7e s. Fille du seigneur de Trémazan mais très tôt orpheline, elle est victime de fausses accusations portées contre elle par une marâtre jalouse. Décapitée par Tanguy*, son frère, elle est ressuscitée par lui dès qu'il s'aperçoit de son erreur, se consacre à Dieu dans un couvent et meurt paisiblement en 545. **Fête le 19 novembre.** Prénoms dérivés : Aoda, Aodez, Heodez.

HAZEKA (f) Etym. germanique *(haze,* lièvre). Originaire de Westphalie, sainte Hazeka passe trente-six ans de sa vie dans une réclusion totale et volontaire à l'ombre de l'église de Shermbeck, aujourd'hui en Allemagne, partageant son temps entre la prière et la pénitence. Plusieurs miracles se produisent au moment de sa mort en 1261. **Fête le 26 janvier.**

HÉBERT (m) Cf. Herbert.

HECTOR (m) Etym. grecque *(ekhein,* celui qui tient bon et fort). Dans la mythologie, Hector est le fils de Priam et d'Hécube, l'époux d'Andromaque et l'un des plus intrépides défenseurs de Troie. Il tue Patrocle, entre autres héros grecs, mais il est tué aussitôt par Achille. — Les Hector sont fêtés avec les Victor. Voir ce prénom.

HEDWIGE (f) Cf. Edwige.

HÉGÉSIPPE (m) Etym. grecque *(egeomai,* conduire et *hippos,* cheval). Juif converti au christianisme, saint Hégésippe réside à Rome au temps des papes Anicet, Soter et Eleuthère, soucieux de relater par écrit tous les événements essentiels de la vie de l'Eglise naissante depuis la résurrection du Christ. Mort vers 180. **Fête le 7 avril.**

HEIDI (f) Cf. Edwige.

HEIMRAD (m) Etym. germanique *(heim,* maison et *ragin,* conseil). Né en Souabe et bien que fils de serf, Heimrad parvient à se faire ordonner prêtre. Il va en Palestine pour y vénérer les lieux saints, en revient bouleversé et, pendant quarante ans, sillonne son pays en pèlerin « fou de Dieu », recherchant la persécution, subissant les pires traitements afin de ressembler au Christ, son Maître. Un abbé le fait flageller parce que Heimrad reproche leur tiédeur à ses moines, un curé lui lâche ses chiens aux trousses afin qu'il ne reparaisse plus sur sa paroisse, l'impératrice Cunégonde* elle-même le fait fouetter parce qu'il se dit le frère de l'empereur ; elle ignore encore que, selon l'Evangile (Lc 8, 21), ceux qui écoutent la parole de Dieu et la mettent en pratique sont les frères de Jésus, roi et empereur de l'univers. Heimrad est retrouvé mort dans un cabanon un matin de l'an 1019. Plus tard un monastère lui est dédié, bâti sur son tombeau. **Fête le 28 juin.**

HEINZ (m) Cf. Henri. Forme alsacienne du prénom.

HELDRAD (m) Etym. germanique *(hail,* salut et *ragin,* conseil). Natif d'Aix, Provence, Heldrad partage tous

Saint Hervé (retable de Locmélar, Finistère).

ses biens entre les plus pauvres de son entourage et se consacre à Dieu au monastère de Novalèse, Piémont. Abbé en 844, il établit un prieuré au col du Lautaret pour accueillir les voyageurs de passage. C'est là qu'il meurt en 875. **Fête le 13 mars.**

HÉLÈNA (f) Cf. Hélène.

HÉLÈNE (f) Etym. grecque *(hélê, éclat du soleil).* Fille d'un garçon d'écurie, née vers 259 à Drepanum, en Bithynie, Asie Mineure, Hélène est remarquée par le tribun Constance Chlore qui en fait sa concubine. De cette union naît le futur empereur Constantin* le Grand vers 280. Mais Constance abandonne Hélène pour épouser Théodora lorsqu'il est couronné empereur. Rappelée plus tard à la cour par son fils, empereur à son tour, Hélène est proclamée "Augusta" en 325. Son nom est gravé sur les monnaies de l'immense empire. Convertie au christianisme, Hélène fait le voyage des lieux saints et finance la construction de plusieurs basiliques, à Bethléem, sur le mont des Oliviers, près de Jérusalem. Une tradition lui attribue plus tard la découverte de la vraie croix du Christ. Morte vers 327 à Nicomédie, aujourd'hui Izmit, en Turquie, ses restes sont ramenés à Rome, puis transférés, au moins partiellement, à l'abbaye de Hautvillers, en Champagne, en 845. **Fête le 18 août.**
— Fondatrice d'une congrégation de religieuses enseignantes, la bienheureuse Hélène Guerra est aussi l'auteur d'écrits importants sur le rôle de l'Esprit-Saint dans la vie de l'homme. Morte en 1914 à Lucques, Toscane, Italie. **Fête le 10 avril.** Prénoms dérivés : Aileen, Aléna, Arzhelenn, Ellen, Ellenita, Ellina, Elne, Héléna, Hélia, Héliane, Hélicia, Héliciane, Hélicie, Léna, Lénaïc, Lennie, Leno, etc.

HELENUM (m) Etym. cf. Hélène. En Egypte, au 4e s., Helenum est le saint exemplaire auquel les animaux sont soumis comme à Adam au jardin d'Eden. Un crocodile lui sert de bac pour la traversée du Nil ! (Selon Rufin d'Aquilée, auteur d'une *Histoire des moines d'Egypte,* moine lui-même et ami de saint Jérôme au 5e s.) **Fête le 27 septembre.**

HELGA (f) Cf. Olga.

HÉLIANE (f) Cf. Éliane, Élie ou Hélène.

HÉLICIA (f) Cf. Hélène ou Hélie.

HÉLICIANE (f) Cf. Hélène ou Hélie.

HÉLICIE (f) Cf. Hélène ou Hélie.

HÉLIE (m) Cf. Elie. — Franciscain et successivement évêque de Périgueux, archevêque de Tours et cardinal, le bienheureux Hélie de Bourdeille parcourt son diocèse inlassablement afin de rencontrer plus sûrement ses ouailles. Mort à Tours le 5 juillet 1484 en murmurant le premier verset du psaume 22 (21) pour imiter le Christ en croix. **Fête le 5 juillet.**

HÉLIÉNA (f) Etym. cf. Hélène. Née dans une famille très modeste de Lauriano, Italie, sainte Héliéna vit dans une grotte, se nourrissant de racines et d'herbes sauvages, au 9e s. **Fête le 20 avril.** Prénom dérivé : Hélinie.

HÉLIETTE (f) Cf. Hélie.

HÉLINIE (f) Cf. Héliéna.

HÉLIODORA (f) Cf. Héliodore.

HÉLIODORE (m) Etym. grecque *(hélê, éclat du soleil et doron, cadeau).* Evêque et ami de saint Jérôme*, saint Héliodore participe au concile d'Aquilée contre l'arianisme en 381. Mort à Altinum, province d'Aquilée, Italie, dans les premières années du 5e s. **Fête le 3 juillet.**

HELLEN (m-f) Cf. Hélène. — Dans la mythologie, Hellen est le fils de Deucalion et Pyrrha. Il a donné son nom aux

Hellènes et, de ses trois fils, Doros, Eole et Xouthos, descendent les races qui forment le peuple grec.

HELLOUIN (m) Cf. Herluin.

HÉLOÏSE (f) Cf. Hélie. — Prénom célèbre depuis le 12e s. Nièce du chanoine parisien Fulbert, Héloïse est la maîtresse d'Abélard*, son précepteur, qu'elle épouse en secret après la naissance de leur enfant. Puis moniale à Argenteuil et abbesse au Paraclet, près de Nogent-sur-Seine, elle garde Abélard comme directeur et échange avec lui quelques lettres d'une grande élévation spirituelle.

HELRAD (m) Heldrad.

HELYETTE (f) Hélie.

HENDRICK (m) Cf. Henri. Forme alsacienne du prénom.

HENRI (m) Etym. germanique *(haim,* maison et *rik,* roi). Duc de Bavière, Henri est éduqué par Wolfgang*, évêque de Ratisbonne. Parent de l'empereur Othon III, il lui succède en 1002, lutte contre le futur roi de Pologne Boleslas 1er le Vaillant, contraint de lui céder un territoire à l'est de l'Elbe en 1015, et fonde l'évêché de Bamberg qui facilite l'évangélisation des Slaves. Epoux de sainte Cunégonde* et couronné chef du Saint Empire romain germanique par Benoît VIII en 1014, Henri II meurt à Grona, près de Göttingen, en 1024. Canonisé en 1146, il repose à Bamberg, près de sa femme. Saint Henri est le patron des oblats bénédictins. **Fête le 13 juillet.** — Entré à treize ans chez les dominicains de Constance, aujourd'hui en Allemagne, Henri Suso est prieur du couvent de 1329 à 1336. Mais les nombreuses conversions qu'il provoque parmi les filles débauchées lui valent d'être victime de calomnies. Sa réputation de sainteté l'emporte pourtant et précède même sa mort survenue à Ulm, Souabe, en 1366. **Fête le 2 mars.** — Intellectuel de Cambridge de passage à Londres le 1er décembre 1581, Henri Walpole est très curieux d'assister à l'exécution de seize chrétiens papistes sur l'échafaud de Tyburn ; très hardi aussi pour s'approcher au point d'être éclaboussé du sang d'Edmond* Campion ! Mais à dater de ce jour sa vie change complètement. Henri demande le baptême dans l'Eglise catholique, entre chez les jésuites et, treize ans après saint Edmond, meurt à York, sur l'échafaud, au terme d'horribles supplices. **Fête le 22 juin.** — Jésuite aussi, Henri Morse se dévoue héroïquement pendant la peste de 1635-36 et meurt martyrisé à Tyburn, Londres, en 1645. Canonisé par Paul VI le 25 octobre 1970. **Fête le 1er février.** Prénoms dérivés : Enric, Harry, Hendrick, etc.

HENRIELLE (f) Cf. Henriette.

HENRIETTE (f) Etym. cf. Henri. Transférées de Compiègne à Paris, Henriette et ses quinze sœurs carmélites sont guillotinées sur la place du Trône et inhumées au cimetière de Picpus le 17 juillet 1794. **Fête le 17 juillet.** Prénoms dérivés : Henrielle, Henrietta, Etta, etc.

HENRY (m) Cf. Henri.

HEODEZ (f) Cf. Haude. Forme bretonne du prénom.

HÉRACLIDE (m) Etym. grecque *(Hêrakleidai,* fils d'Héraclès ; les Héraclides ont reconquis et partagé le Péloponèse après plusieurs générations, selon la mythologie). Disciple d'Origène, Héraclide est martyrisé à Alexandrie, Egypte, vers 202. **Fête le 21 juin.**

HÉRAÏS (f) Etym. grecque *(Hêra,* déesse protectrice du mariage dans la mythologie). Disciple d'Origène et compagne d'Héraclide*, Héraïs est martyrisée à Alexandrie, Egypte, vers 202. **Fête le 21 juin.**

HERBERT (m) Etym. germanique

(heri, armée et *berht,* brillant). Ermite sur une île du lac de Dervenwater, Cumberland, Angleterre, Herbert est un ancien disciple de saint Cuthbert*, élu évêque d'Hescham. Restés grands amis, ils se revoient chaque année et passent quelques jours ensemble sur l'île voisine de Fare ; mais en 687 Cuthbert dit à Herbert avant de le quitter : « Cher ami, si tu as quelque chose à me demander, fais-le maintenant car nous ne nous reverrons pas ici-bas ! » La désolation d'Herbert est telle, ses supplications sont si véhémentes, que le vieil évêque consent à prier Dieu pour qu'il les retire du monde ensemble. Ils meurent tous les deux quelques semaines plus tard, le même jour, en 687. **Fête le 20 mars.** Prénoms dérivés : Haribert, Hébert, etc.

HERBLON (m) Cf. Hermeland.

HERBOD (m) Etym. germanique *(heri,* armée et *bald,* hardi, audacieux). Débarqué en Armorique après une périlleuse traversée, Herbod évangélise le pays au 8ᵉ s. De nombreuses chapelles lui sont dédiées en Bretagne. **Fête le 13 juin.**

HÉRIBALD (m) Etym. germanique *(heri,* armée et *bald,* hardi). Saint Héribald est évêque d'Auxerre au 9ᵉ s. **Fête le 25 avril.**

HÉRIBERT (m) Etym. germanique *(heri,* armée et *berht,* brillant). Moine à Gorze, Lorraine, Héribert accompagne l'empereur Othon III en Italie en 998 et l'assiste à ses derniers moments à Paterno, près de Viterbe, en 1002. Archevêque de Cologne, Rhénanie, il se préoccupe d'abord des humbles, des pauvres et des enfants. Mort en 1021, il est inhumé à Deutz, dans l'abbaye bénédictine qu'il a fondée. **Fête le 16 mars.**

HERLÉ (m) Cf. Erlé.

HERLUIN (m) Etym. germanique *(heri,* armée et *lind,* doux). Seigneur de

la famille des comtes de Flandre, Herluin ou Hellouin fonde un modeste monastère sur la terre de Bonneville, Normandie, en 1034. L'affluence des disciples l'oblige à transférer l'abbaye à l'entrée de la vallée du Bec, puis là où elle est encore aujourd'hui. L'abbatiale est consacrée en 1077 et le fondateur meurt, octogénaire, l'année suivante. Saint Herluin est toujours resté le plus humble des moines, docile aux conseils des anciens, aux directives de Lanfranc* qui fait du Bec l'un des hauts lieux de la civilisation médiévale, à celles d'Anselme* qui gouverne à son tour l'abbaye et lui confère un éclat incomparable. **Fête le 26 août.**

HERMA (f) Cf. Hermès.

HERMANCE (f) Cf. Hermès.

HERMANN (m) Etym. germanique *(heri,* armée et *mann,* homme). Né en 1013 mais victime d'un accident de naissance, Hermann reste infirme toute sa vie. Il la passe entièrement à l'abbaye bénédictine de Reichnau, sur une île du lac de Constance, aujourd'hui en Allemagne, brillant élève puis moine d'une activité intellectuelle et spirituelle étonnante. Mathématicien, astronome, historien, poète et compositeur, il semble posséder tous les dons. C'est le plus grand savant de son temps. Il est surnommé « la merveille du siècle » ! Lui pourtant, transporté par le génie, par la beauté de la création, se considère comme le dernier des ignorants. Il se dit « le rebut » des pauvres du Christ. Rebut que viennent visiter le pape Léon IX et l'empereur Henri III. Mort en 1054, le bienheureux Hermann est l'auteur des plus beaux motets composés à la gloire de la Vierge Marie, comme l'*Ave Maris Stella.* On lui attribue aussi souvent le *Salve Regina* et l'*Alma Redemptoris Mater.* **Fête le 25 septembre.**

HERMANT (m) Cf. Hermann.

HERMELAND (m) Etym. germanique *(heri,* armée et *land,* terre). Né dans une famille noble des environs de Noyon, Ile-de-France, Hermeland prend l'habit bénédictin à Fontenelle, Normandie, vers 680. Saint Lambert* l'envoie fonder l'abbaye d'Indre, dans une île de la Loire, près de Nantes. Agé, Hermeland se démet de sa charge et se retire dans un ermitage où il meurt vers 710. Ses reliques sont conservées à la cathédrale de Nantes. Saint Hermeland est le patron de plusieurs localités bretonnes comme Saint-Herblain, Saint-Herblon et Basse-Indre en Loire-Atlantique, Saint-Erblon en Ille-et-Vilaine. **Fête le 25 mars.**

HERMELINDE (f) Cf. Hermeland.

HERMÉNÉGILD (m) Etym. germanique *(heri,* armée et *ghil,* otage). Fils d'un roi wisigoth arien, Herménégild se convertit au christianisme sous l'influence de saint Léandre*, évêque de Séville. Chef de file des nobles mécontents, il s'allie aux Byzantins et provoque le siège de Séville. Capturé, il est emmené à Tarragone et exécuté sur ordre de son père en 585. Saint Grégoire* le Grand fait de lui un martyr et Sixte Quint, en 1586, ratifie le culte rendu à Herménégild. On peut voir le tableau de Fransesco de Herrera : « Apothéose de saint Herménégild » au musée du Prado, à Madrid. **Fête le 14 avril.**

HERMENGARDE (f) Cf. Ermengarde.

HERMÈS (m) Etym. grecque (fils de Zeus et de Maïa, Hermès est le messager des dieux dans la mythologie). Martyrisé au 2e s., saint Hermès est l'un des plus populaires parmi les saints martyrs de Rome dans les premiers siècles du christianisme. Le calendrier de 354 indique qu'il a été enseveli au cimetière de Bassilla, sur la via Salaria, et l'immense basilique qui lui est dédiée à Rome témoigne de l'importance de son culte. **Fête le 28 août.** — Diacre, Hermès est arrêté et condamné au martyre avec l'évêque Philippe* et le prêtre Sévère* à Andrinople, Thrace, au 4e s. Avant de monter sur le bûcher, le 22 octobre 303, Hermès recommande à son fils de toujours vivre en paix et en union avec son prochain. **Fête le 22 octobre.**

HERMINE (f) Etym. latine *(armenius mus,* rat d'Arménie). Originaire de Beaune, Bourgogne, Irma Grivot, en religion sœur Hermine, est massacrée par les Boxers, secte fanatique, le 9 juillet 1900, à Taï-Yuan-Fou, Chine, avec deux de ses compagnes franciscaines missionnaires de Marie. **Fête le 9 juillet.**

HERMINIE (f) Cf. Hermine.

HERMIONE (f) Etym. grecque *(Hermionê,* fille de Ménélas et d'Hélène, et épouse de Pyrrhos puis d'Oreste). Dans *Andromaque,* Racine fait d'Hermione une amoureuse jalouse, responsable de la mort de Pyrrhos et de la folie d'Oreste. On peut fêter les Hermione le jour de la sainte Hermine.

HERMOGÈNE (m) Etym. grecque *(Hermès,* nom d'un dieu grec et *genos,* naissance). Compagnon de saint Expédit*, Hermogène est martyrisé à Mélitène, en Arménie, Asie Mineure, dans les premiers siècles du christianisme. **Fête le 19 avril.**

HERNIN (m) Etym. celtique *(haer,* fort). Originaire de Grande-Bretagne, saint Hernin meurt ermite à Locarn, Bretagne, au 6e s. **Fête le 30 octobre.** Prénom dérivé : Harn.

HÉRON (m) Etym. gréco-latine *(heros,* personnage légendaire de la mythologie, demi-dieu). Disciple d'Origène, Héron est martyrisé à Alexandrie, Egypte, vers 202. **Fête le 21 juin.**

HERVÉ (m) Etym. celtique *(haer,* fort et *ber,* ardent). Fils du barde Hoarvian ou Hyvarnion et de sainte Rivanone*, Hervé naît aveugle au manoir de Lannuzan, à Tréflaouénan, dans le Léon, Bretagne. Sa mère le confie à Urfol*, son frère, avant de mourir en 535. Ermite puis moine cénobite au monastère de Plouvien, Hervé fonde plus tard l'abbaye de Lanhouarneau *(Land-Houarneau,* le domaine d'Hervé), près de Lesneven, et au terme d'une longue vie de patience, va jouir de la lumière éternelle vers la fin du 6ᵉ s. Patron des aveugles, des bardes et des poètes, saint Hervé est souvent représenté appuyé à l'épaule de son guide, le fidèle Guic'haran, et suivi du loup qu'ils ont apprivoisé. **Fête le 17 juin.** Formes bretonnes du prénom : Herveig, Houarn, Houarné, Houarneau, Houarniaule, etc.

HERVÉA (f) Cf. Hervé.

HERVEIG (m) Cf. Hervé. Forme bretonne du prénom.

HERVIEU (m) Cf. Hervé. Forme normande du prénom.

HIDULPHE (m) Etym. germanique *(hild,* combat et *wulf,* loup). Evêque auxiliaire de Trèves, Rhénanie, Hidulphe se retire à l'abbaye de Moyenmoutier, dans les Vosges, et meurt vers 707. En 1604, Clément VIII le fait patron de la congrégation bénédictine de Lorraine. **Fête le 11 juillet.**

HILAIRE (m) Etym. latine *(hilarare,* égayer). Né à Poitiers vers 315 dans une famille païenne de la noblesse d'Aquitaine, Hilaire étudie la philosophie et découvre bientôt la Bible. Il raconte lui-même dans l'un de ses livres comment, préoccupé du problème de la destinée, il est impressionné par le prologue de l'évangile de saint Jean, apprenant que le Verbe s'est fait homme pour nous rendre fils de Dieu. Elu à trente-cinq ans évêque de Poitiers, son prestige le place d'emblée à la tête de l'épiscopat gaulois. Mais, adversaire implacable des

ariens, il est exilé en Phrygie par l'empereur Constance II (356-360). Rentré à Poitiers, il encourage les débuts monastiques de Martin* à Ligugé, achève son *De Trinitate,* le plus important de ses ouvrages sur la divinité du Christ, et rend son âme à Dieu vers 367. « C'était un homme charitable et bon, infiniment sympathique, dit son biographe ; il suffisait de l'avoir vu pour être son ami ». **Fête le 13 janvier.** — Moine à l'abbaye de Lérins, Hilaire n'a pas trente ans lorsqu'il succède à Honorat* sur le siège épiscopal d'Arles vers 429. Primat autoritaire, il outrepasse parfois ses droits de métropolite et s'attire les blâmes du pape Léon* le Grand. Il préside les conciles de Riez, d'Orange et de Vaison, de 439 à 442, et meurt à Arles, Provence, le 5 mai 449. **Fête le 5 mai.** — 46ᵉ pape et successeur de saint Léon* le Grand en 461, saint Hilaire crée les conciles gaulois annuels sous la direction de l'évêque d'Arles, primat des Gaules. Les lettres qu'on possède de lui témoignent de l'autorité du pape au 5ᵉ s. **Fête le 28 février.** — A Dijon, au 5ᵉ s., Hilaire et Quiéta éduquent parfaitement leurs enfants et s'aiment toute leur vie comme au premier jour. Sénateur, Hilaire est inhumé en grande cérémonie dans un somptueux tombeau en marbre. Quand on l'ouvre pour y placer son épouse qui meurt l'année suivante, Hilaire paraît sommeiller, écrit saint Grégoire* de Tours ; il ouvre les bras pour embrasser sa femme et les referme, la retenant sur son cœur. **Fête le 28 novembre.** Prénoms dérivés : Hilaria, Hilarion.

HILARIA (f) Cf. Hilaire.

HILARION (m) Etym. cf. Hilaire. Enfant, Hilarion est capturé lors d'une rafle de chrétiens à Abitène, près de Carthage (auj. en Tunisie) avec son père Saturnin*, sa sœur et une cinquantaine de fidèles réunis pour l'Eucharistie. Jugés et condamnés le 11

février 304, ils sont exécutés le lendemain ou volontairement oubliés au
fond de leurs geôles. **Fête le 12 février.**
— Selon Jérôme*, son biographe,
Hilarion est né en Palestine vers 290.
Très jeune il rejoint saint Antoine* en
Egypte pour s'initier à la vie d'ermite
et revient dans son pays, à Gaza, pour
y inaugurer la vie monastique. Agé, il
se retire dans l'île de Chypre où il
meurt, octogénaire, vers 371. **Fête le 21
octobre.**

HILBERT (m) Cf. Hubert.

HILDA (f) Cf. Hildebrande.

HILDEBERT (m) Etym. germanique
(hild, combat et *berht,* brillant).
Picard, saint Hildebert est évêque de
Meaux au 7ᵉ s. L'étude de la Bible
occupe tous les loisirs que lui laisse son
activité pastorale. Mort dans son diocèse vers 680. **Fête le 27 mai.**

HILDEBRANDE (f) Etym. germanique *(hild,* combat et *brun,* cuirasse).
Née en 614 dans la famille royale de
Northumbrie, Angleterre, Hildebrande contribue à la fondation du
monastère de Whitby, à l'embouchure
de l'Esk. Puis, abbesse d'un double
monastère, moines et moniales, elle y
préside le grand synode de 664. Cinq
de ses disciples deviennent évêques.
Fête le 17 novembre. Prénom dérivé :
Hilda.

HILDEGARDE (f) Etym. germanique
(hild, combat et *gardan,* savoir).
Mystique bénédictine et fondatrice de
monastères (Rupertsberg en 1147 et
Eibingen en 1165), sainte Hildegarde
est l'une des personnalités marquantes
du 12ᵉ s. en Occident. Musicienne, ver-
sée dans l'art de la médecine et pas-
sionnée d'histoire naturelle, prophète
et moraliste, elle ne craint pas d'admo-
nester l'archevêque et, à l'occasion,
l'empereur lui-même. Auteur d'un
ouvrage mystique dans lequel Hildegarde a consigné ses visions, *Connais
les voies du Seigneur,* elle meurt à

l'abbaye de Rupertsberg, près de
Mayence, Allemagne, en 1179. **Fête le
17 septembre.**

HILDEGONDE (f) Etym. germanique
(hild, combat et *gund,* guerre). Sainte
Hildegonde est peut-être plus connue
sous le nom de frère Joseph . Originaire de Cologne mais destinée au
Royaume où nous serons tous "comme
des anges" (Mt 22,30), Hildegonde
accompagne son père en Terre sainte
travestie en chevalier et accepte ensuite
une mission secrète à effectuer à
Rome, auprès du pape, de la part de
l'archevêque de Cologne. De retour en
Allemagne, frère Joseph prend tout
naturellement l'habit bénédictin au
monastère de Schoenau, près de Hei-
delberg, y donnant jusqu'à sa mort,
survenue le mercredi de Pâques 1188,
tous les signes de la plus authentique
sainteté. **Fête le 20 avril.**

HILDELITTE (f) Etym. germanique
(hild, combat et *liut,* peuple). Ne trou-
vant pas de monastère de femmes en
Angleterre, la princesse Hildelitte
passe la Manche et devient moniale
dans une abbaye française, puis
retourne dans son pays pour y organiser la vie monastique féminine à Barking, le monastère fondé par le roi
Erconwald* et sa sœur Ethelbruge*.
Seconde abbesse, sainte Hildelitte
meurt à Barking, Essex, vers 717. **Fête
le 24 mars.**

HILDEMANN (m) Etym. germanique
(hild, combat et *mann,* homme).
Moine à l'abbaye de Corbie, en Picardie, sous la houlette de saint Adalard*
qu'il assiste à ses derniers moments en
826, Hildemann est élu évêque de
Beauvais. Mort vers 834. **Fête le 8
décembre.**

HILDEMAR (m) Etym. germanique
(hild, combat et *maro,* célèbre). Fait
aumônier de la cour par Guillaume le
Conquérant en récompense de ses services, Hildemar regagne Tournai, son

pays natal, après la mort du roi en 1087, et se retire dans la forêt d'Arrouaise, en Picardie, pour y vivre dans la prière et la pénitence. Il est poignardé le 13 janvier 1097, ignorant sans doute qu'il avait bâti son ermitage sur le fief de Bérenger, redoutable chef de brigands. **Fête le 13 janvier.**

HILDEVERT (m) Cf. Hildebert.

HILTRUDE (f) Etym. germanique *(hild,* combat et *trud,* fidèle). Elle porte bien son nom, Hiltrude, puisque c'est pour être fidèle à sa vocation qu'elle se bat contre sa famille qui veut la marier au comte de Poitiers, à Liessies, Hainaut. Touchés par sa détermination et sa sainteté, ses vieux parents sont admis à son chevet au moment de sa mort, dans le couvent qu'elle a fondé, en 799. **Fête le 27 septembre.**

HIPPOLYNE (f) Cf. Hippolyte.

HIPPOLYTE (m) Etym. grecque *(hippolutos,* celui qui délie les chevaux). Prêtre romain schismatique, Hippolyte s'oppose à quatre papes aux 2e et 3e s. Il est même considéré comme le premier antipape mais, condamné aux travaux forcés par l'empereur Maximin et envoyé dans les mines de Sardaigne avec le pape Pontien*, Hippolyte se réconcilie avec l'Eglise. Mort d'épuisement en Sardaigne vers 237, il est l'auteur d'ouvrages d'exégèse importants et c'est à lui qu'on doit de posséder aujourd'hui de très anciens textes liturgiques romains. **Fête le 13 août.** — Geôlier de saint Laurent*, Hippolyte embrasse la foi chrétienne et meurt, martyrisé à son tour, vers 258. **Fête le 17 mai.**

HOËL (m) Etym. celtique *(haël,* généraux). Le prénom est illustré par plusieurs rois de Domnonée (Bretagne nord), dont saint Hoël III, père d'une famille de quinze saints aux 6e et 7e s. **Fête le 16 décembre.**

HOËLA (f) Cf. Hoël.

HOMBELINE (f) Cf. Ombeline.

HOMOBON (m) Etym. latine *(homo,* homme et *bonus,* bon). Excellent fils, Homobon reprend le commerce de ses parents et se marie. Excellent époux, le seul reproche qui lui fait sa femme concerne sa générosité. Il n'attend pas les pauvres, il va au-devant d'eux, les cherche. La nuit, il assiste aux matines à l'abbaye voisine, et chaque matin il participe à l'Eucharistie. La dernière fois, à Crémone, en Lombardie, le 13 novembre 1197, Homobon tombe à terre les bras en croix pendant le *Gloria.* Son évêque ira personnellement réclamer sa canonisation à Rome aux pieds d'Innocent III. **Fête le 13 novembre.**

HONORAT (m) Etym. latine *(honoris,* honneur). Proche de saint Eusèbe*, évêque de Verceil, en Piémont, Italie, Honorat l'accompagne en exil et en prison vers 355. Elu évêque, il assiste aux derniers moments de saint Ambroise, à Milan, en 397, et meurt à Verceil peu de temps après. **Fête le 28 octobre.** — Originaire de Gaule belgique, Honorat est ermite sur l'une des îles Lérins (auj. île Saint-Honorat), au large de Cannes, Provence, en 410. L'affluence des disciples l'obligent à fonder un monastère qui deviendra vite le plus important en Europe, véritable pépinière d'évêques, d'abbés et de savants. En 427 Honorat est élu évêque d'Arles. Il fonde aussitôt un autre monastère sur une île du Rhône et meurt à Arles en 429 ou 430. Ses reliques sont transférées à Lérins au 14e s. puis à la cathédrale de Grasse lors de la sécularisation de l'abbaye, en 1788. Cannes en possède une partie à l'église Notre-Dame-du-Bon-Voyage. **Fête le 16 janvier.**

HONORATA (f) Etym. cf. Honorat. Moniale au couvent Saint-Vincent de Pavie, en Lombardie, Honorata est enlevée par les barbares lors d'une invasion, en 476. Rachetée par son frère, l'évêque de Pavie, elle meurt des suites des mauvais traitements subis pendant sa captivité. **Fête le 11 janvier.**

HONORÉ (m) Etym. cf. Honorat. Evêque d'Amiens au 6e s., saint Honoré devient soudain très populaire en Picardie au 11e s. parce qu'une procession organisée autour de son reliquaire met fin à une terrible période de sécheresse (1060). Sa renommée gagne la capitale en 1204 quand Renaud Chérée construit une église en son honneur, dans laquelle les boulangers et les pâtissiers établissent leur confrérie, contribuant à transmettre le nom de saint Honoré à un quartier de Paris. **Fête le 16 mai.**

HONORINE (f) Etym. cf. Honorat. Vierge chrétienne du pays de Caux, en Normandie, Honorine est martyrisée au 3e ou au 4e s. Jeté à la Seine, son corps est recueilli et inhumé à Graville. Sainte Honorine est longtemps invoquée par les femmes enceintes. Elle est aussi la patronne de Conflans-Sainte-Honorine, Yvelines, où une partie de ses reliques est transférée en 876. **Fête le 27 février.**

HONORIUS (m) Etym. cf. Honorat. Jeune moine bénédictin envoyé en Angleterre par saint Grégoire* le Grand, Honorius est sacré archevêque de Cantorbery vers 627. Mort en 653. **Fête le 30 septembre.**

HORACE (m) Etym. égyptienne *(Horus,* nom d'un dieu égyptien à tête de faucon). Le calendrier ne comporte pas de saint Horace. Poète latin au 1er s. av. J.-C., Horace est après Virgile le plus grand nom de la poésie latine. Célébré par Corneille au 17e s., le prénom est en vogue au 19e. Les Horace sont fêtés le jour de la saint Orens. **Fête le 1er mai.** Prénom dérivé : Horacien.

HORTENSE (f) Etym. latine *(Hortensius,* gens romaine illustre aux 1er et 2e s.) Le prénom féminin est, à l'ori-

gine, le nom d'un saint, Hortens, évêque de Césarée dans les premiers siècles du christianisme. **Fête le 11 janvier.**

HOUARDON (m) Etym. celtique *(huer,* fort et *da,* bon). Evêque du Léon, Bretagne nord, Houardon est le dernier ami de saint Hervé* au 6e s. **Fête le 22 février.**

HOUARNIAULE (m) Cf. Hervé.

HUBERT (m) Etym. germanique *(hug,* intelligent et *berht,* brillant). Evêque de Tongres, Maastricht et Liège, en Flandre, la grande préoccupation d'Hubert est l'évangélisation de son pays et son premier souci la sanctification de ses ouailles. Après sa mort à Liége en 727, la ferveur populaire fait de lui un personnage légendaire et le patron des chasseurs parce qu'un jour, lors d'un voyage en Austrasie, un crucifix lumineux serait apparu à Hubert entre les bois d'un cerf qu'il poursuivait au cours d'une partie de chasse avant sa conversion. En 825, ses reliques sont transférées à l'abbaye d'Andage autour de laquelle s'établit la ville de Saint-Hubert, dans les Ardennes. **Fête le 3 novembre.**

HUBERTE (f) Cf. Hubert.

HUGO (m) Cf. Hugues ou Hugolin.

HUGOLIN (m) Etym. germanique *(hug,* intelligent et *lind,* doux). Moine franciscain impatient de verser son sang pour le Christ, Hugolin est martyrisé près de Ceuta, au Maroc, en 1227, avec saint Daniel* et leurs cinq compagnons. **Fête le 10 octobre.**

HUGOLINE (f) Etym. cf. Hugolin. Moniale ermite, sainte Hugoline vit au 14e s. près de Verceil, en Piémont, Italie, uniquement préoccupée de servir Dieu. **Fête le 8 août.**

HUGUES (m) Etym. germanique *(hug,* intelligent). Petit-fils de Pépin de Herstal, Hugues est moine bénédictin puis évêque de Rouen vers 722. Mort à l'abbaye normande de Jumièges en 730. **Fête le 9 avril.** — Abbé de Cluny pendant soixante ans, saint Hugues est l'ami et le conseiller de tous les papes contemporains. Mort à Cluny, Bourgogne, en 1109, il est aussi très regretté par les pauvres. **Fête le 29 avril.** — Elu évêque de Grenoble à vingt-sept ans, Hugues fait une tentative de vie monastique à l'abaye bénédictine de la Chaise-Dieu, Auvergne, en 1084, renvoyé dans son diocèse par Grégoire VII l'année suivante. En 1088, il reçoit saint Bruno* avide de solitude et le conduit lui-même dans les montagnes sauvages de la Chartreuse. Il dirige son diocèse pendant cinquante-deux ans, fonde un hôpital, fait construire un pont sur l'Isère, vend son calice et son anneau pastoral pour subvenir aux besoins de ses pauvres. Ame droite, toujours en quête de Dieu, Hugues est choisi fréquemment pour arbitrer les différends. Dans la lutte qui oppose l'empereur Henri IV au pape Pascal II, il prend parti pour celui-ci contre l'antipape Anaclet dont il est pourtant l'obligé. Mort en 1132, Hugues est canonisé par Innocent II dès 1134. Son corps est brûlé pendant les guerres de Religion. **Fête le 1er avril.**

HUMBELINE (f) Cf. Ombeline

HUMBERT (m) Etym. germanique *(hut,* garde et *berht,* brillant). Tonsuré dès l'enfance selon l'usage de l'époque lorsqu'on veut faire carrière dans l'Eglise, Humbert est moine à Laon jusqu'au jour où lui échoit l'immense héritage de ses parents subitement décédés. Humbert ne résiste pas à l'attrait de tant d'avantages, abandonne le monastère et vit en seigneur sur son domaine, servi par une nuée d'esclaves des deux sexes, chassant à courre et s'adonnant à tous les plaisirs de son état pendant plusieurs années. Invité par saint Amand*, son ami de toujours, à l'accompagner à Rome, sur

le tombeau des saints Apôtres, Humbert en revient transformé complètement, reprend l'habit monastique à l'abbaye de Maroilles, Flandre, en 652, uniquement préoccupé de Dieu jusqu'à sa mort, vers 680. **Fête le 25 mars.** — Comte de Savoie, Humbert III se marie trois fois et se retrouve trois fois veuf avant de se retirer à l'abbaye de Hautecombe, Savoie, où ses barons viennent l'enlever pour le contraindre à un nouveau mariage avec Béatrice, l'héritière du duc de Bourgogne, qui lui donne une fille et un fils, son successeur. Mort à Chambéry en 1189, Humbert est vénéré pour sa piété et sa droiture. Ses restes sont transférés à Hautecombe et, en 1836, son culte est approuvé par Grégoire XVI. **Fête le 4 mars.**

HUMFREY (m) Cf. Humfroy.

HUMFROY (m) Etym. germanique *(hut,* garde et *frido,* paix). Moine bénédictin à Prüm, près de Trèves, en Rhénanie, Humfroy est sacré évêque en 856, mais les incursions des Normands l'éprouvent durement en 861, et les encouragements du pape Nicolas* ne sont pas superflus pour le décider à regrouper ses ouailles après la tourmente, à réorganiser son diocèse de Thérouanne, en Artois, et à persévérer à son poste jusqu'à sa mort, en 870. **Fête le 8 mars.** Prénoms dérivés : Humfrey, Humphrey.

HUMPHREY (m) Cf. Humfroy.

HUNA (f) Cf. Hune.

HUNE (f) Etym. germanique *(hut,* garde). Née dans la famille royale de Bourgogne et mariée à un seigneur franc au 7e s., Hune ne connaît pas de plus grand honneur que de servir les pauvres et soigner les malades. **Fête le 15 avril.**

HYACINTHE (m-f) Etym. grecque *(huakinthos,* nom d'une pierre précieuse, variété de zircon jaune rougeâtre). Originaire de Silésie, Pologne, Hyacinthe prend l'habit des moines dominicains à Rome vers 1217. Saint Dominique* qui avait rêvé d'aller évangéliser le nord-est européen le renvoie dans son pays dès 1219. Avec Ceslas, son compatriote, Hyacinthe fonde des couvents à Cracovie, Dantzig, Kiew, Sandomir et rayonne jusqu'en Ukraine, en Lithuanie, en Prusse et dans les Balkans. Mort à Cracovie en 1257 et canonisé par Clément VIII en 1594, saint Hyacinthe est surnommé l'Apôtre de la Pologne. **Fête le 17 août.** — Religieuse ursuline de la communauté de Valenciennes, Hyacinthe est guillotinée avec quatre de ses compagnes le 17 octobre 1794 pour « fanatisme, trahison et port d'habit prohibé ». Cf. Marie-Marguerite. **Fête le 23 octobre.** Prénoms dérivés : Hyacinthia, Hyana, Hyane, Hyanie, Xant, Xantha, Xanthe, Xanthie, Xanthin.

HYACINTHIA (f) Cf. Hyacinthe.

HYANA (f) Cf. Hyacinthe.

HYANE (f) Cf. Hyacinthe.

HYANIE (f) Cf. Hyacinthe.

HYDULPHE (m) Etym. germanique *(idh,* travail et *wulf,* loup). Epoux de sainte Aya*, Hydulphe se consacre à Dieu au monastère de Lobbes, aujourd'hui en Belgique, tandis que sa femme prend le voile à l'abbaye de Mons fondée par sainte Mathilde*. Morts tous les deux en 707. **Fête le 18 avril.**

HYGIN (m) Etym. grecque *(Hugieia,* fille d'Asclépios dans la mythologie, Hugieia personnifie la Santé). Philosophe athénien, Hygin est élu pape en 136, à la mort de saint Télesphore*. Mort à Rome en 140. **Fête le 11 janvier.**

I

IA (f) Etym. grecque *(ia,* cri). Chrétienne grecque, Ia est martyrisée en Perse, vers 360, avec plusieurs de ses parents et amis. **Fête le 4 août.** Prénoms dérivés : Io, Iolé, Iona.

IADER (m) Etym. grecque *(ia,* cri et *eirênê,* paix). Selon saint Cyprien* qui évoque leur souvenir dans ses *Lettres,* saint Iader et ses compagnons sont déportés et martyrisés en Afrique du Nord en 257, lors de la persécution de Valérien. **Fête le 3 février.**

IADINE (f) Cf. Iader. Forme féminine du prénom.

IAN (m) Cf. Jean.

IANA (f) Cf. Jeanne.

IANE (f) Cf. Jeanne.

IANIE (f) Cf. Jeanne.

IANIS (m) Cf. Jean. Forme grecque du prénom.

IANN (m) Cf. Jean. Forme bretonne du prénom.

IBA (f) Cf. Ida. Forme médiévale du prénom.

IDA (f) Etym. germanique *(hild,* combat). Elevée à la cour au 9e s., Ida est mariée au comte Egbert par Charlemagne. Sitôt veuve elle prend le voile et se voue au soin des malades, au service des indigents et à la prière. **Fête le 4 septembre.** — Epouse du comte de Boulogne, mère de Godefroy* de Bouillon et Baudoin 1er qui prennent une part glorieuse à la première croisade, Ida bénéficie des sages conseils de saint Anselme*, alors archevêque de Cantorbery. Fondatrice de plusieurs monastères en Flandre et en Artois, Ida meurt le 13 avril 1113. Ses reliques sont conservées à Bayeux, Normandie. **Fête le 13 avril.** Prénoms dérivés : Iba, Idaïa, Idalie, Ilda, Ilia, Iliona, Ilioné, Ilona, Io, Iolé, Iona.

IDAIA (f) Cf. Ida.

IDALIE (f) Cf. Ida.

IDÉ (f) Cf. Ida.

IDESBALD (m) Etym. germanique *(idh,* travail et *bald,* hardi). Originaire de la région de Furnes, Idesbald prend l'habit cistercien au monastère Notre-Dame des Dunes, près de Dunkerque, Flandre. Troisième abbé, il meurt en 1187. Ses restes sont vénérés à Bruges. **Fête le 18 avril.**

IDEUC (m) Cf. Iltud. Forme bretonne du prénom.

IDORA (f) Cf. Isadora.

IDUBERGE (f) Cf. Itte.

IDUNET (m) Etym. celtique. Disciple de saint Gwenolé* le fondateur de Landévennec, Idunet vit de longues années près de la rivière Aulne, dans une grotte de la montagne de Châteaulin, au 6e s. Patron de Pluzunet et Châteaulin, saint Idunet est aussi vénéré dans la région de Bégard où une jolie fontaine lui est dédiée au hameau qui porte son nom. **Fête le 19 octobre.**

IDYE (f) Cf. Ida.

IÉRÉMIE (m) Cf. Jérémie.

IFIG (m) Cf. Yves. Forme bretonne du prénom.

IGNACE (m) Etym. latine *(ignis,* feu). Evêque d'Antioche, aujourd'hui Antakya, Turquie, à partir de 70, Ignace est arrêté et conduit à Rome pour y subir le martyre en 107, pendant les persécutions de Trajan, « froment du Christ moulu sous la dent des bêtes », ainsi qu'il l'écrit lui-même aux chrétiens de Rome, les suppliant de ne rien faire pour empêcher son sacrifice. Plusieurs de ses *Lettres* ont été conservées. **Fête le 17 octobre.** — Ermite puis abbé bénédictin à Onia, près de Burgos, Espagne, saint Ignace meurt en 1060, pleuré aussi par les Juifs et les Arabes. **Fête le 1er juin.** — Gentilhomme basque espagnol, Ignace de Loyola est blessé par un boulet français lors du siège de Pampelune en 1521. Pénitent solitaire, il va de monastère en monastère, fait le pèlerinage de Terre sainte en 1523 et entreprend des études universitaires à Alcala, Salamanque, puis à Paris où, en 1534, avec sept amis, il fait vœu d'aller évangéliser les infidèles de Palestine. Faute de pouvoir embarquer, ils vont se mettre au service de Paul III. Soldats du pape, mais seulement « pour la plus grande gloire de Dieu » (c'est la devise d'Ignace et de son nouvel ordre), ils prêchent, enseignent, stoppent les progrès du protestantisme en Europe centrale, organisent des missions dans les pays récemment découverts. La Compagnie de Jésus est fondée. Ignace obtient l'approbation du pape en 1540, est élu premier général l'année suivante, rédige les *Constitutions,* une autobiographie : *Le Journal du Pèlerin,* et met la dernière main aux célèbres *Exercices spirituels.* Mort à Rome en 1556, il est canonisé en 1622. **Fête le 31 juillet.** — Jésuite, Ignace Azevedo est capturé et mis à mort par des pirates calvinistes près de Las Palmas, Canaries, en 1570, alors qu'il allait évangéliser les Brésiliens. **Fête le 15 juillet.** — Lorrain et missionnaire en Chine, Ignace ou Léon Mangin est massacré par les Boxers, secte fanatique, le 20 juillet 1900. Béatifié en 1955. **Fête le 20 juillet.**

IGOR (m) Etym. scandinave : « le jeune ». Monté sur le trône de Moscovie en 1146, Igor est trahi, chassé du palais et contraint de se réfugier dans un monastère. Moine, il est assassiné à l'église, pendant la prière, le 19 janvier 1147. Canonisé par l'Eglise orthodoxe russe. **Fête le 5 juin.**

ILDA (f) Cf. Ida ou Hilda.

ILDEFONSE (m) Etym. germanique *(hild,* combat et *funs,* rapide). Abbé du monastère d'Agli, près de Tolède, Espagne, Ildefonse est élu évêque de Tolède par le clergé et tous les fidèles du diocèse en 657. Auteur d'un ouvrage important sur la virginité perpétuelle de Marie, Mère de Dieu, il meurt en 667. **Fête le 23 janvier.**

ILDEGONDE (f) Cf. Hildegonde.

ILIA (f) Etym. latine *(ilia,* les flancs). Ilia ou Rhéa Silvia est, selon la tradition romaine, la fille de Numitor, roi d'Albe. Contrainte de se faire vestale, elle enfante pourtant Romulus et Remus et déclare que Mars est leur père. — Cf. Ida ou Sylvie.

ILIONA (f) Cf. Ida.

ILIONÉ (f) Cf. Ida.

ILTUD (m) Etym. celtique. Moine missionnaire en Grande-Bretagne aux 5e et 6e s., Iltud fonde une abbaye réputée où sont préparés à leur mission de célèbres évangélisateurs de l'Armorique comme saint Cado*, saint Briec* et saint Gildas*. **Fête le 6 novembre.**

IMELDA (f) Etym. celtique *(maël,* prince, maître et *da,* bon). Novice dominicaine à douze ans, Imelda est trop jeune pour recevoir l'Eucharistie au 14e s. Son ardent désir de l'hostie lui vaut de pouvoir communier miraculeusement et de passer aussitôt de cette terre à un monde meilleur, à Bologne, Italie, en 1333. **Fête le 13 mai.**

IMMA (f) Etym. latine *(imminere,* s'élever au-dessus). Fille du duc Hélan II de Franconie, Imma fuit la cour pour se consacrer à Dieu avec plusieurs compagnes au sommet d'une colline et, plus tard, devient abbesse du monastère de Karlbourg-sur-le-Main, Allemagne, au 8e s. **Fête le 25 novembre.** Prénom dérivé : Immina.

IMMINA (f) Cf. Imma.

IMRE (m) Cf. Émeric.

INA (m) Etym. latine *(iniquus,* injuste, usurpateur). Roi saxon violent et belliqueux, Ina est converti par son épouse, puis dégoûté du pouvoir, du monde et de ses richesses. Mort vers 730. **Fête le 6 février.**

INDIA (f) Cf. Diane.

INDIANA (f) Cf. Diane.

INÈS (f) Etym. cf. Agnès. Veuve coupable d'avoir hébergé des missionnaires chrétiens, Inès Takeya est décapitée à Nagasaki, Japon, le 10 septembre 1622. Canonisée par Jean-Paul II le 18 février 1981. **Fête le 10 septembre.** — Née à Valence, Espagne, Inès accompagne ses parents jusqu'à leur dernier jour puis entre chez les moniales augustines de Benigarim, toujours très dévouée et mortifiée. Morte en 1696. **Fête le 25 juin.**

INGEBORG (f) Cf. Ingrid.

INGÈNE (m) Cf. Ingénès.

INGÉNÈS (m) Etym. gréco-latine : « né libre ». Soldat chrétien, Ingénès est martyrisé à Alexandrie, Egypte, vers 250, avec quatre autres chrétiens. Cf. Théophile. **Fête le 20 décembre.**

INGÉNOC (m) Cf. Ingwenog.

INGRID (f) Etym. scandinave *(Ingwi,* nom d'une divinité païenne et *rida,* celle qui délivre). Petite-fille de Knut, roi de Suède, Ingrid fait le pèlerinage en Terre sainte après la mort de son mari. A Rome, sur le chemin du retour, elle obtient du pape l'autorisation de fonder un couvent de moniales cloîtrées dans son pays. Projet réalisé grâce à la générosité de son frère Jean Elovson, chevalier teutonique, le monastère est inauguré à Skänninge, Suède, le 15 août 1281. Ingrid y meurt l'année suivante. **Fête le 2 septembre.**

INGWENOG (m) Etym. celtique, ou scandinave *(Ingwi,* nom d'une divinité viking). Frère d'Eumaël et Doetval, princes de Bretagne, Ingwenog partage comme eux deux la vie exemplaire et les activités apostoliques de saint Josse* au 7e s. **Fête le 19 janvier.**

INIGO (m) Cf. Ignace. Forme espagnole du prénom.

INNOCENT (m) Etym. latine *(innocens,* inoffensif). Les enfants de moins de deux ans massacrés pour le Christ à Bethléem par les soldats du roi Hérode sont les premiers et les vrais Saints Innocents. Cf. Mt 2, 16-18. **Fête le 28 décembre.** — Originaire d'Albano, Latium, Innocent 1er est le 40e pape au 5e s. Il subit le sac de Rome par les hordes d'Alaric en 410, condamne l'hérésie de Pélage, prend la défense de saint

Jean Chrysostome exilé et fait réhabiliter sa mémoire. **Fête le 28 juillet.** — Savoyard, dominicain et archevêque de Lyon, Innocent V est pape durant cinq mois en 1276. **Fête le 22 juin.** — Elu pape en 1676, Innocent XI se heurte à Louis XIV et au gallicanisme, condamne la *Déclaration du clergé de France* rédigée par Bossuet et refuse l'investiture canonique aux anciens membres de l'assemblée que le roi de France désigne comme évêques. Béatifié par Pie XII en 1956. **Fête le 12 août.** — Humble capucin de Bergame, Lombardie, Innocent de Berzo a un rayonnement apostolique étonnant dans toute sa province au 19e s. Mort en 1890, il est béatifié par Jean XXIII en 1961. **Fête le 4 mars.**

IO (f) Cf. Ia.

IOLÉ (f) Cf. Ia.

IONA (f) Cf. Ia.

IPHIGÉNIE (f) Etym. grecque *(iphi,* avec courage et *genos,* race). Dans la mythologie Iphigénie est la fille d'Agamemnon et de Clytemnestre. Sa légende a inspiré de célèbres tragédies à Euripide au 5e s. av. J.-C., à Racine en 1674 et à Goethe en 1787. — Religieuse sacramentine, Iphigénie de Gaillard est décapitée à Orange, Provence, en juillet 1794, âgée de trente-trois ans, « pour avoir voulu détruire la République par le fanatisme et la superstition ». **Fête le 9 juillet.**

IRA (f) Cf. Iraïs.

IRAÏS (f) Etym. grecque *(eirênê,* paix). Originaire de Tama, Iraïs ou Raïssa est la fille d'un prêtre qui l'a consacrée à Dieu quand elle avait douze ans. Pendant la persécution de Maximilien Daïa, vers 308, à Alexandrie, Egypte, elle se mêle à un cortège d'hommes et de femmes enchaînés pour leur foi, proclamant à tue-tête : « Moi aussi je suis chrétienne et je crache sur les idoles ». On lui tranche la tête et ses restes sanglants sont brûlés. **Fête le 5 septembre.** Prénoms dérivés : Ira, Raïa, Raïane, Raïssa.

IRÉNA (f) Cf. Irène.

IRÈNE (f) Etym. grecque *(eirênê,* paix). Sœur d'Agapé et Chiona, Irène est arrêtée avec elles à Thessalonique, Grèce, en 304, sous l'inculpation d'être chrétienne et de détenir des livres saints. Elles sont interrogées et sommées d'apostasier par le gouverneur Dulcétius puis, sur leur refus, brûlées vives toutes les trois. **Fête le 5 avril.** — Vierge chrétienne assassinée au 4e s. par un prétendant éconduit, Irène est à l'origine de la ville de Santarem (santa Iria) au Portugal. **Fête le 20 octobre.** Prénoms dérivés : Iréna, Iria, Irina.

IRÉNÉE (m) Etym. cf. Irène. Originaire de Smyrne, aujourd'hui Izmir, Turquie, où il est né vers 130, Irénée est disciple de Polycarpe*, lui-même disciple de saint Jean*. « Je pourrais encore décrire mon vieux maître, écrit Irénée ; je le vois toujours et je me souviens de ce qu'il disait avoir appris de Jean et de ceux qui, comme lui, avaient connu le Seigneur ». Envoyé en Gaule, Irénée succède à Pothin* comme évêque de Lyon peu après 177. Vers 190, il évite un schisme dans l'Eglise à propos de la fixation de la date de Pâques. Il écrit beaucoup pour défendre la foi que lui ont transmise les successeurs immédiats des Apôtres sur l'unité indispensable de l'Eglise et sur l'amour de Dieu pour l'homme. Irénée porte bien son nom : homme de « paix », la main toujours tendue aux ennemis de l'Eglise et aux hérétiques, il est la bonté et la tolérance mêmes. Mort à Lyon, en 202, vraisemblablement victime de la terrible persécution de cette année-là, avec une foule considérable de chrétiens. **Fête le 28 juin.**

IRIA (f) Cf. Irène.

IRINA (f) Cf. Irène.

IRINARH (m) Etym. grecque *(eirênê, paix)*. Fils d'un boyard de Moldavie, Irinarh vit en solitaire dans une forêt de son pays, puis durant trente ans au mont Athos, Grèce, avant de gagner la Terre sainte, avec son disciple Jean, en 1836. Etablis au sommet du Thabor, les deux ermites défrichent la partie réservée aux chrétiens orthodoxes, tristement abandonnée aux ronces et aux orties, sèment, plantent et relèvent les ruines d'un sanctuaire où prient encore aujourd'hui les pèlerins du mont de la Transfiguration du Seigneur. En 1859 Jean y ensevelit son vieux maître mort le lendemain de Noël. **Fête le 26 décembre.**

IRIS (f) Etym. grecque : « arc-en-ciel ». Dans la mythologie Iris personnifie l'arc-en-ciel. Messagère des Olympiens, elle est représentée ailée, un bâton à la main. — Selon la tradition chrétienne, sainte Iris est la fille de l'apôtre Philippe*, ensevelie à Gérapolis, Asie Mineure, au début du 2ᵉ s. **Fête le 4 septembre.**

IRMA (f) Cf. Hermine ou Irmengarde.

IRMENGARDE (f) Etym. germanique *(heri,* armée et *gardan,* savoir). Comtesse de la maison de Luxembourg, Irmengarde joue sans doute un rôle politique important au 11ᵉ s. Son nom apparaît souvent dans les chartes rhénanes de l'époque. Après la visite que lui rend le pape Léon IX à Aspel en 1049, Irmengarde renonce au monde pour se consacrer au service de Dieu, ermite à Süchteln, près de Crefeld, Allemagne. Morte à Cologne vers 1089, elle repose derrière l'autel majeur de la cathédrale. **Fête le 4 septembre.**

IRMENTRUDE (f) Cf. Irmengarde. Forme primitive du prénom.

IRMINA (f) Cf. Irmine.

IRMINE (f) Etym. germanique *(ermin,* énorme). Sainte Irmine est une disciple de saint Willibrord* au début du 8ᵉ s. **Fête le 24 décembre.**

IRMINIE (f) Cf. Irmine.

ISAAC (m) Etym. hébraïque : « Dieu sourit ». Personnage biblique, Isaac est le fils miraculeux d'Abraham* et de Sarah* âgés. Cf. Genèse 21-28. Héritier de la promesse faite par Dieu à Abraham, il est l'ancêtre du peuple juif. **Fête le 20 décembre.** — Originaire d'Arabie, région du Beith Qataraye, sur la côte du golfe Persique, Isaac entre dès son adolescence au couvent de Mar Mattai, dans le Djebel Makkoub. Elevé au siège épiscopal de Ninive par le patriarche Georges à la fin du 7ᵉ s., il ne peut s'y maintenir longtemps, sans doute à cause de la jalousie du clergé local vis-à-vis d'un étranger. Devenu aveugle à la suite de ses lectures et de ses austérités, il meurt très âgé au monastère de Rabban Schabor. Saint Isaac est l'un des plus grands auteurs spirituels de l'Orient chrétien et ses textes sont toujours d'une brûlante actualité. Il insiste sur le caractère existentiel de la connaissance de Dieu et sur l'amour sans limites qui atteint son sommet dans la prière pour le salut universel. **Fête le 3 avril.** — Camaldule, Isaac est massacré à Kazimierz, Pologne, la nuit du 11 novembre 1003, avec quatre confrères italiens et polonais. **Fête le 12 novembre.** — Né à Orléans en 1607, Isaac Jogues entre chez les jésuites en 1624. Au Canada en 1636 il tente de s'installer parmi les Indiens du Putun, près du lac Huron, voyage ensuite chez les Sauteurs et évangélise les Hurons. Capturé par les Iroquois en 1642, Isaac est atrocement mutilé mais survit et rentre en France pour quelques mois. Vénéré comme un martyr de son vivant, il retourne au Canada et reprend contact avec les Iroquois mais, encouragé par un certain succès à intensifier parmi eux son action, il est finalement massacré à Ossernenon le 18 octobre

1646. Isaac est canonisé avec huit de ses compagnons en 1930. **Fête le 19 octobre.**

ISABÉ (f) Cf. Isabelle.

ISABEAU (f) Cf. Isabelle.

ISABEL (f) Cf. Isabelle.

ISABELLE (f) Etym. cf. Elisabeth. Née à Paris en 1225, Isabelle de France est la sœur de Louis IX. Elle refuse d'épouser Conrad, fils de Frédéric II, et conseillée par saint Bonaventure, fonde un monastère de clarisses à Longchamp, près de Paris, en 1259. Elle y meurt en 1270, l'année même de la mort de son frère à Tunis. Béatifiée en 1521. **Fête le 22 février.** Plus connue sous le nom de Rose de Lima, sainte Isabelle Flores est fêtée le 23 août. Cf. Rose.

ISABELETTE (f) Cf. Isabelle. Forme hypocoristique. Isabellette est le prénom de la mère de Jeanne d'Arc au 15e s.

ISADORA (f) Etym. grecque (Isis, nom d'une divinité égyptienne et doron, cadeau). Chrétienne, Isadora est arrêtée et martyrisée avec sa sœur en 236, pendant les persécutions de Maximin 1er le Thrace. **Fête le 17 avril.**

ISAÏE (m) Etym. hébraïque : « Dieu est salut ». Personnage biblique, Isaïe est le premier des quatre grands prophètes de l'Ancien Testament au 8e s. av. J.-C. Il exalte la puissance de Dieu, dénonce les infidélités de l'homme et annonce le Messie. **Fête le 6 juillet.** — Au 4e s., saint Isaïe est martyrisé à Césarée, Palestine, avec quatre de ses amis, égyptiens comme lui, au retour d'un voyage en Cilicie, Turquie, où ils ont accompagné des chrétiens condamnés aux mines. **Fête le 16 février.**

ISARN (m) Cf. Ysarn.

ISAURE (f) Cf. Isabelle et Aure. Forme dérivée des deux prénoms associés.

ISAUT (f) Cf. Isabelle. Forme médiévale du prénom.

ISCIA (f) Etym. grecque (Isis, nom d'une divinité égyptienne). L'iscia est une plante qui, dès le printemps, fleurit en épis jaunes, blancs ou violets. Cf. Fleur. **Fête le 5 octobre.**

ISCIANE (f) Cf. Iscia.

ISELINE (f) Cf. Isabelle.

ISEULT (f) Cf. Isabelle. Forme médiévale du prénom. — Iseult ou Isolde est l'héroïne d'une célèbre légende médiévale celtique, reprise à la fin du 12e s. dans les poèmes de Thomas et Béroul, et qui a inspiré à Wagner son fameux *Tristan et Isolde* au 19e.

ISICE (m) Etym. égyptienne (Isis, nom d'une divinité). Originaire de Jérusalem, saint Isice est moine ermite dans le désert de Syrie au 5e s. **Fête le 28 mars.**

ISIDORA (f) Cf. Isadora.

ISIDORE (m) Etym. cf. Isadora. Né à Carthagène, Murcie, Espagne, vers 560, Isidore est le frère de saint Fulgence*, de sainte Florence* et surtout de saint Léandre* qui s'occupe de son éducation et l'oblige à étudier. Isidore n'est pas un enfant prodige. Sa tête est un caillou. Il observe un jour le sillon creusé dans la margelle d'un puits par le frottement de la corde au même endroit et en conclut que des efforts acharnés entameraient aussi peut-être la dureté de son cerveau. Il devient l'un des plus éminents savants de son siècle. Théologie, astronomie, géographie, sémantique, exégèse, histoire religieuse et profane, rien ne lui est étranger. Ses grandes encyclopédies seront partout utilisées jusqu'à la Renaissance. Evêque de Séville durant près de quarante ans, Isidore exerce une influence de premier ordre dans toute l'Eglise d'Espagne, fondant des collèges, convoquant des synodes, conseillant les princes. Il meurt sur un lit de cendre, dans sa cathédrale, le 4 avril 636. Au 11ᵉ s. ses restes sont transférés à Léon, dans la basilique qui lui est dédiée. Saint Isidore est proclamé docteur de l'Eglise par Benoît XIV en 1722. **Fête le 4 avril.** — Près de Madrid, au 12ᵉ s., saint Isidore est père de famille et laboureur. Mort vers 1130, il n'est canonisé qu'en 1622, avec Ignace de Loyola et Thérèse d'Avila, mais depuis longtemps déjà les Madrilènes l'ont établi patron de leur ville. **Fête le 15 mai.**

ISINDA (f) Cf. Isice.

ISIS (f) Divinité égyptienne, Isis est la femme d'Osiris et la mère d'Horus. Elle symbolise la vie et la fertilité. — Cf. Isice.

ISMAËL (m) Etym. hébraïque : « Dieu entend ». Personnage biblique, Ismaël est le fils d'Abraham et d'Agar, son esclave. La tradition le représente comme l'ancêtre éponyme des Ismaëlites et, à ce titre, l'ancêtre des Arabes. **Fête le 13 mai.**

ISMELDA (f) Cf. Imelda.

ISMÈNE (f) Cf. Imelda.

ISMÉRIE (f) Cf. Imelda.

ISNARD (m) Etym. cf. Ysarn. Moine dominicain originaire de Vicence, Vénétie, le bienheureux Isnard est un prédicateur zélé et un grand thaumaturge au 13ᵉ s. Mort à Pavie, Lombardie, vers 1244. **Fête le 19 mars.**

ISOLDE (f) Cf. Iseult.

ISRAËL (m) Etym. hébraïque : « fort contre Dieu » selon Gn 32,29 mais plus vraisemblablement « que Dieu règne » ou « que Dieu éclaire » selon une racine hébraïque. Israël est le surnom donné à Jacob, fils d'Isaac, après sa lutte contre l'ange (Gn 32, 23-33) ; scène qui inspire un tableau au peintre Delacroix au 19ᵉ s. (église Saint-

Sulpice, Paris). **Fête le 20 décembre.** — Originaire du Dorat, Limousin, et confié très jeune aux chanoines, Israël devient plus tard le supérieur de la communauté. Il soigne les pestiférés lors d'une épidémie et ensevelit lui-même les morts que personne ne veut approcher. Mort le 31 décembre 1014 il poursuit son action bienfaisante pour ceux qui le prient. Les miracles sont nombreux autour de sa tombe. Transférés plus tard dans la collégiale du Dorat avec ceux de saint Théobald* son disciple, les restes de saint Israël reposent maintenant dans une châsse de bois doré à l'entrée du chœur. **Fête le 31 décembre.**

ITA (f) Cf. Itta.

ITTA (f) Etym. flamande *(witt,* blanc). Au 6ᵉ s. Itta contribue à la fondation du monastère de Killeedy, Irlande, spécialisé dans la formation du clergé. Elle meurt vers 570. **Fête le 15 janvier.**

ITTE (f) Etym. cf. Itta. Fondatrice de l'abbaye de Nivelles, Brabant, au 7ᵉ s., sainte Itte ou Iduberge y prend le voile avec ses deux filles, Gertrude* et Begge*. Morte en 652. **Fête le 8 mai.**

IVAIN (m) Cf. Yves.

IVAN (m) Cf. Jean. Forme slave du prénom.

IVE (m) Cf. Yves.

IVELIN (m) Cf. Yves.

IVELINE (f) Cf. Yvette.

IVETTE (f) Cf. Yvette.

IVI (m) Cf. Divi ou Yves.

IVO (m) Cf. Yves. Forme bretonne du prénom.

IVON (m) Cf. Yves.

IVOUN (m) Cf. Yves. Forme provençale du prénom.

IVOR (m) Cf. Yves. Forme bretonne du prénom.

IVY (m) Cf. Divi ou Yves.

J

JACINTHE (f) Etym. grecque *(hua-kinthos,* pierre précieuse, variété de zircon jaune rougeâtre). Frivole, versatile, Jacinthe ne semble pas prédisposée à la vie religieuse, mais le seigneur de Mariscotti, son père, ne lui demande pas son avis. Puisque personne n'en veut pour femme, il la met dans un couvent. Dieu veut bien d'elle et heureusement il est patient. Pendant dix ans Jacinthe scandalise ses sœurs et ses supérieures par son comportement, et soudain se convertit ! Les vingt-cinq dernières années de sa vie sont si exemplaires, si pleines de grâces et de faveurs surnaturelles que son procès de béatification est ouvert dès le lendemain de sa mort, survenue à Viterbe, Latium, en 1640. **Fête le 12 août.** — Prénom dérivé : cf Clarisse, Jacinthie.

JACINTHIE (f) Cf. Jacinthe.

JACK (m) Cf. Jean. Forme anglo-saxonne du prénom.

JACKIE (f) Cf. Jacqueline.

JACKY (m) Cf. Jacques.

JACMÉ (m) Cf. Jacques.

JACOB (m) Etym. hébraïque *(aqeb,* talon : le talon de son frère jumeau que Jacob tient en naissant ou *aqab,* supplanter) mais plus vraisemblablement : « que Dieu protège ». Personnage biblique, Jacob est le fils d'Isaac et de Rebecca, le frère d'Esaü et le père de douze fils, souches des douze tribus qui constitueront le peuple hébreu, vers 1750 av. J.-C. Cf. Gn. 25-49. Surnommé Israël après sa lutte avec l'ange, Jacob est l'ancêtre éponyme des Israélites. Il meurt en Egypte où ses descendants tombent en esclavage, en attendant Moïse*. **Fête le 20 décembre.** — Au 8e s. saint Jacob est abbé du monastère de Hornbach, Alsace. Elu évêque de Toul, il procède à la restauration de l'abbaye bénédictine de Saint-Dié. **Fête le 19 janvier.**

JACOPONE (m) Etym. cf. Jacob. Après plusieurs années de prison pour rébellion contre le pape et complicité avec les Colonna, Jacopone se convertit et entre chez les franciscains de Todi, Ombrie. Il est l'auteur de *Laudes,* ouvrage dans lequel il relate son expérience mystique et exalte le détachement des biens matériels, condition pour trouver « la parfaite allégresse » de l'âme. Le *Stabat Mater* lui est attribué. Mort à Todi en 1306. **Fête le 25 décembre.**

JACOTTE (f) Cf. Jacqueline.

JACOUMETO (f) Cf. Jacqueline. Forme provençale du prénom.

JACQUELINE (f) Etym. cf. Jacob. Veuve de Gratien Frangipani, le seigneur de Marino, et mère de deux enfants, Jacqueline est une amie de François* d'Assise, surnommée par lui « frère Jacqueline », et une bienfaitrice de son ordre naissant. Elle use de ses relations pour que l'hôpital Saint-Blaise de Ripa, appartenant aux bénédictins, soit alloué aux disciples de François qui ont besoin d'un couvent. La veille de sa mort, le Poverello dicte une lettre pour la prévenir, lui demander d'apporter un linceul et... « de cette bonne chose que tu me donnais à manger quand j'étais malade à Rome ». Prévenue dans sa prière, Jacqueline est à Assise avec ses deux fils et toute sa suite avant d'avoir la lettre mais François est déjà trop près de sa fin pour pouvoir faire honneur au mets en question. Peu de temps après Jacqueline s'installe en Ombrie pour y passer ses dernières années près de la tombe de François et de ceux qui l'ont connu. Morte le 8 février 1239, elle est inhumée non loin de lui dans la basilique d'Assise. **Fête le 8 février.** Prénoms dérivés : Jackie, Jacotte, Jacoumeto, Jacquemine, Jacquette, Jacquine, Jacquotte, Jakeza, Jamila, etc.

JACQUEMINE (f) Cf. Jacqueline.

JACQUES (m) Etym. cf. Jacob. Cinquante-six Jacques sont inscrits au catalogue des saints. Parmi les principaux : Fils de Zébédée et de Salomé, saint Jacques, dit le Majeur, est le frère aîné de saint Jean* l'Evangéliste. Avec lui et Pierre*, pêcheurs sur le lac de Tibériade, il est l'un des premiers à tout quitter pour suivre le Christ. Avec Pierre et Jean il assiste à la transfiguration de Jésus sur le Thabor mais aussi à son agonie au jardin de Gethsémani. Sa situation privilégiée parmi les Douze l'autorise à intervenir parfois auprès du Maître au nom de tous ses compagnons. Il est aussi le premier à subir le martyre, décapité à Jérusalem en 44 sur l'ordre d'Hérode Agrippa. Ses reliques sont transférées en Espagne par plusieurs de ses disciples. Mort, saint Jacques est encore docile à l'injonction du Christ d'aller évangéliser jusqu'aux extrémités de la terre, attirant sur son tombeau, à Compostelle, Galice, des foules de l'Europe entière. **Fête le 25 juillet.** — Saint Jacques, fils d'Alphée, l'un des Douze (Mc 3, 18) et saint Jacques, dit le Mineur, fils de Marie, femme de Cléophas, (Mc 15,40, Jn 19,25) sont souvent confondus. Le second joue un rôle important à la tête de la jeune Eglise de Jérusalem. Il est considéré comme le premier évêque de la Ville Sainte et l'auteur de l'*Epître de saint Jacques*. Mort martyr en 62, précipité du pinacle du Temple et lapidé. **Fête le 3 mai.** — En 344, saint Jacques le Zélote, prêtre, est l'une des premières victimes de la persécution de Sapor II, en Perse, incarcéré pendant un an et décapité avec saint Jean bar Mariam, évêque. **Fête le 1er novembre.** — Au 6e s. saint Jacques le Palestinien est un meurtrier repenti. Errant dans le désert, fou de désespoir et se croyant damné, il rencontre un vieil anachorète qui lui explique le verset de l'Epître de Jean « Si notre cœur nous condamne, Dieu est plus grand que notre cœur » : la miséricorde de Dieu est infiniment plus grande que les plus grands péchés des hommes. Jacques se convertit complètement, s'adonne à la pénitence le reste de sa vie et meurt en paix dans l'amitié du Seigneur. **Fête le 28 janvier.** — Franciscain, saint Jacques de la Marche est l'un des plus grands prédicateurs en Italie et en Europe centrale au 15e s. Mort à Naples en 1476, il est canonisé en 1726. **Fête le 28 novembre.** — Dominicain, le bienheureux Jacques d'Ulm est surtout connu comme peintre-verrier mais son humilité le rend apte à tous les travaux, aussi obscurs et pénibles soient-ils. Mort à Bolo-

gne en 1491. **Fête le 12 octobre.** —
Incarcéré avec des criminels de droit
commun, Jacques Thompson en convertit plusieurs en attendant le jour de
son exécution, « le plus beau jour de
ma vie » affirme-t-il. Il est supplicié et
décapité à York, Angleterre, le 28
novembre 1582. **Fête le 28 novembre.**
— Jésuite auvergnat, Jacques Berthieu
est missionnaire à Madagascar au 19ᵉ
s. Arrêté et fusillé lors d'une rébellion
destinée à rétablir le culte des idoles,
près de Tananarive, en 1896, il est béatifié par Paul VI le 17 octobre 1965.
Fête le 8 juin. — Franciscain et curé de
Bordighera, près de Vintimille, Italie,
Jacques Viale exerce sa charge pendant
un demi-siècle sur la colline. Mais,
soucieux aussi des habitants et esti-
vants de la cité balnéaire cosmopolite,
il fait appel à l'architecte Charles Garnier pour construire une église dans les
quartiers neufs de la plage. Véritable
précurseur de la pastorale du tourisme,
il meurt à Bordighera en 1912. **Fête le
16 avril.** Prénoms dérivés : Jacky, Jacquou, Jakez, Jim, Jimmy, etc.

JACQUES-DÉSIRÉ (m) Etym. cf.
Jacques et Désiré. Médecin normand,
Jacques-Désiré Laval abandonne son
cabinet à un confrère et entre chez les
pères du Saint-Esprit. Ordonné prêtre
en 1838, il est envoyé dans l'île Maurice en 1841 pour évangéliser près de
75 000 Noirs fétichistes, traités à peu
près comme des bêtes par les colons.
Quand il meurt, en 1864, ils sont devenus, selon le biographe de Jacques-
Désiré, « un bloc compact de chrétiens
instruits et pratiquants dont les descendants constituent aujourd'hui la
grande majorité des 250 000 catholiques mauriciens ». Béatifié par Jean-
Paul II en 1979. **Fête le 9 septembre.**

JACQUETTE (f) Cf. Jacqueline.

JACQUINE (f) Cf. Jacqueline.

JACQUOTTE (f) Cf. Jacqueline.

JACQUOU (m) Cf. Jacques.

JACUT (m) Cf. Jagu.

JAFFREZ (m) Cf. Geoffroy ou Godefroy. Forme bretonne du prénom.

JAGU (m) Etym. celtique. Fils de saint
Fragan* et de sainte Gwenn*, Jagu ou
Jacut fonde au 6ᵉ s. une abbaye autour
de laquelle s'établira la paroisse de
Saint-Jacut, aujourd'hui balnéaire,
près de Dinan, Bretagne. **Fête le 8
février.** — En 1811 est retrouvé dans
l'état où il a été enseveli en 1707 le
corps du bienheureux Jagu, curé de
Morlaix. **Fête le 20 juillet.** Prénom
dérivé : Yagu, Yaguel.

JAKEZ (m) Cf. Jacques. Forme bretonne du prénom.

JAKEZA (f) Cf. Jacqueline. Forme
bretonne du prénom.

JALM (m) Cf. Jacques. Forme bretonne du prénom.

JAMES (m) Cf. Jacques.

JAMILA (f) Cf. Jacqueline.

JAN (m) Cf. Jean.

JANE (f) Cf. Jeanne.

JANET (m) Cf. Jean. Forme provençale du prénom.

JANETO (f) Cf. Jeanne. Forme provençale du prénom.

JANIE (f) Cf. Jeanne.

JANIK (f) Cf. Jeanne. Forme bretonne du prénom.

JANINE (f) Cf. Jeanne.

JANIQUE (f) Cf. Jeanne.

JANO (f) Cf. Jeanne. Forme provençale du prénom.

JANS (m) Cf. Janssen.

JANSEN (m) Etym. cf. Jean. Jansen est
moine franciscain à Gorcum, Pays-Bas,
lorsque les calvinistes s'emparent de la
ville, envahissent le monastère et tentent

de rallier les moines à leur cause, en 1572. Furieux de la résistance des franciscains, ils pendent plusieurs d'entre eux, dont Jansen. **Fête le 9 juillet.**

JANVIER (m) Etym. latine *(januarius,* janvier, de *Janus,* dieu à qui ce mois était dédié). Evêque de Bénévent, Campanie, Janvier est vraisemblablement martyrisé vers 343, lors des persécutions ariennes ordonnées par l'empereur Constance. Parmi les nombreux protecteurs célestes que les Napolitains se sont donné au cours des siècles, saint Janvier est le premier depuis qu'ils possèdent ses reliques en 432. Patron vigilant et efficace, il les délivre de la peste en 1497 et les protège plusieurs fois de la colère du Vésuve aux 17e et 18e s. Le « miracle de saint Janvier » qui se reproduit trois fois par an à la cathédrale de Naples (mai, septembre et décembre) est attesté par près de cinq mille procès-verbaux depuis 1389. Le sang du martyr se liquéfie, augmente notablement de volume et bouillonne légèrement dans son ampoule. Deux fois témoin du prodige en 1728, Montesquieu y fait allusion dans *Voyages :* « Je puis déclarer que le miracle de saint Janvier n'est point une supercherie ». **Fête le 19 septembre.**

JANVIÈRE (f) Cf. Janvier.

JAOUA (m) Cf. Joévin.

JAOUEN (m) Cf. Joévin.

JAOVEN (m) Cf. Joévin.

JAQUE (m) Cf. Jacques. Forme provençale du prénom.

JASMIN (m-f) Etym. persane *(yâsimîn).* Le jasmin est un arbuste vivace à grandes fleurs jaunes ou blanches très odorantes. Fleur-de-Jasmin est le prénom de la deuxième fille de Job (Jb 42, 14). Cf. Fleur. **Fête le 5 octobre.**

JASMINA (f) Cf. Jasmin.

JASMINE (f) Cf. Jasmin.

JASON (m) Etym. grecque *(Iasôn,* nom d'un héros grec)* ; équivalent approximatif des prénoms hébreux Josué et Jésus : « Dieu sauve ». Chrétien de Thessalonique, Grèce, Jason accueille Paul et Silas dans sa maison ; ce qui lui vaut d'être traîné devant les autorités de la ville un jour d'émeute et d'avoir à verser une caution pour être relâché (1er s.) Cf. Actes 17, 5-9. **Fête le 12 juillet.**

JASPER (m) Cf. Gaspar. Forme alsacienne du prénom.

JAUFRET (m) Cf. Geoffroy ou Godefroy. Forme provençale du prénom.

JAUME (m) Cf. Jacques. Forme provençale du prénom.

JAVIER (m) Cf. Janvier.

JAVIÈRE (f) Cf. Janvier.

JAVOTTE (f) Cf. Jacqueline.

JEAN (m) Etym. hébraïque *(Yohanân,* Dieu a fait grâce), étymologie qui explique sans doute la foule des Jean inscrits au martyrologe ; au moins un pour chaque jour de l'année. Parmi les plus célèbres : Jean, le Baptiste, est le premier et le plus populaire, canonisé par Jésus lui-même : « De tous les enfants des femmes, il n'y en a pas de plus grand ». (Mt. 11, 11). Cf. Jean-Baptiste. **Fête le 24 juin.** — Apôtre du Christ en Palestine au 1er s., saint Jean, dit l'Evangéliste ou le Théologien, est aussi l'un de ses cousins. Fils de Zébédée* et de Salomé*, frère de Jacques*, ami de Pierre*, André*, Philippe* et pêcheur avec eux sur le lac de Tibériade, Jean est l'un des premiers à tout abandonner pour suivre le Sauveur. Ardent et impétueux, il est surnommé par lui, avec son frère, « fils du tonnerre », et occupe une place privilégiée parmi les Douze. Jean est « le disciple que Jésus aimait », témoin de sa gloire sur le Thabor, de sa tendresse jusqu'au dernier soir, au cénacle, mais aussi de son agonie sur le Calvaire, seul disciple présent au pied de la croix, près de Marie, la mère du Crucifié, que celui-ci lui confie avant d'expirer. Il court au tombeau le matin de Pâques, voit et croit. Le premier, il reconnaît le Maître ressuscité au bord du lac peu de temps après. Jean est le plus jeune des Douze mais vivra le plus vieux, « véritable colonne de l'Eglise naissante » selon saint Paul* (Gal 2,9). Il écrit l'Apocalypse dans l'île grecque de Pathmos où il a été exilé par Domitien vers 95 et, sitôt libéré, après la mort de l'empereur, retourne à Ephèse (auj. près d'Izmir, Turquie), pour diriger les jeunes communautés d'Asie Mineure. Mais Jean est surtout l'auteur d'un évangile et d'une épître, un tout d'une prodigieuse intensité spirituelle, le joyau des Livres inspirés et qui nous livre la quintessence de toute la Révélation : *Dieu est amour. Il donne au monde ce qu'il a de plus cher, son Fils unique, afin que, ce Dieu devenu homme, nous devenions fils de Dieu !* Mort à Ephèse à l'aube du 2e s., saint Jean est le patron des théologiens, des voyants, des contemplatifs et des écrivains. Des fouilles récentes ont permis de désigner l'emplacement de sa tombe dans les ruines de la basilique aux onze coupoles érigée à Ephèse, sous Justinien, au 6e s. **Fête le 27 décembre.** — Saint Jean Bar Mariam, évêque, est l'une des premières victimes de la persécution de Sapor II, roi de Perse, au 4e s. Il est incarcéré pendant un an et décapité avec saint Jacques* le Zélote, prêtre, en 344. **Fête le 1er novembre.** — Elu pape en 523, Jean 1er est contraint par Théodoric le Grand, roi des Ostrogoths, de se rendre à Constantinople pour intercéder en faveur des ariens. Il couronne l'empereur Justin en 525 mais rentre à Rome sans avoir rempli toute sa mission. Jeté en prison par Théodoric, Jean y meurt, à Ravenne, en 526. **Fête le 18 mai.** — Au 7e s. saint Jean Climaque est moine, ermite et higoumène du monastère du Sinaï,

Egypte. Arrivant au monastère, âgé de seize ans, il est confié à Martyrios, moine expérimenté, qui l'exerce pendant vingt ans à la pratique de l'obéissance. Puis il s'établit dans une cellule, au pied du Sinaï qu'il gravit chaque semaine pour la liturgie dominicale. Elu abbé, il écrit pour ses moines un traité de spiritualité et de vie monastique, *L'Echelle du Paradis,* qui lui vaut son surnom de Climaque *(klimakos,* échelle). Mort vers 650. **Fête le 30 mars.** — Bénédictin, saint Jean de Beverley est archevêque d'York, Angleterre, au 8e s. Saint Bède* qui l'a ordonné prêtre raconte dans ses livres comment Jean a appris à lire et à s'exprimer à un sourd-muet. **Fête le 7 mai.** — Cistercien, le bienheureux Jean est le fondateur de l'abbaye de Bonnevaux, près de Vienne, Dauphiné. Elu évêque de Valence en 1141, après l'expulsion d'Eustache, il meurt le 21 mars 1146. Saint Pie X approuve son culte en 1903. **Fête le 21 mars.** — Seigneur provençal et docteur de l'université de Paris, saint Jean de Matha est le fondateur des Trinitaires au 12e s., ordre approuvé par Innocent III en 1198, dont la mission est de racheter les captifs, victimes des razzias menées par les Sarrasins sur les côtes. Mort à Rome en 1213. **Fête le 8 février.** — Jean Bernardone est plus connu sous le nom. de saint François*. Voir ce prénom. **Fête le 4 octobre.** — Au 15e s., le bienheureux Jean de Fiesole ou fra Angelico est moine dominicain et peintre génial. Il remplit sa vocation en peignant et en faisant peindre dans son atelier fresques et retables d'inspiration religieuse. Au couvent San Marco de Florence, devenu son musée, il représente des spectateurs étrangers au mystère afin d'inspirer l'attitude qu'il faut avoir devant celui-ci. Mort à Rome en 1455. **Fête le 18 mars.** — Gouverneur et capitaine de Pérouse, Italie, Jean de Capestrano se convertit subitement, bouleversé par la mort de sa femme. Admis chez les franciscains, il mène une carrière prodigieuse, prédicateur infatigable en Terre sainte, en Italie et en Allemagne, ami et collaborateur de quatre papes, légat apostolique pour l'Autriche, l'Allemagne, la Bohême et la Pologne. Il lutte contre les hussites, prêche la croisade contre les Turcs et contribue largement à la victoire de Belgrade qui stoppe leur avance en Occident (juin 1456). Mort à Villach, Croatie (auj. en Yougoslavie), le 23 octobre 1456. **Fête le 23 octobre.** — Né près d'Evora, Portugal, en 1495, Joào fuit la maison paternelle à huit ans et n'y revient jamais. Berger en Espagne puis soldat dans l'armée de Charles Quint, il est sauvé de la pendaison par la Vierge Marie qu'il a invoquée. A Grenade, il s'occupe des infirmes abandonnés, les transporte sur son dos jusqu'à l'abri de fortune, confectionne des fagots de bois mort et fait du porte à porte pour en tirer de quoi nourrir ses pauvres. Il aide aussi les prostituées à se recycler. Des disciples le rejoignent, dont un assassin qu'il a converti, et des gens riches lui bâtissent des hospices pour ses malades : l'ordre des frères hospitaliers est né. Mort à Grenade, Espagne, le 8 mars 1550, saint Jean de Dieu est le patron céleste des infirmiers et des malades. **Fête le 8 mars.** — A l'aube de la Fête-Dieu 1570, la bulle d'excommunication de la reine Elisabeth est affichée sur la porte de l'évêque de Londres ! Une perquisition chez un catholique notoire entraîne rapidement la découverte et l'arrestation du coupable. Jean Felton est dépecé vif, à Londres, le 8 août 1570, laissant un fils de deux ans, Thomas, qui sera martyrisé à son tour dix-huit ans plus tard. **Fête le 8 août.** — Castillan et religieux carme, saint Jean de la Croix est, après Thérèse* d'Avila, l'âme de la réforme des carmels espagnols au 16e s. Il paie cher son action, plusieurs fois emprisonné par ses confrères, mais c'est dans sa geôle qu'il rédige ses plus beaux poèmes, chefs-d'œuvre du siècle

d'or espagnol. Peu de spirituels ont fait passer davantage dans leurs écrits le résultat de leur expérience mystique. Mort à Ubeda, Andalousie, en 1591, saint Jean de la Croix est proclamé docteur de l'Eglise en 1926. **Fête le 14 décembre.** — Fils d'un pasteur protestant, Jean Ogilvie est à douze ans sur les routes d'Allemagne, de France et d'Italie. Il perd la foi ou croit la perdre, puis découvre l'Eglise catholique. A seize ans il est étudiant à Louvain. A trente-trois ans, il est ordonné prêtre à Paris chez les jésuites et envoyé en Ecosse. Deux ans plus tard, en 1615, dénoncé par un proche, le bienheureux Jean Ogilvie est exécuté à Galsgow au terme d'un long martyre. **Fête le 13 mars.** — A Nagasaki, Japon, en 1622, le bienheureux Jean Tomachi est brûlé vif après avoir assisté à la décollation de ses quatre fils : Dominique, seize ans, Michel, treize ans, Thomas, dix ans et Paul, sept ans, tous accusés de christianisme ! **Fête le 12 septembre.** — Missionnaire-né, Jean de Britto quitte famille et pays, le Portugal, dès l'âge de seize ans, fait de brillantes études chez les jésuites mais refuse une chaire de théologie pour aller vivre parmi les pénitents indous non brahmanes. Au terme d'un séjour à Lisbonne, il rejoint à la nage le bateau qui part sans lui. Arrêté au royaume de Maravar, Indes, il est torturé plusieurs fois avant d'avoir la tête tranchée d'un coup de cimeterre le 4 février 1693. Béatifié en 1853, Jean est placé au rang des saints le 22 juin 1947. **Fête le 4 février.** — Déterminé à garder le célibat dans un pays où le confucianisme l'oblige au mariage, Jean Niou conclut un semblant d'épousailles avec Luthgarde*, une amie chrétienne résolue au même genre de vie. Tous deux, coréens et inflexibles dans leur foi et leur virginité, sont arrêtés, tourmentés et exécutés dans leur pays en 1801. **Fête le 7 juillet.** — Ce prénom est aussi celui de vingt-trois papes, un antipape et de nombreux empereurs, rois et personnages illustres. Prénoms dérivés : Hans, Ianis, Jan, Jehan, Johan, Johannes, John, Johnny, Joào, Jovanni, Gianni, Giovanni, Juan, Yann, Yoann, Yohanân, Yvan, Evan, Evangéline, etc.

JEAN-BAPTISTE (m) Etym. hébraïque, cf. Jean, et grecque *(baptizein,* immerger). Fils de Zacharie* et d'Elisabeth*, Jean est surnommé *Baptiste* parce qu'il baptise par immersion dans l'eau du Jourdain, ou *Précurseur* parce qu'il annonce le Messie. Il n'est pas lui-même la Lumière ; il est le messager, le témoin envoyé par Dieu pour parler de la Lumière. Cf. Jean 1, 6-8. Ayant vécu son adolescence au désert, proche de la communauté des Esséniens de Qumrân, en Palestine, au début du 1er s., il s'établit sur la rive du Jourdain à l'âge d'homme, s'entoure de disciples et prêche la conversion intérieure, la nécessité de la pénitence et la proximité du salut. Emprisonné par Hérode Antipas dont il condamne l'adultère et l'union incestueuse, Jean-Baptiste est décapité en 27 ou 28 dans la citadelle de Machéronte, à la demande de Salomé conseillée par Hérodiade. La vie et la mort de saint Jean-Baptiste ont inspiré des peintres (Léonard de Vinci, Raphaël et Donatello, Van Eyck, del Sarto, Pisano, etc.), des écrivains et des compositeurs. **Fête le 24 juin et le 29 août.** — Né à Reims et chanoine à seize ans, Jean-Baptiste de La Salle étudie à Paris, en Sorbonne et à Saint-Sulpice. Docteur en théologie, puis ordonné prêtre en 1678, il se voue à la formation de maîtres chrétiens destinés à l'éducation des enfants pauvres. Les « frères des écoles chrétiennes » prononcent leurs premiers vœux de religion au noviciat de Vaugirard en 1691. Des écoles fonctionnent en Champagne, à Paris et près de Rouen où le fondateur rédige les *Règles de l'institut* et plusieurs ouvrages qui font de lui le précurseur de la pédagogie moderne.

Mort en 1719, Jean-Baptiste de La Salle est canonisé par Léon XIII en 1900 et proclamé patron de tous les éducateurs par Pie XII en 1950. **Fête le 7 avril.**

JEAN-BERCHMANS (m) Cf. Berchmans.

JEAN-BOSCO (m) Cf. Bosco.

JEAN-CHRYSOSTOME (m) Etym. hébraïque, cf. Jean, et grecque *(krysostomos,* bouche-d'or). Baptisé à dix-huit ans, la nuit de Pâques 368, Jean-Chrysostome quitte le monde à la mort de sa mère. Pendant deux ans il vit en ermite dans les montagnes des environs d'Antioche (auj. Antakya, Turquie), sa ville natale, mais une santé délabrée par les austérités l'oblige à rentrer en ville pour se faire soigner. Ordonné prêtre en 386, il est bientôt remarqué pour sa science théologique et pour ses dons d'éloquence qui lui valent le surnom de "Bouche-d'or". Désigné pour succéder à Nectaire sur le siège épiscopal de Constantinople en 397, Jean entreprend aussitôt de combattre les abus dont se rendent coupables les princes, les fidèles et même les moines, dans la somptueuse capitale de l'empire d'Orient. Il remplace les évêques indignes, dénonce les scandales de la cour et, à la foule qui se presse pour l'entendre, prêche l'Evangile sans l'expurger. Mais il dérange. En 403, Jean-Chrysostome est déposé par l'impératrice Eudoxie et le patriarche d'Alexandrie coalisés. Contraint de s'exiler, il réside pendant quatre ans à Cucusus (auj. Göksum, Turquie) où il poursuit son apostolat, instruisant, encourageant, consolant ses admirateurs accourus d'Antioche et de tout le pays. Il en fait encore trop ! Transféré jusqu'au pied du Caucase, maltraité par ses gardes, traîné sur les chemins, il succombe en route, près de Comana (auj. Bizeri, Turquie), le 14 septembre 407, en murmurant : « Seigneur, que ta volonté soit faite sur la terre comme au ciel ». Docteur de l'Eglise, saint Jean-Chrysostome est surtout vénéré comme un martyr du courage pastoral. **Fête le 13 septembre.**

JEAN-DAMASCÈNE (m) Etym. cf. Jean. Fils d'un ancien ministre des finances, Jean Mansour, dit Damascène (originaire de Damas, Syrie), est préfet du Divan à la cour du calife quand, vers cinquante ans, il abandonne le monde et les honneurs pour se consacrer à Dieu au monastère Saint-Sabas, en Palestine, vers 698. Ordonné prêtre malgré lui, Jean-Damascène partage son temps entre la prière, la prédication et la composition d'hymnes liturgiques. Mort centenaire à Saint-Sabas vers 749, il est aussi l'auteur de *Source de la Connaissance,* le premier exposé synthétique du dogme chrétien, ouvrage important que Thomas* d'Aquin utilisera et citera abondamment. Saint Jean-Damascène est docteur de l'Eglise. **Fête le 4 décembre.**

JEAN-DAVID (m) Etym. hébraïque, cf. Jean et David. Chartreux anglais, Jean Davy, ou David, est martyrisé à Londres le 8 juin 1537 parce qu'il conteste l'autorité du roi Henri VIII et refuse de le reconnaître chef spirituel de l'Eglise d'Angleterre. **Fête le 20 septembre.**

JEAN-EMILE (m) Etym. hébraïque, cf. Jean, et latine, cf. Emile. Prêtre, accablé d'humiliantes persécutions, Jean-Emile Anizan fonde les Fils de la Charité après la première guerre mondiale. Mort à Charonne, Paris, en 1928. **Fête le 1er mai.**

JEAN-EUDES (m) Etym. hébraïque, cf. Jean, et germanique, cf. Eudes. Fils d'un chirurgien normand, Jean-Eudes étudie chez les jésuites mais se consacre à Dieu chez les oratoriens, en 1623. Intrépide missionnaire, il parcourt tous les diocèses de Normandie, prêchant, confessant, soignant même les pestiférés. En 1643 il quitte l'Oratoire pour fonder une congrégation destinée à la formation des prêtres, les eudistes, puis une autre, les moniales de Notre-Dame de Charité, vouées à la rééducation des mineures. Orateur remarquable et « rude saint » selon son biographe, Jean-Eudes est l'initiateur du culte liturgique des Cœurs de Jésus et Marie. Mort à Caen en 1680, il est canonisé en 1925. **Fête le 19 août.**

JEAN-FRANÇOIS (m) Etym. hébraïque, cf. Jean, et latine, cf. François. Jésuite originaire de Fontcouverte, Roussillon, Jean-François Régis se consacre à l'évangélisation du Forez, du Vivarais et du Velay. Il convertit les calvinistes, reclasse les prostituées et parcourt la campagne, prêchant la Bonne Nouvelle dans un langage simple et concret. Son ardente charité est son arme principale. Les gens apprécient également le style de vie rude et frugale du bon père. Egaré dans une tempête de neige au cours d'une mission, Jean-François succombe à une pneumonie au hameau de Lalouvesq, Vivarais, le 31 décembre 1640 à minuit. Sa tombe devient rapidement un centre important de pèlerinage. **Fête le 16 juin.** — Lazariste grenoblois, Jean-François Clet est martyrisé à Ou-Tchang-Fou, Chine, en 1820, âgé de soixante-douze ans. **Fête le 17 février.**

JEAN-GABRIEL (m) Etym. hébraïque, cf. Jean et Gabriel. Missionnaire lazariste en Chine, Jean-Gabriel Perboyre est arrêté dans la forêt où il s'est réfugié, trahi par un jeune chrétien, le 16 septembre 1839. Torturé pendant près d'un an dans son cachot, il est crucifié à Ou-Tchang-Fou le 11 septembre 1840. **Fête le 11 septembre.**

JEAN-JACQUES (m) Etym. hébraïque, cf. Jean et Jacques. Fils de Zébédée et de Salomé, Jean et Jacques sont tous deux pêcheurs sur le lac de Tibériade, Palestine, prompts à tout quitter pour suivre le Christ et surnommés par lui « fils du tonnerre ». Avec Simon-Pierre* ils sont les disciples familiers de Jésus, présents à ses côtés dans toutes les circonstances importantes de sa mission terrestre. Jacques meurt, le premier des Douze, décapité à Jérusalem en 44 sur l'ordre d'Hérode Antipas, et Jean, le dernier, à Ephèse (auj. près d'Izmir, Turquie) à l'aube du 2ᵉ s. Voir ces deux prénoms. **Fête le 25 juillet ou le 27 décembre.**

JEAN-JOSEPH (m) Etym. hébraïque, cf. Jean et Joseph. Franciscain italien, Jean-Joseph de la Croix ignorait-il les écrits des "philosophes" français de son siècle dans lesquels est démontrée l'impossibilité du miracle ? Il n'arrêtait pas d'en faire, lisait aussi dans les cœurs, tombait souvent en extase, jouissait du don de lévitation et de bilocation. Faits vérifiés par de sévères enquêteurs. A un esprit fort qui conteste l'action de Dieu, Jean-Joseph répond un jour, désignant son crâne : « J'ai mesuré l'os que nous avons là (...) ; il a environ quatre pouces de haut et trois de large ; comment voulez-vous, cher ami, faire entrer l'infini dans un si petit espace ? » Ayant été supérieur général de son ordre, Jean-Joseph se retire au couvent Sainte-Lucie de Naples et y meurt le 5 mars 1734. **Fête le 5 mars.**

JEAN-LÉONARD (m) Etym. hébraïque, cf. Jean, et latine, cf. Léonard. Pharmacien, Jean-Léonard abandonne soudain sa boutique pour se faire prêtre, préférant se vouer à la santé des âmes. En 1574, il fonde à Lucques, Toscane, l'institut des clercs de la Mère de Dieu, qu'il transfère aussitôt à Rome pour échapper aux menaces des luthériens. Philippe* Néri lui cède son appartement et sa chatte, craignant que l'animal soit dépaysé là où il s'en va : « Soignez-la bien, insiste-t-il ; je veux absolument qu'elle continue d'être heureuse ». Soucieux aussi de l'âme de son ami : « Devenir un saint, ce n'est pas tout, lui dit Phi-

lippe ; l'important est de le rester ». Jean-Léonard n'oublie pas. Mort à Rome en 1609, il est canonisé par Pie XI au 20ᵉ s. **Fête le 9 octobre.**

JEAN-LOUIS (m) Etym. hébraïque, cf. Jean, et germanique, cf. Louis. Prêtre des Missions Etrangères, Jean-Louis Bonnard est martyrisé au Tonkin, Vietnam, en 1852. Ses lettres expédiées de prison révèlent l'intensité de sa prière, toute d'abandon à la volonté du Père, celle même de Jésus au jardin de Gethsémani. **Fête le 2 mai.**

JEAN-MARC (m) Etym. hébraïque, cf. Jean, et latine ou grecque, cf. Marc. Dans les *Actes des Apôtres*, saint Luc* nomme deux fois Jean-Marc (13,5 et 13) et fait trois fois allusion à un « Jean surnommé Marc » (12, 12 et 25 ; 15, 37). Il s'agit de l'auteur du second Evangile. Cf. Marc. **Fête le 25 avril.**

JEAN-MARIE (m) Etym. hébraïque, cf. Jean et Marie. Fils d'un modeste exploitant rural de Dardilly, près de Lyon, Jean-Marie Vianney apprend à lire vers dix-huit ans. Entré au séminaire, il est renvoyé au bout de deux ans. Le registre de l'établissement garde la note décernée au jeune homme lors de son premier examen : *debilissimus !* Nouvel échec l'année suivante malgré les cours de rattrapage du bon curé d'Ecully. Jean-Marie se fait même traiter d'âne. Il ne se démonte pas : « J'ai lu dans la Bible que Samson a abattu mille Philistins avec une simple mâchoire d'âne, dit-il ; qu'est-ce qu'on va pouvoir faire avec un âne tout entier ? » Loin de se décourager, il travaille encore, obstiné et confiant. On finit par ordonner Jean-Marie, le 13 août 1815, hésitant toutefois à lui laisser la faculté de confesser. Nommé à Ars après trois ans de vicariat à Ecully, le petit curé n'est pas très brillant en chaire ; c'est au confessionnal qu'il est le plus demandé. Il attire bientôt les foules, les fidèles et les autres, rend la foi à ceux qui l'ont perdue, la paix et la joie aux pêcheurs. A partir de 1830, jusqu'à cent mille personnes passent dans son confessionnal chaque année. Jean-Marie y passe, lui, de douze à dix-huit heures par jour, n'en sortant que pour se donner la discipline, avaler quelques pommes de terre froides et coucher sur la dure, quand le démon veut bien le laisser se reposer. Pendant trente-cinq ans le père Vianney doit subir les mauvais tours et les attaques du "grappin" ! Il tente même plusieurs fois d'aller s'enfermer à la Trappe, s'estimant très indigne, mais meurt à Ars le 4 août 1859. Canonisé en 1925, saint Jean-Marie Vianney est le patron de tous les curés et responsables de communautés paroissiales. **Fête le 4 août.**

JEAN-MARTIN (m) Etym. hébraïque, cf. Jean, et latine, cf. Martin. Prêtre lorrain et fondateur des sœurs de la Providence pour les écoles de campagne, Jean-Martin Moye entre aux Missions Etrangères et passe dix ans au Se-Tchoan, Chine, où il renouvelle son expérience de formation de religieuses enseignantes. Rentré en Lorraine en 1783, il donne des missions, développe sa congrégation et s'exile à Trèves pendant la Révolution. Mort en 1793 à l'hôpital de Bitche où il a prêché une dernière mission, Jean-Martin est béatifié par Pie XII le 21 novembre 1954. **Fête le 30 juillet.**

JEAN-MICHEL (m) Etym. hébraïque, cf. Jean et Michel. Prieur de la chartreuse de Paris, Jean-Michel de Vesly est élu général de son ordre en 1594. Mort en 1600, il laisse un traité d'exercices spirituels qui aura beaucoup de succès et une grande influence sur Bérulle et son école. **Fête le 23 février.**

JEAN-NÉPOMUCÈNE (m) Etym. hébraïque, cf. Jean, et slave (Nepomuck, nom d'un village de Bohême). Prêtre très jeune, Jean-Népomucène

est remarqué pour son éloquence et la qualité de ses homélies. Wenceslas IV qui cherche un chapelain l'appelle à la cour, mais s'inquiète bientôt de l'influence qu'il y exerce, en particulier sur la reine. Wenceslas prétend même l'obliger à lui révéler les confessions de sa femme. Refus du prêtre qui est alors jeté dans un cachot du palais et torturé plusieurs fois. Sauvé par la reine, il reprend ses fonctions mais reproche au roi ses excès et prédit les catastrophes qui s'abattront un jour sur la Bohême. Elu empereur germanique, Wenceslas le fait disparaître définitivement. Couvert de blessures et brûlé sur tout le corps, Jean-Népomucène est bâillonné et jeté dans la Moldau en 1393. Le saint fait l'objet d'un culte important en Europe centrale, invoqué contre l'indiscrétion et la calomnie, prié pour obtenir la grâce de faire une bonne confession et protecteur des ponts ! **Fête le 16 mai.** — Originaire de Bohême, Jean-Népomucène Neumann est ordonné prêtre à New-York en 1836. Entré chez les rédemptoristes en 1840, il porte la Bonne Nouvelle aux populations des régions du Niagara, se dévoue jusqu'à l'épuisement auprès des émigrés de langue allemande et meurt évêque de Philadelphie en 1860, à quarante-huit ans, ayant construit une cathédrale, d'innombrables églises et une centaine d'écoles. Il est canonisé par Paul VI en 1977. **Fête le 5 janvier.**

JEAN-PIERRE (m) Etym. hébraïque, cf. Jean, et grecque, cf. Pierre. Prêtre des Missions Etrangères posté en Chine, Jean-Pierre Néel se sait menacé mais choisit de rester auprès d'un néophyte pour l'affermir dans la foi plutôt que de se mettre à l'abri. Arrêté en 1862, il est attaché par les cheveux à la queue d'un cheval, traîné jusqu'à la ville de Kai-Tchéou et décapité avec trois cathéchistes. **Fête le 18 février.**

JEAN-THÉOPHANE (m) Etym. hébraïque, cf. Jean, et grecque, cf. Théophane. Fils d'un petit cultivateur de Saint-Loup-sur-Thouet, Poitou, Jean-Théophane Vénard garde les vaches en lisant les Annales de la Propagation de la Foi. La vie du bienheureux Charles Cornay martyrisé au Tonkin enchante son adolescence. Il entre à son tour chez les prêtres des Missions Etrangères, embarque à Anvers en 1852 et se dévoue au Tonkin pendant quatre ans. Trahi, il est arrêté et enfermé pendant soixante jours dans une cage trop basse et trop étroite, pour être finalement décapité à Hanoï le 2 février 1861. Jetée à la rivière, sa tête est retrouvée treize jours plus tard. **Fête le 2 février.**

JEAN-VLADIMIR (m) Etym. hébraïque, cf. Jean, et germanique, cf. Vladimir. Roi de Dalmatie à la mort de son père, Jean-Vladimir est aussitôt attaqué par Samuel, tsar de Bulgarie, qui convoite son royaume. Le jeune roi perd la guerre, ses états et sa liberté mais trouve sa femme dans la geôle bulgare où il est retenu captif. Cossara, fille de Samuel, visite chaque semaine les prisonniers de son père pour les réconforter et leur laver les pieds comme le prescrit l'Evangile. Elle s'éprend bientôt du jeune roi déchu. Samuel finit par céder à sa fille qu'il chérit, consent au mariage et rend la Dalmatie. Jean-Vladimir et Cossara vivent plusieurs années de bonheur jusqu'au jour où, Samuel mort, un aventurier supprime son fils, s'empare du trône de Bulgarie et convoite à son tour la Dalmatie. Jean-Vladimir est assassiné le 22 mai 1015 tandis qu'il sort de la chapelle où il a prié. Placé au rang des martyrs par l'Eglise bulgare, saint Jean-Vladimir fait l'objet d'un culte important dans les pays balkaniques. **Fête le 22 mai.**

JEANINE (f) Cf. Jeanne.

JEANNE (f) Etym. hébraïque, cf. Jean. Née en 1412 à Domrémy, duché de Bar, Jeanne est la fille de Jacques d'Arc et d'Isabelette Romée. Elle n'a

que treize ans lorsqu'elle entend les Voix qui la pressent de quitter sa maison, son pays, pour aller chasser les Anglais installés en France. En 1428 Jeanne réclame une escorte à Baudricourt pour rejoindre le dauphin Charles à Chinon mais ne parvient à réaliser son projet qu'en mars 1429. Elle persuade alors le dauphin de la réalité de sa mission, obtient une minuscule armée et délivre Orléans le 8 mai. En juin et juillet elle reprend aux Anglais Loches, Beaugency, Patay, libère Auxerre, Troyes, Châlons et fait sacrer Charles VII à Reims le 17 juillet. Mais le miracle de Jeanne s'arrête là, semble-t-il. Les Voix se taisent. Tentant de reprendre Paris, Jeanne est blessée, porte Saint-Honoré, en septembre 1429. Elle échoue à la Charité-sur-Loire, reprend Compiègne mais tombe dans les mains des Bourguignons en mai 1430. Vendue aux Anglais, elle est jugée à Rouen par cent vingt-six évêques, maîtres en théologie, abbés bénédictins, dominicains, etc. sous la présidence de Pierre Cauchon, évêque de Beauvais. Ils la condamnent à être brûlée vive le 23 mai 1431, ayant théologiquement établi qu'elle est « menteresse, abuseresse du peuple, blasphémeresse de Dieu, invocateresse de diables, idolâtre, cruelle, dissolue, hérétique et schismatique ». L'article 10 du jugement indique aussi qu'elle a commis un péché mortel contre la charité en disant que ses Voix refusaient de parler anglais ! L'exécution de la sentence a lieu à Rouen, sur la place du Vieux-Marché, au matin du 30 mai 1431. Jeanne pleure un peu de devoir mourir. Elle n'a pas vingt ans. Quand s'effondre le poteau auquel on l'a attachée sur le bûcher, on l'entend encore crier six fois : Jésus ! Les Anglais jettent ses cendres dans la Seine. En 1450, Charles VII qui n'a pas bougé le petit doigt pour tenter de sauver Jeanne ordonne une enquête qui aboutit à un procès de réhabilitation en 1456, mais Jeanne d'Arc ne sera canonisée qu'en

1920 et proclamée patronne de la France en 1922. **Fête le 30 mai.** — Fille de Louis XI et de Charlotte de Savoie, Jeanne de France ou de Valois est mariée dès 1476, âgée de douze ans, à Louis d'Orléans, futur Louis XII. Répudiée à l'avènement de son époux, Jeanne se retire à Bourges, y fonde l'ordre de l'Annonciade pour honorer la Mère de Dieu et y meurt en 1505 après beaucoup d'épreuves physiques et morales. Béatifiée en 1742, elle est canonisée par Pie XII le 28 mai 1950. **Fête le 4 février.** — Catholique, Jeanne de Lestonnac est très éprouvée dans sa foi par sa mère calviniste mais encouragée et soutenue par son oncle maternel Michel de Montaigne. Après la mort de son mari, elle fonde la compagnie de Marie-Notre-Dame pour l'éducation des jeunes filles du monde, en 1608, et meurt à Bordeaux le 2 février 1640. Canonisée en 1949. **Fête le 2 février.** — Née à Saumur, Anjou, en 1666, Jeanne Delanoue se convertit de son amour de l'argent et se met au service des plus pauvres. Pour eux et pour les orphelins, elle fonde les Sœurs de Sainte-Anne-de-la-Providence et s'éteint à Saumur en 1736. Béatifiée en 1947. **Fête le 17 août.** — Cancalaise, Jeanne Jugan est la fondatrice des Petites Sœurs des Pauvres au 19e s. Morte à Saint-Pern, pays de Bécherel, le 29 août 1879, modèle de charité et d'humilité, elle est béatifiée par Jean-Paul II le 3 octobre 1982. **Fête le 30 août.** Prénoms dérivés : Jane, Janie, Janique, Jeannice, Jeannine, Jehanne, Jemmie, Jennifer, Jennie, Joan, Joanna, Juanita, Vanina, etc.

JEANNE-FRANÇOISE (f) Etym. hébraïque, cf. Jean, et latine, cf. François. Née à Dijon en 1572, Jeanne-Françoise de Rabutin de Chantal est l'aïeule de la marquise de Sévigné. Veuve en 1601, elle fonde l'ordre de la Visitation à Annecy vers 1615 en collaboration avec François* de Sales. D'une force d'âme peu commune mais de nature autoritaire, Jeanne-Françoise trouve en l'évêque de Genève le guide providentiel qui l'assouplit aux volontés du prochain. Rentrant de Paris où elle a rencontré Vincent* de Paul, elle s'éteint à Moulins le 13 décembre 1641 au terme d'une vie pleine de travaux, de voyages, d'épreuves et de consolations spirituelles. Canonisée en 1767, sainte Jeanne-Françoise de Chantal repose à Annecy, près de saint François de Sales. **Fête le 12 décembre.**

JEANNE-LOUISE (f) Etym. hébraïque, cf. Jean, et germanique, cf. Louis. Religieuse ursuline de la communauté de Valenciennes, Jeanne-Louise est guillotinée avec cinq de ses compagnes le 23 octobre 1794 pour « fanatisme, trahison et port d'habit prohibé ». Cf. Marie-Marguerite. **Fête le 23 octobre.**

JEANNE-MARIE (f) Etym. hébraïque, cf. Jean et Marie. Veuve à trente ans du baron de Silly, victime de la guerre contre les Anglais, Jeanne-Marie se retire dans une hôtellerie attenant au couvent des cordeliers, à Tours, pour y vivre dans la prière et l'humilité jusqu'à sa mort, en 1414. **Fête le 28 mars.**

JEANNE-RÉGINE (f) Etym. hébraïque, cf. Jean, et latine, cf. Reine. Religieuse ursuline de la communauté de Valenciennes, Jeanne-Régine est guillotinée avec quatre de ses compagnes le 17 octobre 1794 pour « fanatisme, trahison et port d'habit prohibé ». Cf. Marie-Marguerite. **Fête le 23 octobre.**

JEANNICE (f) Cf. Jeanne.

JEANNINE (f) Cf. Jeanne.

JEF (m) Cf. Joseph.

JEFFREY (m) Cf. Geoffroy ou Godefroy.

JEHAN (m) Cf. Jean.

JEHANNE (f) Cf. Jeanne.

JEMMIE (f) Cf. Jeanne.

JENNIE (f) Cf. Jeanne.

JENNIFER (f) Cf. Jeanne.

JENNY (f) Cf. Jeanne.

JENOVÉFA (f) Cf. Geneviève.

JÉRÉMIE (m) Etym. hébraïque : « Dieu est haut ». Originaire d'Anatoth, près de Jérusalem, Jérémie est le second des quatre grands prophètes d'Israël aux 7e et 6e s. av. J.-C. Il est surtout célèbre pour ses « Lamentations » sur la destruction de Jérusalem par les Babyloniens en 587 av. J.-C. Il reproche aux Juifs le formalisme de leur culte et annonce, avant l'Evangile, que la vraie foi n'est pas un rituel, un ensemble de pratiques à accomplir mais une disposition du cœur à aimer son Seigneur et son prochain comme soi-même. Accusé de trahison, arrêté et enfermé comme « prophète de malheur » par ses contemporains, Jérémie meurt lapidé vers 580 av. J.-C. **Fête le 1er mai.** — Au 4e s., saint Jérémie est martyrisé à Césarée, Palestine, avec quatre de ses amis, égyptiens comme lui, au retour d'un voyage en Cilicie, Turquie, où ils ont accompagné des chrétiens condamnés aux mines. **Fête le 16 février.**

JÉRÉMY (m) Cf. Jérémie.

JÉRÔME (m) Etym. grecque *(hieros onoma,* nom sacré). Jérôme est né à Stridon, Dalmatie, aujourd'hui en Yougoslavie, vers 347. Il étudie à Rome et effectue plusieurs voyages en Gaule, puis se retire dans un désert de Syrie pour trois ans et revient à Rome où il est secrétaire du pape Damase* de 382 à 385. Il passe les dernières années de sa vie à Bethléem, Palestine, y fonde plusieurs ermitages, des monastères, et écrit énormément. On lui doit l'admirable traduction de la Bible en latin, désignée sous le nom de *Vulgate*

depuis le 13e s., des *Commentaires,* des *Lettres* et des vies de saints anachorètes comme Hilarion* et Paul* de Thèbes. Bien que prêtre il ne dit pas la messe, s'en jugeant indigne. Mort à Bethléem vers 420, saint Jérôme a inspiré de grands artistes comme Dürer et Rembrandt, Raphaël, Carpaccio, Ribera, Georges de La Tour, le Greco..., représenté en ermite, en cardinal ou en savant, souvent accompagné d'un lion, celui qui aurait refusé de s'éloigner de Jérôme depuis que le saint l'avait délivré d'une épine fichée dans sa patte. **Fête le 30 septembre.** Prénoms dérivés : Géronima, Géronimo.

JÉRÔME-ÉMILIEN (m) Etym. grecque, cf. Jérôme, et latine, cf. Émile. Jeune noble libertin et batailleur, né à Venise en 1481, Jérôme-Emilien se convertit brusquement, partage sa fortune entre les plus déshérités de son entourage et, ordonné prêtre, se dévoue aux orphelins, aux malades et aux prostituées. Il compose un catéchisme sous forme de questions et réponses brèves à l'intention des gens ignorants des campagnes et, en 1531, fonde les Clercs Réguliers ou Somasques (du nom de la ville où est établie la première communauté) pour l'apostolat en lieu rural. Jérôme-Emilien succombe à Somasca, Lombardie, le 8 février 1537, en soignant des pestiférés. **Fête le 8 février.**

JERRY (m) Cf. Gérard.

JERZY (m) Cf. Georges. Forme slave du prénom.

JESSE (m) Cf. Jessé.

JESSÉ (m) Etym. hébraïque : ''Dieu est''. Jessé est le père du futur roi David*, à Bethléem, vers l'an 1000 av. J.-C. L'*Arbre de Jessé* est l'arbre généalogique du Christ, descendant de David, représenté au 12e s. pour illustrer une prophétie d'Isaïe concernant la naissance de Jésus. (Voir le vitrail de Saint-Denis et la copie à la cathédrale de Chartres). **Fête le 4 novembre.** — Originaire d'Antioche, Asie Mineure, saint Jesse ou Jessé évangélise la Géorgie au 6ᵉ s. Mort évêque de Dtzilkani, Russie. **Fête le 4 novembre.**

JESSICA (f) Cf. Jessé.

JESSIE (f) Cf. Jessé.

JESSY (m) Cf. Jessé.

JÉSUS (m) Etym. hébraïque : « Dieu sauve ». Jésus, dit *Christ,* est le fondateur de la religion chrétienne. Les principales circonstances de sa vie et de sa mort nous sont rapportées par les quatre évangélistes ; son enseignement aussi, qui porte essentiellement sur l'annonce du Royaume de Dieu, royaume spirituel, signifiant pour le présent la conversion intérieure et, pour le futur, l'espérance de l'immortalité bienheureuse. L'accès à ce Royaume est assuré par la pratique de l'amour — l'unique commandement : *mon commandement* — qui doit régler les rapports entre les hommes, comme entre l'homme et Dieu. Selon saint Luc, le Père lui-même indique à la vierge de Nazareth, par la bouche de l'ange Gabriel, le nom de son Fils incarné : « Vous lui donnerez le nom de Jésus ». (Lc 1,31). Plus tard le Christ dira : « Ce que vous demanderez au Père *en mon nom,* il vous le donnera ». (Jn 16,23). Dans sa lettre aux Philippiens, saint Paul affirme que « ce nom est au-dessus de tout nom », et que « au nom de Jésus tout genou fléchit au ciel, sur la terre et dans les enfers ». (Ph. 2, 9-10). **Fête le 25 décembre.**

JEZEKAËL (m) Cf. Judicaël.

JEZEKEL (m) Cf. Judicaël.

JIKEL (m) Cf. Judicaël.

JIL (m) Cf. Gilles.

JILI (m) Cf. Gilles. Forme bretonne du prénom.

JIM (m) Cf. Jacques.

JIMMY (m) Cf. Jacques.

JOACHIM (m) Etym. hébraïque : « Dieu prépare ». Selon les évangiles apocryphes et la tradition chrétienne Joachim est l'époux de sainte Anne* et le père de la Vierge Marie au 1ᵉʳ s. av. J.-C. **Fête le 26 juillet.** — Abbé cistercien de Corazzo, Calabre, et fondateur de la congrégation érémitique de Flore, le bienheureux Joachim est l'auteur d'ouvrages mystiques très contestés. Mort en 1202. **Fête le 30 mars.** Prénoms dérivés : Joaquim, Joaquine, Joas.

JOANNE (f) Cf. Jeanne.

JOANNICE (m) Etym. cf. Jean. Militaire, Joannice renonce aux armes pour se consacrer à Dieu dans un monastère de l'Olympe, Grèce, au 9ᵉ s. Il participe à la querelle des Images et s'oppose énergiquement aux iconoclastes en 840. Mort vers 846. **Fête le 4 novembre.**

JOAQUIM (m) Cf. Joachim.

JOAQUINE (f) Etym. cf. Joachim. Née à Barcelone, Espagne, et mariée à Théodore de Mas, Joaquine est mère de neuf enfants. Veuve en 1815, elle est l'infirmière des pauvres, fonde les carmélites de la Charité en 1826 et meurt en 1854. Béatifiée en 1940, elle est canonisée par Jean XXIII le 12 avril 1959. **Fête le 28 août.**

JOAS (m) Cf. Joachim. — Personnage biblique, Joas est roi de Juda vers 780 av. J.-C. grâce au grand-prêtre Joad qui l'a sauvé du massacre ordonné par Athalie. Racine le nomme Eliacin dans *Athalie,* tragédie que ces pages bibliques lui ont inspiré en 1691.

JOB (m) Cf. Joseph. Forme bretonne du prénom. — Personnage biblique considéré comme historique par la tradition juive, Job est le héros du Livre qui porte son nom, écrit au 5ᵉ s. av. J.-

C., symbolisant la résignation et la foi du Juste frappé par le malheur.

JOBIG (m) Cf. Joseph. Forme bretonne du prénom.

JOCELYN (m) Cf. Josse. Forme dérivée du prénom qui a inspiré un poème à Lamartine en 1836.

JOCELYNE (f) Cf. Josse.

JOCERAND (m) Cf. Josse.

JODELLE (f) Cf. Joël.

JODIE (f) Cf. Joël.

JODOC (m) Cf. Josse.

JODY (m) Cf. Joël.

JOE (m) Cf. Joël.

JOËL (m) Etym. hébraïque : « Yahvé est Dieu ». Personnage biblique, Joël est l'un des douze petits prophètes, vivant en Judée vers 400 ou 450 av. J.-C. Le *Livre de Joël* est axé tout entier sur la présentation du Jour de Dieu : la conversion intérieure obtient le pardon et permet l'effusion de l'Esprit-Saint. Saint Pierre* s'y réfère dans son discours de la Pentecôte, à Jérusalem (cf. Actes 2, 17-21) ; saint Paul* aussi dans sa Lettre aux Romains, annonçant la venue de l'Esprit et le salut de ceux qui invoquent le Seigneur. **Fête le 13 juillet.** Prénoms dérivés : Jodelle, Jodie, Jody, Joe, Joëlle, Joëlliane, Yaël, Yaëlle, Yoël, Yoëlle.

JOËLLE (f) Cf. Joël.

JOÉVA (f) Cf. Joévin.

JOÉVIN (m) Etym. celtique. Neveu de saint Pol* Aurélien, Joévin est éduqué et préparé à sa mission à l'abbaye de Landévennec, Bretagne. Il évangélise ensuite la région du Faou et le pays de Brasparts, fait construire un monastère à Daoulas et meurt évêque de Léon dans les dernières années du 6ᵉ s. **Fête le 2 mars.** Formes diverses du prénom et dérivés : Jaouen, Jaoua, Jaoven, Joéva, Jova, Jovianne, Jovien.

JOHAN (m) Cf. Jean.

JOHANNA (f) Cf. Jeanne.

JOHANNE (f) Cf. Jeanne.

JOHANNES (m) Cf. Jean.

JOHN (m) Cf. Jean.

JOHNNY (m) Cf. Jean.

JONAS (m) Etym. hébraïque : «le pigeon». Personnage biblique, Jonas est l'un des douze petits prophètes, mentionné dans le *2ᵉ Livre des Rois* (2R 14,25). Rédigé au 5ᵉ ou 4ᵉ s. av. J.-C., le *Livre de Jonas* rapporte l'aventure du prophète qui fuit, désobéissant à l'ordre de Dieu, est avalé par un poisson, rejeté trois jours après, et s'en va prêcher à Ninive ! Quelle que soit la valeur historique du récit, prédicateur de Ninive et vainqueur de la mort, Jonas est évoqué par Jésus comme un ''signe'' de sa mission. **Fête le 21 septembre.** — Frère de saint Barachise, Jonas est martyrisé avec lui, en Perse, vers 327. Cf. Barachise. **Fête le 29 mars.**

JONATHAN (m) Etym. hébraïque : « Dieu donne ». Personnage biblique, Jonathan est, selon le *1ᵉʳ Livre de Samuel*, le fils de Saül et l'ami de David* qu'il se prend à « aimer comme lui-même ». Il se dépouille de son manteau et de ses armes pour les lui donner, le défend contre Saül et favorise sa fuite, ayant fait avec lui un pacte. Les deux amis ont juré de se protéger mutuellement ; serment valable jusqu'à leur descendance respective. Jonathan meurt avec Saül au mont de Guilboa. David écrit une complainte à la mémoire de son ami et, fidèle à son engagement, protège Meribbaal, le fils de Jonathan. 10ᵉ-9ᵉ s. av. J.-C. **Fête le 1ᵉʳ mars.**

JORAN (m) Cf. Georges. Forme bretonne du prénom.

JORD (m) Cf. Georges.

JORDAN (m) Cf. Georges.

JORDANE (f) Cf. Georgia.

JORDI (m) Cf. Georges.

JORE (m) Cf. Georges. Forme normande du prénom.

JORGE (m) Cf. Georges.

JÒRGI (m) Cf. Georges. Forme provençale du prénom.

JORIOZ (m) Cf. Georges. Forme savoyarde du prénom.

JORIS (m) Etym. cf. Georges. Evêque arménien en pèlerinage, Joris meurt subitement à Béthune, en Artois, le 26 juillet 1033. Considéré comme un saint homme, il est inhumé dans l'église Saint-Barthélemy. **Fête le 26 juillet.**

JOS (m) Cf. Joseph ou Josse.

JOSAPHAT (m) Etym. hébraïque : « Dieu est juge ». Né à Wladimir, en Ruthénie, Pologne (auj. en Russie), en 1580, Josaphat Kuncevicz est moine basilien depuis quelques années lorsqu'il est élu archevêque de Polotsk, un de ces nombreux diocèses ruthènes qui ont abandonné l'Eglise de Byzance pour rejoindre la communion romaine en 1595. Mais ces chrétiens "uniates" sont mal vus par les orthodoxes, considérés comme apostats et mauvais patriotes. Grand défenseur de l'Union et de la papauté, Josaphat est particulièrement visé. « Vous verrez qu'ils me tueront », dit-il parfois. Il est assassiné à coups de bâton, de hache et de mousquet à Vitebsk le 12 novembre 1623. Jeté dans les eaux de la Dvina, son corps est recueilli par des fidèles et inhumé dans la cathédrale de Polotsk, puis transféré à l'église Sainte-Barbe, Vienne, en 1915. Josaphat est canonisé en 1867. **Fête le 12 novembre.**

JOSÉ (m) Etym. cf. Joseph. Originaire des Canaries, le bienheureux José de Anchieta est l'apôtre du Brésil au 16e s. Jésuite à dix-sept ans, en 1551, il est envoyé deux ans après chez les Indiens tamayos antropophages et adeptes des sacrifices humains. Ordonné prêtre à Bahia, âgé de trente-deux ans, il fascine déjà les colons, les Indiens et même les jésuites. Il jouit de pouvoirs extraordinaires : dons de voyance et de prémonition, de lévitation et d'extase. Sa cellule apparaît resplendissante de lumière au milieu de la nuit lorsqu'il est en prière. Missionnaire, diplomate, fondateur de cités et bienfaiteur des Indiens, poète et savant, Anchieta est surtout un homme de Dieu, un vrai saint dont les biographes relatent à l'envi les vertus et les miracles. Mort à Reritigba le 9 juin 1597, sa dépouille est ramenée à Victoria, Brésil, escortée par une foule d'Indiens. José de Anchieta est béatifié Jean-Paul II le 22 juin 1980. **Fête le 9 juin.**

JOSÉE (f) Cf. José.

JOSÉFA (f) Cf. Joseph ou Joséphine.

JOSEPH (m) Etym. hébraïque : « Dieu ajoute ». Personnage biblique, Joseph est le fils de Jacob* et Rachel* au 18e s. av. J.-C. Vendu par ses frères jaloux, il accède à des postes importants en Egypte. Intendant de Putiphar, puis ministre du pharaon dont il interprète les songes, Joseph aide son père et ses frères à s'établir en Egypte. **Fête le 20 décembre.** — Descendant de David et originaire de Bethléem, Joseph est charpentier à Nazareth, en Galilée, au 1er s. av. J.-C. Homme juste et plein de foi, il accepte le rôle de gardien de la Vierge Marie et de père nourricier de l'enfant Jésus que lui indique le Ciel. Les évangélistes Mathieu* et Luc* nous le montrent sur la route de Bethléem avec Marie, témoin de la naissance du Messie dans une grotte, de sa présentation au Temple de Jérusalem quarante jours après, puis encore sur la route, fuyant la Judée afin de soustraire Jésus au massacre ordonné par Hérode. Il retrouve son atelier à Nazareth après la mort du tyran et fait encore le voyage pascal de Jérusalem l'année des douze ans de Jésus. Mais Joseph n'est sans doute plus de ce monde au moment de la Passion puisque le Christ confie alors sa mère au disciple Jean. Saint Joseph est le patron des artisans. **Fête le 19 mars et le 1ᵉʳ mai.** — Membre du Sanhédrin, à Jérusalem, Joseph d'Arimathie est disciple de Jésus mais en secret (Jn 19, 38). Après la mort du Christ sur la croix, il réclame le corps à Pilate et, avec Nicodème*, l'ensevelit dans le tombeau qu'il avait prévu pour sa propre sépulture. **Fête le 17 mars.** — Capucin dépêché à Constantinople pour soigner les chrétiens captifs, Joseph de Léonissa met tellement de zèle à remplir sa mission qu'il est remarqué, arrêté et condamné au supplice. Suspendu à une poutre par une jambe et un bras pendant trois jours, il survit pourtant et rentre en Italie ! Mort à Amatrice, près de Rieti, Latium, en 1612. **Fête le 5 février.** — Né dans une famille très pauvre de Copertino, Pouilles, Italie en 1603, Joseph Desa est considéré comme un peu simple. Son air absent lui vaut le surnom de *Boccaperta,* « Bouche-ouverte », mais les portes des couvents se referment sur lui désespérément. Pourtant, à Grotello, les franciscains veulent bien le prendre à l'essai pour soigner leur mule. En 1628 Joseph est prêtre et le 4 octobre 1630, fête de saint François, commencent les phénomènes qui font du moine le cas le plus étrange de toute l'hagiographie. Joseph tombe en extase, opère des miracles, mais le plus extraordinaire de ses dons est la lévitation. Il quitte le sol et s'élève à la rencontre de Dieu, demeure suspendu à la voûte de l'église, au plafond de la salle capitulaire ou en plein air. Ses confrères puis des étrangers au monastère et bientôt des foules accourues de l'Europe entière sont témoins du fait qui se reproduit d'innombrables fois jusqu'à sa mort. Des cardinaux, des ambassadeurs, le roi de Pologne se déplacent. Luthérien, le duc Jean-Frédéric de Saxe se convertit au catholicisme après avoir vu Joseph à Assise. L'infante Marie de Savoie se place sous sa direction. Mais l'Inquisition s'en mêle, examine Joseph pendant trois ans et le déclare innocent, sain de corps et d'esprit. Le saint moine souffre beaucoup toute sa vie, suspecté de sorcellerie, déplacé de couvent en couvent pour fuir la curiosité des foules, parfois enfermé. Résigné et soumis à la volonté du Seigneur, Joseph prie ; la prière est sa grande occupation. Et il écrit. Des lettres et des poèmes de lui sont restés. Mort à Osimo, près d'Ancône, le 18 septembre 1663, Joseph Desa est béatifié en 1753 et canonisé en 1767. **Fête le 18 septembre.** — Proche de don Bosco*, Joseph Caffasso l'encourage à ses débuts. Nommé aumônier des prisons, il prépare à la mort plus de quarante condamnés qui tous meurent dans la paix du Seigneur. Il les appellent « mes bienheureux pendus » et demandent à ses confrères « Que pensez-vous de leur sort ? » mais livre sa conviction profonde sans attendre leur réponse : « Ils sont tous au paradis ». Ardent apôtre de la Vierge Marie, il meurt à Turin, Piémont, en 1860. Canonisé en 1947. **Fête le 23 juin.** — Belge, Joseph Wiaux est plus connu sous le nom de Mutien-Marie. Voir ce prénom. **Fête le 30 janvier.** — Médecin spécialisé dans la recherche scientifique et professeur à la faculté de médecine de Naples, mort en 1927, Joseph Moscati est béatifié par Paul VI en 1975. **Fête le 12 avril.** Une quarantaine d'autres Joseph figurent parmi les saints et les bienheureux. Prénoms dérivés : Job, Jos, Josépha, Josette, Joséphine, Josiane, Osip.

JOSEPH-BENOIT (m) Etym. hébraïque, cf. Joseph, et latine, cf. Benoît. Fondateur de la Petite Maison de la Providence, Joseph-Benoît Cottolengo ne connaît qu'une façon de gérer son œuvre : faire confiance au Père qui donne au petit oiseau sa becquée et habille les lys des champs. Il meurt à Chieri, près de Turin, en 1842, mais la Piccola Casa subsiste depuis un siècle et demi, miracle permanent de la foi. **Fête le 30 avril.**

JOSEPH-MARIE (m) Etym. hébraïque, cf. Joseph et Marie. Evêque missionnaire en Indochine, Joseph-Marie Diaz est martyrisé en Annam avec deux autres évêques, de nombreux prêtres et chrétiens, pendant la persécution de l'empereur Tu-Duc, entre 1857 et 1862. Il est béatifié par Pie XII en 1951. **Fête le 21 décembre.**

JOSÉPHA (f) Cf. Joseph ou Joséphine.

JOSÈPHE (f) Cf. Joseph ou Joséphine.

JOSÉPHINE (f) Etym. cf. Joseph. Née au Soudan, Afrique orientale, en 1870, Joséphine Bakhita est enlevée par des marchands d'esclaves, vendue, rachetée par le consul d'Italie à sa propriétaire qui la maltraite et amenée en Vénétie. Baptisée par le patriarche de Venise en 1890, Joséphine prend le voile dans la congrégation des sœurs de Charité de Canossa, en Emilie, où son humilité, sa ferveur et sa patience font l'admiration de son entourage. Elle meurt à Schio, diocèse de Vicence, en 1947. **Fête le 9 février.**

JOSETTE (f) Cf. Joseph ou Joséphine.

JOSIANE (f) Cf. Joseph ou Joséphine.

JOSIE (f) Cf. Joseph ou Joséphine.

JOSQUIN (m) Cf. Josse.

JOSSE (m) Etym. Cf. Jessé. Frère de Judicaël*, Josse fuit la cour du roi de Bretagne pour se retirer dans le Ponthieu, Picardie, au 7e s. Il consent à recevoir les ordres sacrés, sur l'insis-

tance du duc Aymon, puis fonde un ermitage au bord de la Canche, à proximité de la mer, vers 634. Pendant huit ans, le solitaire est cruellement tourmenté par le diable. Mort en 669, ses reliques sont dispersées dans plusieurs églises de Picardie (Oignies, Corbie, Saint-Saulve) mais la plus grande partie est à Saint-Josse, petite ville établie sur l'emplacement de l'ermitage, non loin de Boulogne. Le culte de saint Josse s'étend vite, au Moyen Age, jusqu'aux rives du Rhin et dans les pays scandinaves. **Fête le 13 décembre.** Prénoms dérivés : Jocelyn, Jocelyne, Josselin, Josseline, Jocerand, Jodoc, Josquin, Judoc.

JOSSELIN (m) Cf. Josse.

JOSSELINE (f) Cf. Josse.

JOSUÉ (m) Etym. hébraïque : « Dieu sauve ». Personnage biblique, Josué est le successeur de Moïse à la tête des Israélites aux 12e et 11e s. av. J.-C. Selon le Livre qui porte son nom, rédigé après la promulgation du *Deutéronome* (622-621 av. J.-C.), Josué fait entrer le peuple élu dans la Terre Promise, joue un rôle déterminant lors de la conquête de Jéricho et arrête le soleil pour avoir le temps de remporter sur les Cananéens la fameuse bataille de Gabaon. Puis Josué persuade les Juifs que Yahvé est le vrai Dieu et conclut avec lui une alliance pour le peuple. **Fête le 1er septembre.**

JOUAN (m) Etym. cf. Jean. Evêque de Léon, Bretagne, saint Jouan est l'un des premiers successeurs de saint Pol*, fondateur de la ville. **Fête le 9 mars.**

JOURDAIN (m) Etym. cf. Georges. Etudiant à Paris, Jourdain de Saxe prend l'habit dominicain au couvent Saint-Jacques le mercredi des Cendres de l'an 1220. En 1222 il succède à saint Dominique à la tête de l'ordre des prêcheurs et en publie les Constitutions en 1228. Il périt en mer lors d'un naufrage, au large de Ptolémaïs, Palestine, en 1237. **Fête le 15 février.**

JÓUSÉ (m) Cf. Joseph. Forme provençale du prénom.

JOVA (f) Cf. Joévin.

JOVIANNE (f) Cf. Joévin.

JOVIEN (m) Cf. Joévin.

JOVITE (m) Etym. latine *(Jovis,* génitif de Jupiter). Frère de saint Faustin*, Jovite est arrêté et martyrisé avec lui à Brescia, Italie, lors des persécutions d'Hadrien, entre 117 et 138. Saint Grégoire* le Grand écrit au 6e s. qu'un sanctuaire leur est dédié à Brescia, où son vénérées leurs reliques. **Fête le 15 février.**

JOY (m) Cf. Josse.

JOYCE (m) Cf. Josse.

JUAN (m) Cf. Jean.

JUANITA (f) Cf. Jeanne.

JUD (m) Etym. Cf. Jude. Abbé de Landévennec, Bretagne, saint Jud est persécuté par le seigneur du Faou au 6e ou 7e s. **Fête le 18 décembre.** Prénom dérivé : Judet.

JUDAËL (m) Cf. Judicaël.

JUDE (m) Etym. hébraïque : « celui qui rend gloire », selon Gn 29, 35. Surnommé Thaddée, Jude est l'un des douze apôtres de Jésus et nous savons par l'évangile de Jean (14, 22-23) qu'il avoue ne pas comprendre les paroles du Maître lors du dernier repas qu'ils prennent ensemble au cénacle : « Rabbi, dit Jude, comment se fait-il que tu doives te manifester à nous et non au monde ? » Jésus ne lui répond pas directement mais ce qu'il dit alors constitue l'une des plus belles promesses qui aient été faites à l'homme de la part de Dieu : « Celui qui m'aime sera fidèle à ma parole ; mon Père l'aimera, nous viendrons en lui et ferons de lui notre demeure ». Autrement dit : ne cherchez pas à percer les secrets de Dieu ; vous ne pouvez comprendre. Une seule chose compte : aimez ! Après la Pentecôte, Jude évangélise la Mésopotamie, la Lybie et verse son sang en Perse vers la fin du 1er s. pour témoigner que le Christ est vraiment ressuscité. **Fête le 28 octobre.**

JUDET (m) Cf. Jud.

JUDICAËL (m) Etym. celtique *(lud,* seigneur et *haël,* généreux). Fils de Hoël III, roi de Domnonée (Bretagne nord), Judicaël est l'aîné de quinze frères et une sœur dont plusieurs sont vénérés comme des saints en Bretagne. Couronné en 632, Judicaël épouse Morone, fille d'un seigneur du Léon, et gouverne son peuple avec justice et générosité, sans perdre de vue qu'il ne détient son pouvoir que de Dieu. En 636, grâce à Eloi* qui prépare l'entrevue, il signe un traité de paix avec Dagobert 1er à Clichy, près de Paris, et deux ans plus tard, ayant assuré sa succession, se retire dans un monastère, près de Rennes, où il meurt vers 658. **Fête le 17 décembre.** Prénoms dérivés : Gaël, Gaëla, Gaëlig, Gaëlle, Gaïl, Jezekaël, Jezequel, Jikel, Judaël, Judie, Judy, Juhel, etc.

JUDIE (f) Cf. Judicaël ou Judith.

JUDITH (f) Etym. cf. Jude. Personnage biblique, Judith est l'héroïne du Livre qui porte son nom, rédigé sans doute au 2e s. av. J.-C. Pour sauver la petite ville de Béthulie, Judith séduit Holopherne, général en chef des armées de Nabuchodonosor, l'enivre et lui tranche la tête pendant son sommeil. Elle a inspiré de nombreux artistes comme Michel-Ange, Mantegna et Metsys, Botticelli, Véronèse, Cranach et Donatello. — Au 9e s., sainte Judith est moniale et vit en recluse dans une cellule voisine de celle de sa cousine, sainte Salomé*, au monastère d'Obert Altaïch, en Bavière. **Fête le 29 juin.** — Au 13e s., Judith ou Jutta von Sangerhausen quitte son pays, la Thuringe, après la mort de son mari. En Prusse où son frère est grand maître de l'ordre des chevaliers teutoniques, elle partage son temps entre la prière et les bonnes œuvres. Morte à Kulmsee le 12 mai 1260, sainte Judith est la patronne de la Prusse. **Fête le 5 mai.** Prénoms dérivés : Judie, Judy.

JUDOC (m) Cf. Josse.

JUDY (m) Cf. Judicaël.

JUHEL (m) Cf. Judicaël.

JULES (m) Etym. latine *(Julia,* gens romaine illustre qui prétendait descendre de Iule et donc de Vénus). Les *Actes* du procès de saint Jules sont éloquents sur la détermination du confesseur de la foi et sur la répugnance du juge à le condamner. « J'ai servi vingt-six ans dans l'armée sans qu'on ait eu jamais rien à me reprocher, dit Jules ; j'ai pris part à sept guerres sans m'être jamais abrité derrière le dos d'un camarade pour éviter la mort. Et tu voudrais qu'ayant toujours été fidèle dans les petites choses, je devienne infidèle dans les grandes ? — S'il y a faute, je la prends sur moi, Jules, dit le juge. Suis mon conseil, obéis à la loi et reste avec nous. — La loi divine est au-dessus de celle des hommes ! — La loi d'un crucifié disparu ? Tu crains donc les morts ? — Le Christ a souffert pour nous sauver, mais il est ressuscité. Il est le Dieu vivant (...) Je t'en prie, trêve de paroles. Fais ton devoir ! » Le juge doit se résigner. Jules est condamné à mort. Près du billot, il se bande lui-même les yeux et offre sa tête au bourreau, à Dorostore, en Mésie Inférieure (auj. Bulgarie), un jour de mai 297. **Fête le 27 mai.** — Romain, Jules 1er est le 35e pape au 4e s. Il reçoit Athanase* d'Alexandrie chassé par les ariens et préside le synode de Rome qui condamne l'arianisme en 340. Convoqué par l'empereur Constant, le concile de Sardique (auj. Sofia) établit juridiquement la primauté de Rome sur les autres Eglises, en 343. Mort en 352, saint Jules 1er n'est pas vraiment l'auteur de tous les écrits qu'on lui attribue. **Fête le 12 avril.**

JULIA (f) Cf. Julie.

JULIAN (m) Cf. Julien. Forme occitane du prénom.

JULIANNE (f) Cf. Julien.

JULIE (f) Etym. cf. Jules. Riche veuve de Césarée de Cappadoce (auj. Kayseri, Turquie), Julie est victime d'un homme d'affaires malhonnête qui parvient à la dépouiller presque entièrement de ses biens. Le procès qu'elle lui fait touche à sa fin lorsque Julie est reconnue comme étant chrétienne. Or l'édit impérial de 303 déclare les chrétiens hors la loi, leur niant le droit de recourir à la justice. Ils n'ont aucun droit, sauf celui d'apostasier. Le président du tribunal presse Julie de sacrifier aux dieux. A tous ses arguments la veuve répond invariablement qu'elle est la servante du Christ. Elle est condamnée au bûcher et y marche rayonnante, souriant aux amis venus pour la consoler. Saint Basile* qui raconte son histoire précise que le corps de Julie, que les flammes ont refusé de consumer, est vénéré dans une église de Césarée. 4e s. **Fête le 30 juillet.** — Originaire de Carthage, Afrique du Nord, Julie est vendue comme esclave à un négociant syrien en voyage pour la Gaule au 6e s., mais elle refuse de sacrifier aux dieux païens, lors d'une escale en Corse. Accusée de christianisme, elle est crucifiée. Les Corses qui l'ont établie patronne de leur île vénérèrent ses reliques à Nonza où s'est développé un pèlerinage. **Fête le 22 mai.** — Née en Picardie, Julie Billiart est paralysée à vingt-deux ans mais active et toute dévouée à la cause de l'éducation des enfants de familles modestes. A Amiens, elle voyage un jour sous une charretée de paille pour fausser compagnie aux Sans-Culottes qui la surveillent et, en 1799, parvient à ouvrir une école malgré les tracas et les calomnies dont elle est l'objet. Puis elle fonde l'institut des sœurs de Notre-Dame mais se résoud à quitter Amiens pour Namur où sa congrégation se répand rapidement dans toute la Belgique. La bonté de Dieu est, pour Julie, l'objet d'une constante admiration. Morte à Namur en 1816, elle est canonisée par Paul VI en 1969. **Fête le 8 avril.**

JULIEN (m) Etym. cf. Jules. Trente-cinq Julien environ figurent au martyrologe. Parmi les plus populaires, saint Julien du Mans est sans doute un missionnaire envoyé de Rome par Clément*, troisième successeur de Pierre*, pour évangéliser la région à la fin du 1er s. Julien arrive bien : la ville est assiégée et souffre cruellement d'une pénurie d'eau potable. « Si vous aviez de la foi gros comme un grain de sénevé... » disait Jésus. Julien se met en prière et plante son bâton en terre ; un clair filet d'eau jaillit ! Un bas-relief commémore l'événement place de l'Eperon. Le saint obtient aussi la guérison des aveugles, des paralytiques, chasse les démons. Pour réunir les nombreux chrétiens qu'attirent ses miracles, Julien fait construire une église, là où s'élève aujourd'hui Notre-Dame-du-Pré, mais avide de solitude, il cède bientôt son siège épiscopal pour se retirer dans un ermitage et s'éteint doucement le 27 janvier 117. Cette chronologie de la vie et de l'apostolat de saint Julien du Mans est assez contestée. On estime plus probable que cela s'est passé au 4e s. **Fête le 27 janvier.** — Soldat, Julien fuit le Dauphiné où sévit la persécution ordonnée par l'empereur, son homonyme. Déserteur et chrétien, il se cache en Auvergne en attendant des jours meilleurs. Mais dénoncé, Julien se rend au juge afin de ne pas compromettre la personne qui l'abritait. Sur son refus d'apostasier, il meurt décapité, près de Brioude, vers 362. Son culte est très important en Auvergne où près de trois cents églises et chapelles lui sont dédiées, mais aussi dans le Hainaut. Saint Julien est titulaire des églises des Belges à Rome et à Madrid. **Fête le 28 août.** — Jésuite en 1625, Julien Maunoir se voue aux missions de Bretagne après quelques années d'apostolat au collège de Quimper. Il apprend la langue bretonne et parcourt la campagne, prêchant, confessant, combattant le satanisme et la sorcellerie jusqu'à la limite de ses forces. Mort à Quimper en 1683, il est béatifié par Pie XII en 1951. **Fête le 28 janvier.** Prénom dérivé : Julian.

JULIENNE (f) Etym. cf. Jules. Amie de sainte Alexandra*, Julienne est martyrisée avec elle et plusieurs autres chrétiennes à Amide, en Asie Mineure, pendant les persécutions de Maximin II Daïa, au début du 4e s. **Fête le 20 mars.** — A la même époque mais à Nicomédie, auj. Izmit, Turquie, Julienne est martyrisée parce que vierge et déterminée à le rester. C'est alors un tel crime, un acte antisocial si énorme, que le père de Julienne est le premier à la condamner à mort, en 305. **Fête le 16 février.** — Dès seize ans Julienne de Mont-Cornillon, près de Liège, est favorisée de visions mystiques qui la pressent de voir l'évêque pour lui demander d'instituer une fête spéciale de l'Eucharistie. Les démarches de Julienne aboutissent en 1246 après de nombreuses persécutions. Chassée du couvent dont elle a été élue prieure, elle se réfugie chez les cisterciennes, puis rejoint les béguines de Namur. Mais Julienne a la joie de constater l'immense retentissement de l'institution de la fête du Corps du Christ, ou Fête-Dieu, à travers toute la chrétienté. Thomas* d'Aquin lui-même compose l'office du Saint-Sacrement. Julienne fait de l'Eucharistie son unique nourriture, se retire à Fosses, près de Liège, et meurt en 1258. **Fête le 5 avril.** — A Florence, Toscane, sainte Julienne Falconieri est aussi une apôtre de l'Eucharistie. Fondatrice des Mantellates, elle se dévoue au service des malades et des enfants de milieux modestes. Morte à Florence en 1341, elle est canonisée en 1737. **Fête le 19 juin.** Prénom dérivé : Julianne.

JULIETTE (f) Cf. Julie ou Julitte.

JULITTE (f) Etym. cf. Jules. Mère du petit saint Cyr*, Julitte est martyrisée à Tarse, Asie Mineure, au 4e s. **Fête le 16 juin.** — En Bretagne, sainte Julitte est l'épouse de saint Péran au 5e s. **Fête le 6 janvier.**

JULUAN (m) Cf. Julien. Forme bretonne du prénom.

JUNE (m) Cf. Junien.

JUNIE (f) Cf. Junien.

JUNIEN (m) Etym. latine *(junius, juin)*. Fils du comte de Cambrai et baptisé par saint Remi*, Junien renonce au monde à quinze ans, attiré par la renommée de nombreux ermites établis en Limousin. Il traverse la moitié de la France et, surpris par une tempête de neige, accepte l'hospitalité de saint Amand*, dans la forêt de Comodoliac, entre la Vienne et la Glane. Junien partage sa solitude et profite de ses conseils jusqu'à la mort du vieil ermite en 510. Il intervient cinq ans plus tard lors d'une épidémie de peste en Poitou, provoquant le jaillissement d'une source dont l'eau guérit tous les malades disposés à la foi. Mort en 541, après quarante ans de vie solitaire, Junien repose près de saint Amand dans un tombeau de pierre calcaire, au chœur de la superbe église romane de Saint-Junien, la ville qui perpétue son nom, établie sur l'emplacement de la forêt de Comodoliac, en Limousin. **Fête le 16 octobre.**

JUST (m) Etym. latine *(justus, juste)*. Ecoliers, Just et Pasteur sont condamnés au supplice par Dacianus, gouverneur de Castille, Espagne, pendant la persécution de Dioclétien. Tous les deux rayonnent de joie et chantent, bénissant celui qui leur donne l'occasion de souffrir pour le Christ. Exaspéré par le comportement des deux enfants, Dacianus ordonne qu'on leur tranche la tête. L'exécution a lieu à Complutum, près d'Alcala de Henares, Castille, en 304. Le poète Prudence célébrera les deux petits martyrs dans son *Livre des couronnes* au début du 5e s. et saint Paulin* de Nole fera inhumer près d'eux son enfant mort au berceau. **Fête le 6 août.** — Evêque de Lyon, Just assiste au concile d'Aquilée en 381, démissionne peu de temps après et fuit en Egypte avec le prêtre Viateur* pour expier ce qu'il appelle son crime, ayant laissé la foule lyncher un meurtrier fou furieux qui s'est réfugié dans une église. Il meurt vers 390, ermite au désert de Scété. Ses ossements sont rapportés à Lyon et déposés dans une église dédiée plus tard à saint Just, détruite pendant les guerres de religion. **Fête le 2 septembre ou le 14 octobre.** — Missionnaire désigné par saint Grégoire* le Grand pour aller évangéliser les Angles, Just est évêque de Rochester en 604 et archevêque de Canterbury en 624. Mort en 627. **Fête le 10 novembre.** — Prêtre des Missions Etrangères de Paris, Just de Bretenières est martyrisé en Corée en 1866 avec deux évêques, quatre autres prêtres et dix-sept laïcs coréens, tous béatifiés par Paul VI en 1968. **Fête le 21 septembre.**

JUSTE (m) Cf. Just. **Fête le 14 octobre.**

JUSTIN (m) Etym. cf. Just. Né de parents grecs à Flavis Néapolis, auj. Naplouse, Israël, vers 100, Justin pratique la philosophie païenne, en quête de la vérité. Séduit par le message de l'Evangile, il se convertit au christianisme, reçoit le baptême à Ephèse (auj. près d'Izmir, en Turquie) vers 130, et va à Rome pour étudier la théologie. Il tente de démontrer aux Juifs que Jésus a accompli les prophéties de l'Ancien Testament et intercède auprès de l'empereur Antonin en faveur des chrétiens. Hélas, Marc-Aurèle succède à Antonin en 162. Justin est arrêté et sommé de renier sa foi. « Quand on a trouvé la vérité, on y reste ! répond-il au magistrat. Fais de moi ce que tu veux ». Il est condamné et décapité vers 165 avec six de ses disciples. Patron des philosophes, saint Justin est l'auteur de deux *Apologies* et du *Dialogue avec Tryphon*. **Fête le 1er juin.** — Originaire de Naples, Italie, Justin de Jacobis est missionnaire lazariste en Ethiopie au 19e s. Vicaire apostolique en 1847, il travaille à la formation du clergé indigène et au rapprochement avec les Coptes. Son dévouement et son humilité s'avèrent plus efficaces que les discussions pour combattre le monophysisme. Justin meurt d'épuisement dans le désert, près de Massoua, en 1860, âgé de soixante ans. Canonisé par Paul VI en 1975. **Fête le 31 juillet.**

JUSTINE (f) Etym. cf. Just. Vierge chrétienne, sainte Justine est martyrisée à Padoue, Italie, vers 303. C'est à la demande des moines bénédictins, gardiens de son tombeau, que Véronèse peint « Le martyre de sainte Justine » au 16e s. (Galerie des Offices, Florence). **Fête le 12 mars.**

JUSTINIEN (m) Cf. Justin. — Le prénom évoque la grande figure d'un empereur romain d'Orient qui, par la durée de son règne (527-565) et l'importance de son œuvre, a mérité de donner son nom au 6e s., le « siècle de Justinien ».

JUTHAËL (m) Cf. Judicaël.

JUTTA (f) Cf. Judith.

JUTTE (f) Cf. Judith.

JUVÉNAL (m) Etym. latine *(juventus, jeunesse)*. Médecin, Juvénal est ordonné prêtre, puis sacré évêque de Narni, Ombrie, par le pape saint Damase* en 369. Au 6e s. l'évêque Cassius célèbre tous les jours l'Eucharistie sur son tombeau et, au 12e, la basilique qui lui est dédiée fait l'objet d'une nouvelle consécration par le bienheureux Eugène III. **Fête le 3 mai.** — Oratorien, évêque et ami de François de Sales, le bienheureux Juvénal Ancina est l'auteur des Laudes de l'oratorio de saint Philippe Néri. Mort à Saluces, Piémont, en 1604. **Fête le 30 août.**

JUVENCE (m) Cf. Juventin.

JUVENTIN (m) Etym. latine *(juventus, jeunesse)*. Soldats, Juventin et son ami Maximim sont arrêtés et décapités à Antioche, auj. Antakya, Turquie, en 363, lors de la persécution de Julien l'Apostat, pour avoir contesté des mesures prises à l'encontre de chrétiens de leur entourage. Saint Jean* Chrysostome fait lui-même leur panégyrique. **Fête le 25 janvier.** Prénoms dérivés : Juvence, Juventine.

JUVENTINE (f) Cf. Juventin.

K

KADEG (m) Etym. celtique *(kad, combat)*. Né au pays de Galles vers 522, Kadeg est le fils du roi de Clamorgan. Il refuse de prendre le commandement de l'armée de son père, fonde le monastère de Lancarvan et se réfugie en Armorique avec ses moines lorsque déferlent sur son pays les tribus saxonnes. Il évangélise la région de Vannes et, grand voyageur, se rend en Palestine pour y vénérer les lieux saints. Rentrant par l'Italie, il est élu évêque de Bénévent, en Campanie, et assassiné par des barbares tandis qu'il célèbre l'Eucharistie (fin 6e s.). Très vénéré dans toute la Bretagne, saint Kadeg est surtout invoqué pour la guérison des écrouelles, des humeurs et des maladies vénériennes. Il est le patron de Saint-Cast, près de Dinan. **Fête le 23 janvier.** Prénoms dérivés : Cadet, Cado, Cast, Kadiou, Kadog, Kadou, Kast, etc.

KADIOU (m) Cf. Kadeg.

KADOG (m) Cf. Kadeg.

KAËLIG (m) Cf. Judicaël.

KAOURANTIN (m) Cf. Corentin.

KARADEG (m) Etym. celtique *(kar, ami)*. Ermite près de Vannes, Breta-gne, à la fin du 5e s., Karadeg est l'ami des animaux. Il sauve la vie d'une pauvre biche traquée par les chiens des veneurs du roi Hoël. A-t-il rencontré saint Patrick* comme le prétend la tradition ? Cela n'est pas prouvé. Saint Karadeg n'en est pas moins très vénéré en Bretagne où plusieurs localités se réclament de son patronage. **Fête le 17 mai.** Prénoms dérivés : Caradec, Carantec, Karanteg, etc.

KARANTEG (m) Cf. Karadeg.

KAREL (f) Cf. Carine. Forme bretonne du prénom.

KAREN (f) Cf. Carine.

KARINE (f) Cf. Carine.

KARL (m) Cf. Charles. Forme alsacienne du prénom.

KASPER (m) Cf. Gaspar ou Gaspard. Forme alsacienne du prénom.

KAST (m) Cf. Kadeg.

KATARINA (f) Cf. Catherine.

KATE (f) Cf. Catherine.

KATELL (f) Cf. Catherine. Forme alsacienne et bretonne du prénom.

KATERI (f) Cf. Catherine. Forme

indienne du prénom. Née en 1656 dans un petit village indien de Nouvelle France, auj. le Québec, Kateri Tekakwitha perd ses parents lors d'une épidémie de variole. Sauvée de justesse, elle est adoptée par un oncle et exploitée comme une esclave dès qu'elle peut travailler. Des missionnaires tentent de la soustraire aux brutalités de l'Iroquois lorsqu'elle a onze ans mais sont refoulés et menacés de mort, ainsi que la fillette, pour le cas où ils s'obstineraient. Kateri doit attendre encore une dizaine d'années pour être baptisée, le jour de Pâques 1676, au bout d'un long chemin de solitude et de souffrance. L'hostilité et la tyrannie de sa famille devenues insupportables, elle s'évade du village à la faveur d'un moment d'inattention des siens, accueillie dans un couvent, au Sault-Saint-Louis, sur la rive du Saint-Laurent, après plusieurs jours de marche. Mais la douceur de la vie de la communauté ne lui convient pas. Kateri reste une peau-rouge, une fille de la forêt. Dieu l'attend dans la solitude des bois, parmi ses frères sauvages qu'elle doit aider à découvrir la vérité. Admise dans une tribu de travailleurs indiens, elle aide à dépouiller les peaux de bêtes et à boucaner la viande. Elle empile le bois de chauffage, prépare les écorces qui servent à construire les canots et, chaussée de raquettes, erre sous les sapins enneigés absorbée dans sa prière. On lui parle de mariage ? Elle répond qu'elle n'aura jamais d'autre époux que le Christ, se brûle les pieds avec des braises (signe d'esclavage chez les Iroquois) et se mortifie d'une manière effrayante pour ressembler au Seigneur souffrant sa Passion. Comme lui, elle n'ouvre pas la bouche pour se défendre mais subit l'humiliation, victime d'odieuses calomnies. Elle rayonne même et se réjouit à la perspective du grand départ, complètement épuisée par de trop rudes austérités. Le missionnaire accouru dans son tipi assiste à l'heureux ''passage''

d'une authentique sainte, à quatre jours de Pâques 1680. Kateri est béatifiée par Jean-Paul II le 22 juin 1980. **Fête le 17 avril.**

KATIA (f) Cf. Catherine.

KATIANE (f) Cf. Catherine.

KATY (f) Cf. Catherine.

KAY (m) Etym. celtique *(kad,* combat). Né en Cornouailles insulaire à la fin du 5e s., Kay est évêque dans son pays. Chassé par les hordes saxonnes, il débarque en Armorique avec plusieurs moines et fonde une abbaye dans le Léon. Très vénéré dans toute la Bretagne, saint Kay, Ké en breton, est le patron protecteur de plusieurs localités comme Cléder, Plogoff, Saint-Quay-Portrieux, Perros, etc. **Fête le 7 octobre.** Prénoms dérivés : Ké, Kenan, Kyle, Quay.

KÉ (m) Cf. Kay.

KELIG (f) Cf. Michelle.

KELLY (f) Cf. Kay.

KEN (m) Cf. Kenelm.

KENAN (m) Cf. Kay.

KENED (m) Etym. celtique *(ken,* beau). Petit-fils de Budic, roi de Bretagne, Kened est élevé dans l'île de Wery. Appelé à la vie parfaite, il fonde un ermitage en Grande-Bretagne et y passe sa vie. 6e s. **Fête le 3 août.** Prénoms dérivés : Kinède, Kihouet.

KENELM (m) Etym. celtique *(ken,* beau et *el,* richesse). Saint Kenelm est la discrétion même. On ne sait rien de lui, sauf qu'il était prince en Angleterre, comté de Murcie, au 9e s. **Fête le 17 juillet.** Prénoms dérivés : Ken, Kenneth.

KENNETH (m) Cf. Kenelm.

KENNOC'HA (f) Etym. celtique *(ken,* beauté). Ecossaise, Kennoc'ha renonce à la fortune et à la notoriété de la grande famille à laquelle elle appartient pour se consacrer à Dieu au monastère de Fife, près de Glasgow, au 11e s. Le culte de sainte Kennoc'ha est encore vivace en Ecosse. **Fête le 13 mars.**

KENTIGERN (m) Etym. celtique *(ken,* beauté et *tiern,* chef). Evêque de Glasgow, saint Kentigern y fonde un monastère au début du 7e s. **Fête le 14 janvier.**

KETTY (f) Cf. Catherine.

KEVIN (m) Cf. Coemgen.

KEYNE (m) Cf. Kenelm.

KIERAN (m) Etym. celtique *(ki,* guerrier et *wan,* assaut). Disciple de saint Patrick* en Irlande au 5e s., Kieran est élu évêque d'Ossory et fonde le monastère de Saighir. **Fête le 5 mars.**

KIHOUET (m) Cf. Kened.

KILLIAN (m) Etym. celtique *(ki,* guerrier et *wan,* assaut). Moine irlandais et missionnaire en Thuringe, Franconie et Bavière, Killian est massacré à Wurtzbourg en 689 avec le prêtre Coloman* et le diacre Totman*, par la concubine de Guzbert, le duc régnant, farouchement hostile à la conversion de son illustre amant. **Fête le 8 juillet.**

KILLIEN (m) Cf. Killian.

KINEBURGE (f) Etym. germanique *(kind,* enfant et *burg,* forteresse). Fille du roi Penda de Mercie, Angleterre, Kineburge épouse un fils du roi de Northumbrie et, veuve, fonde le monastère de Castor où elle se consacre à Dieu avec ses deux sœurs Kineswide* et Tibba*. Morte vers 680. **Fête le 6 mars.**

KINÈDE (m) Cf. Kened.

KINESWIDE (f) Etym. germanique *(kind,* enfant et *wid,* forêt). Princesse de Mercie, Angleterre, au 7e s., Kines-

wide épouse Offa, roi des Saxons de l'Est et, veuve, rejoint ses sœurs au couvent de Castor fondé par Kineburge*. **Fête le 6 mars.**

KINNIE (f) Cf. Cinnie.

KIREG (m) Cf. Gireg.

KIRILL (m) Cf. Cyrille. Forme bretonne du prénom.

KIZITO (m) Etym. ougandaise. Page de Mwanga, roi d'Ouganda au 19e s., Kizito est le plus jeune (15 ans) des vingt-deux chrétiens et catéchumènes condamnés par le tyran. Baptisé in extremis par le chef des pages de la maison royale, il est brûlé vif à Namugongo le 3 juin 1886. Canonisé en 1964 avec ses compagnons. **Fête le 3 juin.**

KLAODA (m-f) Cf. Claude. Forme bretonne du prénom.

KLER (m) Cf. Clair. Forme bretonne du prénom.

KLERVI (f) Etym. celtique *(haer,* fort). Fille de saint Fragan* et de sainte Gwenn*, Klervi est la sœur de l'illustre saint Gwenolé*, fondateur de Landévennec au 5e s. **Fête le 3 octobre.** On écrit aussi Clervie.

KNUD (m) Cf. Canut.

KOLBE (m) Cf. Maximilien. Prénom inspiré d'un patronyme.

KOLOMBAN (m) Cf. Colomban.

KONAN (m) Etym. galloise *(cun,* seigneur). Missionnaire en Armorique au 6e s., saint Konan est à l'origine de la petite localité de Saint-Connan (Côtesdu-Nord). **Fête le 26 janvier.**

KONEG (m) Etym. cf. Konan. Compagnon de saint Pol*, Koneg participe avec lui à l'évangélisation du Léon au 6e s. **Fête le 7 septembre.**

KONGAL (m) Etym. gallo-celtique *(cun,* seigneur et *gal,* bravoure). Saint Kongal est le fondateur du grand monastère de Bangor dans le comté de Down, Irlande du Nord, en 559. Les saints Colomba*, Colomban* et Gall* se préparent à leur mission à l'abbaye de Bangor, l'un des principaux centres religieux et culturels d'Irlande jusqu'au 9e s. **Fête le 28 septembre.** On écrit aussi Comgall.

KONGAR (m) Cf. Kongal. — Une légende prétend qu'un saint Kongar, fils de l'empereur Constantin*, serait le fondateur de plusieurs monastères au pays de Galles dans la deuxième moitié du 4e s. **Fête le 12 mai.**

KONOGAN (m) Cf. Gwenegan.

KONVOION (m) Cf. Convoyon.

KORA (f) Cf. Corentin.

KORNELI (m) Cf. Corneille et Cornély.

KORVAZ (m) Etym. celtique *(kar,* ami et *valan,* genêt). Saint Korvaz est le fondateur, et le premier abbé, d'un monastère à Quimperlé au 7e s. **Fête le 18 mars.**

KOU (m) Cf. Jacques. Forme bretonne du prénom.

KOULED (m) Cf. Couleth.

KOULM (f) Etym. celtique : "colombe". Fille de Konan Meriadeg, premier roi de Bretagne, sainte Koulm est parmi les premières victimes des persécutions déclenchées contre les chrétiens en Bretagne. **Fête le 25 décembre.** Prénom dérivé : Koulmia.

KOULMAN (m) Cf. Colomban. Forme bretonne du prénom.

KRISTELL (f) Cf. Christine. Forme bretonne du prénom.

KRISTEN (m) Cf. Christian. Forme bretonne du prénom.

KRISTIAN (m) Cf. Christian.

KRISTINA (f) Cf. Christine.

KURT (m) Cf. Conrad. Forme alsacienne du prénom.

KYLE (m) Cf. Kay.

L

LABÉRIANE (f) Cf. Lambert. Forme féminine du prénom.

LACINIA (f) Cf. Lucie. Prénom en vogue à l'époque romaine.

LACMÉ (f) Cf. Laurent et Lamia.

LADISLAS (m) Etym. latine *(laudare,* louer) et slave *(slava,* gloire). Né en Pologne en 1040, Ladislas est couronné roi de Hongrie en 1077. Il poursuit l'œuvre de christianisation du pays commencée par saint Étienne*, conquiert la Slavonie et la Croatie, et préconise la tolérance à l'égard des Juifs et des Musulmans. On lui doit la fondation de l'évêché de Zagreb, en Croatie (auj. en Yougoslavie) et la construction de plusieurs monastères dans toute l'Europe centrale. Ladislas meurt à Neutra, Moravie (auj. Tchécoslovaquie), en 1095, en se portant au secours du roi de Bohême. Canonisé par Célestin III en 1198. **Fête le 27 juin.**

LAÉLIA (f) Cf. Clélia.

LAÉLIEN (m) Cf. Laetus.

LAETITIA (f) Etym. latine *(laetitia,* allégresse, liesse). Marie-Laetitia Ramolino, mère de Napoléon 1er, est sans doute le plus illustre des personnages qui ont porté le prénom. — Notre-Dame de Liesse, dont le sanctuaire attire de nombreux pèlerins près de Laon depuis le 13e s., est la patronne des Laetitia. **Fête le 18 août.** Prénoms dérivés : Titia, Titiane, Tutia.

LAETORIA (m) Cf. Laetus.

LAETUS (m) Etym. latine *(laetitia,* allégresse, liesse). Evêque de Nepte, en Byzacène, Afrique du Nord, Laetus subit un long emprisonnement avant d'être brûlé vif à Carthage en 484, pendant la persécution du roi arien Hunéric. **Fête le 6 septembre.** Prénoms dérivés : Laélien, Laetoria, Lalou.

LAÏG (f) Cf. Judicaël.

LAÏS (m) Cf. Lasérian.

LAÏSREN (m) Cf. Lasérian.

LALOU (m) Cf. Laetus.

LAMBERT (m) Etym. germanique *(land,* pays et *berht,* brillant). Successeur de saint Wandrille à l'abbaye de Fontenelle, Normandie, Lambert est élu archevêque de Lyon en 678. Mort à Lyon en 688. **Fête le 14 avril.** — Elu évêque de Tongres, Flandre, vers 671, Lambert est chassé de son siège épiscopal par Ebroïn, maire du palais. Il se réfugie à l'abbaye de Stavelot où il vit pendant sept ans comme un simple moine, puis se voue à l'évangélisation de la Taxandrie (auj. Campine) et, revenu à Tongres, se consacre à son diocèse. Mais il reproche son adultère à Pépin de Herstal et meurt assassiné à Liège le 17 septembre 705. Saint Lambert est le patron de Liège, Belgique, où son vénérées ses reliques. **Fête le 17 septembre.** — Disciple de saint Gaucher*, saint Lambert est évêque d'Angoulême au 12e s. **Fête le 11 novembre.** Prénoms dérivés : Labériane, Lacmé, Lamé, Lamie, Lamia, etc.

LAMÉ (m) Cf. Lambert.

LAMIA (f) Cf. Lambert. — Fille de Belos ou Baal, roi d'Egypte et de Lybie, Lamia est aimée par Zeus, selon la mythologie ; mais Héra jalouse la rend cruelle pour se venger et Lamia dévore l'enfant qu'elle a eu de Zeus.

LAMIE (f) Cf. Lambert et Lamia.

LANA (f) Cf. Hélène.

LANASSA (f) Cf. Hélène.

LANCELOT (m) Cf. Anselme. — Le prénom est popularisé sous cette forme par le roman des Chevaliers de la Table Ronde au 12e s.

LANDELIN (m) Etym. germanique *(land,* pays et *lind,* doux). Chef d'une bande de brigands, Landelin est converti et instruit du christianisme par saint Aubert* de Cambrai. Moine bénédictin, il fonde plusieurs monastères, dont celui de Lobbes dans le Hainaut. Mort à la fin du 7e s. **Fête le 15 juin.**

LANDELINE (f) Cf. Landelin.

LANDOALD (m) Etym. germanique *(land,* pays, terre et *ald,* vieux). Les premiers chrétiens du Limbourg hollandais aiment bien leurs prêtres... à condition que leurs sermons ne les dérangent pas trop. Des missionnaires

sont chassés, rossés, parfois assassinés ! Envoyé à ces sauvages par le pape Martin 1er, Landoald a de la chance. Il leur plaît. Etablis parmi eux, près de Maastricht, l'intrépide apôtre et Vinciane*, sa sœur et son auxiliaire, réussissent à ce point qu'ils seront canonisés ensemble ''vox populi'' peu de temps après leur mort (Landoald en 668) et que leurs reliques seront longtemps très précieuses dans toute la région. **Fête le 19 mars.**

LANDRADE (f) Etym. germanique *(land,* pays terre et *rad,* conseil). Dans le Limbourg belge, vers 620, sainte Landrade fonde un monastère dont l'église est consacrée plus tard par saint Lambert*, évêque de Tongres. Morte à Bilsen dans les dernières années du 7e s. **Fête le 8 juillet.**

LANDRY (m) Etym. germanique *(land,* pays, terre et *rik,* roi). Successeur d'Audebert, évêque de Paris, vers 650, Landry est resté légendaire pour son grand cœur. Il ne sait rien refuser, partage tout sans restriction avec les pauvres de son diocèse et n'hésite pas à vendre les vases sacrés pour nourrir les affamés. Pour les malades et les infirmes, Landry fonde l'Hôtel-Dieu avec le concours d'Erchinoald, maire du palais. Mort en 656, il est inhumé dans l'église de l'abbaye Saint-Vincent dédiée plus tard à saint Germain. **Fête le 10 juin.** — L'autre saint Landry, évêque de l'éphémère diocèse de Melsbroeck, près de Bruxelles, au début du 8e s., appartient à une famille toute simple et... toute sainte, placée au grand complet sur les autels : saint Valbert et sainte Bertilie ou Bertille sont ses grands-parents, sainte Aldegonde sa tante, saint Mauger et sainte Valtrude ses parents, saint Dentelin son frère, sainte Adeltrude et sainte Maldeberte ses sœurs. **Fête le 22 janvier.**

LANFRANC (m) Etym. germanique *(land,* pays et *Franci,* les Francs).

Moine bénédictin à l'abbaye du Bec, Normandie, puis abbé de Saint-Étienne de Caen, Lanfranc est le conseiller de Guillaume le Conquérant. Archevêque de Canterbury en 1066 et primat d'Angleterre en 1072, il remplace les évêques anglo-saxons par des évêques normands et réforme l'Eglise anglaise. Saint Anselme*, saint Yves* de Chartres et le pape Alexandre II sont parmi ses illustres anciens élèves. Mort à Canterbury en 1089. **Fête le 28 mai.**

LAODAMIE (f) Cf. Odile. — Dans la mythologie Laodamie est l'épouse de Protésilas, roi de Thessalie. Elle éprouve une telle douleur lorsqu'il meurt qu'elle obtient des dieux de pouvoir l'accompagner aux Enfers.

LAODICÉE (f) Cf. Odile. — Laodicée est la plus belle des filles de Priam, roi de Troie, selon la mythologie. Elle épouse Hélicaon mais tombe amoureuse d'Acamos, lui donne un enfant et meurt, engloutie par la terre lors de l'effondrement de Troie.

LAORANS (m) Cf. Laurent. Forme bretonne du prénom.

LAOUENAN (m) Etym. celtique *(laouen,* gai).´ Disciple de saint Tugdual et compagnon de saint Pol, Laouenan participe à l'évangélisation de l'Armorique au 6ᵉ s. **Fête le 23 novembre.** Prénom dérivé : Lavan.

LARA (f) Cf. Larissa.

LARIE (f) Cf. Larissa.

LARISSA (f) Etym. grecque *(lara,* mouette). Convertie au christianisme, Larissa est arrêtée, enfermée dans une église de Crimée et brûlée vive avec vingt-deux autres chrétiens, au 4ᵉ s., lors d'une persécution ordonnée par un roi goth arien. **Fête le 26 mars.**

LARY (m) Cf. Lazare. Forme méridionale du prénom.

LASÉRIAN (m) Etym. cf. Lazare. Evêque de Leighlin, Irlande, au 7ᵉ s., Lasérian est nommé légat du pape et résoud le problème du choix de la date de Pâques dans son pays, sauvegardant ainsi l'unité de tous les chrétiens irlandais. **Fête le 18 avril.**

LAUD (m) Etym. latine *(laudare,* louer). Elu très jeune par acclamation populaire et consacré par l'évêque de Rouen entre 525 et 528, Laud ou Lô est pendant près de quarante ans évêque de Coutances et Brive (auj. Saint-Lô), en Normandie. Il participe aux conciles d'Orléans de 533, 538, 549 et meurt en 565. **Fête le 22 septembre.**

LAUDE (f) Cf. Laud.

LAUDIE (f) Cf. Laud.

LAUMARA (f) Cf. Laumer.

LAUMER (m) Etym. germanique *(helm,* heaume et *maro,* illustre). Né près de Chartres dans une famille pauvre, Laumer est gardien de troupeaux lorsque, frappé par sa vivacité et son intelligence, le curé du village entreprend son instruction. Laumer devient prêtre puis intendant du chapitre de la cathédrale de Chartres. Mais il est attiré par la solitude, renonce à ses fonctions et disparaît. Pas pour longtemps. Sa réputation de sainteté attire tant de disciples à l'ermite qu'il est contraint de fonder un monastère. Excellent prédicateur, Laumer fait aussi des miracles à la fin de sa vie. Il meurt, très âgé, vers 593. **Fête le 19 janvier.**

LAUR (m) Cf. Laure ou Laurent.

LAURA (f) Cf. Laure.

LAURANA (f) Cf. Laure.

LAURE (f) Etym. latine *(laurus,* laurier). Chrétienne, Laure est arrêtée et martyrisée à Cordoue, Espagne, vers 854, pendant les persécutions ordonnées par l'émir. **Fête le 19 octobre.**

LAUREL (m) Cf. Laure ou Laurent.

LAURELLE (f) Cf. Laure ou Laurent.

LAURENCE (f) Cf. Laurent.

LAURÈNS (m) Cf. Laurent. Forme provençale du prénom.

LAURENT (m) Etym. latine *(laurus,* laurier). Selon saint Ambroise*, Laurent est un diacre romain d'origine espagnole préposé à l'administration des biens de l'Eglise sous le pontificat du pape Sixte II, vers 250. Arrêté pendant les persécutions de Valérien et sommé par le juge de livrer tous les trésors de l'Eglise, Laurent lui amène les pauvres et les infirmes du diocèse : « Voilà les trésors de l'Eglise, dit-il, qui ne diminuent jamais et augmentent toujours ». Furieux, le magistrat le condamne à mort sur-le-champ. Laurent est décapité le 10 août 258. Une tradition tenace veut qu'il ait été préalablement grillé à petit feu et qu'il ait même plaisanté avec son bourreau : « Ça va ! C'est à point de ce côté ! Qu'est-ce que tu attends pour me retourner ? » Quoi qu'il en soit, le culte de saint Laurent est très important dans toute la chrétienté dès le 4e s. A Rome sa fête est célébrée aussi solennellement que celle des apôtres Pierre et Paul. En Espagne, Philippe II fait donner la forme d'un gril au palais de l'Escurial et, en France, aujourd'hui encore, plus de quatre-vingt communes portent le nom de saint Laurent. **Fête le 10 août.** — Né en 1123 dans le comté de Kildare, à l'ouest de Dublin, Irlande, Laurent O'Toole entre tout jeune au monastère de Glendalough. Abbé à vingt-cinq ans, il est élu archevêque de Dublin en 1162. Légat du pape Alexandre III, Laurent joue un rôle de premier plan dans la rechristianisation de l'Irlande et défend farouchement ses ouailles contre Henri II, roi d'Angleterre. Il meurt à Eu, Normandie, en 1180, au cours d'un voyage inspiré par la charité. Ses reliques y sont conservées dans l'ancienne collégiale Notre-Dame. **Fête le 14 novembre.** — Moine capucin polyglotte, Laurent de Brindisi est plusieurs fois chargé de missions délicates auprès des princes par Clément VIII et Paul V. Il parcourt l'Europe, fonde des couvents en Autriche, en Bohême, suscite de nombreuses conversions et rédige d'importants ouvrages de doctrine. La Bible est, pour Laurent, la grande, la première source du prédicateur ; il en discute le texte avec les Juifs et les hérétiques. C'est à Lisbonne, Portugal, lors d'une mission de conciliation, que s'achève son long pèlerinage terrestre le 22 juillet 1619. Canonisé par Léon XIII, Laurent de Brindisi est proclamé docteur de l'Eglise par Jean XXIII le 19 mars 1959. **Fête le 21 juillet.** Prénoms dérivés : Laur, Laurel, Laurelle, Laurèns, Lorans, Lorenz, Lorenzo, etc.

LAURENTIA (f) Cf. Laurent. — Dans la mythologie Laurentia est la nourrice de Romulus.

LAURENTIN (m) Etym. latine *(laureatus,* orné de lauriers). Etudiants chrétiens à Rome, Laurentin et Pergentin sont arrêtés et décapités ensemble lors d'une persécution décrétée par Dèce vers 251. **Fête le 3 juin.** Prénom dérivé : Laurentine.

LAURENTINE (f) Cf. Laurentin.

LAURENZIA (f) Cf. Laurent.

LAURENZO (m) Cf. Laurent.

LAURETTE (f) Cf. Laure.

LAURIANE (f) Cf. Laure.

LAURIE (f) Cf. Laure.

LAVAL (m) Cf. Jacques-Désiré. Prénom inspiré d'un patronyme.

LAVAN (m) Cf. Laouenan.

LAVENA (f) Etym. celtique *(lavenez,* joie). Sainte Lavena est la mère de saint Gwenaël, second abbé de Landévennec, au 6e s. **Fête le 3 novembre.**

LAVINIA (f) Cf. Lavena.

LAWRENCE (m) Cf. Laurent.

LAZARE (m) Etym. hébraïque : « Dieu a secouru ». Selon l'évangile de Jean, Lazare est un ami de Jésus, habitant Béthanie, près de Jérusalem, en Palestine, au 1er s., avec ses deux sœurs Marie et Marthe. Le Maître ne s'émeut pas beaucoup en apprenant que son ami est souffrant. Cette maladie doit contribuer à la gloire de Dieu, explique-t-il aux disciples. Il pleure pourtant, avec tous ceux qui pleurent, la mort de « celui qu'il aimait », et il le ressuscite. Evénement décisif qui provoque le complot des Juifs, précipite son arrestation, sa propre mort ! Mais il l'a dit avant de rappeler Lazare du tombeau : « Je suis la résurrection et la vie ; celui qui croit en moi vivra, même s'il meurt ». (Jn 11, 25). La légende s'empare ensuite de Lazare, le voit évêque dans l'île de Chypre après la Pentecôte ou le fait débarquer en Provence avec ses deux sœurs et plusieurs personnes de l'entourage du Seigneur pour annoncer l'Evangile et contribuer à la fondation des premières communautés chrétiennes en Gaule. Le culte de saint Lazare est important en France depuis les premiers siècles et de nombreux sanctuaires lui sont dédiés, comme la cathédrale d'Autun, Bourgogne, où l'on montre un reliquaire qui aurait contenu les os du saint. **Fête le 17 décembre.** — Moine peintre d'icônes à Constantinople, Lazare est martyrisé par les iconoclastes vers 830. On lui brûle la paume des mains, mais il guérit grâce à la vigilance et aux soins de l'impératrice Théodora. Devenue régente en 842, celle-ci convoque un concile qui rétablit le culte des images en 843, et c'est Lazare qui est chargé d'aller annoncer au pape la bonne nouvelle. **Fête le 23 février.** — Prêtre et ermite, Lazare vit dans une grotte, sur le mont Galision, près d'Ephèse (auj. en Turquie), au début du 11e s. **Fête le 7 novembre.** — Chrétien laïc de Kyoto, Japon, Lazare est martyrsé à Nagasaki entre 1633 et 1637 avec quinze prêtres et religieux de cinq nationalités différentes, tous béatifiés par Jean-Paul II à Manille le 18 février 1981. **Fête le 27 août.** Prénom dérivé : Lary.

LÉA (f) Etym. latine *(lea,* lionne). Guidée par saint Jérôme*, Léa abandonne sa fortune aux pauvres et se consacre à Dieu dans un monastère, près d'Ostie, Italie, où elle meurt vers 384. **Fête le 22 mars.** Prénoms dérivés : Lia, Liane.

LÉANDRE (m) Etym. gréco-latine *(leandros,* l'homme-lion). Aîné de quatre orphelins encore très jeunes, Léandre assume l'éducation de sa sœur Florence* ou Florentine et de ses frères Fulgence* et Isidore* à Cartagène, Espagne, au 6e s. Devenu moine, Léandre convertit Herménégild*, le fils du roi wisigoth Liuvigild, et va à Constantinople pour rencontrer l'empereur et tenter de sauver la tête du prince. Il échoue mais se lie d'amitié avec le futur pape Grégoire* le Grand. Elu archevêque de Séville en 584, Léandre ne peut empêcher l'exécution d'Herménégild en 585 mais contraint son frère Reccared, monté sur le trône l'année suivante, à abjurer l'arianisme. Principal conseiller du nouveau roi, l'archevêque prend une part prépondérante dans la conversion de l'Espagne wisigothe. Mort à Séville vers 600. **Fête le 27 février.** Prénom dérivé : Léantier.

LÉANTIER (m) Cf. Léandre.

LECCIA (f) Cf. Lucie.

LÉDA (f) Cf. Hélène. — Dans la mythologie Léda est la mère des jumeaux Castor et Pollux.

LÉDOCRICIA (f) Cf. Lucrèce.

LÉGER (m) Etym. germanique *(liut,*

peuple et *gari,* lance). Evêque d'Autun, Bourgogne, en 663, Léger remet de l'ordre dans le diocèse très éprouvé par la guerre et s'élève très haut contre les mœurs dissolues des fils de la reine Bathilde*. Childéric tente de l'assassiner. Exilé à Luxeuil, Léger revient à Autun à l'avènement de Thierry III mais ose contrecarrer ouvertement les menées ambitieuses d'Ebroïn, maire du palais. La ville est assiégée, l'évêque contraint de se rendre pour éviter une famine à ses ouailles. Il est à nouveau exilé, enfermé dans un couvent et atrocement mutilé. Les yeux brûlés, la langue arrachée et déclaré « prêtre indigne » lors d'un synode convoqué spécialement par Ebroïn, Léger agonise pendant deux ans avant d'être achevé dans une forêt d'Artois, non loin de Fécamp, en 679. La fin tragique de l'évêque innocent et qui a toujours pris sa défense frappe à tel point le peuple que de très nombreux villages prennent aussitôt son nom partout en France. Un autre synode est réuni après la mort d'Ebroïn pour la réhabilitation posthume de Léger auquel est attribué aussi le titre de Martyr. *La Complainte de Saint Léger,* long poème écrit sans doute à Autun vers 970, est l'un des premiers textes littéraires en langue romane. **Fête le 2 octobre.**

LEÏLA (f) Cf. Léa.

LÉLIANE (f) Cf. Léa.

LÉNA (f) Cf. Hélène.

LENAÏG (f) Cf. Hélène. Forme bretonne du prénom.

LENNIE (f) Cf. Hélène.

LENO (f) Cf. Hélène. Forme provençale du prénom.

LÉNOR (f) Cf. Éléonore.

LÉNORA (f) Cf. Éléonore.

LÉO (m) Cf. Léopold.

LÉOBARD (m) Cf. Libert.

LÉOCADIE (f) Etym. grecque *(Leukada,* nom d'une île ionienne sur la côte occidentale de la Grèce). Chrétienne, Léocadie est arrêtée à Tolède, sa ville natale, en 304, pendant la persécution de Dioclétien, et sommée de renier sa foi. Inflexible malgré les tortures, elle meurt dans sa geôle des suites de ces mauvais traitements. Sainte Léocadie est la patronne de Tolède, Espagne. **Fête le 9 décembre.**

LÉOCRICIA (f) Cf. Lucrèce.

LÉOCRITE (f) Cf. Lucrèce.

LÉOCRITIE (f) Cf. Lucrèce.

LÉON (m) Etym. latine *(leo,* lion). Treize papes et six empereurs d'Orient ont illustré ce prénom. Toscan né à Rome, saint Léon 1er le Grand est le 45e pape de 440 à 461. Son long pontificat est l'un des plus marquants de l'Eglise des premiers siècles. Léon combat le manichéisme et le pélagianisme, réunit le concile de Chalcédoine en 451 pour définir la doctrine traditionnelle sur l'unité personnelle du Christ en deux natures et persuade Attila de retirer ses troupes d'Italie en 452. Sa démarche auprès de Genséric en 456 épargne au moins aux Romains le massacre sinon le pillage. On lui doit aussi une réforme liturgique et un manuel de *Sermons* d'une valeur doctrinale et littéraire exceptionnelle. Saint Léon est docteur de l'Eglise. **Fête le 10 novembre.** — Léon IX, cf. Brunon. **Fête le 19 avril.** — Moine bénédictin au 11e s., Léon ramasse du bois mort dans la montagne pour le vendre à Salerne, Campanie, au profit des indigents. Elu abbé en 1050, il dirige le monastère jusqu'à sa mort en 1079. **Fête le 12 juillet.** — Oncle du général Mangin, Léon ou Ignace Mangin, jésuite, est martyrisé à Tchou-Kia-Ho, Chine, en 1900, avec trois autres prêtres et un millier de laïcs massacrés ou brûlés vifs ensemble dans l'église de la mission. **Fête le 20 juillet.** Prénoms dérivés : Léone, Léonella, Léonie, Léontine, Léozane, Lionel, Lionelle, etc.

LÉONARD (m) Etym. cf. Léon. Moine à Micy, Orléanais, Léonard quitte son monastère pour vivre en ermite dans la forêt de Marchenoir. Il édifie toute la région par sa sainteté et meurt à la fin du 5e s. Inhumé dans une petite chapelle qu'il avait construite de ses mains, il fait de nombreux miracles en faveur de ceux qui le prient. En 1226 ses restes sont transférés à l'église du village qui perpétue son nom : Saint-Léonard-en-Beauce (Loir-et-Cher). **Fête le 6 mai.** — Converti et sans doute baptisé en même temps que Clovis à Reims en 496, Léonard devient moine puis ermite sur un domaine solitaire et exempt de tout impôt que lui concède le roi Théodebert pour le récompenser d'un service rendu : *Nobiliacum* (noble présent), devenu plus tard Noblat, puis Saint-Léonard-de-Noblat, en Limousin. A part quelques prodiges, le saint anachorète ne fait rien de spécial que chercher Dieu, de toute l'ardeur de son âme. Il le trouve définitivement en 559, année de sa mort, et son tombeau devient aussitôt un centre important de pèlerinage sur la route de Compostelle. **Fête le 6 novembre.** — Moine franciscain, saint Léonard de Port-Maurice est surtout célèbre pour son zèle pour le salut des âmes et ses interminables courses apostoliques à travers toute l'Italie au 18e s. Mort à Rome en 1751. **Fête le 26 novembre.** — Préoccupé par les problèmes de l'adolescence délinquante, Léonard Murialdo fonde la colonie agricole de Boscomarengo pour leur rééducation. En 1878, il crée des écoles techniques pour la jeunesse ouvrière. Mort à Turin, Piémont, en 1900, il est canonisé par Paul VI en 1970. **Fête le 30 mars.** — Cf. Jean-Léonard. Prénom dérivé : Liénard.

LÉONCE (m) Etym. cf. Léon. Soldat converti au christianisme, Léonce est martyrisé à Tripoli, Syrie, vers 303, lors des persécutions de Dioclétien. **Fête le 18 juin.** — Ayant annoncé l'Evangile en Arménie et préparé le roi Tiridate, à la conversion avec Grégoire*, Léonce participe activement au concile de Nicée en 325 comme évêque de Césarée. Son immense charité pour les hérétiques lui vaut le surnom d'« Ange de la paix ». Mort vers 337. Saint Léonce de Césarée fait l'objet d'un culte particulier à l'église Saint-Vincent de Metz où l'on croit posséder ses reliques. **Fête le 13 janvier.** — Premier évêque de Fréjus, Provence, au début du 5e s., Léonce décide Honorat* à accueillir des disciples et à fonder un monastère sur celle des îles Lérins où il a établi son ermitage. **Fête le 8 octobre.**

LÉONE (f) Cf. Léon.

LÉONELLA (f) Cf. Léon.

LÉONIDE (m) Etym. cf. Léon. Philosophe et professeur célèbre à Alexandrie, Egypte, saint Léonide est le père d'Origène, très impressionné par le génie précoce et l'innocence de son fils. Arrêté et inculpé de christianisme, il est décapité vers 202. **Fête le 22 avril.**

LÉONIE (f) Cf. Léon ou Léontia.

LÉONILDE (m) Cf. Léonide.

LÉONINA (f) Cf. Léon ou Léontia.

LÉONINE (f) Cf. Léon ou Léontia.

LÉONOR (f) Cf. Éléonore.

LÉONORA (f) Cf. Éléonore.

LÉONTIA (f) Etym. cf. Léon. En Afrique romaine, pendant les persécutions d'Hunéric, roi des Vandales, Léontia est martyrisée en 484 avec sainte Denise* et plusieurs amis chrétiens. **Fête le 6 décembre.**

LÉONTINE (f) Cf. Léon ou Léontia.

LÉOPOLD (m) Etym. germanique

(liut, peuple et *bald,* audacieux). Elu margrave d'Autriche en 1095, Léopold épouse la sœur de Henri IV, empereur germanique. Ils ont dix-huit enfants dont onze seulement survivront. Léopold refuse la couronne impériale mais gouverne avec sagesse et fonde plusieurs monastères dont l'abbaye bénédictine de Mariazell. Surnommé « le père des pauvres », il meurt le 15 novembre 1136. Saint Léopold est le patron protecteur de l'Autriche. Canonisé par Innocent VIII en 1484. **Fête le 15 novembre.** — Capucin croate, Léopold Mandic rêve de consacrer sa vie à la cause de l'unité des chrétiens orientaux, mais la Providence a sur lui d'autres vues. Il est nommé à Padoue et s'y trouve comme un oiseau en cage, jusqu'au jour où il cesse de rêver ; alors la cage devient un nid et Léopold retrouve le bonheur de servir Dieu là où il l'a placé. De 1923 jusqu'à sa mort il confesse tous les jours, de l'aube jusqu'au milieu de la nuit. « Merci d'être venu », dit-il quelle que soit l'heure. Il passe le temps qui lui reste à faire pénitence pour ceux auxquels il a donné l'absolution. Il fait aussi des miracles mais en attribue la paternité à saint Antoine, le thaumaturge attitré de Padoue. Mort en 1942, il est béatifié en 1976 et canonisé en 1983. Dans les décombres du couvent des capucins de Padoue, Italie, bombardé pendant la dernière guerre, seule la cellule où confessait le père Léopold est retrouvée intacte, ainsi qu'il l'avait prédit. **Fête le 30 juillet.**

LÉOPOLDA (f) Cf. Léopold.

LÉOPOLDINE (f) Cf. Léopold.

LÉOVIGILD (m) Etym. latine *(leo,* lion et *vigilare,* veiller). Moine à Cordoue, Espagne, au 9e s., Léovigild s'échappe de son couvent avec Christophe* pour aller proférer des insultes contre Mahomet en plein tribunal musulman. Ils sont décapités tous les deux le 20 août 852, selon saint

Euloge* de Cordoue. **Fête le 21 août.**

LÉRY (m) Cf. Leuri.

LESLIE (f) Cf. Élisabeth.

LEU (m) Cf. Loup.

LEUFROY (m) Etym. germanique *(liut,* peuple et *frido,* paix). Educateur ébroïcien, Leufroy entre au monastère que dirige saint Saëns* en Normandie. En 690 il fonde un autre monastère qu'il gouverne lui-même jusqu'à sa mort à Evreux en 738. **Fête le 21 juin.**

LEURI (m) Etym. germanique *(liut,* peuple et *rik,* roi). Ermite à Gaël, près de Rennes, saint Leuri ou Léry rencontre plusieurs fois Judicaël* et travaille toute sa vie à l'évangélisation de la région au 7e s. **Fête le 24 septembre.**

LÉVANA (f) Cf. Lavena.

LEVI (m) Cf. Matthieu.

LEWIS (m) Etym. cf. Louis. Né au pays de Galles en 1616, de père protestant et de mère catholique, Lewis opte pour le catholicisme après plusieurs années d'étude et de préceptorat. Il fait une expérience de vie monastique à l'abbaye bénédictine d'Abergavenny et entre finalement chez les jésuites. Mais, papiste en Angleterre à cette époque, il est arrêté, condamné et exécuté en 1679. **Fête le 27 août.**

LEXANE (f) Cf. Alexis.

LÉZIN (m) Etym. latine *(laesus,* lésé). Moine à Chalonnes puis évêque d'Angers mort vers 608, saint Lézin est le patron des carriers et des étudiants de l'université d'Angers. **Fête le 13 février.**

LIA (f) Cf. Léa. — Dans la Bible, Lia est la fille de Laban et la première femme de Jacob*.

LIANE (f) Cf. Léa.

LIBÉRAL (m) Cf. Libérat. Célèbre architecte et ingénieur parisien du

17e s., Bruant a porté ce prénom trop rare.

LIBÉRAT (m) Etym. latine *(liberalis,* généreux). Abbé du monastère de Capse, en Byzacène, Tunisie, Libérat et ses moines sont traînés à Carthage et sommés de se convertir à l'arianisme par le lieutenant d'Hunéric, roi des Vandales, au 5e s. Inflexibles dans leur foi malgré promesses et tortures, ils sont jetés en prison. Ordre est donné à leurs geôliers de les traiter impitoyablement, dans l'espoir de provoquer leur apostasie. Mais, impressionnés par la bonté et le bonheur de ces moines, leurs geôliers deviennent leurs amis, les visitent régulièrement et tentent d'adoucir leur captivité jusqu'au jour où ils doivent les abandonner aux bourreaux, en 484. **Fête le 17 août.**

LIBERT (m) Etym. latine *(liber,* libre). Libert est ermite à Marmoutier, Touraine, au 6e s. Orphelin très jeune, il se fixe dans une grotte et y vit en reclus, encouragé par saint Grégoire* de Tours. Il apprend les psaumes par cœur et, sur des parchemins qu'il prépare lui-même, copie des textes bibliques pour occuper le temps que lui laisse la prière. Mort dans son ermitage en 593. **Fête le 18 janvier.** — Evêque de Cambrai, Flandre, en 1051, Libert tente un voyage en Palestine par la Hongrie et la Bulgarie en 1054. Obligé de rebrousser chemin avec tous les chrétiens qui l'accompagnent, il fonde un monastère dans sa ville épiscopale à son retour et le nomme monastère du Saint-Sépulcre. Mort en 1076. **Fête le 23 juin.** Prénoms dérivés : Léobard, Lyobart.

LIBOIRE (m) Etym. latine *(libatio,* offrande). Evêque du Mans mort en 397, saint Liboire est inhumé en présence de saint Martin*, évêque de Tours. Le transfert de ses restes à Paderborn en 836 contribue à la popularité dont jouit ce saint français en Allemagne. Saint Liboire est surtout invoqué contre la maladie de la pierre (coliques hépatiques). **Fête le 23 juillet.**

LIBORIUS (m) Etym. cf. Liboire. Allemand de Thuringe et luthérien converti au catholicisme au début du 17e s., Liborius Wagner est ordonné prêtre. Responsable d'une paroisse, il est arrêté et martyrisé par les luthériens en 1631. Béatifié par Paul VI en 1974. **Fête le 9 novembre.**

LIBOUBANE (f) Cf. Eliboubann.

LIDOIRE (m) Etym. latine *(ludus,* jeu). Originaire de Tours, Lidoire en devient l'évêque à la mort de saint Gatien*, y construit la première église et y meurt le 13 septembre 371. **Fête le 13 septembre.**

LIDWINE (f) Etym. germanique *(lind,* doux et *win,* ami). Lidwine est née à Schiedam, Pays-Bas, en 1380. Un banal accident de patinage sur glace l'oblige à s'aliter pour quelques jours lorsqu'elle a quinze ans. Elle ne se relève jamais. Sa vie est un long chemin de croix de trente-huit ans ; ou plutôt, immobilisée, Lidwine est elle-même ce chemin que piétinent impitoyablement toutes les souffrances physiques et morales imaginables. Ses contemporains, puis ses biographes, pensent qu'elle a supporté tout ce qu'un être humain peut supporter. Lidwine rayonne cependant de bonheur. Il est vrai qu'elle jouit de faveurs mystiques extraordinaires, que son ange gardien l'assiste visiblement, que le Christ et sa Mère viennent personnellement la soutenir jusqu'au dernier jour, le 14 avril 1433. En 1901 paraît le livre de Joris-Karl Huysmans : *Sainte Lidwine de Schiedam.* **Fête le 14 avril.** Prénom dérivé : Ludivine.

LIDY (f) Cf. Lydie.

LIE (f) Cf. Lye.

LIÉBAUT (m) Etym. germanique

(liut, peuple et *bald,* audacieux). Abbé de Saint-Aignan à Orléans au 7ᵉ s., Liébaut participe à la fondation de l'abbaye de Fleury, auj. Saint-Benoît-sur-Loire, où sont transférées les reliques de l'illustre fondateur de l'ordre bénédictin vers 675. **Fête le 8 août.**

LIÉBERT (m) Cf. Liébaut.

LIÉNARD (m) Cf. Léonard.

LIÉVINE (f) Cf. Marie-Liévine.

LIGELLA (f) Cf. Léger. Forme féminine du prénom.

LILA (f) Cf. Liliane.

LILI (f) Cf. Liliane.

LILIAN (f) Cf. Liliane.

LILIANA (f) Cf. Liliane.

LILIANE (f) Etym. latine *(lilium,* lis ou lys). Chrétienne, Liliane est martyrisée à Cordoue, Espagne, en 852, avec Aurèle* et Nathalie*, pendant la persécution ordonnée par l'émir Abd Al-Rahmân II. **Fête le 27 juillet.** Prénoms dérivés et diminutifs : Liliose, Lili, Lila, Lilla, Liliana, Lilian, etc.

LILIOSE (f) Cf. Liliane.

LILITH (f) Cf. Liliane ou Élisabeth.

LILLA (f) Cf. Liliane.

LIMA (f) Cf. Rose.

LIN (m) Etym. latine *(linum,* lin). Successeur immédiat de saint Pierre* vers 67, Lin est le 2ᵉ pape, mort en 76 et inhumé au Vatican, près du chef des apôtres. **Fête le 23 septembre.**

LINA (f) Cf. Adeline.

LINDA (f) Cf. Adelinde.

LINE (f) Cf. Adeline.

LIOBA (f) Etym. germanique *(leuba,* amour). Disciple de saint Boniface* et amie d'Hildegarde, l'épouse de Charlemagne*, sainte Lioba est l'une des premières femmes à exercer un apostolat missionnaire, en Germanie, au 8ᵉ siècle. Abbesse bénédictine, elle meurt à Schornsheim, près de Mayence, vers 782. Inhumée à Fulda, Hesse, près de saint Boniface. **Fête le 28 septembre.** Prénoms dérivés : Liocha, Loona, Yoba.

LIOCHA (f) Cf. Lioba.

LIONEL (m) Cf. Léon.

LIONELLE (f) Cf. Léon.

LIRIOPÉ (f) Etym. grecque *(liriopê,* voix très douce). Selon la mythologie, Liriopé est la mère de Narcisse. On peut fêter les Liriopé le jour de la sainte Nymphe. Voir ce prénom. **Fête le 10 novembre.**

LISA (f) Cf. Élisabeth.

LISBETH (f) Cf. Élisabeth.

LISE (f) Cf. Élisabeth.

LISETTE (f) Cf. Élisabeth.

LISON (f) Cf. Élisabeth.

LIUBBE (f) Etym. cf. Lioba. Fille de sainte Sophie*, Liubbe est martyrisée en Asie Mineure, auj. Turquie, au 2ᵉ s., pendant les persécutions d'Hadrien, avec sa mère et ses deux sœurs. **Fête le 18 septembre.**

LIVIA (f) Cf. Olivia.

LIVIE (f) Cf. Olivia.

LIZ (f) Cf. Élisabeth.

LIZIER (m) Etym. francique *(listja,* barrière). Evêque du Couserans au 7ᵉ s., Lizier défend hardiment son évêché contre les Wisigoths et substitue le culte de la Vierge Marie à celui du dieu Mars sur une colline voisine de la ville, aujourd'hui Saint-Lizier (Ariège). **Fête le 11 novembre.**

LIZZIE (f) Cf. Élisabeth.

LÔ (m) Cf. Laud.

LODI (f) Cf. Élodie. Forme provençale du prénom.

LOEIZ (m) Cf. Louis. Forme bretonne du prénom.

LOEIZA (f) Cf. Louise. Forme bretonne du prénom.

LOELIA (f) Cf. Clélia.

LOEVA (f) Cf. Sève.

LOÈVE (f) Cf. Sève.

LOÏC (m) Cf. Louis. Forme bretonne du prénom.

LOÏG (m) Cf. Louis. Forme bretonne du prénom.

LOÏS (m) Cf. Louis.

LOLA (f) Cf. Dolorès.

LOLITA (f) Cf. Dolorès.

LOMA (f) Cf. Salomé.

LOMAN (m) Etym. celtique (lou, lumière et *man,* pensée). Disciple de saint Patrick*, Loman évangélise la région située à l'embouchure de la Boyne, en Irlande, à la fin du 5e s. **Fête le 17 février.**

LOMANE (f) Cf. Loman.

LOMÉE (f) Cf. Salomé.

LOMÉNIE (f) Cf. Salomé.

LONGIN (m) Etym. latine *(longus,* long). De service sur le Golgotha, à Jérusalem, le vendredi de la mort du Christ, en 30 ou 31, le centurion romain transperce le côté de Jésus d'un coup de sa lance, en accomplissement de la prophétie de Zacharie : « Ils regarderont celui qu'ils ont transpercé ». Cf. Jean 19, 33-37. Converti au christianisme, Cassius est baptisé sous le nom de Longin. Il renonce à l'état militaire et prêche la Bonne Nouvelle dans la région de Césarée de Cappadoce pendant près de trente ans. Arrêté et invité à sacrifier aux dieux dans le temple, Longin s'empare d'une hache et brise les idoles en criant : « Si ce sont des dieux, nous allons le voir ». Il est aussitôt maîtrisé et décapité. Sa lance est conservée à l'autel Saint-Longin, dans la basilique Saint-Pierre de Rome. **Fête le 1er septembre.** — Au 7e s., saint Longin est évêque de Viviers, dans le Vivarais. **Fête le 29 mars.**

LOONA (f) Cf. Lioba.

LORA (f) Cf. Éléonore.

LORANS (m) Cf. Laurent.

LORE (f) Cf. Éléonore.

LORÉE (f) Cf. Éléonore.

LORENZ (m) Cf. Laurent. Forme alsacienne du prénom.

LORENZO (m) Etym. cf. Laurent. Né à Binondo, Manille, vers 1600, de père chinois et de mère philippine, Lorenzo Ruiz est éduqué par les dominicains. Sacristain de l'église de Binondo, membre de la confrérie du Rosaire, marié et père de trois enfants, il est soupçonné lors d'une affaire criminelle qui n'a jamais été élucidée. Effrayé, Lorenzo prend le large ; il embarque avec cinq missionnaires à destination du Japon et, capturé avec eux peu de temps après, comparaît à Nagasaki, délivré soudain de toute crainte. Il se proclame chrétien et se déclare prêt à donner sa vie pour Dieu plutôt que de renoncer à sa foi. Torturé pendant plusieurs jours, il succombe le 29 septembre 1637. Béatifié par Jean-Paul II en 1981. **Fête le 29 septembre.**

LORETTE (f) Cf. Lore ou Éléonore.

LORNA (f) Cf. Éléonore.

LORRAINE (f) Cf. Éléonore, ou Jeanne dite parfois à tort ''Jeanne-la-Lorraine''.

LORRIS (m) Cf. Laurent.

LORRY (m) Cf. Laurent.

LOSSA (f) Cf. Louise.

LOTHAIRE (m) Cf. Louis. Forme primitive du prénom.

LOTTIE (f) Cf. Charlotte.

LOUDIO (f) Cf. Élodie. Forme provençale du prénom.

LOUELLA (f) Cf. Louise.

LOUIS (m) Etym. germanique *(hlod,* gloire et *wig,* combat). Né à Poissy, Ile-de-France, en 1214, Louis n'a que douze ans lorsqu'il est couronné roi de France en 1226, mais il règne sous la régence de sa mère Blanche de Castille jusqu'en 1242. Il réprime une révolte féodale dans le sud-ouest du royaume et bat le roi d'Angleterre qui la soutient à Taillebourg et à Saintes la même année. En 1248 Louis participe à la 7e croisade, s'empare de Damiette l'année suivante mais, fait prisonnier à Mansourah, ne recouvre la liberté qu'en versant une forte rançon au sultan d'Egypte. Rentré en France en 1254, il réorganise ses Etats et réforme la justice, fait construire la Sainte-Chapelle, la Sorbonne et l'hospice des Quinze-Vingts à Paris. En 1259, il signe le traité de Paris qui met fin au conflit avec l'Angleterre. Sa réputation d'intégrité fait de Louis IX, en plusieurs circonstances, l'arbitre de toute l'Europe chrétienne et, sous son règne, la France connaît un grand rayonnement intellectuel, artistique et moral. Père de onze enfants, souverain juste et sage, économe du sang de ses sujets et soucieux de leur bien-être, Louis est un saint authentique, modèle des vertus familiales et professionnelles, mais d'une sainteté aimable, simple et très abordable, selon Joinville son compagnon intime. S'étant embarqué à Aigues-Mortes le 1er août 1270 pour la 8e croisade, Louis IX est atteint par la peste qui décime son armée ; il meurt sur la cendre le 25 août en débarquant à Carthage, Tunisie. Canonisé par Boniface VIII dès 1297. **Fête le 25 août.** — Libertin notoire, grand joueur et buveur invétéré, Louis Morbioli a scandalisé tout son entourage lorsqu'il se convertit tout à coup à l'occasion d'une maladie. Alors, jusqu'à sa mort, il n'entre plus que dans les églises, vagabonde le reste du temps en exhortant ses compatriotes à songer à leurs fins dernières, quand il ne taille pas des images pieuses dans le bois pour gagner son pain, dormant à la belle étoile contre son âne, son unique compagnon. Mort à Boulogne en 1485. **Fête le 9 novembre.** — Fils du marquis de Gonzague, Louis manifeste très jeune un penchant marqué pour la prière et la pénitence. A onze ans il fait vœu de virginité mais il lui faut lutter longtemps pour vaincre son orgueil et son hérédité. Il répond un jour à quelqu'un qui le félicite de sa haute naissance : « Les nobles sont faits de la même boue que les autres ; la seule différence est que la leur sent peut-être plus mauvais que celle des pauvres ». A dix-sept ans il entre chez les jésuites parce que leur règle les protège contre les postes honorifiques dans l'Eglise, prononce ses premiers vœux en 1587 et reçoit les ordres mineurs en 1588. Mais la peste ravage Rome deux ans plus tard : Louis se dépense sans compter auprès des victimes, contracte la maladie et meurt le 20 juin 1591. Canonisé en 1726, il est proclamé patron de la jeunesse en 1926. **Fête le 21 juin.** — Louis Ibaraki est le plus jeune (11 ans) des vingt-six chrétiens crucifiés sur une colline de Nagasaki en 1597 sur l'ordre de l'empereur du Japon. Louis n'est pas martyrisé malgré lui. Parvenu au sommet de la colline, il demande aux bourreaux : « Quelle est ma croix ? » Il y court et l'entoure de ses bras en attendant le supplice. Canonisé avec ses compagnons en 1862. **Fête le 6 février.** — Le prénom a fait une trentaine d'autres saints et bienheureux. Prénoms dérivés : Aloïs, Loïc, Loïg, Loïs, Ludovic, Ludwig, Luigi, Gino, Luis, etc.

LOUIS-MARIE (m) Etym. germanique, cf. Louis, et hébraïque, cf. Marie. Né à Montfort, près de Saint-Malo, Bretagne, et ordonné prêtre en 1700, Louis-Marie Grignion se voue d'emblée aux plus simples et aux plus pauvres. Dépenaillé, chétif, presque inquiétant, il parcourt les campagnes, toujours à pied, entre Saintes et Coutances, armé de son rosaire et d'un crucifix qu'il brandit au-dessus de sa tête comme un drapeau. Il prêche de village en village, entre dans les maisons de débauche pour y annoncer l'Evangile, s'interpose entre deux duellistes, souvent traité de fou ou reçu à coups de pierres. Il en sourit, n'ayant qu'une préoccupation : la gloire de Dieu et le salut des âmes. Ses homélies attirent aussi les foules, provoquent d'innombrables conversions. Pour étendre son apostolat, Louis-Marie fonde les « Pères de la société de Marie » ou montfortains et les « Filles de la Sagesse ». Auteur d'un ouvrage important sur la vraie dévotion à la Vierge Marie, Louis-Marie meurt à Saint-Laurent-sur-Sèvre, Vendée, le 28 avril 1716, seulement âgé de quarante-trois ans. Béatifié en 1888, il est canonisé par pie XII en 1947. **Fête le 28 avril.** — Prêtre de Bergame, Italie, Louis-Marie Palazzolo est le fondateur d'un institut pour enfants abandonnés puis, en 1864, d'une œuvre de rééducation pour filles légères. Mort en 1886, il est béatifié par Jean XXIII en 1963. **Fête le 1ᵉʳ octobre.**

LOUISE (f) Etym. cf. Louis. Fille du bienheureux Amédée* de Savoie et nièce de Louis XI, Louise se retire du monde après la mort de son mari et passe les dernières années de sa vie au couvent des clarisses d'Orbe, près de Lausanne, Suisse, où elle meurt en 1503. **Fête le 24 juillet.** — Briarde née en 1591, Louise de Marillac est la fille d'un conseiller au Parlement. Veuve d'Antoine Le Gras, secrétaire des commandements de Marie de Médicis, elle rencontre Vincent* de Paul, devient sa collaboratrice et fonde avec lui, en 1633, à Paris, les *Filles de la Charité* pour le service des indigents et le soin des malades. Première supérieure de la congrégation, Louise meurt à Paris le 15 mars 1660. Depuis la Restauration, son corps repose dans la chapelle de la rue du Bac à Paris. Louise est canonisée par Pie XI en 1934. **Fête le 15 mars.** Prénoms dérivés : Lossa, Louella, Louisiane, Ludovica, Luisa, Gina, etc.

LOUISET (m) Cf. Louis. Forme occitane du prénom.

LOUISETTE (f) Cf. Louise.

LOUISIANE (f) Cf. Louise.

LOUP (m) Etym. latine *(lupus,* loup). Né à Toul vers 383, Loup épouse la sœur de saint Hilaire* d'Arles. Devenu plus tard moine à l'abbaye de Lérins, Provence, il est élu évêque de Troyes en 426. En 429 il accompagne Germain*, évêque d'Auxerre, en Grande-Bretagne pour y combattre le pélagianisme et, vers 452, défend la ville de Troyes contre Attila et ses Huns. Loup est pris en otage mais la cité est épargnée. Il meurt très âgé, en 479, après cinquante-trois ans d'épiscopat. **Fête le 29 juillet.** — Au 7ᵉ s. saint Loup est archevêque de Sens, Champagne. Mort en 623, il est inhumé au monastère Sainte-Colombe qu'il a fondé dans sa ville. Le trésor de la cathédrale conserve encore son anneau épiscopal et son peigne liturgique ! **Fête le 1ᵉʳ septembre.** — Simple marguillier et gardien du tombeau de saint Martial*, Loup est nommé évêque de Limoges en 613 par le roi Clotaire II dont il a guéri le fils. Mort le 22 mai 632, le saint évêque est inhumé près de saint Martial, dans la basilique qui sera détruite pendant la Révolution. Les reliques des deux saints reposent maintenant à Saint-Michel-aux-Lions. **Fête le 22 mai.** Prénoms dérivés : Leu, Louve, Lua.

LOUTHIERN (m) Etym. celtique *(lou,* lumière et *tiern,* chef, seigneur). Né en Irlande vers 520, Louthiern est moine à l'abbaye de Bangor puis évêque en Grande-Bretagne. Chassé par les hordes saxonnes, il débarque en Armorique, évangélise la région d'Aleth, aujourd'hui Saint-Servan, et meurt dans les dernières années du 6e s. **Fête le 27 avril.** Prénom dérivé : Louziern.

LOUVE (f) Cf. Loup.

LOUZIERN (m) Cf. Louthiern.

LUA (m) Cf. Loup.

LUBIN (m) Etym. germanique *(leuba,* amour). Berger, Lubin devient moine à l'Ile-Barbe, puis abbé de Brou, près de Châteaudun, et évêque de Chartres en 541. Mort en 567, saint Lubin est l'un des sept grands saints guérisseurs, invoqué en particulier pour obtenir la guérison des rhumatismes ou la... résignation. **Fête le 14 septembre.**

LUC (m) Etym. latine *(lux,* lumière) ou grecque *(leukos,* pur, clair). Païen originaire d'Antioche, Asie Mineure, Luc est vraisemblablement converti par Paul* dont il devient le compagnon et le collaborateur. L'apôtre nous dit qu'il est médecin et fait plusieurs fois allusion à lui dans ses Epîtres. Mais Luc est surtout l'auteur du 3e évangile, écrit après la ruine de Jérusalem, entre 70 et 90, et destiné à des chrétiens d'origine non palestinienne. C'est l'évangile de l'infinie bonté et de la miséricorde de Dieu. A la fin du 1er s. Luc écrit les *Actes des Apôtres,* relatant les débuts de la première communauté chrétienne de Jérusalem et les voyages missionnaires de Paul auxquels il a souvent participé. Selon un auteur du 2e s., l'évangéliste vit ses dernières années en Achaïe, Grèce : « Il y servait le Seigneur sans femme et sans enfants, et y mourut à quatre-vingt-quatre ans, rempli du Saint Esprit ». La tradition assure que saint Luc a laissé aussi un portrait de la Vierge Marie, vénéré aujourd'hui dans la basilique Sainte-Marie-Majeure à Rome. Ce qui fait qu'il est en même temps le patron des médecins et des peintres. **Fête le 18 octobre.** Prénoms dérivés : Lucain, Lucas ou Lukas, Lucky.

LUCAIN (m) Cf. Luc.

LUCAS (m) Etym. cf. Luc. Dominicain missionnaire au Japon, Lucas est martyrisé à Nagasaki entre 1633 et 1637 avec quinze autres prêtres, religieux et laïcs de cinq nationalités différentes, tous béatifiés par Jean-Paul II en 1981. **Fête le 27 août.**

LUCCEIA (f) Cf. Lucie.

LUCE (f) Cf. Lucie.

LUCETTE (f) Cf. Lucie.

LUCHESIO (m) Cf. Lucius.

LUCIAN (m) Cf. Lucien. Forme provençale du prénom.

LUCIE (f) Etym. latine *(lux,* lumière). Vierge chrétienne, Lucie est martyrisée à Syracuse, Sicile, au début du 4e s., lors de la persécution de Dioclétien. Dès le 6e s. elle devient très populaire dans toute la chrétienté et son culte donne naissance aux légendes les plus fantaisistes, mais Thomas* d'Aquin évoque deux fois la sainte dans sa très sérieuse *Somme théologique.* Dante quant à lui n'hésite pas à la placer au côté de saint Jean le Précurseur dans son paradis de *La Divine Comédie.* On invoque surtout sainte Lucie contre les maladies des yeux et, en Italie, pour la prier d'aveugler les maris trompés ! L'étymologie du prénom et la date de la fête qui coïncidait presque avec le solstice d'hiver avant la réforme du calendrier font de la Sainte-Lucie une fête de la lumière toujours en honneur dans les pays scandinaves. **Fête le 13 décembre.** — Au 16e s., tertiaire dominicaine et mystique, sainte Lucie de Narni, Italie, est persécutée par sa famille et soupçonnée d'illuminisme par tout son entourage. Elle fait l'objet d'une enquête ordonnée par le pape Alexandre VI et d'une surveillance assidue de la part de Lucrèce Borgia. L'enquête conclut à l'innocence de Lucie mais on continue à la tourmenter. Quarante années passent, de patience, de silence et de prière, qui finissent par persuader de la sainteté de Lucie. **Fête le 15 novembre.** — Japonaise, Lucie est décapitée à Nagasaki en 1622 avec ses deux fils André et François, sous les yeux de Louis, son mari, brûlé vif peu de temps après. **Fête le 2 octobre.** — Humiliée, accusée de quiétisme, dénoncée au Saint-Office, Lucie Filippini accepte tout avec résignation pour l'amour du Seigneur. Fondatrice d'écoles pour jeunes filles, elle s'éteint à Montefiascone, près de Rome, en 1732. Pie XI la béatifie et la canonise à quelques années d'intervalle. **Fête le 25 mars.** — Catéchiste à Kay-Tchéou, Chine, Lucie est arrêtée une nuit de 1862 alors qu'elle instruit des femmes catéchumènes. On martyrise sous ses yeux un missionnaire et trois chrétiens chinois pour l'inciter à apostasier. Fortifiée par l'Esprit-Saint, elle est elle-même décapitée le lendemain. **Fête le 19 février.** Prénoms dérivés : Lacinia, Luce, Lucceia, Lucette, Lucia, Lucinda, Luciola, Luciole, Luz.

LUCIEN (m) Etym. latine *(lux, lumière).* Prêtre à Rome, peut-être moine, Lucien est envoyé en Gaule par le pape pour y annoncer l'Evangile au milieu du 3e s. Il se fixe à Beauvais, devient le premier évêque de la ville et opère de nombreuses conversions dans toute la région. Son apostolat est interrompu par la persécution de Dioclétien vers 304. Arrêté avec deux de ses disciples, Lucien est invité à sacrifier aux dieux païens mais promesses comme menaces s'avèrent inutiles pour l'évêque et ses compagnons. Tous les trois sont décapités non loin de Beauvais. Une basilique est plus tard érigée et dédiée à saint Lucien sur son tombeau. **Fête le 8 janvier.** — Prêtre de l'Eglise d'Antioche, aujourd'hui Antakya, Turquie, Lucien ouvre une école d'exégèse et dirige les travaux de traduction de plusieurs livres de la Bible au 3e s. Plusieurs de ses élèves, dont Arius, deviendront les chefs de l'arianisme. Arrêté en 303, Lucien est martyrisé en 312 après neuf ans de captivité. **Fête le 7 janvier.** Prénoms dérivés : Lucian, Luciana, Lucienne.

LUCIENNE (f) Cf. Lucien.

LUCILE (f) Cf. Lucille.

LUCILIANE (f) Cf. Lucillien.

LUCILLE (f) Etym. cf. Lucie. Chrétienne en Afrique du Nord, Lucille est martyrisée entre 284 et 305, selon le calendrier de Carthage daté du 5e s., l'un des plus vieux manuscrits témoins du culte des saints. **Fête le 16 février.**

LUCILLIEN (m) Etym. cf. Lucien. Converti au christianisme, Lucillien est arrêté, condamné et introduit dans un four chauffé à blanc. Il en sort indemne, affirme l'auteur de sa *Passion,* pour exhorter ses compagnons de torture à plus de foi et de courage. 3e siècle. **Fête le 3 juin.** Prénoms dérivés : Luciliane, Lucillienne.

LUCILLIENNE (f) Cf. Lucillien.

LUCIN (m) Etym. cf. Lucien. Ecossais, Lucin va faire ses études en Irlande et revient travailler à l'évangélisation de son pays, au 6e s. **Fête le 25 juin.**

LUCINDA (f) Cf. Lucie.

LUCINNE (f) Cf. Lucin.

LUCIOLA (f) Cf. Lucie.

LUCIOLE (f) Cf. Lucie.

LUCIUS (m) Etym. cf. Lucien. Chrétien à Antioche, en Asie Mineure, au

1er s., Lucius de Cyrène annonce la Bonne Nouvelle qu'il détient directement des apôtres et, sur l'ordre de l'Esprit-Saint, impose les mains à Saul et Barnabé, selon saint Luc*. **Fête le 6 mai.** — Romain, Lucius est le 22e pape en 253-254. Saint Cyprien* raconte l'accueil entousiaste des fidèles de Rome à son retour d'exil. **Fête le 4 mars.** — Compagnon de Montan*, Lucius est martyrisé à Carthage, Tunisie, en 259, après une longue famine en prison avec de nombreux chrétiens remarquables par leur ferveur et leur union fraternelle. **Fête le 24 février.** — Traversant Florence, François* retrouve Lucius, ou Luchesio, son ancien compagnon de plaisir à Assises et le convertit, ainsi que son épouse ; tous les deux inaugurent le tiers ordre franciscain, lui fidèlement jusqu'à sa mort, en 1250. **Fête le 28 avril.**

LUCKY (m) Cf. Luc. Prénom en vogue pour son étymologie anglaise et la silhouette sympathique qu'il évoque.

LUCRÈCE (f) Etym. latine *(lucrator,* celui ou celle qui gagne). Musulmane, Lucrèce ou Léocricia se convertit au christianisme à l'insu de ses parents mais avec la complicité de plusieurs chrétiens dont le saint prêtre Euloge* à Cordoue au 9e s. Dénoncée, elle est arrêtée, condamnée et décapitée quatre jours après Euloge, le 15 mars 859. **Fête le 15 mars.** Prénoms dérivés : Lédocricia, Léocrite, Léocritie.

LUCY (f) Cf. Lucie.

LUDGER (m) Etym. germanique *(hlod,* gloire et *gari,* lance). Formé à l'école de saint Grégoire, à Utrecht, Pays-Bas, Ludger va étudier la règle bénédictine au Mont-Cassin, Italie, en 784, et suivre les cours du célèbre Alcuin à York, Angleterre. En 788 Charlemagne le charge de l'évangélisation des Saxons. Ludger fonde de grands monastères sur le modèle de l'abbaye du Mont-Cassin, instruit ses moines et les forme à la vertu. Evêque de Münster vers 803, il donne chaque jour à ses prêtres un cours d'Ecriture sainte. Mais il leur donne surtout l'exemple d'une grande charité, faisant continuellement l'aumône, à tel point que certains se plaignent à l'empereur que leur évêque dilapide les biens de l'Eglise, inquiets sans doute pour leur propre confort. Ludger meurt à Billerbeck, près de Münster, Westphalie, le dimanche de la Passion de l'an 809. **Fête le 26 mars.** — Un autre saint Ludger est l'époux de sainte Emma* aux 10e et 11e s. **Fête le 19 avril.**

LUDIVINE (f) Cf. Lidwine.

LUDMILLA (f) Etym. germanique *(hlod,* gloire et *mil,* généreux). Epouse de Borivoj, duc de Bohême, au 9e s., Ludmilla se voue à l'éducation de ses six enfants, puis de son petit-fils, le futur saint Venceslas*. Elle gouverne le duché avec bonté et justice après la mort de son mari mais, jalouse de son influence sur le pays, sa belle-mère la contraint à quitter Prague et la fait assassiner le 15 septembre 920. Sainte Ludmilla est la patronne de la Bohême. **Fête le 16 septembre.**

LUDOLPHE (m) Etym. germanique *(hlod,* gloire et *wulf,* loup). Evêque de Ratzebourg, Saxe, au 13e s., Ludolphe conteste la politique du duc de Saxe et

Saint Jacques (Sainte-Chapelle, Paris).

lui reproche sa conduite. Arrêté et torturé, il meurt en 1250 des suites de ses blessures. **Fête le 27 mars.**

LUDOVIC (m) Cf. Louis.

LUDOVICA (f) Cf. Louise.

LUDWIG (m) Cf. Louis. Forme alsacienne du prénom.

LUIGI (m) Cf. Louis.

LUIS (m) Cf. Louis.

LUISA (f) Cf. Louise.

LUKAS (m) Cf. Luc.

LUNAIRE (m) Cf. Luner.

LUNER (m) Etym. celtique. Né au pays de Galles vers 510, Luner est sacré évêque très jeune. Chassé par les tribus barbares, il traverse la Manche et débarque en Armorique, à la Pointe du Décollé, avec plusieurs disciples. Ils défrichent et assainissent la région couverte de forêt et de marécages, bâtissent un monastère, annoncent l'évangile et contribuent à la christianisation des populations du littoral, entre l'estuaire de la Rance et le cap Fréhel. Mort dans les dernières années du 6ᵉ s., Luner est enseveli dans son monastère, autour duquel s'établira plus tard une paroisse, puis une station balnéaire qui perpétue son nom. Saint Luner, ou Lunaire ou Lormel ou Launeuc, est le patron protecteur de plusieurs localités bretonnes. **Fête le 1ᵉʳ juillet.**

LUPICIN (m) Etym. latine *(lux,* lumière, *pius,* pieux et *cinis,* cendre). Veuf, Lupicin rejoint son frère, Romain*, qui a fondé deux monastères dans la forêt du Jura, à Condat et Leucone. Abbé de Leucone, Lupicin est aussi sévère que Romain est indulgent pour ses moines de Condat. Pleins de bonne volonté et soucieux d'accomplir surtout celle du Seigneur, les deux frères tirent parti de ce contraste : lorsque la tiédeur s'installe à Condat, Lupicin intervient, rétablit ferveur et disci-

pline ; si les moines de Leucone manifestent quelque découragement du fait de l'intransigeance de leur abbé, Romain vient les réconforter. Mort vers 480, Lupicin est inhumé à Leucone qui deviendra le village de Saint-Lupicin, à trois kilomètres de Condat, future ville de Saint-Claude. **Fête le 28 février.**

LUTHGARDE (f) Etym. germanique *(liut,* peuple et *gard,* maison). Bénédictine, Luthgarde est nommé prieure à vingt-et-un ans, ce qui la décide à changer de monastère. Elle entre chez les cisterciennes de Aywières, dans le Brabant wallon, pays dont elle ne connaît pas la langue, bien résolue à rester dans le rang. Aveugle les onze dernières années de sa vie, Luthgarde meurt à Aywières en 1246. **Fête le 16 juin.** — Décidée à demeurer vierge dans un pays où le confucianisme fait du mariage une règle pour tous les citoyens, Luthgarde simule un mariage avec Jean* Niou, un ami chrétien déterminé à garder le célibat. Ils sont pourtant remarqués, condamnés pour leur foi et exécutés en Corée, leur pays, en 1801. **Fête le 7 juillet.**

LUZ (f) Cf. Lucie.

LYA (f) Cf. Lye.

LYCE (f) Cf. Lye.

LYCOMÈDE (m) Etym. grecque *(lukos,* loup et *medôs,* habitant de la Médie, contrée de l'Asie occidentale ancienne, auj. l'Iran). Disciple de Jean* l'évangéliste, sans doute à Ephèse vers la fin du 1ᵉʳ s., Lycomède éprouve une grande vénération pour son maître qui a connu intimement le Seigneur et garde encore dans ses yeux, dans l'expression de son beau visage, le bonheur d'avoir été son ami privilégié. Lycomède possède un portrait de Jean, peint en secret, qu'il orne de fleurs et de bougies sur l'autel qu'il a aménagé dans son ermitage. L'apôtre gronde son élève lorsqu'il découvre le tableau, qu'il considère d'ailleurs comme un enfantillage, mais Lycomède n'en continue pas moins à entourer d'honneurs l'icône de son maître. A part cette anecdote nous ne savons rien de la vie du disciple de Jean. **Fête le 2 octobre.**

LYDIA (f) Cf. Lydie.

LYDIANE (f) Cf. Lydie.

LYDIE (f) Etym. latine *(Lydia,* province d'Asie Mineure). Originaire de Thyatire, Asie Mineure, Lydie est marchande de pourpre à Philippes, en Macédoine, Grèce, lorsque Paul* vient y annoncer l'évangile au milieu du 1er s., selon Luc dans les *Actes* (16, 11-15). Sa conversion au christianisme est la première qui soit provoquée par Paul en Europe. Baptisée, ainsi que toute sa famille, Lydie offre l'hospitalité à l'apôtre, à Luc et à Silas lors de leur séjour à Philippes. **Fête le 3 août.** Prénoms dérivés : Lydia, Lydiane.

LYDWINE (f) Cf. Lidwine.

LYE (m) Etym. latine *(Lyaeus,* autre nom de Bacchus, le dieu du vin dans l'Antiquité ou *lyare,* liquéfier). Saint Lye est abbé d'un monastère champenois, près de Troyes, au 6e s. **Fête le 25 mai.**

LYNN (f) Cf. Adeline.

LYOBART (m) Cf. Libert.

LYSA (f) Cf. Élisabeth.

LYSANDRE (m) Cf. Lye ou Léandre. — Lysandre est aussi le nom d'un célèbre général spartiate, victorieux des Athéniens vers 470 av. J.-C., honoré comme un dieu par les siens et mort en Béotie vers 395.

Saint Jean-Baptiste (retable d'Issenheim, Colmar).

M

MABEL (m) Cf. Aimable. Forme limousine du prénom.

MABELLE (f) Cf. Aimable.

MACAIRE (m) Etym. grecque *(makarios,* bienheureux). Originaire de Lybie et « vraiment bienheureux, dit saint Denis, par son nom et par la bénédiction divine », Macaire doit subir une longue exhortation du magistrat qui prétend vouloir le sauver, avant d'être brûlé vif à Alexandrie, Egypte, en 250, fidèle au véritable Sauveur. **Fête le 8 décembre.** — Patriarche de Jérusalem de 313 à 334, Macaire peut faire ériger les basiliques de Bethléem et du mont des Oliviers grâce à sainte Hélène*, mère de l'empereur Constantin. **Fête le 10 mars.** — Marchand de fruits et légumes à Alexandrie, Egypte, Macaire se convertit au christianisme et renonce au monde pour se retirer dans la solitude du désert de Scété, Haute-Egypte, au 4e s. Anachorète pendant près de soixante ans, il est l'un des disciples de saint Antoine*, le ''père'' du monachisme chrétien. Les cinquante homélies attribuées par la tradition à Macaire sont l'une des principales sources de la spiritualité de l'Orient chrétien. Très biblique, l'accent est mis sur la connaissance de Dieu par le *cœur* et sur la transfiguration réelle par la grâce incréée. Saint Macaire le Grand est mort en 391. **Fête le 2 janvier.** — Né à Corinthe, Grèce, en 1731, Macaire est percepteur. Il dispense les pauvres de l'impôt, pardonne aux tricheurs et s'acquitte de leurs dettes. Evêque de Corinthe en 1764, il tente de réformer le diocèse, vite contraint à renoncer par tous ceux qu'il dérange. Suivent quatre tentatives de vie monastique mais, chaque fois, des moines ignares l'empêchent d'étudier. Alors Macaire se fixe dans l'île de Chio, construit un ermitage et y vit ses vingt dernières années, partageant son temps entre la prière et la réflexion. Il écrit sur les pères du désert, les martyrs, les grands mystiques de l'orthodoxie et sur la communion fréquente, reçoit de nombreux écrivains de son temps, mais personne ne réussit jamais à l'intéresser à ce qui n'est pas Dieu. Mort à Chio en 1805. **Fête le 17 avril.**

MACELLA (f) Cf. Marcelle. Prénom en vogue à l'époque romaine.

MACHA (f) Cf. Marie. Forme russe du prénom.

MACH-LOW (m) Cf. Malo.

MACLOU (m) Cf. Malo.

MACRINE (f) Etym. cf. Macaire. Sainte Macrine l'Ancienne est l'aïeule de saint Basile* aux 3ᵉ et 4ᵉ s. L'évêque de Césarée écrira sur sa grand-mère : « C'est elle qui nous enseigna et nous transmit la tradition orale pour nous éduquer, tout petits enfants que nous étions alors ». Quatre des dix petits-enfants de Macrine seront placés sur les autels, dont sainte Macrine la Jeune, l'aînée, qui persuade son frère Basile d'embrasser la vie monastique. Les deux Macrine sont honorées ensemble. **Fête le 2 janvier.**

MACROBE (m) Etym. grecque *(makros,* long, grand). Chrétien en Afrique du Nord, Macrobe est martyrisé avec sainte Lucille entre 284 et 305 selon le calendrier carthaginois daté du 5ᵉ s. **Fête le 16 février.**

MADALEN (f) Cf. Madeleine. Forme bretonne du prénom.

MADALENO (f) Cf. Madeleine. Forme provençale du prénom.

MADDY (f) Cf. Madeleine.

MADEG (m) Cf. Madoc.

MADELBERTE (f) Etym. germanique *(adal* ou *adel,* noble et *berht,* brillant, illustre). Sœur de sainte Adeltrude*, Madelberte ou Adelberte lui succède comme abbesse du monastère de Maubeuge, Hainaut, fondé par leur tante sainte Aldegonde. Morte vers 705. **Fête le 7 septembre.**

MADELEINE (f) Etym. hébraïque *(Magdalena,* originaire de Magdala, petite localité galiléenne située sur la rive occidentale du lac de Tibériade). Marie de Magadala ou Marie-Madeleine est l'une des femmes disciples de Jésus en Palestine au 1ᵉʳ s. Cf. Marie-Madeleine. **Fête le 22 juillet.** — Née en 1774 et très tôt orpheline, Madeleine de Canossa consacre sa vie au service des malades et à l'éducation des jeunes filles à Vérone, Italie. Morte en 1835, elle est béatifiée le 7 décembre 1941.

Fête le 13 avril. Prénoms dérivés : Maddy, Madeline, Madelon, Madleen, Mado, Magdala, Magdalena, Magdeleine, Maleine, Maud.

MADELEINE-SOPHIE (f) Etym. hébraïque, cf. Madeleine, et grecque, cf. Sophie. Née à Joigny, Bourgogne, en 1779, dans une famille de modestes vignerons, Madeleine-Sophie Barat reçoit une éducation sévère sous la tutelle d'un frère prêtre. Très cultivée, connaissant à fond le latin et le grec, parlant l'italien et l'espagnol, à vingt ans elle fonde les Dames du Sacré-Cœur pour l'éducation des jeunes filles du "monde", à Paris, avec l'appui du père Varin, jésuite. En 1804 elle accueille Philippine* Duchesne qui ira implanter l'institut aux Etats-Unis. Après le pensionnat d'Amiens et la maison de Grenoble, Madeleine-Sophie ouvre un noviciat à Poitiers, rédige les constitutions, multiplie les fondations. Napoléon approuve son œuvre par décret. Apôtre intrépide et organisatrice habile, la mère Barat dirige son institut pendant soixante ans. Près de soixante-dix établissements fonctionnent en France et à l'étranger lorsqu'elle meurt à Paris en 1865. Pie X la déclare bienheureuse en 1908, Pie XI la canonise en 1925. **Fête le 25 mai.**

MADELGAIRE (m) Cf. Vincent.

MADELINE (f) Cf. Madeleine.

MADELON (f) Cf. Madeleine. Forme populaire du prénom, qui doit son succès à une vieille chanson française créée à Paris en 1914.

MADELONNETTE (f) Cf. Madeleine et Madelon.

MADELOUN (f) Cf. Madelon. Forme provençale du prénom.

MADEN (m) Etym. celtique *(mat,* bon). Ami et disciple de saint Goulven*, Maden transforme en or la boue que lui a donnée, par dérision, un paysan auquel il demandait l'aumône. Mort au début du 7e s. **Fête le 19 juillet.**

MADLEEN (f) Cf. Madeleine.

MADO (f) Cf. Madeleine.

MADOC (m) Etym. celtique *(mat,* bon). Saint Madoc ou Madeg est moine en Armorique au 7e s. **Fête le 23 février.**

MADRUYNA (f) Etym. latine *(matrona,* femme mariée). Abbesse du monastère San Pedro de Caspuelas, près de Barcelone, Madruyna est enlevée par des Arabes en 986. Vendue comme esclave dans l'île Majorque, Baléares, elle parvient à s'évader, cachée dans un sac. Hélas, le sac est transpercé de plusieurs coups de dague par un maître méfiant. Madruyna serre les dents pour ne pas compromettre son complice mais ne survit pas longtemps à ses blessures. **Fête le 5 septembre.**

MAÉ (m) Cf. Maël.

MAËL (m) Etym. gaélique *(maël,* prince, chef). Gallois, Maël contribue à l'évangélisation de l'Armorique au 5e s. Il est particulièrement vénéré à Corwen, comté de Merioneth, pays de Galles, et dans de nombreux villages bretons qui ont gardé son nom : Maël-Carhaix, Coat-Méal, Maël-Pestivien, etc. **Fête le 30 décembre.** Prénoms dérivés : Maé, Maëla, Maëlle, Méal.

MAÉLA (f) Cf. Maël.

MAËLLE (f) Cf. Maël.

MAËLMON (m) Etym. cf. Maël. Evêque d'Aleth, aujourd'hui Saint-Servan, en Bretagne, Maëlmon fait construire plusieurs monastères où sont accueillis les malades. Mort en 638. **Fête le 18 juin.**

MAENA (f) Cf. Maël. — Maena est une prêtresse de Cybèle dans la mythologie.

MAERA (f) Cf. Marie. — Maera est une prêtresse de Vénus, déesse de l'amour, dans la mythologie.

MAEVA (f) Cf. Eve.

MAEVIA (f) Cf. Eve.

MAFALDA (f) Etym. latine *(fallere,* tromper). Son mariage avec Henri 1er de Castille ayant été déclaré nul pour cause de parenté, Mafalda prend le voile au monastère bénédictin d'Arouca, Portugal. Abbesse, elle fait affilier le monastère à l'ordre cistercien en 1222. Morte à Arouca, près de Porto, en 1252. **Fête le 2 mai.**

MAGALI (f) Cf. Marguerite. Forme provençale du prénom.

MAGDA (f) Cf. Madeleine.

MAGDALA (f) Cf. Madeleine.

MAGDALENA (f) Cf. Madeleine.

MAGIA (f) Cf. Marguerite.

MAGIANE (f) Cf. Marguerite.

MAGGIE (f) Cf. Marguerite.

MAGGY (f) Cf. Marguerite.

MAGLOIRE (m) Etym. latine *(gloria mea,* ma gloire). Gallois, Maglor ou Magloire débarque en Armorique au milieu du 6e s. et devient évêque de Dol en 565. Il se retire plus tard dans l'île de Sercq et y fonde un monastère. Plusieurs paroisses bretonnes se réclament du patronage de sant Maglor. **Fête le 24 octobre.**

MAGLOR (m) Cf. Magloire.

MAGNE (m) Cf. Magnus.

MAGNÉRIC (m) Etym. germanique *(magin,* force et *rik,* roi). Saint Magnéric est évêque de Trèves, Germanie, au 6e s. **Fête le 25 juillet.**

MAGNOALD (m) Etym. germanique *(magin,* force et *ald,* ancien). Au 8e s. Magnoald fonde un petit monastère à

Füssen, Souabe bavaroise, pour héberger les pèlerins qui vont à Rome et en reviennent. Saint Magnoald est lui-même un grand voyageur et son bâton reste très populaire longtemps après sa mort, possédant des vertus extraordinaires pour chasser et détruire les vers, les rongeurs, toutes les bestioles ennemies des récoltes. **Fête le 6 septembre.**

MAGNUS (m) Etym. latine : "grand". Diacre, Magnus est décapité à Rome le 6 août 258, pendant la persécution de Valérien, avec le pape Sixte* II et plusieurs autres diacres. **Fête le 7 août.**

MAHARISHA (f) Cf. Marie. Forme indoue du prénom.

MAHAUT (f) Cf. Mathilde. Forme médiévale du prénom.

MAHÉ (m) Cf. Matthieu. Forme bretonne du prénom.

MAHIEU (m) Cf. Matthieu. Forme normande du prénom.

MAI (f) Cf. Marie. Forme bretonne du prénom.

MAÏA (f) Cf. Marie. — Dans la mythologie Maïa est la fille du titan Atlas et la mère de Mercure.

MAÏEUL (m) Cf. Mayeul.

MAIME (m) Cf. Maxime. Forme provençale du prénom.

MAIRE (m) Cf. Marius.

MAÏTÉ (f) Cf. Marie-Thérèse.

MAÏTÉNA (f) Cf. Marie-Thérèse.

MAIXENT (m) Etym. latine *(maximus,* le plus grand). Abbé d'un monastère poitevin, saint Maixent meurt vers 515. Une église abbatiale lui est dédiée au 11e s. autour de laquelle s'établit une ville qui garde son nom, près de Niort, dans le Poitou. **Fête le 26 juin.**

MAJORIC (m) Etym. germanique *(magin,* force et *rik,* roi). En Byzacène, aujourd'hui Tunisie, Majoric est martyrisé sous les yeux de sa mère, Denise*, qui l'ensevelit chez elle, voulant, dit-elle, ne jamais être séparée de son enfant chaque fois qu'elle invoquera la Trinité sur son tombeau. Mais Denise est elle-même martyrisée peu de temps après, en 484, pendant la persécution des Vandales. **Fête le 6 décembre.**

MALACHIE (m) Etym. hébraïque : "mon messager". Personnage biblique, Malachie est l'un des douze petits prophètes, en Judée, au 5e s. av. J.-C. **Fête le 14 janvier.** — Moine et restaurateur, en 1123, de l'illustre abbaye de Bangor, Irlande, ravagée par les vikings, Malachie est élu archevêque d'Armagh en 1129. A Rome, dix ans plus tard, il supplie le pape de l'autoriser à prendre sa retraite à Clairvaux, Champagne, près de son ami saint Bernard*. Il est nommé légat pontifical, ou primat de toute l'Eglise d'Irlande, et se soumet, luttant encore une dizaine d'années et faisant de son pays le plus chrétien de toute la chrétienté. En 1148 Malachie reprend la route de Rome mais tombe malade et meurt à Clairvaux le 2 novembre, assisté par saint Bernard. Les prophéties dites "de Malachie", concernant les papes, lui sont attribuées à tort. **Fête le 2 novembre.**

MALCHUS (m) Etym. cf. Malachie. Saint Malchus est l'un des Sept Dormants d'Ephèse, très vénérés dès le 6e s. dans toute la chrétienté et populaires aussi chez les musulmans. Ce sont sept jeunes soldats chrétiens de l'armée de Dèce, au 3e s., déserteurs afin de ne pas être contraints de sacrifier aux idoles et emmurés accidentellement pendant leur sommeil dans la grotte où ils se cachent. Ils réapparaissent deux siècles plus tard, sous Théo-

Salomon (vitrail de la cathédrale de Chartres).

dose II, en parfaite santé. Tout à fait libérés de leurs obligations militaires, ils circulent en toute tranquillité dans la région d'Ephèse (aujourd'hui près d'Iz, mir Turquie) se montrant surtout à ceux qui nient la résurrection de la chair, et se rendorment dans leur caverne en attendant le jugement dernier. **Fête le 27 juillet.**

MALCOLM (m) Cf. Malo.

MALDEBERGE (f) Cf. Madelberte.

MALEAUME (m) Cf. Malo.

MALEINE (f) Cf. Madeleine.

MALIKA (f) Cf. Marie.

MALLIA (f) Cf. Amélie ou Malo.

MALLIEN (m) Cf. Malo.

MALO (m) Etym. celtique *(mach,* gage et *lou,* lumière). Moine à l'abbaye de Llancarvan, pays de Galles, Mach'Low, Maclou ou Malo vient en Armorique à la fin du 6e s. Disciple d'Aaron*, avec lui il fonde un monastère à Aleth, aujourd'hui Saint-Servan, et travaille à l'évangélisation de toute la région. Les moines défrichent et cultivent aussi la terre pour assurer leur subsistance et donner l'exemple à la population. Malo aime les animaux créés par Dieu pour nous aider ; il ne charge jamais son âne avec excès et le dételle toujours avant qu'il soit épuisé. Un jour qu'une fauvette vient pondre dans le capuchon qu'il a posé sur la haie pour travailler, Malo lui abandonne son vêtement jusqu'à ce qu'elle ait fini de couver et se soit envolée avec ses oisillons. Evêque d'Aleth, Malo fonde encore plusieurs monastères après la mort d'Aaron, mais le talent qu'il a pour susciter les donations lui fait des ennemis parmi les héritiers lésés. Il est persécuté et bientôt obligé de fuir. C'est en Saintonge qu'il meurt vers 645, chargé d'ans et de mérites, aussitôt très regretté par les Bretons. Ses reliques sont ramenées à Aleth au 8e s., puis transférées sur la presqu'île rocheuse qui prendra le nom du saint, afin de les soustraire aux incursions des Francs et des Normands. Au 12e s. l'évêché d'Aleth est aussi transféré à Saint-Malo. **Fête le 15 novembre.** Prénoms dérivés : Maclou, Mahou, Maleaume, Malcolm, etc.

MALVA (f) Cf. Mauve.

MALVANE (f) Cf. Mauve.

MALVINA (f) Cf. Mauve.

MALVY (f) Cf. Mauve.

MAMAS (m) Etym. latine *(mamma,* sein). Berger ignorant, Mamas ne possède rien que son bâton et sa besace, mais il a un trésor, sa foi, et de nombreux amis, les animaux ; il trait les biches et les chevrettes de la forêt pour fabriquer des fromages qu'il distribue aux pauvres, en attendant d'être arrêté sitôt qu'éclate la persécution d'Aurélien. Loin de se cacher, il affiche crânement sa foi. Son martyre et sa mort à Césarée de Cappadoce (auj. Kayseri, Turquie), vers 274, constituent un tel événement que saint Basile* et saint Grégoire* de Naziance, ses compatriotes, le nomment souvent dans leurs homélies. **Fête le 17 août.** Prénom dérivé : Mammès.

MAMERT (m) Etym. latine *(Mamer,* Mars). Frère du poète Claudien, saint Mamert est évêque de Vienne, Dauphiné, de 463 à 475. Il institue en Gaule la procession des Rogations pour demander à Dieu sa bénédiction sur les travaux des champs et les récoltes pendant les trois jours qui précèdent l'Ascension. **Fête le 11 mai.**

MAMICA (f) Etym. grecque : ''mamie''. Convertie au christianisme, Mamica est arrêtée, jugée sommairement et brûlée vive dans une église de Crimée au 4e s., avec vingt-deux autres chrétiens, lors d'une persécution ordonnée par un roi goth arien. **Fête le 26 mars.**

MAMMÈS (m) Cf. Mamas.

MANA (f) Cf. Anne ou Marie.

MANAËN (m) Cf. Manahen.

MANAHEN (m) Etym. hébraïque. Compagnon d'enfance d'Hérode le Tétrarque, Manahen devient l'un des soixante-dix disciples de Jésus, en Palestine, au 1er s. Saint Luc* nous le présente comme faisant partie du groupe des chefs de la première communauté chrétienne qui imposent les mains à Saul* et Barnabé* en vue de leur mission apostolique. **Fête le 24 mai.**

MANDY (f) Cf. Amandine.

MANER (m) Cf. Maunoir. Forme bretonne du prénom.

MANFRED (m) Etym. germanique : « homme de paix ». Cf. Alfred ou Frédéric.

MANOËL (m) Cf. Emmanuel et Noël.

MANOËLLE (f) Cf. Emmanuel et Noël.

MANON (f) Cf. Marianne. Altération du prénom.

MANUEL (m) Cf. Emmanuel et Noël.

MANUELLE (f) Cf. Emmanuel et Noël.

MAODEZ (m) Cf. Maudez.

MARA (f) Cf. Mareria.

MARALLA (f) Cf. Mareria.

MARC (m) Etym. latine *(marcus,* marteau) ou grecque *(martikos,* voué au dieu Mars). Auteur du second évangile, Marc est plusieurs fois nommé Jean-Marc ou désigné par l'expression « Jean surnommé Marc » dans les *Actes* et les *Epîtres* de Paul et Pierre. Il est le cousin de Barnabé* et le disciple très proche du chef des apôtres qui l'appelle même *mon fils* dans sa première Epître. Il accompagne Paul et Barnabé dans l'un de leurs voyages missionnaires mais les abandonne en route, provoquant la colère de Paul qui, plus tard, appréciera sa collaboration et fera son éloge. Marc est à Rome vers 62 et 63, puis à Alexandrie après la mort de Pierre mais rien ne prouve qu'il soit le fondateur de l'Eglise dans cette ville. Il y est martyrisé à la fin du 1er s. et ses reliques y sont longtemps vénérées. C'est au 9e s. qu'elles sont transférées à Venise et placées sous le maître-autel de la basilique dédiée à saint Marc. **Fête le 25 avril.** — Diacre, Marc est martyrisé avec son frère, Marcellin*, à Rome, en 303, pendant la persécution de Dioclétien. **Fête le 18 juin.** — Successeur de saint Sylvestre*, Marc est le 34e pape, de janvier à octobre 336. On lui doit quand même la construction de deux basiliques, dont l'une lui est dédiée, dans la ville éternelle ! **Fête le 7 octobre.** — Converti au catholicisme par un jésuite belge, Marc Barkworth est martyrisé à Londres, en 1599, en chantant le cantique pascal : « Voici le Jour qu'a fait le Seigneur ». **Fête le 26 février.** — Commerçant à Izmir, Turquie, Marc est pris en flagrant délit d'adultère et condamné à mort. Le magistrat accepte cependant de passer l'éponge si son client chrétien consent à embrasser l'islam. Marc apostasie, perd aussitôt la paix et le bonheur, tente d'apaiser ses remords en voyageant. Vainement. Jusqu'au jour où il rencontre l'ermite Macaire* dans l'île de Chio. Réconforté et conseillé, Marc prie, fait pénitence et court chez le représentant du sultan à Chio pour l'informer de sa décision : « Je renie Mahomet. Je suis chrétien ». Il est aussitôt décapité, à Chio, le 5 juin 1801. **Fête le 5 juin.** — Père de famille et fumeur d'opium pendant trente ans, Marc Ki-Tien-Siang abandonne ses habitudes et revient à la pratique du christianisme. Il est trahi et dénoncé à l'administration de Ki-Tchéou pendant la persécution des Boxers en 1900. Condamné au martyre, il y va avec tous les siens, expliquant à François, son petit-fils, six ans, intrigué par le voyage : « On retourne à la Maison ». **Fête le 10 juillet.** Prénoms dérivés : Marcia, Marciane, Marcie, Marcion.

MARCAN (m) Etym. cf. Marc. Né en 419, Marcan est disciple de saint Briec à la Vallée-Double, Bretagne, et contribue à l'évangélisation de la région. Mort vers la fin du 5ᵉ s. au lieu dit aujourd'hui Saint-Marcan (Côtes-du-Nord). **Fête le 22 mai.**

MARCEAU (m) Cf. Marcel.

MARCEL (m) Etym. cf. Marc. Officier dont la légion célèbre l'anniversaire de l'empereur Maximien à Tanger, Maroc, en 298, Marcel jette à terre son baudrier et son épée, les foule aux pieds ostensiblement et s'exclame devant toutes les troupes assemblées : « Maudit soit ce métier qui m'oblige à tuer et m'empêche d'être au service du Christ ! » Il est arrêté et traduit devant Agricolamus, préfet de l'empereur, qui le condamne à la peine capitale. « Sois remercié et que Dieu te bénisse, Agricolamus ! » dit Marcel avant de mourir. **Fête le 29 octobre.** — Successeur de saint Marcellin*, Marcel est le 30ᵉ pape en 308 et 309. Il tente de remettre de l'ordre dans l'Eglise et de réorganiser le culte dans des locaux provisoires après le cyclone d'une terrible persécution. Mais la suivante s'annonce déjà. Le pape est réduit à l'état de palefrenier, puis exilé sur l'ordre de l'empereur Maxence. Mort en 310 ou 311, saint Marcel est célèbre grâce à la *Messe du pape Marcel* composée en son honneur par Palestrina en 1567. **Fête le 16 janvier.** — Parisien de condition modeste, Marceau ou Marcel est sous-diacre de l'évêque Prudence à la fin du 4ᵉ s. Devenu lui-même évêque de Paris, il convertit un grand nombre de païens, organise son diocèse et protège ses fidèles pendant la période difficile des invasions franques. Mort le 1ᵉʳ

novembre 436, Marcel est inhumé dans le cimetière qui portera son nom jusqu'au 16ᵉ s. (à l'emplacement de l'actuel boulevard Saint-Marcel). **Fête le 1ᵉʳ novembre.**

MARCELLA (f) Cf. Marcelle.

MARCELLE (f) Etym. cf. Marc. Grande dame de la société romaine, née vers 330, Marcelle suit les conseils de saint Jérôme et fonde un monastère chez elle, sur l'Aventin. Restée à Rome lors du sac d'Alaric, elle meurt en 410 des suites des mauvais traitements que lui ont infligés les Goths. **Fête le 31 janvier.**

MARCELLIN (m) Etym. latine *(marcellus,* petit marteau). Diacre, Marcellin est martyrisé à Rome, en 303, avec son frère Marc*. **Fête le 18 juin.** — Romain, Marcellin est élu 29ᵉ pape en 296 pour diriger l'Eglise pendant les dures persécutions de Dioclétien. Les donatistes prétendront même que Marcellin a eu un moment de faiblesse. Quoi qu'il en soit, il est probable qu'il a subi le martyre en 304. **Fête le 6 avril.** — Originaire d'Afrique, Marcellin évangélise le Dauphiné et la Provence au 4ᵉ s. Premier évêque d'Embrun, il est sacré par Eusèbe*, évêque de Verceil exilé, en 362. Mort en 374. **Fête le 20 avril.** — Prêtre lyonnais, Marcellin Champagnat fonde les Frères Maristes des Ecoles au 19ᵉ s. pour remédier à l'ignorance religieuse des enfants du peuple. Mort près de Saint-Chamond, Auvergne, en 1840, Marcellin est béatifié en 1955. **Fête le 6 juin.**

MARCELLINE (f) Etym. cf. Marcellin. Née vers 330, Marcelline est la sœur de saint Ambroise*, archevêque de Milan, qui a pour elle une véritable vénération. Elle reçoit le voile à Rome, à Noël 353, des mains du pape Libère, et meurt à Milan vers 398. **Fête le 17 juillet.**

MARC'HARID (f) Cf. Marguerite. Forme bretonne du prénom.

Sainte Anne (retable de Commana, Finistère).

MARCIA (f) Cf. Marc.

MARCIANE (f) Cf. Marc.

MARCIE (f) Cf. Marc.

MARCIEN (m) Etym. cf. Marc. Né à Saignon, Provence, Marcien est abbé du monastère d'Apt au 5e s. Mort vers 488. **Fête le 25 août.**

MARCIENNE (f) Etym. cf. Marc. Vierge consacrée au Seigneur, le seul vrai Dieu, l'unique, Marcienne ne supporte pas la vue d'une idole en pierre ou en or. Traversant un jour la place de Césarée de Mauritanie, Afrique du Nord, elle ne peut s'empêcher de renverser la statue d'un dieu païen que tout le monde vénère en passant. Traînée devant les juges, elle est condamnée aux fauves et meurt, en 303, dévorée par un léopard. **Fête le 9 janvier.**

MARCION (m) Cf. Marc ou Marcien.

MARCO (m) Cf. Marc.

MARCOU (m) Cf. Marc ou Marcoul.

MARCOUL (m) Etym. cf. Marc. Né à Bayeux, en Bessin, Marcoul s'établit sur la côte est du Cotentin vers 526. Sa sainteté lui attire de nombreux disciples. Il fonde un monastère bénédictin mais se sépare de ses moines chaque année pour vivre le carême en ermite sur l'îlot voisin qui porte encore son nom. Le roi Childebert 1er recourt souvent aux conseils de Marcoul. Mort vers 558, il repose à l'abbaye de Nanteuil-en-Cotentin jusqu'à l'époque des invasions normandes. Les moines emportent ses précieuses reliques dans leurs bagages et, en sécurité à Corbeny, près de Laon, y font construire un prieuré qui devient très vite le centre d'un pèlerinage important. Les rois de France eux-mêmes, de saint Louis* à Louis XIII, viennent à Corbeny après leur sacre à Reims, pour la cérémonie « du toucher des écrouelles ». Ayant longuement prié sur les reliques de saint Marcoul et communié sous les deux espèces, le roi touche les malades. Les guérisons sont nombreuses parmi ceux qui ont la foi. Le pèlerinage à saint Marcoul a repris en 1968 selon les rites traditionnels. **Fête le 1er mai.**

MAREC (m) Cf. Marc. Forme bretonne du prénom.

MARERIA (f) Etym. cf. Marie. Disciple de François* d'Assise, Mareria renonce complètement aux avantages d'une famille fortunée pour se retirer dans la montagne. Avec des amies qui l'ont rejointe, elle fonde un couvent qu'elle place sous la règle des clarisses, à Retti, Italie, au 13e s. **Fête le 16 février.** Prénoms dérivés : Mara, Maralla.

MARGAINE (f) Cf. Marguerite. Forme champenoise du prénom.

MARGALIDE (f) Cf. Marguerite. Forme occitane du prénom.

MARGANNE (f) Cf. Marguerite. Forme champenoise du prénom.

MARGARET (f) Etym. cf. Marguerite. Bien qu'épouse d'un neveu d'Henri VIII, Margaret Pole, comtesse de Salisbury, est arrêtée et enfermée pendant deux ans à la Tour de Londres à cause d'un livre écrit par son fils, le cardinal Reginald Pole, sur l'unité de l'Eglise. Puis, condamnée sans jugement, elle est décapitée en 1541. Béatifiée par Léon XIII en 1886. **Fête le 27 mai.** — Femme de boucher et mère de deux enfants, Margaret Clitherow est arrêtée à York en 1586 sous l'inculpation d'avoir hébergé des prêtres catholiques. Elle est condamnée à être écrasée « comme un insecte nuisible ». La sentence soulève une telle émotion dans le peuple que des rumeurs sont propagées en toute hâte pour tenter de discréditer Margaret. John, son mari, qui n'est pas catholique mais anglican, pleure des larmes de sang et se bat jusqu'au dernier instant pour essayer de sauver sa femme, « la meilleure femme de toute l'Angleterre, crie-t-il à qui veut bien l'entendre, et aussi la meilleure catholique ». C'est également l'avis de l'Eglise qui canonise Margaret devant cinquante mille personnes réunies à Saint-Pierre de Rome le 25 octobre 1970. **Fête le 25 mars.**

MARGARIDO (f) Cf. Marguerite. Forme provençale du prénom.

MARGARITA (f) Cf. Marguerite.

MARGAUX (f) Cf. Marguerite. Prénom usité en Aquitaine.

MARGERIE (f) Cf. Marguerite. Forme normande du prénom.

MARGIE (f) Cf. Marguerite.

MARGOT (f) Cf. Marguerite.

MARGUERITE (f) Etym. latine (margarita, perle). Fille d'un prêtre païen et instruite du christianisme à l'insu de son père, Marguerite se consacre à Dieu par le vœu perpétuel de virginité. Refusant d'épouser Olibrius, préfet d'Orient, elle est martyrisée à Antioche, Pisidie, au 3e s. Son culte est introduit en Occident par les croisés à partir du 11e s. **Fête le 20 juillet.** — Princesse anglaise née en Hongrie vers 1046, Marguerite ou Margaret épouse Malcolm III, roi d'Ecosse, et lui donne huit enfants. Son mari l'associe à la conduite des affaires mais la reine joue surtout un rôle important dans la réforme de l'Eglise d'Ecosse. Elle se voue inlassablement aux œuvres de charité, fonde à Dunfermline une abbaye semblable à celle de Cluny, Bourgogne, et réussit à introduire la liturgie romaine dans l'Eglise de son pays. Très éprouvée par la mort de son mari et de son fils aîné, tués en combattant Guillaume le Roux le 13 novembre 1093, elle succombe trois jours après au château d'Edimbourg. **Fête le 16 novembre.** — Orpheline à sept ans et maltraitée par sa marâtre, Marguerite quitte la maison paternelle pour se livrer à la débauche dès l'adolescence. A Cortone, Toscane, les cordeliers lui imposent trois années de pénitence lorsque, repentie, elle va leur demander l'habit du tiers ordre franciscain. Aucune mortification, aucune humiliation ne sont désormais trop grandes pour Marguerite. Elle meurt à cinquante ans, en 1297, épuisée par une vie d'austérité inimaginable. Benoît XIII la place sur les autels en 1728. **Fête le 22 février.** — Petite-fille du bon roi René et aïeule d'Henri IV, Marguerite de Lorraine meurt clarisse au monastère d'Argentan, Normandie, en 1521. **Fête le 2 novembre.** — Née à Troyes, Champagne, en 1620, Marguerite Bourgeoys se convertit à vingt ans et embarque pour le Canada, inconsciente ou mue par la plus totale confiance qu'on puisse avoir dans la Providence. Pauvre à la limite de la misère et au milieu de périls constants sur une terre encore peu civilisée, elle fonde les Filles séculières de Notre-Dame pour les écoles qu'elle ouvre à Ville-Marie, futur Montréal, puis à Québec et dans toutes les villes naissantes du pays. Morte à quatre-vingts ans, en 1700, Marguerite est béatifiée par Pie XII en 1950. **Fête le 12 janvier.** — Seize autres Marguerite sont inscrites au catalogue des saints. Prénoms dérivés : Magali, Maggy, Margarita, Margerie, Margot, Meg, Gaid, Gaud, Greta, Gretel, Greten, Peggy, etc.

MARGUERITE-MARIE (f) Etym. latine, cf. Marguerite, et hébraïque, cf. Marie. Bourguignonne et religieuse visitandine à Paray-le-Monial au 17e s., Marguerite-Marie se voue à la propagation du message que lui a révélé le Christ lors d'une série d'apparitions dont il l'a favorisée, concernant le culte qui doit être rendu à son sacré Cœur, symbole de l'amour de Dieu pour les hommes. Longtemps persécutée par ses supérieures et par ses sœurs, Marguerite-Marie est encouragée par son confesseur, Claude* La Colombière, et largement récompensée de ses peines le jour de la consécration de la chapelle dédiée au Cœur de Jésus en 1688, deux ans avant sa mort. Marguerite-Marie est canonisée en 1920. **Fête le 16 octobre.**

MARIA (f) Cf. Marie et Marietta.

MARIA-CHIARA (f) Cf. Clélia.

MARIAM (f) Cf. Marie. — Arabe chrétienne de rite melchite, Mariam Baouardy est sans doute l'héroïne à l'existence la plus insolite, la plus *extra-ordinaire* qu'on puisse trouver dans les *Acta Sanctorum* depuis le Moyen Age. De la naissance à la mort, la courte vie de Mariam n'est qu'un long prodige de trente-trois ans. Née en Galilée, Palestine, treizième enfant après douze garçons tous morts en bas âge, elle est orpheline de père et mère à trois ans, décapitée d'un coup de cimeterre et ressuscitée par la Vierge Marie à douze. Domestique chez les bourgeois à Alexandrie, Jérusalem, Beyrouth, Marseille où elle débarque en 1863, elle distribue ses gages aux indigents, déjà favorisée d'extases mais tourmentée par le diable. A vingt ans, Mariam cède à son attrait pour la vie religieuse mais, entrée chez les sœurs de saint Joseph-de-l'Apparition, elle en est renvoyée deux ans plus tard à cause de ses visions ! Du carmel de

Pau où elle passe trois ans, elle est transférée au carmel de Mangalore, Inde, en 1870, revient à Pau en 1872 et s'en va fonder un carmel à Bethléem, Palestine, en 1875, toujours sujette à ses extases mais affligée de stigmates aux mains, aux pieds, et malmenée par le démon. C'est à Pau que Mariam est auscultée par deux médecins : le premier affirme que plusieurs anneaux manquent à sa trachée-artère ; le second, athée, admet que la survie de la jeune fille depuis son ''accident'' est inexplicable naturellement. Les miracles entourent encore sa mort et son inhumation à Bethléem en août 1878, et le 13 novembre 1983, en béatifiant Mariam, l'Eglise reconnaît aussi que tout ce qui la concerne est d'origine divine et surnaturelle. **Fête le 26 août.**

MARIAN (f) Cf. Marie.

MARIANNA (f) Cf. Marianne.

MARIANNE (f) Etym. hébraïque, cf. Marie et Anne. Disciple de Jésus en Palestine, puis de deux apôtres partis annoncer l'Evangile en Phrygie, Asie Mineure, après la Pentecôte, sainte Marianne est honorée par les chrétiens orientaux depuis les premiers siècles. **Fête le 17 février.** — Religieuse éducatrice à Bollène, Provence, où elle est née en 1755, Marianne est arrêtée avec cinquante-cinq autres sœurs en 1794. Enfermées à Orange, elles transforment la prison en couvent, composent des cantiques et les chantent du matin au soir jusqu'au 9 juillet où vingt-trois d'entre elles sont guillotinées, dont Marianne, accusées d'avoir voulu détruire la République par le fanatisme et la superstition. Ironie de l'Histoire, le prénom sera donné plus tard à cette République née de la Révolution en souvenir d'une société secrète hostile au second Empire ! Fête le 9 juillet. — Cf. Marie-Anne.

MARIANNICK (f) Cf. Marianne. Forme bretonne du prénom.

MARIE (f) Etym. hébraïque : ''aimée''. Le prénom signifie aussi « étoile de la mer », « souveraine » ou « illuminatrice » selon les auteurs. Fille d'Anne et de Joachim, Marie est choisie par Dieu pour être la mère du Messie. L'Ecriture nous la montre humble et docile à la volonté du Seigneur, intimement associée à toute l'œuvre du Salut, du jour de l'Annonciation, à Nazareth, en Galilée, jusqu'au matin de la Pentecôte, à Jérusalem, au 1er s. D'après la Tradition, elle achève sa vie terrestre à Ephèse, Asie Mineure, près du disciple Jean* auquel Jésus l'a confiée juste avant d'expirer sur la croix. Mais, de même que son âme a été préservée du péché originel, son corps échappe à la corruption du tombeau : l'*immaculée conception* et l'*assomption* de Marie sont les deux derniers dogmes promulgués par les papes en 1854 et 1950. Véritablement mère de Dieu, ainsi que l'ont défini les conciles (Ephèse en 431, Chalcédoine en 451), Marie est aussi la mère de tous les hommes, les frères du Christ. Et le culte qui lui est rendu par les chrétiens depuis les premiers siècles, comme en témoignent les sanctuaires innombrables qui lui sont dédiés à travers le monde, atteste la réalisation de sa prophétie : « Toutes les générations me diront bienheureuse ! » (Luc 1,

Sainte Marie (retable d'Issenheim, Colmar).

48). En France, pays dont Notre-Dame est la première patronne protectrice, plus de trois cents communes portent son nom, trente-quatre cathédrales et plus de dix mille sanctuaires lui sont consacrés. De Boulogne à Lourdes, en passant par Chartres et le Puy, l'histoire religieuse de la France est un hymne à « Marie pleine de grâces ». **Fête le 1er janvier** (ou, traditionnellement, le 15 août). — Marie de Magdala, cf. Marie-Madeleine. **Fête le 22 juillet.** — Sœur de Marthe* et Lazare* de Béthanie, près de Jérusalem, Palestine, au 1er s., Marie est heureuse chaque fois que Jésus s'arrête chez eux. Elle s'assied à ses pieds, le regarde et l'écoute, approuvée par le Maître le jour où Marthe se plaint que sa sœur la laisse faire tout le travail : « Marthe, dit Jésus, tu t'inquiètes et te troubles pour beaucoup de choses, alors qu'une seule est nécessaire. Marie a choisi la meilleure part, laquelle ne lui sera pas enlevée » (Lc 10, 41-42). Quatre jours après la mort de Lazare, Marie a pourtant des reproches pour le Maître : « Si tu avais été ici, mon frère ne serait pas mort ». Ses larmes suscitent l'émotion de Jésus et le poussent à manifester la maîtrise qu'il exerce sur la mort. Cf. Jn 11, 28-34. Une tradition veut que Marie soit plus tard venue en Gaule avec Lazare, Marthe et plusieurs autres personnes de l'entourage du Christ. **Fête le 29 juillet.** — Née en Egypte vers 343, à douze ans Marie fuit la maison paternelle pour gagner Alexandrie et s'y livrer à la débauche. Dix-sept ans après, participant à un voyage à Jérusalem, elle est touchée par la grâce lors d'une visite au Saint-Sépulcre. Docile, elle se convertit et change complètement de vie. Elle passe le Jourdain, marche pendant vingt jours et se fixe en plein désert, se nourrissant de racines et d'herbe. Pendant quarante-sept ans, elle ne voit personne, ne parle qu'à Dieu et à la Vierge Marie, ses seuls guides. Jusqu'au jour où elle rencontre Zozime*, le saint ermite qui écrira son histoire. Mais la belle Marie n'est plus alors qu'une vieille femme squelettique. Il lui apporte l'Eucharistie le jeudi saint suivant, revient un an après, vers 422, pour ensevelir Marie dans le sable près de sa grotte. Sainte Marie l'Egyptienne est la patronne des pénitents. **Fête le 2 avril.** — Convertie au christianisme, Zoraïd est baptisée sous le nom de Marie. Fille d'un émir de la province de Valence, Espagne, elle est arrêtée et martyrisée à Alcira le 21 août 1180 avec sa sœur Grâce* et son frère Ahmed*. **Fête le 21 août.** — Mariés très jeunes, Marie et son époux gardent la continence et transforment leur immense demeure en léproserie à Williambroux, sur la route de Mons, partageant leur temps entre la prière et le soin des lépreux pendant plusieurs années. Puis Marie se retire auprès des moines augustins d'Oignies, province de Namur, où elle vit en recluse et meurt le 23 juin 1213. **Fête le 23 juin.** — Marie de l'Incarnation, cf. Barbe. **Fête le 18 avril.** — Née en 1813, Marie Crocifissa trouve sa vocation en soignant des femmes atteintes de choléra en 1836. Elle fonde les Servantes de la Charité, toujours harcelée des tentations les plus variées et affligée de lourdes épreuves. Ses proches ne remarquent jamais rien que son dévouement inlassable au service des pauvres et des malades. Toute la vie de Marie illustre la force de la grâce dans une nature fragile. Morte à Brescia, Lombardie, en 1855, Marie Crocifissa est canonisée en 1954. **Fête le 15 décembre.** — Marie Baouardy, cf. Mariam. **Fête le 26 août.** — Allemande de Westphalie née en 1863, Marie Droste-Vischering est religieuse du Bon Pasteur à Lisbonne, puis supérieure du couvent de Porto, Portugal. C'est elle qui obtient du pape Léon XIII qu'il consacre le monde au Cœur du Christ. Morte à Porto en 1899, elle est béatifiée en 1975. **Fête le 8 juin.** — Orphelines chrétiennes de seize, quinze et onze ans, Marie Fan-Kounn, Marie Tsiu et

Marie Tcheng-Su sont massacrées à coups de lances et de couteaux par les Boxers, par haine du christianisme, à Wang-la-Kia, Chine, le 28 juin 1900. Béatifiées par Pie XII en 1955. **Fête le 28 juin.** — Marie Goretti, cf. Marietta. **Fête le 6 juillet.** — Cent dix autres Marie sont inscrites au catalogue des saints. Prénoms dérivés : Macha, Maera, Mai, Maïa, Malika, Mara, Mariam, Marian, Marianne, Mariannick, Marielle, Marietta, Mariette, Marika, Marion, Maritie, Marpessa, Mary, Maryse, Mireille, Muriel, Myriam, etc.

MARIE-ANNE (f) Etym. hébraïque, cf. Marie et Anne. Du 6 au 26 juillet 1794, à Orange, Provence, trente-deux religieuses dont quatre Marie-Anne sont guillotinées « pour avoir voulu détruire la République par le fanatisme et la superstition ». Cf. Marianne. **Fête le 9 juillet.** — Marie-Anne Parédès, cf. Anne-Marie. **Fête le 26 mai.**

MARIE-ASSOMPTION (f) Etym. hébraïque, cf. Marie, et latine *(assumere,* prendre avec soi). Prénom porté en l'honneur de la Vierge Marie enlevée au Ciel avec son corps. Originaire des Marches, Italie, et missionnaire franciscaine en Chine, Marie-Assomption meurt victime de son dévouement lors d'une épidémie de typhus le 7 avril 1905. Béatifiée en 1954. **Fête le 15 août.**

MARIE-AUGUSTINE (f) Etym. hébraïque, cf. Marie, et latine *(augustus,* vénérable). Religieuse ursuline de la communauté de Valenciennes, en Flandre, Marie-Augustine est guillotinée avec cinq de ses compagnes le 23 octobre 1794 pour « fanatisme, trahison et port d'habit prohibé ». Cf. Marie-Marguerite. **Fête le 23 octobre.**

MARIE-BERNARD (f) Etym. hébraïque, cf. Marie, et germanique *(bern,* ours et *hard,* dur). Sainte Marie-Bernard est plus connue sous le nom de

Bernadette. Voir ce prénom. **Fête le 18 février.**

MARIE-BERTILLE (f) Etym. hébraïque, cf. Marie, et germanique *(berht,* brillant, illustre et *lind,* doux). Originaire de Vénétie, Anne Boscardin semble inapte à la vie religieuse ; elle est pourtant admise chez les sœurs de Saint-Dorothée, prend le nom de Marie-Bertille et travaille à la cuisine de l'hôpital de Trévise. Infirmière remplaçante lorsqu'il y a pénurie, elle se révèle intelligente, habile et très charitable. Elle est alors incitée à passer des examens. Lauréate brillante Marie-Bertille se dévoue inlassablement auprès des blessés pendant la première guerre mondiale. Morte en 1922, elle est béatifiée en 1952. **Fête le 20 octobre.**

MARIE-CLAUDE (f) Etym. hébraïque, cf. Marie, et latine *(Claudia,* gens romaine illustre). Carmélite à Compiègne, Marie-Claude Brard est arrêtée, transférée à Paris et guillotinée le 17 juillet 1794 avec ses quinze compagnes, toutes fidèles jusqu'au témoignage du sang. Fait unique dans les annales de la Terreur, la communauté entière suit la prieure sur l'échafaud. **Fête le 17 juillet.**

MARIE-DOMINIQUE (f) Etym. hébraïque, cf. Marie, et latine *(dominicus,* maître, seigneur). Paysanne piémontaise et infirmière bénévole, Marie-Dominique fonde les Filles de Marie-Immaculée pour l'enseignement professionnel des adolescentes ; association absorbée plus tard par l'œuvre de Jean Bosco*. Morte en 1881, Marie-Dominique est canonisée par Pie XII le 24 juin 1941. **Fête le 12 avril.**

MARIE-FRANÇOISE (f) Etym. hébraïque, cf. Marie, et latine *(Franci,* les Francs). Née à Naples, Campanie, en 1715, Anne-Marie Gallo est éprouvée par la maladie dès l'enfance. Devenue tertiaire franciscaine sous le nom de Marie-Françoise, elle est encore marquée par l'épreuve mais aussi favorisée de dons mystiques étonnants. Elle est toujours un signe de contradiction pour son entourage mais sa mort provoque une véritable éruption de piété populaire à Naples en 1791. Canonisée par Pie IX. **Fête le 6 octobre.** — Ancienne prieure du carmel de Compiègne, Marie-Françoise de Croissy est arrêtée, transférée à Paris et guillotinée sur la place du Trône le 17 juillet 1794 avec ses quinze compagnes, toutes fidèles jusqu'au témoignage du sang. **Fête le 17 juillet.**

MARIE-GABRIELLE (f) Etym. hébraïque, cf. Marie et Gabriel. A dix-sept ans, Marie-Gabrielle se découvre une soif ardente de Dieu, quitte sa rude terre de Sardaigne et prend le voile chez les trappistines, près de Rome, en 1931. Ayant prononcé ses vœux, elle prend soudain conscience de l'importance de l'œcuménisme, profondément bouleversée par tout ce qui divise et sépare les chrétiens. Prières, austérités ne lui semblent pas suffisantes ; Marie-Gabrielle offre sa vie pour la cause de l'Unité des chrétiens. Le Seigneur accepte son sacrifice. Il ne lui faut que quelques mois pour la rappeler à lui, en 1939 ; Marie-Gabrielle a tout juste vingt-cinq ans. Elle est béatifiée en 1983. **Fête le 25 janvier.**

MARIE-GENEVIÈVE (f) Etym. hébraïque, cf. Marie, et germanique (geno, race et wefa, femme). Religieuse ursuline du couvent de Valenciennes, Marie-Geneviève est guillotinée avec quatre de ses compagnes le 17 octobre 1794, inculpée de « fanatisme, trahison et port d'habit prohibé ». Cf. Marie-Marguerite. **Fête le 23 octobre.**

MARIE-JOSÉ (f) Cf. Marie-Josèphe.

MARIE-JOSÈPHE (f) Etym. hébraïque, cf. Marie et Joseph. Née à Savone, Ligurie, en 1811, Marie-Josèphe Rosello est domestique avant de fonder, « avec trois compagnes, un sac de pommes de terre et quatre pièces d'argent », la congrégation des Filles de Notre-Dame de la Miséricorde. Supérieure de 1840 à 1880, elle évite toujours d'occuper le premier rang mais se réserve les corvées. Soixante-huit maisons (écoles, orphelinats, hospices) fonctionnent à sa mort, en 1880. Marie-Josèphe est canonisée par Pie XII en 1949. **Fête le 7 décembre.**

MARIE-LIÉVINE (f) Etym. hébraïque, cf. Marie, et germanique (liut, peuple et win, ami). Religieuse ursuline de la communauté de Valenciennes, Flandre, Marie-Liévine est guillotinée avec cinq de ses compagnes le 23 octobre 1794, inculpée de « fanatisme, trahison et port d'habit prohibé ». Cf. Marie-Marguerite. **Fête le 23 octobre.**

MARIE-LOUISE (f) Etym. hébraïque, cf. Marie, et germanique (hlod, gloire et wig, combat). Fille de Louis XV, Marie-Louise de France est carmélite au couvent de Saint-Denis, le plus pauvre d'Ile-de-France, toujours rayonnante d'une joie que la cour de Versailles ne lui avait jamais donnée. Morte en 1787. **Fête le 23 décembre.** — Religieuse ursuline du couvent de Valenciennes, Marie-Louise est guillotinée avec quatre de ses compagnes le 17 octobre 1794 pour « fanatisme, trahison et port d'habit prohibé ». Cf. Marie-Marguerite. **Fête le 23 octobre.**

MARIE-MADELEINE (f) Etym. hébraïque, cf. Marie et Madeleine.

Saint Louis (Sainte-Chapelle, Paris).

Marie de Magdala ou Marie-Madeleine est l'une des femmes disciples qui accompagnent Jésus pendant sa vie publique. Elle le suit d'ailleurs jusqu'au Golgotha, participe à son ensevelissement et, la première, court au tombeau dès que la clôture du sabbat le lui permet. Selon saint Jean, c'est elle qui va prévenir les disciples : « On a enlevé le Seigneur de son tombeau » (Jn 20,2) et bénéficie avant eux d'une apparition du Christ ressuscité. Cf. Jn 20, 11-18. Le culte de sainte Marie-Madeleine est important en France à partir du 11e s., lorsque les moines de Vézelay, Bourgogne, affirment détenir ses reliques, transférées de Provence. Car si la tradition orientale veut que Marie-Madeleine soit morte à Ephèse, Asie Mineure, les Provençaux assurent qu'elle a débarqué en Camargue avec plusieurs autres disciples de Jésus, pour finir ses jours dans une grotte du massif de la Sainte-Baume et être inhumée à Saint-Maximim vers la fin du 1er s. **Fête le 22 juillet.** — Issue d'une illustre famille de Florence, Italie, Catherine de Pazzi reçoit le nom de Marie-Madeleine en revêtant l'habit religieux au carmel Notre-Dame-des-Anges en 1583. Maîtresse des novices en 1595, elle s'attache à transmettre aux futures carmélites son intelligence du mystère eucharistique. Elle est élue sousprieure mais peut difficilement remplir ses fonctions, durement éprouvée dans sa chair et dans son âme. Elle croit même avoir perdu la foi dans les dernières années de sa vie. Morte en 1607 et canonisée en 1669, sainte Marie-Madeleine de Pazzi est la patronne de Florence. **Fête le 25 mai.** — Née à Barfleur, Normandie, en 1758, dans une famille de paysans, Julie Postel obtient l'autorisation de garder le saint sacrement dans sa maison et de donner la communion aux mourants pendant la Révolution. La paix revenue, elle prend le voile, prononce les vœux de religion et, sous le nom de Marie-Madeleine, fonde les Filles de la Miséricorde pour l'éducation des enfants pauvres. En 1818, lorsque le préfet du département décrète obligatoire le brevet d'enseignement, Marie-Madeleine passe l'examen, à soixante-deux ans. A Saint-Sauveur-le-Vicomte, elle relève une église abbatiale en ruines et, toujours alerte malgré son grand âge, donne l'exemple de l'humilité, de la piété et de la bonne humeur. Morte à Saint-Sauveur en 1846, Marie-Madeleine est béatifiée en 1908 et canonisée en 1925. **Fête le 16 juillet.**

MARIE-MARGUERITE (f) Etym. hébraïque, cf. Marie, et latine (*margarita,* perle). Religieuse ursuline au couvent de Valenciennes, Marie-Marguerite est arrêtée en août 1794, inculpée de « fanatisme, trahison, port d'habit prohibé » et condamnée à mort avec ses trente et une compagnes. Plusieurs réussissent à s'échapper, qui n'ont pas la vocation du martyre. Cinq sœurs sont guillotinées le 17 octobre. « Ne nous plaignez pas, écrit Marie-Marguerite aux ursulines de Mons le 20 octobre ; demandez-nous plutôt ce que nous avons fait pour mériter cette faveur. Cinq de nous ont déjà subi la guillotine. Elles y sont montées en riant... En mourant nous vous embrassons de tout cœur ». Le 23 octobre Marie-Marguerite est exécutée avec quatre de ses sœurs et une clarisse qu'elles avaient recueillie. **Fête le 23 octobre.**

MARIE-ROSE (f) Etym. hébraïque, cf. Marie, et latine (*rosa,* rose). Catalane née en 1815, Marie-Rose se dévoue dans les hôpitaux de Reus et Tortosa, province de Tarragone, Espagne, fonde les sœurs de Notre-Dame de la Consolation en 1857 et meurt en 1876. Elle est béatifiée par Paul VI le 8 mai 1977. **Fête le 12 mars.**

MARIE-SALOMÉ (f) Cf. Salomé.

MARIE-THERESE (f) Etym. hébraïque, cf Marie, et grecque, cf Thérèse.

Née à Castelnaudary, Languedoc, en 1834, Marie-Thérèse de Soubiran fonde l'ordre des contemplatives de Marie-Auxiliatrice vouées à l'adoration perpétuelle du saint Sacrement et à l'éducation de la jeunesse féminine. Chassée de son œuvre, elle est accueillie dans une autre congrégation et, victime volontaire offerte à Dieu, elle passe les seize dernières années de sa vie dans les pires épreuves. Morte à Paris en 1889, Marie-Thérèse est béatifiée par Pie XII en 1948. **Fête le 7 juin.** — Sœur de la bienheureuse Ursule* Ledochowska, Marie-Thérèse est la fondatrice de la société de Saint-Pierre-Claver pour la christianisation de l'Afrique au 19e s. Son dévouement inlassable au bien spirituel et temporel des Noirs lui vaut le surnom de « mère de l'Afrique ». Morte à Rome en 1922, Marie-Thérèse est béatifiée par Paul VI le 19 octobre 1975. **Fête le 6 juillet.** — Originaire de Signy-l'Abbaye, Ardennes, et miraculée de Lourdes, Marie-Thérèse Noblet est envoyée au Koubouna, en Papouasie, Nouvelle-Guinée, comme abbesse de Florival, un couvent de religieuses papoues, où son dévouement, son humour et sa bonne humeur font l'admiration de tous. Morte en 1930. **Fête le 15 janvier.**

MARIELLE (f) Cf. Marie.

MARIEN (m) Etym. hébraïque, cf. Marie. Chrétien soupçonné d'avoir accueilli deux évêques recherchés, Marien est arrêté près de Cirta, aujourd'hui Constantine, Algérie, condamné à mort et décapité à Lambèse au printemps de l'an 259 avec le diacre Jacques, deux jumeaux chrétiens et leur mère. **Fête le 6 mai.**

MARIETTA (f) Etym. cf. Marie. Née à Corinaldo, près d'Ancône, Italie, en 1890, Marietta perd son père en 1900. Elle doit s'occuper de ses cinq petits frères et petites sœurs pendant que leur mère travaille pour assurer la subsistance de la nombreuse famille. Profi-

tant de son isolement, le fils des voisins courtise Marietta âgée de douze ans, la menace de mort parce qu'elle ne lui cède pas et la frappe de quatorze coups de poinçon le 6 juillet 1902. La fillette expire à l'hôpital de Nettuno dans la journée. Condamné à trente ans de travaux forcés, son meurtrier se convertit en 1910 et assiste aux cérémonies de la canonisation de Marietta à Rome, en 1950. **Fête le 6 juillet.**

MARIETTE (f) Cf. Marietta.

MARIKA (f) Cf. Marie. — Dans la mythologie, Marika est l'épouse du dieu Faunus.

MARILYNE (f) Cf. Marie et Adeline. Contraction des deux prénoms.

MARILYSE (f) Cf. Marie et Élisabeth. Contraction des deux prénoms.

MARIN (m) Etym. latine *(mare,* mer). Promu centurion, Marin est dénoncé comme chrétien refusant de sacrifier à l'empereur, par l'un de ses compagnons jaloux de n'avoir pu accéder au poste. Soutenu par l'évêque Théotecnos, Marin reste fidèle à l'Evangile et à sa foi. Il est décapité, en 262, à Césarée de Palestine et le sénateur romain Astère* subit le même sort peu de temps après pour l'avoir enseveli avec vénération. **Fête le 3 mars.** — Tailleur de pierre à Rimini, Italie, Marin se retire dans la montagne voisine pour se consacrer à Dieu au 4e s. Le saint ermite est à l'origine de la république qui garde son nom, l'un des plus anciens et des plus petits Etats européens. **Fête le 4 septembre.** — A Montemassico, en Campanie, Marin est aussi ermite, attaché à un rocher par une chaîne de fer. Il se libère pourtant, obéissant à saint Benoît* qui lui conseille de préférer l'esclavage du Christ. Mort vers 580. **Fête le 24 octobre.**

MARINA (f) Etym. hébraïque, cf. Marie, ou latine, cf. Marin. Originaire de Bithynie, Asie Mineure, Marina est la fille d'Eugenius, entré au monastère après la mort de son épouse. Il ne supporte pas d'être séparé de sa fille et parvient à la faire admettre à l'abbaye, déguisée en garçon ! Marina y demeure toute sa vie, exemple d'une grande piété, au 8ᵉ s., et son identité n'est découverte qu'après sa mort, selon son biographe. Toujours est-il que le culte de sainte Marina est important depuis le Moyen Age, surtout dans l'Eglise orthodoxe où la sainte est invoquée comme protectrice contre les puissances du mal et souvent représentée sur les portes d'iconostase. **Fête le 20 juillet.**

MARINE (f) Cf. Marina.

MARINETTE (f) Cf. Marina.

MARION (f) Cf. Marie.

MARIOUN (f) Cf. Marie. Forme provençale du prénom.

MARIS (m) Cf. Marius.

MARITIE (f) Cf. Marie.

MARIUS (m) Etym. latine *(mare,* mer). Chrétien persan en pèlerinage à Rome avec son épouse Marthe* et ses deux fils, Abachum* et Audifax*, Marius ou Maris est arrêté, condamné et décapité en 270, pendant la persécution de Claude le Gothique. **Fête le 19 janvier.** — Évêque d'Avenches-Lausanne, aujourd'hui en Suisse, en 574, Marius ou Maire est aussi l'auteur d'une *Chronique* très précieuse sur l'histoire des Francs et des Burgondes. Mort à Avenches en 594. **Fête le 31 décembre.**

MARJOLAINE (f) Prénom inspiré de la plante aromatique de la famille des labiacées, utilisée comme assaisonnement et en infusion. Cf. Fleur. **Fête le 5 octobre.**

MARJORIE (f) Cf. Marguerite.

MARKAN (m) Cf. Marcan.

MARLAINE (f) Cf. Marjolaine ou Marlène.

MARLÈNE (f) Cf. Marie et Hélène. Contraction des deux prénoms.

MARLYSE (f) Cf. Marie et Élisabeth. Contraction des deux prénoms.

MARON (m) Cf. Maroun.

MAROUN (m) Etym. syriaque. Ermite et thaumaturge mort au Liban vers 410, saint Maroun ou Maron est le père de l'Eglise chrétienne maronite. Un monastère lui est dédié au Liban. **Fête le 14 février.**

MAROUSSIA (f) Cf. Mars.

MARPESSA (f) Cf. Marie ou Mars.

MARS (m) Etym. latine *(Mars,* dieu de la guerre et père de Romulus). Ermite dans une grotte pendant plusieurs années, Mars fonde ensuite un monastère près de Clermont, Auvergne, et meurt, grand thaumaturge, vers 530. Grégoire* de Tours qui a écrit sa vie affirme que le saint a guéri son père, Florent, d'une dangereuse fièvre et Nivard, un ami de son père, d'une effrayante hydropisie, en leur donnant simplement sa bénédiction. **Fête le 13 avril.** — En Bretagne deux saints de ce nom sont fêtés le même jour : Mars, évêque de Nantes au 6ᵉ s., patron de Petit-Mars et Saint-Mars-la-Jaille (auj. en Loire-Atlantique), et Mars, ermite au 11ᵉ s., dont le tombeau est à Bais (id.). **Fête le 5 juillet.**

MARSIA (f) Cf. Mars.

MARSIANE (f) Cf. Mars.

MARSIE (f) Cf. Mars.

MARTHA (f) Cf. Marthe.

MARTHE (f) Etym. latine *(martia,* belliqueuse). Sœur de Lazare* et de Marie* de Béthanie, près de Jérusalem, au 1ᵉʳ s., Marthe s'ingénie à bien recevoir Jésus chaque fois qu'il s'arrête chez eux, souvent accompagné

Saint Matthieu (enclos paroissial de Guimiliau).

de ses disciples. Le Maître apprécie sans doute son dévouement et voit la bonté de son cœur, mais il lui reproche son excès de zèle pour les choses matérielles et lui demande de ne pas s'inquiéter au sujet de sa sœur qui ne partage pas ses soucis : « Marthe, tu te troubles pour beaucoup de choses, alors qu'une seule est nécessaire. Marie a choisi la meilleure part, laquelle ne lui sera pas enlevée » (Lc 10, 41-42). Autre mise au point faite par Jésus lorsque Marthe lui reproche d'être arrivé trop tard, après la mort de son frère : « Je suis la Résurrection, je suis la Vie. Celui qui croit en moi vivra, même s'il meurt. Celui qui vit et croit en moi ne mourra jamais ! Crois-tu cela ? » (Jn 11, 25-26). Oui, Marthe croit, sa réplique est éloquente, et sa foi bientôt récompensée : son frère sort de la tombe sous ses yeux à l'appel de Jésus. Une tradition provençale veut que Marthe ait achevé son pèlerinage terrestre à Tarascon, près d'Arles, où une église lui est dédiée. Pour ses qualités d'hôtesse, sainte Marthe est la patronne des ménagères et des hôteliers. **Fête le 29 juillet** — Chrétienne persane en pèlerinage à Rome avec son époux Marius* et ses deux fils, Abachum* et Audifax*, Marthe est arrêtée et martyrisée en 270, pendant la persécution de Claude le Gothique. **Fête le 19 janvier.** Prénom dérivé : Martha.

MARTIAL (m) Etym. latine *(martius,* guerrier). Apôtre du Limousin et, peut-être, premier évêque de Limoges dans les premiers siècles du christianisme, saint Martial y est très vénéré dès la fin du 4e s. Fondée en 848 sur son tombeau, l'abbaye Saint-Martial est détruite pendant la Révolution. Les reliques du saint sont conservées depuis dans l'église Saint-Michel-des-Lions, à Limoges, avec celles de saint Loup*. **Fête le 30 juin.**

MARTIAN (m) Cf. Martien.

MARTIEN (m) Etym. cf. Martial. Saint Martien est l'un des Sept Dormants d'Ephèse. Cf. Malchus. **Fête le 27 juillet.**

MARTIN (m) Etym. latine *(martius,* guerrier). Originaire de Pannonie, en Europe centrale, Martin est soldat dans l'armée impériale, en garnison à Amiens, lorsqu'il rencontre un mendiant nu auquel il cède la moitié de sa chlamyde un soir d'hiver. La nuit suivante il voit le Christ vêtu de son demi-manteau et qui dit à son Père : « J'avais froid mais le catéchumène Martin m'a habillé ». Encouragé, Martin demande le baptême, quitte l'armée et vit en ermite, cherchant sa voie. Sa rencontre avec Hilaire*, à Poitiers, en 360 est décisive. L'évêque l'ordonne prêtre et, ensemble, ils fondent le monastère de Ligugé que Martin dirige pendant dix ans. En 370 les chrétiens de Tours viennent l'enlever et le proclament évêque de leur ville. La tâche est immense, mais Martin ne plaint pas sa peine, œuvrant sans relâche dans les limites de son diocèse et bien au-delà. Il prêche, convertit des familles, des villages entiers, combat les superstitions des campagnes et renverse les idoles païennes, construit des églises et des monastères, comme celui de Marmoutier, près de Tours, où il aime retrouver ses disciples entre deux missions. Mais c'est à Candes, Touraine, qu'il tombe d'épuisement le 8 novembre 397. Son tombeau devient aussitôt le centre de la chrétienté en Gaule et son influence est telle que 3667 églises lui sont encore dédiées en France aujourd'hui. **Fête le 11 novembre.** — Né à Nantes vers 527, ermite dans la forêt de Dumen puis fondateur d'un monastère près de Nantes et mort en 601, saint Martin de Vertou est aussi très populaire en Bretagne, patron de plusieurs localités de Loire-Atlantique comme Pont-Saint-Martin, Vertou, Le Bignon et Mouzillon. **Fête le 24 octobre.** — Originaire de Todi, en Ombrie, Martin 1er est le 74e pape au 7e s. Il réunit le concile du Latran en 649 pour faire condamner les monothélètes qui refusent au Christ une volonté humaine. Arrêté en 653, condamné et exilé sur l'ordre de l'empereur Constant II, Martin succombe aux mauvais traitements subis, à Cherson, Crimée, vers 656. **Fête le 13 avril.** — Fils d'un colon espagnol et d'une mulâtresse, Martin de Porrès est formé à l'école de la souffrance et des humiliations. Admis chez les dominicains de Lima, Pérou, sa ville natale, en qualité de tertiaire, il remplit les fonctions d'infirmier du couvent. On le voit aussi souvent dans les rues de la ville à la recherche des malades indigents et des infirmes pour les soigner, les nourrir s'il en a les moyens. La bonté de Martin est sans limites. Il est pleuré par une ville entière lorsqu'il meurt, le 3 novembre 1639. C'est Jean XXIII qui a la joie de le canoniser en 1962. **Fête le 3 novembre.**

MARTIN-LUC (m) Etym. cf. Martin et Luc. Prêtre des Missions Etrangères de Paris, Martin-Luc Huin est martyrisé en Corée en 1866 avec deux évêques, quatre autres prêtres et dix-sept laïcs coréens, tous béatifiés en 1968. **Fête le 21 septembre.**

MARTINE (f) Etym. cf. Martin. Chrétienne, Martine est arrêtée, condamnée et martyrisée à Rome au 3e s., lors de la persécution ordonnée par l'empereur Sévère Alexandre. **Fête le 30 janvier.**

MARTINIEN (m) Etym. cf. Martin. Geôliers de saint Pierre* au Tullianum, prison romaine, au 1er s., Martinien et Processe* sont convertis et baptisés par leur illustre prisonnier, puis martyrisés peu de temps après lui. Une église leur est dédiée à Rome au 4e s. et, au 9e s., le pape Pascal 1er fait transférer leurs reliques dans la basilique Saint-Pierre où elles sont encore vénérées. **Fête le 2 juillet.**

MARTORY (m) Etym. cf. Martin. Missionnaire au Tyrol au 4e s., Martory est massacré par les païens le 29 mai 397 avec ses deux compagnons. **Fête le 29 mai.**

MARTOUN (f) Cf. Marthe. Forme provençale du prénom.

MARY (f) Cf. Marie.

MARYLÈNE (f) Cf. Marie et Hélène. Contraction des deux prénoms.

MARYLISE (f) Cf. Marie et Elisabeth. Contraction des deux prénoms.

MARYSE (f) Cf. Marie.

MARYVONNE (f) Cf. Marie et Yvonne. Contraction des deux prénoms.

MARZIN (m) Cf. Martin. Forme bretonne du prénom.

MASHA (f) Cf. Marie.

MASHEVA (f) Cf. Marie.

MATÉO (m) Cf. Mathieu. Forme bretonne du prénom.

MATERNE (m) Etym. latine (maternus, de mater, mère). Evêque de Cologne, Materne assiste le pape Miltiade le 2 octobre 313 lors d'une assemblée réunie à Rome par l'empereur Constantin. L'année suivante, il siège au concile d'Arles. Mort vers 344, saint Materne fait l'objet d'un culte important dans les Eglises de Trèves, Tongres et Cologne qui le considèrent comme leur fondateur. **Fête le 14 septembre.**

MATHÉ (f) Cf. Mathilde ou Matthieu.

MATHÉNA (f) Cf. Mathilde ou Matthieu.

MATHELIN (m) Cf. Matthieu.

MATHELINE (f) Cf. Matthieu.

MATHIAS (m) Cf. Matthias.

MATHIE (f) Cf. Mathilde.

MATHIEU (m) Cf. Matthieu.

MATHILDE (f) Etym. germanique (maht, force et hild, combat). Epouse d'Henri l'Oiseleur, roi d'Allemagne, Mathilde est couronnée reine en 919. Elle règne avec sagesse, simplicité et bonté. Mère de cinq enfants, Mathilde souffre de la rivalité de ses fils au moment de la succession au trône, après la mort de son mari (936), mais ses prières et sa patience ont finalement raison de leurs querelles. Ils se réconcilient. Othon hérite de la couronne, roi puis empereur, couronné à Rome en 962, et époux d'Adélaïde*. Alors Mathilde se retire, fonde plusieurs monastères et meurt à Quedlinburg, Prusse, en 968. **Fête le 14 mars.** — Amie de sainte Gertrude*, Mathilde ou Mechtilde est chantre à l'abbaye de Helfta, en Saxe. Morte vers 1298. **Fête le 19 novembre.** Prénoms dérivés : Mahaut, Mathé, Mathéna, Mathie, Maud, etc.

MATHURIN (m) Etym. latine (maturus, mûr). Originaire de Larchant, près de Melun, en Brie, saint Mathurin est vénéré depuis le Moyen Age dans la région parisienne et l'ouest de la France. Il a sans doute vécu au 4e s., ermite à l'orée de la forêt de Fontainebleau, puis prêtre et bientôt célèbre thaumaturge, mais sa biographie est truffée d'invraisemblances et relève de la plus haute fantaisie. Saint Mathurin est d'ailleurs le patron des bouffons. **Fête le 9 novembre.**

MATHURINE (f) Cf. Mathurin.

MATIVET (m) Cf. Matthieu. Forme provençale du prénom.

MATRONA (f) Etym. latine *(matrona,* matrone, épouse d'un citoyen romain). Au début du 4e s., Matrona est martyrisée à Ancyre, aujourd'hui Ankara, Turquie, avec cinq amies chrétiennes, pour avoir refusé de sacrifier aux déesses Diane et Minerve. **Fête le 18 mai.**

MATTHIAS (m) Etym. hébraïque *(matith,* don et *Yâh,* Dieu). Disciple de Jésus depuis le baptême de Jean dans le Jourdain et témoin de la résurrection du Maître, Matthias est désigné par l'Esprit-Saint pour remplacer Judas parmi les apôtres après l'ascension de Jésus, au 1er s., selon l'Ecriture (Actes 1, 15-26). Saint Matthias est vénéré spécialement à l'abbaye bénédictine de Trèves, Allemagne. **Fête le 14 mai.** — Magistrat intègre et doux, Matthias Mulumba est le doyen (50 ans) des vingt-deux chrétiens martyrisés par Mwanga, roi d'Ouganda au 19e s. Jambes et bras coupés, il succombe à Kampala le 30 avril 1886 après trois jours et trois nuits d'agonie. Canonisé en 1964 avec ses compagnons. **Fête le 3 juin.**

MATTHIEU (m) Etym. cf. Matthias. Fils d'Alphée, Matthieu ou Lévi est publicain à Capharnaüm, en Galilée, au 1er s. Il est assis au bureau de la douane quand Jésus lui dit : « Suis-moi ! » Il se lève et le suit. Matthieu raconte lui-même la scène dans son évangile, écrit vers l'an 60, et qui s'adresse d'abord aux juifs, leur montrant en Jésus le Messie annoncé par les prophètes. Après la Pentecôte, Matthieu va annoncer la Bonne Nouvelle en Ethiopie où il est martyrisé

pour témoigner que le Christ est vraiment ressuscité. Ses reliques sont vénérées à Salerne, Campanie, depuis le 11e s. **Fête le 21 septembre.** Prénoms dérivés : Mahé, Mahieu, Matéo, Mathé, Mathelin, Matthis, Matuta, Mazé.

MATTHIS (m) Cf. Matthieu.

MATURUS (m) Etym. cf. Mathurin. Maturus est l'un des quarante-huit chrétiens martyrisés à Lyon, dans le grand amphithéâtre des trois Gaules, le 2 août 177, à moins qu'il ait succombé dans sa geôle l'un des jours précédents. Voir Blandine, Pothin, Ponticus. **Fête le 2 juin.**

MATUTA (f) Cf. Matthieu. — Dans la mythologie Matuta est la déesse du matin.

MAUD (f) Cf. Madeleine ou Mathilde.

MAUDAN (m) Etym. celtique *(mad,* bon). Abbé écossais, saint Maudan ou Modan est très populaire en Bretagne depuis le 7e s., patron de Plumaudan et Saint-Maudan, localités situées aujourd'hui dans les Côtes-du-Nord. **Fête le 12 septembre.**

MAUDEZ (m) Etym. celtique *(mad,* bon). Originaire de Cornouailles, en Grande-Bretagne, Maudez débarque en Armorique à la fin du 5e s., évangélise la région de Dol et finit ses jours dans la solitude. Patron de Lanmodez, Lanvaudan et plusieurs autres localités bretonnes, il est invoqué contre les méfaits des piqûres d'insectes et de reptiles. **Fête le 18 novembre.** Prénoms dérivés : Maodez, Maulde, Modez, Vaodez.

MAUGAN (m) Etym. celtique *(mao,* jeune homme). Evêque en Irlande au 5e s., saint Maugan ou Maogan est très populaire en Bretagne depuis les origines du christianisme dans le pays. Patron de Saint-Maugan en Ille-et-Vilaine. **Fête le 26 septembre.**

Saint Michel et Saint Gondolphe entourant la Vierge (peinture sur bois de l'église de Lautenbach).

MAUGER (m) Cf. Vincent.

MAUGHOLD (m) Etym. germanique *(magin,* force et *ald,* ancien). Converti par saint Patrick au 5ᵉ s., Maughold est ermite puis évêque dans l'île de Man, Cumberland, en Bretagne insulaire. **Fête le 27 avril.**

MAULDE (m) Cf. Maudez.

MAUNOIR (m) Cf. Julien. Prénom né d'un patronyme. Missionnaire breton au 17ᵉ s., Julien Maunoir est béatifié en 1951. **Fête le 28 janvier.**

MAUR (m) Etym. latine *(maurus,* d'origine maure). Né à Rome et éduqué à Subiaco, Latium, au 6ᵉ s., par saint Benoît* lui-même, Maur devient le meilleur adjoint du fondateur des bénédictins. Mort à Subiaco vers 584, il est considéré comme l'introducteur de l'ordre en Gaule. Une congrégation bénédictine porte son nom, les Mauristes. **Fête le 15 janvier.**

MAURA (f) Etym. cf. Maur. Compagne de saint Timothée*, Maura subit le martyre avec lui à Ephèse, Asie Mineure, en janvier 97. **Fête le 13 novembre.** Prénom dérivé : Moïra.

MAURE (f) Etym. cf. Maur. Princesse scandinave, Maure est assassinée en Picardie au 5ᵉ s., au retour d'un pèlerinage. **Fête le 13 juillet.**

MAUREEN (f) Cf. Maure.

MAURETTE (f) Cf. Maure.

MAURI (m) Cf. Maur. Forme provençale du prénom.

MAURICE (m) Etym. cf. Maur. Selon saint Eucher*, archevêque de Lyon au 5ᵉ s., Maurice est le chef de la légion thébaine dépêchée par l'empereur Maximien pour combattre les Bagaudes, tribu de paysans gaulois révoltés contre la domination romaine, à Martigny, dans la plaine d'Agaune (auj. en Suisse). Mais Maurice refuse de sacrifier aux dieux païens avant la bataille,

imité par Exupère, son lieutenant, et par tous ses soldats chrétiens. Ils sont massacrés sur-le-champ par les troupes païennes de Maximien. Fin 3ᵉ s. Une basilique est dédiée là à saint Maurice par Théodore, évêque du Valais, dès le 4ᵉ s. Puis une abbaye s'y établit qui devient le noyau d'une ville : Saint-Maurice-d'Agaune. Le culte de saint Maurice est important au Moyen Age. Plus de soixante localités portent son nom en France. **Fête le 22 septembre.** — Moine cistercien, saint Maurice de Loudéac est abbé de Langonnet pendant près de trente ans et le fondateur du monastère de Carnoët, diocèse de Quimper, sur le domaine offert par Conan IV, duc de Bretagne, au 12ᵉ s. Mort à Carnoët en 1191. **Fête le 5 octobre.** — Descendant de la famille royale de Hongrie et maître de nombreux domaines, Maurice Csaky épouse la fille d'un palatin. Ils se séparent au bout de trois ans pour se consacrer à Dieu, elle chez les dominicaines, lui chez les dominicains. Mort en 1336. **Fête le 21 mars.** Prénoms dérivés : Amaury, Mauricette, Mauricia, Meurice, Morice, Morisse, Morvan, Risset, etc.

MAURICETTE (f) Cf. Maurice.

MAURICIA (f) Cf. Maurice.

MAURILLE (m) Etym. cf. Maur. Ordonné prêtre par saint Martin*, Maurille transforme un temple païen en chapelle au lieu dit aujourd'hui Chalonnes-sur-Loire. Puis il construit un monastère attenant au sanctuaire lorsque le peuple d'Angers le réclame comme évêque. Une apparition de la Vierge Marie à Maurille est à l'origine du très ancien pèlerinage marial du Marillais, près d'Ancenis. Nonagénaire et thaumaturge, Maurille s'éteint à Angers en 453 après trente ans d'épiscopat. **Fête le 13 septembre.** — D'origine rémoise, Maurille étudie à Liège, enseigne à Halberstadt, Saxe, et se consacre à Dieu à l'abbaye de

Fécamp, en Normandie. Nommé abbé de Sainte-Marie de Florence, Italie, il manque d'être empoisonné par ses moines, revient à Fécamp et se retrouve archevêque de Rouen en 1054. Il consacre les églises abbatiales de Jumièges et de Fécamp. Mort le 9 août 1067, Maurille est considéré comme l'un des plus grands évêques de son temps. **Fête le 9 août.**

MAURILLON (m) Etym. cf. Maur. Saint Maurillon est l'un des premiers évêques de Cahors à l'origine du christianisme dans le Quercy. **Fête le 31 octobre.**

MAURINE (f) Cf. Maure.

MAUVE (f) Prénom inspiré du nom de la plante herbacée méditerranéenne dont la fleur rose ou violet-pâle a des propriétés médicinales. Cf. Fleur. **Fête le 5 octobre.** Prénoms dérivés : Malva, Malvane, Malvina, Malvy.

MAVEL (m) Cf. Aimable. Forme auvergnate du prénom.

MAVELINE (f) Cf. Aimable.

MAVELLE (f) Cf. Aimable.

MAVIS (m) Cf. Aimable.

MAX (m) Cf. Maxime, Maximin, Maximien ou Maximilien.

MAXELLENDE (f) Etym. latine *(maximus,* le plus grand et *lenire,* adoucir, calmer). Contrainte par ses parents d'épouser le seigneur Hardouin malgré son vœu de virginité, Maxellende lui résiste tant qu'elle est décapitée par son époux vers 670. **Fête le 14 novembre.**

MAXENCE (m-f) Etym. cf. Maxime. Princesse irlandaise et chrétienne, Maxence se réfugie en Gaule pour tenter d'échapper à un prétendant païen. Celui-ci parvient pourtant à la rejoindre. Maxence est assassinée près de Senlis, Ile-de-France, dans les premiers siècles du christianisme. Une église lui est dédiée à Pont-Sainte-Maxence. **Fête le 30 novembre.** — Au masculin, le prénom est porté par un empereur romain au 4e s., par l'écrivain Van Der Meersch au 20e, etc.

MAXIMA (f) Etym. cf. Maxime. Agée de treize ans, Maxima est martyrisée à Tebourda, Tunisie, vers 304, avec ses deux compagnes, Donatilla* et Secunda*, toutes trois coupables de christianisme. **Fête le 30 juillet.**

MAXIME (m-f) Etym. latine *(maximus,* le plus grand). Epouse de saint Montan*, Maxime est martyrisée comme lui à Sirmium, en Pannonie, Europe centrale, vers 305. **Fête le 26 mars.** — Moine à l'abbaye de Lérins, en Provence, Maxime succède à Honorat* comme abbé lorsque celui-ci est élu évêque d'Arles en 427. Il réussit à éviter l'épiscopat à la mort de l'évêque de Fréjus mais doit se résigner à prendre la direction du diocèse de Riez en 433. Mort vers 462. **Fête le 27 novembre.** — Adolescent chrétien, Maxime est arrêté et traîné à Carthage, Tunisie, avec Libérat* et ses moines, au 5e s. Sommé de se convertir à l'arianisme, Maxime répond au magistrat qui s'en prend surtout à lui : « Tu perds ta peine. Pas plus tes menaces que tes promesses, rien ne me séparera de ceux qui m'ont appris à aimer et à servir Dieu au monastère ». Il est martyrisé en 484 avec ses compagnons. **Fête le 17 août.** — Saint Maxime le Confesseur est considéré comme l'un des plus grands théologiens grecs du 7e s. D'abord secrétaire privé de l'empereur Héraclius, Maxime entre au monastère de Chrysopolis, près de Byzance. Elu abbé, il combat l'hérésie monothélite, doit s'exiler en Afrique du Nord puis à Rome. Arrêté en 653, il est ramené à Byzance et martyrisé ; l'empereur Constant, monothélite, lui fait couper la langue et les mains. Réduit au silence, Maxime prie pour que la vérité soit proclamée malgré

tout et finit ses jours au fond d'un monastère de Transcaucasie, en exil, vers 662. **Fête le 14 avril.**

MAXIMIEN (m) Etym. cf. Maxime. Abbé de Saint-André, au mont Coelius, à Rome, Maximien accompagne Grégoire* à Byzance. En 591 le pape fait de lui son vicaire en Sicile. Evêque de Syracuse, Maximien meurt en novembre 594. **Fête le 9 juin.**

MAXIMILIANE (f) Cf. Maximilien.

MAXIMILIEN (m) Etym. cf. Maxime. Chrétien, Maximilien refuse le service militaire alors que la loi l'y oblige parce qu'il est fils de soldat. L'objecteur de conscience est décapité à Carthage, Tunisie, en mars 295. **Fête le 12 mars.** — Né en Pologne en 1894, Raymond Kolbe entre à treize ans chez les franciscains et prend le nom de Maximilien-Marie. Moine, prêtre et intrépide apôtre de la Vierge Immaculée, il n'hésite pas à employer les moyens de diffusion les plus modernes pour étendre au maximum son champ d'apostolat. Patron de presse dans son pays, il fonde encore journaux et revues au Japon, puis à Ceylan, propageant le message de l'Evangile à des centaines de milliers d'exemplaires. Les nazis l'arrêtent en 1939, inquiets de l'influence qu'exercent ses publications. En 1941, Maximilien est déporté à Auschwitz, bloc 14, d'où s'évade un prisonnier. Représailles : dix hommes sont désignés au hasard, dix otages condamnés à mourir de faim et de soif. Parmi eux un père de famille. Maximilien obtient de prendre sa place. Alors, dans le bunker de la mort, les gémissements et les cris de désespoir s'éteignent bientôt à la stupéfaction des S.S.

Les condamnés chantent et prient tant que leur reste un peu de souffle. Dernier des dix, le prêtre de la Vierge Immaculée est achevé d'une piqûre le 14 août 1941, vigile de l'Assomption. Maximilien est béatifié en octobre 1971 et canonisé en 1982 en présence de François Gajowniczek, le père de famille du camp d'Auschwitz. **Fête le 14 août.** Prénoms dérivés : Maximiliane, Maximilienne.

MAXIMILIEN-MARIE (m) Cf. Maximilien

MAXIMILIENNE (f) Cf. Maximilien.

MAXIMIN (m) Etym. cf. Maxime. Originaire d'Aquitaine, Maximin est évêque de Trèves, capitale de l'empire, au 4e s. Il accueille Ambroise*, évêque de Milan, en 336, joue un rôle de conciliateur auprès des empereurs et signe les Actes du concile de Sardique (auj. Sofia, Bulgarie) en 343. Mort en 347. **Fête le 29 mai.** — Ami de saint Juventin*, Maximin est décapité avec lui à Antioche, Asie Mineure, en 363, pour avoir contesté des sanctions infligées à des chrétiens de son entourage. **Fête le 25 janvier.** — Un saint Maximin est vénéré en Provence depuis le 4e s. dans la localité qui perpétue son nom, où l'ancienne abbatiale du couvent des dominicains (13e) reste le plus important, le plus bel édifice gothique provençal. — Prénom dérivé : Mémin.

MAXIMINA (f) Cf. Maxima.

MAY (m) Cf. Mayeul.

MAYBEL (m) Cf. Mayeul.

MAYBELLE (f) Cf. Mayeul.

MAYEUL (m) Etym. latine *(maius, mai)*. Diacre à Mâcon, Mayeul est

Saint Pierre (abbaye de Moissac).

nommé abbé de Cluny, Bourgogne, en 948. Il accepte après beaucoup d'hésitation mais sa grande sagesse lui attire les rois et les empereurs de toute l'Europe. Hugues Capet le sollicite pour la réforme de l'abbaye de Saint-Denis. Mayeul poursuit l'œuvre ecclésiastique et monastique de ses trois prédécesseurs, désigne Odilon* pour le remplacer et meurt à Souvigny, près de Clermont, Auvergne, en 994. **Fête le 11 mai.**

MAYNE (m) Cf. Cuthbert.

MAYOL (m) Cf. Mayeul.

MAZÉ (m) Cf. Matthieu. Forme bretonne du prénom.

MAZHEV (m) Cf. Matthieu. Forme bretonne du prénom.

MEAL (m) Cf. Maël.

MECHTILDE (f) Etym. cf. Mathilde. Amie ou sœur de sainte Gertrude*, Mechtilde est chantre, puis responsable des études, à l'abbaye cistercienne de Helfta, en Saxe. Premier ouvrage de spiritualité écrit directement en langue vulgaire, sa *Lumière de la divinité* exprime, dans un style assez proche de celui de la poésie courtoise, l'union de l'âme et de Dieu. Morte à Helfta, près d'Eisleben, en 1298. **Fête le 19 novembre.**

MÉDARD (m) Etym. germanique *(maht,* force et *hard,* dur). Né à Salency, Picardie, vers 457, Médard est ordonné prêtre à Vermand, puis sacré évêque de la ville par saint Remi en 530. Il transfère le siège de l'évêché à Noyon lors des invasions des Vandales et des Huns. Puis, réclamé aussi comme évêque par le peuple de Tournai à la mort d'Eleuthère, l'intrépide apôtre joint les deux sièges, qui resteront pendant cinq siècles, et paît les deux troupeaux comme un seul malgré son âge avancé. C'est à Noyon qu'il s'éteint en 545, inhumé à Soissons où

Clotaire 1er va faire construire un monastère, la célèbre abbaye Saint-Médard. La popularité du saint est immense pendant tout le Moyen Age. Des légendes sont tissées autour de sa vie déjà bien remplie, selon lesquelles le petit Médard, avant de savoir le latin, savait provoquer les pluies bienfaisantes ou stopper les trombes nuisibles aux récoltes. Les compétences du saint en matière météorologique donnent des dictons que l'on répète encore. Mais saint Médard est aussi le patron des brasseurs dans certaines régions, des vignerons en d'autres, et on l'invoque parfois contre les maux de dents. **Fête le 8 juin.** Prénom dérivé : Meddy.

MÉDÉRIC (m) Cf. Merri.

MÉEN (m) Etym. celtique *(man,* pensée). Gallois, Méen vient en Armorique avec saint Samson*, vit plusieurs années au monastère de Dol et, sur le domaine du comte Caduon, fonde l'abbaye qu'il gouverne jusqu'à sa mort en 617. Très populaire en Bretagne, saint Méen est le patron de la petite ville établie autour de son tombeau, Saint-Méen-le-Grand (Ille-et-Vilaine), et de plusieurs autres localités des environs. **Fête le 21 juin.** Prénoms dérivés : Meven, Mevena, Mewen.

MEG (f) Cf. Marguerite.

MEIGGE (f) Cf. Marguerite.

MEINRAD (m) Etym. germanique *(magin,* force et *rad,* conseil). Né vers 800, Meinrad est d'abord moine à l'abbaye bénédictine de Reichnau, sur le lac de Constance. Puis il se retire dans la montagne pour y vivre en ermite. Il meurt en 861 sous les coups de deux brigands qu'il a hébergés, là où s'élèvera plus tard le monastère d'Einsiedeln (auj. en Suisse). **Fête le 21 janvier.**

MEL (m) Etym. celtique *(maël,* prince). Neveu de saint Patrick*, Mel est moine à Armagh, Irlande, puis abbé du monastère fondé par son oncle en 445 et son successeur à la tête de l'évêché. **Fête le 6 février.**

MÉLAINE (m) Etym. cf. Mel. Né à Brain, près de Redon, Mélaine succède à saint Amand* comme évêque de Rennes en 505. Conseiller de Clovis, il participe au concile d'Orléans convoqué par le roi en 511. Mort vers 530, saint Mélaine reste le plus populaire des évêques de Rennes. Il est le patron de nombreuses localités bretonnes. Plusieurs sanctuaires lui sont dédiés, dont la très belle église Saint-Mélaine de Morlaix. **Fête le 6 janvier.** Prénoms dérivés : Melan, Melen.

MELAN (m) Cf. Mélaine.

MÉLANIE (f) Etym. grecque *(melanos,* noir). Aïeule paternelle de Mélanie la Jeune, Mélanie l'Ancienne fuit l'Italie envahie par les Goths vers 403, pour aller se fixer en Palestine où elle meurt en 410. **Fête le 26 janvier.** — Mariée à quatorze ans, Mélanie la Jeune et son époux distribuent leurs biens aux indigents et renoncent au monde après la mort de leurs deux enfants. Ensemble, ils se retirent en Sicile où chacun de son côté fonde un monastère, fuient en Afrique à l'approche des Goths et se fixent enfin en Terre sainte, à Jérusalem, où Mélanie fonde une communauté de vierges consacrées près de la « Grotte des Enseignements », sur le mont des Oliviers. Elle passe là les sept dernières années de sa vie et meurt le 31 décembre 439. **Fête le 31 décembre.** Prénoms dérivés : Mélina, Mélinda, Mélinée, Mélusine, Millicent, Millie, Molly.

MÉLAR (m) Etym. celtique *(maël,* prince) Fils de Miliau, comte de Cornouaille au 6e s., Mélar n'a que sept ans quand meurt son père. La régence est assurée par son oncle Rivod, puis confiée à un évêque assisté d'un courtisan corrompu qui complote avec Ri-

vod la mort du jeune héritier. Après une tentative d'assassinat dans laquelle il n'est que blessé, Mélar est finalement décapité pendant son sommeil dans sa quinzième année. Enseveli à Lanmeur (auj. en Finistère), le jeune saint est très populaire en Bretagne, patron des paroisses de Locmélar, Saint-Méloir-des-Ondes, Tréméloir, etc. **Fête le 2 octobre.** Prénoms dérivés : Meloar, Méloir.

MÉLARIE (f) Cf. Nonn.

MELCHIADE (m) Etym. syriaque *(melech,* roi). Pape de 311 à 314, Melchiade ou Miltiade doit interdire de jeûner le dimanche parce que des sectes dualistes veulent exprimer, par ce comportement, leur horreur pour la création matérielle. Mais l'événement capital de son court pontificat est la signature de l'édit de Milan qui décrète la fin de la persécution contre le christianisme, en 313. **Fête le 10 décembre.**

MELCHIOR (m) Etym. syriaque *(melech,* roi). Melchior est le premier des trois mages venus d'Orient à Bethléem pour y adorer l'enfant Jésus quelques jours ou quelques semaines après sa naissance. L'évangile précise même qu'ils s'en retournent dans leurs pays respectifs par un autre chemin, évitant Jérusalem où les attend le roi Hérode (Mt 2, 1-12). Au 6e s. la ferveur populaire fait d'eux des rois et au 8e s. saint Bède* parle d'eux comme s'il les avait connus : « Vieillard à cheveux blancs et à la barbe longue, Melchior offre de l'or au fils de Dieu, reconnaissant sa royauté ». **Fête le 6 janvier.** — Jésuite, Melchior Grodecz est martyrisé à Kassa, en Hongrie (auj. en Tchécoslovaquie), le 1er septembre 1619, avec deux autres prêtres. **Fête le 7 septembre.**

MÉLÈCE (m) Etym. latine *(mel, malacio,* miel). Patriarche d'Antioche en 361, Mélèce ou Mélèze est persécuté et exilé plusieurs fois par les ariens dont il combat la doctrine. Mort à Antioche en 381. **Fête le 12 février.**

MELEN (m) Cf. Mélaine. Forme bretonne du prénom.

MÉLÈZE (m) Cf. Mélèce.

MÉLIA (f) Cf. Mélanie. — Dans la mythologie, Mélia est la fille d'Océan et d'Argia.

MÉLIE (f) Cf. Amélie.

MÉLINA (f) Cf. Mélanie.

MÉLINDA (f) Cf. Mélanie.

MÉLINÉE (f) Cf. Mélanie.

MELIO (m) Cf. Miliau.

MÉLISSA (f) Cf. Mélèce. — Dans la mythologie, Mélissa est la nymphe qui recueille le miel.

MÉLITON (m) Etym. cf. Mellit. Evêque de Sardes, Asie Mineure, au 2ᵉ s., saint Méliton est une « lumière de l'Asie » pour Eusèbe de Césarée, mais ses œuvres ne nous éclairent guère aujourd'hui, ayant été détruites ou égarées au cours des siècles, sauf une *Homélie sur la Pâque* et quelques fragments d'une *Apologie* adressée à Marc Aurèle vers 176. **Fête le 1ᵉʳ avril.**

MELLE (f) Etym. cf. Mel. Appartenant à l'illustre famille de Macgnaï, en Irlande, Melle est la mère de saint Kenelm*. Veuve, elle se retire et meurt à l'abbaye de Loughorelve à la fin du 8ᵉ s. **Fête le 9 mars.**

MELLIT (m) Etym. latine *(mellitus,* doux comme le miel). Abbé d'un monastère bénédictin à Rome, Mellit fait partie du second contingent de missionnaires envoyés en Angleterre par saint Grégoire* en 601. Premier évêque de Londres, Mellit est élu archevêque de Cantorbery en 619. Mort en 624. **Fête le 24 avril.**

MELOAR (m) Cf. Mélar.

MÉLODIE (f) Cf. Odile.

MÉLODINE (f) Cf. Odile.

MELODY (f) Cf. Odile.

MÉLOIR (m) Cf. Mélar.

MÉLUSINE (f) Cf. Mélanie. — Prénom popularisé par la légende médiévale.

MÉMIN (m) Cf. Maximin.

MEMMIE (m) Etym. latine populaire *(metipsimus,* moi-même). Premier évêque de Châlons, en Champagne, à la fin du 3ᵉ s., saint Memmie est vénéré comme l'apôtre de toute la Champagne. **Fête le 5 août.**

MÉNANDRE (m) Etym. grecque *(mênê,* lune et *andros,* homme). Cf. Ménas. — Prénom illustré par un poète comique grec, ami d'Epicure à Athènes aux 4ᵉ et 3ᵉ s. av. J.-C.

MÉNAS (m) Etym. grecque *(mênê,* lune). Martyrisé au 6ᵉ s. Ménas est inhumé près du lac Maréotis, en Egypte. Une basilique est élevée sur son tombeau, dont les ruines sont retrouvées lors des fouilles effectuées par Kaufmann en 1905-1907. **Fête le 11 novembre.** Prénoms dérivés : Menne, Mennie.

MÉNÉCHILDE (f) Cf. Ménéhould.

MÉNÉHOULD (f) Etym. germanique *(magin,* force et *hrod,* gloire). Fille du comte Perthois de Sigmar, au 5ᵉ s., Ménéchilde ou Ménéhould vit plusieurs années, ermite, dans la petite ville de Champagne qui perpétue son nom depuis le 12ᵉ s. Un ex-voto la représente, protégeant la cité contre la peste, dans une chapelle qui lui est dédiée à l'église et sa statue domine la ville depuis 1920. **Fête le 14 octobre.**

MENGOLD (m) Etym. germanique *(magin,* force et *godo,* dieu). Comte de Huy, Flandre, Mengold se convertit soudain et tente de réparer, par une vie exemplaire, sa jeunesse libertine et belliqueuse. **Fête le 8 février.**

MENNE (m) Cf. Ménas.

MENNIE (f) Cf. Ménas.

MENOU (m) Etym. celtique. Originaire d'Irlande, Menou vient en Armorique en quête de solitude au 7ᵉ s. Ermite en Cornouaille, sa sainteté le fait bientôt remarquer. Menou est nommé évêque de Quimper malgré lui mais heureux de servir Dieu comme celui-ci le veut. **Fête le 19 juillet.**

MÉRANA (f) Cf. Emmeran.

MÉRANE (f) Cf. Emmeran.

MERCEDES (f) Etym. latine *(merces,* prix, salaire, rançon). Prénom inspiré par la fête de Notre-Dame de la Merci. Pendant quatre cents ans, de 1085 à 1492, les Espagnols subissent le joug des Maures musulmans. De nombreux chrétiens qui refusent d'embrasser l'islam sont enlevés, enchaînés et vendus comme esclaves, sauf s'ils ont la chance d'appartenir à une famille riche capable de verser une forte rançon pour leur rachat. Les pauvres sont condamnés à ne jamais revoir ni leur pays ni leur famille. Pour tenter de remédier à cette situation tragique, Pierre* Nolasque fonde l'ordre de la Merci au début du 13ᵉ s. avec le secours de la Mère de Dieu. Les moines mercédaires font le vœu de se constituer en otages, si c'est nécessaire, pour accomplir leur mission. La fête de Notre-Dame de la Merci est instituée ensuite en souvenir du succès de l'entreprise de Pierre Nolasque et en reconnaissance pour la Vierge Marie, rédemptrice de nombreux prisonniers chrétiens. **Fête le 24 septembre.**

MERCURE (m) Etym. latine *(Mercurius,* nom du dieu romain protecteur des voyageurs et des commerçants). Soldat chrétien, Mercure est poignardé par l'empereur Julien l'Apostat lui-même, puis inhumé dans l'église Sainte-Marie de Césarée de Cappadoce, Asie Mineure, au 4ᵉ s. **Fête le 22 juillet.**

MÉRIADEC (m) Etym. celtique. Missionnaire originaire de Cornouailles ou du pays de Galles, Mériadec évangélise au 7ᵉ s. cette partie de l'Armorique qui coïncide approximativement avec l'actuel Morbihan. Il est peut-être évêque de Vannes mais le fait n'est pas prouvé. Ses restes sont vénérés à Noyal-Pontivy. **Fête le 7 juin.**

MÉRIADEG (m) Cf. Mériadec.

MÉRIC (m) Cf. Merri.

MÉRIL (m) Cf. Merri.

MERRI (m) Etym. germanique *(maht,* force et *rik,* roi). Moine à l'abbaye Saint-Martin d'Autun, Bourgogne, Merri refuse de gouverner ses frères. Il gagne Paris avec son ami Frou, guérissant les malades et délivrant les prisonniers sur son chemin par la seule force de sa prière. Fixés près de la chapelle Saint-Pierre-des-Bois, dans le quartier insalubre de l'ancienne île Saint-Martin, au nord de la cité, Merri et son compagnon ne sortent de leur gîte que pour aller prier sur les tombeaux de saint Denis, de sainte Geneviève, ou pour soigner et réconforter de plus pauvres qu'eux. Mort un 29 août, vers 700, Merri est enterré par Frou dans la cabane où il a vécu. Frappé par sa réputation de sainteté, l'évêque Gozlin fait exhumer ses restes. Les ossements de Merri brillent comme des pierres précieuses. Témoin bouleversé, Eudes le Fauconnier décide de consacrer sa fortune à édifier une église qui sera dédiée à saint Merri. **Fête le 29 août.** Prénoms dérivés : Médéric, Méric, Méril, Merry, Méryl, etc.

MERRY (m) Cf. Merri.

MÉRYL (m) Cf. Merri.

MESSALINE (f) Etym. latine *(Messa-*

lina, nom d'une impératrice romaine, femme de Claude au 1er s.). Chrétienne, Messaline est torturée pour avoir soigné un ami, lui-même supplicié et abandonné par les bourreaux. Tous deux refusent encore de renier leur foi et sont martyrisés ensemble jusqu'à la mort. **Fête le 23 janvier.**

MÉTELLA (f) Cf. Estelle.

METGE (f) Cf. Marguerite.

MÉTHODE (m) Etym. grecque *(Methônê,* ancienne ville de Grèce sur la mer Ionienne). Evêque de Philippes, en Macédoine, et martyrisé vers 312 selon saint Jérôme*, saint Méthode d'Olympe est l'auteur du *Banquet des dix Vierges,* éloge de la chasteté et discours sur l'union du Christ avec l'Eglise. **Fête le 18 septembre.** — Frère de saint Cyrille* (voir ce prénom), Méthode est sacré archevêque de Pannonie et légat pontifical en Moravie après la mort de son frère (869). En conflit d'influence avec les prélats germaniques, il est incarcéré en Bavière de 870 à 873 et le pape Jean VIII interdit même la liturgie slavonne dont il est l'auteur avec Cyrille. Méthode ne se décourage pas, renouvelle ses démarches auprès de Jean VIII et, en 880, parvient à convaincre le pape de lever son interdiction. Après la mort de saint Méthode en Moravie, en 885, la liturgie slavonne est transmise aux Bulgares et aux Russes par ses disciples chassés de Moravie. **Fête le 14 février.**

MEURICE (m) Cf. Maurice.

MEVEN (m) Cf. Méen.

MEVENA (f) Cf. Méen.

MEWEN (m) Cf. Méen.

MEYNARD (m) Cf. Meinrad.

MGABA (m) Etym. ougandaise. Mgaba est l'un des plus jeunes (17 ans), des vingt-deux chrétiens martyrisés par Mwanga, roi d'Ouganda, au 19e s. Fils adoptif du bourreau qui le supplie de renier sa foi, Mgaba est assommé par son père qui veut lui éviter d'être brûlé vif, en juin 1886. Canonisé en 1964 avec ses vingt et un compagnons. **Fête le 3 juin.**

MICHA (m) Cf. Michel.

MICHAËL (m) Cf. Michel et Mikaël.

MICHAËLA (f) Cf. Michel ou Micheline.

MICHÉE (m) Etym. cf. Michel. Originaire de Moreshet, proche de la Philistie, Michée est l'un des douze petits prophètes de la Bible, à la fin du 8e s. av. J.-C. **Fête le 15 janvier.**

MICHEL (m) Etym. hébraïque : « qui est comme Dieu ? » Dans la Bible et dans la tradition chrétienne, Michel apparaît comme l'un des trois proches lieutenants de Dieu. Selon Daniel (10, 13), il est l'ange protecteur du peuple d'Israël. Dans l'Apocalypse de Jean (12, 7-9), Michel combat le dragon et en est victorieux. Dans son épître, Jude mentionne la controverse qui oppose Michel et Satan, au sujet du corps de Moïse. L'archange symbolise les forces du bien comme Satan celles du mal. Innombrables sont les sanctuaires érigés en son honneur à travers le monde. Le plus célèbre est, en France, l'abbaye du Mont qui porte son nom depuis le 8e s. Cf. Aubert. Saint Michel a inspiré de grands peintres comme Raphaël, Rubens et Van der Weyden. Il est le protecteur de l'Eglise et, dit-on, le patron des parachutistes. **Fête le 29 septembre.** — Fils du bienheureux Jean Tomachi, Michel est martyrisé à Nagasaki, Japon, en 1622, âgé de treize ans. Béatifié avec son père et ses trois frères. **Fête le 12 septembre.** — Avant douze ans Michel Argemir fait deux fugues pour aller vivre en solitaire. A quatorze ans il entre chez les religieux trinitaires de Barcelone, Espagne. Il est souvent ravi en extase mais, supérieur du couvent, enseigne simplement et recommande la vie de la foi reçue au baptême. Mort à Valladolid en 1625, il est surnommé saint Michel des Saints. **Fête le 10 avril.** — Basque, Michel Garicoïts naît, vit et meurt dans son diocèse de Bayonne. Domestique chez un vieux curé, puis à l'évêché où sa principale fonction est de promener le petit chien d'un chanoine, il travaille et rend service en échange de cours de théologie, trop pauvre pour pouvoir se payer le séminaire. Il est prêtre en 1832, aussitôt nommé vicaire à Cambo. « A cause de mes solides épaules », dit-il parfois en riant. Là, Michel doit porter sur son dos le curé paralysé. Taillé en hercule, il a une âme aussi grande et forte que sa carcasse. Il n'a que vingt-huit ans et déjà sa sainteté lui attire des fidèles de tout le pays basque. Six ans plus tard il fonde les prêtres du Sacré-Cœur de Batharram pour l'évangélisation des campagnes déchristianisées. Pendant dix ans, il forme une cinquantaine de missionnaires, se dépense à cent tâches diverses et trouve encore le temps de faire des miracles. Dieu le rappelle à lui le soir de l'Ascension 1863 et aussitôt, de toutes les Pyrénées, les foules accourent à son tombeau où se multiplient les prodiges. Canonisé en 1947, saint Michel Garicoïts repose dans l'église de Bétharram, Pyr.-Atl. **Fête le 14 mai.** — Disciple et successeur de Jean Bosco*, Michel Rua meurt à Turin, Piémont, en 1910. Béatifié par Paul VI en 1972. **Fête le 6 avril.** — Cf. Miguel. **Fête le 9 février.** Prénoms dérivés : Micha, Michaël, Michaëla, Michèle, Michelle, Mick, Mickey, Micky, Mikaël, Mikhaïl, Mike, Misha, etc.

MICHÈLE (f) Cf. Michel ou Micheline.

MICHELINE (f) Etym. cf. Michel. Née à Pesaro, Italie, vers 1300, Micheline Malatesta perd en même temps son mari et son fils, renonce à sa fortune et se consacre à Dieu chez les franciscaines mendiantes, alors méprisées et considérées comme des folles. Micheline s'adonne à la mortification et surtout au jeûne afin de combattre la gourmandise, son défaut dominant. Morte en 1356. **Fête le 19 juin.**

MICHELLE (f) Cf. Michel ou Micheline.

MICHEÙ (m) Cf. Michel. Forme provençale du prénom.

MICK (m) Cf. Michel.

MICKEY (m) Cf. Michel.

MICKY (m) Cf. Michel.

MIEG (m) Cf. Remi. Forme alsacienne du prénom.

MIGUEL (m) Etym. cf. Michel. Equatorien et religieux lassalien, Miguel Febres Cordero enseigne à Paris, en Belgique et en Espagne, toujours zélé dans l'exercice de son apostolat par l'éducation de la jeunesse. Sa renommée d'écrivain, de philologue et de poète lui valent d'être élu à l'Académie Equatorienne. Mort à Premia de Mar, Espagne, en 1910, aimé de tous pour sa simplicité et son extrême bonté, Miguel est béatifié par Paul VI en 1977. **Fête le 9 février.**

MIKAËL (m) Etym. cf. Michel. Prêtre lazariste ordonné par Justin* de Jacobis, Mikaël Ghebra est arrêté et martyrisé en Ethiopie en 1855 avec quatre compagnons fidèles. **Fête le 29 août.**

MIKAËLA (f) Cf. Mikaël ou Micheline.

MIKE (m) Cf. Michel.

MIKHAÏL (m) Cf. Michel. Forme slave du prénom.

MILBURGE (f) Etym. germanique (*mil,* généreux et *burg,* forteresse). Fille du roi de Mercie, Angleterre, Milburge introduit la vie monastique sur les terres de son père et fonde le monastère de Wenlock vers 680. Son charisme de guérison des malades lui attire des foules. Abbesse de Wenlock, Milburge meurt vers 722. **Fête le 23 février.**

MILDRED (f) Etym. germanique *(mil,* généreux et *ehre,* honneur). Eduquée au monastère de Chelles, en Brie, Mildred retourne dans son pays et devient abbesse de Thanet, estuaire de la Tamise, abbaye fondée par Egbert, roi de Kent, en expiation de ses péchés. Morte vers 700, Mildred est canonisée pour son charme, sa gentillesse et le don qu'elle a de consoler les affligés, écrit son biographe. **Fête le 13 juillet.**

MILDRÈDE (f) Cf. Mildred.

MILÈNE (f) Cf. Marie et Hélène. Contraction des deux prénoms.

MILIAU (m) Etym. celtique. Comte de Cornouaille armoricaine au 6ᵉ s., Miliau est le père de saint Mélar*. Les communes de Guimiliau et Ploumiliau, en Bretagne, se réclament de son patronage. **Fête le 24 juillet.**

MILIO (m) Cf. Miliau.

MILLICENT (f) Cf. Mélanie.

MILLIE (f) Cf. Mélanie.

MILON (m) Etym. germanique *(mil,* généreux). Pendant vingt-sept ans évêque de Thérouanne, Artois, Milon brille surtout par son humilité. Il souffre de l'insuffisance morale de son clergé et fonde dans son diocèse, pour tenter d'y remédier, deux monastères de moines prémontrés à l'époque où ceux-ci font encore d'excellents curés de paroisses. Mort à Thérouanne le 16 juillet 1158. **Fête le 16 juillet.**

MILOUD (m) Cf. Emile.

MILTIADE (m) Cf. Melchiade.

MINA (f) Cf. Dominique.

MINNA (f) Cf. Dominique.

MINNIE (f) Cf. Dominique.

MIQUÈLO (f) Cf. Michèle. Forme provençale du prénom.

MIQUÈU (m) Cf. Michel. Forme provençale du prénom.

MIRA (f) Cf. Mirabelle.

MIRABELLE (f) Cf. Marie et Isabelle. Contraction des deux prénoms.

MIRANDA (f) Cf. Mireille.

MIREILLE (f) Etym. latine *(mirare,* regarder attentivement). Prénom typiquement provençal inventé par Frédéric Mistral au 19ᵉ s., peut-être dérivé de Marie ? C'est du moins ce qu'affirme le poète à son curé peu de temps avant sa mort.

MIREIO (f) Cf. Mireille.

MIRIAM (f) Cf. Marie.

MISAËL (m) Cf. Michel.

MISHA (m) Cf. Michel.

MODAN (m) Cf. Maudan.

MODÉRAN (m) Cf. Moran.

MODESTE (m-f) Etym. latine *(modestus,* de *modus,* mesure). Proche de sainte Florence* et saint Tibère*, Modeste est martyrisée avec eux à Agde, Languedoc, dans les premiers siècles du christianisme. **Fête le 10 novembre.** — Précepteur chrétien de Guy*, Modeste subit le martyre avec lui en Lucanis, Italie méridionale, au début du 4ᵉ s. **Fête le 15 juin.** — Evêque de Trèves, Rhénanie, au 5ᵉ s., saint Modeste figure dans le martyrologe d'Usuard à la fin du 9ᵉ s. **Fête le 24 février.** — A Trèves également, sainte Modeste est la première abbesse du monastère Sainte-Marie de Oeren. Morte vers 660. **Fête le 4 novembre.** Prénoms dérivés : Modestie, Modesty.

MODESTIE (f) Cf. Modeste.

MODESTY (f) Cf. Modeste.

MODEZ (m) Cf. Maudez.

MOÏRA (f) Maura.

MOÏSE (m) Etym. hébraïque : « sauvé des eaux » ou, plus simplement, « retiré de ». Personnage biblique, Moïse est le prophète fondateur de la religion et de la nation d'Israël au 13e s. av. J.-C., à l'époque de l'asservissement du peuple hébreu en Egypte. Selon le *Pentateuque,* il naît dans la tribu de Lévi et échappe de justesse à un génocide. Recueilli dans le Nil et sauvé par la fille de Pharaon, il est élevé à la cour mais doit s'exiler, ayant tué un Egyptien pour venger un de ses frères hébreux. La vision du Buisson ardent lui révèle sa mission. Moïse prend la tête des Israélites, les fait sortir d'Egypte et les guide dans le désert pendant quarante ans, leur imposant la Loi — le Décalogue — que Dieu lui a dictée sur le Sinaï.Il meurt sur le mont Nébo, en vue de la Terre promise où ni lui ni son frère Aaron* ne peuvent entrer. Cf. Nombres 20,12. **Fête le 4 septembre.** — Après le martyre du pape Fabien* en janvier 250, Moïse est emprisonné à Rome avec plusieurs prêtres et diacres de son entourage. Prêtre lui-même, il soutient la foi de ses compagnons de captivité, s'assurant qu'elle n'a pas été contaminée par les erreurs de Novatien, ramenant les égarés dans l'orthodoxie. Il meurt en 251, victime des mauvais traitements subis pendant sa détention. **Fête le 25 novembre.** Prénoms dérivés : Moshé, Mussé.

MOLLY (f) Cf. Melle ou Mélanie.

MONA (f) Cf. Monique.

MONEGONDE (f) Etym. germanique *(mod,* courage et *gund,* guerre). Au 6e s. Monegonde se consacre à Dieu après la mort prématurée de ses filles. Elle fait sa profession religieuse près de Tours et, plus tard, fonde une communauté à Saint-Pierre-le-Puellier, en Touraine. **Fête le 2 juillet.**

MONICA (f) Cf. Monique.

MONIE (f) Cf. Monique.

MONIQUE (f) Etym. grecque *(monos,* seul). Née à Thagaste, Numidie (auj. Souk-Ahras, Algérie), Monique est mère de trois enfants dont Augustin*, l'aîné, qu'elle conduit à la conversion et au baptême, en 387, au prix de nombreuses larmes, prières et pénitences. C'est à Ostie, le port de Rome où Monique et Augustin attendent le moment d'embarquer pour rentrer à Thagaste, qu'ils ont ensemble la brève extase que rapportent les *Confessions :* « Ils parviennent à leurs âmes, les dépassent, atteignant la région d'inépuisables délices où la vie se confond avec la Sagesse incréée, et ils y touchent un instant ». Comblée, Monique n'a plus qu'un désir qui se réalise cinq jours après : elle meurt à Ostie, âgée de cinquante-six ans, l'été 387. Ses restes sont transférés à l'église Saint-Augustin de Rome en 1430. **Fête le 27 août.** Prénoms dérivés : Mona, Monica, Monie, Moune, Moyna, etc.

MONON (m) Etym. cf. Monique. Ermite à Nassogne, province de Namur, dans la forêt des Ardennes, Monon est assassiné par des brigands vers 647. Saint Jean l'Agneau, évêque de Tongres, qui l'a connu, fait ériger un oratoire sur sa tombe. **Fête le 18 octobre.**

MONTAN (m) Etym. latine *(montanus,* de *mons,* élévation de terrain). Compagnon de Lucius*, Montan subit le martyre à Carthage, Tunisie, en 259, au terme d'une longue captivité avec de nombreux chrétiens remarquables par leur ferveur et leur union fraternelle. **Fête le 24 février.** — Epoux de sainte Maxime*, Montan est arrêté avec elle à Sirmiun, Europe centrale, torturé et jeté dans la Save vers 305. **Fête le 26 mars.**

MORA (f) Cf. Maura.

MORAN (m) Etym. celtique *(mor, mer)*. Né près de Rennes vers 650, Moran ou Morand ou Modéran est le fils du comte de Tornacis. Elu évêque de Rennes en 703, il renonce finalement à sa charge pour se retirer dans un monastère. Il est le patron de Saint-Morand-en-Chevaigné (Ille-et-Vilaine), parfois appelé aussi saint Maron. **Fête le 20 octobre.**

MORAND (m) Etym. latine *(maurus, d'origine maure)*. Etudiant à Worms, Rhénanie, Morand prend l'habit bénédictin à Cluny, Bourgogne, et fonde plus tard un prieuré à Altkirch, Alsace, au 12e s. **Fête le 3 juin.**

MORANE (f) Cf. Maura.

MORANENN (f) Cf. Moran.

MORÉE (f) Cf. Maure.

MORGAN (f) Etym. celtique *(mor, mer et gan, né)*. Morgan ou Morgane est la fée bienveillante des Contes du *cycle breton* au Moyen Age. — Sainte Maure est la patronne des Morgan. **Fête le 13 juillet.**

MORGANE (f) Cf. Morgan.

MORICE (m) Cf. Maurice.

MORNA (f) Cf. Moran. Forme dérivée du prénom.

MORRIS (m) Cf. Maurice.

MORTIMER (m) Cf. Maur.

MORVAN (m) Cf. Maurice. Forme bretonne du prnom.

MOSHÉ (m) Cf. Moïse. Forme hébraïque du prénom.

MOUNE (f) Cf. Monique.

MOUNICO (f) Cf. Monique. Forme provençale du prénom.

MOYNA (f) Cf. Monique.

MUGAGGA (m) Etym. ougandaise. Joyeux garçon, Mugagga est martyrisé à Namungongo, Ouganda, le 3 juin 1886, âgé de dix-sept ans, parce que, chrétien, il refuse de se prêter aux perversions sexuelles du roi Mwanga. Il est canonisé en 1964 avec ses vingt et un compagnons. **Fête le 3 juin.**

MUGUETTE (f) Prénom inspiré de la plante herbacée, famille des liliacées, aux petites fleurs blanches en clochettes groupées en grappes et très odorantes. Sainte Fleur est la patronne des Muguette. **Fête le 5 octobre ou le 1er mai.**

MURIEL (f) Cf. Marie. Forme dérivée du prénom.

MUSE (f) Etym. grecque *(moûsa, muse)*. Prénom inspiré des neuf muses ou déesses qui, dans la mythologie, présidaient aux arts libéraux. Sainte Nymphe est la patronne des Muse. **Fête le 10 novembre.**

MUSSÉ (m) Etym. cf. Moïse. Brigand herculéen, Moïse ou Mussé vole, viole et parfois tue les voyageurs sur les chemins d'Ethiopie, son pays, jusqu'au jour où, touché par la grâce, il entrevoit une autre vie, un bonheur que ne lui procure pas l'assouvissement de ses passions. Mussé se renseigne, passe la frontière et va consulter l'ermite Arsène* dans son désert. Un peu inquiet, celui-ci le conduit à Macaire* qui sait apprivoiser les bêtes sauvages. Mussé devient son disciple et fait tant de progrès dans la vie spirituelle qu'il est ordonné prêtre, établi aumônier des anachorètes du secteur et aimé de tous. Lorsque des pillards sanguinaires surgissent un jour dans la région, Mussé engage ses moines à fuir prestement, refusant de les suivre, à cause d'une ligne de l'Evangile : « Celui qui se sert de l'épée périra par l'épée ». Il attend la mort et l'accueille sereinement, à Dair-Al-Baramus, Egypte, en 405. **Fête le 28 août.**

MUTIEN-MARIE (m) Etym. latine *(mutus, muet)* et hébraïque, cf. Marie.

Originaire de Mellet, Belgique, Mutien-Marie est un modèle d'éducateur chrétien à Malonne, près de Namur, où il passe la plus grande partie de sa vie. Modèle aussi d'humilité, de silence et de piété, Mutien-Marie porte bien son nom, mais s'il parle peu aux gens, c'est pour parler d'eux davantage au Seigneur et à sa Mère, égrenant son chapelet dès qu'il a un instant de loisir. Mort à Malonne le 30 janvier 1917, il est béatifié par Paul VI en 1977 et sa tombe est l'objet de pèlerinages ininterrompus. **Fête le 30 janvier.**

MYOSOTIS (m-f) Etym. grecque *(muosôtis,* oreille de souris). Prénom inspiré de la plante herbacée à petites fleurs bleues qu'on appelle aussi *herbe-d'amour* ou *ne-m'oubliez-pas.* Cf. Fleur. **Fête le 5 octobre.**

MYRIAM (f) Cf. Marie.

MYRRHA (f) Cf. Marie.

MYRTILLA (f) Cf. Myrtille.

MYRTILLE (f) Etym. latine *(myrtillus,* de *myrtus,* myrte). Prénom inspiré d'une variété d'airelle qu'on appelle aussi, selon les régions, brimbelle, moret, raisin des bois, etc. Sainte Fleur est aussi la patronne des Myrtille. **Fête le 5 octobre.**

N

NABRISSA (f) Cf. Raïssa.

NADALET (m) Cf. Noël. Forme provençale du prénom.

NADAU (m) Cf. Noël. Forme provençale du prénom.

NADE (f) Cf. Nadège ou Bernadette.

NADÈGE (f) Etym. slave *(nadiejda,* espérance). Fille de sainte Sophie*, Nadège est martyrisée en Asie Mineure, aujourd'hui Turquie, au 2e s., pendant les persécutions d'Hadrien, avec sa mère et ses deux sœurs, Véra et Liubbe. **Fête le 18 septembre.** Prénoms dérivés : Nadia, Nadine, etc.

NADETTE (f) Cf. Bernadette.

NADIA (f) Cf. Nadège.

NADINE (f) Cf. Nadège.

NAÉVA (f) Cf. Eve.

NAHUM (m) Etym. hébraïque : « Dieu réconforte ». Personnage biblique, Nahum est l'un des douze petits prophètes, à la fin du 7e s. av. J.-C. **Fête le 1er décembre.**

NAÏG (f) Cf. Anne. Forme bretonne du prénom.

NAÏK (f) Cf. Anne.

NAÏLA (f) Cf. Alène.

NAÏS (f) Cf. Anne. — Dans la mythologie Naïs est la nymphe des rivières, des fontaines et des sources.

NALBERT (m) Cf. Norbert.

NANCY (f) Cf. Anne.

NANDA (f) Cf. Nandina.

NANDINA (f) Prénom inspiré d'un arbuste particulièrement décoratif : jolies fleurs blanches en juillet, feuillage rouge du plus bel effet en automne, fruits rouge vif en hiver. Sainte Fleur est la patronne des Nandina. **Fête le 5 octobre.**

NANETTE (f) Cf. Anne.

NANNIG (f) Cf. Anne. Forme bretonne du prénom.

NANS (m) Cf. Jean.

NAPOLÉON (m) Etym. italienne *(Napoli,* Naples et *leone,* lion). Le prénom est répandu en Italie avant de devenir le plus célèbre de Corse, mais on ne sait rien de saint Napoléon. Alors, imaginant que l'empereur des Français a besoin d'un patron, on prend un certain saint Néopole dans le martyrologe hiéronymien et on transforme le nom en Napoléon. Une bio-graphie est même écrite, qui vante les mérites d'un évêque martyrisé dans les premiers siècles, et la fête est fixée au 15 août, jour anniversaire de la nais-sance de l'empereur.

NARCISSE (m) Etym. grecque *(narkê,* torpeur). « Narcisse vous salue ! Il exerce encore l'épiscopat, conjointe-ment avec moi, par ses prières. Il achève ses cent seize ans et vous exhorte comme moi à vivre ensemble dans la concorde ! » C'est en ces ter-mes que le coadjuteur de saint Nar-cisse, trentième évêque de Jérusalem, écrit aux chrétiens d'Antinoé en Egypte. C'est d'ailleurs la première fois qu'un évêque est assisté d'un coadjuteur. Avec Théophile de Césa-rée, Narcisse préside un concile qui tente de fixer la date de Pâques. Mort en 212. **Fête le 29 octobre.** — Dans la mythologie Narcisse est célèbre pour sa beauté. Il fascine jeunes gens et jeunes filles, et s'éprend de sa propre image reflétée dans une fontaine.

NARSÈS (m) Etym. grecque, cf. Nar-cisse. Veuf, Narsès demande la prêtrise et devient plus tard achevêque primat d'Arménie. Mais il meurt empoisonné par le roi qu'il a excommunié, au 4e s. **Fête le 19 novembre.**

NASTASE (m) Cf. Anastase.

NASTASIA (f) Cf. Anastasie.

NATACHA (f) Etym. cf. Nathalie. Epouse de saint Adrien*, Natacha ou Nathalie subit avec lui le martyre en 303 à Nicomédie, en Asie Mineure (auj. Izmit, Turquie). En 1110, leurs reliques sont transférées au monastère de Gerardsbergen, en Belgique. **Fête le 26 août.**

NATALÉNA (f) Cf. Natalène.

NATALÈNE (f) Etym. cf. Nathalie. Païenne, Natalène est la fille d'Arede-las, roi de Pamiers en Languedoc au 5e

ou au 6e s. Furieux de n'avoir que des filles, son père ordonne qu'on la noie, mais une servante chrétienne la sauve et l'élève en cachette. Mis au courant, le roi fait décapiter sa fille. Là où expire Natalène jaillit une fontaine ! **Fête le 10 novembre.**

NATALIA (f) Cf. Nathalie.

NATALIE (f) Cf. Nathalie.

NATAN (m) Cf. Nathan.

NATHALAN (m) Etym. cf. Nathan. Riche propriétaire terrien, Nathalan est furieux au spectacle de ses récoltes dévastées par un violent orage, au 7e s. Il s'en prend même à Dieu mais, sa colère tombée, se punit lui-même aus-sitôt très durement. **Fête le 19 janvier.**

NATHALIE (f) Etym. latine *(natalis,* natal). Chrétienne, Nathalie est marty-risée à Cordoue, Espagne, en 852, avec Aurèle* (voir ce prénom), pendant la persécution ordonnée par l'émir Abd Al-Rahmân II. **Fête le 27 juillet.** — Religieuse ursuline du couvent de Valenciennes, Flandre, Nathalie Vanot est guillotinée avec quatre de ses com-pagnes le 17 octobre 1794 pour « fana-tisme, trahison et port d'habit pro-hibé ». Cf. Marie-Marguerite. **Fête le 23 octobre.** — Cf. Natacha, épouse de saint Adrien. **Fête le 26 août.** Prénoms dérivés : Natalia, Natelia, Talia.

NATHAN (m) Etym. cf. Nathanaël. Personnage biblique, Nathan est le prophète qui assiste et conseille le roi David*. Il lui reproche le meurtre d'Urie et blâme sa liaison avec Bethsa-bée ; il le dissuade aussi de construire un temple mais assure sa succession. Cf. 2 Samuel, 7 et 12. **Fête le 7 mars.**

NATHANAËL (m) Etym hébraïque : « Yahvé a donné ». Selon l'évangile de Jean, Nathanaël est l'un des douze apôtres de Jésus en Palestine au 1er s. ; celui qui dit, apprenant que le Messie est de Nazareth : « Peut-il sortir quel-

que chose de bon de Nazareth ? »
Pourtant, retourné par les paroles que
lui adresse Jésus, il le suit sans la moindre hésitation. S'il est vraiment le Barthélemy des synoptiques, après la Pentecôte Nathanaël contribue à l'évangélisation du Bosphore, de la Phrygie, et
meurt écorché vif en Arménie à la fin
du 1er s. **Fête le 24 août.** Prénoms dérivés : Nathanaëlle, Nathaniel, Néal.

NATHANAËLLE (f) Cf. Nathanaël.

NATHANIEL (m) Cf. Nathanaël.

NATHY (m) Cf. Nathan ou Nathanaël.

NAUD (m) Cf. Arnaud ou Renaud.

NAUDET (m) Cf. Arnaud ou Renaud.

NAUDIN (m) Cf. Arnaud ou Renaud.

NAUSICAA (f) Dans la mythologie
Nausicaa est la fille du roi Alcinoos et
l'héroïne de l'un des plus fameux épisodes de l'*Odyssée*. — Sainte Anne est
la patronne des Nausicaa. **Fête le 26
juillet.**

NAZAIRE (m) Etym. hébraïque :
(nazir, mis à part, consacré). Fils d'un
père juif et d'une mère chrétienne,
Nazaire opte pour le christianisme
après beaucoup d'hésitation. Il est
martyrisé sous Néron, vers 60, sans
doute près de Milan où ses reliques
sont retrouvées vers 397, Ambroise*
étant évêque de la ville. Treize localités
perpétuent le nom de saint Nazaire en
France, dont une grande ville de Loire-Atlantique. **Fête le 28 juillet.**

NÉAL (m) Cf. Nathanaël.

NECTAIRE (m) Etym. grecque *(nektar,* boisson des dieux). Saint Nectaire
est l'apôtre de l'Auvergne, venu de
Rome au 3e s. avec saint Austremoine*
pour évangéliser le pays. Un sanctuaire
est bâti sur son tombeau et, plus tard,
une église autour de laquelle s'établit la
ville qui garde le nom du saint. Une
donation du comte d'Auvergne, Guil-

laume VII, en faveur des moines de la
Chaise-Dieu, mentionne Saint-Nectaire et sa région au 12e s. **Fête le 9
décembre.**

NED (m) Cf. Edouard.

NEDELEC (m) Cf. Noël. Forme bretonne du prénom.

NEDELEG (m) Cf. Noël.

NÉFERTITI (f) Etym. égyptienne :
« la belle est venue ». Epouse du pharaon Aménophis IV, Néfertiti est reine
d'Egypte au 14e s. av. J.-C., célèbre
par ses nombreux portraits retrouvés à
Tell el-Amarna, sur la rive gauche du
Nil. — Sainte Isabelle est la patronne
des Néfertiti. **Fête le 22 février.**

NEIL (m) Cf. Edouard.

NEÏS (f) Cf. Hélène. — Dans la
mythologie Néïs est la fille d'Aédon,
reine de Thèbes.

NELLA (f) Cf. Hélène ou Nelly.

NELLIE (f) Cf. Hélène ou Nelly.

NELLY (f) Etym. cf. Hélène. Fille
d'un Arménien catholique et d'une
Grecque orthodoxe, Nelly Beghian se
consacre à Dieu dans un couvent de
religieuses enseignantes, essentiellement préoccupée de la sanctification
des prêtres jusqu'à sa mort à Alexandrie, Egypte, en 1945. **Fête le 26 octobre.**

NELSON (m) Etym. anglaise : « le fils
de Nel ». Né en 1534 dans le comté de
York, Nelson est ordonné prêtre à
Douai, Flandre, en 1576, et arrêté
l'année suivante en Angleterre, accusé
de ''papisme''. Il refuse de prêter serment à l'Eglise anglicane et meurt
décapité en 1578. **Fête le 3 février.**

NENNOK (f) Cf. Ninog.

NÉON (m) Etym. grecque *(neos,* nouveau). Enfant de six ans martyrisé à
Rome dans les premiers siècles, Néon
est du groupe dit « des martyrs grecs »

dont les reliques sont retrouvées par Respighi en 1932 à Sainte-Agathe-des-Goths. **Fête le 2 décembre.**

NÉOPOLE (m) Cf. Napoléon.

NÉPOMUCÈNE (m) Cf. Jean-Népomucène.

NÉRÉE (m) Etym. grecque *(Nêreus,* l'un des plus anciens dieux de la mer, appelé aussi « le Vieillard de la mer » ; l'océanide Doris, son épouse, lui donne cinquante filles : les Néréïdes). Ami d'Achillée*, Nérée est comme lui militaire dans la garde impériale à la fin du 3ᵉ s. Converti au christianisme et réfractaire au décret qui l'oblige à prêter sermet à l'empereur, il est arrêté, condamné et martyrisé à Rome vers 304 avec Achillée. Leurs tombes sont retrouvées plus tard dans la catacombe Domitilla. **Fête le 12 mai.**

NÉRON (m) Cf. Pierre-François.

NERSÈS (m) Etym. grecque *(narkê,* torpeur). Evêque, Nersès subit le martyre en Perse (auj. Iran), vers 343, parce qu'il refuse d'adorer le soleil. **Fête le 20 novembre.** — Evêque de Tarse, Asie Mineure, au 12ᵉ s., saint Nersès œuvre essentiellement pour le rapprochement des Eglises romaine et arménienne. **Fête le 17 juillet.**

NESSIE (f) Cf. Agnès.

NESTOR (m) Etym. grecque *(Nestor,* roi légendaire de Pylos qui participe à l'expédition des Argonautes, à la chasse au sanglier de Calydon et à la guerre de Troie). Evêque de Magydos, Asie Mineure, saint Nestor meurt en 250, lors des persécutions de Dèce, crucifié comme le Maître auquel il a voué sa vie. **Fête le 26 février.** Prénoms dérivés : Nestoria, Nestorine.

NESTORIA (f) Cf. Nestor.

NESTORINE (f) Cf. Nestor.

NEVEN (m) Cf. Nevenou.

NEVENOE (m) Cf. Nevenou.

NEVENOU (m) Etym. celtique *(nevez,* neuf). Héros breton, par sa victoire sur Charles le Chauve, Nevenou rend son indépendance à la Bretagne en 851. **Fête le 7 mars.** Prénoms dérivés : Neven, Nevenoé, Nominoé.

NÉVENTER (m) Etym. cf. Nevenou. Frère de saint Derien*, Néventer contribue avec lui à la destruction d'un redoutable dragon qui cause beaucoup de ravages sur le domaine du seigneur de l'Elorn (auj. le pays de Landerneau), au 6ᵉ s. Impressionné, le seigneur se convertit au christianisme avec son fils Rioc*. Saint Néventer est le patron de Plounéventer. **Fête le 7 février.**

NICAISE (m) Etym. grecque *(nikê,* victoire). Dixième évêque de Reims, Champagne, Nicaise fait construire une église dédiée à la Vierge Marie. En 407, avec le clergé de la cathédrale et en chantant des hymnes, Nicaise se porte à la rencontre des Vandales qui assiègent la ville. Il est massacré, ainsi que sa sœur Eutropie et plusieurs de ses diacres. Saint Nicaise est le patron de Reims. **Fête le 14 décembre.** — Moine fransiscain, Nicaise Jansen est pendu par des calvinistes hollandais à Briel, près de Gorcum, Pays-Bas, le 9 juillet 1572. **Fête le 9 juillet.**

NICANOR (m) Etym. cf. Nicaise. Selon saint Luc, Nicanor est l'un des sept premiers diacres choisis par les chrétiens de la communauté de Jérusalem pour aider les apôtres au 1ᵉʳ s. Cf. Actes 6, 1-7. **Fête le 10 janvier.**

NICÉPHORE (m) Etym. grecque *(nikê,* victoire et *phoros,* porteur). Ancien commissaire impérial au 2ᵉ concile de Nicée, Nicéphore devient patriarche de Constantinople en 806. Favorable aux images, il défend cependant l'empereur contre le fanatisme des moines de Stoudios. On lui doit un traité d'iconolâtrie et une *Histoire de* *l'Empire byzantin.* Exilé en 815 par Léon V l'Arménien, saint Nicéphore expire dans un monastère en 829. **Fête le 13 mars.**

NICET (m) Etym. cf. Nicaise. Saint Nicet ou Nizier est évêque de Lyon de 552 à 573. Selon saint Grégoire* de Tours, « c'est le Seigneur lui-même, qui est la charité par excellence, qu'on croyait découvrir dans son cœur ». **Fête le 2 avril.**

NICÉTAS (m) Etym. cf. Nicaise. Moine sur le mont Olympe, en Grèce, dans le monastère que vient de fonder Nicéphore*, Nicétas est ordonné prêtre en 790. Puis il succède au fondateur comme higoumène lorsque Nicéphore est élu patriarche de Constantinople et, comme lui, Nicétas est exilé par Léon V l'Arménien pendant la querelle iconoclaste. Relégué dans un îlot de la mer de Marmara, il meurt en 824. **Fête le 3 avril.**

NICK (m) Cf. Nicolas.

NICKY (m) Cf. Nicolas.

NICODÈME (m) Etym. grecque *(nikê,* victoire et *dêmos,* peuple). Selon saint Jean, Nicodème est un pharisien, membre du Sanhédrin, qui vient questionner Jésus la nuit, par crainte de ses confrères. Mais plus tard, c'est ouvertement, au milieu d'eux, qu'il dénonce l'iniquité du procès fait au Maître, à Jérusalem, Palestine, en 30 ou 31. Puis il participe à l'ensevelissement du corps du Sauveur avec Joseph* d'Arimathie, au soir du vendredi. Nicodème a compris les paroles de Jésus sur le sens de cette « élévation du Fils de l'homme », sur l'efficacité de cette mort, source de vie pour celui qui croit et qui accepte de renaître dans l'eau et l'Esprit. Cf. Jean 3, 1-20. **Fête le 3 août.** — Moine de l'Athos, Nicodème est appelé en Serbie pour y exercer des fonctions importantes ; mais lorsqu'il comprend qu'on veut l'installer sur le siège épiscopal d'Ipek avec le titre de

patriarche de l'Eglise serbe, il poursuit sa route jusqu'en Roumanie, pays de ses ancêtres, et s'y emploie à la fondation de nombreux monastères. Mort à Tismana, Roumanie, le lendemain de Noël 1404. **Fête le 26 décembre.**

NICOLAS (m) Etym. gréco-latine *(nikê,* victoire et *laus,* louange). Originaire d'Asie Mineure, Nicolas est évêque de Myre, en Lycie (auj. Demre, Turquie) au 4e s. Il souffre des persécutions de Dioclétien mais survit aux mauvais traitements subis lors d'un emprisonnement, combat l'hérésie arianiste et participe au 1er concile de Nicée en 325. Mort vers 350, il est inhumé dans sa cathédrale. C'est en 1087, à l'approche des Sarrasins, que les reliques de Nicolas sont transférées à Bari, en Italie. Le culte du saint évêque, déjà important en Orient, s'étend alors en Occident et donne naissance aux légendes les plus fantaisistes. Encore bébé, Nicolas refusait le sein maternel, afin de jeûner, deux jours par semaine. Evêque, il s'arrête un jour dans une auberge où trois petits écoliers ont été proprement égorgés, découpés et mis au saloir ! Nicolas ressuscite les enfants, les envoie à l'école et convertit l'aubergiste. En Russie, la popularité du saint est telle qu'il devient l'héritier de Mikoula, dieu de la Moisson, « qui remplacera Dieu quand Dieu sera trop vieux » ! En France saint Nicolas est le patron de la Lorraine où une basilique lui est dédiée à Saint-Nicolas-de-Port depuis 1539. **Fête le 6 décembre.** — Au 9e s., saint Nicolas 1er le Grand est le 105e pape. Il définit la primauté pontificale, lutte contre l'anarchie féodale italienne et casse les décisions du concile de Metz qui accepte le divorce de Lothaire II. Mort à Rome en 867. **Fête le 13 novembre.** — Edifiée par Marguerite d'Autriche au 16e s., l'admirable église de Brou, à Bourg-en-Bresse (Ain), est dédiée à saint Nicolas de Tolentino, religieux augustin, mystique et thaumaturge du couvent de Tolentino, dans les Marches italiennes, mort en 1308 et canonisé par Eugène IV en 1446. **Fête le 10 septembre.** — Saint Nicolas de Flüe (21 mars 1417 -21 mars 1487) est le patron de la Confédération helvétique. Fils de fermier dans le canton d'Unterwalden, Nicolas prend part à la lutte de son pays contre les ducs d'Autriche et joue un rôle important dans le gouvernement. A trente ans il épouse Dorothée Wiss et construit lui-même sa ferme. Père de dix enfants, il est aussi le conseiller et l'arbitre de ses compatriotes, habile pour réconcilier les ennemis, faire cesser les procès et rétablir partout la paix. Mais à cinquante ans il disparaît. On le retrouve, vivant en ermite, dans le massif montagneux de la Melch. Il accepte de s'installer dans une cellule, dans la vallée, d'où il continue à exercer une influence extraordinaire dans la vie religieuse et politique de son pays jusqu'à sa mort, le jour de son soixante-dixième anniversaire. Sans Nicolas de Flüe, la Suisse n'existerait pas. Béatifié en 1667, il est canonisé par Pie XII le 25 mai 1947. **Fête le 21 mars.** Prénoms dérivés : Colas, Colin, Colinette, Klaus, Nick, Nicky, Nicolazic, Nicole, Nicoletta, Nicolette, Nikita, Nikolaï, etc.

NICOLAZIC (m) Cf. Nicolas. Forme bretonne du prénom.

NICOLE (f) Cf. Colette ou Nicolas.

NICOLETTA (f) Cf. Colette ou Nicolas.

NICOLETTE (f) Cf. Colette ou Nicolas.

NICOMÈDE (m) Etym. grecque *(nikê,* victoire et *Mêdeia,* nom de la fille du roi de Colchide, qui a inspiré une célèbre tragédie à Euripide). Roi de Bithynie vers 278 av. J.-C., Nicomède est le fondateur de la ville de Nicomédie (auj. Izmit, en Turquie), mais c'est Nicomède II Epiphane qui inspire sa tragédie à Pierre Corneille en 1651. — Saint Nicomède est martyrisé à Rome dans les premiers siècles du christianisme et inhumé sur la voie Nomentane. Vers 625 Boniface 1er fait ériger une basilique sur son tombeau. **Fête le 15 septembre.**

NICOULAU (m) Cf. Nicolas. Forme provençale du prénom.

NIKITA (m) Cf. Nicolas. Forme slave du prénom.

NIKOLAÏ (m) Cf. Nicolas.

NIL (m) Etym. latine *(nihil,* néant). Evêque, saint Nil subit la peine du feu en Palestine vers 310. **Fête le 19 septembre.** — Né à Rossano, Calabre, en 910, Nil exerce des fonctions importantes dans l'administration lorsqu'il perd sa femme. Il se convertit, quitte le monde et consacre sa fortune à la fondation d'un monastère basiléen qui existe encore, à Grottaferrata, près de Rome. On sait la réponse qu'il fait à un libertin qui veut l'embarrasser en lui demandant si Salomon est allé au ciel ou en enfer : « Très bonne question ! dit Nil. Mais il y en a une autre, plus urgente à résoudre : celle de savoir où vous irez vous-même si vous continuez à vivre en pourceau d'Epicure comme vous l'avez fait jusqu'à maintenant ». La vie solitaire de saint Nil ne fait qu'accroître son influence sur les chrétiens, les juifs et les musulmans. Il reçoit tous ses visiteurs, les rois et les empereurs comme les pauvres et les simples, avec bonté mais sans détours, ne sachant que parler des vérités éternelles. Mort à Tusculum, dans les monts Albains, Italie, vers 1005. **Fête le 26 septembre.** Prénom dérivé : Nils.

NILS (m) Cf. Nil.

NIN (m) Cf. Ninian.

NINA (f) Cf. Christiane.

NINE (f) Cf. Ninian.

NINIAN (m) Etym. celtique *(nin, sommet)*. Fils d'un chef de clan récemment converti, en Ecosse, Ninian est envoyé à Rome vers 380 pour y faire ses études et recevoir la prêtrise. Revenu dans son pays, il consacre sa vie à l'évangélisation des populations et à la fondation de nombreux monastères. Saint Ninian est l'un des premiers grands missionnaires écossais, très vénéré aussi en Bretagne, en particulier à Roscoff. **Fête le 16 septembre.**

NINIE (f) Cf. Ninian.

NINN (m) Cf. Ninian.

NINO (m) Cf. Ninian.

NINOG (f) Etym. celtique *(nin, sommet)*. Originaire de Cambrie, Grande-Bretagne, Ninog débarque en Armorique et fonde un couvent à Plœmeur, près de Lorient, au début du 5ᵉ s. Elle y meurt en 467 au terme d'une longue vie consacrée au Seigneur. **Fête le 4 juin.** Prénom dérivé : Nennok.

NINON (f) Cf. Christiane.

NINOUN (f) Cf. Christiane. Forme provençale du prénom.

NIOBÉ (f) Etym. grecque *(niobê, fougère)*. Fille de Tantale et mère de sept garçons et sept filles, Niobé est l'épouse d'Amphytrion, roi de Thèbes, dans la mythologie. — Sainte Nymphe est la patronne des Niobé. **Fête le 10 novembre.**

NIVARD (m) Etym. latine *(nix, nivis, neige)*. Petit-fils de Clotaire et archevêque de Reims de 657 à 673, saint Nivard est le fondateur de l'abbaye de Hautvillers avec saint Berchaire* le premier abbé, en 658. Chargé d'ans et de mérites, Nivard y meurt en 673. **Fête le 1ᵉʳ septembre.**

NIZIER (m) Cf. Nicet.

NOÉ (m) Etym. hébraïque : ''consolation'', selon la Genèse (5, 29). Consolation pour son père Lamek, Noé est aussi une consolation pour Dieu très affligé par la méchanceté des hommes et qui se repent de les avoir créés. Père de Sem, Cham et Japhet, Noé est le seul juste. *Il marche avec Dieu* (Gn 6, 9). Il sera donc la souche d'une humanité nouvelle. Mais sauvé du déluge et sorti de l'arche avec sa famille et un couple de tous les animaux, il n'est pas encore au bout de ses surprises. Après tant d'eau, il découvre le vin, ses bienfaits, ses méfaits et aussi l'insolence d'un fils. Revenu à lui, Noé maudit Cham qui s'est moqué de sa nudité pendant son ivresse. Cf. Genèse 7. 8 et 9. **Fête le 10 novembre.** — Artisan potier, Noé Mwaggali est l'un des vingt-deux chrétiens martyrisés en Ouganda au 19ᵉ s. sur l'ordre du roi Mwanga. Percé d'une flèche et attaché à un arbre, Noé expire après une longue agonie le 31 mai 1886, âgé de trente-cinq ans. Il est canonisé avec ses amis en 1964. **Fête le 3 juin.**

NOËL (m) Etym. hébraïque *(emmanouel, Dieu-avec-nous)*. Depuis le 4ᵉ s. l'Eglise célèbre l'anniversaire de la naissance du Christ le jour de la fête du solstice d'hiver, célébration païenne dans la Rome antique. Les fidèles de Mithra et les adorateurs du soleil fêtaient ce jour-là la victoire de la lumière sur les ténèbres. Pour toute la chrétienté le Christ est le soleil de justice, la vraie lumière venue pour illuminer le monde. Les évangiles rapportent les circonstances de la naissance de Jésus à Bethléem à l'aube de l'ère nouvelle. Dans le cœur du chrétien tout le mystère de Noël se résume en un mot, un nom, celui de l'oracle d'Isaïe : « Le Seigneur vous donnera un signe : la vierge enfantera un fils et l'appellera *Emmanuel* », c'est-à-dire, selon Matthieu, « Dieu avec nous ». Cf. Is 7, 14 et Mt 1, 23. **Fête le 25 décembre.** — Jésuite en 1630, Noël Chabanel enseigne à Toulouse et Rodez avant d'aller évangéliser les Hurons au Canada en 1644. Malgré d'énormes difficultés, il apprend leur langue et s'adapte à leurs coutumes. Le 7 décembre 1649, au retour d'une mission chez les Algonquins, Noël est surpris par les Iroquois et finalement tué par un Huron apostat. Il est béatifié en 1925 et canonisé en 1930 avec sept autres missionnaires jésuites. **Fête le 19 octobre.** — Seizième enfant des époux Pinot, Noël est ordonné prêtre en 1771 et nommé curé de Louroux-Béconnais en 1788. En 1790 il refuse de prêter serment à la Constitution civile du clergé. Alors, traqué et harcelé, arrêté une première fois et relâché avec interdiction de résider dans sa paroisse, Noël se terre le jour et ne vit plus que la nuit pour visiter ses ouailles, leur porter les sacrements et célébrer l'Eucharistie. Il vient de passer les vêtements liturgiques lorsqu'il est découvert dans la nuit du 8 février 1794. Condamné à l'échafaud il y monte comme il monterait à l'autel, revêtu de ses ornements, en disant les premiers mots de la messe : *Introïbo ad altare Dei,* à Angers le 21 février 1794. **Fête le 21 février.** Prénoms dérivés : Noëlla, Noëlle, Noëllie, Noëllina, Noëlline, Manoël, Manoëlle, Manuel, Manuelle, Nédelec ou Nédeleg, Novela, Novelenn, etc.

NOËLLA (f) Cf. Noël.

NOËLLE (f) Cf. Noël.

NOËLLIE (f) Cf. Noël.

NOÉMIE (f) Etym. hébraïque : "gracieuse". Personnage biblique, Noémie est la belle-mère de Ruth* qu'elle pousse à se remarier avec Booz*. Femme discrète mais forte dans l'adversité, elle a le bonheur d'inscrire son nom parmi ceux des ancêtres du Messie. **Fête le 21 août.**

NOÏRA (f) Cf. Eléonore.

NOLWENN (f) Etym. celtique *(an oan,* l'agneau et *gwenn,* blanc). Fille d'un prince de Cornwall, en Grande-Bretagne, Nolwenn ou Noluenn ou Noyale vient en Armorique au 6e s. pour y chercher la solitude. Elle se fixe dans la région de Vannes mais meurt encore très jeune, décapitée par un seigneur dont elle a repoussé les avances, s'étant consacrée à Dieu. Une chapelle est dédiée à sainte Nolwenn ou Noyale sur la paroisse de Noyal-Pontivy, Morbihan. **Fête le 6 juillet.**

NOMINOÉ (m) Cf. Nevenou.

NONN (f) Etym. latine *(nonus,* neuvième). Victime d'un viol à la cour de Keretiguet, roi du pays de Galles, Mélarie fuit en Armorique, se fixe sur le domaine du seigneur de l'Elorn (auj. région de Landerneau) et donne naissance à Divi*, futur missionnaire, au 6e s. Plus connue sous le nom de Nonn, la sainte est invoquée en Bretagne comme patronne et protectrice des nourrissons. Le tombeau de sainte Nonn est visible à Dirinon, près de Plougastel, Finistère. **Fête le 4 mars.**

NONNA (f) Etym. cf. Nonn. Au 4e s., en Asie Mineure, sainte Nonna est la mère de sainte Gorgonie* et des saints Césaire et Grégoire* de Nazianze. Ce dernier écrit d'elle : « Son grand souci était de mettre en honneur l'image divine imprimée dans son âme ». Morte en 374. **Fête le 5 août.**

NONNOSE (m) Etym. latine *(nonus,* neuvième). Moine remarquablement apte à l'obéissance, et donc au commandement, Nonnose est élu prieur de son monastère, sur le mont Sorracte, Italie centrale, au 6e s. **Fête le 2 septembre.**

NORA (f) Cf. Éléonore.

NORBERT (m) Etym. germanique *(north,* nord et *berht,* brillant). Né à Xanthen, Rhénanie, vers 1080, Norbert est chanoine et chapelain de l'empereur Henri V, son cousin. Abbé de cour, il est plus préoccupé de ses plaisirs que du salut des âmes, y compris la sienne. Il se convertit brusquement à trente-cinq ans, partage ses biens entre les indigents et, pieds nus, vêtu de peau de mouton, prêche l'Evangile dans les rues de Xanthen. Traité de fou, persécuté, blâmé par les Pères du concile de Fritzler en 1118, Norbert rejoint le pape Gélase II et obtient son approbation. Avec Hugues de Fosses, un prêtre wallon qui devient son ami, il fonde une communauté dans une clairière de la forêt de Laon, à Prémontré, berceau d'un nouvel ordre dont les membres sont en même temps des moines et des responsables de paroisses sous la règle de saint Augustin. Nommé archevêque de Magdebourg en 1126, Norbert tente de réformer son clergé et échappe deux fois à la mort parce qu'il gêne des gens peu convaincus de la nécessité de ces réformes. Il appuie enfin saint Bernard* dans sa lutte contre l'anti-pape Anaclet II au profit d'Innocent II et meurt à Magdebourg en 1134, usé par le travail et les austérités. Ses restes sont vénérés à l'abbaye de Strahor, en Bohême, depuis la Réforme. **Fête le 6 juin.** Prénom dérivé : Nalbert.

NORE (f) Cf. Éléonore.

NOREEN (f) Cf. Éléonore.

NORETTE (f) Cf. Éléonore.

NORIA (f) Cf. Éléonore.

NORIANE (f) Cf. Éléonore.

NORIG (f) Cf. Éléonore. Forme bretonne du prénom.

NORMA (f) Cf. Norman. Forme littéraire du prénom, en vogue au 19e s.

NORMAN (m) Etym. germanique *(north,* nord et *mann,* homme). Qui est cet « homme du nord » ? Aucune date, pas un détail, rien ne permet d'affirmer son existence. Saint Norbert est favorable aux Norman qui requièrent sa protection. **Fête le 6 juin.**

NOURA (f) Cf. Éléonore.

NOURIA (f) Cf. Éléonore.

NOVELA (f) Cf. Noël. Forme bretonne du prénom.

NOVELENN (f) Cf. Noël. Forme bretonne du prénom.

NOYALE (f) Cf. Nolwenn.

NUMIDICUS (m) Etym. latine : « originaire de Numidie ». Lapidé et jeté au feu avec d'autres chrétiens à Carthage, Afrique du Nord, au 3e s., Numidicus est tiré à temps du brasier par sa fille, ranimé et plus tard ordonné prêtre par saint Cyprien*. Mort vers 258. **Fête le 9 août.**

NUNDINA (f) Dans la mythologie, Nundina est la déesse qui veille à la purification des nouveau-nés neuf jours après leur naissance. — Sainte Nonn est la patronne des Nundina. **Fête le 4 mars.**

NUNILON (f) Cf. Elodie.

NUNZIO (m) Etym. latine *(nuntius,* envoyé). Orphelin et estropié, Nunzio travaille dès neuf ans avec son oncle, maréchal-ferrant colérique et ivrogne, supportant héroïquement le mépris, les brutalités et la solitude mais soutenu par son amour du Christ. Mort à Naples en 1836, âgé de dix-neuf ans, Nunzio Sulprizio est béatifié par Paul VI le 1er décembre 1963. **Fête le 5 mai.**

NYMPHE (f) Etym. grecque *(nymphoea,* nom donné aux déesses de rang inférieur qui, dans la mythologie, hantent les montagnes et les océans, les bois, les sources et les rivières). Martyrisée à Nicée, Asie Mineure, au 4e s., lors des persécutions de l'empereur Dèce, sainte Nymphe est la patronne des Circé, Daphné et Galatée, Chloris et Eurydice, et de toutes celles dont le prénom est tiré de la mythologie. **Fête le 10 novembre.**

NYMPHÉA (f) Cf. Nymphe.

O

OANEZ (f) Cf. Agnès. Forme bretonne du prénom.

OBADIAH (m) Cf. Abdias.

OBER (m) Cf. Aubert ou Robert.

OBÉRON (m) Cf. Aubert ou Robert. — Roi des génies aériens, Obéron joue un rôle important dans la chanson de geste française du début du 13ᵉ s., *Huon de Bordeaux* qui fait partie de la *Geste du Roy*. Champion de la loyauté et de la pureté, le nain Obéron a inspiré aussi Chaucer, Spenser, Shakespeare, Wieland et, à partir du poème de celui-ci, le compositeur Weber.

OCCIA (f) Cf. Octave.

OCELLINA (f) Cf. Octave.

OCILIA (f) Cf. Octave.

OCTAVE (f) Etym. latine *(octavus,* huitième). A Turin, au 5ᵉ s., une basilique est dédiée à saint Octave et à ses deux compagnons, Adventor* et Solutor*. Il s'agit vraisemblablement de trois chrétiens martyrisés dans cette ville lors des grandes persécutions des premiers siècles. C'est sur l'emplacement présumé de leur supplice, au Valdocco, que Jean Bosco* fait ériger la basilique de Notre-Dame Auxiliatrice

au 19ᵉ s. **Fête le 20 novembre.** Prénoms dérivés : Octavie, Occia, Ocellina, etc.

OCTAVIA (f) Cf. Octave.

OCTAVIE (f) Cf. Octave.

OCTAVIEN (m) Etym. cf. Octave. Seigneur bourguignon, Octavien est le frère d'un pape, Calixte II, et d'un archevêque de Besançon, au 12ᵉ s. Mais lui ne rêve que d'être moine à Cluny. Le comte Guillaume, son père, qui lui réserve sa succession, ne veut rien savoir et l'envoie faire son droit à l'université de Bologne, Italie. Son père mort en 1087, Octavien se garde de rentrer en Bourgogne, de crainte de rencontrer d'autres obstacles à sa vocation. Il se précipite à l'abbaye Saint-Pierre, à Pavie même où il est de passage, et y vit plus de quarante années dans la prière, l'humilité et l'étude de la Bible. En 1131, il est contraint d'accepter la charge du diocèse de Savone, en Ligurie, où il réussit à réformer les chanoines et à rétablir la paix dans la ville. Mort en 1132. **Fête le 6 août.**

OCTAVIENNE (f) Cf. Octavien.

ODA (f) Etym. germanique *(odo,* richesse). Fille de Wibert et Thesceline, en Brabant, au 12ᵉ s., Oda a déjà fait don de son cœur au Seigneur lorsqu'elle est traînée à l'église au bras de son père qui veut la marier malgré elle ; mais quand le prêtre lui pose la question rituelle, après que le fiancé a soufflé son ''oui'' très ému, elle déclare hardiment « non, pas du tout ! » Stupeur dans l'assistance, encore accrue par la fuite de la jeune fille. Oda se mutile le visage pour décourager d'autres prétendants et finit par être autorisée à entrer au couvent de Bonne-Espérance, à Rivroëlle (auj. en Belgique), où elle meurt en 1156. **Fête le 20 avril.**

ODE (f) Etym. cf. Oda. Veuve, Ode consacre sa fortune à la construction d'une église dédiée à saint Georges, à Amay, diocèse de Liège, vers 634. **Fête le 23 octobre.**

ODELIN (m) Cf. Odilon.

ODELINE (f) Cf. Odilon.

ODÉRIC (m) Cf. Odoric.

ODETTE (f) Cf. Ode ou Oda.

ODIANE (f) Cf. Ode ou Oda.

ODILE (f) Etym. germanique *(odo,* richesse). Selon un ouvrage anonyme du 10e s., Odile est la fille du seigneur Adalric, duc d'Alsace au 7e s. Il veut un fils. Une fille lui naît qui, comble de malchance, est aveugle. Furieux, il ordonne qu'on supprime le bébé. Odile est sauvée de justesse par sa mère, la bonne et douce Bereswinde, avec la complicité d'une servante puis de l'abbesse de Palma (auj. Baume-les-Dames), près de Besançon. C'est là qu'Odile est baptisée, à quinze ans, par un évêque de passage, et qu'elle recouvre la vue à l'instant où l'eau baptismale coule sur son front. A Hohenbourg le duc n'est pas fâché d'apprendre que sa fille est vivante après ce miracle. Il l'accueille au château et lui cherche un prince. Nouvelles difficultés pour Odile qui s'est consacrée à

Dieu. Enfin les yeux d'Adalric s'ouvrent aussi, spirituellement ; il voit sa fille telle qu'elle est, la plus belle, la reine de sa cour, certes, mais pour la joie et la gloire du Seigneur. Le château de Hohenbourg est transformé en monastère, une chapelle est bâtie, puis un hospice pour les lépreux. Abbesse, Odile accueille de nombreuses postulantes, soigne les lépreux et en guérit plusieurs par simple imposition des mains. D'ailleurs les miracles sont fréquents sur le mont où la sainteté d'Odile attire déjà les pèlerins, les pauvres et les infirmes. L'abbesse meurt au milieu de ses filles, étendue sur une peau d'ours, en décembre 720, âgée de cinquante-huit ans. Sainte Odile est la patronne de l'Alsace et, depuis douze siècles, les chrétiens ne cessent de gravir la montagne qui perpétue son nom, le Mont-Sainte-Odile, à Ottrot, (Bas-Rhin). **Fête le 14 décembre.** Prénoms dérivés : Laodamie, Laodicée, Mélodie, Mélodine, etc.

ODILON (m) Etym. cf. Odile. Auvergnat, Odilon n'a que vingt-neuf ans lorsqu'il est élu abbé de Cluny en 991. L'ordre bénédictin connaît une grande prospérité sous sa direction. Le nombre des monastères affiliés à Cluny passe de trente-sept à soixante-cinq. Odilon institue la « trêve de Dieu » qui interdit les hostilités pendant l'avent, le carême et le temps pascal. On lui doit aussi le « Jour des Défunts » qu'il fixe au 2 novembre. Fin diplomate, Odilon joue un rôle important auprès des souverains ; il ''manœuvre'' parfois même le pape, mais il est surtout un moine fervent, très doux dans ses rapports avec ses inférieurs et infiniment charitable envers les pauvres. Il vend ses ornements liturgiques et s'en va mendier lui-même pour nourrir la foule des affamés qui se presse au porche de l'abbaye pendant la terrible famine de 1006. Mort à Souvigny, Bourbonnais, le 1er janvier 1049. **Fête le 4 janvier.**

ODON (m) Etym. cf. Odile. Né près de Tours en 879, le jeune seigneur Odon va à Paris pour étudier les belles lettres et la musique, puis renonce au monde et prend l'habit bénédictin au monastère de Baume-les-Messieurs, dans le Jura, en 909. L'année suivante il gagne Cluny et en 927 succède à Bernon* comme abbé. Véritable ascète à l'âme ardente, Odon est pour ses moines d'une grande bonté et d'une humeur toujours joyeuse. « En récréation, il nous faisait rire aux larmes », écrit l'un d'eux. Odon versifie et fait de la musique toute sa vie. Il voyage aussi beaucoup. En 931 le pape l'autorise à placer sous son autorité les monastères qu'il réforme. En été 942 il est à Rome pour la quatrième fois lorsqu'il a l'intuition de sa mort prochaine. Il gagne donc Tours pour y achever son pèlerinage terrestre près du tombeau de saint Martin, là même où il l'a commencé. Ce qui se produit en novembre 942. **Fête le 18 novembre.** — Ecolâtre à Tournai, Hainaut, Odon y fonde l'abbaye Saint-Martin au 12e s., occupe le siège épiscopal de Cambrai de 1105 à 1113 et meurt à Anchin, près de Cambrai, peu de temps après. **Fête le 17 juin.** Prénom dérivé : Oudard.

ODORIC (m) Etym. germanique *(odo,* richesse et *rick,* roi). Moine franciscain originaire du Frioul, Italie, Odoric de Pordenone voyage en Tartarie, en Inde, en Chine, au Tibet et, à son retour, fait le récit de son périple : *Itinéraire.* Mort à Udine, Frioul, en 1331. **Fête le 15 janvier.**

ODRAN (m) Etym. cf. Audren. Saint Odran est abbé du monastère de Meath, en Irlande, au 6e s. **Fête le 27 octobre.**

OFFENGE (f) Cf. Euphémie.

OGER (m) Cf. Roger. Forme médiévale du prénom.

OGIER (m) Cf. Roger. — Avec Olivier et Garin le Lorrain, Ogier le Danois est l'un des preux de Charlemagne; parfois vénéré comme un saint.

OLAF (m) Etym. scandinave : "heureux". Jeune prince viking, Olaf se convertit au christianisme lors d'une expédition en Angleterre. A dix-huit ans il est baptisé à Rouen, Normandie, en 1014. Rentré en Norvège, il accède au trône et se consacre à l'évangélisation de son pays, luttant vigoureusement contre les pratiques païennes en usage parmi ses sujets. Il commet malheureusement l'erreur de vouloir imposer l'Evangile par la force. Exilé en 1028, Olaf revient dans son pays en 1030 mais périt lors d'une bataille engagée contre les Danois, près de Trondjeim, en cherchant à reconquérir son trône. Héros de l'indépendance norvégienne, Olaf est bientôt considéré aussi comme un saint. De nombreuses églises lui sont dédiées dans son pays. **Fête le 29 juillet.** Prénoms dérivés : Olav, Oleg, etc.

OLAV (m) Cf. Olaf.

OLEG (m) Cf. Olaf.

OLGA (f) Etym. cf. Olaf. Epouse du prince Igor d'Ukraine et grande-duchesse de Kiev, Olga est la première chrétienne russe, baptisée à Constantinople en 957. Veuve, elle exerce la régence pendant la minorité de son fils Sviatoslav et obtient de l'empereur germanique, Othon le Grand, qu'il lui envoie des missionnaires pour convertir ses sujets, lesquels font encore des sacrifices humains. Tous sont massacrés. Olga meurt pourtant confiante en 969. Son petit-fils, Vladimir*, réussira là où elle a échoué. **Fête le 11 juillet.** Prénom dérivé : Olna.

OLIER (m) Cf. Olivier. Forme bretonne du prénom.

OLIVA (f) Cf. Olive.

OLIVE (f) Etym. latine évidente. Jeune chrétienne originaire de Palerme, Sicile, Olive subit le martyre à Brescia, Lombardie, en 119. Ses reliques sont vénérées dans l'église Saint-Afra de Brescia. **Fête le 5 mars.** Prénoms dérivés : Oliva, Olivette, Olivia, Oliviane, etc.

OLIVER (m) Cf. Olivier.

OLIVETTE (f) Cf. Olive.

OLIVIA (f) Cf. Olive.

OLIVIANNE (f) Cf. Olive.

OLIVIER (m) Etym. cf. Olive. Irlandais ordonné prêtre à Rome où il enseigne la théologie, Olivier Plunkett est nommé archevêque d'Armagh et primat d'Irlande en 1669. Il réorganise l'Eglise dans le pays ravagé par les guerres de religion mais, traqué par les protestants anglais en 1673, il passe dans la clandestinité et poursuit son apostolat dans l'ombre, toujours entreprenant et d'humeur joyeuse. Arrêté à Dublin en 1679, Olivier est inculpé de haute trahison, accusé même d'avoir taxé ses prêtres pour financer l'armement de soixante-dix mille hommes en vue d'attaquer les Anglais ! Il est condamné à être « pendu, vidé et démembré ». L'archevêque ne perd rien de sa courtoisie et de son enthousiasme pendant les mois interminables qu'il passe dans les geôles londoniennes. « Je ne crains pas la mort ; au contraire je suis heureux de rejoindre le Christ et de montrer à mes chers Irlandais que je tâche de pratiquer ce que je leur ai si souvent enseigné », écrit Olivier dans sa dernière lettre. Il pardonne à ses dénonciateurs et calomniateurs, les remercie même chaleureusement, et subit le martyre à Londres le 11 juillet 1681. Ses restes sont partagés entre l'abbaye de Downside, comté de Wilts, et Drogheda, comté de Meath, son pays natal, en Irlande. Olivier est canonisé par Paul VI en 1975. **Fête le 12 juillet.** Prénoms dérivés : Olier, Oliver, etc.

OLKAN (m) Cf. Volcan.

OLNA (f) Cf. Olga.

OLYMPE (f) Etym. grecque *(Olumpos,* nom d'une montagne sacrée où reposaient les dieux grecs dans la mythologie). Née en 361 dans une famille illustre de Constantinople, Olympe fonde dans cette ville une maison d'accueil pour les clercs et les malades. Jean* Chrysostome trouve en elle une auxiliaire intelligente et dévouée pendant son exil. Olympe est promue diaconesse dès trente ans alors que l'âge canonique est soixante ans. Mais elle est soupçonnée d'avoir allumé l'incendie de 404. Olympe saisit l'occasion du procès pour affirmer sa foi publiquement. Elle meurt à Nicomédie, en Bithynie, Asie Mineure, vers 410. **Fête le 17 décembre.** Prénoms dérivés : Olympia, Olympio.

OLYMPIA (f) Cf. Olympe.

OLYMPIO (m) Cf. Olympe. — Prénom poétique illustré par V. Hugo au 19e s.

OMAR (m) Cf. Omer.

OMBELINE (f) Etym. latine *(ombria,* sorte de pierre précieuse ou *umbria,* ombre). Tandis que son père et ses six frères se sont consacrés à Dieu à l'abbaye de Cîteaux, en Bourgogne, Ombeline épouse un seigneur et mène une vie particulièrement dissipée et mondaine. Refusant de la recevoir un jour que sa sœur vient lui rendre visite au monastère en grand équipage, saint Bernard* provoque en elle le choc décisif qui entraîne sa conversion. Moniale cistercienne à Jully-les-Nonnains, Bourgogne, Ombeline meurt dans la paix de Dieu en 1136. **Fête le 21 août.** Prénoms dérivés : Humbeline, Ombredanne, Umbria, Umbrina.

OMBREDANNE (f) Cf. Ombeline.

OMER (m) Etym. germanique *(maro,* illustre). Originaire d'Orval, près de Coutances, en Normandie, Omer entre à l'abbaye de Luxeuil, alors en Bourgogne, vers 629, avec son père veuf. Nommé évêque de Thérouanne, en Artois, il évangélise les Morins retournés au paganisme et contribue à la fondation du monastère de Sithiu (auj. Saint-Omer), avec son ami Bertin*, en 663. Mort aveugle vers 670. **Fête le 9 septembre.**

ONÉSIME (m) Etym. grecque *(onesimos,* utile). Esclave en Phrygie, Asie Mineure, Onésime rencontre saint Paul dans les années 50-55. L'ayant converti, l'apôtre le renvoie à Philémon, son ancien maître, et le fait plus tard évêque de Bérée, en Macédoine. Onésime occupe une grande place dans la vie de Paul à en juger par l'épître que celui-ci adresse à Philémon*, dans laquelle il l'appelle son enfant et son propre cœur. **Fête le 16 février.**

ONÉSIPHORE (m) Etym. grecque *(onesimos,* utile et *phorein,* porter). Comme Onésime*, Onésiphore est un proche de Paul* qui lui rend hommage dans la deuxième lettre qu'il envoie à Timothée* : « Que Dieu lui fasse miséricorde. Onésiphore m'a souvent encouragé et n'a pas rougi de mes chaînes. Au contraire, sitôt à Rome il s'est hâté de me rejoindre. Tu sais mieux que personne tous les services qu'il m'a rendus à Ephèse ». **Fête le 6 septembre.**

ONNEN (f) Etym. celtique *(onn,* solide). Sœur du roi Judicaël*, Onnen fuit la cour et s'établit ermite près du bourg de Trehorenteuc (auj. en Morbihan). Morte vers 630, sainte Onnen est la patronne protectrice de Trehorenteuc, invoquée en particulier contre l'hydropisie. **Fête le 30 avril.** Prénom dérivé : Oonna.

ONUPHRE (m) Etym. grecque *(onux,* ongle et *phorein,* porter). Ermite au désert de Thèbes, en Egypte, à la fin du 4e s., Onuphre n'a coupé ni ses ongles ni sa barbe ni ses cheveux pendant soixante ans. Saint Paphnuce raconte que, lorsqu'il l'aperçoit, il a peur et tourne les talons. Mais l'ermite le rappelle de sa voix douce, le conduit à sa grotte et lui parle de Dieu toute la nuit. « A l'aube, son visage change tout à coup, écrit Paphnuce. Il me dit qu'il va mourir et me remercie d'être venu lui donner la sépulture. Prosterné à mes pieds, il me demande de réciter sur lui les dernières prières. Ce que je fais. Onuphre meurt dans la journée. Je l'ensevelis devant sa grotte ». **Fête le 12 juin.**

OONNA (f) Cf. Onnen.

OPALINE (f) Prénom inspiré de l'opale, pierre précieuse translucide ou opaque à reflets irisés. Les Opaline sont fêtées le jour de la Saint-Pierre. **Fête le 29 juin.**

OPHÉLIE (f) Etym. grecque *(ôphelia,* aide, secours). Prénom célébré par Shakespeare dans *Hamlet.* Saint Philippe est le patron des Ophélie et des Ophélio. **Fête le 3 mai.**

OPHÉLIO (m) Cf. Ophélie.

OPPORTUNE (f) Etym. latine *(opportunus,* qui conduit au port). Sœur de saint Chrodegang, évêque de Sées, Normandie, au 8e s., Opportune reçoit l'habit religieux de ses mains. Abbesse du monastère des bénédictines de Montreuil, elle meurt vers 770, près d'Almenèche, peu de temps après l'assassinat de son frère. **Fête le 22 avril.**

OPTAT (m) Etym. latine *(optativus,* souhaiter ou *optare,* choisir). Chrétien espagnol, Optat refuse d'apostasier et subit le martyre avec dix-huit de ses compagnons de captivité à Saragosse, Aragon, en 304. Le poète Prudence a célébré leur glorieux combat. **Fête le 16 avril.** — Evêque de Milève, en Numidie (auj. Algérie), saint Optat est l'auteur d'un ouvrage, contre les donatistes, dans lequel il insiste sur l'unité et la catholicité de l'Eglise. Mort vers 370. **Fête le 4 juin.**

ORCHIDÉE (f) Etym. grecque *(orkhidion,* petit testicule). Prénom inspiré de la plante dont les fleurs sont recherchées pour la finesse de leurs formes et de leurs coloris. Sainte Fleur est la patronne des Orchidée. **Fête le 5 octobre.**

ORENS (m) Etym. latine *(oriens,* surgissant). Fils du duc d'Urgel, en Catalogne espagnole, saint Orens est évêque d'Auch, en Armagnac, vers 439. **Fête le 1er mai.**

ORESTE (m) Etym. grecque *(Orestês,* nom d'un héros de la mythologie). Les Oreste sont fêtés avec les Orens le 1er mai.

ORIA (f) Cf. Aura.

ORIANNA (f) Cf. Aura.

ORIANNE (f) Cf. Aura.

ORINGA (f) Etym. latine *(origo,* naissance). Plutôt que d'épouser un païen, Oringa fuit le château de sa famille et se met au service d'un seigneur, évitant de se faire connaître. Elle revient chez elle plusieurs années après, fonde un couvent dans le château dont elle a hérité, en Toscane, Italie, et y meurt vers 1310. **Fête le 17 février.**

ORLANDO (m) Cf. Roland. Forme occitane du prénom.

ORNA (f) Cf. Aura.

ORNELLA (f) Cf. Aura.

ORORA (f) Cf. Aurore.

ORPHÉE (m) Etym. grecque *(Orpheus,* nom d'un héros légendaire de la mythologie : fils de la muse Calliope et du roi Oeagre, Orphée invente la cithare, reçoit d'Apollon la lyre à sept cordes et en ajoute deux pour symboliser le nombre des Muses. Son chant envoûte les mortels et les immortels, apprivoise les fauves et charme les divinités qui s'y trouvent lorsqu'il descend aux Enfers pour y chercher Eurydice son épouse). Les Orphée sont fêtés avec les protégés de sainte Nymphe le 10 novembre.

ORTOLANA (f) Etym. latine *(hortus,* jardin). Sainte Ortolana est la mère de sainte Claire*, fondatrice de l'ordre des ''Pauvres Dames'' ou clarisses à Assise, Ombrie, en 1212. **Fête le 9 mai.**

OSANNA (f) Etym. hébraïque : « sauve-nous, de grâce ». De nombreuses légendes se mêlent à la vie de sainte Osanna, née dans une famille illustre de Mentoue, Italie, tertiaire dominicaine favorisée de nombreuses visions et extases jusqu'à sa mort en 1505. **Fête le 18 juin.**

OSANNE (f) Cf. Osanna.

OSCAR (m) Cf. Anschaire.

OSÉE (m) Etym. hébraïque *(hôschi,* sauve). Cœur tendre mais regard lucide, Osée est l'un des douze petits prophètes d'Israël, vers 780-740 av. J.-C. Ses prophéties concernent surtout la ''prostitution'', c'est-à-dire l'idolâtrie à laquelle se laisse aller le peuple de Dieu. **Fête le 4 juillet.**

OSIP (m) Cf. Joseph. Forme slave du prénom.

OSITH (f) Etym. celtique *(Os,* nom d'une divinité celtique). Fille d'un seigneur du comté de Mercie, Grande-Bretagne, Osith est contrainte d'épouser le roi des Saxons, mais elle le quitte bientôt, avec ou sans son consentement, pour prendre l'habit religieux à l'abbaye bénédictine de Chich qu'elle a fondée en 880. Osith meurt, martyrisée par les vikings, quelques années plus tard. **Fête le 7 octobre.**

OSMOND (m) Etym. germanique *(oster,* est et *mund,* protection). Chapelain de Guillaume le Conquérant, Osmond est élu évêque de Salisbury, comté de Wiltshire, en 1078. Mort en 1099. **Fête le 4 décembre.**

OSMUND (m) Cf. Osmond.

OSWALD (m) Etym. germanique *(oster,* est et *waldo,* celui qui gouverne). Roi de Northumbrie, Angleterre, Oswald est converti au christianisme par les moines d'Iona. Mort sur le champ de bataille le 5 août 642, âgé de trente-sept ans. **Fête le 5 août.** — D'origine danoise, Oswald prend l'habit bénédictin à Fleury (auj. Saint-Benoît-sur-Loire), Orléanais, puis fonde en Angleterre les églises abbatiales de Ramsay et Worcester. Archevêque d'York, il vient de laver les pieds de douze pauvres lorsqu'il meurt, pendant le chant du Gloria, en 992. **Fête le 29 février.**

OSWIN (m) Etym. germanique *(oster,* est et *win,* ami). Roi trop sage d'un petit royaume trop heureux et prospère, Deira, en Angleterre, Oswin est assassiné par un cousin jaloux au milieu du 7e s. **Fête le 20 août.**

OSWY (m) Cf. Oswald.

OTACILIA (f) Cf. Othon. Prénom en vogue à l'époque romaine.

OTHELLO (m) Cf. Othon. Prénom célébré par Shakespeare en 1604, puis par Verdi en 1887.

OTHILIE (f) Cf. Othon.

OTHON (m) Etym. germanique *(odo,* richesse et *theudo,* peuple). Chancelier de l'empereur Henri IV, Othon est nommé évêque de Bamberg, en Souabe, en 1102, et consacré par le pape Pascal II en 1106 à Anagni. Médiateur entre le chef de l'Eglise et l'empereur, Othon est le grand artisan du concordat de Worms signé en 1122. L'évêque est aussi l'intrépide évangélisateur de Poméranie et le fondateur d'un si grand nombre de monastères qu'il est surnommé « le Père des moines ». Mort à Bamberg en 1139, il est canonisé en 1189. **Fête le 2 juillet.** — Franciscain, Othon va annoncer l'Evangile aux Sarrasins, en Espagne puis au Maroc, avec quatre confrères et avec la bénédiction de saint François*. Ils prêchent jusque dans les mosquées, tellement impatients de répandre leur sang pour le Christ qu'ils critiquent ouvertement le Coran et affirment que la seule vérité est celle de l'Evangile. Traînés tous les cinq devant le miramolin Abou Yacoub, Othon et ses frères font preuve d'une telle détermination que celui-ci les abandonne à ses bourreaux. Ils sont torturés toute une nuit et décapités à l'aube du 16 janvier 1220. **Fête le 16 janvier.** Prénoms dérivés : Otacilia, Othello, Othilie, Otton, etc.

OTMAR (m) Etym. germanique *(odo,* richesse et *maro,* célèbre). Abbé du monastère Saint-Gall, aujourd'hui en Suisse, vers 720, Otmar remplace la règle de saint Colomban par celle des bénédictins, moins austère, par égard pour ses moines. Sa règle à lui est l'Evangile qu'il pratique à la lettre. Il donne tout aux pauvres, jusqu'à ses vêtements, et rentre souvent nu au monastère. Grand ami des lépreux, c'est la nuit qu'il va les visiter et les soigner, afin que de mauvaises langues ne puissent lui reprocher « d'avilir la dignité abbatiale ». Persécuté, exilé dans une île du Rhin en Argovie, Otmar meurt de misère et des mauvais traitements qu'on lui a infligés le 16 novembre 759. **Fête le 16 novembre.**

OTTON (m) Cf. Othon.

OUDARD (m) Cf. Odon.

OUDILO (f) Cf. Odile. Forme provençale du prénom.

OUEN (m) Etym. latine *(ungere,* oindre). Frère d'Adon et Radon, Dodon est né à Sancy, près de Soissons, vers 600. Il se lie d'amitié avec Eloi* à la cour de Clotaire II et devient conseiller référendaire du roi Dagobert. Mais en 640, quoique simple laïque, il est appelé sur le siège épiscopal de Rouen et sacré, *oint,* l'année suivante. Pendant quarante-quatre ans, Ouen se dépense inlassablement pour mener à bien l'évangélisation d'une population encore livrée au paganisme et à la débauche. Mais son activité ne se limite pas à son diocèse. L'archevêque reste le conseiller des rois et des reines, très sollicité surtout par sainte Bathilde* pendant sa régence. Il assiste à de nombreux conciles et fonde plusieurs monastères, dont Rebais et Saint-Germer. Mort près de Clichy, là où s'élève aujourd'hui la ville de Saint-Ouen, en 684, il est inhumé à l'abbaye Saint-Pierre de Rouen, dans l'abbatiale qui lui est dédiée plus tard. **Fête le 24 août.**

OULEVIÉ (m) Cf. Olivier. Forme provençale du prénom.

OURRIAS (m) Cf. Eléazar. Forme provençale du prénom.

OURS (m) Etym. latine *(ursus,* ours). A Loches, en Touraine, une église est dédiée à saint Ours, fondateur d'un monastère sur l'emplacement de la ville à la fin du 5e s. **Fête le 15 mars.**

OUSÉBIE (f) Cf. Eusébie. Forme provençale du prénom.

OUTAVIAN (m) Cf. Octavien. Forme provençale du prénom.

OUTRILLE (m) Cf. Austrégisille. Forme occitane du prénom.

OVIN (m) Etym. latine *(ovis,* brebis). Intendant de la princesse Audrey* jusqu'au jour où elle prend le voile à Coldingham, Ovin libéré entre au monastère Saint-Chad à Lastingham, Yorkshire, en Angleterre, où il meurt vers la fin du 7e s. **Fête le 22 août.**

OYANT (m) Etym. latine : « celui qui écoute ». Moine à Condat, monastère fondé par saint Romain* au 5e s. dans la forêt du Jura, saint Oyan en est le 4e abbé au 6e s. **Fête le 29 janvier.**

P

PABLO (m) Cf. Paul.

PABU (m) Cf. Tugdual.

PACIANE (f) Cf. Pacien.

PACIEN (m) Etym. latine *(pax,* paix). Saint Pacien est évêque de Barcelone, Espagne, au 4e s. **Fête le 9 mars.**

PACIFIQUE (m) Etym. latine *(pacificus,* celui qui aime la paix). Le corps de saint Pacifique, adolescent martyrisé dans les premiers siècles du christianisme et inhumé dans la catacombe de Priscille à Rome, est vénéré dans la chapelle de la Tour Saint-Joseph, à Saint-Pern, Bretagne, où il a été transféré en 1864. **Fête le 18 août.** — Célèbre troubadour italien du 13e s., couronné « Prince des poètes » par l'empereur au Capitole, Pacifique renonce à la célébrité et à la fortune vers l'âge de cinquante ans en entendant prêcher saint François*. Reçu dans l'ordre, il est chargé d'aller l'implanter en France en 1217. Rentré en Italie en 1223, Pacifique est nommé visiteur des clarisses et, en 1225, il clame le *Cantique du Soleil* que vient de composer François, sur la place d'Assise où sont assemblés l'évêque, le seigneur et, derrière eux, toujours divisée, toujours prête à s'affronter, toute

la population. L'effet est immédiat quand Pacifique en arrive au verset ajouté par l'auteur à son œuvre pour inciter ses compatriotes au pardon : « Loué sois-tu, ô Dieu, pour ceux qui pardonnent et persévèrent dans la paix : par toi, ô Très-Haut, ils seront couronnés ! » Les larmes coulent, le seigneur et l'évêque tombent dans les bras l'un de l'autre, tous les Assisiates en font autant. Plus tard, après la mort de François, Pacifique retourne en France pour conforter ses fondations et établir d'autres communautés. Il meurt à Lens, en Artois, vers 1230. **Fête le 10 juillet.**

PACO (m) Cf. François. Forme hypocoristique de Fransesco.

PACÔME (m) Etym. latine *(pax,* paix). Né de parents idolâtres en Haute-Egypte vers 286, Pacôme est enrôlé malgré lui dans les armées de l'empereur Maximin Daïa, mais sa conversion au christianisme l'oblige bientôt à changer de cap. Profitant de la défaite de Maximin et de la dispersion des troupes, il se fixe dans une ville de Thébaïde où vit une communauté chrétienne, puis renonce encore à cette existence trop douce pour s'enfoncer dans le désert de Tabennêsi, épris de solitude et de perfection. Sa sainteté lui attire de nombreux disciples, l'obligeant à organiser la vie communautaire, vers 323. Pacôme est considéré comme le père des moines cénobites. Sa règle copte, connue grâce à une traduction de saint Jérôme, exerce son influence sur tout le monachisme occidental. L'affluence des postulants est telle que Pacôme doit fonder sept autre monastères avant de pouvoir accéder au grand repos à Phboou, dans le désert de Tabennêsi, Haute-Egypte, en 346. **Fête le 9 mai.**

PADERN (m) Cf. Paterne. Forme bretonne du prénom.

PADRIG (m) f. Patrick. Forme bretonne du prénom.

PAIR (m) Etym. latine *(par,* égal, semblable). Saint Pair est évêque d'Avranches au 6e s. **Fête le 14 juillet.**

PALAIS (m) Etym. latine *(Palatinus,* mont Palatin, à Rome, sur lequel fut construit la somptueuse demeure de l'empereur Auguste). Evêque de Saintes au début du 6e s., saint Palais reçoit Clovis et fait construire églises et monastères grâce à ses dons. Ayant retrouvé le sarcophage de saint Eutrope*, premier évêque de la ville, il fait transférer ses reliques dans l'église Saint-Etienne, rebaptisée plus tard Saint-Eutrope. Une commune garde son nom en Charente-Maritime, agréable station balnéaire : Saint-Palais-sur-Mer. **Fête le 2 août.**

PALAMAS (m) Cf. Grégoire. Prénom inspiré d'un patronyme.

PALAMON (m) Etym. grecque *(Paloemon,* nom d'un personnage mythologique changé en dieu marin). Ermite dans le désert de Thébaïde, en Haute-Egypte, au début du 4e s., Palamon accueille le jeune Pacôme* et guide ses premiers pas dans la vie spirituelle. Lorsque le vieil ascète touche à sa fin, son ancien disciple accourt de Tabennêsi, poussé par l'intuition, pour l'assister dans ses derniers moments et l'ensevelir pieusement devant sa grotte, vers 330. **Fête le 11 janvier.**

PALÉMON (m) Cf. Palamon.

PALLADE (m) Etym. grecque *(palladiôn,* du nom de la planète Pallas). Au 7e s. saint Pallade est le fondateur d'un monastère à Auxerre, Bourgogne, à l'emplacement de l'actuelle église Saint-Eusèbe. **Fête le 25 septembre.**

PALMYRE (f) Prénom inspiré d'une ville de Syrie, en vogue aux 18e et 19e s. Les Palmyre sont fêtées avec les Paloma*.

PALOMA (f) Etym. latine *(palumba,* palombe). Prénom inspiré d'une fête de la Vierge Marie : Notre-Dame de la Palombe. **Fête le 5 août.** Prénom dérivé : Paméla.

PAMÉLA (f) Cf. Paloma.

PAMMAQUE (m) Etym. grecque *(pan,* tout, universel et *makhê,* combat). Noble romain, Pammaque sanctifie son veuvage par une vie ascétique, quasi monastique, guidé par saint Jérôme*, contribue à la fondation d'un hospice avec sainte Fabiola* et meurt à Rome vers 410. **Fête le 29 août.**

PAMPHILE (m) Etym. grecque *(pan,* tout, universel et *philos,* ami). Né à Beyrouth, Liban, vers 240, Pamphile étudie à Alexandrie, Egypte, et reçoit l'onction sacerdotale à Césarée de Palestine où il enseigne dans l'école fondée par Origène. Il est arrêté et jeté en prison avec son jeune serviteur, Porphyre*, et plusieurs de ses proches, lorsqu'éclate la persécution de Dioclétien. Dans sa geôle, lorsqu'il ne prie pas, Pamphyle écrit ce qui sera son dernier livre, une fervente *Apologie* d'Origène, son maître. Il est ensuite martyrisé et succombe le 13 février 309. Eusèbe de Césarée qui raconte sa fin et celle de ses compagnons semble à court de mots pour dire l'action de l'Esprit-Saint en eux. **Fête le 1ᵉʳ juin.**

PANCRACE (m) Etym. grecque *(pan,* tout et *kreas,* chair ; ou *pankration,* exercice gymnique qui combine la lutte et la boxe). Originaire de Phrygie, Asie Mineure, Pancrace est orphelin très jeune. Recueilli par son oncle Denis, il le suit à Rome où tous deux sont baptisés. La mort de l'oncle éprouve encore Pancrace peu de temps après. A quatorze ans il distribue aux pauvres la fortune dont il hérite, attirant l'attention sur lui malgré les précautions prises. Arrêté au début des persécutions de Dioclétien, l'adolescent ne dissimule plus rien, ni son baptême récent, ni son bonheur d'appartenir au Christ. Il est décapité sur la voie Aurélienne en 304. Une église lui est dédiée à Rome : Saint-Pancrace-hors-les-Murs. Le saint est très populaire en France où son nom est souvent déformé : Blancat, Branchais, Pancrat, Planchat, etc... sont inspirés de Pancrace. **Fête le 12 mai.**

PANCRAT (m) Cf. Pancrace.

PANTALEIMON (m) Etym. grecque *(pan, pantos,* tout et *lêmma,* lemme). Médecin personnel de l'empereur Galère Maximien à Nicomédie (auj. Izmit, en Turquie), Pantaleimon est chrétien en secret et n'hésite pas à soigner gratis les malades nécessiteux qu'on lui signale. Mais le contact avec l'idolâtrie qui règne à la cour l'amène doucement à l'apostasie. Un ami, Hermolaüs, l'aide à se reprendre. Pantaleimon comprend alors qu'il doit choisir entre sa brillante situation auprès de l'empereur et sa foi au Christ. Il distribue ses biens aux pauvres et se prépare au martyre. Arrêté, il est décapité à Nicomédie en 305 avec Hermolaüs. Conservé à Ravallo, près d'Amalfi, en Italie méridionale, du sang de saint Pantaleimon se liquéfie chaque année le jour de sa fête. Le saint est aussi très

populaire en France. Son chef est vénéré à la primatiale Saint-Jean de Lyon et une église lui est dédiée à Troyes, en Champagne. **Fête le 27 juillet.**

PANTALÉON (m) Cf. Pantaleimon.

PANTHÈNE (m) Etym. grecque *(pan,* tout et *theos,* dieu). Missionnaire en Arabie dans sa jeunesse, Panthène va annoncer l'Evangile en Egypte et devient le premier chef connu de la célèbre école de théologie d'Alexandrie au 2ᵉ s. **Fête le 7 juillet.**

PAOL (m) Cf. Paul ou Pol.

PAOLA (f) Cf. Paule.

PAPHNUCE (m) Etym. grecque *(epi,* sur, à cause de... et *aphônos,* qui n'a plus de voix). Selon Rufin d'Aquilée, moine auteur et traducteur mort à Messine en 410, Paphnuce vit près de Fayoum, Egypte, au 4ᵉ s., dans le jeûne et la prière. Un jour, déguisé en mondain, il va à Hérakléopolis, entre chez la courtisane Thaïs*, la convertit, l'aide à entrer dans un couvent et retourne au désert. Devenu évêque, Paphnuce participe aux conciles de Nicée et de Tyr en 325 et 335. Arrêté, il est torturé et envoyé aux mines. **Fête le 11 septembre.**

PAPIAS (m) Etym. gréco-latine *(papuros* ou *papyrus,* roseau d'Egypte). Disciple de saint Jean* à Ephèse, Papias devient évêque de Hiérapolis, en Phrygie, Asie Mineure, au début du 2ᵉ s. Il est l'auteur d'*Exégèse des paroles du Seigneur* dont subsistent des fragments. **Fête le 22 février.**

PAPOUL (m) Etym. latine *(papula,* papule, papille). Disciple de Saturnin* ou Sernin, évêque de Toulouse, Papoul fuit la ville après le martyre de son maître vers 250. Ermite dans la forêt qui couvre les premiers contreforts de la Montagne Noire, il est capturé, scalpé et décapité par les Aryens occupant Castelnaudary dans les années suivantes. Un sanctuaire est construit sur son tombeau, qui attire de nombreux pélerins et moines. Au 8e s. Pépin le Bref fonde un monastère bénédictin autour duquel s'établit une petite ville, Saint-Papoul, siège d'un évêché de 1317 jusqu'à la Révolution ; aujourd'hui village, près de Castelnaudary (Aude). Une partie des reliques de saint Papoul sont vénérées à Saint-Sernin de Toulouse. **Fête le 3 novembre.**

PÂQUERETTE (f) Prénom inspiré des petites fleurs blanches ou rosées à cœur jaune qui égaient les pelouses et les prairies dès les premiers jours d'avril. Les Pâquerette sont fêtées à Pâques ou avec les protégées de sainte Fleur le 5 octobre.

PAQUITA (f) Cf. Françoise. Forme hypocoristique de Fransesca.

PAQUITO (m) Cf. François. Forme hypocoristique de Francesco.

PARASCÈVE (f) Etym. grecque *(paraskeuê,* préparation ; veille du sabbat dans la religion juive). Empêchée de pratiquer l'Evangile comme elle le désire, Parascève quitte la maison paternelle et sa ville, Epivata, en Thrace, Asie Mineure, pour se consacrer à Dieu dans un couvent. Mais son père la poursuit pendant près de dix ans, l'obligeant à changer souvent de communauté. Elle meurt à Caricatia, Asie Mineure, en 1050, dans sa vingt-huitième année. Lorsque son père arrive, c'est avec de nombreux pèlerins qui, déjà, viennent la prier sur sa tombe où elle accomplit des miracles, guérissant les malades, les infirmes, convertissant les pêcheurs. Sainte Parascève est surtout très vénérée par les chrétiens de Roumanie et de Bulgarie. **Fête le 14 octobre.**

PARDOUX (m) Etym. latine *(per* et *dulcis,* au moyen de la douceur). Fils d'un laboureur de Guéret, Limousin, Pardoux mène une vie d'ascète, rejoint par plusieurs disciples que séduit son idéal de perfection. Il les groupe en communauté, leur donne l'exemple de la prière et de la pénitence, et meurt octogénaire en 737. **Fête le 6 octobre.**

PARFAIT (m) Etym. latine évidente. Prêtre parlant l'arabe, à Cordoue, au 9e s., Parfait est invité à exposer clairement la pensée des chrétiens sur Mahomet. Condamné à mort, il est jeté en prison et exécuté à la fin du grand jeûne, le ramadan, le 18 avril 850. **Fête le 18 avril.**

PARISIO (m) Etym. latine *(Parisii,* nom d'une tribu celte installée sur une île de la Seine, à Lutèce, berceau de Paris). Prêtre et moine camaldule, saint Parisio est le directeur spirituel des moniales de Sainte-Christine, à Trévise, Italie, au 13e s. Mort plus que centenaire en 1267. **Fête le 11 juin.**

PARTHÈNE (m) Etym. grecque *(parthenos,* vierge). Enfant, Parthène préfère la pêche à l'école, estimant que la prière et l'évangile, qu'il sait d'ailleurs par cœur, suffisent pour être agréable à Dieu. Pêcheur heureux, il nourrit plus tard de nombreux pauvres avec le poisson qu'il attrape. Mais, comme plusieurs des apôtres, Parthène est appelé à une autre pêche. Il est élu évêque de Lampsaque, un diocèse de Mysie, Asie Mineure, au 4e s., qui n'a pas besoin d'un savant mais d'un homme rempli de l'Esprit-Saint. Parthène fait raser un temple païen et construire une église à la place. Il ressuscite un maçon victime d'un éboulement pendant les travaux. Appelé au chevet de l'évêque d'Héraclée à l'agonie, il le guérit physiquement et surtout spirituellement, le persuadant de vider ses coffres au profit des indigents. Païenne à l'arrivée de Parthène, la ville de Lampsaque est entièrement chrétienne lorsqu'il meurt, dit son biographe qui rapporte encore beaucoup d'autres miracles accomplis par le saint. **Fête le 7 février.**

PASCAL (m) Etym. latine *(pasqualis,* qui concerne la fête de *Pâques,* mot dont l'étym. hébraïque est incertaine : *pesah,* à rapprocher d'un verbe qui signifie "sauter" dans le sens de "épargner", est traduit généralement par "passage"). Pape au 9e s., Pascal 1er obtient de Louis le Pieux une *Constitution* garantissant à la papauté la possession perpétuelle de ses territoires. Il couronne le roi Lothaire en 823 et, à Rome, rassemble les restes de nombreux martyrs. **Fête le 14 mai.** — Berger en Aragon, Espagne, Pascal Baylon est admis comme frère convers chez les franciscains en 1564. Chargé de mission auprès du général de l'ordre qui réside alors à Paris, Pascal voyage souvent en France pendant les guerres de religion. A Orléans il tombe un jour sous les coups des huguenots pour avoir confessé sa foi en l'Eucharistie. « Charmants, ces chrétiens-là ! dit-il revenant à lui entre des mains plus fraternelles, c'est pour être agréables à Dieu qu'ils m'ont donné cette marque de leur amitié ! » Mort près de Valence, Espagne, en 1592, il est canonisé par Innocent XII et proclamé patron des congrès eucharistiques par Léon XIII. **Fête le 17 mai.** — Le prénom est aussi un grand nom au 17e s. Savant, penseur et écrivain français, Pascal est né à Clermont-Ferrand en 1623 et mort à Paris en 1662. Prénoms dérivés : Pascale, Pascalet, Pascalin, Pascaline, Pascaloun, Pascual, etc.

PASCALE (f) Cf. Pascal.

PASCALET (m) Cf. Pascal.

PASCALIN (m) Cf. Pascal.

PASCALINE (f) Cf. Pascal.

PASCALOUN (m) Cf. Pascal. Forme provençale du prénom.

PASCAU (m) Cf. Pascal. Forme provençale du prénom.

PASCHASE (m) Etym. cf. Pascal. Abandonné sous le porche de l'église Notre-Dame de Soissons, Paschase est recueilli et élevé par l'abbesse Théodrade, proche parente de Charlemagne. Moine, professeur célèbre puis abbé de Corbie, en Picardie, Paschase Radbert est aussi un diplomate habile dans le règlement des affaires difficiles de l'Eglise au 9e s. Il intervient même plusieurs fois pour tenter d'apaiser les conflits qui opposent les successeurs de Charlemagne. Ecarté par ses moines du gouvernement de l'abbaye en 851, il s'en réjouit et consacre son temps à la rédaction de plusieurs livres. On lui doit le premier traité important sur l'Eucharistie. Mort à Corbie en 865. **Fête le 26 avril.**

PASCUAL (m) Cf. Pascal. Forme occitane du prénom.

PASTEUR (m) Etym. latine *(pastor,* pâtre, berger). Ecolier chrétien martyrisé à Complutum, Castille, en 304, Pasteur est le compagnon de Just. Voir ce prénom. **Fête le 6 août.**

PATERNE (m) Etym. latine *(pater,* père). Evêque de Vannes, Bretagne, Paterne est sacré lors d'un concile qui se tient dans la ville vers 470. Une lettre écrite à cette occasion porte sa signature après celle de l'évêque de Tours. Une croyance veut qu'il ait été chassé par ses ouailles et qu'il soit mort dans la solitude vers 511. Frappés de toutes sortes de maux, les Vannetais ramènent alors sa dépouille mortelle parmi eux et sont aussitôt délivrés ! Saint Paterne est vénéré pendant des siècles comme l'un des sept fondateurs de la Bretagne. Il est le patron de Vannes, Morbihan, de Saint-Pern et de plusieurs autres localités d'Ille-et-Vilaine. **Fête le 15 avril.** Prénoms dérivés : Padern, Paër, Pair, Pern, Pois, etc.

PATIENT (m) Etym. latine *(patiens, patientis,* de *pati,* souffrir). Evêque de Lyon au 5e s., Patient envoie du blé aux bourgades riveraines du Rhône et de la Saône lors d'une importante famine. Mort vers 480. **Fête le 11 septembre.**

PATRICE (m) Cf. Patrick.

PATRICIA (f) Cf. Patrick.

PATRICIANE (f) Cf. Patrick.

PATRICK (m) Etym. latine *(patricius,* patricien, appartenant à l'aristocratie de la société romaine). Fils du diacre Calpornius et né à Dumbarton, en Ecosse, vers 389, Patrick est au pays de Galles lorsqu'il est enlevé par des pirates irlandais dans sa seizième année. Vendu comme esclave en Irlande, il garde les porcs pendant six ans mais parvient à s'évader, saute dans un navire en partance pour son pays et se retrouve... en Gaule ! A Auxerre où il passe plusieurs années, Patrick se prépare à sa mission sous la direction de l'évêque Amateur* et surtout de Germain* qui l'envoie à Rome vers 430. Sacré évêque itinérant par le pape Célestin 1er, Patrick débarque à nouveau en Irlande en 432. D'Armagh dont il fait le siège de son évêché, il rayonne dans tout le pays, renversant les idoles et prêchant l'Evangile, construisant des églises et fondant des monastères, inlassablement, pendant trente ans. Sa foi en Dieu est si contagieuse que les gens se convertissent rien qu'à le voir, dit l'un de ses biographes. Mort en 461 saint Patrick est le patron de l'Irlande et certainement le saint le plus populaire de « l'île des saints ». C'est à lui que les Irlandais doivent leur symbole national, le trèfle, utilisé par Patrick un jour qu'il tentait d'expliquer la Trinité, le mystère du Dieu unique en trois personnes. **Fête le 17 mars.** Prénoms dérivés : Padrig, Patrice, Patricia, Patricien, Pat, Patty, etc.

PATROCLE (m) Etym. grecque *(patros,* père). Héros de la guerre de Troie dans *l'Iliade,* Patrocle est le fils du roi de Locride et l'ami d'Achille qu'il suit dans sa retraite. Il lui emprunte son armure pour repousser les Troyens mais il est tué par Hector en combat singulier. Achille le venge, ramène son corps et le fait inhumer solennellement. — Né près de Bourges vers 500, Patrocle est tonsuré et ordonné diacre par Ethérius, son évêque. Mais, incapable de se plier au règlement du chapitre qui l'oblige à venir s'asseoir deux fois par jour autour de la table commune alors qu'il ne se nourrit que de pain sec et tombe en extase continuellement, Patrocle va construire un ermitage à Néris, en Bourbonnais. Les miracles qu'il accomplit et sa sainteté rayonnante lui attirent tant de monde qu'il doit fuir, bâtir un autre ermitage à La Celle, puis s'en aller encore et s'enfoncer dans la forêt de Colombier où il passe ses dernières années, toujours uni à Dieu par la prière. Quand meurt Patrocle, près de Colombier (Allier), en 576, son âme est arrivée depuis longtemps à destination. **Fête le 19 novembre.**

PAUL (m) Etym. latine *(paulus,* faible, chétif). Fils d'un tisserand et né à Tarse, en Cilicie, Asie Mineure, en l'an 5 ou 6, Saul est l'élève du célèbre rabbin Gamaliel à Jérusalem dès l'âge de treize ans. Il approuve la mort du jeune diacre Etienne*, assiste même à son supplice en 36 et, muni d'un mandat que lui a délivré le Sanhédrin, va en Syrie pour y persécuter les chrétiens. Arrivant à Damas il est soudain terrassé par une force prodigieuse. « Saul, Saul, pourquoi me persécutes-tu ? dit une voix. — Qu'est-ce que c'est, qui es-tu ? dit Saul ébloui et désemparé aux pieds de son cheval. — Je suis Jésus que tu persécutes, dit la voix, mais lève-toi et entre dans la ville ; on te dira ce que tu dois faire ». Saul se relève aveugle mais retourné, littéralement « saisi par le Christ », selon sa propre expression, et prêt à se battre pour son nouveau maître avec la même fougue qu'il avait pour le combattre. Ayant retrouvé la vue trois jours après et baptisé par Ananie, Saul évangélise la Syrie où il venait pour une autre mission, puis l'Arabie, l'île de Chypre, la Cilicie, la Pamphilie, toute l'Asie Mineure, la Macédoine, la Grèce ; il va voir Pierre* à Jérusalem, s'attache de nombreux disciples, supporte les mauvais traitements et souffre à son tour les persécutions de ceux qui refusent de croire que le Christ est ressuscité. Arrêté à Jérusalem, Saul, « appelé aussi Paul » depuis son voyage à Chypre (Actes 13, 9), est incarcéré pendant deux ans à Césarée de Palestine, puis transféré à Rome en 60 mais laissé en liberté surveillée. Paul reprend ses prédications, écrit aux jeunes communautés qu'il a fondées, aux disciples et aux amis qu'il a laissés au Proche-Orient, pour les soutenir et les exhorter. Peut-être même fait-il encore une tournée apostolique entre 63 et 66 ? Il est de nouveau prisonnier à Rome en 66 et meurt l'année suivante, décapité sur la route d'Ostie. Saint Paul est surnommé « l'Apôtre des Gentils », souvent considéré comme le second fondateur du christianisme. Son action et son enseignement sont contenus dans les *Actes des Apôtres* et dans les quatorze *Épîtres* qui lui sont attribuées. **Fête le 29 juin.** La conversion de saint Paul est célébrée le 25 janvier. — En 308, à Césarée de Palestine, sont martyrisés Paul, Valentine et Théana. Sur le point d'être exécuté, Paul fait une prière publique pour les chrétiens, les juifs et les Samaritains réunis. **Fête le 25 juillet.** — Selon Jérôme*, saint Paul l'Ermite est le premier à mériter ce titre par son expérience nouvelle vécue dans le désert de la Thébaïde, en Haute-Égypte, au début du 4e s. Il y rencontre cependant Antoine*, presque aussi vieux que lui et émerveillé par tous les prodiges dont il est témoin : ainsi le corbeau qui apporte chaque jour un pain à Paul en apporte un de plus à l'intention de son compagnon. Ayant passé une nuit en prière Paul se prépare à la mort et demande à Antoine de l'ensevelir. Celui-ci n'a que ses mains pour creuser la tombe : deux fauves arrivent à temps, grattent le sol suffisamment et disparaissent ! La mort de Paul est fixée par Jérôme à 342. Des reliques du saint anachorète sont vénérées à Budapest, Hongrie. **Fête le 15 janvier.** — Romain et frère du pape Etienne II, Paul lui succède en 757. Il achève la construction d'un monastère dans leur maison paternelle, accueille les moines byzantins chassé par les iconoclastes et renouvelle l'alliance d'Etienne avec Pépin le Bref. Mort en 767. **Fête le 28 juin.** — Jésuite japonais, Paul Miki est martyrisé à Nagasaki, Japon, en 1597, avec vingt-cinq prêtres et chrétiens laïcs dont trois enfants de onze à quinze ans. Canonisés par Pie XI en 1862. **Fête le 6 février.** — Fils de Jean Tomachi, Paul est martyrisé à Nagasaki en 1622, seulement âgé de sept ans. Canonisé avec son père et ses trois frères en 1961. **Fête le 12 septembre.** — Saint Paul de la Croix est le fondateur des passionnistes en Italie au 18e s. Mort à Rome en 1776. **Fête le 19 octobre.** — Missionnaire, Paul Doc est décapité en Cochinchine (auj. Vietnam) en 1859, âgé de vingt-neuf ans. **Fête le 13 février.** Plus de soixante Paul sont inscrits au martyrologe. Prénoms dérivés : Paol, Pol, Polig, Polly.

PAUL-AURÉLIEN (m) Cf. Pol.

PAUL-SERGE (m) Etym. latine, cf. Paul et Serge. Saint Paul-Serge est le premier évêque de Narbonne, Languedoc, au 3e s. Une basilique gothique lui est dédiée qui marque l'emplacement de son tombeau. **Fête le 14 septembre.**

PAULA (f) Cf. Paule.

PAULE (f) Etym. cf. Paul. Née en 347 dans une illustre famille de l'aristocratie romaine, Paul est une mère de famille heureuse. Elle a quatre filles et un garçon qu'elle éduque jusqu'à leur majorité puis elle s'en va en Terre sainte, visite les monastères de Chypre, d'Egypte, et s'établit à Bethléem, près de la grotte de la Nativité où elle se consacre à la méditation de la Bible sous la conduite de saint Jérôme. Morte à Bethléem en 404. Deux de ses filles, Blésille et Eustochium, sont inscrites au catalogue des saints. **Fête le 26 janvier.** — Mariée à un homme volage, Paule Gambara héberge et soigne la maîtresse de son époux, puis les convertit tous les deux. Morte en Italie en 1515. **Fête le 24 janvier.** — A Gênes, Italie, la bienheureuse Paule Frassinetti est la fondatrice de l'institut Sainte-Dorothée pour l'éducation des jeunes filles, au 19e s. Morte en 1882, Paule est béatifiée par Pie XI en 1930. **Fête le 11 juin.** Prénoms dérivés : Paola, Paulette, Pauline, Polly.

PAULE-ÉLISABETH (f) Etym. latine, cf. Paul, et hébraïque, cf. Élisabeth. En Lombardie, Italie, Paule-Elisabeth Cerioli est la fondatrice de la congrégation de la Sainte-Famille de Bergame pour l'éducation des fillettes orphelines et abandonnées. Morte en 1865, Paule-Elisabeth est béatifiée par Pie XII en 1950. **Fête le 23 mars.**

PAULETTE (f) Cf. Paule.

PAULIN (m) Etym. cf. Paul. Evêque de Trèves, Rhénanie, au 4e s., Paulin participe au concile d'Arles en 353 et y défend énergiquement la foi de Nicée. Hilaire* de Poitiers et Athanase* d'Alexandrie parlent de lui avec admiration. Exilé par l'empereur Constance, Paulin meurt en Phrygie, Asie Mineure, vers 358. **Fête le 31 août.** — Né à Bordeaux en 353, Paulin est avocat, sénateur, riche et célèbre. La mort de son fils unique fait de lui un ascète. Il vend tous ses biens au profit des pauvres et, en accord avec sa femme, se retire du monde. Ordonné prêtre en 394, il se fixe à Nole, Campanie (Italie méridionale), fonde et dirige un monastère près du tombeau de saint Félix. Elu évêque en 409, il échange de nombreuses et précieuses lettres avec saint Augustin*, saint Jérôme* et saint Ambroise*. Paulin est aussi un poète, comme son ami bordelais Ausone. Mort en 431 il laisse des poèmes composés surtout en l'honneur de saint Félix et des *Epîtres* adressées à Ausone. **Fête le 22 juin.** — Moine bénédictin, Paulin est archevêque d'York, Angleterre, au 7e s. Son activité apostolique extraordinaire lui a valu le titre d'apôtre des Sept Royaumes des Anglos-Saxons. Mort à Rochester en 644. **Fête le 10 octobre.** — Au 8e s., Paulin est nommé par Charlemagne patriarche d'Aquilée, dans le Frioul, Italie. Conseiller de l'empereur, il participe aux conciles de Francfort et d'Aix-la-Chapelle. Mort vers 804. **Fête le 11 janvier.** Prénom dérivé : Paulinien.

PAULINE (f) Etym. cf. Paul. Franciscaine belge, Pauline Jeuris est surnommée par les Chinois de la mission « la vierge européenne qui rit toujours », mais elle est martyrisée par les Boxers, secte fanatique, le 9 juillet 1900, avec de nombreux chrétiens laïcs, religieux et prêtres. Cf. Amandine. **Fête le 9 juillet.**

PAULINIEN (m) Cf. Paulin.

PAULOUN (m) Cf. Paul. Forme provençale du prénom.

PEER (m) Cf. Pierre. Forme scandinave du prénom.

PEGGY (f) Cf. Marguerite. Forme anglo-saxonne du prénom.

PÈIRE (m) Cf. Pierre. Forme provençale du prénom.

PÈIROUN (m) Cf. Pierre. Forme provençale du prénom.

PÈIROUNELLO (f) Cf. Pétronille. Forme provençale du prénom.

PÉLAGE (m) Etym. grecque *(pelagos,*

pleine mer). Romain, Pélage 1er est le 60e pape, de 556 à 561. **Fête le 23 mars.**

PÉLAGIE (f) Etym. cf. Pélage. Originaire d'Antioche, Asie Mineure, Pélagie est arrêtée peu de temps après sa conversion au christianisme, en 283, seulement âgée de quinze ans. Effrayée, elle se précipite dans le vide du haut de la maison de ses parents plutôt que de se laisser enlever par les miliciens. **Fête le 8 octobre.**

PÉLÉE (m) Etym. grecque *(pelekus,* hache). Evêque d'origine égyptienne, Pélée est arrêté et condamné à subir la peine du feu en Palestine vers 310. **Fête le 19 septembre.**

PÈLERIN (m) Etym. latine *(pelegrinus,* voyageur, étranger). Saint Pèlerin est l'un des premiers évangélisateurs d'Auxerre, en Bourgogne, vers le milieu du 3e s. Des fouilles effectuées sous l'ancienne église Saint-Pèlerin, aujourd'hui temple protestant, ont permis de retrouver les vestiges d'une basilique du 4e s. **Fête le 22 octobre.** — Franciscain reçu dans l'ordre par François* lui-même, Pèlerin de Fallerone renonce à la prêtrise par humilité comme son père spirituel. Ce sacrifice lui vaut de parvenir à une haute perfection, lit-on dans les *Fioretti.* Au retour d'un voyage en Terre sainte, il se fixe dans l'un des ermitages de la Marche d'Ancône, Italie, et meurt à Septempeda en 1232. Selon Bernard de Quintavalle, premier disciple de François, Pèlerin est l'un des frères les plus saints de la terre. **Fête le 27 mars.** Prénom dérivé : Pèregrin.

PÉNÉLA (f) Cf. Hélène.

PÉNÉLOPE (f) Cf. Hélène. — Dans la mythologie Pénélope est l'épouse d'Ulysse et la mère de Télémaque. Elle attend son époux pendant vingt ans, déclinant les propositions de nombreux prétendants, et devient le symbole de la fidélité conjugale.

PENNY (f) Cf. Hélène.

PÉPIN (m) Etym. francique *(pep,* petit). Grand propriétaire austrasien, Pépin de Landen, dit Pépin l'Ancien, est l'ancêtre des carolingiens aux 6e et 7e s. Maire du palais, il gouverne l'Austrasie sous Clotaire II et Dagobert 1er en liaison avec Arnoul*, futur évêque de Metz. Pépin de Landen est l'époux de sainte Itte*, le père des saintes Gertrude* et Begge*, et l'aïeul de Pépin de Herstal. Mort vers 640. **Fête le 21 février.**

PER (m) Cf. Pierre. Forme bretonne du prénom.

PÉRAN (m) Cf. Pierre. — Né à Poitiers en 465, saint Péran ou Pétran est l'époux de sainte Julitte*. Veuf, il se consacre à Dieu à l'abbaye de Landévennec, Bretagne, et finit évêque en Irlande vers 540. **Fête le 6 janvier.**

PERCEVAL (m) Prénom gallois francisé par Chrétien de Troyes au 12e s. dans son dernier roman, inachevé : *Perceval ou le conte du Graal.* En Bretagne les Perceval sont fêtés le 28 octobre. Prénom dérivé : Percy.

PERCY (m) Cf. Perceval.

PEREG (m) Cf. Perreux.

PÈREGRIN (m) Cf. Pèlerin.

PERIG (m) Cf. Pierre. Forme bretonne du prénom.

PERLE (f) Cf. Marguerite.

PERLETTE (f) Cf. Marguerite.

PERLINE (f) Cf. Marguerite.

PERN (m) Cf. Paterne.

PERNELLE (f) Cf. Pétronille ou Péronnelle.

PERNETTE (f) Cf. Pétronille.

PÉROLINE (f) Cf. Pétronille.

PÉRONNELLE (f) Cf. Pétronille.

Forme dérivée du prénom. — Epouse de saint Gilbert* et mère de sainte Poncie*, Péronnelle devient abbesse du monastère fondé par son mari à Aubeterre, en Auvergne, au retour de la deuxième croisade, tandis qu'il gouverne lui-même l'abbaye de Neuffonts. 12e siècle. **Fête le 6 juin.**

PERPET (m) Etym. latine *(perpetuus,* indéfiniment). Elu évêque de Tours à la mort d'Eustachius, en 461, Perpet est surtout célèbre pour son amour des pauvres qu'il regarde et traite comme ses enfants. Il réunit plusieurs synodes pour tenter de rétablir dans son Eglise la ferveur des origines, écrit un règlement sur la pratique du jeûne et, en 475, rédige un testament par lequel il lègue tous ses biens aux indigents. Mort à Tours en 491. **Fête le 9 avril.**

PERPÉTUE (f) Etym. cf. Perpet. Jeune femme de l'aristocratie de Carthage, Afrique du Nord, Perpétue est arrêtée, accusée de prosélytisme et emprisonnée avec cinq autres chrétiens, dont l'esclave Félicité*, sous Septime Sévère, au début du 3e s. Avec Félicité et trois de leurs compagnons, elle est livrée aux fauves et achevée par un gladiateur dans l'arène de Carthage le 7 mars 203 au terme d'une longue et pénible captivité. Le culte des saintes Perpétue et Félicité se répand très vite dans toute la chrétienté. Trois homélies de saint Augustin leurs sont consacrées. **Fête le 7 mars.**

PERRETTE (f) Cf. Pierre.

PERREUX (m) Cf. Pierre. — Fils d'un roitelet du pays de Galles au 6e s., saint Pereg ou Perreux renonce à la couronne pour se consacrer à Dieu, prêcher l'Evangile en Irlande et y fonder plusieurs monastères. **Fête le 4 juin.**

PERRINE (f) Cf. Pierre ou Pétronille.

PERVENCHE (f) Prénom inspiré de la plante à fleurs bleues qui croît dans les sous-bois et les endroits ombragés. Sainte Fleur est la patronne des Pervenche. **Fête le 5 octobre.**

PETER (m) Cf. Pierre.

PÉTRA (f) Cf. Pierre. Forme féminine du prénom.

PÉTRAN (m) Cf. Péran.

PÉTRONAX (m) Etym. grecque *(petros,* pierre et *axios,* qui vaut). Né à Brescia, Italie, vers 680, Pétronax est moine bénédictin au Latran, à Rome, lorsqu'il est chargé par Grégoire II de la restauration de l'abbaye du Mont-Cassin ravagée par les Lombards. Mort le 6 mai 747 après trente-quatre ans d'abbatiat. **Fête le 6 mai.**

PÉTRONE (m) Etym. grecque *(petros,* pierre). Evêque et auteur chrétien, saint Pétrone meurt à Bologne, Italie, en 450. **Fête le 4 octobre.**

PÉTRONELLE (f) Cf. Pétronille ou Péronnelle.

PÉTRONILLE (f) Etym. grecque, cf. Pierre, ou latine *(Petronius,* nom d'une illustre famille de l'aristocratie romaine). Jeune chrétienne romaine martyrisée au 1er s., comme le prouve une inscription sur une fresque de la catacombe Domitille, à Rome, Pétronille est la fille spirituelle de saint Pierre*, vraisemblablement catéchisée et baptisée par lui peu de temps avant sa mort. Mais elle passe pour avoir été sa fille naturelle, ce qui explique qu'une chapelle lui soit dédiée dans la basilique Saint-Pierre dès les premiers siècles ; chapelle concédée à Pépin le Bref en 750. Sainte Pétronille devient alors la patronne des rois de France et la France la *fille aînée de l'Eglise* puisque Pétronille était la fille de saint Pierre ! **Fête le 31 mai.** Prénoms dérivés : Pernelle, Pernette, Péroline, Péronnelle, Perrine, Pétronelle, etc.

PETROUCHKA (m) Cf. Pierre. Forme slave et hypocoristique du prénom, qui évoque un ballet de Stravinski.

PETROUSSIA (f) Cf. Pierre.

PHAL (m) Etym. grecque *(kephalê,* tête). Enlevé par les barbares, le jeune Phal est vendu comme esclave mais racheté par un abbé. Il devient moine, puis prieur de l'Isle-Saint-Aventin, très populaire en Champagne au 6e s. Saint Phal de Troyes est le patron de Gy-l'Evêque. **Fête le 16 mai.**

PHANIE (f) Etym. grecque *(phainein,* paraître). Chrétienne, Phanie est martyrisée à Ancyre, aujourd'hui Ankara, Turquie, au début du 4e s., parce qu'elle refuse de sacrifier aux déesses Diane et Minerve. Voir Théodote. **Fête le 18 mai.**

PHARAÏLDA (f) Etym. grecque : « originaire de Pharaê » (île de Crète). Modèle de patience et de douceur, Pharaïlda supporte toute sa vie le mari cruel qu'on lui a imposé. 7e siècle. **Fête le 4 janvier.**

PHILADELPHE (m) Etym. grecque *(philein,* aimer et *adelphos,* frère). Saint Philadelphe est martyrisé en Sicile, vers 257, avec plusieurs de ses compagnons. **Fête le 10 mai.**

PHILADELPHA (f) Cf. Philadelphe.

PHILADELPHIE (f) Cf. Philadelphe.

PHILBERT (m) Cf. Philibert.

PHILÉMON (m) Etym. grecque *(philein,* aimer et *monos,* seul). Riche habitant de Colosses, Asie Mineure, au 1er s., Philémon est converti et baptisé par Paul*. L'apôtre lui écrit de Rome pour lui annoncer le retour de son ancien esclave, Onésime*, qui a embrassé lui aussi la foi au Christ. Cf. Epître à Philémon. **Fête le 22 novembre.** — Flûtiste célèbre en Egypte au 3e s., Philémon est converti au christianisme par Apollone*, vieil ermite du désert sorti de sa retraite pour soutenir les chrétiens victimes de la nouvelle persécution. Arrêtés, Philémon et Apollone comparaissent devant le juge Arien et... le persuadent de se convertir à son tour ! Tous les trois sont condamnés à mort par le gouverneur. **Fête le 8 mars.**

PHILIBERT (m) Etym. germanique *(fili,* beaucoup et *berht,* brillant). Né à Eauze, en Armagnac, vers 618, Philibert est à la cour de Dagobert lorsqu'il renonce au monde et à la brillante carrière qui s'offre à lui pour se retirer dans un monastère. Abbé de Rebais, près de Meaux, il est doucement mais impitoyablement évincé par des moines que son austérité rebute. Il est à Jumièges, monastère qu'il a fondé en Normandie en 654, lorsqu'il apprend la mort de Léger*, torturé et assassiné par Ebroïn. Il saute à cheval, va reprocher son crime au maire du palais et se retrouve en prison ! Libéré à la mort d'Ebroïn, Philibert fonde un autre monastère dans l'île de Her (auj. Noirmoutier), où il meurt vers 686. Ses reliques sont transférées à Saint-Philibert-de-Grand-Lieu en 836, puis à Tournus, en Bourgogne, en 858, lors des premières invasions normandes. **Fête le 20 août.** Prénoms dérivés : Philbert, Philiberte.

PHILIBERTE (f) Cf. Philibert.

PHILIPPA (f) Etym. cf. Philippe. Née à Bruxelles en 1464, Philippa de Gueldre a douze enfants et un mari exemplaire, mais elle est duchesse de Lorraine et de Bar, reine de Sicile et de Jérusalem, puis régente après la mort de son époux. Elle se retire au couvent des clarisses de Pont-à-Mousson, Lorraine, en 1519, et y meurt en 1547, âgée de quatre-vingt-trois ans. **Fête le 27 février.**

PHILIPPE (m) Etym. grecque *(philein,* aimer et *hippos,* cheval). Originaire de Bethsaïde de Galilée, Palestine, Philippe est l'un des douze apô-

tres du Christ au 1er s. C'est lui qui persuade Nathanaël* de venir voir le Maître, ce que le nouveau disciple ne regrettera jamais. L'évangéliste Jean rapporte aussi deux dialogues entre Jésus et Philippe (Jn 6, 5-7 et 14, 8-10) et relate la démarche des Grecs auprès de l'apôtre qui sans doute parle leur langue, à Jérusalem, peu de temps avant l'arrestation du Maître. Après la Pentecôte Philippe va annoncer la Bonne Nouvelle en Scythie et en Phrygie, Asie Mineure. La tradition prétend qu'il a subi le martyre à Hiérapolis, en Phrygie, à la fin du 1er s. Ses reliques sont vénérées dans l'église des Douze-Apôtres à Rome. **Fête le 3 mai.**
— A Jérusalem, peu de temps après la Pentecôte, Philippe est l'un des sept premiers diacres choisis et ordonnés pour seconder les apôtres. Il fuit la Ville sainte lors d'une persécution, évangélise la Samarie et y accomplit de nombreuses conversions, celle de Simon le Magicien en particulier. Plus tard il convertit aussi et baptise l'eunuque de Candace, reine d'Ethiopie, sur la route de Gaza. Cf. Actes 8, 5-40. Evêque de Césarée, il reçoit Paul* en 58 et meurt vraisemblablement dans cette ville près de ses quatre filles vierges et prophétesses. Cf. Actes 21, 8-14. **Fête le 6 juin.** — Evêque, Philippe est arrêté et condamné au martyre avec le prêtre Sévère* et le diacre Hermès* à Andrinople, Thrace, au 4e s. Très âgé, Philippe soutient le moral de la population lors de la promulgation des décrets de Dioclétien contre les chrétiens. Il est traîné par les rues de la cité, flagellé et finalement brûlé le 22 octobre 303. **Fête le 22 octobre.** — Né à Florence, Italie, en 1515, Philippe Néri est suprêmement doué pour l'apostolat direct. Toujours de bonne humeur et prêt à plaisanter, aimant la musique, la poésie, le jour il donne des leçons, écrit des vers et les vend pour vivre. Le soir il réunit des jeunes gens qu'il a trouvés dans les lieux de plaisir pour discuter, rire, chanter et lire l'Évangile. La nuit il prie et prend un peu de repos, étendu à même le sol. Ordonné prêtre à trente-sept ans, Philippe devient le plus célèbre prédicateur de Rome mais, favorisé d'extases, ne peut bientôt plus célébrer l'Eucharistie en public. « Assez, Seigneur ! dit-il un jour se croyant seul, retiens ta grâce ; un mortel ne peut supporter tant de joie ». En 1575 il reconstruit la vieille église Saint-Jérôme en y ajoutant une salle, l'oratoire, où est créé l'oratorio et où sont fondés les oratoriens, prêtres séculiers, sans vœux et vivant en communautés autonomes. Mort à Rome en 1585, Philippe est canonisé par Grégoire XV le 12 mars 1622 avec Ignace* de Loyola, Thérèse* d'Avila, Isidore* l'Agriculteur et François* Xavier. **Fête le 26 mai.** — Duc de Norfolk et comte d'Arundel, Philippe Howard est l'homme le plus titré et le plus en vue de toute l'Angleterre. Léger, mondain, sans conscience, il est aussi le plus éblouissant des courtisans de la reine Élisabeth en cette fin de 16e s. A vingt-huit ans il se retrouve prisonnier à la Tour de Londres, condamné « au bon plaisir de sa majesté ». Son crime ? Il s'est converti au catholicisme. La sentence de sa condamnation à mort provoque une telle réprobation dans l'opinion que l'exécution est différée pendant onze ans. Pour Philippe la plus grande épreuve est d'être séparé de sa femme. Il ne verra jamais son fils, Thomas, né après son arrestation. Il meurt dans sa cellule après onze ans de captivité, probablement empoisonné, le dimanche 19 octobre 1595 à midi, son chapelet à la main. Canonisé par Paul VI en 1970, Philippe repose dans la cathédrale d'Arundel, Sussex. Exécuté en 1680, William Howard, son petit-fils, est le dernier des 317 martyrs anglais. **Fête le 19 octobre.** Prénom usuel, très en vogue, Philippe a été célébré par une vingtaine de saints et bienheureux inscrits au martyrologe, comme par de nombreux rois et princes en Europe. Prénoms dérivés : Phi-

lippa, Philippine, Phyllis, Ophélie, Ophélio, etc.

PHILIPPINE (f) Etym. cf. Philippe. Née à Grenoble, Dauphiné, en 1769, Philippine Duchesne vient d'entrer chez les visitandines lorsque la Révolution disperse la congrégation. Elle rencontre Madeleine-Sophie* Barat en 1804, contribue à la fondation de l'institut du Sacré-Cœur pour l'éducation des jeunes filles et va l'implanter aux Etats-Unis en 1818. Morte à Saint-Charles, Missouri, en 1852, Philippine est béatifiée à Rome en mai 1940. **Fête le 18 novembre.**

PHILOGONE (m) Etym. grecque *(philein,* aimer et *gonos, gonia,* génération ou *gônos, gônia,* angle). Père de famille et avocat célèbre, Philogone est fait patriarche d'Antioche (auj. Antakya, Turquie) par les chrétiens de la ville à la mort de Vital en 319. Il est l'un des premiers grands évêques à combattre l'arianisme. Mort en 324. Jean Chrysostome* prononce son panégyrique dans la cathédrale d'Antioche en décembre 386. **Fête le 20 décembre.**

PHILOMÈNE (f) Etym. grecque *(philein,* aimer et *mênê,* lune). Amie de la lune ! L'étymologie du prénom explique peut-être l'étourderie de celui qui a inventé sainte Philomène ? Prénom radié du calendrier en 1961 parce qu'on a pu prouver, paraît-il, qu'il s'y était glissé par erreur, la sainte n'ayant jamais existé. Que les Philomène se rassurent : celle qui exauçait les prières du curé d'Ars est toujours aussi bien disposée. **Fête le 10 août.**

PHOCAS (m) Etym. grecque *(phôkê,* phoque). Jardinier à Sinope, au bord de la Mer Noire, Phocas est connu pour son sens de l'hospitalité. Il reçoit même très fraternellement les soldats venus l'exécuter, sur l'ordre du gouverneur, lors d'une persécution déclenchée contre les chrétiens dans les premiers siècles de l'Eglise. **Fête le 22 septembre.**

PHOLIEN (m) Etym. grecque *(pholis,* de *phôlas,* qui vit dans les trous). Frère des saints Fursy* et Ultan*, Pholien ou Feuillen succède au premier comme abbé de Cnobheresburg, Suffolk, Angleterre, et se réfugie en France lors des invasions barbares. Après un séjour à Péronne, Pholien établit une communauté à Fosses (auj. en Belgique) vers 652, sur une terre mise à sa disposition par sainte Itte*. Assassiné avec trois de ses moines le 31 octobre 655, saint Pholien est vénéré comme martyr. **Fête le 31 octobre.**

PHOTIN (m) Cf. Pothin.

PHOTINE (f) Etym. grecque *(phôs, phôtos,* lumière). Dans la tradition de l'Eglise grecque, Photine est la Samaritaine de l'évangile de Jean. « Si tu savais le don de Dieu », lui dit Jésus. Attentive aux paroles du Seigneur et docile à la grâce, Photine se convertit, découvre ce don et en reçoit sa part. Bouleversée, elle court jusqu'à Sychar pour partager son bonheur avec tous ses amis. Cf. Jn 4, 7-30. Selon d'anciens ménologes, Photine va annoncer l'évangile en Afrique, avec l'un de ses deux fils, après la Pentecôte. Arrêtée au début de la persécution de Néron, vers 65, elle est emprisonnée à Carthage, Tunisie, et oubliée dans sa geôle, tandis que son fils est décapité. **Fête le 20 mars.**

PHYLLIS (m) Cf. Philippe.

PIAT (m) Etym. latine *(pius,* pieux ou *piacularis,* relatif à une expiation). Missionnaire envoyé de Rome pour évangéliser la Gaule, Piat est arrêté et martyrisé à Tournai, Hainaut, au 3e s. Une église romane lui est dédiée dans cette ville dont il est le patron, et une collégiale lui est consacrée à Seclin, près de Lille, où est son tombeau. **Fête le 1er octobre.**

PIE (m) Etym. latine *(pius,* pieux). Saint Pie 1er est le 10e pape de 140 à 155. **Fête le 11 juillet.** — Moine dominicain élu pape en 1566, Pie V poursuit la réforme de l'Eglise dans la ligne du concile de Trente, réaffirme la supériorité du pape sur les souverains, excommunie et dépose, mais sans résultat, Elisabeth d'Angleterre, après l'emprisonnement de Marie Stuart. Le Missel romain qu'il publie en 1570 reste en usage pendant près de quatre siècles. Pie V échoue dans sa tentative de coaliser les princes chrétiens contre les Turcs mais la ligue qu'il crée avec l'Espagne et Venise, sous le commandement de don Juan d'Autriche, met en déroute la flotte d'Ali Pacha à Lépante en 1571. Mort à Rome le 1er mai 1572, Pie V est canonisé par Clément XI en 1712. **Fête le 30 avril.** — Ancien curé de campagne Joseph Sarto est élu pape en 1903 sous le nom de Pie X. Sa simplicité gagne d'emblée le cœur de toute la chrétienté. Pape surtout religieux, il restaure le plainchant, encourage la communion fréquente dès l'enfance, organise la refonte du bréviaire et du psautier. Pie X condamne le mouvement moderniste et, en France, proteste contre la loi de séparation de l'Eglise et de l'Etat. Mort dans les premiers jours de la guerre de 1914 qu'il a vainement essayé de conjurer, Pie X est canonisé en 1954. **Fête le 21 août.**

PIERRE (m) Etym. grecque *(petros,* pierre). Originaire de Bethsaïde de Galilée, Palestine, et frère d'André*, Simon est le premier des douze apôtres du Christ au 1er s. Pêcheur sur le lac de Tibériade, c'est un homme simple et craintif. Jésus en fait le chef de son Eglise : « Tu es *Pierre* et sur cette pierre je bâtirai mon église ». (Mt 16, 18). Pierre est le témoin de moments privilégiés de la vie du Seigneur. Il assiste à sa transfiguration sur le Thabor mais l'accompagne aussi sur le mont des Oliviers. Il le renie dans un moment de faiblesse mais mourra sur une croix comme le Maître lorsque son heure sera venue. Le matin de Pâques, Pierre constate avec Jean que le tombeau est vide et, du Christ ressuscité lui-même, reçoit la confirmation de sa mission de pasteur universel. Le jour de la Pentecôte, à Jérusalem, aux juifs surpris d'entendre les apôtres s'exprimer en langues étrangères, il explique les prophéties de Joël concernant l'effusion du Saint-Esprit sur les hommes de l'ère messianique. Cf. Actes 2, 1-21. Premier évêque d'Antioche, Asie Mineure, puis de Rome, Italie, Pierre est arrêté en 64, sous Néron, crucifié la tête en bas et enseveli sur la colline du Vatican qu'occupent alors les jardins et le cirque de l'empereur. Constantin y fera ériger la première basilique en 324. Nommé aussi parfois Céphas, surtout par Paul*, Pierre est l'auteur de deux Epîtres. **Fête le 29 juin.** — Adolescent chrétien, Pierre subit le martyre à Lampsaque, dans l'Hellespont, Asie Mineure, pendant la persécution de Dèce, en 251. **Fête le 15 mai.** — Doge de Venise, Italie, Pierre Orséolo s'enfuit une nuit de 978 pour aller vivre incognito au monastère bénédictin Saint-Michel-de-Cuxa, dans le Roussillon, France. Mort en 987, il est surtout connu pour son humilité. **Fête le 10 janvier.** — Né à Amiens vers 1050, Pierre l'Ermite prêche la première croisade et, avec Gautier Sans-Avoir, conduit une croisade populaire qui est écrasée par les Turcs en Anatolie en 1096. Fondateur du monastère de Neufmoustier à Huy, près de Liège, Belgique, il y meurt en 1115. **Fête le 8 juillet.** — Disciple de saint Hugues*, Pierre le Vénérable est élu abbé de Cluny, Bourgogne, en 1122. Esprit très ouvert, il fait traduire le Coran en latin, accueille Abélard* à Cluny et soutient des polémiques contre saint Bernard*. Il est l'ami des papes et des rois, auteur de lettres et d'un ouvrage contre l'hérésie de Pierre de Bruys. Mort à Cluny en 1156. **Fête le 25**

décembre. — Moine cistercien avec son père et son frère à Bonnevaux, Dauphiné, tandis que sa mère et sa sœur sont cisterciennes à Bonnecombe, Pierre devient le premier abbé de Tamié, Savoie, en 1132, puis archevêque de Tarentaise en 1138. Homme de paix, il arbitre efficacement les conflits les plus variés. Mort à Bellevaux, Franche-Comté, en 1174. **Fête le 8 mai.** — Ami de saint Dominique* et légat du pape Innocent III pour combattre l'hérésie albigeoise, Pierre de Castelnau risque sa vie par obéissance et tombe victime d'un fanatique près de Saint-Gilles, Languedoc, en 1209. **Fête le 15 janvier.** — Fils de cathares, Pierre de Vérone embrasse la foi catholique et rencontre saint Dominique* dont il devient l'un des premiers disciples. Mû par l'Esprit-Saint, il exerce une influence exceptionnelle par sa prédication à Florence puis à Milan à partir de 1245. Assassiné en 1252 sur la route de Côme, Pierre est canonisé dans l'année qui suit sous la pression des chrétiens milanais. **Fête le 29 avril.** — Originaire du Languedoc, Pierre Nolasque fonde l'ordre de la Merci au début du 13ᵉ s. avec le secours de la Mère de Dieu, l'aide de Jacques 1ᵉʳ d'Aragon et les conseils de Raymond de Penyafort pour le rachat des chrétiens enlevés par les musulmans. Les moines mercédaires ajoutent aux trois vœux traditionnels celui de se constituer en otages si cela est nécessaire pour libérer les captifs. Mort à Barcelone, Espagne, vers 1258, saint Pierre Nolasque inspire le peintre Zurbaran au 17ᵉ s. **Fête le 31 janvier.** — Encore adolescent mais déjà très avancé sur la voie de la sainteté, Pierre de Luxembourg est nommé évêque de Metz, Lorraine, par l'anti-pape Clément VII, pendant le grand schisme d'Occident, en 1384. Il entre dans sa ville les pieds nus, juché sur un âne et, conduit par l'Esprit-Saint, gouverne habilement le diocèse pendant trois ans. Mort à Villeneuve-lès-Avignon en

1387, Pierre est béatifié par l'autre Clément VII, considéré comme le vrai, en 1527. **Fête le 2 juillet.** — Inquisiteur en Aragon, Pierre d'Arbues est averti du complot tramé contre lui. Il répond que si un mauvais prêtre peut faire un bon martyr, il en est heureux. Il tombe devant l'autel, blessé mortellement en célébrant l'Eucharistie, à Saragosse, Espagne, en 1485. **Fête le 17 septembre.** — Franciscain originaire d'Alcantara, Espagne, Pierre rêve de réformer son ordre, créant la nouvelle branche des *Frères mineurs de la stricte observance,* les alcantarins, approuvée en 1562. Thérèse* d'Avila qui le consulte avant d'entreprendre sa réforme du Carmel le dépeint si décharné « qu'il semble fait de racines d'arbres ! » Il mange une fois tous les trois jours et dort une heure et demie par nuit assis contre un mur, mais il est favorisé de fréquentes extases et ne peut s'empêcher de crier de joie lorsqu'elles surviennent. « Ceux qui l'ont entendu prétendent qu'il était fou, écrit Thérèse. Bienheureuse folie, mes sœurs, et plût à Dieu que nous en fussions toutes atteintes ». Conseiller de Jean III de Portugal, Pierre d'Alcantara est aussi l'auteur de plusieurs ouvrages spirituels importants. Mort à Las Arenas, Vieille-Castille, en 1562, il est placé sur les autels en 1622. **Fête le 19 octobre.** — Né à Nimègue, Pays-Bas, en 1521, Pierre Canisius est jésuite, expert au concile de Trente et l'homme de la Contre-Réforme dans l'Allemagne protestante. Pour répondre au *Petit Catéchisme* de Luther, il rédige son propre catéchisme qui dépassera les quatre cents éditions et sera traduit en quinze langues. Provincial de sa compagnie en Allemagne, il fait tant de fondations de jésuites que deux provinces nouvelles doivent être créées, mais Pierre fonde aussi à Prague, Bohême, un collège qui deviendra une université (1555), un autre collège à Fribourg, Suisse (1580) ; il prêche inlassablement et écrit sans arrêt, dirigeant, consolant ou blâmant d'innombrables correspondants illustres. Ses lettres représentent plus de huit mille pages imprimées. Mort à Fribourg en 1597, Pierre Canisius fait l'objet de funérailles triomphales. Béatifié en 1864, il est canonisé et proclamé docteur de l'Eglise en 1925. **Fête le 21 décembre.** — Né à Honfleur, Normandie, ancien officier de marine et cosmographe dans ses loisirs, Pierre Berthelot est carme déchaussé lorsqu'il est enlevé par des pirates musulmans, conduit sur la plage d'Atchin, dans l'île de Sumatra, Indonésie, et abattu d'un coup de cimeterre avec son compagnon Rédempt* et une soixantaine d'autres chrétiens en 1638. **Fête le 29 novembre.** — Prêtre lorrain et curé de Mattaincourt pendant trente-cinq ans, Pierre Fourier prêche des missions contre le protestantisme, réforme les chanoines du saint Sauveur et, avec Alix* Le Clerc, fonde la congrégation des sœurs de Notre-Dame pour l'éducation des filles pauvres. Retiré à Gray, Franche-Comté, il y meurt en 1640 avec la réputation d'un saint authentique. **Fête le 9 décembre.** — Jésuite catalan, Pierre Claver est missionnaire en Colombie au 17e s. Son action en faveur des Noirs africains victimes de la traite des esclaves lui a valu le titre d' «Apôtre des Noirs». **Fête le 9 septembre.** — Chrétien coréen, Pierre Ryou est l'un des premiers martyrs de la persécution de Corée en 1866. Pris à lire l'Évangile chez un catéchiste, la nuit, il est décapité le lendemain matin. Sa veuve parvient à retirer son corps de la rivière où il a été jeté afin de l'ensevelir dignement. Pierre Ryou est béatifié par Paul VI en 1968. **Fête le 17 février.** — Jeune adolescent coréen, Pierre Yu subit le martyre en Corée avec Marc* Chong et plusieurs autres chrétiens le 11 mars 1866. Canonisé par Jean-Paul II à Séoul le 6 mai 1984. **Fête le 11 mars.** Plus de cent quatre-vingts Pierre sont inscrits au catalogue des saints et bienheureux. Prénoms dérivés : Per,

Péran, Pereg, Perig, Perrette, Perrine, Perreux, Perline, Pernette, Peter, Petra, Petrouchka, Petroussia, Pia, Pierrick, Pierrig, Pierrette, Pierce, Pieyre, etc... et tous les prénoms inspirés d'une pierre précieuse.

PIERRE-BAPTISTE (m) Etym. grecque, cf. Pierre et Baptiste. Missionnaire franciscain, Pierre-Baptiste est crucifié à Nagasaki, Japon, le 5 février 1597 avec vingt-cinq prêtres, religieux et laïcs chrétiens dont trois enfants de onze à quinze ans. Canonisés par Pie XI en 1862. **Fête le 6 février.**

PIERRE-CÉLESTIN (m) Cf. Célestin.

PIERRE-CHRYSOLOGUE (m) Etym. grecque (*petros,* pierre, *khrusos,* or et *logos,* parole). Né et mort à Imola, en Emilie, Italie, au 5e s., Pierre-Chrysologue est nommé évêque de Ravenne vers 435. Il prend position contre Eutychès qui nie la nature humaine du Christ et joue un rôle politique important pendant les dix années de son épiscopat. Mais son renom lui vient surtout de son éloquence. Pierre « Bouche-d'or » n'impose pas de longs sermons à ses fidèles mais sa prédication est chaleureuse, naturelle, directe et convaincante. Cent soixante-dix de ses *Homélies* sont parvenues jusqu'à nous. Mort en 451, Pierre-Chrysologue est proclamé docteur de l'Eglise en 1729. **Fête le 30 juillet.**

PIERRE-DAMIEN (m) Cf. Damien.

PIERRE-FRANÇOIS (m) Etym. grecque, cf. Pierre, et latine, cf. François. Prêtre des Missions Etrangères et missionnaire au Tonkin (auj. Vietnam-Nord), Pierre-François Néron est arrêté, enfermé dans une cage et décapité en 1860. Béatifié par Pie X en 1909. **Fête le 3 novembre.**

PIERRE-HENRI (m) Etym. grecque, cf. Pierre, et germanique, cf. Henri. Prêtre des Missions Etrangères de Paris, Pierre-Henri Dorie est martyrisée en Corée en 1866 avec deux évêques, quatre autres prêtres et dix-sept laïcs coréens, tous béatifiés par Paul VI en 1968. **Fête le 21 septembre.**

PIERRE-JULIEN (m) Etym. grecque, cf. Pierre, et latine, cf. Jules. Né et mort à La Mure, en Dauphiné, Pierre-Julien Eymard est le fondateur des prêtres du Saint-Sacrement au 19e s. Résidant à Lyon vers 1850, il y reçoit Jean-Marie* Vianney son ami. Canonisé par Jean XXIII en 1963. **Fête le 1er août.**

PIERRE-MARIE (m) Etym. grecque, cf. Pierre, et hébraïque, cf. Marie. Religieux mariste originaire de Cuet, près de Belley, Bresse, Pierre-Marie Chanel est martyrisé à Futuna, Polynésie, en 1841. L'île tout entière se convertit peu de temps après sa mort. Premier martyr d'Océanie, Pierre-Marie est canonisé en 1954. **Fête le 28 avril.**

PIERRE-PASCAL (m) Etym. cf. Pierre et Pascal. Abbé de Saint-Michel de Gualtar, près de Braga, Portugal, puis évêque de Jaen, Pierre-Pascal est arrêté par les musulmans et jeté en prison lors d'une visite pastorale dans son diocèse. Ni ses ouailles ni le pape n'ayant pu verser la rançon exigée, Pierre-Pascal meurt en captivité le 6 décembre 1300. **Fête le 6 décembre.**

PIERRE-RENÉ (m) Etym. grecque, cf. Pierre, et latine, cf. René. Prêtre lazariste, Pierre-René Rogue est arrêté pendant la Révolution tandis qu'il porte l'Eucharistie à un malade. Réfractaire au serment de Liberté-Egalité, il est guillotiné à Vannes, Bretagne, en 1796. **Fête le 3 mars.**

PIERRETTE (f) Cf. Pierre.

PIERRICK (m) Cf. Pierre. Forme bretonne du prénom.

PIERRIG (m) Cf. Pierre.

PIEYRE (m) Cf. Pierre. Forme occitane du prénom.

PIRMIN (m) Etym. latine *(primus, premier)*. Chassé d'Espagne par les Sarrasins, Primenius ou Pirmin gagne l'Alémanie, y prêche l'évangile et y fonde plusieurs monastères, dont celui de Reichnau, près du lac de Constance, vers 724. Mort à Hornbach vers 755, saint Pirmin est bientôt très populaire en Allemagne, au Luxembourg et en Alsace. **Fête le 3 novembre.**

PLACIDE (m-f) Etym. latine *(placidus, de placere, plaire)*. Deux personnages sont vraisemblablement confondus et honorés sous ce nom : Placide, fils d'un sénateur romain, confié très jeune à saint Benoît* au 6e s., et son homonyme, capturé par les Sarrasins et martyrisé en Sicile au 9e s. **Fête le 5 octobre.** — Disciple de Marie-Madeleine* Postel, Placide Viel est sa quêteuse attitrée à travers la France et l'Allemagne, grâce à laquelle sont possibles la reconstruction d'une église abbatiale et la fondation de l'institut des Filles de la Miséricorde à Saint-Sauveur-le-Vicomte, Normandie, au 19e s. Morte en 1877 en réputation de sainteté, Placide est béatifiée par Pie XII en 1951. **Fête le 4 mars.**

PLACIDIE (f) Cf. Placide.

PLANCHAT (m) Cf. Pancrace.

PLATON (m) Etym. grecque *(Platôn,* nom d'un illustre philosophe grec aux 5e et 4e s. av. J.-C. : « large d'épaules »). Saint Platon est abbé à Constantinople au 8e s. Il n'hésite pas à blâmer l'empereur Constantin VI lorsque celui-ci répudie Marie, son épouse, pour la remplacer par Théodote ; ce qui lui vaut quatorze longues années de captivité et encore d'innombrables tracasseries après sa libération. Mais le saint abbé ne perd pas sa sérénité. Le 4 avril 814 il réunit ses frères, leur fait chanter l'hymne « Je suis la Résurrection et la Vie » et s'étend juste à point pour rendre le dernier soupir. **Fête le 4 avril.**

PLEUIGNER (m) Cf. Guigner.

PLUTARQUE (m) Etym. grecque *(Ploutarkhos,* nom d'un célèbre moraliste grec du 1er s). Disciple d'Origène, Plutarque est martyrisé à Alexandrie, Egypte, vers 202. **Fête le 21 juin.**

POL (m) Etym. latine, cf. Paul. Il vient du pays de Galles mais son nom révèle son origine romaine : Paulus Aurelianus, Paul Aurélien, Pol en breton. Débarqué à Ouessant avec plusieurs moines au 6e s., il longe la côte nord du Léon en quête d'un lieu propice à la vie contemplative et se fixe dans l'île de Batz. Désigné plus tard comme évêque du Léon par le roi franc Childebert, Pol évangélise la population, forme des prêtres, organise le nouveau diocèse. D'une cité galloromaine retombée dans la barbarie, il fait son siège épiscopal autour duquel s'établira une ville florissante. Mort très âgé vers 575, saint Pol est vénéré comme l'un des sept fondateurs de la Bretagne et le patron de nombreuses villes : Saint-Pol-de-Léon, Lampaul-Plouarzel, Lampaul-Ploudalmezeau, etc. Les reliques du saint sont vénérées dans la cathédrale de Saint-Pol-de-Léon où l'on montre aussi une cloche de cuivre lui ayant appartenu. **Fête le 12 mars.** Prénoms dérivés : Paol, Polig, etc.

POLIG (m) Cf. Pol.

POLLA (f) Cf. Paule ou Pol.

POLLY (m-f) Cf. Pol, Paul ou Paule.

POLYCARPE (m) Etym. grecque *(polus,* nombreux, abondant et *karpos,* fruit). Ancien disciple de saint Jean* l'Evangéliste, Polycarpe est évêque de Smyrne, Asie Mineure, lorsqu'il accueille Ignace* d'Antioche en route vers son martyre. Il forme Irénée qui succédera à Pothin comme évêque de Lyon et, presque nonagénaire, meurt brûlé vif dans l'amphithéâtre de Smyrne le 23 février 155. On rapporte

de Polycarpe cette réponse au juge qui le presse de renier le Christ : « Je l'ai servi toute ma vie. Il ne m'a jamais fait aucun mal. Comment pourrais-je blasphémer mon sauveur et mon roi ? » **Fête le 23 février.**

POLYEUCTE (m) Etym. grecque *(polus,* nombreux et *eukhê,* prière). Officier romain converti au christianisme par son ami Néarque, Polyeucte subit le martyre à Mélitène, en Arménie, vers 250. La notice de Siméon Métaphraste, hagiographe du 10e s., sur la vie et le martyre de saint Polyeucte, inspire une tragédie à Pierre Corneille en 1641. **Fête le 17 septembre.**

PONCE (m) Etym. latine *(pons, pontis,* pont). Diacre de saint Cyprien*, Ponce subit l'exil avec son évêque jusqu'en 258 et meurt à Carthage, Tunisie, vers 262. Il est l'auteur d'un récit du *Martyre de saint Cyprien.* **Fête le 7 juin.**

PONCIA (f) Cf. Poncie.

PONCIE (f) Etym. cf. Ponce. Fille de saint Gilbert* et de sainte Péronnelle*, Poncie est moniale à Aubeterre, Auvergne, élue abbesse après la mort de sa mère, au 12e s. **Fête le 7 juin.**

PONS (m) Etym. cf. Ponce. Citoyen romain, Pons serait à l'origine de la conversion de l'empereur Philippe tué à Vérone, Italie, par Dèce, en 249. Pons est arrêté, condamné et décapité peu de temps après. Une abbatiale lui est dédiée près de Béziers, Languedoc, au 12e s., autour de laquelle s'établit la ville de Saint-Pons-de-Thomières. **Fête le 8 mars.**

PONTICUS (m) Etym. latine *(pons, pontis,* pont). Agé de quinze ans, Ponticus subit le martyre à Lyon en 177 avec Pothin*, Blandine* et plus de quarante autres chrétiens. Ayant assisté chaque jour au supplice de ses compagnons dans le grand amphithéâtre des trois Gaules, Ponticus refuse encore de jurer par les idoles, à la grande déception de la foule païenne. Il est livré aux fauves le dernier jour des jeux, juste avant Blandine. **Fête le 2 juin.**

PONTIEN (m) Etym. cf. Ponticus. Romain, Pontien est le 18e pape de 230 à 235. Il est condamné aux mines de Sardaigne par l'empereur Maxime après l'assassinat d'Alexandre Sévère, en 235, avec le prêtre Hippolyte*, écrivain de valeur et schismatique qui s'est érigé en antipape dès 217. Pontien réconcilie Hippolyte avec l'Eglise et meurt d'épuisement en Sardaigne vers 237. Tous les deux sont honorés le même jour depuis le transfert de leurs corps à Rome. **Fête le 13 août.**

PONTIQUE (m) Cf. Ponticus.

POPPON (m) Etym. grecque *(papas,* père, patriarche). Moine bénédictin à Saint-Thierry de Reims, Poppon assiste Richard de Saint-Vanne dans son œuvre de réforme à partir de 1008. Abbé de Stavelot, Ardennes, il meurt à Marchienne, près de Douai, en 1048. La longue vie de saint Poppon est toute de fidélité à l'Esprit-Saint. **Fête le 25 janvier.**

PORPHYRE (m) Etym. grecque *(porphuritês,* pierre pourpre, roche volcanique compacte). Au service de Pamphile* à Césarée de Palestine, Porphyre est arrêté et martyrisé avec son maître en 309. **Fête le 1er juin.** — Ermite en Egypte, Porphyre fait le pèlerinage en Terre sainte et se fixe à Jérusalem, près du saint Sépulcre, exerçant pour vivre le métier de cordonnier. Il est guéri miraculeusement d'une maladie incurable à l'époque et, désigné plus tard pour succéder à l'évêque de Gaza, il obtient de l'impératrice la fermeture de tous les temples païens sur son diocèse. Mort à Gaza en 419. **Fête le 26 février.**

POTAMIÈNE (f) Etym. grecque *(potamos,* fleuve). Jeune chrétienne, disciple d'Origène, Potamiène subit le martyre à Alexandrie, Egypte, en 202, avec six de ses amis. Cf. Basilide. **Fête le 21 juin.**

POTAMON (m) Etym. cf. Potamiène. Evêque d'Héraclée, en Egypte, Potamon subit deux fois le martyre. Torturé et mutilé lors de la persécution de Maximim Daïa, en 310, il survit à ses blessures et prend la défense de saint Athanase* contre les ariens après le concile de Nicée (325). A nouveau soumis au supplice, Potamon succombe en 341 ou 342. **Fête le 18 mai.**

POTHIN (m) Etym. grecque *(phôs, phôtos,* lumière). Nonagénaire et infirme, l'évêque de Lyon Pothin ou Photin est arrêté en même temps que de nombreux chrétiens de son entourage, sous Marc Aurèle, en 177. Incapable de se déplacer il est porté au tribunal sur un brancard mais le rayonnement de son visage et la vivacité de son esprit font l'admiration de ses compagnons. Au magistrat qui lui demande qui est le Dieu des chrétiens, Pothin répond : « Tu le connaîtras lorsque tu t'en rendras digne ». Cette impertinence lui vaut d'être frappé à coups de pieds par plusieurs personnes de l'assistance exaspérée. Jeté en prison l'évêque expire deux jours après, assisté de plusieurs des quarante-huit chrétiens promis aux fauves à l'occasion des ''jeux'' organisés dans le grand amphithéâtre des trois Gaules. Cf. Blandine, Ponticus, Sanctus... L'église Saint-Nizier de Lyon marque vraisemblablement le lieu du martyre de saint Pothin. **Fête le 2 juin.**

POURCAIN (m) Etym. latine *(porcellus,* de *porcus,* porc). Jeune esclave au service d'un barbare, Pourçain tient sans doute son nom d'une fonction précise. Mais, comme le fils prodige de l'évangile de Luc, comme Patrick*, l'otage des pirates irlandais, il ne s'éternise pas dans une telle situation.

Faussant compagnie au maître, il se réfugie dans un monastère et en devient même l'abbé le plus illustre au 6e s. Une biographie du saint affirme que Pourçain guérit plus tard son ancien patron frappé de cécité et qu'en 532 il persuade Théodoric, roi barbare, de libérer tous ses prisonniers. Mort peu de temps après, Pourçain est enseveli au monastère autour duquel s'établira la ville qui garde son nom, Saint-Pourçain-sur-Sioule, en Bourbonnais. **Fête le 24 novembre.**

PRAXILLA (f) Cf. Priscilla.

PRÉTEXTAT (m) Etym. latine *(proetexere,* border, *proetexta,* toge bordée d'une bande de pourpre). Trente-cinq ans évêque de Rouen au 6e s., Prétextat n'a pas la tâche facile à l'époque où les mérovingiens ne réussissent qu'à se quereller et s'entre-tuer. Victime des vengeances de Childéric, il est banni et exilé à Jersey en 577, puis réinstallé, puis assassiné par Frédégonde en 586. Prétextat est frappé à l'autel pendant l'Eucharistie dominicale. Il achève une prière d'action de grâces, se laisse emporter par quelques fidèles et expire peu de temps après. **Fête le 24 février.**

PRIMAËL (m) Etym. celtique *(bri,* dignité et *maël,* prince). Originaire du pays de Galles, Primaël est ermite en Cornouaille, Bretagne, dans l'entourage de saint Corentin, évêque de Quimper, aux 5e et 6e s. **Fête le 15 mai.** Prénoms dérivés : Primel, Privaël, Privel, Privelina.

PRIME (m) Etym. latine *(primus,* premier). Diacre à Castel-Lémélé, en Numidie (auj. Algérie), Prime est massacré par les donatistes dans une église dont il défend l'autel avec un autre diacre, en 362. **Fête le 9 février.** — A Mentana, Sabine, Italie, Prime subit le martyre avec son ami ou son frère Félicien*. Voir ce prénom. **Fête le 9 juin.**

PRIMEL (m) Cf. Primaël.

PRISCA (f) Etym. latine *(priscus,* antique). Chrétienne martyrisée dans les premiers siècles de l'Eglise, Prisca est inhumée sur la voie Salarienne, à la catacombe de Priscille, à Rome. Une église lui est dédiée sur l'Aventin. **Fête le 18 janvier.**

PRISCILLE (f) Etym. cf. Prisca. Juifs chassés de Rome par l'empereur Claude, Priscille et son mari Aquila* se réfugient à Corinthe et y exercent le métier de tisserands. Ils font la connaissance de saint Paul* en 50 ou 51, deviennent ses disciples et risquent leur vie pour sauver la sienne. **Fête le 8 juillet.**

PRISQUE (f) Cf. Prisca.

PRIVAËL (m) Cf. Primaël.

PRIVAT (m) Etym. latine *(privatus,* privé). Evêque de Mende, Gévaudan, Privat est enlevé et enchaîné lors d'une invasion des barbares en 257. Torturé, il refuse de révéler le lieu où sont cachés les chrétiens et meurt des suites de ses blessures. **Fête le 21 août.**

PRIVEL (m) Cf. Primaël.

PRIVELINA (f) Cf. Primaël.

PRIX (m) Etym. cf. Prisca. Eduqué par les moines bénédictins d'Issoire, Auvergne, Prix est désigné par Childéric II, roi d'Austrasie, pour succéder à Genesius comme évêque de Clermont en 666. Il fonde de nombreux monastères dont plusieurs sont réservés aux femmes mais excommunie Hector, comte de Marseille, ce qui lui vaut beaucoup d'ennuis. Son diacre est abattu sous ses yeux lors d'un voyage à Volvic, en 676. Réalisant la méprise dont est victime son compagnon, assassiné à sa place, Prix rattrape les meurtriers, les met au courant de leur erreur et tombe sous leurs coups à son tour. **Fête le 25 janvier.**

PROCESSE (m) Etym. latine *(processus,* de *procedere,* aller de l'avant).

Geôlier de saint Pierre* au Tullianum, à Rome, au 1er s., Processe est le compagnon de Martinien. Voir ce prénom. **Fête le 2 juillet.**

PROCOPE (m) Etym. grecque *(procopê,* progrès). Né à Jérusalem, Palestine, Procope est moine à Scythopolis où il fait fonction de lecteur et d'interprète syriaque. Transféré à Césarée lorsqu'éclate la persécution de Dioclétien, en 303, il proclame bien haut sa foi en un Dieu unique au tribunal du juge Flavien. Décapité, Procope est le premier martyr de cette persécution en Palestine. **Fête le 8 juillet.**

PROSPER (m) Etym. latine *(prosperus,* florissant). Né en Aquitaine à la fin du 4e s., Prosper se marie mais incite sa femme à embrasser la vie religieuse après quelques années de vie conjugale. Ecrivain et théologien laïc, il fréquente lui-même les moines de l'abbaye Saint-Victor de Marseille, échange de nombreuses lettres avec Hilaire*, évêque d'Arles, et avec le pape Léon 1er dont il devient le secrétaire. Mais Prosper est surtout le défenseur des thèses augustiniennes contre les pélagiens. Mort à Rome vers 460, il est l'auteur de *La Vocation de tous les gentils, Chronique des origines à 455* et *Cycle pascal.* **Fête le 25 juin.**

PROTAIS (m) Etym. grecque *(prôtos,* premier). Saint Protais est le frère de saint Gervais. Voir ce prénom. **Fête le 19 juin.**

PROTHADE (m) Etym. cf. Protais. Saint Prothade est évêque de Besançon au début du 7e s. **Fête le 21 décembre.**

PROVIDENCE (f) Etym. latine *(providentia,* de *providere,* pourvoir). Prénom inspiré de la bonté et de la sagesse divines. Sainte Sophie est la patronne des Providence. Voir ce prénom.

PRUDENCE (m-f) Etym. latine *(prudens,* sage, plein d'expérience). D'origine espagnole Galendo devient évêque

de Troyes, Champagne, sous le nom de Prudence vers 843, renommé pour son zèle et sa science. Il réforme de nombreux monastères, compose un florilège du Psautier pour les pèlerins et soutient la doctrine du moine Gottschalck sur la grâce, le libre arbitre et la prédestination. Mort à Troyes en 861. **Fête le 6 avril.** — Née à Milan, Italie, sainte Prudence est moniale puis abbesse à Côme au 15e s. **Fête le 6 mai.**

PRUDENTIA (f) Cf. Prudence.

PRUDY (f) Cf. Prudence.

PRUNELLE (f) Prénom inspiré du fruit du prunellier, arbrisseau épineux à fleurs blanches. Sainte Fleur est la patronne des Prunelle. **Fête le 5 octobre.**

PTOLÉMÉE (m) Etym. grecque *(Ptolemaios,* nom de quinze souverains macédoniens régnant en Egypte de 323 à 30 av. J.-C.) Catéchiste accusé d'avoir converti une païenne, Ptolémée subit le martyre à Rome vers 160, selon saint Justin*. **Fête le 19 octobre.** — Soldat de service au tribunal, à Alexandrie, Egypte, vers 250, Ptolémée intervient pendant un jugement et témoigne de sa foi au Christ pour réconforter un chrétien qui lui paraît fléchir. Il est martyrisé peu de temps après avec quatre autres soldats chrétiens. Cf. Théophile d'Alexandrie. **Fête le 20 décembre.**

PUBLIA (f) Etym. latine *(publicus,* qui concerne le peuple). Veuve fortunée, Publia fonde un monastère à Antioche, Asie Mineure, au 4e s. **Fête le 9 octobre.**

PULCHÉRIE (f) Etym. latine *(pulcher,* beau). Née à Constantinople en 399, Pulchérie est la fille d'Arcadius et la sœur aînée de l'empereur Théodose II. Proclamée ''augusta'' en 414, elle gouverne à la place de son frère tout en menant une vie ascétique exemplaire. A la mort de Théodose, en 450, elle prend le pouvoir en Orient et défend l'Eglise contre les monophysites, convoquant le concile de Chalcédoine qui chasse les hérétiques et restitue leur siège aux évêques qu'ils avaient destitués. Morte à Constantinople en 453, Pulchérie est considérée comme une femme exceptionnelle qui a marqué l'histoire politique et religieuse de son temps. **Fête le 10 septembre.**

PULCHRÔNE (m) Etym. cf. Pulchérie. Evêque de Verdun, saint Pulchrône reconstruit l'église épiscopale détruite par les barbares et la dédie à la Mère de Dieu en 451, peu de temps après la proclamation de la maternité divine de Marie au concile d'Ephèse. **Fête le 20 octobre.**

Q

QUADRATUS (m) Etym. latine : "carré". Evêque, Quadratus subit le martyre à Utique, en Afrique, à la fin du 3ᵉ s. Saint Augustin écrit à son sujet : « Il a appris à tout son peuple, clercs et laïques, à confesser le Christ. Il a envoyé devant lui son troupeau et est mort quatre jours après ». **Fête le 21 août.**

QUANTON (m) Cf. Quentin.

QUAY (m) Cf. Kay.

QUENTIN (m) Etym. latine *(quintus,* cinquième). Avec plusieurs missionnaires romains, Caius Quintius vient évangéliser la Picardie, le Vermandois et la Thiérache au 3ᵉ s. On situe le martyre de Quentin autour de 285. Au 7ᵉ s., évêque de Noyon et Tournai, Eloi* retrouve ses restes et lui fait construire un sanctuaire à Vermand, aujourd'hui Saint-Quentin où la collégiale érigée six siècles plus tard est encore l'un des plus beaux monuments gothiques du nord de la France. **Fête le 31 octobre.** Prénoms dérivés : Quanton, Quintia, Quintilien, Quintilla, Quintin, etc.

QUIÉTA (f) Etym. latine *(quietus,* paisible, tranquille). Sainte Quiéta est l'épouse de saint Hilaire de Dijon au 5ᵉ s. Cf. Hilaire. **Fête le 28 novembre.**

QUINTA (f) Etym. cf. Quentin. Pendant la persécution de Dèce, Quinta est prise à partie par la foule déchaînée contre les chrétiens, à Alexandrie, Egypte, en 249. Conduite au temple, elle est mise en demeure de sacrifier aux idoles. Sur son refus, on lui lie les pieds, les mains et on la traîne à l'écart pour la lapider. De nombreux chrétiens périssent ce jour-là à Alexandrie, selon une lettre de Denys, évêque de la ville, adressée à Fabien, évêque d'Antioche. **Fête le 9 février.**

QUINTARD (m) Cf. Quentin.

QUINTIA (f) Cf. Quentin.

QUINTILIEN (m) Cf. Quentin.

QUINTILLA (f) Cf. Quentin.

QUINTIN (m) Cf. Quentin.

QUINTINA (f) Cf. Quentin.

QUIREC (m) Cf. Girec.

QUIRIACE (m) Etym. grecque *(kyrie,* seigneur). Juif converti au christianisme, Quiriace est évêque de Jérusalem au 4ᵉ s. C'est lui qui indique à Hélène*, mère de Constantin, l'endroit où sont enfouies les trois croix du calvaire. Très âgé, Quiriace est martyrisé en 363. A Provins, en France, sur l'emplacement d'un temple consacré à Isis, une église est construite et dédiée à saint Quiriace en 1160 pour recevoir le crâne du martyr. **Fête le 29 décembre.**

QUIRIN (m) Etym. latine *(Quirinus,* nom d'une des plus anciennes divinités du panthéon romain, parfois assimilée à Mars). Evêque très âgé de Sisak, près de Zagreb (auj. en Yougoslavie), Quirin est arrêté, condamné à mort par le préfet Amantius et jeté du haut d'un pont dans un affluent du Danube en 310. **Fête le 12 juin.**

QUITERIE (f) Etym. cf. Quiéta.

Jeune chrétienne, Quiterie est martyrisée près de Mont-de-Marsan, Aquitaine, le 22 mai 477. **Fête le 22 mai.**

QUODVULTDEUS (m) Etym. latine : « ce que Dieu veut ». Diacre de saint Augustin*, Quodvultdeus est nommé évêque de Carthage, Tunisie, en 437. Deux ans plus tard il assiste à la prise de la ville par les Vandales, contraint par Genséric d'embarquer avec ses clercs sur des navires si délabrés que tous sont surpris d'arriver à Naples. Auteur de plusieurs ouvrages d'inspiration augustinienne, Quodvultdeus meurt à Naples, en Campanie, vers 453. **Fête le 19 février.**

R

RABAN (m) Etym. hébraïque *(rabban, rabbi,* maître). Né à Mayence, Rhénanie, vers 780, Raban entre à dix ans à l'abbaye bénédictine de Fulda, Hesse, poursuit ses études à Tours, près d'Alcuin, et revient à Fulda comme abbé. Mort archevêque de Mayence en 856, Raban Maur est un savant et un auteur important en Europe au 9e s. On lui attribue l'hymne *Veni creator Spiritus.* **Fête le 4 février.**

RACHEL (f) Etym. hébraïque : ''brebis''. Quatorze ans ! Pendant quatorze ans Jacob travaille chez son oncle Laban afin de pouvoir épouser sa fille Rachel ; « des années qui ne lui paraissent pas plus longues que des journées tant il aime Rachel », dit la Bible. Elle sera sa quatrième femme et la mère de Joseph et Benjamin, ses derniers fils. Cf. Genèse 29-35. **Fête le 15 janvier.** Prénoms dérivés : Rachilde, Racilia.

RACHILDE (f) Cf. Rachel.

RACILIA (f) Cf. Rachel. Prénom en vogue à l'époque romaine.

RADBERT (m) Etym. germanique *(rad,* conseil et *berht,* brillant, illustre). Cf. Paschase.

RADBOD (m) Etym. germanique *(rad,* conseil et *bald,* audacieux). Né près de Namur, Radbald ou Radbod est éduqué par son oncle Gunther, archevêque de Cologne, Rhénanie, et devient évêque d'Utrecht, Pays-Bas, en 899. Mort en 917. **Fête le 29 novembre.**

RADEGONDE (f) Etym. germanique *(rad,* conseil et *gund,* guerre). Fille de Berthaire, roi de Thuringe assassiné par son oncle avec la complicité des rois francs Thierry et Clotaire 1er, Radegonde est contrainte d'épouser ce dernier. Chrétienne, elle donne l'exemple de toutes les vertus et surtout de la patience. Mais lorsqu'elle apprend la mort de son frère, assassiné par Clotaire pour éteindre la descendance mâle des rois de Thuringe, Radegonde fuit la cour qu'elle a en horreur, se réfugie auprès de Médard*, évêque de Noyon, et suit ses conseils point par point. Débarrassée de ses bijoux, de ses parures royales, elle va prier au tombeau de saint Martin de Tours, se retire à Saix, à la limite du Poitou et de la Touraine, et se consacre à Dieu par les trois vœux monastiques. Las de la réclamer, Clotaire se résigne, consent à la séparation et contribue même à la fondation du monastère Notre-Dame à Poitiers en 555. Par humilité Radegonde refuse d'en être l'abbesse, se réservant les fonctions les plus modestes, mais obtient de Germain* qu'il vienne de Paris pour présider à la consécration de l'église abbatiale. En 569 le monastère prend le nom de Sainte-Croix à la réception d'un fragment de la croix du Christ envoyé à Radegonde par Justin, empereur d'Orient. Morte le 13 août 587, sainte Radegonde est la patronne de Poitiers. **Fête le 13 août.** Prénom dérivé : Radiane.

RADIANE (f) Cf. Radegonde.

RAFELOUN (m) Cf. Raphaël. Forme provençale du prénom.

RAGENFRÈDE (f) Etym. germanique *(ragin,* conseil et *frido,* paix). Fille aînée de Pépin le Bref, Ragenfrède est nommée abbesse de Denain, près de Valenciennes, Flandre, au retour d'un pèlerinage à Rome, à la fin du 8ᵉ s. **Fête le 8 octobre.**

RAGNEBERT (m) Cf. Rambert.

RAÏA (f) Cf. Iraïs.

RAÏANE (f) Cf. Iraïs.

RAIMOND (m) Cf. Raymond.

RAINIER (m) Etym. latine *(rana,* petite grenouille). Fils d'un riche marchand de Pise, Italie, où il est né en 1117, Rainier est un troubadour renommé dans toute l'Italie du nord. Il chante des cantilènes de sa composition, joue de la viole, amuse et s'amuse lui-même sans jamais perdre une occasion jusqu'au jour où son chemin croise celui d'un saint homme. Le repentir de Rainier est à la hauteur de ses péchés. Il s'en va d'abord en Terre sainte, prend place parmi les galériens pendant la traversée, ramant, mangeant, chantant, priant avec eux, revient à Pise, uniquement soucieux de servir ses concitoyens, et finit sa vie au monastère Saint-Guy en 1160. Ses reliques sont vénérées dans la cathédrale de Pise. **Fête le 17 juin.** Prénom dérivé : Rana.

RAÏSSA (f) Cf. Iraïs.

RALPH (m) Cf. Raphaël.

RAMBERT (m) Etym. germanique *(rad,* conseil et *berht,* brillant). Leude chrétien dont l'action gêne l'ambition d'Ebroïn à la cour de Neustrie, Rambert est massacré par les sbires du maire du palais au lieu dit depuis Saint-Rambert-en-Bugey, Bresse, vers 680. **Fête le 13 juin.** Prénom dérivé : Ragnebert.

RAMON (m) Cf. Raymond. Forme occitane du prénom.

RAMOUN (m) Cf. Raymond. Forme provençale du prénom.

RAMUNTCHO (m) Cf. Raymond. Forme basque du prénom.

RANA (f) Cf. Rainier.

RAOUL (m) Etym. germanique *(rad,* conseil et *wulf,* loup). Fils du comte de Cahors, Raoul ou Rodolphe est élu archevêque de Bourges en 840. Il rédige une importante *Instruction pastorale* à l'intention de ses prêtres, encourage les fidèles à communier chaque jour et fonde plusieurs monastères. Fin diplomate, l'évêque parvient à régler de nombreuses affaires politiques délicates ; ce qui lui vaut le surnom de « père de la patrie ». Mort à Bourges le 21 juin 866. **Fête le 21 juin.** — Laboureur illettré et père de huit enfants, Raoul Milner est arrêté la première fois le jour où il se convertit du protestantisme au catholicisme. Emprisonné puis libéré, il est repris avec le prêtre Roger* Dickenson. Le juge fait l'impossible pour lui faire abjurer le papisme mais Raoul meurt dans sa foi, pendu à Winchester, Hampshire, le 7 juillet 1591, au côté de Roger Dickenson. **Fête le 7 juillet.** Prénoms dérivés : Raoula, Rauline, Rudolf, Rudy.

RAOULA (f) Cf. Raoul.

RAPHAËL (m) Etym. hébraïque :

"Dieu guérit". Etymologie que justifie la mission de l'archange envoyé par Dieu à Tobie pour lui indiquer le remède qui guérira son père. Le compagnon du jeune homme se présente lui-même avant de disparaître : « Je suis Raphaël, l'un des sept Anges qui se tiennent toujours prêts à pénétrer auprès de la gloire du Seigneur », et il insiste longuement sur la nécessité de louer et bénir Dieu pour ses bienfaits. Cf. Tobie 5-12. **Fête le 29 septembre.** Prénoms dérivés : Ralph, Raphaëlle.

RAPHAËLLE (f) Cf. Raphaël.

RAPHAËLLE-MARIE (f) Etym. hébraïque, cf. Raphaël et Marie. Orpheline très jeune, Raphaëlle-Marie Porrès prend le voile chez les religieuses de Marie-Réparatrice de Cordoue, Espagne. En 1877 elle fonde à Madrid une congrégation autonome, les Servantes du Sacré-Cœur, dont elle est la première supérieure. Incomprise, persécutée par sa sœur aînée qui lui prend sa place, Raphaëlle-Marie se retire et passe les trente dernières années de sa vie dans le silence, l'humilité et l'oubli. Morte à Rome en 1925, elle est béatifiée en 1952 et canonisée en 1977. **Fête le 6 janvier.**

RATSKO (m) Cf. Sabas.

RAULINE (f) Cf. Raoul.

RAY (m) Cf. Raymond.

RAYMOND (m) Etym. germanique *(rad,* conseil et *mundo,* protection). Père de cinq enfants morts accidentellement le même jour, Raymond fonde un hospice, se dévoue inlassablement au service de ses frères éprouvés dans leur corps et dans leur cœur, et meurt à Plaisance, Palmerio, Italie, vers 1200. **Fête le 28 juillet.** — Moine mercédaire, Raymond Nonnat utilise tout l'or mis à sa disposition pour racheter des chrétiens, prisonniers des musulmans, puis se livre lui-même comme otage. Racheté plus tard, il est créé cardinal par Grégoire IX mais succombe aux mauvais traitements subis, à Cardona, Catalogne, en 1240, âgé de trente-six ans. **Fête le 31 août.** — Dominicain, saint Raymond de Penyafort est l'auteur des *Décrétales,* ouvrage en cinq tomes qui rassemble tous les décrets des papes et des conciles. Général de son ordre en 1238, il introduit dans les couvents l'étude de l'hébreu et de l'arabe, incite son confrère Thomas* d'Aquin à écrire la *Somme contre les Gentils* et conseille Pierre* Nolasque pour la fondation des mercédaires. Retiré, Raymond consacre les dernières années d'une très longue vie à la prière, à l'évangélisation des musulmans, et meurt à Barcelone, Espagne, le 6 janvier 1275. Sa renommée est telle que les rois de Castille et d'Aragon se déplacent pour ses funérailles, témoins de plusieurs miracles pendant la cérémonie. Raymond est canonisé par Clément VIII en 1601. **Fête le 7 janvier.** — Peu de temps avant sa mort Raymond Lulle résume lui-même sa vie : « J'ai été marié, j'ai eu des enfants, j'ai été riche, j'ai aimé le monde et les plaisirs. Puis j'ai tout quitté pour la gloire de Dieu et le bien de mes frères. J'ai appris l'arabe et me suis souvent rendu chez les Sarrasins. Pour ma foi j'ai été flagellé et incarcéré. Pendant quarante-cinq ans j'ai tenté d'intéresser les chefs de l'Eglise et les princes chrétiens au bien public. Maintenant que je suis vieux et pauvre mon idéal est toujours le même et il restera tel jusqu'à ma mort ». Franciscain, saint Raymond Lulle est l'un des hommes les plus inventifs et les plus œcuméniques de l'histoire de l'Eglise. Après une première captivité à Bougie, Afrique du Nord, où il rencontre le grand moufti, il revient dans la ville, est arrêté, torturé, laissé pour mort. Ramené à Majorque, Espagne, par des marchands chrétiens, il succombe à ses blessures à Palma en 1316. **Fête le 3 juillet.** — Disciple de Catherine* de Sienne, Raymond de Capoue devient maître général des dominicains, travaille à la réforme de l'ordre et meurt à Nuremberg, Bavière, en 1399. **Fête le 5 octobre.** Prénoms dérivés : Aymɔn, Aymone, Ray, Raymonde, Ramon, Ramoun, Ramuntcho, etc.

RAYMONDE (f) Cf. Raymond.

RAYNAL (m) Cf. Renaud.

REBECCA (f) Etym. hébraïque : « servante de Dieu ». Personnage biblique, Rebecca est l'épouse d'Isaac, la mère des jumeaux Esaü et Jacob. Elle parvient à faire obtenir à Jacob la bénédiction de son père à la place d'Esaü. Cf. Genèse 22-28. **Fête le 15 octobre.** — Née au Liban en 1832, Anissa Ar Rayès prend le nom de Rebecca avec l'habit religieux. Cuisinière à Bikfaya en 1853 elle échappe de justesse au massacre des maronites par les Druses. En 1871 elle entre au monastère Saint-Antoine à Al Quarn mais perd bientôt la vue et l'usage de ses jambes. Morte à Al Dahr le 23 mars 1914, Rebecca devient vite très populaire au Liban et sa tombe est un centre de pèlerinage important. **Fête le 23 mars.**

RÉDEMPT (m) Etym. latine *(redimere,* racheter). Carme espagnol, Rédempt est capturé par des pirates musulmans et martyrisé à Atchin, dans l'île de Sumatra, Indonésie, en 1638, avec Pierre* Berthelot et une soixantaine de compagnons de voyage. **Fête le 29 novembre.**

RÉGILLA (f) Cf. Reine.

RÉGINA (f) Cf. Reine.

RÉGINALD (m) Etym. cf. Renaud. Doyen de l'église Saint-Aignan à Orléans, Réginald prépare un voyage en Palestine lorsqu'il rencontre saint Dominique. Guéri par lui d'une maladie incurable naturellement, Réginald entre chez les dominicains, prêche à Bologne, Italie, puis à Paris jusqu'à sa mort en 1220. **Fête le 21 février.**

RÉGINE (f) Cf. Reine.

RÉGIS (m) Etym. latine *(rex, regis,* roi). Prénom inspiré d'un patronyme. Cf. Jean-François. **Fête le 16 juin.**

RÉGNAULT (m) Etym. latine *(regnum,* règne). Moine de l'abbaye de Baume-les-Messieurs, dans le Jura, Régnault obtient l'autorisation de vivre en ermite au fond de la vallée jusqu'à sa mort, en 1114. **Fête le 16 septembre.**

RÉGNOBERT (m) Etym. germanique *(ragin,* conseil et *berht,* brillant). Evêque de Caen, Régnobert fonde le sanctuaire marial de La Délivrande dans les premiers siècles du christianisme à l'emplacement d'un temple païen, au hameau du Douvres, dans le Bessin. **Fête le 6 avril.**

REINE (f) Etym. latine *(regina,* reine). Fille du gouverneur de la ville, aujourd'hui Alise-Sainte-Reine, Bourgogne, et fiancée malgré elle à un officier romain, Reine préfère mourir plutôt que de renoncer à sa virginité. Elle est décapitée en 252, l'année de ses seize ans. Des fouilles effectuées au début du 19e s. sur le plateau d'Alésia ont permis de mettre à jour les vestiges d'une basilique mérovingienne dédiée à sainte Reine. Ses reliques sont conservées à Flavighy-sur-Ozerain depuis 864. L'hôpital Sainte-Reine, fondé par Vincent de Paul à Alise-Sainte-Reine, est orné de tableaux relatant la vie et le martyre de la sainte. **Fête le 7 septembre.** Prénoms dérivés : Alise, Régilla, Régina, Régine, Gina, Réjane, Roxane.

REINELDA (f) Etym. latine, cf. Reine, ou germanique *(ragin,* conseil et *hild,* combat). Chrétienne flamande, Reinelda est martyrisée par les Huns au 7e s. **Fête le 16 juillet.**

REINHARDT (m) Cf. Renaud. Forme alsacienne du prénom.

REINIÉ (m) Cf. René. Forme provençale du prénom.

REINIER (m) Etym. germanique *(ragin,* conseil). Moine camaldule, Reinier est nommé évêque de Cagli, dans les Apennins, en 1154, puis transféré au siège métropolitain de Spalato, en Dalmatie (auj. en Yougoslavie) où il est lapidé par des Slovènes auxquels il réclame un domaine ecclésiastique dont ils se sont appropriés. **Fête le 4 août.**

RÉJANE (f) Cf. Reine.

RELINDE (f) Etym. germanique *(hrod,* gloire et *lind,* doux). Sœur de sainte Harlinde, Relinde ou Rolinde enseigne l'enluminure à Valenciennes, Flandre, puis succède à sa sœur comme abbesse d'un monastère. Morte près de Maeseyck, Limbourg belge, quelques années après elle, au 7e s. **Fête le 13 février.**

REMACLE (m) Etym. cf. Rémi. Moine à Luxeuil, alors en Bourgogne, Remacle est désigné par saint Éloi pour le seconder dans la fondation de l'abbaye de Solignac, en Limousin, puis de celles de Corbion, Stavelot et Malmédy dans les Ardennes. Mort à Stavelot vers 675. **Fête le 3 septembre.**

REMI (m) Etym. latine *(Remi,* Rèmes, nom d'un peuple de la Gaule belgique établi en Champagne avec, pour capitale, Durocortorum qui deviendra Reims). Né à Laon vers 437 Remi est le 17e évêque de Reims, sacré en 465 ou 466. Ses conseils à Clotilde* prépare la conversion de Clovis, le roi des Francs qu'il baptise avec trois mille de ses soldats le jour de Noël 496, après la victoire dite "de Tolbiac", remportée près de Cologne, sur les Alamans. Remi jouit d'une grande réputation de science, selon Grégoire* de Tours, mais la première préoccupation de l'évêque est le soulagement des pauvres et des opprimés, comme en témoigne l'une des lettres que nous possédons de lui : « Secourez les affligés, écrit-il à Clovis, ayez soin des veuves, nourris-

sez les orphelins... Toutes les richesses de vos pères, employez-les à libérer les captifs et à délier le lien d'esclavage ». Mort à Reims le 13 janvier 533 après plus d'un demi-siècle d'épiscopat, Remi est inhumé dans la chapelle Saint-Christophe, près de la cathédrale ; chapelle qui lui est bientôt dédiée tant est important le culte dont fait l'objet le saint évêque dans toute la chrétienté occidentale. En 852 est construite la première abbatiale Saint-Remi et au 11e s. celle que nous connaissons. L'abbaye Saint-Remi est longtemps l'une des plus florissantes de France. **Fête le 15 janvier.** Prénoms dérivés : Remy, Rimma, Mieg.

REMY (m) Cf. Remi.

RENALD (m) Cf. Renaud.

RENALDINE (f) Cf. Renaud.

RENAN (m) Cf. Ronan.

RÉNATA (f) Cf. René.

RENAUD (m) Etym. germanique *(ragin,* conseil et *wald,* celui qui gouverne). Héros guerrier, Renaud de Montauban est le plus célèbre des *Quatre Fils Aymon,* poème épique anonyme du 12e s., bâti sur le modèle historique de saint Renaud, personnage contemporain de Charlemagne et qui aurait mis fin à une vie de plaisir et de violence en se retirant à l'abbaye Saint-Pantaléon de Cologne. On lui attribue la construction de l'église Saint-Pierre dans cette ville. **Fête le 7 janvier.** — Originaire de Picardie et moine à Soissons, Renaud se découvre soudain une vocation de solitaire. Il va construire son ermitage dans la forêt de Craon, Maine, attiré par la sainteté de Robert* d'Arbrissel. Celui-ci parti pour aller fonder l'abbaye de Fontevrault, Renaud va s'installer dans la forêt de Mélinais, près de La Flèche, où il meurt vers 1104. **Fête le 17 septembre.** Prénoms dérivés : Naud, Naudet, Naudin, Raynal, Renald, Renaldine, Renaude, Réginald, Ronald, etc.

RENAUDE (f) Cf. Renaud.

RENÉ (m) Etym. latine *(renatus,* re-né, né de nouveau, dans l'eau et dans l'Esprit. Cf. Jn 3, 3-8). Evêque d'Angers au 5e s. ou évêque de Sorrente, en Campanie, au 6e ? La vie de saint René est encombrée des légendes les plus fantaisistes. Le culte du saint est pourtant très important, surtout vers la fin du 13e s., après la conquête du royaume de Naples par Charles d'Anjou. Chrétiens angevins et napolitains tombent d'accord pour vénérer ensemble un saint René évêque d'Angers puis ermite en Campanie où il serait venu se cacher, las de la pompe et des responsabilités, et de nouveau évêque, placé sur le siège épiscopal de Sorrente par les fidèles du diocèse témoins de sa sainteté. **Fête le 12 novembre.** — Jésuite angevin né en 1607, René Goupil est missionnaire parmi les Peaux-Rouges du Québec, Canada, lorsqu'il est capturé par les Iroquois avec Isaac* Jogues en 1642. Il est massacré à coups de hache par les Indiens sous les yeux de son compagnon. Canonisé en 1930. **Fête le 19 octobre.** Prénoms dérivés : René, Renata, Renate, Rhéa.

RENÉE (f) Cf. René.

RENELDE (f) Cf. Rolande.

RÉNILDA (f) Cf. Rénilde.

RÉNILDE (m) Etym. germanique *(ragin,* conseil et *hild,* combat). Saint Rénilde est martyrisé par les Saxons vers 680. **Fête le 5 janvier.**

RÉPARATE (f) Etym. latine *(reparare,* réparer, redresser). Jeune chrétienne, Réparate subit le martyre à Césarée de Palestine vers 250, lors de la persécution de Dèce, dans sa quinzième année. La tradition veut que son corps ait été découvert au fond d'une barque par des pêcheurs niçois au large de la baie des Anges au milieu du 3e s. Sainte Réparate est la patronne de Nice,

titulaire de la cathédrale primitivement dédiée à la Vierge Marie. **Fête le 19 décembre.**

RÉSÉDA (f) Etym. latine *(resedare,* calmer). Prénom inspiré de la plante à fleurs blanchâtres ou jaunâtres disposées en grappes ; plante cultivée pour son parfum agréable. Sainte Fleur est la patronne des Réséda. **Fête le 5 octobre.**

REYNALDO (m) Cf. Reynold.

REYNOLD (m) Etym. cf. Renaud. Moine tailleur de pierre à Cologne, Rhénanie, au 10e s., saint Reynold est massacré par des compagnons jaloux de sa popularité. **Fête le 7 janvier.**

RHÉA (f) Cf. René. — Dans la mythologie Rhéa est la fille de Gaïa. Elle épouse Cronos et lui donne beaucoup d'enfants qui deviennent les dieux de l'Olympe.

RHODA (f) Etym. grecque *(rodon,* rose). Dans la mythologie Rhoda est la nymphe de Rhodes en Grèce. Sainte Nymphe est la patronne des Rhoda. **Fête le 10 novembre.**

RHOMÉ (f) Etym. grecque *(rhomê,* force, puissance). Fille de Latinus, Rhomé est l'ancêtre éponyme de la ville de Rome dans la mythologie. Sainte Nymphe est la patronne des Rhomé. **Fête le 10 novembre.**

RICHARD (m) Etym. germanique *(rik,* roi et *hard,* dur). Père de trois saints, Willibald*, Winebald* et Walburge*, Richard meurt à Lucques, Toscane, en 722, après un pèlerinage à Rome. **Fête le 7 février.** — Ayant accompagné Edmond* Rich, archevêque de Canterbury, en exil à Pontigny, Bourgogne, Richard le suit à Soisy, près de Provins, et l'assiste dans ses derniers moments le 16 novembre 1240. Il devient évêque de Chichester malgré la désapprobation de Henri III en 1244, sacré par Innocent IV à Lyon l'année suivante. La mort le surprend à

Douvres en 1253 tandis qu'il prêche la septième croisade. **Fête le 13 avril.** — Le bienheureux Richard Rolle est l'un des plus grands mystiques anglais au 14e s. **Fête le 29 septembre.** — Franciscain, Richard de Sainte-Anne est martyrisé à Nagasaki, Japon, le 10 septembre 1622, en même temps que de nombreux prêtres, religieux et laïques, dont six garçons de trois à douze ans. Sur le point d'expirer, Richard fait encore un effort extraordinaire, mû par son immense charité, pour encourager un compagnon en proie à l'angoisse de la mort. **Fête le 10 septembre.** — Agriculteur et père de famille nombreuse, Richard Herst est arrêté, inculpé de "papisme" et condamné au gibet à Lancastre, Angleterre, en 1628. Serviable jusqu'au bout, il aide le bourreau maladroit à dénouer sa corde. **Fête le 29 août.** — Homme de loi victime du faux complot imaginé par Titus Oates, Richard Langhorne subit le martyre à Londres et meurt le 14 juillet 1679 en disant : « Mon Jésus, je désire être avec toi, je suis prêt ». **Fête le 14 juillet.**

RICHARDE (f) Etym. cf. Richard. Epouse de Charles le Gros, roi des Francs de Rhénanie puis empereur d'Occident, Richarde est répudiée et condamnée pour adultère. L'impératrice proteste de son innocence, pardonne à son mari et prend le voile à l'abbaye d'Andlau, Alsace, où elle meurt vers 900. Canonisée par Léon IX en 1409. **Fête le 18 septembre.** Prénom dérivé : Richilde.

RICHILDE (f) Cf. Richarde. Forme alsacienne du prénom.

RICK (m) Cf. Richard ou Henri.

RICTRUDE (f) Etym. germanique (*rik,* roi et *trud,* fidélité). Issue d'une noble famille d'origine basque, Rictrude épouse Adalbald* et lui donne trois enfants, dont deux futures saintes : Ysoie et Adalsinde. Veuve encore jeune, Rictrude fonde le monastère de Marchiennes, près de Douai, ne vivant plus que pour Dieu dans le silence, la prière et la pénitence jusqu'à sa mort en 688. **Fête le 12 mai.**

RIEC (m) Cf. Rioc.

RIEG (m) Cf. Rioc.

RIEUC (m) Cf. Rioc.

RIEUL (m) Etym. francique : "petit roi". Issu d'une illustre famille champenoise, Rieul se consacre à Dieu à l'abbaye de Hautvillers après la mort de son épouse et fonde plusieurs monastères en Champagne et en Ile-de-France au 7e s. **Fête le 3 septembre.**

RIGOBERT (m) Etym. germanique (*hrod,* gloire et *berht,* brillant). Nommé évêque de Reims vers 690, Rigobert ou Robert est contraint de s'exiler entre 717 et 721 pour des raisons politiques. Mort à Gernicourt, Ardennes, vers 740. Ses reliques sont vénérées dans l'église Saint-Thierry de Reims. **Fête le 4 janvier.**

RIMMA (f) Cf. Remi.

RIOC (m) Etym. celtique. Fils du seigneur d'Elorn, Rioc se convertit sous l'influence des frères Derien* et Neventer*, s'établit ermite dans une grotte face à la baie de Brest et finit ses jours à l'abbaye de Landévennec, en Bretagne, au début du 7e s. **Fête le 12 février.** Prénoms dérivés : Riec, Rieg, Rieuc.

RION (m) Cf. Riowen.

RIOWEN (m) Etym. celtique. Moine à l'abbaye de Redon, Bretagne, au 9e s., saint Riowen ou Rion est particulièrement honoré à Beauport, monastère prémontré, près de Saint-Brieuc, et dans les chapelles de Plourivo et Plouézec (Côtes-du-Nord). **Fête le 14 août.**

RIQUET (m) Cf. Henri. Forme hypocoristique du prénom.

RIQUIER (m) Etym. germanique *(rik, roi, puissant)*. Né à Centule, en Picardie, dans une famille illustre et fortunée, Riquier est converti encore jeune par deux moines irlandais qui ont échappé au massacre grâce à son intervention. Missionnaire itinérant, Riquier évangélise la Picardie et les provinces voisines, soigne les lépreux, rachète des esclaves pour les libérer, prodigue partout bienfaits spirituels et temporels. Entouré de nombreux disciples, il fonde un monastère à Centule où Dagobert vient solliciter ses sages conseils. Mais, sa renommée devenue encombrante, l'abbé se retire et vit en ermite dans la forêt de Crécy jusqu'à sa mort, le 26 avril 645. Son corps est placé dans le tronc creux d'un vieux chêne, selon ses prescriptions. Au 9ᵉ s., Charlemagne fait disposer ses restes dans une châsse en or qu'il offre aux moines de la puissante abbaye dédiée au saint à Centule, aujourd'hui Saint-Riquier, près d'Abbeville. **Fête le 26 avril.**

RISSET (m) Cf. Maurice. Forme hypocoristique du prénom.

RITA (f) Etym. latine *(caritas,* charité). Née à Cascia, Ombrie, en 1381, dans une modeste famille de paysans de la montagne, Rita est mariée malgré son désir de se consacrer au Seigneur dans la vie religieuse. Mère de deux jumeaux elle lutte pendant près de vingt années contre la "vendetta" qui déchire sa famille. Son mari est tué dans une affaire d'honneur et ses fils jurent de venger leur père. Rita supplie Dieu de les lui reprendre plutôt que de les laisser faire. Elle est bientôt exaucée. Les jeunes gens sont emportés ensemble, victimes d'une épidémie, avant d'avoir pu mettre leur projet à exécution. Restée seule, Rita entre chez les religieuses augustines qui n'admettent pourtant que des vierges. Pendant quinze ans elle porte au front une plaie mystérieuse qui résiste à tous les soins, à tous les remèdes, dégageant une

odeur tellement désagréable que Rita doit vivre à l'écart, seulement visitée par des malades qu'elle guérit. Morte le 22 mai 1457, elle est béatifiée en 1627 et canonisée par Léon XIII en 1900. Son corps demeure à peu près intact au bout de cinq siècles. Sainte Rita fait l'objet d'un culte important, invoquée surtout dans les causes désespérées. **Fête le 22 mai.**

RITE (f) Cf. Rita.

RIVANONE (f) Etym. celtique. Sœur de saint Urfol* et épouse du barde Hoarvian, sainte Rivanone ou Riwanon est la mère de saint Hervé*, patron breton des poètes et des aveugles. Morte en 535 au manoir de Lannuzan, en Tréflaouénan, dans le Léon, Bretagne. **Fête le 19 juin.**

RIVOAL (m) Cf. Rivoare.

RIVOARE (m) Etym. celtique. Moine, Rivoare ou Rivoal fonde un monastère au lieu dit depuis Lanrivoaré, en Bretagne, au 6ᵉ s. **Fête le 19 septembre.** Prénom dérivé : Riwal.

RIWAL (m) Cf. Rivoare.

RIWANON (f) Cf. Rivanone.

ROALD (m) Cf. Romuald.

ROBERT (m) Etym. germanique *(hrod,* gloire et *berht,* brillant). Fils du comte d'Aurillac, Auvergne, Robert se consacre à Dieu chez les bénédictins, vit plusieurs années en ermite et, vers 1043, fonde l'abbaye de la Chaise-Dieu, près de Brioude, la plus importante des abbayes d'Auvergne. Toujours accueillant, Robert encourage la visite des malades et des pauvres, les réconforte et célèbre pour eux l'Eucharistie. Mort à la Chaise-Dieu en 1067. **Fête le 17 avril.** — A quinze ans Robert entre chez les bénédictins de Montier, près de Troyes. Bientôt prieur du monastère, puis abbé de Saint-Michel de Tonnerre, Bourgogne, il cède à l'appel de la solitude et se fixe, ermite, dans la forêt de Colan. Rejoint par plusieurs disciples, il les conduit dans la forêt de Molesme, plus retirée, et obtient d'eux la ferveur et l'observance stricte de la règle de saint Benoît, du moins dans les premiers temps. En 1098, découragé par le relâchement de ses moines, Robert fuit encore, avec ceux d'entre eux que son idéal de rigueur n'effraie pas, comme Albéric* et Etienne* Harding. Ils s'enfoncent dans la plus sinistre forêt de Bourgogne et là, à Cîteaux, dans le dénuement total, organisent la vie monastique à laquelle ils aspirent, fondant l'abbaye où naîtra le nouvel ordre cistercien. Prié de regagner Molesme par l'archevêque de Lyon, légat du pape, Robert obéit et meurt, presque nonagénaire, en 1110, dans la joie d'en avoir converti tous les moines. **Fête le 30 avril.** — Né à Arbrissel, près de Rennes, Bretagne, en 1045, Robert fonde l'abbaye de la Roë dans la forêt de Craon, Maine, puis en 1101 la double abbaye de Fontevrault, près de Saumur, en Anjou. Il meurt à Orsan, Berry, en 1116, en murmurant les mots de l'évangile : « Nous sommes des serviteurs inutiles ». Ses reliques sont conservées à Fontevrault. **Fête le 25 février.** — Jésuite originaire de Montepulciano en Toscane, Italie, Robert Bellarmin est le plus redoutable adversaire des protestants au temps de la Réforme, mais aussi le plus honnête et le plus courtois. Théologien, archevêque et cardinal, il brille dans toutes les sciences ecclésiastiques mais en impose surtout par son humilité. Il est l'auteur d'une grammaire simplifiée de la langue hébraïque, des *Controverses,* d'un *Grand* et d'un *Petit Catéchisme,* et c'est à son initiative que la Vulgate est révisée. Mort à Rome en 1621, Robert est canonisé en 1930 et proclamé docteur de l'Eglise l'année suivante. **Fête le 17 septembre.** — Cf. Rigobert ou Robert de Reims. **Fête le 4 janvier.** Quinze autres Robert sont inscrits au martyrologe. Prénoms dérivés :

Roberta, Roberte, Robin, Robine, Roparz, Ober, Obéron, Bob, Bobby, etc.

ROBERTA (f) Cf. Robert.

ROBERTE (f) Cf. Robert.

ROBIN (m) Cf. Robert.

ROBINE (f) Cf. Robert.

ROCCO (m) Cf. Roch.

ROCH (m) Etym. francique *(hrok,* tunique courte portée au Moyen Age). Né et mort à Montpellier, Languedoc, saint Roch fait l'objet d'un culte important depuis le concile réuni à Constance, Bade-Wurtemberg, où sévit la peste, en 1414. Le saint est surtout populaire en Italie, dans les Flandres et en Wallonie où il n'est guère de village qui ne possède une chapelle Saint-Roch. Fils d'un seigneur mais orphelin très jeune, Roch va en pèlerinage à Rome, tombe en pleine épidémie de peste, soigne les malades et, atteint lui-même, cherche refuge dans une forêt pour ne contaminer personne. Un chien lui apporte chaque jour le pain qu'il a dérobé à son maître. Souffrant d'une plaie purulente à la jambe et seul, délaissé de tous, sauf de la brave bête qui ne le quitte plus, Roch rentre au pays vers 1322. Montpellier est en proie à la guerre civile. Pris pour un insurgé, Roch est conduit au gouverneur, son oncle, qui ne le reconnaît pas, tant ses jeûnes et ses veilles l'ont changé. Jeté en prison, il y meurt cinq ans plus tard. Plusieurs miracles, dont bénéficient des malades venus s'agenouiller sur sa tombe, provoquent sa canonisation en 1629. **Fête le 16 août.** — Missionnaire jésuite, Roch Gonzales subit le martyre au Paraguay en novembre 1628. **Fête le 18 novembre.** Prénom dérivé : Rocco.

RODOLPHE (m) Cf. Raoul.

RODRIGUE (m) Etym. germanique *(hrod,* gloire et *rik,* roi). Prêtre, Rodéric ou Rodrigue est décapité par les musulmans à Cordoue, Espagne, le 13 mars 857, avec Salomon* son ami. **Fête le 13 mars.** — Le prénom est célébré par Corneille dans *Le Cid* en 1636.

ROGASIAN (m) Cf. Rogatien. Forme bretonne du prénom.

ROGAT (m) Etym. latine *(rogatio, demande, prière)*. Rogat est l'un des compagnons de saint Libérat. Voir ce prénom. **Fête le 17 août.**

ROGATA (f) Etym. cf. Rogat. Sainte Rogata fait partie d'un groupe de sept vierges martyrisées dans les premiers siècles du christianisme et ensevelies au cimetière des Giordani, sur la via Salaria, à Rome. **Fête le 31 décembre.**

ROGATIEN (m) Etym. cf. Rogat. Catéchumène, Rogatien est décapité à Nantes, Bretagne, au 3ᵉ s. avec son frère Donatien. Voir ce prénom. **Fête le 24 mai.** — Prêtre, Rogatien est arrêté et emprisonné à Carthage, Afrique du Nord, en 250, lors de la persécution de Dèce. Sa principale occupation est de soutenir moralement et spirituellement les chrétiens et les catéchumènes qui partagent sa geôle. **Fête le 26 octobre.**

ROGATUS (m) Etym. cf. Rogat. Esclave catéchumène, Rogatus témoigne de sa foi au Christ en versant son sang dans l'arène de Carthage, Afrique du Nord, avec plusieurs autres chrétiens dont Perpétue* et Félicité le 7 mars 203. **Fête le 7 mars.**

ROGER (m) Etym. cf. Rogat. A Barletta, dans les Pouilles, Italie, depuis 1276, on vénère les reliques de saint Roger dérobées dans la cathédrale de Cannes, la ville voisine, avec plusieurs vases sacrés, un trône épiscopal en marbre et une cloche de belle taille ! Alerté, le pape Innocent V oblige les chrétiens cleptomanes à restituer les objets volés mais non les restes de Roger, ce qui fait douter de la sainteté de celui dont on ne sait d'ailleurs strictement rien. **Fête ie 30 décembre.** — Prêtre catholique anglais, Roger Dickenson est arrêté par les protestants et pendu à Winchester, Grande-Bretagne, en 1591, avec Raoul* Milner. **Fête le 7 juillet.** Prénoms dérivés : Oger, Ogier.

ROLAND (m) Etym. germanique *(hrod,* gloire et *land,* terre, domaine). Né à Milan, Lombardie, vers 1330, Roland de Medici se retire du monde pour se plonger dans la solitude la plus totale près de Borgo San Domino, Emilie, vers 1360. Il se nourrit d'herbes et de fruits sauvages l'été, mendie des croûtes de pain l'hiver. Son vêtement tombé en lambeaux, il le remplace par une peau de chèvre. On le voit parfois en extase, immobile durant cinq ou six heures, mais personne ne l'a jamais entendu proférer un mot. Il meurt le 15 septembre 1386, peu de temps après avoir confessé à un prêtre qu'il avait fui la compagnie des hommes et gardé le silence afin d'éviter le péché, et que c'est à la seule bonté de Dieu qu'il fallait attribuer ses extases. **Fête le 15 septembre.** — Le prénom évoque aussi le héros du cycle légendaire de Charlemagne, Roland, neveu de l'empereur, comte de la Marche de Bretagne et ami d'Olivier dont la sœur, la belle Aude, est sa fiancée. Prénoms dérivés : Orlando, Rolande.

ROLANDE (f) Etym. cf. Roland. Fille de Didier, dernier roi des Lombards, Rolande ou Renelde échappe de justesse au roi d'Ecosse auquel elle a été promise en mariage. Mais, en 770, c'est Charlemagne qui l'épouse contre son gré, pour la répudier l'année suivante. En 774 elle est exilée avec son père vaincu à Pavie et meurt d'épuisement peu de temps après à Villers-Poterie, province de Liège. **Fête le 13 mai.** Prénoms dérivés : Renelde, Ronelde.

ROMA (f) Cf. Romula.

ROMAIN (m) Etym. latine *(romanus,* de Rome). Soldat converti et baptisé par le diacre Laurent*, Romain est vraisemblablement victime de la persécution de Valérien en août 258. Martyrisé, il est enseveli au cimetière de Cyriaque, à Rome. **Fête le 9 août.** — A trente-cinq ans, Romain renonce au monde et à tous ses biens sauf deux livres, la Bible et *La Vie des Pères du désert,* qu'il emporte pour aller construire son ermitage dans la forêt du Jura, au confluent du Tacon et de la Bienne. La prière, la méditation de l'Ecriture et le travail manuel occupent tout son temps, mais sa sainteté lui attirent bientôt tant de gens qu'il doit bâtir un monastère, puis un second. Abbé du premier au hameau de Condat, Romain confie l'autre à son frère Lupicin* qui vient de le rejoindre. La bonté et l'indulgence de Romain contrastent avec la sévérité de Lupicin mais, soucieux de la gloire de Dieu et du salut des âmes, les deux frères tirent parti de cette situation : Lupicin intervient à Condat pour y rétablir la ferveur lorsque c'est utile tandis que Romain court à Leucone, à trois kilomètres, pour réconforter les moines que l'intransigeance de son frère risquent de décourager. La mort de Romain en 463 n'arrête pas le développement de Condat. Une ville s'établit autour du monastère, qui prendra le nom de Saint-Claude au 12e s. **Fête le 28 février.**

ROMAINE (f) Cf. Romain.

ROMAN (m) Cf. Romain.

ROMANOS (m) Etym. cf. Romain. Originaire d'Homs, en Syrie, Romanos le Mélode est le plus célèbre des poètes liturgiques byzantins. Mort à Constantinople vers 565. **Fête le 1er octobre.**

ROMARIC (m) Etym. germanique *(hrod,* gloire, *maht,* force et *rik,* roi ou puissance). Ami de saint Aimé*, Romaric fonde avec lui un double monastère au mont Habend, dans les Vosges (auj. Remiremont, *Romarici mons,* et Vieux-Saint-Amé), les moines en bas, les moniales en haut, qu'il dirige de 628 à 653. **Fête le 10 décembre.**

ROMARIE (f) Cf. Romaric.

ROMARY (m) Cf. Romaric.

ROMBAUD (m) Etym. germanique *(hrod,* gloire et *bald,* audacieux). Sacré évêque par le pape et chargé de l'évangélisation des Flandres, Rombaud est capturé et martyrisé par des païens à Malines en 775. **Fête le 3 juillet.**

ROMÉO (m) Etym. latine : « pèlerin de Rome ». Frère convers du couvent des carmes de Limoges, Roméo est en route pour les Lieux saints lorsqu'il est atteint par la peste noire. Il meurt à Lucques, en Toscane, le 4 mars 1380, quelques jours après son compagnon, le prêtre Avertan*. **Fête le 25 février.** — Le prénom évoque surtout le héros du drame de Shakespeare, *Roméo et Juliette* (1594), inspiré d'une nouvelle de Bandello.

ROMUALD (m) Etym. germanique *(hrod,* gloire et *wald,* celui qui gouverne). Né à Ravenne, en Emilie, Italie, Romuald se convertit le jour où il voit son père, le duc Sergius Honesti, tuer l'un de ses proches en duel. Il entre chez les bénédictins de Saint-Apollinaire de Ravenne mais, épris de solitude, n'y reste pas. Vers 980 il est à Cuxa, en Catalogne. En 1015 il se fixe dans la haute vallée de l'Arno, Toscane, où il établit une colonie d'ermites sur les hauteurs et un monastère à Camaldoli, au fond de la vallée. Formule originale, les moines camaldules sont successivement cénobites et ermites, la première expérience préparant en principe à la seconde. Romuald participe aussi à tous les problèmes de l'Eglise : réforme du clergé, pèlerinages en Terre sainte, missions de Pologne et de Bohême. Retiré dans son ermitage de Val di Castro, près de Fabriano, Marches, il meurt très âgé le 19 juin 1027. En 1113 le pape Pascal II reconnaît les camaldules comme une branche autonome de l'ordre bénédictin. **Fête le 19 juin.** Prénoms dérivés : Roald, Romy.

ROMULA (f) Etym. latine *(Romulus,* nom du fondateur de Rome selon la mythologie). Chrétienne romaine, Romula partage son temps entre la prière et la pénitence, au 6e s. **Fête le 23 juillet.**

ROMY (f) Cf. Romuald.

RONALD (m) Cf. Renaud.

RONAN (m) Etym. celtique *(roen,* royal). Irlandais, Ronan ou Renan se convertit en Grande-Bretagne et débarque dans l'île de Molène avant de venir évangéliser le Léon, en Armorique. Il construit son ermitage à l'emplacement de l'actuelle localité de Saint-Renan mais, sa sainteté attirant les foules, fuit bientôt en Cornouaille, dans la forêt de Névet, au 6e s. Près de ce nouvel ermitage s'établira la ville de Locronan où sont vénérées les reliques du saint dans un tombeau offert par Anne de Bretagne, en action de grâce, après la naissance de Renée, au 16e s. Saint Ronan est le patron de l'île Molène, de Saint-Renan et de Locronan. **Fête le 1er juin.**

RONELDE (f) Cf. Rolande.

ROPARZ (m) Cf. Robert. Forme bretonne du prénom.

ROSA (f) Cf. Rose.

ROSALIA (f) Cf. Rosalie.

ROSALIE (f) Etym. latine *(rosa,* rose et *lyare,* liquéfier). Ermite sur le mont Pellegrino, près de Palerme, Sicile, au 12e s., sainte Rosalie fait l'objet d'un culte important dans l'île, surtout depuis la découverte de son corps, dans une grotte du mont Pellegrino, le 15 juillet 1624. **Fête le 4 septembre.** —

Fille de la Charité, Rosalie Rendu exerce son apostolat à Paris, dans les périodes agitées de 1830 et 1848, comme pendant les épidémies de choléra, toujours au service des plus démunis et des plus faibles sans aucune acception de personnes. Femme intrépide, dont l'influence et l'autorité sont immenses, morte en 1856. Une avenue parisienne perpétue son souvenir. **Fête le 7 février.**

ROSALINDE (f) Cf. Rose ou Rosalie.

ROSAMONDE (f) Cf. Rose ou Rosemonde.

ROSANNA (f) Cf. Rose et Anne.

ROSE (f) Etym. latine *(rosa,* rose). Prodige juvénile de la grâce et pénitente à domicile, Rose meurt à Viterbe, Latium, en 1253, âgée de dix-huit ans. **Fête le 6 mars.** — Fille d'un colon espagnol et d'une métisse, Isabelle Flores est surnommée Rose par saint Thuribe*, archevêque de Lima, Pérou, le jour de sa confirmation. Très jeune, elle travaille pour aider ses parents ruinés et partage ses loisirs entre la prière et la pénitence. Admise en 1606 dans le tiers ordre de saint Dominique, Rose s'inflige les plus rudes mortifications, porte le cilice et la couronne d'épines, favorisée en même temps de grâces mystiques exceptionnelles. Elle meurt à Lima en 1617, seulement âgée de trente ans. Canonisée en 1671, sainte Rose de Lima est la patronne de l'Amérique latine. **Fête le 23 août.** Prénoms dérivés : Rosa, Rosalinde, Rosamonde, Rosanna, Rosée, Roseline, Rosette, Rosie, Rosita, Rosy, Rozenn, etc.

ROSE-VIRGINIE (f) Etym. latine, cf. Rose et Virginie. Septième enfant d'un médecin vendéen, Rose-Virginie est orpheline à douze ans, aussitôt recueillie par les sœurs d'un refuge fondé à Tours par saint Jean Eudes. Elle y trouve sa vocation, prend l'habit en 1815, reçoit le doux nom d'Euphrasie et, supérieure à trente ans, consolide l'œuvre en réunissant tous les refuges en une seule famille religieuse, les Filles de la Charité du Bon Pasteur, pour l'éducation des adolescentes abandonnées, des mères célibataires, etc. Le courage et la foi de Rose-Virginie Pelletier viennent à bout de difficultés humainement insurmontables. « Tout est miraculeux dans cette affaire ! » dit un jésuite qui en a suivi toutes les péripéties. « Rien n'est impossible à l'amour », répond la fondatrice. Supérieure six fois réélue d'un institut implanté jusqu'en Asie et en Amérique, Rose-Virginie meurt l'avant-veille du dimanche du Bon Pasteur, 24 avril 1868. Canonisée par Pie XII le 2 mai 1940. **Fête le 24 avril.**

ROSÉE (f) Cf. Rose.

ROSEIND (m) Etym. germanique (*hros*, cheval et *lind*, doux). Prince de Galice, Espagne, Roseind est évêque de Dune à dix-huit ans puis abbé du monastère de Gelanova qu'il a fondé. Il y meurt en réputation de sainteté l'an 977. **Fête le 1er mars.**

ROSELINE (f) Etym. latine (*rosa*, rose et *linum*, lin). Issue d'une illustre famille de Provence, Roseline de Villeneuve est éduquée par les clarisses mais se consacre à Dieu chez les moniales de la chartreuse de Saint-Bertrand. Abbesse du monastère de Celle-Roubaud, Provence, elle s'inflige de rudes mortifications et jouit de faveurs mystiques exceptionnelles jusqu'à sa mort, le 17 janvier 1329. **Fête le 17 janvier.**

ROSEMARIE (f) Cf. Rose et Marie.

ROSEMONDE (f) Etym. germanique (*hros*, cheval et *mundo*, protection). Moniale bénédictine, Rosemonde de Blaru est la mère de saint Adjutor* ou Ayoutre. **Fête le 30 avril.**

ROSETTE (f) Cf. Rose.

ROSIE (f) Cf. Rose.

ROSINE (f) Etym. cf. Rose. Depuis le 14e siècle, sainte Rosine est vénérée dans l'église qui lui est dédiée à Wenglingen, près d'Augsbourg, en Bavière. **Fête le 11 mars.**

ROSITA (f) Cf. Rose.

ROSY (f) Cf. Rose.

ROTGANG (m) Etym. germanique (*hrod*, gloire et *gang*, chemin, passage). Conseiller de Charles Martel, Rotgang ou Chrodegang est nommé chancelier en 737, puis évêque de Metz en 742. En 753 il représente Pépin le Bref auprès du pape Etienne II qui réclame l'intervention des Francs contre les Lombards. Père du concile d'Attigny en 765, Rotgang joue un rôle déterminant dans la réorganisation de l'Église franque. Mort en 766. On lui atribue la fondation de l'abbaye de Gorze, près de Metz. **Fête le 6 mars.**

ROUBERT (m) Cf. Robert. Forme provençale du prénom.

ROULAND (m) Cf. Roland. Forme provençale du prénom.

ROWENA (f) Cf. Rumwald. Prénom littéraire inspiré par le roman de Walter Scott, *Ivanhoé*, au 19e s.

ROXANE (f) Cf. Reine. Prénom littéraire, en vogue au 19e s.

ROY (m) Etym. latine. (*rex, regis*, roi). Les Roy sont fêtés avec les Régis. Cf. Jean-François Régis.

ROZENN (f) Cf. Rose. Forme bretonne du prénom.

RUAUD (m) Etym. germanique (*hrod*, gloire et *wald*, celui qui gouverne). Moine de Cîteaux, en Bourgogne, Ruaud participe à la fondation des abbayes cisterciennes de Bégard et de Lanvaux, en Bretagne. Evêque de Vannes, il meurt en 1177. **Fête le 22 octobre.**

RUBIS (m) Etym. latine (*rubeus*, rouge). Prénom inspiré d'une pierre précieuse, variété transparente et rouge de corindon. Saint Pierre est le patron des Rubis. **Fête le 29 juin.**

RUBY (m) Cf. Rubis.

RUDOLF (m) Cf. Raoul.

RUDY (m) Cf. Rodolphe et Raoul.

RUF (m) Cf. Rufin et Rufus.

RUFA (f) Cf. Rufine.

RUFILLA (f) Cf. Rufine.

RUFIN (m) Etym. cf. Rufus. Responsables des réserves de blé à Braine, dans les Ardennes, Rufin et son ami Valère* militent activement en faveur du christianisme au début du 4ᵉ s. Dénoncés, ils sont arrêtés et décapités ensemble. Leurs reliques sont vénérées à la cathédrale de Soissons. **Fête le 14 juin.**

RUFINE (f) Etym. cf. Rufus. Chrétienne, Rufine est martyrisée et inhumée sur la voie Aurélia, à Rome, dans les premiers siècles du christianisme. **Fête le 10 juillet.** Prénoms dérivés : Rufa, Rufilla.

RUFUS (m) Etym. latine (*rufus*, roux). Chrétien à Rome au 1ᵉʳ s., Rufus est un proche de Paul* et un frère dans la foi que l'apôtre n'oublie pas dans son épître aux Romains : « Saluez Rufus, l'élu du Seigneur, ainsi que sa mère qui est aussi la mienne ». **Fête le 21 novembre.** — Compagnon de captivité d'Ignace* d'Antioche, Rufus suit son évêque jusqu'au martyre, livré aux fauves avec lui dans le cirque de Néron, à Rome, en 107, lors des persécutions de Trajan. **Fête le 18 décembre.**

RUMWALD (m) Etym. germanique (*hrod*, gloire et *wald*, celui qui gouverne). Fils du comte de Northampton, Grande-Bretagne, au 7ᵉ s, Rumwald provoque la conversion de ses parents au christianisme dès l'âge de trois jours et meurt peu de temps après ! **Fête le 3 novembre.** Prénom dérivé : Rowena.

RUPERT (m) Etym. cf. Robert. Originaire du Palatinat comme sa cousine Erentrude*, Rupert évangélise la Carinthie, la Bavière, le Norique et finit évêque de Juvavum où il fonde l'abbaye Saint-Pierre. Mort un dimanche de Pâques vers 710. Juvavum prend le nom de Salzbourg, ville-du-sel, sous son épiscopat, à cause des salines qu'il y a créées pour la prospérité de la cité et le bien de ses ouailles. **Fête le 29 mars.** — Elevé par sa mère, veuve et seule, Rupert a pour les pauvres une bonté et une sollicitude extraordinaires. C'est par eux qu'il rejoint Dieu en quelques années, mort en réputation de sainteté à peine âgé de vingt ans, au 9ᵉ siècle. En 1147, Hildegarde* fonde un monastère sur son tombeau, autour duquel s'établit une ville, Rupertsberg, près de Mayence, en Rhénanie. **Fête le 15 mai.**

RUSTICA(f) Cf. Rustique. Prénom en vogue à l'époque romaine.

RUSTIQUE (m) Etym. latine (*rusticus*, qui concerne la campagne). Proche de Denis, évêque de Paris, Rustique est martyrisé avec lui en 258 sur la colline de Montmartre (*mons martyrium*). **Fête le 9 octobre.** — Evêque de Narbonne, Languedoc, au 5ᵉ s., Rustique échange plusieurs lettres avec saint Jérôme* et saint Léon* le Grand. Mort vers 462. **Fête le 26 octobre.** — Vingt-deuxième évêque de Lyon, Rustique reçoit Epiphane de Pavie, la "gloire de l'Italie", en 494. Une missive du pape Gélase témoigne de la grande bonté de l'évêque. Mort en 501, Rustique est enseveli dans l'église Saint-Nizier. **Fête le 25 avril.**

RUTH (f) Etym. hébraïque : "femme amie". Personnage biblique, Ruth s'expatrie pour suivre sa belle-mère Noémie après la mort de son premier mari au pays de Moab. A Bethléem elle épouse Booz et lui donne un fils, Obed, qui sera l'aïeul du roi David*. Dans son évangile Matthieu évoque la fidélité qui vaut à Ruth de figurer parmi les ancêtres du Christ. **Fête le 2 octobre.**

S

SABAS (m) Etym, hébraïque (*sabaot*, l'armée ou *sabbat*, cesser, s'abstenir). Né près de Césarée de Cappadoce, Asie Mineure, en 439, Sabas entre très jeune dans un monastère. A dix-huit ans, attiré par la solitude et curieux de connaître le pays du Christ, il va à Jérusalem, visite les Lieux saints et se fixe dans une grotte naturelle de la vallée du Cédron. Rejoint par de nombreux disciples, Sabas fonde des laures, sortes de hameaux d'ermitages dont les habitants doivent se grouper les jours de fête pour la liturgie et pour voir le père abbé, le plus souvent dans un monastère. En 493, higoumène de tous les ermites de Palestine, Sabas établit aussi des laures dans les pays voisins, puis va à Constantinople afin de décider l'empereur à prendre des mesures contre les hérétiques monophysites. Il meurt le 5 décembre 532 à Mar Saba, entre Bethléem et la mer Morte, dans la première laure qu'il a fondée en 478, laquelle existe encore. **Fête le 5 décembre**. — Au 13e s., Sabas est moine au Mont-Athos, Grèce, puis archevêque d'Ipeck, Serbie. Mort en 1237 ayant su gagner l'affection de tous : Serbes, Grecs et Latins. **Fête le 14 janvier**. Prénom dérivé : Sava.

SABASTIAN (m) Cf. Sébastien. Forme provençale du prénom.

SABIN (m) Etym. latine (*Sabini*, membres d'un ancienne peuplade de l'Italie centrale). Ami de saint Ambroise*, Sabin est évêque de Plaisance, en Emilie, Italie, farouche ennemi des arianistes. Mort vers 420. **Fête le 17 janvier**. — En Poitou, à Saint-Savin-sur-Gartempe, un monastère est dédié à saint Sabin ou Savin martyrisé au 6e s. **Fête le 9 octobre**. Prénom dérivé : Savin.

SABINA (f) Cf. Sabine.

SABINE (f) Etym. cf. Sabin. Selon une tradition locale, sainte Sabine est la première chrétienne martyrisée à Troyes, en Champagne, dans les premiers siècles du christianisme. **Fête le 22 novembre**. — L'église Sainte-Sabine de Rome est dédiée à une chrétienne romaine martyrisée au 3e ou 4e s. à Terni, en Ombrie, avec Sérapie* sa suivante. **Fête le 29 août**. Prénoms dérivés : Sabina, Saby, Savine.

SABINIEN (m) Etym. cf. Sabin. D'abord moine à Saint-Chaffre, Sabinien meurt abbé de Menat, près de Clermont, Auvergne, au début du 8e s. **Fête le 22 novembre**.

SABRINA (f) Cf. Cyprien.

SABY (f) Cf. Sabine.

SACERDON (m) Etym. latine (*sacerdos*, prêtre). Appartenant à la 12ᵉ légion, la "Fulminante", en cantonnement à Sébaste, en Cappadoce, Asie Mineure, Sacerdon est arrêté avec tous ses compagnons et jeté nu dans un étang, l'hiver de l'an 320, pour avoir refusé de sacrifier aux dieux païens pendant la persécution de Licinius, empereur d'Orient. **Fête le 10 mars.**

SACHA (m) Cf. Alexandre. Forme slave du prénom.

SADOC (m) Etym. hébraïque (*Zadoch*, nom d'un grand-prêtre de Jérusalem sous David et Salomon, fondateur de la lignée des grands-prêtres sadocides). Evêque, Sadoc est martyrisé en Perse, aujourd'hui Iran, en 342, avec cent vingt-huit autres chrétiens, tous victimes de la persécution du roi Sapor. Un hagiographe chaldéen rapporte l'ultime réplique de l'évêque au monarque qui lui ordonne d'adorer le soleil : « Mon Dieu à moi, c'est le Christ, par qui tout ce qui existe a été fait, y compris le soleil ». Sadoc est décapité à l'instant même. **Fête le 4 mars.** Prénom dérivé : Sadoth.

SADOTH (m) Cf. Sadoc.

SAËNS (m) Etym. cf. Sidoine. Irlandais, Saëns ou Sidoine est enlevé par des corsaires et vendu à des moines de l'abbaye de Jumièges, Normandie, dont la mission est justement de racheter les captifs dans les ports de Grande-Bretagne. Devenu bénédictin, Saëns fonde plus tard, grâce aux dons de Thierry III, le monastère autour duquel s'établit la petite ville de Saint-Saëns, en Normandie. Mort en 684. **Fête le 14 novembre.**

SAFOURIAN (m) Cf. Symphorien. Forme provençale du prénom.

SAINTIN (m) Etym. latine (*sanctus*, consacré, vénéré). Saintin est l'un des premiers évangélisateurs et évêques de Verdun au 4ᵉ s. **Fête le 15 mars.** — Prêtre parisien originaire de Vigny, Ile-de-France, Saintin Huré est incarcéré à la prison de l'Abbaye, à Paris, et martyrisé, haché à coups de sabre, dans l'après-midi du 2 septembre 1792. Béatifié par Pie XI. **Fête le 2 septembre.**

SALABERGE (f) Etym. latine (*sal*, sel et *berbex*, brebis). Fondatrice d'un monastère colombanien près de Langres, Champagne, Salaberge meurt à Laon, Ile-de-France, vers 670. **Fête le 22 septembre.**

SALAÜN (m) Cf. Salomon. Forme bretonne du prénom.

SALINA (f) Cf. Soline.

SALOMÉ (f) Etym. cf. Salomon. Mère soucieuse de l'avancement de ses fils, Jean* et Jacques*, disciples de Jésus en Palestine au 1ᵉʳ s., Salomé ou Marie-Salomé réclame pour eux au Seigneur les deux premières places dans son royaume. Elle est aussi sur le Golgotha, au pied de la croix, l'après-midi du vendredi saint, et au tombeau, dès l'aube, le surlendemain. Selon une tradition provençale, Marie-Salomé débarque en Camargue vers l'an 40 avec plusieurs autres proches de Jésus. Ses reliques sont vénérées aux Saintes-Maries-de-la-Mer. **Fête le 22 octobre.** — Cousine de sainte Judith*, Salomé est recluse au monastère d'Ober Altaïch, en Bavière, au 9ᵉ s. **Fête le 10 février.** Prénoms dérivés : Loma, Lomée, Loménie.

SALOMON (m) Etym. hébraïque (*shalom*, paix, prospérité). Personnage biblique, Salomon est le fils et le successeur du roi David*, entre 962 et 922 av. J.-C. environ. Il est surnommé Yedidya, "aimé de Yahvé", par le prophète Nathan*. Son règne est paisible. Le calme intérieur et extérieur permet un accroissement considérable de la richesse du pays et un développement spectaculaire de la construction. Salomon fait bâtir le Temple et le palais royal, organise une véritable administration nationale, entretient des relations diplomatiques avec Tyr, avec l'Egypte. Il épouse la fille du pharaon. Le roi Salomon est considéré comme le père du mouvement israélite de sagesse. Son règne est marqué par une grande activité littéraire et, en particulier, par la constitution du document yahviste. Cf. 2e livre de Samuel et 1er livre des Rois. **Fête le 29 décembre.** — Inculpé de prosélytisme en faveur du christianisme, Salomon est décapité par les musulmans à Cordoue, Espagne, le 13 mars 857, avec Rodrigue* son ami. **Fête le 13 mars.** — Roi de Bretagne en 857, Salomon (Salaün en breton) règne avec bonté et justice, agrandit son royaume par les victoires qu'il remporte sur Charles le Chauve et sur les Normands, lutte de toute son âme pour y propager le christianisme et construit un monastère à Plélan-le-Grand. Victime d'un complot, il est assassiné à La Martyre en 874. Une partie de ses reliques y sont encore vénérées. **Fête le 25 juin.** — Né à Boulogne-sur-Mer, Picardie, Nicolas Leclerq reçoit le nom de Salomon avec l'habit religieux des lasalliens, enseigne, dirige une école et assiste le supérieur général dans l'administration de son institut. Lorsqu'éclate la révolution, il se joint d'emblée aux prêtres qui refusent de prêter serment à la Constitution. Il est massacré aux Carmes, à Paris, le 2 septembre 1792. Pie XI l'a béatifié en 1926 avec tous ses compagnons martyrs. **Fête le 2 septembre.**

SALVA (f) Cf. Salvé.

SALVATOR (m) Etym. latine (*salvare*, sauver). Né dans une famille pauvre de Catalogne et très tôt orphelin, Salvator est berger puis cordonnier. Il travaille pour constituer la dote de sa sœur et, dès qu'elle est mariée, entre chez les franciscains de Barcelone, en 1541. Humble frère convers, il fait malgré lui tant de miracles et obtient tant de guérisons qu'il finit par embar-

rasser ses supérieurs qui l'envoient de couvent en couvent jusqu'à Cagliari, en Sardaigne, où Salvator meurt en 1567. Pie XI l'a canonisé. **Fête le 18 mars.** Prénoms dérivés : Salvatore, Sauveur.

SALVATORE (m) Etym. cf. Salvator. Franciscain italien, Salvatore Lilli est martyrisé à Mujuk Deresie, Turquie, en novembre 1895, avec sept chrétiens arméniens de son entourage. Ils sont béatifiés ensemble par Jean-Paul II le 3 octobre 1982. **Fête le 22 novembre.**

SALVÉ (m) Etym. latine (*salvatus*, sauvé). Evêque d'Amiens, en Picardie, Salvé meurt en 625. **Fête le 11 janvier.** Prénoms dérivés : Salva, Salvia, Salvian, Salviane, Salvine, Salvy.

SALVIA (f) Cf. Salvé.

SALVIAN (m) Cf. Salvé.

SALVIANE (f) Cf. Salvé.

SALVINA (f) Cf. Salvé.

SALVINE (f) Cf. Salvé.

SALVY (m) Etym. cf. Salvé, Né à Albi, Languedoc, Salvy est sacré évêque de la ville en 574. Mort en 584 lors d'une épidémie de peste. **Fête le 10 septembre.**

SAMANTHA (f) Cf. Samthann ou Samuel.

SAMETANE (f) Cf. Samthann.

SAMPSA (f) Cf. Sampson.

SAMPSANE (f) Cf. Sampson.

SAMPSON (m) Etym. latine (*sampsa*, pulpe d'olive). Médecin romain, Sampson va s'installer à Byzance, Asie Mineure, pour soigner l'empereur Justinien. Guéri, celui-ci lui fait don d'un hôpital dans lequel Sampson se dépense jusqu'à la fin de ses jours, au 6e s. **Fête le 27 juin.** Prénoms dérivés : Sampsa, Sampsane.

SAMSON (m) Etym. hébraïque (*shemesh*, soleil). Personnage biblique,

Samson est présenté comme un juge d'Israël. Cf. Juges 13-16. Nazir, c'est-à-dire consacré à Dieu, il porte intacte sa chevelure, siège de sa force. Empli de l'esprit de Yahvé et armé d'une mâchoire d'âne, il remporte une éclatante victoire sur les Philistins mais, trahi par Dalila qui lui rase la tête, il est fait prisonnier. Sa force revenue, il provoque l'écroulement du temple de Dagon sur lui et sur les Philistins. L'épopée de Samson a inspiré plusieurs écrivains et compositeurs. **Fête le 30 novembre.** — Abbé d'Ynys Bîr, dans l'île de Caldey, au pays de Galles, Samson va évangéliser l'Irlande, revient dans son pays où il est sacré évêque et débarque en Armorique, à l'embouchure du Guyoult, au début du 6e s. Fondateur d'un monastère autour duquel s'établit la ville de Dol, siège d'une importante métropole religieuse pendant plusieurs siècles, saint Samson est vénéré comme l'un de sept fondateurs de la Bretagne. Mort en 565, il est très populaire au pays de Galles et surtout en Bretagne où seize localités portent son nom. Ses reliques sont conservées à la cathédrale de Dol. **Fête le 28 juillet.**

SAMTHANN (f) Etym. cf. Samuel. Irlandaise, Samthann ou Samantha est moniale à l'abbaye d'Urney, dans l'Ulster, avant d'être nommée abbesse de Clonbroney. Tout ce que l'on sait d'elle se résume en deux mots : bonté et indulgence. Elle sauve un bébé que sa mère, une ermite, est sur le point de noyer pour éviter un scandale. Elevé à l'abbaye, l'enfant deviendra l'un des meilleurs abbés de Saint-Caïnnech au 8e s. Samthann sauve en même temps sa mère, la réconforte et lui indique un ordre de moniales cloîtrées où elle sera à l'abri d'une nouvelle aventure. Un autre jour, Samthann sauve d'un naufrage tout l'équipage d'un navire qui effectue la traversée entre l'Irlande et l'Ecosse. La "vieille", comme l'appelle le capitaine, est bien la seule à ne

pas manifester la moindre panique. Lorsqu'il vient la saluer au débarquement, l'abbesse lui dit gentiment : « Ce n'est pas un crime, de m'appeler ''la vieille'', mais il faut prier ; vous étiez tous perdus si je ne l'avais fait ». Samthann meurt à Clonbroney, Leinster, en 739. **Fête le 19 décembre.** Prénoms dérivés : Samantha, Sametane.

SAMUEL (m) Etym. hébraïque : ''obtenu de Dieu'' ou ''voué à Dieu''. Personnage biblique, Samuel est un prophète et un juge d'Israël au 11e s. av. J.-C. Il tente de dissuader les juifs d'élire un roi, leur rappelant que Dieu guide son peuple. Ayant échoué il leur désigne Saül, qui devient ainsi le premier roi des juifs, et plus tard oint David en secret pour succéder à Saül devenu indésirable. La tradition monastique occidentale voit en Samuel enfant le modèle de l'obéissance religieuse. **Fête le 20 août.** — Au 4e s., saint Samuel est martyrisé à Césarée, en Palestine, avec quatre de ses amis, égyptiens comme lui, au retour d'un voyage en Cilicie, Turquie, où ils ont accompagné des chrétiens condamnés aux mines. **Fête le 16 février.** Prénoms dérivés : Samantha, Samy.

SAMY (m) Cf. Samuel.

SAMZUN (m) Cf. Samson. Forme bretonne du prénom.

SANCHE (m) Etym. latine (*sancire*, consacrer). Originaire d'Albi, Languedoc, Sanche est capturé par les Maures, puis libéré et gardé à la cour de l'émir où il exerce une fonction honorable. Devenu chrétien et disciple de saint Euloge*, Sanche est arrêté, condamné au supplice du pal et exécuté le 5 juin 851. **Fête le 5 juin.** Prénoms dérivés : Sancho, Sanz.

SANCHO (m) Cf. Sanche. — Cervantès a illustré le prénom dans son roman au début du 17e s. Ecuyer de Don Quichotte, Sancho Pança symbolise le sens commun opposé à l'idéalisme de son maître.

SANCIA (f) Etym. cf. Sanche. Fille de Sanche, roi de Portugal au 13ᵉ s., Sancia renonce au monde pour se consacrer à Dieu au couvent de Cellas qu'elle a fondé et placé sous la règle de l'ordre cistercien. **Fête le 17 juin.**

SANCIE (f) Cf. Sancia.

SANCTUS (m) Etym. latine : "saint". Sanctus est l'un des quarante-huit chrétiens martyrisés à Lyon en 177 avec Blandine, Ponticus, Pothin... Voir ces prénoms. **Fête le 2 juin.**

SANDE (m) Cf. Alexandre. Forme provençale du prénom.

SANDER (m) Cf. Alexandre.

SANDIE (f) Cf. Alexandra ou Alexandrine.

SANDRE (m) Cf. Alexandre.

SANDRINA (f) Cf. Alexandrine.

SANDRINE (f) Cf. Alexandrine.

SANE (m) Cf. Sezni.

SANGA (f) Cf. Alexandra.

SANIA (m) Cf. Alexandre. Forme slave du prénom.

SANSEVIÉRA (f) Prénom inspiré de la plante exotique à feuilles vert olive ourlées d'or et à fleurs blanches parfumées. Sainte Fleur est la patronne des Sanseviéra. **Fête le 5 octobre.**

SANSOUN (m) Cf. Samson. Forme provençale du prénom.

SANTOLINE (f) Etym. latine (*santonica herba*, herbe de Saintonge). Prénom inspiré du petit arbrisseau aromatique de la famille des composacées, dont une variété est appelée *petit cyprès*. Sainte Fleur est aussi la patronne des Santoline. **Fête le 5 octobre.**

SANZ (m) Cf. Sanche.

SAPHIA (f) Cf. Sophie.

SAPHIRA (f) Etym. grecque (*sappheiros*, variété très dure de corindon transparent et bleu). Prénom inspiré de la pierre précieuse. Cf. Pierre. **Fête le 29 juin.**

SAPHIRE (f) Cf. Saphira.

SARA(f) Etym. hébraïque : "princesse". Personnage biblique, Saraï ou Sara est l'épouse du prophète Abraham*, âgée et incrédule lorsque l'envoyé de Dieu vient annoncer à son mari qu'il aura un fils d'elle. Sara pouffe de rire et dit : « Maintenant que je suis tout usée, je connaîtrais le plaisir ? Et mon époux qui est un vieillard ! » La promesse de Dieu se réalise pourtant. Abraham et Sara ont un fils qu'ils appellent Isaac*. Cf. Genèse 11-23. **Fête le 6 novembre.** — Ermite pendant soixante ans sur les bords du Nil, dans le désert de Scété, Egypte, au 4ᵉ ou 5ᵉ s., Sara fait l'admiration de ses contemporains par sa sagesse et son humilité. **Fête le 13 juillet.**

SARAH (f) Cf. Sara.

SARAÏ (f) Cf. Sara.

SATURNIN (m) Etym. latine (*Saturnus*, Saturne, père de Jupiter dans la mythologie). Jeune chrétien, Saturnin est l'un des compagnons de captivité des saintes Perpétue* et Félicité*. Il subit le martyre avec elles et plusieurs autres chrétiens dans l'arène de Carthage, Tunisie, le 7 mars 203. **Fête le 7 mars.** — Selon le texte d'un panégyrique prononcé au 5ᵉ s., Saturnin ou Sernin est le premier évêque de Toulouse, massacré en 250 par la foule des païens idolâtres rendus soudain furieux parce que l'évêque a fait taire les oracles. Encerclé et hué au capitole, là où s'élève aujourd'hui l'église N.-D. du Taur, Saturnin est ligoté puis traîné par un taureau dans les rues de la ville jusqu'à ce que ses membres soient complètement disloqués. Ses reliques sont conservées dans la basilique Saint-Sernin, ancienne abbatiale bénédictine, la plus vaste église romane de France. La popularité du saint est telle que de nombreuses communes portent son nom, surtout dans le Midi. **Fête le 29 novembre**. — Prêtre, Saturnin est arrêté et torturé à Carthage, Tunisie, le 11 février 304, avec ses quatre enfants et plusieurs chrétiens d'Abitène. Certains sont exécutés le lendemain, les autres meurent de faim dans leur geôle. **Fête le 12 février**. Prénoms dérivés : Cernin. Cerny, Savournin, Sorlin, Sornin, etc.

SATURNINA (f) Etym. cf. Saturnin. Jeune chrétienne romaine, Saturnina est martyrisée à Rome et ensevelie au cimetière des Giordani, sur la voie Salaria, avec six compagnes, dans les premiers siècles du christianisme. **Fête le 31 décembre**.

SATURNINE (f) Cf. Saturnina.

SATURUS (m) Etym. cf. Satyre. Ayant converti Perpétue* et Félicité* au christianisme, Saturus est arrêté et jeté en prison avec elles et plusieurs catéchumènes. Il rend témoignage de sa foi dans l'arène de Carthage, Tunisie, le 7 mars 203. **Fête le 7 mars**.

SATYRE (m) Etym. grecque (*saturoï*, démons champêtres et forestiers dans les mythes grecs, identifiés avec les faunes par les Romains). Saint Satyre est le frère de sainte Marcelline et de saint Ambroise, évêque de Milan, Italie, au 4e s. **Fête le 17 septembre**.

SAUL (m) Cf. Paul.

SAULA (f) Etym. francique (*salha*, saule, arbre ou arbuste qui croît dans les lieux humides). Chrétienne, Saula subit le martyre à Cologne, Rhénanie, lors des premières persécutions. Elle est parfois rangée abusivement parmi les compagnes de sainte Ursule. **Fête le 21 octobre**.

SAULVE (m) Etym. cf. Salvator. Evêque, Saulve est martyrisé à Valenciennes, sur l'Escaut, vers 730. **Fête le 26 juin**.

SAUVEUR (m) Cf. Salvator.

SAVA (m) Cf. Sabas.

SAVIN (m) Cf. Sabin.

SAVINE (f) Cf. Sabine.

SAVINIEN (m) Cf. Sabinien. — A Sens, en Champagne, une église est dédiée à saint Savinien, apôtre du Sénonais dans les premiers siècles, abattu à l'autel à coups de hache pendant la célébration de l'Eucharistie. **Fête le 11 février**.

SAVOURIN (m) Cf. Saturnin.

SCHOLASTIQUE (f) Etym. grecque (*skholastikos*, scolaire). Née à Nursie, Ombrie, en Italie, Scholastique est moniale à Pimmariola, au pied du Mont-Cassin, non loin de la première abbaye bénédictine fondée par son frère en 529. Benoît* et sa sœur se rencontrent une fois par an, écrit saint Grégoire*, pour partager un repas frugal et s'entretenir de Dieu dans une maison située à mi-chemin entre les deux monastères. La dernière fois, Scholastique supplie son frère de prolonger l'entrevue. Il refuse, elle prie, un orage éclate, le ciel libère ses cataractes. « Qu'as-tu fait, ma sœur ? soupire Benoît. — Je t'ai prié de rester ; tu as refusé. Alors j'ai prié Dieu et lui m'a exaucé... ». Ils prolongent toute la nuit leur pieux entretien et se quittent à l'aube pour ne plus se revoir. Scholastique meurt trois jours après, en 543, ensevelie dans le tombeau que Benoît a prévu pour lui, où il la rejoindra quatre ans plus tard. Au 6e s. leurs ossements sont transférés à Fleury (auj. Saint-Benoît-sur-Loire), Orléannais, tellement mêlés qu'il faut un miracle pour les séparer. Ceux de sainte Scholastique sont vénérés à l'église Saint-Benoît du Mans depuis 660, sauf une partie confiée à l'abbaye de Solesmes, Maine, en 1870. **Fête le 10 février**.

SÉBALD (m) Etym. germanique (*sig*, victoire et *bald*, hardi). Saint Sébald est ermite, au 8e s., en Allemagne et en Italie. **Fête le 19 août**.

SÉBASTIA (f) Cf. Sébastien.

SÉBASTIAN (m) Cf. Sébastien.

SÉBASTIANE (f) Cf. Sébastien.

SÉBASTIEN (m) Etym. grecque (*sébastos*, honoré). A Narbonne, en Languedoc, l'église Saint-Sébastien marque l'emplacement de la maison où est né au 3ᵉ s. le saint patron des archers. Originaire de Milan, Italie, la famille de Sébastien le destine à la carrière militaire. Il y réussit, apprécié même par l'empereur Dioclétien qui le charge de traquer les chrétiens de Rome et de les mettre à mort. Sébastien en trouve plusieurs mais se laisse convertir par eux ! Dénoncé, il est condamné à mourir sous les flèches de ses compagnons d'armes. Il survit à ses blessures, soigné par une veuve chrétienne, et sitôt guéri va reprocher à l'empereur sa cruauté à l'égard de ces gens dont le seul crime est d'adorer un Dieu qu'il ne reconnaît pas. Furieux, Dioclétien le fait exécuter sur-le-champ. Jeté aux égouts, le corps de Sébastien est recueilli par des chrétiens et pieusement inhumé dans la catacombe de la via Appia, Rome, en 288. L'histoire de saint Sébastien a inspiré de nombreux peintres et compositeurs au cours des siècles. **Fête le 20 janvier.** — Chrétien espagnol, Sébastien débarque au Mexique encore jeune et met son génie actif au service du prochain. Il trace des routes à travers les forêts, défriche, construit, gagne une fortune qu'il distribue aux pauvres. Entré chez les franciscains à soixante-dix ans, il est l'ami de tous, colons et Indiens. Mort à Puebla de Los Angeles, Mexique, en 1600, âgé de quatre-vingt-dix-huit ans. **Fête le 25 février.** — Oratorien, Sébastien Valfré a le don de communiquer la joie à son prochain tout en souffrant lui-même de graves peines intérieures. Mort à Turin, Piémont, en 1710, il est béatifié par Grégoire XVI en 1834. **Fête le 1ᵉʳ février.** Prénoms dérivés : Bastien, Bastienne, Bastian, Bastiane, Sébastia, Sébastian, Sébastiane, Sébastienne.

SÉBASTIENNE (f) Cf. Sébastien.

SECOND (m) Etym. latine (*secundus*, suivant). Saint Second est martyrisé en Egypte vers 258 lors des troubles suscités par les ariens. **Fête le 21 mai.**

SECONDE (f) Etym. cf. Second. Chrétienne, Seconde est martyrisée et ensevelie sur la voie Aurélia, à Rome, avec Rufine*, dans les premiers siècles du christianisme. **Fête le 10 juillet.** — A Tebourda, en Tunisie, Seconde subit le martyre en 304, seulement âgée de douze ans, avec Maxima* et Donatilla*. **Fête le 30 juillet.** Prénom dérivé : Secunda.

SECUNDA (f) Cf. Seconde.

SÉGOLÈNE (f) Etym. germanique (*sig*, victoire et *lind*, doux). Première abbesse du monastère de Troclar, près de Lagrave, en Languedoc, au 7ᵉ s., sainte Ségolène est vénérée dans la cathédrale d'Albi où sont conservées ses reliques. **Fête le 24 juillet.**

SEGONDEL (m) Etym. cf. Second. Ermite dans l'île de Vendunite, estuaire de la Loire, au 6ᵉ s., Segondel prêche l'évangile et opère quelques miracles à l'occasion pour faire passer le message. Il est toujours satisfait du nombre de conversions qu'il provoque en rentrant le soir à l'ermitage, ce que lui reproche parfois Friard*, son compagnon, en l'incitant à attribuer au Seigneur ce qui revient au Seigneur. **Fête le 26 avril.** Prénom dérivé : Sekondel.

SEINE (m) Etym. latine (*sinus*, courbe, sinueux). Fils d'un noble burgonde, Seine vit plusieurs années en ermite à Verrey avant d'être ordonné prêtre et chargé de gouverner un monastère dans la forêt du Ségestre, en Bourgogne, au 6ᵉ s. Monastère qui prend le nom de Saint-Seine au 11ᵉ s, et autour duquel s'établit le village de Saint-Seine-l'Abbaye. **Fête le 19 septembre.**

SEKONDEL (m) Cf. Segondel.

SÉLÉNÉ (f) Etym. Cf. Hélène. Dans la mythologie Séléné est la personnification de la lune, sœur d'Hélios, le soleil, et d'Eos, l'aurore. Sainte Hélène est la patronne des Séléné. **Fête le 18 août**. Prénom dérivé : Sélina.

SELINA (f) Cf. Séléné.

SELMA (f) Cf. Anselme.

SENAN (m) Cf. Sezni.

SENI (m) Cf. Sezni.

SENNEN (m) Etym. cf. Seine. Originaire de Perse, Sennen subit le martyre à Rome au 3e s. avec son compatriote Abdon*. Tous les deux sont ensevelis au cimetière de Pontien, sur la voie de Porto, Rome, où l'on voit encore un sarcophage qui a gardé leurs corps. Un sanctuaire leur est dédié près du Colisée et, en France, l'église d'Arles-sur-Tech, Roussillon, garde une grande partie de leurs reliques. **Fête le 30 juillet**.

SENORINA (f) Etym. latine (*senescere*, vieillir). Née à Braga, Portugal, Senorina est admise très jeune à l'abbaye de Vieyra que gouverne sa tante. Elle lui succède plus tard et meurt en 982. **Fête le 22 avril**.

SENORINE (f) Cf. Senorina.

SENTIA (f) Etym. latine (*sensus*, sens). Sentia est l'une des compagnes de sainte Ursule. Voir ce prénom. **Fête le 21 octobre**.

SEPTIME (m) Etym. latine (*septimus*, septième). Moine à Capse, en Byzacène, Tunisie, Septime est arrêté, traîné à Carthage et sommé de se convertir à l'arianisme, avec son abbé et plusieurs de ses frères, par le lieutenant d'Hunéric, roi des Vandales, au 5e s. Septime qu'aucune torture ne parvient à faire céder est jeté en prison puis exécuté en 484 avec tous ses compagnons. **Fête le 17 août**.

SERAFEIN (m) Cf. Séraphin. Forme bretonne du prénom.

SÉRAPHIA (f) Cf. Séraphine.

SÉRAPHIE (f) Cf. Séraphine.

SÉRAPHIN (m) Etym. hébraïque (*saraph*, brûler et *seraphim*, les brûlants). Dans la tradition chrétienne, fondée sur la Bible, les séraphins sont les anges de la première hiérarchie, placés immédiatement près du trône de Dieu et souvent représentés avec six ailes. Cf. Isaïe 6 et Apocalypse 4, 8. — Né à Montegranaro, dans les Marches, Italie, en 1540, Félix garde les troupeaux des fermiers voisins et aide son père qui est maçon. Puis il entre chez les capucins d'Ascoli et reçoit le nom de Séraphin avec l'habit religieux. Frère convers, il est chargé de toutes les corvées du couvent, cultive le jardin et distribue généreusement aux pauvres les légumes destinés à la communauté, à l'insu de l'économe mais approuvé par le Ciel qui renouvelle au fur et à mesure les produits donnés. Séraphin ne s'étonne jamais de ces prodiges tant sa foi est vive. Modèle aussi de douceur et d'humilité il meurt à Ascoli en 1604. **Fête le 12 octobre**. — Ordonné prêtre en 1793 au monastère de Sarov, près de Tambov, en Russie, Séraphin passe vingt-cinq ans, ermite, dans une forêt voisine, ne rentrant au monastère que pour la Liturgie, le jour des grandes fêtes. Il dort deux heures par nuit, se nourrit d'herbes et de racines, pardonne aux deux brigands qui le blessent mortellement avec sa propre hache. Guéri miraculeusement par la Vierge Marie, Séraphin est rappelé au monastère et enfermé dans sa cellule par le nouvel abbé. C'est encore la Mère de Dieu qui le délivre le 25 novembre 1825. Alors commence pour son protégé une carrière de guide spirituel extraordinaire. De toute la Russie, de l'étranger, on court à Sarov pour consulter Séraphin. Sa mort en 1833 n'interrompt pas le mouvement. Ainsi qu'il l'a promis, le saint moine guérit les corps, éclaire les âmes de tous ceux qui viennent prier sur sa tombe. « Saint Séraphin est comme l'icône de la spiritualité orthodoxe, dit Paul Evdokimov ; il en récapitule toutes les formes passées et lui ouvre des voies nouvelles axées sur la transfiguration par l'Esprit et le témoignage de celui-ci au cœur du monde ». **Fête le 14 janvier.**

SÉRAPHINE (f) Etym. cf. Séraphin. Epouse infidèle, Sueva Montefeltro est enfermée dans un couvent de clarisses par son époux, le duc de Pesaro, en 1457. Après vingt mois de réclusion, Sueva prend le nom de Séraphine, revêt l'habit de l'ordre de sainte Claire et découvre la véritable paix de l'âme. Le duc peut rappeler les gardes armés qu'il a placés à la porte du couvent dans la crainte d'une évasion ou d'un enlèvement. Séraphine passe ses vingt dernières années dans la pénitence et la prière. Elue abbesse en 1475, elle meurt trois ans après. Canonisée en 1754, sainte Séraphine est la patronne de Pesaro, dans les Marches, Italie. **Fête le 9 septembre.** Prénoms dérivés : Séraphia, Séraphie, Séraphita, Fine, etc.

SÉRAPHITA (f) Cf. Séraphine.

SÉRAPIE (f) Etym. cf. Sérapion. Proche de Sabine*, Sérapie est arrêtée et martyrisée avec elle à Terni, en Ombrie, au 3e ou 4e s. **Fête le 20 août.**

SÉRAPION (m) Etym. grecque (*serapeion*, nom du temple où l'on adorait les divinités gréco-égyptiennes à l'époque hellénistique). Ermite égyptien mort vers 386, saint Sérapion le Sindonite doit son surnom au sindôn, sorte de tunique en toile grossière, son unique vêtement. **Fête le 21 mars.** — Né en Angleterre au début du 13e s., Sérapion vit à la cour du duc d'Autriche mais n'aspire qu'à répandre son sang pour le Christ. Aussi n'hésite-t-il pas à suivre son maître qui va aider

Alphonse VIII, roi d'Espagne, à repousser les Sarrasins. Il rencontre plus tard un moine de l'ordre des mercédaires fondés par Pierre* Nolasque pour le rachat des captifs, le suit jusqu'à Murcie où il libère une centaine de soldats chrétiens, puis jusqu'à Alger où il se livre en otage aux musulmans pendant que son compagnon part en quête de fonds nécessaires pour la rançon. Impatient, Sérapion se répand en invectives contre Mahomet et clame à tue-tête que le Christ est la seule vérité. Il est aussitôt condamné à la torture par le bey d'Alger et meurt, comblé, en 1240. **Fête le 14 novembre.**

SERDIEU (m) Etym. latine (*sevus Dei*, service de Dieu). Moine, Serdieu est arrêté et décapité à Cordoue, Espagne, en 852, lors de la persécution ordonnée par les Maures contre les chrétiens. **Fête le 13 janvier.**

SÉRÉNA (f) Cf. Sérène.

SÉRÈNE (m) Etym. latine (*serenus*, serein). Jardinier grec et chrétien établi à Sirmium, Yougoslavie, Sérène est trahi par son sens de la pudeur. Il est arrêté et décapité vers 307. **Fête le 23 février.**

SERGE (m) Etym latine (*Sergius*, patronyme d'une illustre famille romaine au 1er s.). Compagnon de captivité de saint Bacchus*, Serge est conduit à Rosafa, sur l'Euphrate, Syrie, et décapité en 304. Sa tombe est longtemps l'un des plus célèbres lieux de pèlerinage de l'Orient, où viennent prier ensemble Arabes et Byzantins. **Fête le 7 octobre.** — Syrien né en Sicile, Sergius ou Serge est le 84e pape, élu en 687 contre Théodore et Pascal, antipapes. Il encourage les missions en Angleterre, introduit dans la liturgie, en Occident, plusieurs solennités mariales et, en 692, résiste à Justinien II qui veut l'obliger à accepter le droit canonique byzantin. En 695 Serge confère la consécration épiscopale à Willibrord* dans l'église Saint-Cécile du Transtévère. Mort en 701, le jour de la célébration de la Nativité de la Vierge Marie qu'il a instituée. **Fête le 8 septembre.** — Né près de Rostov, Russie, en 1313, saint Serge de Radonège est le fondateur du célèbre monastère de la Trinité. Selon Paul Evdokimov, « il rassemble toute la Russie de son époque autour de son église, autour du Nom de Dieu, pour que les hommes, par la contemplation de la sainte Trinité, vainquent la haine déchirante du monde. Dans la mémoire du peuple russe, Serge demeure le protecteur céleste, le consolateur et l'expression même du mystère trinitaire, de sa Lumière et de son unité ». Mort à Troïtsa en 1392. **Fête le 25 septembre.** Prénoms dérivés : Sergia, Sergiane, Sergine, Sergios, Serguéï, Serlana, Serlane.

SERGIA (f) Cf. Serge.

SERGIANE (f) Cf. Serge.

SERGINE (f) Cf. Serge.

SERGIOS (m) Cf. Serge. Forme grecque du prénom.

SERGUEÏ (m) Cf. Serge. Forme slave du prénom.

SERLANA (f) Cf. Serge.

SERLANE (f) Cf. Serge.

SERNA (f) Cf. Saturnin.

SERNIN (m) Cf. Saturnin.

SERVAIS (m) Etym. latine (*servus*, esclave, *servire*, être soumis, être dévoué à). Evêque de Tongres, dans le Limbourg belge, Servais prend la défense de saint Athanase* dès 346 et participe au concile de Rimini, Emilie, en 359. **Fête le 13 mai.**

SERVAN (m) Etym cf. Servais. Apôtre des Orcades, Ecosse, au 8e s., saint Servan est particulièrement vénéré à Kinross, comté de Fife, dès le Moyen Age. Son culte se répand aussi en Bretagne où la petite ville d'Aleth devient Saint-Servan, près de Saint-Malo. **Fête le 1er juillet.**

SERVANE (f) Cf. Servan.

SERVINE (f) Cf. Servan.

SERVULE (m) cf. Servais. Paralysé, Servule vit de la charité publique, mendiant chaque jour sa subsistance sous le portique de l'église Saint-Clément, à Rome, au 6e s. S'il reçoit plus qu'il n'a besoin, il cherche d'autres indigents pour les faire profiter de ce superflu mais ne garde jamais rien en réserve pour le lendemain, totalement abandonné à la Providence. Illettré, Servule se fait lire l'évangile et surtout la Passion du Seigneur, y puisant la force nécessaire pour accepter sa propre souffrance. Il meurt en 590, radieux, interpellant les passants : « N'entendez-vous pas cette mélodie qui résonne dans le ciel ? ». **Fête le 20 décembre.**

SERVUS (m) Etym. cf. Servais. Moine à Capse, en Byzacène, Tunisie, Servus est martyrisé à Carthage, en 484, avec son abbé. Cf. Libérat. **Fête le 17 août.**

SEURIN (m) Cf. Séverin.

SÈVE (f) Etym. latine (*Suevi*, les Suèves, peuplade germanique). Fille de Hoël 1er, Sève ou Loève fuit en Angleterre lors d'une invasion de l'Armorique par les Barbares et revient plus tard dans son pays pour y finir sa vie, vers la fin du 6e s. Elle est la patronne de Sainte-Sève, près de Morlaix. **Fête le 23 juillet.** Prénoms dérivés : Suèva, Loève, Loeva.

SEVER (m) Etym. latine (*severus*, exigeant). Originaire du Cotentin, Normandie, l'esclave Sever convertit son maître au christianisme, devient moine puis évêque d'Avranches à la fin du 7e s. Le monastère fondé par lui dans le diocèse garde son nom. **Fête le 1er février.**

SÉVÈRE (m) Etym. cf. Sever. Prêtre, Sévère est arrêté et condamné à subir le martyre avec l'évêque Philippe* et le diacre Hermès* à Andrinople, Thrace, Asie Mineure, lors des persécutions de Dioclétien. Il est brûlé vif avec ses deux compagnons le 22 octobre 303. **Fête le 22 octobre.** — Formé par saint Loup*, évêque de Troyes, Sévère accompagne Germain* d'Auxerre en Grande-Bretagne vers 447. Il évangélise plus tard les Alamans de la région de Mayence et meurt évêque de Trèves, en Rhénanie, à la fin du 5e s. **Fête le 15 octobre.**

SÉVERIEN (m) Etym. cf. Sever. Saint Séverien est le père de Léandre*, Fulgence*, Florence ou Florentine* et Isidore* de Séville, Espagne, au 6e s. **Fête le 20 février.** Prénom dérivé : Séverienne.

SÉVERIENNE (f) Cf. Séverien.

SÉVERILLA (f) Cf. Séverien ou Séverin.

SÉVERIN (m) Etym. cf. Sever. Evêque de Cologne, Rhénanie, au 4e s., saint Séverin est particulièrement vénéré à Bordeaux, Aquitaine, dès le 5e s., sous le nom de saint Seurin. **Fête le 23 octobre.** — Selon Eugippius, son disciple, Séverin joue un rôle important dans l'évangélisation du Norique, en Europe centrale, au 5e s. Abbé, il organise les secours en faveur des populations riveraines du Danube lors des grandes invasions barbares et joue de son ascendant pour adoucir les mœurs des envahisseurs. Mort à Vienne en 482, il est transféré à Naples, Italie, où ses reliques sont précieusement conservées. **Fête le 8 janvier.** — Moine, puis abbé du monastère Saint-Maurice d'Agaune, dans le Valais, Séverin est appelé au chevet de Clovis atteint d'une fièvre pernicieuse. Le roi guérit, mais l'abbé trouve la mort à Château-Landon, près de Sens, sur la route du retour, en 507. Sa tombe devient rapidement un centre de pèlerinage très fréquenté. **Fête le 11 février.** — A Paris, Séverin construit

son ermitage au bord du chemin de Saint-Jacques, sur la rive gauche de la Seine, où vient le voir Clodoald*, petit-fils de sainte Clotilde*, qui renonce à la couronne pour se consacrer au Seigneur. L'ermite lui rase la tête et lui impose l'habit monastique. Le tombeau de Séverin est le théâtre de nombreux miracles dès le jour de l'ensevelissement du saint en 555. Un oratoire lui est dédié, puis une chapelle et, au 13e s., l'église que nous connaissons. Datée de 1301, une charte stipule que le roi Henri 1er donne ''l'église de Saint-Séverin-le-Solitaire'' à l'évêque de Paris. Un siècle et demi plus tard, lors d'un incendie, vers 1448, les reliques du saint ermite trouvent refuge à Notre-Dame. Un procès-verbal du 28 juin 1449 mentionne la présence d'une châsse dans la cathédrale, qui contient ''intègre en ses ossements'' le corps de saint Séverin. **Fête le 27 novembre.** Mais l'église finit par oublier son obscur fondateur et se place sous le patronnage de Saint-Séverin-Abbé à la réception d'une relique de l'abbé d'Agaune (cf. ci-dessus) en 1674. — Prénoms dérivés : Séverilla, Séverine.

SÉVERINE (f) Cf. Séverin.

SEXBURGE (f) Etym. germanique (*sex*, six et *burg*, forteresse). Epouse d'Ercombert, roi du Kent, Grande-Bretagne, au 7e s., Sexburge est la mère de sainte Erménilde* et l'aïeule de sainte Werburge*. **Fête le 6 juillet.**

SEZNI (m) Etym. celtique. Irlandais, Sezni débarque en Armorique au 6e s. avec plusieurs moines. Ils se fixent à Kerlouan, défrichent, évangélisent les populations et fondent un monastère à Guisseny où le saint abbé meurt en 529. Saint Sezni est le patron de Trezeny et Guisseny, vénéré aussi dans les chapelles de Kerlouan et de Plogonnec qui lui sont dédiées. **Fête le 8 mars.** Prénoms dérivés : Sane, Senan, Seni.

SHARON (f) Cf. Cécile.

SHEILA (f) Cf. Cécile.

SHERE (f) Cf. Cécile.

SHIRLEY(f) Cf. Cécile.

SIBERT (m) Cf. Sigebert.

SIBILLE (f) Cf. Sibylle.

SIBYLLE (f) Etym. grecque (*Sibulla*, nom d'une prêtresse d'Apollon, femme inspirée qui prédisait l'avenir, dans la mythologie). Née dans le Hainaut, Sibylle est moniale cistercienne à Aywières, Brabant, au 13e s. **Fête le 9 octobre.**

SIBYLLINE (f) Etym. cf. Sibylle. Aveugle à douze ans, Sibylline est recueillie par des religieuses dominicaines de Pavie, Lombardie, au 14e s. Eduquée, elle choisit de vivre en recluse à proximité du couvent, partageant son temps entre la prière et la pénitence, jusqu'à sa mort, à quatre-vingts ans. **Fête le 19 mars.**

SIDAINE (m) Cf. Sidoine.

SIDNEY (m) Cf. Sidoine.

SIDO (m-f) Cf. Sidoine ou Sidonie.

SIDOINE (m) Etym. latine (*sidonius*, originaire de Sidon, auj. Saïda, Liban). Né à Lyon vers 430, Sidoine Apollinaire est le fils d'un préfet du prétoire, à Rome. En 452 il épouse Papianilla, fille d'Avitus qui a été empereur. Il est élevé à la dignité de patrice et sa statue est placée sur le Forum. Puis, loin de Rome, Sidoine mène en Auvergne la vie d'un riche propriétaire avec sa femme et ses fils, chassant, pêchant, écrivant des poèmes, jusqu'au jour où les Wisigoths franchissent les frontières et se ruent sur Clermont. Elu évêque vers 471, Sidoine défend l'Auvergne contre les hordes barbares et se révèle pasteur exemplaire. Il endure de nombreuses persécutions pour préserver son peuple et distribue ses biens pour soulager les pauvres. Mort à Clermont vers 487, Sidoine Apollinaire est l'un des meilleurs écrivains de son temps. Poèmes, panégyriques et surtout ses cent quarante-sept lettres constituent une documentation précieuse sur l'histoire du 5e s. **Fête le 21 août.** — Au 7e s. saint Sidoine ou Saëns est à l'origine de la localité qui porte son nom en Normandie. Cf. Saëns. **Fête le 14 septembre.** Prénoms dérivés : Sidaine, Sidney, Sido, Sidonie, Sindonia, etc.

SIDONIE (f) Cf. Sidoine.

SIEGFRIED (m) Cf. Sigfried.

SIFFREIN (m) Etym. cf. Sigfried. D'abord moine à l'abbaye de Lérins, Provence, Siffrein vient annoncer l'Evangile dans la région de Carpentras. Il est le premier évêque de la ville au 6e s. Ses reliques sont conservées dans l'église qui lui est dédiée à Carpentras. **Fête le 29 novembre.**

SIGEBERT (m) Etym. germanique (*sig*, victoire et *berht*, brillant). Fils de Dagobert, Sigebert hérite du royaume d'Austrasie en 639. Son grand souci est de maintenir la paix et d'accroître le bien-être de ses sujets. Mais Sigebert II règne sous la tutelle des maires du palais, dont Grimoald. Mort en 656, il est inhumé à Nancy. **Fête le 1er février.** Prénoms dérivés : Sibert, Sigisbald, Sigisbert.

SIGEFROID (m) Cf. Sigfried.

SIGFRIED (m) Etym. germanique (*sif*, victoire et *frido*, paix). Malade, Sigfried est néanmoins fait prieur de Saint-Pierre de Wearmouth, à Durham, Angleterre, en 687, par saint Benoît* Biscop qui a fondé le monastère. Contraint de s'aliter et sentant venir sa fin, Sigfried demande la faveur de revoir une dernière fois son grand bienfaiteur, lui-même immobilisé par l'âge et les infirmités. Selon Bède* le Vénérable, « le doux Sigfried est porté dans les bras de son infirmier jusqu'à la couche du vieil abbé afin de pouvoir l'embrasser ». Tous les deux meurent ensemble peu de temps après, vers 690. **Fête le 22 août.** Prénoms dérivés : Sigefroid, Sigurd.

SIGISBALD (m) Cf. Sigebert.

SIGISBERT (m) Cf. Sigebert.

SIGISMOND (m) Etym. germanique (*sig*, victoire et *mund*, protection). Fils de Gondebaud, un arien, Sigismond est converti au christianisme par saint Avit*, évêque de Vienne, France, avant son accession au trône de Bourgogne en 516. Il restaure et agrandit le monastère Saint-Maurice-d'Agaune, dans le Valais, mais après la mort de sa première femme fait assassiner son fils pour plaire à la seconde ! Il en éprouve un tel repentir qu'il supplie Dieu de le châtier. Capturé par Clodomir, roi des Francs, il est précipité dans un puits à Coulmier, près d'Orléans, en 523. **Fête le 1er mai.**

SIGOLAINE (f) Cf. Ségolène.

SIGOLÈNE (f) Cf. Ségolène.

SIGRADE (f) Etym. germanique (*sig*, victoire et *rad* ou *ragin*, conseil). Mère de saint Léger*, Sigrade ou Sigrid se retire à Soissons afin d'échapper à Ebroïn, maire du palais, qui a assassiné son fils en 679. **Fête le 8 août.**

SIGRID (f) Cf. Sigrade.

SIGMUND (m) Cf. Sigismond. Forme alsacienne du prénom.

SIGURD (m) Cf. Sigfried. Forme scandinave du prénom.

SILANA (f) Cf. Soline.

SILAS (m) Etym. cf. Sylvain. Qualifié de prophète par les Actes des Apôtres, Silas est l'un des plus proches disciples de Paul* et, souvent, son compagnon de route, au 1er s. Il est délégué à Antioche pour communiquer les décisions de l'assemblée de Jérusalem, mais aussi emprisonné et flagellé avec Paul dans la ville de Philippes, Thrace, Asie Mineure. Cf. Actes 15-18. **Fête le 13 juillet.**

SILVA (f) Cf. Sylvie.

SILVAIN (m) Cf. Sylvain.

SILVAN (m) Cf. Sylvain. Forme provençale du prénom.

SILVANA (f) Cf. Sylvie.

SILVÈRE (m) Etym. latine (*silva*, forêt). Fils d'un diacre qui devient pape sous le nom de Hormisdas en 514, Silvère coiffe aussi la tiare, en 536, successeur d'Agapet*, non pas élu mais nommé par Vitigès, roi des Goths ! Ce choix provoque la colère de Vigile qui désirait la charge et, peu de temps après, obtient la destitution du pontife. Silvère est exilé à Patare, en Anatolie, puis rappelé à Rome grâce à l'empereur Justinien et de nouveau écarté par Vigile devenu pape. Il meurt à Palmaria, dans le golfe de Gaète, des suites des mauvais traitements subis, en 537. **Fête le 20 juin.**

SILVESTER (m) Cf. Sylvestre.

SILVESTRE (m) Cf. Sylvestre.

SILVIA (f) Cf. Sylvie.

SILVIN (m) Etym. latine (*silva*, forêt). Né à la cour de Childéric II, roi d'Austrasie, au 7e s., Silvin renonce au monde, se consacre à Dieu dans un monastère et se voue à l'évangélisation des provinces du nord de la France. **Fête le 17 février.**

SILVINE (f) Cf. Silvin.

SIMÉON (m) Etym. hébraïque : "celui qui est exaucé". A Jérusalem, Palestine, au début du 1er s., Siméon est poussé au temple par l'Esprit-Saint le jour de la présentation du Seigneur. Il prend l'enfant Jésus dans ses bras et loue Dieu en disant : « Maintenant, Seigneur, ta promesse s'est réalisée. Tu peux laisser mourir en paix ton serviteur. J'ai vu, de mes propres yeux, ton salut... ». Cf. Luc 2. 29-32. Puis il prononce un oracle messianique et, dans une bénédiction, annonce de terribles souffrances à la mère de l'Enfant. **Fête le 8 octobre.** — Fils de Cléophas et cousin du Christ, Siméon succède à Jacques*, son frère, comme évêque de Jérusalem, après le siège de la ville en l'an 70. Il survit à de nombreuses persécutions et subit le martyre en 107, sous Trajan, âgé de cent vingt ans, selon Hégésippe. Crucifié comme le Seigneur, Siméon fait preuve d'un courage qui force l'admiration du juge lui-même. **Fête le 18 février**. — Evêque de Séleucie-Ctésiphon, Siméon témoigne de sa foi jusqu'au don du sang, imité par de nombreux fidèles, à Karkha de Lédan, Perse, en 341, au début de la persécution de Sapor II. **Fête le 21 avril**. — Au 5ᵉ s., près d'Antioche, Asie Mineure, Siméon passe trente-sept ans au sommet d'une colonne en esprit de pénitence, partageant son temps entre la prière et l'exhortation des foules. C'est grâce à ses conseils que l'impératrice Eudoxie abjure l'eutychianisme. Mort le 2 septembre 459, Siméon le stylite est inhumé à Antioche. **Fête le 5 janvier**. — Cf. Syméon.

SIMIAN (m) Cf. Siméon. Forme provençale du prénom.

SIMILIEN (m) Etym. latine (*similis*, semblable). Saint Similien est le troisième évêque de Nantes, Bretagne, au 4ᵉ s. **Fête le 16 juin**.

SIMON (m) Etym cf. Siméon. Dixhuit Simon sont inscrits au martyrologe, parmi lesquels Simon, surnommé Pierre, est le plus célèbre. Cf. Pierre. **Fête le 29 juin**.— Frère de Jude*, Simon est comme lui disciple de Jésus en Palestine au 1ᵉʳ s., surnommé le Cananéen ou le Zélote pour le distinguer de Simon-Pierre. La tradition veut qu'il soit mort martyrisé en Perse avec son frère vers la fin du 1ᵉʳ s. **Fête le 28 octobre**.— Religieux carme, Simon Stock est chargé par la Vierge Marie qui lui apparaît en 1251 d'encourager le port du scapulaire du Mont-Carmel. Mort en 1268. **Fête le 16 mai**. — Jeune catéchiste japonais, Simon Yempo est brûlé vif à Yedo, Japon, en 1623, ayant converti à la foi chrétienne, pendant sa captivité, qua-

rante détenus de droit commun. **Fête le 4 décembre**.— Médecin et père de douze enfants, Simon Hoa est arrêté à Hué, Annam, en 1839, pour avoir hébergé un missionnaire. Il subit d'innombrables interrogatoires, chaque fois atrocement torturé, et meurt décapité d'un coup de sabre le 12 décembre 1840. **Fête le 12 décembre**. Prénoms dérivés : Simone, Simonetta, Simonette, Simoun, etc.

SIMON-PIERRE (m) Cf. Pierre.

SIMONE (f) Cf. Simon.

SIMONETTA (f) Cf. Simon.

SIMOUN (m) Cf. Simon. Forme provençale du prénom.

SIMPLICE (m) Etym. latine (*simplex*, simple). Frère de saint Faustin, Simplice est arrêté avec lui ; tous les deux sont torturés et jetés dans le Tibre, à Rome, en 304, pendant la persécution de Dioclétien. Leurs corps sont retrouvés et ensevelis sur la via de Porto par leur sœur Béatrix*. **Fête le 29 juillet**. — Originaire de Tivoli, Italie, Simplice est le 47ᵉ pape, élu en 468. Il assiste à la chute de l'empire d'Occident lors de la déposition de Romulus Augustule par Odoacre en 476, s'oppose aux monophysites en Orient et, respectueux de tout art valable, sauve les mosaïques profanes de l'église Saint-André. On lui doit la construction des sanctuaires romains dédiés à saint Etienne et à sainte Bibiane. Mort à Rome en 483. **Fête le 2 mars**. Prénom dérivé : Simplicie.

SIMPLICIE (f) Cf. Simplice.

SINDONIA (f) Cf. Sidoine.

SINICE (m) Etym latine (*senestre*, gauche). Successeur de saint Sixte, Sinice est le second évêque de Reims, Champagne, au 4ᵉ s. **Fête le 1ᵉʳ septembre**.

SIRAN (m) Cf. Cyran.

SIRANA (f) Cf. Cyran.

SIRÈNE (f) Cf. Sirice.

SIRIANE (f) Cf. Cyran ou Sirice.

SIRICE (m) Etym. grecque (*seirên*, sirène). Romain, Sirice est le 38e pape à la fin du 4e s. Il réaffirme la primauté de l'évêque de Rome lors du synode de 386 et, le premier, tente d'imposer le célibat aux prêtres. Ses *Décrétales* sont les plus anciennes que l'on possède. Mort à Rome en 399. **Fête le 26 novembre**. Prénoms dérivés : Sirène, Siriane, Sirida, etc.

SIRIDA (f) Cf. Sirice.

SISSI (f) Cf. Élisabeth.

SIXTE Etym. latine : "le sixième". Cinq papes ont porté ce prénom, dont trois sont inscrits au martyrologe. Romain, Sixte 1er gouverne l'Eglise de 115 à 125, vers la fin du règne de Trajan. On lui attribue parfois l'introduction du *Sanctus* au début du canon de la messe. **Fête le 3 avril**. — Grec, Sixte II est élu en 257. Il reprend contact avec l'évêché de Carthage, Tunisie, après la querelle de Cyprien* et Etienne 1er. Sixte est décapité par la police de Valérien au cours d'une liturgie qu'il célèbre clandestinement dans une catacombe de la via Appia en 258. **Fête le 5 août**. — Romain, Sixte III est le 44e pape au 5e s. **Fête le 28 mars**. — A Reims, Champagne, représenté au portail nord de la cathédrale, Sixte est le premier évêque de la ville vers la fin du 3e s. **Fête le 1er septembre**. Prénom dérivé : Xyste.

SKLAER (m) Cf. Clair. Forme bretonne du prénom.

SKLERIJENN (f) Cf. Claire. Forme bretonne du prénom.

SMARAGDE (m) Etym. grecque (*smaragdos*, émeraude). Appartenant à la 12e légion, la "Fulminante", en cantonnement à Sébaste, en Cappadoce, Asie Mineure, Smaragde est arrêté avec tous ses compagnons et précipité nu avec eux dans un étang, l'hiver

de l'an 320, pour avoir refusé de sacrifier aux dieux païens, pendant la persécution de Licinius, empereur d'Orient. **Fête le 10 mars**.

SOAZ (f) Cf. Françoise. Forme bretonne du prénom.

SOAZIC (f) Cf. Françoise.

SOCORRO (m) Prénom donné ou porté en l'honneur de Notre-Dame-du-Bon-Secours. **Fête le 24 mai**.

SOFIA (f) Cf. Sophie.

SOIZIC (f) Cf. Françoise. Forme bretonne du prénom.

SOLANGE (f) Etym. latine (*sol*, soleil et *angelus*, ange, du grec *aggelos*, messager). Née au bourg de Villemont, près de Bourges, en Berry, Solange est bergère, très pieuse et aussi belle que son nom le suggère. Un jeune seigneur poitevin, Bernard de la Gothie, s'éprend d'elle et lui propose le mariage. Solange refuse. Très jeune elle a fait vœu de virginité. Le seigneur insiste, finit par enlever la jeune fille et, las de son indifférence, la fait décapiter en 878. Une croyance veut que Solange ait ramassé sa tête aussitôt pour la porter elle-même dans l'église Saint-Martin-du-Cros. C'est là qu'elle est ensevelie et de nombreux prodiges attestent sa sainteté. Alors l'église est dédiée à sainte Solange et la localité établie autour du sanctuaire prend aussi le nom de la patronne-protectrice du Berry. **Fête le 10 mai**.

SOLEDAD (f) Etym. espagnole : "solitude". Née à Madrid, Espagne, en 1826, Emmanuelle Torrès prend le voile et le nom de Soledad, en l'honneur de Notre-Dame-de-Soledad, chez les Servantes de Marie vouées au soin des malades. Supérieure, elle se distingue par son dévouement pendant l'épidémie de choléra, en 1885, et meurt le 11 octobre 1887. **Fête le 11 octobre**.

SOLÈNE (m-f) Cf. Solenne ou Soline.

SOLENNA (f) Cf. Soline.

SOLENNE (m) Etym. latine (*solemnis*, solennel). Treizième évêque de Chartres, saint Solenne évangélise aussi la région de Blois, assiste au baptème de Clovis à Reims en 496 et reste longtemps le conseiller du roi franc. **Fête le 25 septembre**. Prénoms dérivés : Solène, Swann, Swanny, Swein, Swen, etc.

SOLINE (f) Etym cf. Solenne. Originaire du Poitou, Soline est martyrisée à Chartres où elle vit saintement près d'un sanctuaire dédié à la Mère de Dieu au 3e s. Plusieurs villages du Poitou perpétuent son nom et son souvenir. **Fête le 17 octobre**. Prénoms dérivés : Salina, Silana, Solène. Solenna, Souline, Swann. Swanny, Swein, Swen, Zélie, Zéline, etc.

SOLUTOR (m) Etym. latine (*solitarius*, solitaire). Saint Solutor est l'un des compagnons de saint Octave*. Voir ce prénom. **Fête le 20 novembre**.

SOLVEIG (f) Etym. scandinave : "le chemin du soleil". Le prénom évoque aussi la droiture et la pureté de l'héroïne du drame de H. Ibsen, *Peer Gynt*, mis en musique par Edward Grieg en 1875. Les Solveig sont fêtées le 3 septembre ou le jour de la sainte Solange, leur patronne. Voir ce prénom.

SONIA (f) Cf. Sophie. Forme slave du prénom.

SOPHIA (f) Cf. Sophie.

SOPHIE (f) Etym. grecque : "sagesse". Mère des saintes Liubbe*, Nadège* et Véra*, Sophie est martyrisée avec elles en Asie Mineure, aujourd'hui Turquie, au 2e s., pendant les persécutions d'Hadrien. L'église Sainte-Sophie de Constantinople n'est pas dédiée à cette sainte mais à Dieu lui-même, la Sagesse incréée. **Fête le 18 septembre**.— Cf. Madeleine-Sophie, fondatrice des religieuses du Sacré-Cœur. **Fête le 25 mai**. Prénoms dérivés : Saphia, Sofia, Sonia, Sophia, etc.

SOPHONIE (m) Etym. hébraïque : "Yahvé protège". Personnage biblique, Sophonie est l'un des douze petits prophètes, en Palestine, au 7e s. av. J.-C. Son évocation du jour de la colère de Dieu (So 1, 15-18) inspirera le *Dies irae* de l'Office des morts. **Fête le 3 décembre**. — Moine roumain, Sophonie lutte héroïquement pour ce qu'il estime être la vérité et la volonté de Dieu lorsque, au 18e s., catholiques, protestants et orthodoxes s'entredéchirent dans son pays. Mort à Curtes d'Argesch, en Valachie, après neuf mois de captivité, il est canonisé par l'Eglise roumaine en 1955 « pour avoir, au prix de grandes souffrances, défendu la foi des ancêtres et la sainte Orthodoxie ». **Fête le 21 octobre**.

SOPHORA (f) Prénom inspiré du grand arbre exotique à fleurs blanches qui orne les avenues et les parcs. Sainte Fleur est la patronne des Sophora. **Fête le 5 octobre**.

SORLIN (m) Cf. Saturnin.

SORNIN (m) Cf. Saturnin.

SOSTÈNE (m) Cf. Sosthène.

SOSTHÈNE (m) Etym. mède : "juste". Juif et chef de la synagogue de Corinthe, Grèce, au 1er s. Sosthène se convertit au christianisme et accompagne Paul* dans son troisième voyage apostolique. Arrêté et condamné, il meurt à Corinthe sous les coups que lui infligent ses bourreaux. **Fête le 28 novembre**.

SÔTER (m) Etym. grecque : "sauveur". Originaire de Campanie, Italie, Sôter est le douzième pape, de 166 à 175. Il combat le montanisme et subit le martyre à Rome, pendant la persécution de Marc-Aurèle. Un fragment de lettre existe encore dans laquelle un contemporain du pontife fait l'éloge de sa grande charité. **Fête le 22 avril**.

SOTÈRE (f) Etym. cf. Sôter. Grande tante de saint Ambroise* qui, dans ses écrits, y fait allusion comme à une gloire de la famille, Sotère est martyrisée à Rome vers 304 et ensevelie sur la via Appia. **Fête le 10 février**.

SOULINE (f) Cf. Soline.

SOUR (m) Etym. latine (*surgere*, sourdre, surgir). Ermite en Limousin, Sour évangélise l'Aquitaine avec saint Amand * au 6e s. Une église lui est dédiée à Terrasson-la-Villedieu, en Dordogne. **Fête le 9 mai**.

SPERATUS (m) Etym. latine (*sperare*, espérer). Originaire de Scillium, Afrique du Nord, Speratus est décapité à Carthage en 180 avec onze autres chrétiens. On possède encore le procès-verbal de leur interrogatoire mené par le magistrat de l'empereur Commode. L'intelligence et la précision de leurs réponses témoignent, dans leur laconisme, de l'assistance de l'Esprit-Saint dont sont favorisés les martyrs. **Fête le 17 juillet**.

SPES (m) Etym. latine : ''espérance''. Aveugle pendant quarante ans, Spes fait l'admiration de son entourage par sa patience et la joie dont il rayonne. Il meurt abbé bénédictin, près de Norcia, Ombrie, Italie, vers 513. **Fête le 28 mars**.

STAN (m) Cf. Stanislas.

STANISLAS (m) Etym. slave (*stan*, être debout et *slava*, gloire). Etudiant à Gnesen puis à Paris, Stanislas rentre en Pologne, vend les biens que lui ont laissé ses parents et demande la prêtrise. Prédicateur célèbre, il est élu évêque de Cracovie en 1072, mais il ose reprocher au roi Boleslas II ses débauches et sa cruauté. Le monarque promet de s'amender mais retombe dans ses excès, fait enlever la femme d'un boyard et calomnie odieusement l'évêque. Excommunié, il continue d'assister aux offices dans la cathédrale. Stanislas se résoud à célébrer dans une église de la banlieue. Boleslas le rejoint et le tue de ses propres mains dans l'église Saint-Michel, près de Cracovie,

le 11 avril 1079. Canonisé en 1253, saint Stanislas est l'un des patrons de la Pologne. **Fête le 11 avril**. — Né en 1550, Stanislas Kostka appartient à une illustre famille de Pologne. Entré chez les jésuites malgré l'opposition de son père, il meurt à Rome avant la fin de son noviciat, le 15 août 1568, dans sa dix-huitième année. Il est béatifié en 1604 et canonisé en 1726. **Fête le 15 août**. Prénoms dérivés . Stan, Stanley.

STELLA (f) Cf. Estelle.

STÉPHAN (m) Cf. Etienne.

STÉPHANE (m) Cf. Etienne.

STÉPHANIE (f) Etym. cf. Etienne. Née à Brescia, Italie, dans une famille très pauvre, Stéphanie fait à sept ans les vœux de religion, entre à quinze dans le tiers ordre dominicain et se voue corps et âme au service des pauvres. Fondatrice d'un couvent, elle y meurt en 1530. **Fête le 2 janvier**.

STEPHEN (m) Cf. Etienne.

STÈVE (m) Cf. Etienne.

SUE (f) Cf. Suzanne.

SUÈVA (f) Cf. Sève.

SUITBERT (m) Etym. germanique (*sig*, victoire et *berht*, brillant). Moine bénédictin, Suitbert évangélise les Saxons avec saint Willibrord* à la fin du 7e s. Sacré évêque vers 697, il construit un monastère dans une île du Rhin, près de Düsseldorf, et y meurt en 713. **Fête le 1er mars**. Prénom dérivé . Sultbert.

SULIAC (m) Etym. celtique. Moine gallois, Suliac est élu abbé du monastère de Meibot en 558. Chassé par les Saxons il vient en Armorique avec ses moines, fonde une abbaye près d'Aleth, sur les bords de la Rance, et y meurt vers 606. Etablie autour de son tombeau, la localité de Saint-Suliac garde son nom. Sizun et Tressignaux se réclament aussi de son patronage. **Fête**

le 1er octobre. Prénoms dérivés : Su-liau, Sulio.

SULIAU (m) Cf. Suliac.

SULIO (m) Cf. Suliac.

SULPICE (m) Etym. latine (*Sulpicius*, patronyme d'une illustre famille romaine au 1er s. av. J.-C.). Originaire d'Aquitaine, disciple et fervent admirateur de saint Martin*, Sulpice Sévère transforme sa demeure en monastère, y regroupant des moines itinérants ou venus de Marmoutier. En 397 Sulpice publie une *Vie de saint Martin*, puis les *Dialogues* en 404. Il est aussi l'auteur d'une *Chronique* ou *Histoire sacrée* et de nombreuses lettres adressées à saint Paulin* de Nole. Mort à Tours vers 420. **Fête le 29 janvier**. — Evêque de Bourges, Berry, de 584 à 591, Sulpice dit ''le Sévère'' est souvent confondu avec l'historien chrétien (cf. ci-dessus). Il participe au concile de Macon en 585. **Fête le 22 novembre**. — Chapelain de plusieurs rois mérovingiens au début du 7e s., Sulpice dit ''le Pieux'' guérit Clotaire II d'une maladie incurable avant d'être nommé évêque de Bourges en 630. Mort en 647, il est très populaire dans toute la chrétienté. Ses reliques attirent de nombreux pèlerins dans le village qui perpétue son souvenir, Saint-Sulpice-de-Favières, près d'Arpajon (auj. dans l'Essonne) où lui est dédiée l'une des plus belles églises de France. A Paris, entre Saint-Germain et le jardin du Luxembourg, l'église Saint-Sulpice conserve aussi une partie de ses reliques. **Fête le 17 janvier**.

SULTBERT (m) Cf. Suitbert.

SUMNIVE (f) Cf. Sunniva.

SUNG (m) Etym. chinoise (*Sung*, nom de plusieurs dynasties dont la plus célèbre est celle des *Nan Sung* ou *Sung du sud*). Cf. Chong.

SUNNIVA (f) Etym. scandinave : ''le don du soleil''. Princesse irlandaise chrétienne, Sunniva renonce au monde pour échapper à de nombreux prétendants païens au 10e s. **Fête le 8 juillet**. Prénom dérivé : Sumnive.

SUPÉRY (m) Etym. latine (*superus*, qui est en haut). Evêque et prédicateur itinérant au 8e s., Supéry est assassiné par des brigands auxquels il refuse de livrer ses vases sacrés. **Fête le 26 juin**.

SUSIE (f) Cf. Suzanne.

SUZANNA (f) Cf. Suzanne.

SUZANNE (f) Etym. hébraïque : ''la grâce du lys''. Héroïne du *Livre de Daniel*, dans la Bible, Suzanne fait l'objet des convoitises et démarches hardies de deux vieillards qui la surprennent au bain. Sur son refus ils l'accusent d'adultère mais Daniel* dénonce leur faux témoignage devant le peuple. Cf. Daniel 13. — Fille du sénateur Gabin*, Suzanne est arrêtée avec lui et martyrisée à Rome en 296. Leur demeure est transformée en église et dédiée à sainte Suzanne, près des thermes de Dioclétien, dès le 4e s. **Fête le 11 août**. — Moniale bénédictine du monastère de Caderousse, Suzanne Deloye est la première des nombreuses religieuses victimes de la Terreur à monter sur l'échafaud à Orange, Provence, en 1794, tandis que sa joie surnaturelle impressionne tous les témoins. **Fête le 6 juillet**. Prénoms dérivés : Sue, Susie, Suzanne, Suzel, Suzette, Suzon, Suzy, etc.

SUZEL (f) Cf. Suzanne.

SUZETTE (f) Cf. Suzanne.

SUZON (f) Cf. Suzanne.

SUZY (f) Cf. Suzanne.

SVETLANA (f) Etym. slave. Sous ce prénom est vénérée la Samaritaine de l'évangile de Jean dans l'Eglise orthodoxe russe. Cf. Photine.

SWANN (m-f) Cf. Solenne ou Soline. Forme gaëlique de ces prénoms.

SWANNY (m-f) Cf. Solenne ou Soline.

SWEIN (m-f) Cf. Solenne ou Soline.

SWEN (m-f) Cf. Solenne ou Soline.

SYBIL (f) Cf. Sibylle.

SYLPHIDE (f) Cf. Sylvie.

SYLVAIN (m) Etym. latine (*silva*, forêt). Evêque de Gaza, Palestine, Sylvain est arrêté, condamné aux mines et décapité avec trente-neuf chrétiens en 311. **Fête le 4 mai.** — Evangélisateur des *Bituriges Cubi*, saint Sylvain est l'un des premiers apôtres du Berry. Son tombeau, à Levroux, est longtemps le centre d'un important pèlerinage sur la route de Compostelle. **Fête le 22 juillet.** — Comme Symphorien* à Autun, Sylvain supporte mal les manifestations païennes et les hommages publics rendus à la gloire des dieux romains dans son Limousin natal. Il est arrêté et martyrisé à Ahun, près de Guéret, dans les premier siècles du christianisme. **Fête le 16 octobre.** Prénoms dérivés : Silvan, Silvain, Silas, Sylvaine, Sylvana, etc.

SYLVAINE (f) Cf. Sylvain.

SYLVANA (f) Cf. Sylvain.

SYLVESTRE (m) Etym. latine (*silva*, forêt, *silvester*, boisé). Prêtre romain, Sylvestre succède au pape Miltiade en 314. Son pontificat est plutôt paisible, Constantin assurant son soutien aux chrétiens, mais il lui faut gouverner l'Eglise dans l'ombre de l'empereur. Celui-ci convoque lui-même le synode d'Arles en 314, puis le concile de Nicée en 325 où le pape dépêche ses délégués pour condamner l'arianisme. Sylvestre est surtout un grand constructeur de basiliques, faisant de la Rome païenne une ville, une capitale chrétienne. Ce n'est pas lui mais Eusèbe de Nicomédie qui baptise Constantin à l'agonie. Mort le 31 décembre 335, saint Sylvestre est le dernier mais pas le moins populaire dans le cortège annuel des saints et bienheureux. **Fête le 31 décembre.** Prénom dérivé : Silvester.

SYLVETTE (f) Cf. Sylvie.

SYLVIA (f) Cf. Sylvie.

SYLVIANE (f) Cf. Sylvie.

SYLVIE (f) Etym. latine (*silva*, forêt). Epouse de Gordianus qui appartient comme elle à la noblesse patricienne de Rome, Sylvie ou Silvia est la mère du pape saint Grégoire* le Grand et la sœur de sainte Tharsille*. Elle habite sur l'Aventin, l'une des sept collines de Rome, et chaque jour de la belle saison fait porter à son illustre fils les meilleurs produits de son jardin. Grégoire est moins loquace sur sa mère que sur sa tante dans ses *Dialogues*, mais il fait peindre son portrait pour le monastère du Clivus Scauri qu'il a fondé sur le mont Coelius avant d'être prêtre. Sylvie meurt à Rome entre 590 et 594. **Fête le 5 novembre.** Prénoms dérivés : Sylphide, Sylvette, Sylvia, Sylviane, etc.

SYLVIO (m) Cf. Sylvain ou Sylvie.

SYMÉON (m) Cf. Siméon. — Introduit à la cour impériale, à Constantinople, encore adolescent, Syméon renonce à la brillante carrière qui s'offre à lui, entre au monastère de Stoudion et dirige celui de Saint-Mamas, comme higoumène, pendant vingt-cinq ans, au 10e s. Après un conflit avec le syncelle du patriarche il doit quitter Constantinople mais il est réhabilité avant sa mort. Saint Syméon est l'un des plus grands mystiques et théologiens de l'Eglise grecque. C'est aussi un poète inspiré par l'amour du Christ, un poète de la lumière. Il a célébré la rencontre existentielle du Ressuscité dans la lumière de l'Esprit. Mort en 1022, il est l'auteur d'hymnes en vers, de catéchèses et d'actions de grâce. **Fête le 2 août.**

SYMMAQUE (m) Etym. grecque (*sun*, avec, ensemble et *makhê*, combat). Né en Sardaigne, Symmaque est élu pape en 498 ; pape très contesté jusqu'en 507 par des adversaires favorables à un rapprochement avec l'Orient monophysite. Il échappe même à un attentat fomenté par les disciples de l'antipape Laurent. Les sept dernières années de son pontificat sont plus sereines grâce au soutien de Théodoric le Grand. Mort à Rome en 514. **Fête le 19 juillet.**

SYMPHORIAN (m) Cf. Symphorien. Forme occitane du prénom.

SYMPHORIANE (f) Cf. Symphorien.

SYMPHORIEN (m) Etym. grecque (*sun*, avec, ensemble et *phorein*, porter). Né à Autun, Bourgogne, vers 160, Symphorien se convertit très jeune au christianisme et ne perd pas une occasion de tourner en ridicule les pratiques païennes en cours dans la région. Un jour qu'il se moque d'une cérémonie organisée en l'honneur de Cybèle, la grande déesse et la mère des dieux dans la mythologie, l'adolescent est arrêté, jugé et condamné à mort. En patois, sa mère l'encourage jusqu'au dernier moment : « Courage, mon fils ! La vie ne te sera pas enlevée ; elle te sera échangée contre une vie meilleure ». Symphorien est décapité dans sa dix-huitième année. Pendant des siècles saint Symphorien est considéré comme un héros national et de nombreuses localités prennent son nom en France. **Fête le 22 août.** Prénoms dérivés : Symphorian, Symphoriane, Symphorienne, Symphorine.

SYMPHORIENNE (f) Cf. Symphorien.

SYMPHORINE (f) Cf. Symphorien.

SYMPHOROSE (f) Etym. Cf. Symphorien. Mère de sept enfants, Symphorose les voit expirer l'un après l'autre, égorgés par les bourreaux païens à Tivoli, Latium, lors des persécutions d'Hadrien (2e s.), avant de mourir elle-même avec son mari parce qu'ils refusent de renier leur foi au Christ. **Fête le 8 juillet.**

SYMPHOROSIE (f) Cf. Symphorose.

T

TABATHA (f) Cf. Thibaud.

TACIE (f) Cf. Tarsilla.

TADEG (m) Cf. Thaddée. Forme bretonne du prénom. — Moine, Tadeg est massacré par le seigneur du Faou et ses barbares avec toute l'assemblée d'un synode auquel il participe en Cornouaille au 6e s. **Fête le 4 décembre.**

TAÏS (f) Cf. Thaïs.

TALIA (f) Cf. Nathalie ou Tertullia.

TALLIA (f) Cf. Nathalie ou Tertullia.

TALNA (f) Cf. Tatiana.

TAMAR (f) Cf. Thamar.

TAMARA (f) Etym. slave. Couronnée reine de Géorgie en 1184, Tamara fait libérer tous les prisonniers, y compris les rebelles au régime, et déjoue les complots fomentés contre sa personne. Par son habileté et surtout par sa bonté, elle assure trente années de paix et de sécurité au royaume. **Fête le 1er mai.**

TANA (f) Cf. Tatiana.

TANAGRA (f) Cf. Tatiana.

TANAÏS (f) Cf. Tatiana.

TANCELIN(m) Cf. Anselme. Forme médiévale du prénom.

TANCRÈDE (m) Etym. francique : "conseil et pensée". Saint Crescence est le patron des Tancrède. **Fête le 15 juin.**

TANGI (m) Cf. Tanguy.

TANGUY (m) Etym. celtique (*tan*, feu et *ki*, guerrier). Fils du seigneur de Trémazan, Bretagne, Tanguy passe plusieurs années à la cour de Childebert 1er. Ayant tué sa sœur Haude à la suite d'un malentendu, il renonce au monde et fait pénitence. Après un jeûne de quarante jours dans la forêt du pays de l'Elorn et un séjour au monastère de l'île de Batz, il fonde l'abbaye de Gerber, au Relecq, et y meurt en 594. **Fête le 19 novembre.** Prénoms dérivés : Gurguy, Tangui.

TANIA (f) Cf. Tatiana.

TANKRED(m) Cf. Tancrède.

TANY(f) Cf. Tatiana.

TARA (f) Cf. Thérèse.

TARAISE (m) Etym. cf. Thérèse. Haut fonctionnaire laïque, Taraise est sacré patriarche de Constantinople, Asie Mineure, le jour de Noël 784. Mort en 806, il est inhumé dans l'église du monastère qu'il a fait construire sur le Bosphore. **Fête le 25 février.**

TARCISIUS (m) Cf. Tharcisius.

TARIEG (m) Etym. gauloise (*tarier*, forer). Né en Armorique, Tarieg est moine puis évêque au 5ᵉ s. Peut-être rencontre-t-il saint Patrick et le seconde-t-il dans l'évangélisation de l'Irlande mais cela n'est pas prouvé. Saint Tarieg est le patron de Lannilis, en Bretagne, où une chapelle lui est dédiée à une demi-lieue de l'agglomération. **Fête le 14 janvier.**

TARSILLA (f) Etym. latine (originaire de *Tarsus*, ville de Cilicie, en Asie Mineure). Sainte Tarsilla est ermite en Cilicie au 4ᵉ s. **Fête le 24 décembre.** Prénom dérivé . Tacie.

TATIA (f) Cf. Tatiana.

TATIANA (f) Etym. latine. (*Tatius*, nom du roi des Sabins en Italie centrale au 8ᵉ s, av. J.-C.). Chrétienne, Tatiana est martyrisée à Rome vers 230. Son culte est très répandu dans les pays slaves. **Fête le 12 janvier.** Prénoms dérivés : Tatien, Tatienne, Talna, Tanagra, Tanaïs, Tania, Tany, Tatia, Tyana.

TATIEN (m) Cf. Tatiana.

TATIENNE (f) Cf. Tatiana.

TED (m) Cf.Théodore.

TEDDY (m) Cf. Théodore.

TÉGONEC (m) Etym. celtique. Compagnon de saint Pol*, Tégonec ou Koneg participe avec lui à l'évangélisation du Léon, Bretagne, et fonde un monastère autour duquel s'établira la localité de Saint-Thégonnec. 6ᵉ s. **Fête le 7 septembre.** Prénom dérivé : Conog.

TEÏLA (f) Cf. Thélo.

TEÏLO (m) Cf. Thélo.

TELCIDE (f) Cf. Théodechilde.

TÉLÉMAQUE (m) Etym. grecque (*têle*, loin et *makhê*, combat). Ermite en Orient, Télémaque ou Almaque vient à Rome et, hostile aux combats de gladiateurs qui font partie des jeux du cirque, descend un jour dans l'arène pour tenter de séparer les protagonistes. L'événement fait du bruit dans Rome : protestation houleuse de la foule frustrée de son plaisir favori — Télémaque est lapidé sur-le-champ par les spectateurs furieux — et, peu de temps après, en 405, abolition des combats de gladiateurs par décret de l'empereur Flavius Honorius. **Fête le 1ᵉʳ janvier.**

TÉLESPHORE (m) Etym. grecque (*têle*, loin et *phorein*, porter). Grec, Télesphore est élu pape vers 126, dans une période de violentes persécutions ordonnées par l'empereur Hadrien. Il meurt en 136, vraisemblablement martyrisé. On lui attribue l'institution du rite des trois messes de Noël. **Fête le 5 janvier.**

TÉLIAU (m) Cf. Thélo.

TÉLIO (m) Cf. Thélo.

TELLA (f) Cf. Thélo.

TELMA (f) Cf. Anthelme.

TÉLO (m) Cf. Thélo.

TENEDOR (m) Cf. Tenenan.

TENENAN (m) Etym. gaélique. Gallois, Tenenan vient en Armorique au 6ᵉ s., évangélise le Léon et en devient l'évêque au début du 7ᵉ s. Mort en 635, saint Tenenan est aussitôt très populaire, choisi comme patron par de nombreuses paroisses de Bretagne. **Fête le 16 juillet.** Prénoms dérivés : Tenedor, Tinidor.

TÉRENCE (m) Etym. grecque (*tertios*, trois). Evêque, Térence subit le martyre à Iconium, Lycaonie, Asie Mineure, à la fin du 1ᵉʳ s. **Fête le 21 juin.** Prénoms dérivés : Térentia, Térentiane.

TÉRENTIA (f) Cf. Térence.

TÉRENTIANE (f) Cf. Térence.

TÉRÈSA (f) Cf. Thérèse.

TÉRÈSE (f) Cf. Thérèse.

TERÈSO (f) Cf. Thérèse. Forme provençale du prénom.

TERTULLA (f) Cf. Tertullia.

TERTULLIA (f) Etym. latine (*tertius*, le troisième). Sainte Tertullia est martyrisée à Carthage, Tunisie, en 253. **Fête le 10 octobre.**

TESCELIN (m) Cf. Anselme. Forme médiévale du prénom. — Tescelin Le Roux est l'époux d'Aleth* de Montbard et le père de saint Bernard* à Fontaine-lès-Dijon aux 11e et 12e s.

TESCELINE (f) Cf. Anselme. Forme médiévle du prénom.

TESS (f) Etym. grecque (*thaïs*, bandeau pour la tête). Abbesse du monastère de Wimborn, Grande-Bretagne, au 8e s., Tess forme des femmes missionnaires qu'elle envoie à Boniface* pour l'aider à évangéliser les Germains. **Fête le 17 décembre.**

TESSA (f) Cf. Tess.

THADDÉE (m) Etym. hébraïque : "homme de tête", ou grecque, cf. Théodule. Dans leur évangile, Matthieu et Marc nomment Thaddée au lieu de Jude* comme étant l'un des douze apôtres du Christ. On en conclut qu'il s'agit du même personnage. Cf. Jude. **Fête le 28 octobre.**

THAÏS (f) Etym. grecque (*thaïs*, bandeau pour la tête). Deux courtisanes illustres ont porté ce nom. La première, à Athènes, au 4e s. av. J.-C., est la maîtresse d'Alexandre le Grand puis de Ptolémée. L'autre, en Egypte, au 4e s. de notre ère, est convertie par un anachorète, saint Paphnuce*, et finit ses jours dans un monastère. C'est la seconde, sainte Thaïs, qui inspire un roman à Anatole France en 1890 et un opéra à Massenet en 1894. **Fête le 8 octobre.** Prénoms dérivés : Taïs, Theïa.

THALASSA (f) Cf. Thalasse. Prénom en vogue dans l'Antiquité.

THALASSE (m) Etym. grecque (*thalassa*, mer). Saint Thalasse est ermite en Grèce au 5e s. **Fête le 22 février.**

THALIA (f) Etym. grecque (*thalia*, abondance). Dans la mythologie Thalia est la muse de la comédie. Son nom évoque l'opulence et la bonne humeur. Saint Abondance* est le patron des Thalia. **Fête le 16 septembre.**

THALIE (f) Cf. Thalia.

THAMAR (f) Etym. hébraïque : "palmier". Personnage biblique, Thamar est l'aïeule de Booz*, lui-même ancêtre de David*. Cf. le Livre de Ruth. **Fête le 3 juillet.**

THARCISIUS (m) Etym. latine (*Tharcisius*, patronyme d'une grande famille romaine originaire de Tharcis, bourg d'Andalousie, Espagne, célèbre pour ses mines d'or et d'argent depuis le roi Salomon). Jeune acolyte selon Nicolas Wiseman dans son *Fabiola* ou déjà, plus vraisemblablement, diacre du pape Zéphyrin comme le suggère l'inscription retrouvée à la catacombe de Calliste, sur la voie Appienne, Tharcisius est lapidé à Rome au début du 3e s. parce qu'il refuse de livrer aux païens qui veulent la profaner l'hostie qu'il porte à un malade ou à un prisonnier. Saint Tharcisius est vénéré depuis les premiers siècles comme le Martyr de l'Eucharistie. **Fête le 15 août.**

THARSILLE (f) Etym. cf. Tarsilla. Dans ses *Dialogues* saint Grégoire* le Grand écrit que Tharsille, sa tante, « est montée jusqu'au sommet de la sainteté par la vertu d'une prière continuelle, le sérieux de sa vie et la rigueur exceptionnelle de son abstinence », à Rome, au 6e s . **Fête le 23 août.**

THÉANA (f) Etym. grecque (*theos*, dieu). En 308, à Césarée de Palestine, Théana est arrêtée et torturée avec Valentine* et Paul*. Humilié par le courage des deux femmes, le juge les condamne à mourir par le feu. **Fête le 25 juillet**. Prénom dérivé : Thée.

THÉAU (m) Etym. grecque (*theos*, dieu). Esclave païen, Théau est encore un adolescent lorsque saint Eloi* le rachète à un maître cruel et débauché, au 7ᵉ s. Il le baptise, le fait instruire et l'oriente plus tard vers l'abbaye qu'il a fondée à Solignac, en Limousin. Théau y meurt au début du 8ᵉ s. au terme d'une longue vie entièrement consacrée à la prière et à la pénitence. **Fête le 7 janvier**. Prénom dérivé : Théo.

THÉBÉ (f) Etym. grecque (*Thêbai*, Thèbes : ville de Béotie, Grèce centrale). Dans la mythologie, Thébé est une nymphe de Béotie aimée du fleuve Asope. Sainte Nymphe est la patronne des Thébé. **Fête le 10 novembre**.

THÈCLE (f) Etym. cf. Théau. Chrétienne en Séleucie, Asie Mineure, Thècle est martyrisée au début du 4ᵉ s., pendant la persécution de Dioclétien. **Fête le 23 septembre**. — Vierge consacrée, Thècle subit le martyre à Hazza, près de l'actuelle ville de Mossoul, en Iraq, le 31 mai 347, avec ses quatre compagnes. **Fête le 24 septembre**. — Moniale bénédictine à Winborne, Angleterre, Thècle va évangéliser les Saxons et fonfer des monastères dans le pays de Germanie avec Boniface* et Lioba* au 8ᵉ s. Abbesse d'Ochsenfurt puis de Kitzingen, elle meurt peu après 746. **Fête le 15 octobre**.

THÉE (f) Cf. Théana.

THÉGONNEC (m) Cf. Tégonec.

THÉÏA (f) Cf. Thaïs. — Dans la mythologie Théïa est la fille de Gaïa et la mère d'Eos le vent, de Séléné la lune et d'Hélios le soleil.

THÉLAU (m) Cf. Thélo.

THÉLIAU (m) Cf. Thélo.

THELMA (f) Cf. Anthelme.

THELMY (m) Cf. Anthelme.

THÉLO (m) Etym. grecque (*theos*, dieu). Evêque gallois, Thélo fuit les hordes barbares qui dévastent son pays au 6ᵉ s., fait le pèlerinage de Jérusalem et, à son retour, s'arrête en Armorique où il remplace provisoirement saint Samson à la tête de l'évêché de Dol. Rentré dans son pays, Thélo est nommé archevêque de Landaff, se distingue par son dévouement lors d'une épidémie de peste et meurt vers 560. Très populaire en Bretagne, saint Thélo fait l'objet de nombreuses légendes et patronne plusieurs localités dont celle qui perpétue son nom dans les Côtes-du-Nord. **Fête le 25 novembre**. Prénoms dérivés . Teïla, Teïlo, Théliau, Tella, etc.

THÉO (m) Cf. Théau.

THÉOBALD (m) Etym. germanique (*theud*, peuple et *bald*, hardi). Disciple de saint Israël*, Théobald suit son exemple et continue son action au Dorat, en Limousin, où il meurt le 6 novembre 1070, âgé de quatre-vingts ans. Leurs reliques sont vénérées dans la collégiale du Dorat.**Fête le 6 novembre**.

THÉODARD (m) Etym. germanique (*theud*, peuple et *hard*, dur). Né à Montauriol, en Languedoc, Théodard est désigné comme évêque de Narbonne en 885. Animé d'une immense charité il n'hésite pas à se défaire de quelques vases sacrés pour procurer le gîte et le couvert à ses pauvres, persuadé que l'amour de Dieu et l'amour du prochain ne font qu'un. Théodard meurt à la tête de son diocèse vers 895. **Fête le 1ᵉʳ mai**.

THÉODECHILDE (f) Etym. germanique (*theud*, peuple et *child*, enfant). Sœur de saint Agilbert*, Théodechilde est la première abbesse du monastère de Jouarre, en Brie, fondé par saint Adon* vers 635. Morte vers 670. **Fête**

le **10 octobre**. Prénoms dérivés : Telchide, Telcide.

THÉODORA (f) Etym. grecque (*theos*, dieu et *doron*, cadeau). Pour la punir de s'être convertie au christianisme, on enferme Théodora dans un lupanar à Alexandrie, Egypte, en 304, pendant la persécution de Dioclétien. Mis au courant, Didyme* se glisse parmi les clients de l'établissement et persuade la jeune fille de fuir discrètement, revêtue de sa tenue militaire. Le stratagème réussit mais Théodora ne supporte pas que son bienfaiteur soit arrêté et condamné ; elle se livre et meurt avec lui dans les jours suivants. **Fête le 28 avril.**

THÉODORE (m) Etym. cf. Théodora. Selon Grégoire* de Nysse, son panégyriste, Théodore est soldat, originaire d'Euchaïta, dans le Pont, Asie Mineure. Converti au christianisme il est arrêté et martyrisé en 319. Les légendes foisonnent autour de ce saint, très populaire au Moyen Age dans toute la chrétienté et jusqu'à Chartres où son chef est déposé en 1120. Sa statue est l'une des plus belles du portail sud de la cathédrale. **Fête le 7 février.** — Moine basilien à Tarse, en Cilicie, Asie Mineure, Théodore fuit son pays menacé par les Perses, s'arrête à Athènes puis à Rome. Il est consacré archevêque de Canterbury par le pape Vitalien le 26 mars 668 et à pied d'œuvre deux mois après. Pendant vingt-deux ans Théodore parcourt l'Angleterre, évangélise, réconcilie les princes et organise l'Église dans le pays. En 673 il préside à Hertford le premier synode de l'Église d'Angleterre. Mort à Canterbury, nonagénaire, en 690. **Fête le 19 septembre.** — Neveu de saint Platon*, Théodore est moine à Saccoudion, près du mont Olympe, en Bithynie, puis higoumène du monastère de Stoudios, à Constantinople, en 749. Il effectue de nombreuses réformes, combat les iconoclastes et reproche à l'empereur de s'immiscer dans les affaires de l'Église, ce qui lui vaut d'être exilé plusieurs fois, mais l'abbaye connaît sous sa houlette un essor exceptionnel. Considéré comme un saint dans les dernières années de sa vie, Théodore meurt à Constantinople en 826, auteur d'une œuvre théologique importante. **Fête le 5 novembre.** — Frère de saint Théophane, Théodore est avec lui moine au monastère Saint-Sabas en Palestine. Tous deux soutiennent le culte des saintes images contre les iconoclastes et paient cher leur zèle et leur ferveur. Théodore succombe dans sa prison en 842. **Fête le 9 novembre.**

THÉODORIC (m) Etym. germanique (*theud*, peuple et *rik*, roi) ou grecque (*theos*, dieu et *doron*, cadeau). Moine franciscain, Théodoric Enden est pendu par des calvinistes hollandais à Briel, près de Gorcum, Pays-Bas, le 9 juillet 1572, avec dix-huit autres prêtres. **Fête le 9 juillet.**

THÉODORINE (f) Etym. cf. Théodora. Docile, Théodorine épouse le garçon que ses parents lui imposent mais, d'accord avec lui, entre au couvent de Buzau, en Moldavie, après la célébration nuptiale. En 1660, Théodorine fuit son couvent incendié par les Tatars. Ermite dans les Karpathes, près de Silha, en Moravie, elle vit dans une grotte, se nourrit de fruits sauvages et de pain que lui apporte un corbeau tous les jours, descendant à Silha une fois l'an pour l'Eucharistie. Puis on ne la voit plus. Le prieur d'un monastère la trouve en extase à côté d'un tas de croûtons le 24 octobre 1720. Elle ne mange plus depuis plusieurs semaines, soutenue spirituellement, mais réclame à son visiteur le sacrement des mourants et expire aussitôt. Une semaine après, un vieux moine vient s'incliner sur sa tombe, devant sa grotte ; heureux de l'avoir retrouvée, le mari de Théodorine ne la quitte plus et meurt dans son ermitage quelques mois plus tard. **Fête le 25 octobre.**

THÉODOSE (m) Etym. grecque (*theos*, dieu et *dosis*, don). Onzième évêque d'Auxerre, en Bourgogne, Théodose meurt vers 515. **Fête le 17 juillet.** — Né à Koursk, en Russie, au début du 11e s., Théodose ne s'inspire que de l'Evangile dès son adolescence. Riche, il choisit les vêtements les plus modestes ; instruit, il travaille de ses mains. Battu par sa mère qui prétend le faire changer de conduite, il ne tend cependant pas l'autre joue mais fuit la maison. Deux fois retrouvé et ramené enchaîné, il réussit sa troisième fugue, rencontre le saint ermite Antoine dans une grotte des environs de Petchersk et se place sous sa direction. Le monastère fondé plus tard par Théodose est le premier monastère russe et son fondateur le père de tous les moines de ce pays. Il y organise si parfaitement la vie monastique que rien ne sera modifié pendant plusieurs siècles. La laure de Kiev est le prototype de toutes les autres, le berceau de toute la vie spirituelle en Russie. « C'est la personnalité de Théodose surtout qui imprime à la jeune communauté la marque de l'Esprit qui l'inspire : la douceur du starets, sa tendresse presque maternelle, son inspiration à suivre le Fils de l'Homme humilié, très concrètement, en accomplissant les travaux les plus humbles, en s'exposant aux moqueries..., éclairent ce premier monachisme russe de la lumière des Béatitudes ». (E. Behr-Sigel). Mort en 1074, Théodose est canonisé par son Eglise en 1108. **Fête le 3 mai.**

THÉODOSIE (f) Etym. cf. Théodose. A Amide, en Asie Mineure, Théodosie est martyrisée avec cinq de ses compagnes chrétiennes pendant la persécution de Maximin II Daïa, au début du 4e s. **Fête le 20 mars.** — A Césarée de Palestine, Théodosie salue et encourage publiquement des chrétiens menés au tribunal. Arrêtée, condamnée et torturée sans jamais perdre son sourire, elle respire encore lorsqu'on la jette à la mer, le jour de Pâques de l'an 307, dans sa dix-huitième année. **Fête le 2 avril.**

THÉODOTE (m) Etym. cf. Théodose. Aubergiste à Ancyre (auj. Ankara, Turquie), Théodote assite un jour au martyre de six amies chrétiennes qui ont refusé de sacrifier aux déesses Diane et Minerve pendant la persécution de Dioclétien, vers 304. Bon nageur il s'empresse de repêcher leurs corps abandonnés dans un lac, les ensevelit dans un endroit décent et va avouer au préfet de la ville ce qu'il vient de faire parce qu'il est chrétien. Arrêté et condamné, il est décapité dans les jours suivants. Une église est dédiée à saint Théodote, après les persécutions, où très longtemps son vénérées ses reliques. **Fête le 18 mai.**

THÉODULE (m) Etym. grecque (*theos*, dieu et *dulos*, esclave). Saint Théodule est le premier évêque du Valais, aujourd'hui en Suisse, dans les premiers siècles du christianisme. **Fête le 16 août.** — Proche du pape Alexandre 1er, Théodule est martyrisé avec lui sous Trajan, au début du 2e s., et inhumé à Ficulea, près de Rome, sur la voie Nomentane. **Fête le 3 mai.** — Très âgé et au service du gouverneur de Césarée, en Palestine, Théodule est crucifié dans cette ville en 312 sur l'ordre du préfet Firmilien. **Fête le 17 février.**

THÉODULPHE (m) Etym. grecque, cf. Théodule, ou germanique (*theud*, peuple et *wulf*, loup). Moine bénédictin, Théodulphe est élu abbé de Lobbes, près de Tournai, vers 751. Il participe au synode d'Attigny où vingt-sept évêques et dix-sept abbés fondent une association de prières et meurt à Lobbes en 776. **Fête le 24 juin.**

THÉOPHANE (m) Etym. grecque (*theos*, dieu et *phainen*, paraître, se manifester). Marié contre son gré, puis ermite contraint d'accepter la direction d'un monastère et, plus tard, historien interrompu dans ses travaux par la persécution, Théophane est finalement arrêté et exilé par l'empereur byzantin Léon V. Toujours contrarié par les hommes et toujours persuadé de la bonté de Dieu, il meurt en paix, en 817, dans l'île de Samothrace, Grèce. **fête le 12 mars**. — Frère de saint Théodore*, Théophane soutient comme lui le culte des saintes images contre les iconoclastes au monastère Saint-Sabas de Palestine. La paix revenue dans l'Eglise, il est nommé archevêque de Nicée, aujourd'hui Iznik, en Turquie, et meurt trois ans après son frère qui a succombé aux tortures dans sa prison en 842. **Fête le 27 décembre**. — Cf. Jean-Théophane. **Fête le 2 février**. Prénoms dérivés : Théophanée, Théophania, Théophanie.

THÉOPHANÉE (f) Cf. Théophane.

THÉOPHANIA (f) Cf. Théophane.

THÉOPHANIE (f) Cf. Théophane.

THÉOPHILE (m) Etym. grecque. "ami de Dieu". Païen converti, Théophile est évêque d'Antioche, Asie Mineure, sous le règne de Marc Aurèle, au 2e s. Il est l'auteur d'une *Apologie à Autolycos*, du nom de son destinataire, un célèbre écrivain athée qui croit encore que les chrétiens mangent de la chair d'enfant. « Commence par soigner les yeux de ton âme en changeant de conduite, lui écrit Théophile ; alors tu y verras plus clair dans les choses invisibles. Ta stupidité, comme jadis la mienne, diminuera d'autant et Dieu te fera la même grâce, qu'il me fit à moi, de se révéler à toi ». Mort à Antioche vers 190. **Fête le 13 octobre**. — Selon Denis* le Grand, évêque d'Alexandrie, Egypte, au 3e s., Théophile est un soldat de la garde du gouverneur de cette ville, de service au tribunal avec quatre de ses camarades un jour que comparaît un pauvre homme dont le seul crime est d'être chrétien.

Le voyant fléchir sous les menaces et craignant l'apostasie, Théophile s'approche de lui, l'encourage et l'exhorte hardiment à ne pas renier sa foi. « Serais-tu chrétien toi aussi ? » dit le juge. « Je le suis, répond Théophile d'une voix tonitruante. Mes camarades aussi. Nous professons la religion du Christ ». Ceux-ci ne nient pas mais s'avancent vers le juge, peu rassurants. Le magistrat n'insiste pas, remet l'affaire à plus tard et disparaît avec ses assesseurs. Les cinq soldats se retirent à leur tour, escortant l'homme qui semble craindre aussi l'assistance en colère. Le récit de Denis s'arrête là mais peu de temps passe avant que Théophile et ses amis trouvent l'occasion de témoigner de leur foi au Christ jusqu'à l'effusion de leur sang pendant cette persécution de Dèce, vers 250, ainsi que le prouve l'inscription de leurs noms au martyrologe. **Fête le 20 décembre**. — Econome de l'Eglise d'Adana, en Asie Mineure, au 4e s., Théophile perd son poste et subit coup sur coup tant d'épreuves par la faute d'un évêque injuste qu'il vend son âme au diable. Après sept ans vécus dans le péché, contrit et repentant, il supplie Notre-Dame de le délivrer de l'emprise de Satan. Exaucé, il se convertit, fait pénitence et se sanctifie. Son histoire inspire Rutebœuf, trouvère parisien et auteur du *Miracle de Théophile* au 13e. **Fête le 4 février**. — Moine franciscain, Théophile de Corte se dévoue toute sa vie au service des pauvres et des malades. Mort à Fusecchio, en Toscane, Italie, en 1740. **Fête le 19 mai**.

THÉOPHRASTE (m) Etym. grecque (*thephrastos*, le divin parleur). Né à Erésos, près de Lesbos, Grèce, vers 372 av. J.-C., Tyrtanos est disciple de Platon, puis d'Aristote qui le surnomme Théophraste. Illustre philosophe botaniste, il est l'auteur d'une *Histoire des Plantes*, et de *Caractères* dont s'inspirera La Bruyère au 17e s. Mort à Athènes vers 287 av. J.-C. Saint Jean Chrysostome est le patron des Théophraste. **Fête le 13 septembre.**

THÉOPHYLACTE (m) Etym. grecque (*theos*, dieu et *phulaktêrion*, phylactère). Moine à Byzance, Asie Mineure, vers 787, Théophylacte est sacré évêque de Nicomédie vers 800. Préoccupé avant tout des pauvres, il consigne dans un registre les indications qui lui permettent de les joindre pour les aider sans en oublier aucun. Mais son hostilité vis-à-vis des iconoclastes lors de la conférence de 815 provoque son exil. Mort vers 840. **Fête le 7 mars.**

THÉOTIME (m) Etym. grecque (*theos*, dieu et *timê*, honneur). Surnommé le Philosophe parce qu'il a étudié tous les systèmes philosophiques, Théotime n'est pas satisfait, n'ayant trouvé dans chacun d'eux que des bribes de vérité. Il prend alors l'Evangile, l'étudie, le médite et y découvre toute la Vérité. Il demande donc le baptême, devient prêtre, puis évêque de Thomes, en Scythie, Asie Mineure, et défend l'œuvre d'Origène, empêchant qu'elle soit condamnée à cause de quelques erreurs qu'elle contient. Mort à l'aube du 5e s. **Fête le 20 avril.**

THÉOXANE (f) Etym. grecque (*theos*, dieu et *xenos*, étranger). Prénom en vogue à l'époque romaine.

THÉOXÉNA (f) Cf. Théoxane.

THÉRÈSE (f) Etym. grecque (*tarasia*, originaire de Tarente en Italie du Sud, l'une de plus anciennes villes de la Grande Grèce). Née à Avila, Vieille-Castille, Espagne, en 1515, Thérèse entre au carmel à vingt ans. A quarante elle se réveille de sa tiédeur, décide de prendre au sérieux la vie monastique et pratique l'oraison mystique, favorisée d'extases et de visions à partir de 1557. En 1562, elle ouvre à Avila un couvent de carmélites déchaussées : c'est le début de la réforme de tout le Carmel, moines et moniales, qu'elle dirige activement jusqu'à sa mort (1582) aidée par Jean* de la Croix. Mystique, femme d'action, la mère Thérèse est aussi un grand écrivain. *Le Château intérieur, Le Livre de la Vie, Le Chemin de la perfection*, etc. sont parmi les chefs-d'œuvres de la langue castillane. Canonisée en 1622, Thérèse d'Avila est proclamée docteur de l'Eglise en 1970. **Fête le 15 octobre.** — Fille de la Charité, Thérèse Fantou continue son service parmi les pauvres et les malades, à Arras, pendant la Révolution. Arrêtée en avril 1794, elle est emmenée à Cambrai et guillotinée le 26 juin avec plusieurs de ses compagnes. **Fête le 26 juin.** — Originaire du Vivarais, Thérèse Couderc est la fondatrice de l'institut Notre-Dame du Cénacle à Lalouvesq puis à Lyon. Déposée de son supériorat en 1838, elle donne l'exemple de cette vie humble et effacée qu'elle recommandait à ses religieuses, leur proposant l'exemple de la Vierge Marie leur unique supérieure. « Le secret de la sainteté de Thérèse est sa docilité à l'Esprit-Saint », écrit son biographe. Morte à Lyon en 1885, elle est canonisée par Paul VI en 1971. **Fête le 26 septembre.** — Née à Alençon, Normandie, le 2 janvier 1873, Thérèse Martin entre à quinze ans au carmel de Lisieux et y meurt à vingt-quatre, le 30 septembre 1897. En neuf ans, sans rien faire d'extraordinaire que d'aimer Dieu et consentir à son amour, Thérèse devient l'une des plus grandes saintes des temps modernes. Lue dans le monde entier, son *Histoire d'une Ame* révèle son secret : la simplicité évangélique, cette voie d'enfance spirituelle que le Christ recommandait déjà à ses contemporains, au 1er s., en Palestine. Béatifiée en 1923, Thérèse de l'Enfant Jésus est canonisée deux ans après, puis établie patronne de toutes les Missions et patronne secondaire de la France. **Fête le 1er octobre.** Prénoms dérivés : Tara, Térésa, Térésina, Théry.

THÉRY (f) Cf. Thérèse.

THÉTIS (f) Etym. grecque (*thetos*, adopté). Nymphe de la mer dans la mythologie, Thétis est la fille de Nérée et la mère de l'illustre guerrier Achille. Cf. Nymphe. **Fête le 10 novembre.**

THÉTYS (f) Cf. Thétis.

THEUDÈRE (m) Etym germanique (*theud*, peuple). Ordonné prêtre par Césaire* d'Arles, Theudère construit des chapelles, des églises et des monastères, puis se retire dans la montagne, vivant en ermite jusqu'à sa mort, en 575, près de Vienne, Dauphiné. **Fête le 29 octobre.**

THIBALD (m) Cf.Thibaud.

THIBAUD (m) Etym. cf. Théobald, Sacré évêque de Vienne, en Dauphiné, le 8 mars 957, Thibaud réunit un concile à Anse, près de Lyon, en 994 et meurt à Vienne en 1001. **Fête le 21 mai.** — Fils du comte de Champagne, Thibaud renonce au monde et prend l'habit monastique à Saint-Remi de Reims. Après une expérience de vie érémitique dans les Ardennes, puis dans une forêt de Souabe, avec son ami Gautier, il fait le pèlerinage de Compostelle, va à Rome et meurt à Salengo, près de Vicence, Italie, en 1066. Edifiée au 13e s. à l'emplacement d'un prieuré fondé par Thibaud vers 1040, l'immense église gothique de Saint-Thibault-en-Auxois, Bourgogne, garde une partie de ses reliques. **Fête le 1er juillet.** — Abbé du monastère cistercien des Vaux-de-Cernay, Thibaud de Montmorency est l'ami de Louis IX au 13e s. Le roi attribue à ses prières le bonheur de pouvoir fonder une famille nombreuse. Mort aux Vaux-de-Cernay, près de Paris, le 8 décembre 1247. Ses reliques sont conservées à l'église de Cernay-la-Ville. **Fête le 8 juillet.** Prénoms dérivés : Tabatha, Théobald, Thibald, Thibert, Thiébaud, Thybalt, etc.

THIBAULT (m) Cf. Thibaud.

THIBAUT (m) Cf. Thibaud.

THIBERT (m) Cf. Thibaud.

THIÉBAUD (m) Cf. Thibaud.

THIERRY (m) Etym. cf. Théodoric. Né à Auménencourt, Champagne, Thierry est le fils d'un brigand célèbre au 6e s. Il rencontre Remi, évêque de Reims, et sur son conseil se retire dans la solitude du Mont d'Or, près de Reims, pour se consacrer à la prière et à la pénitence. Rejoint par de nombreux disciples, Thierry fonde un monastère sur l'emplacement de son ermitage et, plus tard, connaît la joie de compter son père, converti, parmi ses moines. De tous les miracles opérés par l'abbé, le plus spectaculaire est la guérison de l'œil du roi Thierry 1er, fils de Clovis ; et c'est en reconnaissance de ce bienfait que les rois de France font aux moines de l'abbaye l'honneur de déjeuner chez eux le lendemain de leur sacre à Reims, encore longtemps après la mort de saint Thierry survenue en 533. **Fête le 1er juillet.** — Abbé bénédictin du monastère Saint-Hubert, Ardennes, Thierry de Leernes est le restaurateur et le bâtisseur de nombreuses églises et chapelles du diocèse de Liège. Mort en 1087. **Fête le 27 août.**

THOMAÏS (f) Etym. cf. Thomas. Ni vierge ni veuve ni martyre, sainte Thomaïs est vénérée aussitôt après sa mort, au 10e s., à Constantinople, Turquie. Son biographe souligne sa patience dans la vie conjugale, sa piété et son habitude de visiter souvent les églises. **Fête le 9 novembre.**

THOMAS (m) Etym. hébraïque : "jumeau". Originaire de Galilée, Palestine, et appelé Didyme (*Didumos*, jumeau en grec) selon Jean qui lui fait une grande place dans son évangile, Thomas est l'un des douze apôtres du Christ au 1e s., celui qui décide pour tous : « Allons-y, nous aussi, et mourons avec lui » lorsque Jésus parle de se rapprocher de Jérusalem (Jn 11, 16) mais refuse de croire à la résurrection du Maître malgré le témoignage unanime de ses dix compagnons qui l'ont vu le soir de Pâques. Présomptueux et sceptique, Thomas est le type même du disciple, lent aussi à comprendre : « Seigneur, nous ne savons pas où tu vas ; comment pourrions-nous connaître le chemin ? » (14, 5). Ayant vu à son tour, et touché même comme il le désirait, Thomas laisse jaillir de son cœur le cri qui exprime parfaitement la foi au Christ : « Mon Seigneur et mon Dieu ! » (20, 28). Puis, ayant reçu l'Esprit-Saint le matin de la Pentecôte, à Jérusalem, il connaît le chemin et le suit, jusqu'à l'effusion de son sang, afin de témoigner lui aussi que le Seigneur est vraiment ressuscité. Le martyre de Thomas est situé au Malabâr, Inde occidentale, où plusieurs centaines de milliers de fidèles continuent à se dire encore aujourd'hui ''chrétiens de saint Thomas''. **Fête le 3 juillet**. — Né à Londres en 1118, Thomas Becket est l'ami d'Henri II Plantagenêt qui le fait chancelier du royaume puis archevêque de Canterbury. Au lieu de servir la politique du roi, Thomas défend l'Eglise d'Angleterre contre lui qui prétend soumettre la justice ecclésiastique à la justice royale (Constitutions de Clarendon, 1164). Il excommunie Henri II, connaît l'exil pendant six ans à Pontigny et Sens, France, et rentré à Canterbury meurt assassiné par des émissaires du roi au milieu de sa cathédrale en 1170. Canonisé dès 1173, saint Thomas Becket inspire plusieurs œuvres dramatiques, dont *Meurtre dans la Cathédrale* de T. S. Eliot en 1935. **Fête le 29 décembre**. — Né à Roccasecca, près de Naples, Italie, en 1227, Thomas d'Aquin commence ses études chez les bénédictins du Mont-Cassin et meurt chez les cisterciens de Fossa Nuova, près de Rome, en 1274, mais il est le plus illustre dominicain après le fondateur. Elève d'Albert* le Grand à Paris en

1245, il enseigne dans la capitale, à l'université, de 1252 à 1259, puis de 1269 à 1272. Philosophe, logicien, métaphysicien, Thomas est d'abord un théologien, auteur d'une œuvre fondamentale. Sa *Somme théologique* est considérée comme un sommet de l'esprit humain. Surnommé le ''docteur angélique'' en raison de la sainteté de sa vie, Thomas d'Aquin est canonisé en 1323, proclamé docteur de l'Eglise en 1567 et établi patron des écoles et universités catholiques par Léon XIII au 19e s. **Fête le 28 janvier**. — Londonien, humaniste, père de quatre enfants, veuf et remarié, saint Thomas More pourrait être le patron des humoristes et des bons vivants. On connaît l'une de ses prières préférées : « Seigneur, donne-moi une bonne digestion et quelque chose à digérer ! Donne-moi aussi l'humour, pour que je tire quelque chose de cette vie et en fasse profiter les autres ». Mais il porte un cilice sous son habit et se lève nuit pour prier. Nommé chancelier du royaume par Henri VIII en 1529, Thomas n'en clame pas moins fort son opposition au divorce du roi et son désaccord quant aux prétentions du monarque sur l'Eglise d'Angleterre. Il est condamné à mort en 1534 et décapité le 6 juillet 1535, trois semaines après son ami John Fisher. Epuisé par un long et pénible séjour en prison, Thomas doit solliciter l'aide du bourreau pour monter à l'échafaud : « Pour descendre, je me débrouillerai tout seul ! » plaisante-t-il encore. Auteur de *L'Utopie*, de traités polémiques et de poésies, il est aussi le traducteur, avec Erasme, de certains *Dialogues* de Lucien. Thomas More est béatifié en 1886 et canonisé en 1935. **Fête le 22 juin**. — Religieux augustin et évêque, Thomas de Villeneuve est le père des pauvres à Valence, Espagne, au 16e s. Qu'il prêche dans sa cathédrale ou à la cour de Charles Quint, ses homélies sont des modèles d'adaptation à l'auditoire. Mort à Valence en 1555. **Fête le 22 sep-**

tembre. — Adolescent chrétien, Thomas Ghengoro est pendu la tête en bas à Concoura, Japon, le 16 août 1620, avec ses parents et deux autres chrétiens. **Fête le 16 août.** — Jésuite japonais, Thomas Tsouji est arrêté et brûlé vif à Nagasaki, Japon, en 1627, avec deux laïques qui viennent de participer à l'Eucharistie. **Fête le 7 septembre.** — Prêtre âgé et timide, Thomas Greene est soudain empli de la force du Saint-Esprit au moment de subir le martyre à Londres en 1642. Il est pendu avec Alban* Roe et trois assassins dont l'un se convertit au dernier moment, comme le bon larron du Golgotha, au spectacle du témoignage des deux prêtres. **Fête le 31 janvier.** — Dominicain tonkinois, Thomas Du est décapité dans son pays en 1839 après une pénible détention. **Fête le 26 novembre.** Soixante Thomas sont inscrits au martyrologe, parmi lesquels de nombreux martyrs anglais et japonais. Prénoms dérivés : Thomaïs, Thomasine, Thomassia.

THOMASINE (f) Cf. Thomas.

THOMASSIA (f) Cf. Thomas.

THORLAK (m) Etym. scandinave : ''le jeu de Thor''. Né et mort en Islande au 12e s., Thorlak ou Thorlakur est évêque de Skalholt pendant quinze ans, luttant sans relâche contre la polygamie en usage parmi les chrétiens et contre le mariage des prêtres. Mort en 1193 sans avoir vraiment réussi, il est canonisé par ses fidèles qui admirent néanmoins la sainteté de leur pasteur ; et le culte de saint Thorlak est vivace sur l'île jusqu'à l'arrivée des missionnaires luthériens au 16e s. **Fête le 23 décembre.**

THURIBE (m) Etym. grecque (*thura*, porte). Evêque du Mans au 5e s., Thuribe organise le culte dans la villa gallo-romaine de Solemnis, aujourd'hui Solesmes, dans le Maine. **Fête le 2 décembre.** — Quoique laïque, Thuribe ou Toribio est nommé archevêque de Lima, Pérou, par Philippe II, roi d'Espagne, en 1579. Il est ordonné prêtre, sacré évêque et, à peine installé, entreprend une première visite de son immense diocèse, apprenant les dialectes des Indiens, réprimant les abus des colons espagnols, formant et réformant son clergé à l'occasion de nombreux synodes. Le voyage dure sept ans. Thuribe en fera deux autres, soucieux de ses ouailles et surtout des pauvres. Il meurt à Sana en 1606 avant d'avoir achevé le troisième. Béatifié en 1679, il est canonisé en 1726. **Fête le 23 mars.**

THYBALD (m) Cf. Thibaud.

TIANA (f) Cf. Tatiana.

TIANY (f) Cf. Tatiana.

TIARA (f) Cf. Tiaré.

TIARÉ (f) Prénom inspiré d'une plante aux fleurs délicates et odorantes, abondante dans les îles de Polynésie. Sainte Fleur est la patronne des Tiaré. **Fête le 5 octobre.**

TIBALD (m) Cf. Thibaud.

TIBBA (f) Cf. Kineburge. **Fête le 6 mars.**

TIBÈRE (m) Etym. latine (*Tiberius*, patronyme d'une illustre famille romaine au 1er s. av. J.-C.). Chrétien, Tibère est martyrisé à Agde, Languedoc, avec Florence* et Modeste*, dans les premiers siècles du christianisme. **Fête le 10 novembre.**

TIBURCE (m) Etym. latine (*tiburs*, origianire de Tibur, ville voisine de Rome). Diacre, Tiburce subit le martyre avec Valérien*, à Rome, entre 257 et 260. Ils sont inhumés dans la catacombe de Prétextat, sur la voie Appienne, et leurs noms figurent dans la *passion* de sainte Cécile. **Fête le 14 avril.**

TIFENN (m) Cf. Epiphane. Forme bretonne du prénom.

TIFFANIE (f) Cf. Epiphane.

TIGRE (m) Etym. persane, puis latine (*tigris*, tigre). Esclave affranchi, Tigre est accusé d'avoir provoqué un incendie à Constantinople au début du 5ᵉ s. Il ne nie pas et explique qu'il a agi ainsi pour protester contre le bannissement du patriarche Jean-Chrysostome*. Tigre est torturé et déporté en Mésopotamie où il meurt peu de temps après. **Fête le 12 janvier.**

TILL (m) Etym. germanique (*til*, habile). Prénom inspiré par la légende germanique, *Till Eulenspiegel*, 15ᵉ s., dont le héros se rend célèbre par les tours qu'il joue aux nobles et aux clercs ; thème exploité par plusieurs écrivains, poètes et compositeurs. Cf. Berthold.

TILLANDSIA (f) Etym. scandinave (*Tillands*, patronyme d'un célèbre botaniste suédois). Prénom inspiré d'une plante aux variétés nombreuses, originaire d'Amérique tropicale, souvent épiphyte. Sainte Fleur est la patronne des Tillandsia. **Fête le 5 octobre.**

TIM (m) Cf. Timothée.

TIMA(f) Cf. Timandra.

TIMANDRA (f) Etym. grecque (*timê*, honneur). Prénom inspiré de la mythologie. Timandra est la fille de Tyndare, roi de Sparte, et l'épouse du roi d'Arcadie. Sainte Nymphe est la patronne des Timandra. **Fête le 10 novembre.**

TIMÉ (m) Cf. Timon ou Timothée.

TIMOLAÜS (m) gréco-latine (*timê*, honneur et *laus*, louange). Originaire du Pont, Asie Mineure, Timolaüs est décapité à Césarée de Palestine avec six autres jeune chrétiens le 24 mars 305 sur l'ordre du préfet Urbain. **Fête le 24 mars.** Prénom dérivé : Timoléon.

TIMOLÉON (m) Cf. Timolaüs.

TIMON (m) Etym. grecque (*timê*, honneur). Timon est l'un des sept premiers diacres choisis parmi les disciples à Jérusalem, Palestine, au 1ᵉʳ s., pour aider les apôtres dans les tâches matérielles. Plus tard, sur la route de Corinthe, Grèce, où il va prêcher l'évangile, Timon est arrêté et sommé de renier sa foi. Sur son refus il est jugé et condamné au supplice de la crucifixion. **Fête le 19 avril.**

TIMOTHÉE (m) Etym. grecque (*timê*, honneur et *theos*, dieu). Né à Lystres, Asie Mineure, Timothée est encore jeune lorsqu'il est baptisé par Paul* en 47. Trois ans après, repassant par Lystres, l'apôtre fait de lui son disciple. Timothée accompagne Paul à Ephèse et à Jérusalem, puis en Phrygie, en Galatie, à Thessalonique et à Bérée ; il le rejoint peu de temps après à Athènes, le suit aussi à Corinthe. Lorsque Paul est emmené captif à Rome, Timothée est encore près de lui, comme en témoignent les lettres adressées par l'apôtre aux Colossiens, aux Philippiens et à Philémon. Vers 63, Timothée est placé à la tête de la jeune communauté d'Ephèse où il reçoit au moins deux lettres de Paul, l'une en provenance de Macédoine, l'autre de Rome. Il est lapidé en janvier 97, au cours d'une fête païenne dont il veut détourner les Ephésiens. Un sanctuaire lui est dédié à Ephèse sur les lieux de son martyre. **Fête le 26 janvier.**

TINA (f) Cf. Constantin.

TINIDOR(m) Cf. Tenenan.

TINO (m) Cf. Constantin.

TIPHAINE (m) Cf. Epihane.

TIPHANIA(f) Cf. Epiphane.

TIRIDATE (m) Cf. Achène.

TISSA (f) Cf. Tess.

TITE (m) Etym. latine (*titulus*, inscription, titre d'honneur). Païen converti par Paul*, Tite est chargé d'organiser l'Eglise de Crète au 1ᵉʳ s. Une lettre de l'apôtre lui est adressée personnellement par laquelle Paul le presse de donner l'exemple et d'entretenir les jeunes gens et les vieillards dans la foi et la piété. **Fête le 26 janvier.** — Au 9ᵉ s. Tite est moine puis higoumène à Constantinople, en Turquie. **Fête le 2 avril.**

TITIA (f) Cf. Laetitia.

TITIANE (f) Cf. Laetitia.

TITOU (m) Cf. Christophe. Forme provençale et hypocoristique du prénom.

TOBIE (m) Etym. hébraïque : "Yahvé est bon". Prénom biblique. Tobie est le fils de Tobit (*Tôbias* et *Tôbeith* en grec), tous deux héros du *Livre de Tobie*, écrit au 3ᵉ s. av. J.-C. Grâce aux entrailles d'un poisson próvidentiel qu'il saisit sur le conseil de Raphaël*, son guide, Tobie guérit son père aveugle et chasse les démons de Sara, sa future épouse. **Fête le 31 janvier.**

TOBIT (m) Cf. Tobie.

TOINON (f) Cf. Antoinette.

TOLL (m) Cf. Dogmaël. Saint Toll, ou sant Dogmaël en breton, sont les deux noms d'un même personnage, moine gallois du 6ᵉ s., très vénéré en Bretagne. **Fête le 14 juin.**

TOM (m) Cf.Thomas.

TOMAS (m) Cf. Thomas.

TOMMY (m) Cf. Thomas.

TONI (m) Cf. Antoine. Forme provençale du prénom.

TONIA (f) Cf. Antonia.

TONY (m) Cf. Antoine.

TORIBIO (m) Cf. Thuribe.

TORPÈS (m) Cf. Tropez.

TOTMAN (m) Cf. Coloman.

TOURTERELLE (f) Etym. latine (*turturilla*, de *turtur*). Prénom inspiré du gracieux oiseau qui roucoule au bord des toits et prénom biblique : « Job eut sept fils et trois filles. La première, il la nomma Tourterelle ». (Job 42, 13-14) On peut fêter les Tourterelle le jour de la Saint-François, avec celui qui parlait aux oiseaux et louait Dieu avec eux. **Fête le 4 octobre.**

TOUSSAINT (m) Etym. latine (*totus sanctus*, tous les saints). Prénom inspiré d'une grande fête liturgique. Dès l'origine du christianisme les martyrs sont fêtés en une solennité commune. A Rome, en 609, le pape Boniface IV dédie à la Vierge Marie et à tous les saints un ancien temple païen désaffecté, le Panthéon, édifié par l'empereur Auguste en 27 av. J.-C. à la gloire des dieux de l'ancienne Rome. On y célèbre alors chaque année, le 13 mai, la fête de tous les saints, martyrs ou non, connus et inconnus. Au 9ᵉ s. cette solenntié est transférée au 1ᵉʳ novembre à Rome et dans toute la chrétienté. **Fête le 1ᵉʳ novembre.**

TRÉMEUR (m) Etym. celtique (*tref*, hameau et *meur*, grand). Adolescent, Trémeur est décapité par son père, le sinistre Conomor, comte de Poher et roi-tyran de Domnonée, à Carhaix, au 6ᵉ s. Saint Trémeur est le patron de Carhaix, en Bretagne, où plusieurs sanctuaires lui sont dédiés. **Fête le 7 novembre.** Prénoms dérivés : Tréveur, Trévor.

TRÉPHINE (f) Cf. Trifine.

TRÉVEUR (m) Cf. Trémeur.

TRÉVOR (m) Cf. Trémeur.

TRIFINE(f) Etym. celtique. Fille du comte de Vannes, Trifine est la cinquième femme du cruel Conomor, comte de Poher et roi de Domnonée au 6ᵉ s. Enceinte de Trémeur*, Trifine est assassinée à son tour par le Barbe-Bleue de Carhaix mais ressuscitée aussitôt par Gildas*, abbé de Rhuys, juste à temps pour pouvoir accoucher. Sainte Trifine est vénérée dans de nombreuses chapelles bretonnes avec saint Trémeur et saint Gildas. **Fête le 21 juillet**. Prénoms dérivés : Tréphine, Trifin, Trifina.

TRISTAN (m) Etym. latine (*tristis*, triste). Prénom tiré d'une légende médiévale celtique, *Tristan et Iseult*, reprise dans les poèmes de Thomas et Béroul à la fin du 12e s. et qui a inspiré l'un de ses chefs-d'œuvres à Richard Wagner au 19e s. Prénoms dérivés : Tristana, Tristane.

TRISTANA(f) Cf. Tristan.

TRISTANE (f) Cf. Tristan.

TROADE (m) Etym. grecque (*Troâs*, nom d'une ancienne région d'Asie Mineure, autour de Troie, entre la mer Egée et l'Hellespont). Martyrisé à Néocésarée, dans le Pont, Asie Mineure, en 251, Troade est soutenu par une vision de saint Grégoire le Thaumaturge pendant son agonie. **Fête le 28 décembre**.

TROJAN (m) Etym. celtique. Evêque de Saintes, l'ancienne capitale des Celtes Santones, en Aquitaine, Trojan meurt vers 533. On a de lui une lettre adressée à Eumérius, évêque de Nantes, qui l'avait consulté au sujet d'un baptême douteux. **Fête le 30 novembre**.

TROND (m) Cf. Trudon.

TROPEZ (m) Etym. grecque (*tropê*, fuite, déroute). Selon une *passion* écrite au 7e s., Tropez ou Torpès est né à Pise, en Toscane, au 1er s. Haut fonctionnaire de Néron, il rencontre l'apôtre Paul* qui vient d'arriver à Rome et se convertit au christianisme. Cité à comparaître, giflé en plein tribunal par le juge Satellicus et flagellé par le bourreau de service, Tropez refuse d'apostasier. Il est alors abandonné aux fauves qui ne le regardent même pas et finalement décapité. Plusieurs sanctuaires sont dédiés à saint Tropez dès les premiers siècles en Italie et jusqu'en

Provence. C'est autour de l'un d'eux que s'établit la petite localité qui porte son nom, aujourd'hui station estivale très en vogue, en face de Sainte-Maxime. **Fête le 29 avril**.

TROPHIME (m) Etym. grecque (*trophê*, nourriture). Disciple de saint Paul* et, peut-être, cousin de saint Etienne*, le premier martyre, Trophime est en Gaule dès l'an 46. Il annonce la Bonne Nouvelle à Arles, fait des Alyscamps, nécropole païenne, un cimetière chrétien et y construit un oratoire dédié à la Vierge Marie encore vivante à Jérusalem ou à Ephèse. Mort en 94 et inhumé aux Alyscamps, saint Trophime est toujours vénéré comme le premier évêque d'Arles, Provence, où lui sont dédiés une église (ancienne cathédrale) et un cloître. **Fête le 29 décembre**.

TRUDIE (f) Cf. Gertrude.

TRUDON (m) Etym. germanique (*trud*, fidélité). Seigneur fortuné, Trudon ou Trond renonce au monde, devient prêtre et, en 664, fonde sur ses terres, en Hesbaye, l'abbaye autour de laquelle s'établira la ville de Saint-Trond, aujourd'hui en Belgique. Mort vers 690. **Fête le 23 novembre**. Prénom dérivé : Truiden.

TRUDY (f) Cf. Gertrude.

TRUIDEN (m) Cf. Trudon. Forme flamande du prénom.

TUAL (m) Cf. Tugdual.

TUDAL (m) Cf. Tugdual.

TUDEC (m) Cf. Tudi.

TUDI (m) Etym. celtique : ''le studieux''. Fuyant les persécutions des barbares qui ont envahi l'Angleterre, Tudi trouve refuge en Armorique à la fin du 5e s. Ermite en Cornouaille, il participe à l'évangélisation de la région avec Corentin* et peut-être Gwenolé*. Mort vers le milieu du 6e s., saint Tudi est très populaire en Bretagne où plusieurs localités gardent son nom, comme Loctudy et Ile-Tudy en Finistère, Port-Tudy dans l'île de Groix dont il est le patron. **Fête le 9 mai.**

TUGAL (m) Cf. Tugdual.

TUGDUAL (m) Etym. celtique. Originaire du Devonshire, Angleterre, Tugdual débarque en Armorique avec plusieurs moines au 6ᵉ s., fonde l'abbaye de Lann-Pabu dans le Léon et devient évêque de Tréguier vers 540. Mort vers 560 et vénéré aussi sous le nom de saint Pabu, saint Tugdual est l'un des sept fondateurs de la Bretagne avec les saints Brieuc, Malo, Patern, Pol, Samson, et Corentin. Il est le patron de plusieurs localités qui ont adopté son nom : Saint-Tugdual, Saint-Pabu, Trébabu, etc. **Fête le 30 novembre.** Prénoms dérivés : Tual, Tudal, Tugal.

TULLIA (f) Cf. Tertullia.

TULLIANE (f) Cf. Tertullia.

TURIA (f) Cf. Turio.

TURIBE (m) Cf. Thuribe.

TURIO (m) Etym. latine : "jeune pousse". Né à Lanvollon, Bretagne, Turio est berger près de Dol mais analphabète lorsqu'un prêtre entreprend son instruction. Adopté par l'évêque de Dol et ordonné prêtre au terme de ses études, Turio succède plus tard à son bienfaiteur et meurt saintement le 13 juillet 749. Invoqué contre les fièvres, saint Turio est le patron de plusieurs localités bretonnes : Saint-Thurial et Saint-Thuriau, Quintin, Plumergat, etc. **Fête le 13 juillet.** Prénoms dérivés : Turia, Thurial, Thuriau, Urien, Urio.

TUSCA (f) Etym. latine (*Tusci*, les Etrusques). Née en Grande-Bretagne, Tusca fuit son pays pour échapper au prétendant qu'on veut lui imposer. Fixée à Vérone, Italie, elle se consacre à Dieu, partageant son temps entre la prière, la pénitence et le service des pauvres. 8ᵉ s. **Fête le 5 mai.**

TUTIA (f) Cf. Laetitia. Forme dérivée du prénom, très en vogue à l'époque romaine.

TYANA (f) Cf. Tatiana.

TYCHIQUE (m) Eytm. grecque (*psukhê*, âme). Disciple de Paul* et désigné par lui comme son "frère bien-aimé , fidèle assistant dans le Seigneur", Tychique est le messager de l'apôtre auprès des chrétiens d'Ephèse et de Colosses au 1ᵉʳ s. **Fête le 29 avril.**

TYPHAINE (m) Cf. Epiphane.

U

UBALD (m) Etym. germanique (*hug*, intelligence et *bald*, audacieux). Nommé évêque de Gubbio, Ombrie, en 1132, par le pape Honorius II, Ubald doit d'abord convertir ses chanoines avant d'entreprendre les païens et les athées. On considère comme un miracle qu'il ait réussi à ramener ces gens à la ferveur. Mais le nouvel évêque sait se faire obéir en même temps qu'aimer. L'empereur Frédéric Barberousse lui-même cède à la douceur et à la sainteté d'Ubald. Descendu en Italie pour châtier les villes qui se sont rebellées contre ses généraux, il épargne Gubbio et laisse une bourse bien garnie à l'évêque pour ses pauvres. Mort le 16 mai 1160, Ubald est pleuré par tout le peuple, les chrétiens et les autres. **Fête le 16 mai.**

UBERT (m) Cf. Hubert. Forme provençale du prénom.

UGO (m) Cf. Hugues.

UGOLIN (m) Cf. Hugolin.

UGOLINE (f) Cf. Hugoline.

ULCIA (f) Cf. Ulphe.

ULCIANE (f) Cf. Ulphe.

ULCIE (f) Cf. Ulphe.

ULDARIC (m) Cf. Ulric.

ULLA (f) Cf. Urielle.

ULMER (m) Cf. Ulric.

ULPHE (f) Etym. germanique (*wulf*, loup). Ermite en Picardie, Ulphe fonde un monastère près d'Amiens au 8ᵉ s. **Fête le 31 janvier.**

ULRIC (m) Etym. germanique (*othal*, patrie et *rik*, roi). Eduqué à l'abbaye de Saint-Gall, auj. en Suisse, Ulric est ordonné prêtre par son oncle Adalbéron*, évêque d'Augsbourg. Il lui succède en 924, par la volonté du roi Henri 1ᵉʳ l'Oiseleur, et se dépense pendant cinquante ans pour le bien de ses diocésains, construisant un hôpital, un monastère, des églises, réformant le clergé et relevant les ruines après chaque guerre. Mort à Augsbourg, Bavière, en 973. **Fête le 4 juillet.** — Né vers 1020 à Ratisbonne, Bavière, Ulric est page et secrétaire de l'impératrice Agnès, mère d'Henri IV, le pénitent de Canossa, avant d'entrer dans les ordres chez les bénédictins de Cluny, en Bourgogne. Il fonde par la suite plusieurs monastères dont celui de Zell, en Forêt-Noire, et celui de Rüeggisberg, près de Berne. Mort à Zell en 1093. **Fête le 10 juillet.** — Ermite et prêtre près d'Heselborough, Angleterre, Ulric convertit une foule de pécheurs par ses prières et ses austérités plus que par la prédication. Mort en 1154. **Fête le 20 février.**

ULRICA (f) Cf. Ulric ou Ulrique.

ULRICH (m) Cf. Ulric.

ULRIK (m) Cf. Ulric.

ULRIQUE (f) Etym. cf. Ulric. Religieuse dans la congrégation des oblates de la Croix d'Igenbohl, Ulrique Nisch est surtout remarquable par son humilité. Morte à Hegne, près de Fribourg-en-Brisgau, en 1913. **Fête le 8 mai.**

ULTAN (m) Etym. germanique (*othal*, patrie). Frère des saints Fursy* et Pholien*, Ultan meurt abbé du monastère de Péronne, Picardie, en 686. **Fête le 2 mai.** Prénom dérivé : Ultane.

ULTANE (f) Cf. Ultan.

ULYSSE (m) Etym. grecque : ''celui qui s'irrite'', selon Homère. Immortalisé par les épopées homériques, Ulysse est *le héros* grec, roi légendaire d'Ithaque, époux de Pénélope et père de Télémaque, qui se signale surtout par sa prudence et sa ruse lors du siège de Troie. Cf. l'*Iliade* et l'*Odyssée*. Les Ulysse sont fêtés avec les Ulric. Voir ce prénom.

UMBRIA (f) Cf. Ombeline.

UMBRINA (f) Cf. Ombeline.

UNA (f) Cf. Uniac.

UNIAC (m) Etym. latine (*unus*, un, unique). Disciple de saint Méen* au début du 7e s., Uniac meurt abbé d'un monastère autour duquel s'établira la paroisse de Saint-Uniac, Bretagne. **Fête le 2 août.** Prénoms dérivés : Una, Unieg.

UNIEG (m) f. Uniac.

UNXIA (f) Etym. latine (*ungere*, oindre). Dans la mythologie, Unxia est la déesse préposée aux onctions sacrées. Sainte Nymphe est la patronne des Unxia. **Fête le 10 novembre.**

UNXIANE (f) Cf. Unxia.

URANA (f) Cf. Uranie.

URANE (f) Cf. Uranie.

URANIA (f) Cf. Uranie.

URANIE (f) Etym. grecque (*Ouranos*, personnification du Ciel dans la mythologie). Mère du musicien Linos, Uranie est l'une des neuf muses ; elle préside à l'astronomie, représentée généralement avec la sphère céleste et le compas. L'uranie est aussi un beau papillon aux couleurs vives. Les Uranie sont fêtées avec les Céleste. Voir ce prénom.

URBAIN (m) Etym. latine (*urbanus*, citadin). Huit papes ont illustré le prénom, dont trois sont inscrits au martyrologe. Romain, Urbain 1er est le 17e pape au 3e s., sous le règne pacifique d'Alexandre Sévère. Mort en 230, il est enseveli à la catacombe de Calliste où l'on a retrouvé son épitaphe. **Fête le 25 mai.** — Champenois, Eudes de Châtillon est l'élève de saint Bruno* à Reims avant de prendre l'habit bénédictin à Cluny, Bourgogne, vers 1075. Evêque d'Ostie, Italie, puis cardinal, il est élu pape en 1088 sous le nom d'Urbain II. Il préside plusieurs conciles dont celui de Clermont, Auvergne, en 1095, et meurt à Rome en juillet 1099, quelques jours après la prise de Jérusalem par les croisés. **Fête le 29 juillet.** — Né près de Mende, Gévaudan, en 1310, Guillaume de Grimoard est abbé bénédictin de Saint-Germain d'Auxerre puis de Saint-Victor de Marseille avant d'être élu pape à Avignon, France, le 28 septembre 1362, sous le nom d'Urbain V. Il est le premier des papes humanistes ; le premier aussi à oser retourner à Rome, mais il ne peut y rester que trois ans. Rentré en Avignon, il meurt peu de temps après, en décembre 1370. **Fête le 19 décembre.** Prénoms dérivés : Urban, Urbanilla.

URBAN (m) Cf. Urbain. Forme provençale du prénom.

URBANILLA (f) Cf. Urbain. Prénom en vogue à l'époque romaine.

URCISSE (m) Etym. latine (*urceus*, pot). Saint Urcisse est l'un des premiers évêques de Cahors à l'origine du christianisme dans le Quercy. **Fête le 1er avril.**

URFOL (m) Etym. celtique. Frère de sainte Rivanone* et oncle de saint Hervé*, saint Urfol est vénéré à Plouguin, Bretagne, où se trouve son tombeau. **Fête le 17 septembre.**

URIA (f) Cf. Urielle.

URIEL (m) Cf. Urielle.

URIELLE (f) Etym. celtique : "ange". Sœur de saint Judicaël, Urielle ou Eurielle est vénérée à Trédias, près de Dinan, Bretagne. **Fête le 1er octobre.** Prénoms dérivés : Uria, Uriel, Euriel.

URIEN (m) Cf. Turio.

URIO (m) Cf. Turio.

URLO (m) Cf. Gurloès.

URS (m) Cf. Ours ou Ursan.

URSA (f) Cf. Ursan.

URSAN (m) Etym. latine (*ursa*, ourse). Disciple de saint Colomban* au début du 7e s., Ursan fonde un monastère à Lausanne, canton de Vaud, sur la rive droite du Léman. **Fête le 20 décembre.** Prénoms dérivés : Urs, Ursa, Ursanne.

URSANNE (f) Cf. Ursan.

URSILLA (f) Cf. Ursule.

IRSILLANE (f) Cf. Ursule.

URSIN (m) Etym. latine (*ursus*, ours). Disciple d'Austremoine*, Ursin évangélise Bourges au 3e s. Il est peut-être le premier évêque de la ville, alors en Aquitaine. **Fête le 9 novembre.**

URSMER (m) Etym. latine (*ursus*, ours et *mare*, mer). Né à Floyon, près d'Avesnes, Ursmer annonce l'évangile en Flandre et en Thiérache, fonde les monastères d'Aulnes, de Wallers et, en 697, consacre l'église du monastère de Lobbes, diocèse de Tournai, dont il vient d'être élu abbé. Mort en 713, il est enseveli dans l'église qu'il a fait construire au sommet de la colline, non loin du monastère, pour les chrétiens de la région. **Fête le 19 avril.**

URSULA (f) Cf. Ursule.

URSULE (f) Etym. latine (*ursus*, ours). A Cologne, en Allemagne, une église est dédiée à sainte Ursule dans laquelle on a découvert, en 1893, une épitaphe très ancienne concernant une sainte de ce nom morte à l'âge de huit ans. Mais une *passion* écrite au 9e s. fait d'Ursule une princesse anglaise martyrisée par les Huns près de Cologne, avec son fiancé récemment converti et onze vierges (on a même parfois écrit *onze mille*), au retour d'un voyage à Rome, à la fin du 4e s. Légende admirablement résumée dans les neuf toiles de Carpaccio à Venise et les six panneaux de la célèbre châsse de Hans Memlinc à l'hôpital Saint-Jean de Bruges, Belgique. Quoi qu'il en soit, la popularité de sainte Ursule est telle que Paris l'établit patronne de son université au Moyen Age et Angèle* Mérici patronne de l'ordre qu'elle fonde en 1530 : les ursulines. **Fête le 21 octobre.** — Sœur de la bienheureuse Marie-Thérèse* Ledochowska, Ursule se consacre au service de la jeunesse et des pauvres, en particulier des réfugiés et des immigrés entre 1905 et 1939. Son champ d'action est l'Europe. On ne peut d'ailleurs être plus européen : fille d'un père polonais et d'une mère suisse, Ursule naît en Autriche, travaille en Russie et en Finlande, puis en Suède, en Norvège et au Danemark, vient en France et meurt en Italie ! Femme étonnante par son courage et son rayonnement, elle parle neuf langues, possède une volonté de fer et mène une vie spirituelle aussi intense qu'est débordante sa vie apostolique.

Morte à Rome le 29 mai 1939, Ursule est béatifiée par Jean-Paul II à Poznan le 20 juin 1983. **Fête le 29 mai.** Prénoms dérivés : Ursilla, Ursillane, Ursula.

V

VAAST (m) Cf. Gaston.

VADIM (m) Etym. persane (*badian*, anis). Moine à Bethlapat, Perse, Vadim ou Badémius est martyrisé en 375, pendant la persécution du roi Sapor II. **Fête le 9 avril.**

VAÏK (m) Cf. Etienne. Vaïk est le nom du diacre Etienne avant son baptême. **Fête le 26 décembre.**

VAÏNA (f) Cf. Vaneng.

VALBERT (m) Etym. germanique (*wald,* celui qui gouverne et *berht*, brillant). Prénom inspiré d'un patronyme. Né près de Florence, Toscane, vers 985, Jean Valbert ou Gualbert est le fondateur de l'ordre de Vallombreuse sous la règle de saint Benoît* vers 1035. Mais il est surtout célèbre pour son pardon héroïque accordé au meurtrier de son frère lorsqu'il est encore un jeune seigneur turbulent et incrédule. Mort à Vallombreuse, Passignano, en Toscane, le 12 juillet 1073. **Fête le 12 juillet.** Cf. Walbert.

VALDA (f) Cf. Aldemar. Forme slave du prénom.

VALDEMAR (m) Cf. Aldemar.

VALENS (m) Etym. latine : "brave, vaillant". Diacre âgé, Valens est martyrisé à Césarée de Palestine, en 309, avec saint Pamphile*, saint Porphyre* et plusieurs autres chrétiens. **Fête le 1er juin.**

VALENTIA (f) Cf. Valentine.

VALENTIANE (f) Cf. Valentine.

VALENTIN (m) Etym. cf. Valens. Martyrisé à Rome vers 270, Valentin est inhumé sur la voie Flaminienne. Le pape Jules 1er fait ériger une basilique sur son tombeau vers 350 et Pascal 1er ordonne le transfert de ses reliques dans l'église Sainte-Praxède au 9e s. **Fête le 14 février.** — Missionnaire dominicain et évêque, Valentin Berrio Ochoa est livré par trahison, emprisonné et décapité au Tonkin, Indochine, le 1er novembre 1861. **Fête le 1er novembre.** Prénom dérivé : Valentio.

VALENTINE (f) Etym. cf. Valens. A Césarée de Palestine, en 308, des innocents sont arrêtés et torturés à mort sur simple accusation de "christianisme". Valentine se révolte contre ces procédés, pénètre dans le temple et renverse l'autel des dieux païens. Aussitôt maîtrisée, elle comparaît devant le juge qui la condamne au supplice avec Paul* et Théana*. Humilié par le courage des deux femmes, le magistrat les envoie au bûcher. **Fête le 25 juillet**. Prénoms dérivés : Valentia, Valentiane.

VALENTIO (m) Cf. Valentin.

VALÉRAN (m) Cf. Valère.

VALÈRE (m) Etym. latine : "brave, vaillant, valeureux". Ami de saint Rufin*, Valère est avec lui responsable des réserves de blé à Braine, dans les Ardennes. Mais, chrétiens, tous deux militent activement pour répandre l'évangile dans leur entourage. Ils sont arrêtés, condamnés et décapités ensemble au début du 4e s. Leurs reliques sont conservées dans la cathédrale de Soissons. **Fête le 14 juin**. — Au 13e s., Valère ou Walhère est blessé mortellement à Onhaye, diocèse de Namur, Hainaut, par son neveu qu'il prétend arracher à une vie scandaleuse. Jeté dans la Meuse, le corps du prêtre est repêché par des chrétiens et ramené en procession par l'abbé de Waulsort. **Fête le 27 juin**. Prénom dérivé : Valéran.

VALÉRI (m) Etym. cf. Valère. Né en Auvergne vers 565, Valéri est berger avant d'entrer au monastère d'Issoire. Ses études achevées, il est envoyé à Auxerre puis à Luxeuil, alors en Bourgogne, où saint Colomban le charge d'aller fonder un monastère à Leuconay, en Picardie, vers 610. Le monastère devient une abbaye importante au 13e s. et la petite ville de Saint-Valéry-sur-Somme garde encore le nom du fondateur mort en 619. **Fête le 1er avril**. Prénom dérivé : Valéry.

VALÉRIA (f) Cf. Valérie.

VALÉRIAN (m) Cf. Valérien. Forme provençale du prénom.

VALÉRIANE (f) Cf. Valérie et Anne. On écrit aussi Valérie-Anne.

VALÉRIC (m) Etym. cf. Valère. Né près de Reims vers 530, Valéric ou Vaury est si sage, grave et prudent dans ses paroles et ses actions qu'il reçoit le don des miracles dès son ado-

lescence, affirme son biographe. C'est en 565 qu'il gagne Limoges pour y vénérer les reliques de saint Martial. Il ne revient jamais en Champagne. Fixé dans un ermitage du mont Bernage, dans la Marche, il reçoit les malades, les infirmes, et en guérit beaucoup, pendant plus de ciqnuante ans. Mort le 10 janvier 620, il est enseveli dans l'église Saint-Julien du village le plus proche, aujourd'hui Saint-Vaury (Creuse), où sont gardées ses reliques. **Fête le 10 janvier**.

VALÉRIE (f) Etym. cf. Valère. Epouse de saint Vital* et témoin de son martyre à Ravenne, Italie, au 2e s., Valérie meurt aussi pour sa foi peu de temps après lui, à Milan où elle s'est retirée. Un sanctuaire lui est dédié plus tard dans cette ville, qui sera détruit en 1786. **Fête le 28 avril**. — En France une légende associe saint Martial* et sainte Valérie, inhumés côte à côte à Limoges dans les premiers siècles du christianisme. Au 15e s. Louis XI offre un reliquaire à l'église de Chambon-sur-Voueize, près d'Aubusson, où les reliques de sainte Valérie ont été transférées vers 895. **Fête le 9 décembre**. Prénoms dérivés : Valéria, Valériane, Valière, Vallonia.

VALÉRIEN (m) Etym. cf. Valère. Proche de saint Tiburce*, Valérien est martyrisé avec lui à Rome entre 257 et 260. Ils sont ensevelis dans la catacombe de Prétextat, sur la voie Appienne, et leurs noms figurent dans la *passion* de sainte Cécile. **Fête le 14 avril**. — Evêque octogénaire d'Avensa, Tunisie, Valérien est sommé de livrer les objets du culte et chassé de son domicile par les Vandales vers 460. **Fête le 15 décembre**. Prénom dérivé : Valérian.

VALÉRY (m) Cf. Valéri.

VALIÈRE (f) Cf. Valérie.

VALLIER (m) Etym. latine (*vallare*, fortifier). Vallier et ses compagnons sont massacrés par les barbares, juste comme ils parvenaient à leur échapper, au 4e s. Une petite ville garde le nom du saint près de Valence en Dauphiné. **Fête le 22 octobre.**

VALLONIA (f) Cf. Valérie. Prénom en vogue à l'époque romaine.

VALTRUDE (f) Etym. germanique (*wald*, celui qui gouverne et *trud*, fidélité). Fille de saint Walbert* et de sainte Bertille, Valtrude ou Waudru est la sœur de sainte Aldegonde*, l'épouse de saint Vincent Maldelgaire et la mère de saint Landry*, saint Dentelin*, sainte Adeltrude* et sainte Madelberte* au 7e s. Ses enfants éduqués, Valtrude se consacre à Dieu par les trois vœux monastiques et fonde l'abbaye de Châteaulieu qu'elle gouverne jusqu'à sa mort, vers 688, sur la colline où s'établira plus tard la ville de Mons, dans le Hainaut. **Fête le 9 avril.**

VANENG (m) Etym. germanique (*wald*, celui qui gouverne et *engil*, l'extrémité de la lame). Gouverneur du pays de Caux, Normandie, et conseiller de la reine Bathilde*, épouse de Clovis II, Vaneng fonde l'abbaye de Fécamp en 664 et y meurt vers 690. **Fête le 9 janvier.** Prénoms dérivés : Vaïna, Vanessa.

VANESSA (f) Cf. Vaneng.

VANIA (m) Cf. Jean. Forme slave du prénom.

VANINA (f) Cf. Jeanne.

VANNE (m) Etym. latine (*vannere*, vanner). Succédant à Firmin comme évêque de Verdun, Vanne contraint Clovis à retirer ses troupes qui assiègent la ville au début du 6e s., selon des documents datés du 10e. En 951 le tombeau de saint Vanne est confié aux moines bénédictins par l'évêque Bérenger. Une abbaye est fondée qui est à l'origine d'une nouvelle congrégation de l'ordre de saint Benoît*, disparue en 1791. Mais saint Vanne reste l'un des patrons des bénédictins de France. **Fête le 9 novembre.**

VAODEZ (m) Cf. Maudez.

VARE (m) Etym. latine (*varius*, varié, nuancé). Soldat romain chargé d'exécuter des chrétiens, Vare refuse d'obéir. Il est arrêté, condamné et martyrisé avec eux au 4e s. **Fête le 19 octobre.** Prénoms dérivés : Varenilla, Variana, Varilla, Varillane.

VARENILLA (f) Cf. Vare. Prénom en vogue à l'époque romaine.

VARIANA (f) Cf. Vare.

VARILLA (f) Cf. Vare.

VARILLANE (f) Cf. Vare.

VARTAN (m) Etym. arménienne. Vartan Mamigonian et mille trente-six de ses compagnons chrétiens sont massacrés en Arménie par l'armée du shah de Perse le 2 juin 451 parce qu'ils refusent de se convertir à la religion de Zarathoustra que prétend leur imposer le satrape. **Fête le 3 juin.**

VASSILI (m) Cf. Basile.

VASSILISSA (f) Etym. cf. Basile. Amie de sainte Anastasie*, Vassilissa est arrêtée et martyrisée avec elle à Rome au 1er s. pour avoir participé à l'inhumation des apôtres Pierre et Paul. **Fête le 15 avril.**

VAURY (m) Cf. Valéric.

VÉFA (f) Cf. Geneviève. Forme bretonne du prénom.

VEÏA (f) Cf. Hervé. Forme féminine du prénom.

VEIG (f) Cf. Hervé.

VEILANA (f) Cf. Hervé.

VENANCE (m) Etym. cf. Venant. Né près de Trévise, en Vénétie, vers 530, Venance Fortunat fait ses études à Ravenne et mène la vie d'un troubadour célèbre en Italie pendant une vingtaine d'années avant de venir à

Tours, sur le tombeau de saint Martin, en action de grâce pour un bienfait reçu. Puis il gagne Poitiers pour y vénérer les reliques de saint Hilaire et là, soudain, se convertit complètement, vers 567. Ami de Radegonde*, l'ex-reine qui vient d'y fonder un monastère, Venance se fixe à Poitiers, se fait ordonner prêtre et n'écrit plus que pour célébrer Dieu et ses saints. Il est l'auteur d'un long poème sur saint Martin, de nombreuses hymnes liturgiques comme le *Pange lingua*, le *Vexilla regis*, et de nombreuses vies de saints : Martin de Tours, Radegonde, Germain de Paris, etc. Venance est évêque de Poitiers depuis trois ans lorsqu'il meurt vers 605. **Fête le 14 décembre**.

VENANT (m) Etym. latine : "celui qui vient". Recevant les reliques d'un mystérieux saint Venant en 1259, les chrétiens de Camerino, Italie, font de lui un martyr local. Au 17e s., le pape Clément X, ancien évêque de Camerino, encourage le culte de saint Venant. **Fête le 18 mai**. — Directeur spirituel de sainte Gisèle* au 8e s., le moine Venant est assassiné à Aire-sur-la-Lys, en Artois, sur l'ordre du roi d'Ecosse furieux d'avoir été éconduit par la princesse. Une localité de l'Artois, Saint-Venant, perpétue le souvenir du saint. **Fête le 10 octobre**. — Issu de la famille des rois de Bourgogne et évêque de Vienne, Dauphiné, pendant cinquante ans, au 10e s., Venant consacre la plus grande partie de sa fortune à l'affranchissement des serfs de son diocèse. En 994 il préside un concile à Anse, près de Lyon, en vue de la réforme du clergé, prescrivant le célibat aux prêtres, leur interdisant la chasse et leur faisant un devoir d'assister les agonisants. Chargé d'ans et de mérites, Venant meurt à Vienne en 1001. **Fête le 21 mai**.

VÉNARD (m) Prénom inspiré d'un patronyme. Cf. Jean-Théophane.

VENCESLAS (m) Etym. slave (*vie-netz*, couronne et *slava*, gloire). Fils aîné et successeur de Vratislas, Venceslas est éduqué par son aïeule, sainte Ludmilla*, mais n'a que quatorze ans lorsqu'il est couronné duc de Bohême en 921. Sa collaboration étroite avec l'Eglise, son intransigeance vis-à-vis des seigneurs indisciplinés et la docilité avec laquelle il subit la suzeraineté de l'empereur Henri 1er l'Oiseleur provoquent des mécontentements aussitôt exploités par Boleslas, son frère, qui convoite le trône. Le 28 septembre 929, devant le porche de l'église où il va participer à l'Eucharistie, Venceslas tombe sous les coups fratricides, en priant Dieu de pardonner à l'assassin. Il a vingt-deux ans. De nombreux miracles attirent aussitôt les foules sur son tombeau. Héros national et patron de la Bohême, Venceslas est canonisé peu de temps après sa mort. **Fête le 28 septembre**.

VENNEC (m) Cf. Guéthenoc. Les deux prénoms désignent le même saint, patron de plusieurs localités bretonnes. Une chapelle est dédiée à saint Vennec près de Briec, une autre au nord de Landrévarzec, et *Landévennec*, au fond de la rade de Brest, semble indiquer que le saint a participé à la fondation de la célèbre abbaye avec son frère Gwénolé*.

VENTURIN (m) Etym. latine (*adventura*, avenir, destin). Né à Bergame, Lombardie, en 1304, Venturin est dominicain à l'époque où les papes règnent en Avignon. Prédicateur célèbre, il déplace les foules, convertit un brigand aussi renommé que lui mais clame trop fort qu'un pape hors de Rome n'est pas un vrai pape ! Benoît XII le fait enfermer dans un monastère du Grésivaudan. Clément VI lui rend la liberté. Venturin n'est pas un ingrat : il vient prêcher en Avignon, prouvant théologiquement que le pape est toujours pape où qu'il soit. Plus tard il prêche la croisade contre les Turcs musulmans, noue de nombreuses amitiés avec des chrétiens orthodoxes mais tombe sur un champ de bataille à Smyrne (auj. Izmir, en Turquie), le 28 mars 1346, avec les croisés français qu'il a accompagnés. **Fête le 28 mars.**

VÉRA (f) Etym. slave (*viera*, Foi) Fille de sainte Sophie*, Véra est martyrisée en Asie Mineure, aujourd'hui Turquie, au 2ᵉ s., lors des persécutions d'Hadrien, avec sa mère et ses deux sœurs, Liubbe* et Nadège*. **Fête le 18 septembre.**

VÉRAN (m) Etym. cf. Véra. Fils de saint Eucher*, évêque de Lyon, Véran, est éduqué à l'abbaye de Lérins, Provence, et après une expérience de vie érémitique dans le Dauphiné devient évêque de Cavaillon, puis de Vence en 442. Il combat énergiquement l'hérésie d'Eutychès, en accord avec les positions du pape Léon le Grand. Mort vers 475, saint Véran donnera son nom à un petit village alpestre du Queyras, la commune la plus haute d'Europe. **Fête le 11 novembre.** Prénoms dérivés : Vérane, Vérania, Véranina.

VÉRANE (f) Cf. Véran.

VÉRANIA (f) Cf. Véran.

VÉRANINA (f) Cf. Véran.

VERDIANE (f) Cf. Viridiana.

VÉRÉNA (f) Etym. Cf. Véra. Egyptienne, Véréna vit en recluse dans une grotte de la région de Bâle (auj. en Suisse), dans les premiers siècles du christianisme. **Fête le 1ᵉʳ septembre.**

VÉRÈNE (f) Cf. Véréna.

VÉRIDIANE (f) Cf. Viridiane.

VÉRIDIENNE (f) Cf. Viridiane.

VERNIER (m) Cf. Werner.

VÉRONE (f) Etym. cf. Véronique. Issue de la famille régnante d'Autriche, sainte Vérone meurt solitaire à Berthen, dans le Brabant, au début du 10ᵉ s. **Fête le 29 août.**

VÉRONICA (f) Cf. Véronique.

VÉRONIQUE (f) Etym. gréco-latine (*verus*, vrai et *eikôn*, image). Au 1ᵉʳs., à Jérusalem, Palestine, Véronique ou Bérénice est la femme compatissante qui, de son voile, essuie le visage de Jésus montant au Golgotha, chargé de la croix, le jour du vendredi saint. Reconnaissant, le Sauveur laisse l'empreinte de ses traits sur le voile précieusement conservé et vénéré depuis à Saint-Pierre de Rome. Selon une tradition, Véronique meurt en Gaule à la fin du 1ᵉʳ s., ayant annoncé l'évangile en Aquitaine. Son tombeau serait à Soulac, près de Bordeaux. **Fête le 4 février.** — Au 15ᵉ s., près de Milan, Italie, Véronique ne peut apprendre à lire. S'en plaignant naïvement à la Vierge Marie, elle reçoit cette réponse : « Ma fille, ne te tourmente pas. Je te demande de savoir seulement trois lettres : une blanche, celle de la pureté et de la simplicté du cœur ; une noire, celle de la patience ; une rouge, celle de la méditation des souffrances de Jésus ». Admise au couvent des augustines, à Milan, Véronique y est un exemple de simplicité et d'humilité, acceptant les travaux les plus durs mais favorisée de visions, de révélations et de grâces mystiques exceptionnelles. Ses pires épreuves sont de devoir aller transmettre certaines de ces révélations à des personnalités importantes et parfois au pape Alexandre VI. Très éprouvée aussi dans son corps, Véronique de Binasco meurt le 13 janvier 1497 au terme d'une cruelle maladie. **Fête le 14 janvier.** — Marquée des stigmates de la Passion et comblée de faveurs mystiques extraordinaires, Véronique Giuliani meurt à Città di Castello, Ombrie, en 1727. Canonisée par Grégoire XVI en 1839. **Fête le 9 juillet.** Prénom dérivé : Véronica.

VEUVE (f) Etym. latine (*viduus*, vide, privé de). Abbesse de Saint-Pierre de Reims morte en 673, sainte Veuve ou

Beuve est longtemps la patronne des femmes enceintes ! **Fête le 24 avril.**

VIAL (m) Cf. Viaud.

VIANCA (f) Cf. Viance.

VIANCE (m) Etym. latine (*vincere*, être vainqueur). Contre l'avis du duc d'Aquitaine, son protecteur, qui lui propose une situation brillante dans le monde, Viance se retire dans la solitude, en Auvergne, pour se consacrer totalement à Dieu. Mort en 633. **Fête le 2 janvier.**

VIANNEY (m) Prénom inspiré d'un patronyme. Cf. Jean-Marie.

VIATEUR (m) Etym. latine (*via*, voie). Prêtre lyonnais, Viateur suit son évêque Just* en Egypte et, comme lui, vit ses dernières années dans un ermitage du désert de Scété. Mort vers 385. Ses restes sont rapportés plus tard à Lyon avec ceux de son évêque et déposés dans une église dédiée à saint Just. **Fête le 2 septembre.**

VIATRIX (f) Cf. Béatrix.

VIAUD (m) Etym. cf. Vital. Moine anglais, Viaud, Vial ou Vital se fixe en Armorique vers 725, fait un séjour au monastère d'Her dans l'île devenue depuis Noirmoutier et se retire dans un ermitage, sur le continent, là où s'établit plus tard le bourg de Saint-Viaud (auj. en Loire-Atlantique). **Fête le 16 octobre.**

VICKY (m-f) Cf. Victor et Victoire. Forme hypocoristique des prénoms.

VICTA (f) Cf. Victoire.

VICTOIRE (f) Etym. latine (*victoria*, victoire). Au début du 5e s., dans l'une de ses homélies, Augustin* parle de sainte Victoire, martyrisée à Hippone, en Afrique du Nord, dans les premiers siècles du christianisme, avec dix-neuf autres chrétiennes. **Fête le 15 novembre.** — A Tubulano, Italie, sainte Victoire et sainte Anatolie, sa sœur, sont vénérées comme vierges martyres des premiers siècles. **Fête le 25 décembre.**
— Née à Gênes, Italie, en 1562, Victoire Fornari est mariée à dix-sept ans et veuve à vingt-cinq, mère de six enfants. Une grâce exceptionnelle de la Mère de Dieu l'empêche de désespérer. Elle intensifie sa vie spirituelle et multiplie les bonnes œuvres, recueillant chez elle des malades abandonnés et des filles en voie de perdition, préparant des esclaves turcs au baptême. Puis, ses enfants éduqués, Victoire s'emploie à réaliser son vieux rêve ; elle fonde à Gênes une nouvelle famille religieuse dont le but est d'honorer spécialement l'annonciation de la Vierge Marie et l'incarnation du Verbe, les annonciades, congrégation approuvée par Clément VIII en 1604. Simple moniale, souvent humiliée par l'abbesse, Victoire meurt au couvent de Gênes en 1617. **Fête le 12 septembre.** Prénoms dérivés : Vicky, Victa, Victoria, Victoriane, Victorilla.

VICTOR (m) Etym. latine : "vainqueur". Si la Samaritaine de l'évangile de Jean a eu cinq "maris", on ne lui connaît que deux fils : Joseph et Victor. Ancien officier dans l'armée romaine, Victor est le chef de la milice, chargé de traquer et d'exterminer les chrétiens de Galilée à la fin du 1er s. On découvre un jour qu'au contraire il provoque de nombreuses conversions parmi les païens. Il est condamné à mort et exécuté avec plusieurs de ses néophytes. **Fête le 20 mars.** — Africain, Victor 1er est le quatorzième pape à la fin du 2e s. Il condamne les montanistes et menace d'excommunier les quartodécimans dans l'affaire de la querelle pascale ; l'intervention de saint Irénée*, évêque de Lyon, lui évite de provoquer un schisme. Selon saint Jérôme*, Victor est le premier des écrivains chrétiens à utiliser le latin. Mort en 199. **Fête le 28 juillet.** — Appartenant sans doute à la noblesse sénatoriale, Victor refuse publiquement de porter le titre d'« ami de César » lors d'un séjour de l'empereur Maximien à Marseille. Il est arrêté, jeté en prison et martyrisé peu de temps après, en 290, avec plusieurs autres chrétiens. Au 5e s. une abbaye est construite sur son tombeau par saint Cassien*, évêque de Marseille. **Fête le 21 juillet.** — A Braga, au Portugal, Victor est baptisé dans son sang au 4e s. **Fête le 12 avril.** — Abbé bénédictin du Mont-Cassin, Didier Epifani est élu pape en 1806. Intronisé l'année suivante il ne règne que quatre mois sous le nom de Victor III. **Fête le 16 septembre.** Prénoms dérivés : Hector, Vicky.

VICTORIA (f) Cf. Victoire.

VICTORIANE (f) Cf. Victoire.

VICTORIC (m) Etym. cf. Victor. Missionnaire en Gaule, Victoric est martyrisé par les barbares de Rictovar au 4e s. avec saint Gentien* et plusieurs autres chrétiens. **Fête le 11 décembre.**

VICTORIE (m) Etym. cf. Victor. Missionnaire à Amiens, Picardie, peut-être évêque, Victorie est martyrisé dans cette ville en 303, sous le règne de Dioclétien. **Fête le 29 février.**

VICTORIEN (m) Etym. cf. Victor. Gouverneur de Carthage, en Afrique du Nord, Victorien est arrêté et torturé par les soldats d'Hunéric, roi des Vandales, en 484. Il crie à ses juges et à ses bourreaux avant de mourir : « Quand il n'y aurait d'autre vie que celle-ci, je ne voudrais pour rien au monde payer d'ingratitude Celui dont j'ai reçu tant de faveurs !». **Fête le 23 mars.**

VICTORILLA (f) Cf. Victoire. Prénom en vogue à l'époque romaine.

VICTORIN (m) Etym. cf. Victor. Evêque de Pettau, Pannonie (aujourd'hui en Yougoslavie) au 3e s., Victorin est l'auteur de nombreux commentaires sur la Bible. S'appuyant sur l'Apocalypse de Jean, il professe le millénarisme comme saint Justin*, saint Irénée et de nombreux écrivains chrétiens

des premiers siècles qui croient que le Christ reviendra régner sur terre pendant dix siècles, les mille ans qui précèderont le jugement dernier. **Fête le 2 novembre.**

VICTORINE (f) Cf. Victorin.

VIGILE (m) Etym. latine (*vigil*, éveillé). Evêque, Vigile est lapidé en 405 près de Trente, en Italie. **Fête le 26 juin.**

VIGOR (m) Etym. latine (*vigor*, de *vigere*, être plein de force). Evêque de Bayeux, Normandie, au 6e s., saint Vigor est longtemps vénéré au monastère bénédictin qui lui est dédié près de la ville, fondé par Eudes, le frère de Guillaume le Conquérant, au 11e s. **Fête le 2 décembre.**

VILLANA (f) Etym. latine (*villanus*, habitant de la campagne). Ni vierge ni veuve, Villana Botti se convertit peu de temps après une cruelle épidémie de peste noire et meurt à Florence, Toscane, en 1360. Ses obsèques sont une véritable canonisation populaire. **Fête le 28 avril.**

VILMA (f) Cf. Guillaume. Forme hypocoristique de Wilhelmine.

VINCE (m) Cf. Vincent.

VINCENT (m) Etym. latine (*vincens*, de *vincere*, vaincre). Diacre du pape Sixte II, Vincent est massacré avec lui par la police de Valérien au cours d'une liturgie qu'ils célèbrent clandestinement dans une catacombe de la voie Appienne, à Rome, en août 258. **Fête le 5 août.** — Brillant orateur, Vincent est ordonné diacre par Valère, le vieil évêque bègue de Saragosse, Espagne, à la fin du 3e s. Arrêtés tous les deux lorsqu'éclate la persécution de Dioclétien, ils sont conduits à Valence pour y comparaître devant Dacien, le gouverneur de la province, impressionné par l'éloquence du diacre mais irrité par ses propos. Valère est banni, Vincent cruellement torturé et jeté en prison où il expire peu de temps après, en 304. Son culte se répand très vite en Afrique du Nord et en Europe. Les vignerons l'invoquent comme leur patron dans certaines régions. En 542, Childebert rapporte à Paris la tunique de saint Vincent avec un fragment de la vraie Croix du Christ enchâssé dans un reliquaire d'or. Pour abriter ces précieux objets, le roi fonde le monastère Sainte-Cròix-Saint-Vincent, future abbaye Saint-Germain-des-Prés. **Fête le 22 janvier**. — Epoux de sainte Valtrude* et père de saint Landry*, saint Dentelin*, sainte Adeltrude*, sainte Madelberte*, Vincent Madelgaire ou Mauger prend l'habit bénédictin à Hautmont dès que ses enfants sont éduqués. Plus tard il fonde un monastère à Soignies, dans le Hainaut, et y meurt vers 687. **Fête le 14 juillet**. — Né à Valence, Espagne, en 1350, Vincent Ferrier entre chez les dominicains en 1367 et reçoit l'ordination sacerdotale en 1378. Il s'impose très vite par un don d'éloquence exceptionnelle, déplace les foules et provoque de nombreuses conversions, en particulier parmi les juifs d'Espagne. Remarqué par Pedro de Luna, élu pape en 1394 sous le nom de Benoît XIII, Vincent se retrouve en Avignon, théologien officiel, maître du sacré palais, chapelain et confesseur du pape. Mais, affecté par la situation scandaleuse du schisme d'Occident et ne parvenant pas à convaindre Benoît XIII de renoncer à la tiare, il reprend sa liberté en 1399. Alors commence pour lui ce qui sera l'un des périples apostoliques les plus extraordinaires de toute l'histoire de l'Eglise. Pendant vingt ans, juché sur un âne ou à pied, Vincent parcourt les campagnes, traverse les villes d'Espagne, d'Italie, de France, annonçant l'Evangile, multipliant les miracles, le plus souvent escorté d'immenses troupes d'hommes occupés à se flageller mutuellement. A Lyon, il prêche douze jours de suite ; à Gênes, cité particulièrement cosmopolite, il jouit du don des langues ; à Perpignan, en 1416, il provoque la déposition de Benoît XIII en lui retirant solennellement son allégeance et celle du royaume d'Aragon. A Vannes, Vincent est accueilli par le duc de Bretagne en 1418 et meurt l'année suivante, le 5 avril 1419. Son tombeau est aujourd'hui dans la cathédrale, particulièrement vénéré par les Bretons qui ont fait de saint Vincent le patron de Vannes, de Saint-Vincent-sur-Oust et de plusieurs autres localités. **Fête le 5 avril**. — Né près de Dax, dans les Landes, en 1581, Vincent de Paul (il écrit toujours *Depaul*) étudie à Toulouse où il est ordonné prêtre en 1600. Enlevé par des barbaresques entre Marseille et Narbonne, il est vendu à un alchimiste de Tunis, Afrique du Nord, parvient à s'enfuir et gagne Rome où il est chargé d'une mission diplomatique auprès d'Henri IV. Curé de Clichy en 1612, précepteur des enfants Gondi l'année suivante et curé de Châtillon des Dombes en 1617, Vincent prend bientôt conscience de l'immense misère du pays dont le roi est encore un enfant. De cette époque date ce qu'il appelle sa conversion. Il fait vœu de servir Dieu dans ses pauvres. Ayant fondé sa première confrérie de la charité à Châtillon, il jette les bases de la société des Prêtres de la Mission en 1624 ; ce sont les *lazaristes*, du nom du prieuré Saint-Lazare où ils sont formés à Paris. Puis il organise les retraites d'ordinands pour préparer à leur mission les prêtres des paroisses, crée encore diverses institutions d'entraide et, en 1633, fonde les Filles de la Charité, avec Louise* de Marillac, pour le service des malades, des vieillards, et le soulagement de toutes les détresses. Entre temps il a accepté d'assumer l'aumônerie générale de l'ordre de la Visitation. Vincent ne refuse jamais rien, court au chevet de Louis XIII agonisant en 1643, organise encore des secours pour adoucir la misère des provinces pendant la Fronde, trouve des fonds pour la Lorraine où des enfants nus se nourrissent de racines, participe au Conseil de Conscience sous la régence d'Anne d'Autriche... Monsieur Vincent est le prêtre le plus populaire de Paris. La cour le consulte pour choisir les évêques, mais lui distribue la soupe aux coins des rues. Toute sa vie, il a servi les riches pour mieux servir les pauvres. Il meurt à Paris le 27 septembre 1660 en murmurant *J'ai confiance* ! Canonisé en 1737, il repose dans une châsse de verre, dans la chapelle des lazaristes, à Paris. **Fête le 27 septembre**. — Dominicain tonkinois, Vincent Yen est martyrisé en Cochinchine, Vietnam, en 1838, avec un évêque et un catéchiste. **Fête le 25 juin**. — Prêtre italien et fondateur des Filles de l'Oratoire, mort en 1917, Vincent Grossi est béatifié le 1er novembre 1975. **Fête le 13 décembre**. Prénoms dérivés : Vince, Vincien, Visant.

VINCENTE (f) Etym. cf. Vincent. Née et morte à Lovere, en Lombardie, sainte Vincente Gerosa est la fondatrice des sœurs de Marie-Enfant au 19e s. **Fête le 4 juin**. Prénoms dérivés : Vincentia, Vincentine, etc.

VINCENTIA (f) Cf. Vincente.

VINCENTINE (f) Cf. Vincente.

VINCIANA (f) Cf. Vinciane.

VINCIANE (f) Etym. cf. Vincent. Sœur de saint Landoald*, Vinciane accompagne toujours son frère dans ses missions, même les plus périlleuses, comme chez les chrétiens du Limbourg hollandais qui chassent leurs prêtres, les éliminent parfois définitivement, lorsqu'ils ne leur plaisent pas, au 7e s. Vinciane prie pendant que Landoald exhorte ses paroissiens. Etablis près de Maastricht, au milieu d'eux, le frère et la sœur sont adoptés. Ils réussissent même si bien qu'ils seront canonisés ensemble peu de temps après leur mort, vers 670, et que leurs reliques feront l'objet d'un culte important

dans toute la région. **Fête le 11 septembre**. Prénoms dérivés : Vinciana, Vincienne.

VINCIEN (m) Cf. Vincent.

VINCIENNE (f) Cf. Vinciane.

VINOC (m) Cf. Winnoc.

VIOLA (f) Cf. Violette.

VIOLAINE (f) Cf. Violette. Le prénom doit son succès au drame de Paul Claudel : *L'Annonce faite à Marie* (1912).

VIOLENTILLA (f) Cf. Violette. Prénom en vogue à l'époque romaine.

VIOLETTA (f) Cf. Violette.

VIOLETTE (f) Prénom inspiré de la petite plante herbacée à fleurs violettes ou blanches, très odorantes, qui croît dans les lieux ombragés. La violette est l'emblème de la modestie. Cf. Fleur. **Fête le 5 octobre**.

VIRGIL (m) Cf. Fergal. Forme latinisée du prénom.

VIRGILA (f) Cf. Virgile. Prénom en vogue à l'époque romaine.

VIRGILE (m) Etym. latine (*Publius Virgilius Maro*, illustre poète latin au 1er s. av. J.-C., ou *virgiliense*, nom des habitants d'une bourgade de Tarraconaise, province romaine en Espagne). Né en Aquitaine vers 550, Virgile prend l'habit bénédictin à l'abbaye de Lérins, Provence, vers 570. Plus tard, à Autun, Bourgogne, il rencontre Augustin*, futur archevêque de Canterbury. Elu évêque d'Arles en 597, Virgile fait ériger l'église Saint-Honorat où il sera inhumé en octobre 618. **Fête le 10 octobre**. Prénoms dérivés : Virgila, Virgilia, Virgiliane, Virgiliz.

VIRGILIA (f) Cf. Virgile. Prénom en vogue à l'époque romaine.

VIRGILIANE (f) Cf. Virgile.

VIRGILIZ (m) Cf. Virgile. Forme bretonne du prénom.

VIRGINIA (f) Cf. Virginie.

VIRGINIE (f) Etym. latine (*virgo*, vierge). Bergère poitevine, mais on ignore à quelle époque, Virginie est à l'origine du village de Sainte-Verge, aujourd'hui dans les Deux-Sèvres. **Fête le 7 janvier.** Le prénom doit son succès au roman de Bernardin de Saint-Pierre : *Paul et Virginie* (1787). Prénoms dérivés : Virginia, Virginien, Virginix.

VIRGINIEN (m) Cf. Virginie.

VIRGINIX (f) Cf. Virginie. Prénom en vogue à l'époque romaine.

VIRIANE (f) Cf. Viridiana.

VIRIDIANA (f) Etym. latine (*Viridianus*, dieu de la Nature, de *viridis*, verdure). Née près de Florence, Italie, vers 1175, Viridiane éprouve très tôt le goût de la solitude et de la prière. Elle fait le pèlerinage de Saint-Jacques-de-Compostelle et, à son retour, s'enferme dans une cellule dont elle ne sortira que le jour de sa mort, plus de trente ans après, en 1242. Elle reçoit François* d'Assise en 1221 et parfois des pauvres, pour leur donner la nourriture qu'on lui apporte. Les reliques de sainte Viridiana sont vénérées dans l'église qui lui est dédiée à Castelfiorentino, près de Florence, depuis 1939. **Fête le 1er février.** Prénoms dérivés : Verdiane, Véridiane, Véridienne, Viriane, Viridienne.

VIRIDIENNE (f) Cf. Viridiana.

VIRNA (f) Cf. Véréna.

VISANT (m) Cf. Vincent. Forme bretonne du prénom.

VITAL (m) Etym. latine (*vitalis*, de *vita*, vie). Epoux de sainte Valérie* et magistrat à Ravenne, Italie, au 2e s., Vital est dénoncé comme chrétien par un prêtre d'Apollon et précipité vivant au fond d'un puits où il agonise pendant sept jours. Au 6e s., l'empereur Justinien fait ériger à Ravenne une basilique en son honneur. **Fête le 28 avril.** — Esclave d'Agricola* à Bologne, Italie, au 3e s., Vital est instruit du christianisme par son maître. Service pour service, c'est Vital qui prépare Agricola au martyre lorsqu'ils sont arrêtés et jetés en prison. Retrouvés dans le cimetière juif, leurs corps sont transférés dans une église de la via Emilia, à l'est de Bologne, en 393, par les soins de saint Ambroise*, évêque de Milan. **Fête le 4 novembre.** — Frère de sainte Adeline*, Vital est le fondateur d'un monastère dans la forêt de Savigny, en Bretagne, au 12e. **Fête le 20 octobre.** — Oblat de Marie Immaculée, Vital Grandin est l'un des grands évêques missionnaires du 19e s. Mort en 1902 à Saint-Albert, au Canada. **Fête le 3 juin.**

VITALIANA (f) Etym. cf. Vital. Au 4e s, Vitaliana sert Dieu dans la solitude, à Artonne, près de Riom, en Auvergne. **Fête le 13 août.**

VITALIEN (m) Etym. cf. Vital. Elu pape en 657, Vitalien combat le monothélisme et tente de rétablir les relations entre Byzance et Rome. Mort à Rome en 672. **Fête le 27 janvier.**

VITALINA (f) Cf. Vitaliana.

VITE (m) Cf. Guy.

VITH (m) Cf. Guy. Saint Vith ou Guy est le patron de la petite ville de saint-Vith, près de Liège, Belgique.

VITOUR (m) Cf. Victor. Forme provençale du prénom.

VIVETTE (f) Cf. Geneviève. Forme provençale du prénom.

VIVIAN (m) Etym. latine (*vivus*, vivant). Appartenant à la 12e légion, la "Fulminante", en cantonnement à Sébaste, en Cappadoce, Asie Mineure, Vivian est arrêté et précipité nu dans un étang glacé, avec trente-neuf de ses compagnons, l'hiver de l'an 320, pour avoir refusé de sacrifier aux dieux païens lors de la persécution de Licinius, empereur d'Orient. **Fête le 10 mars.**

VIVIANE (f) Cf. Bibiane.

VIVIEN (m) Etym. cf. Vivien. Vivien est évêque de Saintes au 5e s. Une église lui est dédiée dans l'ancienne capitale de la Saintonge. **Fête le 28 août.** Prénom dérivé : Vivienne.

VIVIENNE (f) Cf. Vivien.

VLADIMIR (m) Etym. germanique (*wald,* celui qui gouverne et *maro,* illustre). Né vers 956, Vladimir Sviatoslavitch est proclamé prince de Novgorod en 970 et grand-prince de Kiev en 980. Il fait éliminer son frère, devient l'unique souverain de Russie et étend son territoire de la Baltique à la Mer Noire. Puis il épouse la princese Anna, sœur de l'empereur byzantin Basile II, se convertit au christianisme et fait construire des églises dans tout le pays. Mort en 1015, Vladimir le Grand ou le Saint est considéré, et vénéré, comme le fondateur de la grande Russie. **Fête le 15 juillet.** Prénoms dérivés : Volodia, Waldemar, Waldy, Wladimir.

VLADISLAS (m) Cf. Ladislas.

VOËL (m) Etym. latine (*gwel,* vue). Originire d'Ecosse, Voël vient évangéliser les Francs au 8e s., s'établit définitivement près de Soissons et meurt, ermite, vers 720. **Fête le 5 février.** Prénoms dérivés : Voéla, Voëlle.

VOÉLA (f) Cf. Voël.

VOËLLE (f) Cf. Voël.

VOLCAN (m) Etym. latine (*Vulcanus,* Vulcain, dieu du feu dans la mythologie). Né en Armorique, Volcan est baptisé par Patrick au début du 5e s. lors du séjour du jeune missionnaire en Gaule. Volcan le suit en Irlande et, devenu évêque, baptise un tyran qui accepte de libérer tous ses prisonniers ; ce qui lui vaut les reproches de saint Patrick*. **Fête le 20 février.** Prénoms dérivés : Bolcan, Olkan.

VOLODIA (m) Cf. Vladimir.

VON (m) Cf. Yves.

VONA (f) Cf. Yvette.

VONIG (m) Cf. Yves.

VONNY (f) Cf. Yvette.

VULMER (m) Cf. Wilmart.

W

WAAST (m) Cf. Gaston.

WALATTA (f) Etym. amharique. Epouse d'un ministre du négus Susenyos en Abyssinie au 17e s., Walatta Petros se sépare de lui lorsqu'il tente de rattacher à Rome l'Eglise éthiopienne à laquelle elle appartient. Retirée dans un monastère qu'elle a fondé loin de la capitale et de la cour, elle se consacre à l'étude de la Bible, y passant parfois ses nuits, jusqu'au jour où lui apparaît la Mère de Dieu inquiète pour sa santé : « Ne te fatigue pas ainsi, lui recommande la Vierge Marie. Lis chaque jour un peu les Evangiles, surtout celui de saint Jean. Cela suffira ». Plus tard, soucieuse du bonheur des serfs qui travaillent beaucoup et péniblement autour du monastère, Walatta organise la vie communautaire dans plusieurs villages, partageant équitablement le temps entre le travail, la prière, la vie de famille et le repos. Elle consacre ses vingt dernières années à cette œuvre et meurt en 1643. **Fête le 24 novembre**.

WALBERT (m) Etym. germanique (*wald*, celui qui gouverne et *berht*, brillant). Troisième abbé de Luxeuil*, alors en Bourgogne, au 7e s., Walbert adopte la règle de saint Benoît* en remplacement de celle de saint Colomban*, le fondateur de l'abbaye. **Fête le 2 mai**. — Epoux de sainte Bertilie*, Walbert est le père de sainte Valtrude* et sainte Aldegonde* de Maubeuge, et donc le grand-père des saints Landry*, Dentelin*, Adeltrude* et Maldeberte* aux 7e et 8e s. **Fête le 11 mai**. Cf. Valbert.

WALBERTE (f) Cf. Walbert.

WALBURGE (f) Etym. germanique (*wald*, celui qui gouverne et *burg*, forteresse). Née dans le Sussex, Angleterre, vers 710, Walburge est moniale bénédictine, chargée par saint Boniface* de fonder un monastère à Heidenheim, dans le Wurtemberg (auj. en Allemagne), vers 755. En 778, elle écrit le récit du pèlerinage de son frère, saint Willibald*, aux Lieux saints. Morte à Heidenheim en 779, sainte Walburge est la patronne de Bruges et Ypres en Belgique. Un liquide miraculeux qui paraît sourdre de son tombeau dans l'église d'Eichstätt, l'huile de sainte Walburge, est à l'origine d'une légende, la *Nuit de Walpurgis*, évoquée par Goethe dans l'intermède de *Faust* en 1773. **Fête le 26 février**.

WALDEMAR (m) Cf. Vladimir.

WALDER (m) Cf. Gauthier. Forme alsacienne du prénom.

WALDY (m) Cf. Vladimir.

WALFRID (m) Etym. germanique (*wald*, celui qui gouverne et *frido*, paix). Né à Pise, Italie, aîné de cinq enfants puis père de cinq autres enfants, Walfrid Gherardesca, d'accord avec sa femme, fonde deux monastères sur deux collines jumelles aux portes de la ville : les trois fils suivent leur père sur le Mont Vert, les deux filles leur mère sur le Mont Noir. Walfrid et sa femme meurent le même jour, le 15 février 765. **Fête le 15 février**. Prénoms dérivés : Walfroy, Walfy.

WALFROY (m) Etym. cf. Walfrid. — Barbare converti par saint Yrieix*, Walfroy est le stylite d'Occident au 6ᵉ s. Sur une colline des Ardennes où l'on vénère encore la déesse Diane, il construit une colonne et y vit plusieurs années, prêchant contre l'idolâtrie, édifiant la population par sa piété et ses austérités. Lorsqu'il descend, c'est pour briser la statue de Diane et, peu de temps après, fuir les rigueurs de la guerre. Il trouve refuge à Yvois, aujourd'hui Carignan, et y meurt un 21 octobre, dans les toutes premières années du 7ᵉ s. Une église lui est dédiée sur la "Sainte Montagne" qui domine le village de Margut, près de Montmédy, dans les Ardennes. **Fête le 21 octobre**.

WALFY (m) Cf. Walfrid et Walfroy.

WALHÈRE (m) Cf. Valère.

WALTER (m) Cf. Gauthier. Forme alsacienne du prénom.

WALTHER (m) Cf. Gauthier.

WANDA (f) Cf. Wandrille.

WANDELIN (m) Etym. germanique (*wald*, celui qui gouverne et *lind*, doux). Moine colombaniste de Luxeuil, alors en Bourgogne, saint Wandelin est l'un des grands apôtres de l'ère mérovingienne. **Fête le 22 mars**.

WANDRILLE (m) Etym. germanique (*wald*, celui qui gouverne et *drillen*, faire tourner). Page à la cour de Clotaire II, Wandrille est contraint au mariage par sa famille apparentée à Pépin* de Landen. Après quelques années de vie conjugale, les époux se séparent d'un commun accord pour se consacrer à Dieu dans un monastère, chacun de son côté. Wandrille fonde un prieuré à Sainte-Ursanne, dans le Jura, fait un séjour à l'abbaye de Bobbio, Italie, et songe à gagner l'Irlande pour y finir sa vie. Il est retenu à Rouen par saint Ouen* qui le sacre abbé et le persuade de fonder un monastère dans la forêt de Jumièges, sur les bords de la Fontenelle, Normandie, où il meurt en 668. Au 10ᵉ s., l'abbaye de Fontenelle prend le nom de son fondateur. Transférées dans le Boulonnais à l'époque des invasions normandes, les reliques de saint Wandrille contribuent à la popularité du saint dans cette région. Son chef, disparu pendant la Révolution, est retrouvé dans l'église Saint-Loup de Namur en 1877, conservé à l'abbaye de Maredsous jusqu'en 1969 et vénéré depuis à Fontenelle-Saint-Wandrille. **Fête le 22 juillet**. Prénoms dérivés : Wanda, Wandy.

WANDY (m) Cf. Wandrille.

WAUDRU (f) Cf. Valtrude.

WELTAZ (m) Cf. Gildas. Forme bretonne du prénom.

WENCESLAS (m) Cf. Venceslas.

WERBURGE (f) Etym. germanique (*waran* ou *warjan*, protéger et *burg*, forteresse). Fille de sainte Erménilde* et de Wulphère, roi de Mercie, Angleterre, Werburge refuse obstinément le mariage malgré les partis avantageux qui lui sont proposés et se consacre à Dieu à l'abbaye d'Ely où elle meurt en

703. Fête le 3 février.

WERNER (m) Etym. germanique (*waran* ou *warjan*, protéger). Né à Warmrath, en Rhénanie, Werner est orphelin et n'a que quatorze ans lorsqu'il est martyrisé à Oberwesel le jeudi saint 19 avril 1287, ligoté à un pilier, la tête en bas, par trois mécréants possédés du démon qui veulent lui faire vomir l'hostie qu'il vient de recevoir. Retrouvé égorgé le lendemain au bord du Rhin, l'adolescent est enseveli à Saint-Cunibert de Bacherach en attendant le sanctuaire qui lui sera dédié en 1428. En Auvergne et en Basse-Comté, saint Werner devient saint Vernier ou saint Garnier. **Fête le 19 avril.**

WIBERT (m) Etym. germanique (*wid*, bois et *berht*, brillant). Né en Angleterre, Wibert est l'un des nombreux moines missionnaires qui accompagnent saint Boniface* chez les Saxons pour leur annoncer l'évangile. Il meurt abbé du monastère de Fritzlar en 738. **Fête le 13 août.**

WIGBERT (m) Cf. Wibert.

WILFRID (m) Etym. germanique (*will*, volonté et *frido*, paix). Né en Northumbrie, Angleterre, vers 634, Wilfrid fait ses études à Lyon et à Rome, prend l'habit bénédictin à Lindisfarne, Angleterre, et devient abbé de Rippon. Désigné plus tard pour l'archevêché d'York, il répand dans son pays les usages liturgiques romains et l'observance de la règle de saint Benoît. Mort à Oundle, près de Northampton, en 709, au terme de quarante-cinq ans d'apostolat. **Fête le 12 octobre.**

WILFRIDE (f) Etym. cf. Wilfrid. Concubine d'Edgar* le Pacifique, roi des Angles au 10e s., Wilfride se convertit et fuit la cour avec sa fille Edith*, pour se consacrer à Dieu au monastère de Wilton, dans le comté de Wilts. **Fête le 16 septembre.**

WILFRIED (m) Cf. Wilfrid.

WILHELM (m) Cf. Guillaume. Forme alsacienne du prénom.

WILHELMINE (f) Cf. Guillaume.

WILLARD (m) Etym. germanique (*will*, volonté et *hard*, dur). Né en Angleterre, dans le comté de Northumbrie, Willard est l'un des moines missionnaires qui accompagnent saint Boniface* chez les Frisons et les Saxons pour leur annoncer l'évangile. Fondateur du diocèse de Brême et premier évêque, il meurt à Blexen, sur la Weser, en 789. **Fête le 8 novembre.**

WILLEHAD (m) Cf. Willard.

WILLIAM (m) Etym. cf. Guillaume. — Chartreux, William Horn est martyrisé à Londres en 1540 après une détention particulièrement pénible dans la prison de Newgate, enchaîné debout, jour et nuit, la tête prise dans une entrave scellée au mur. **Fête le 20 septembre.** — Prêtre anglais rentré dans son pays après ses études à Douai, Reims et Rome, William Hort est arrêté et martyrisé à York le 15 mars 1583. **Fête le 15 mars.** — Humble domestique, William Browne est pendu à Rippon, Angleterre, pendant la persécution de Jacques 1er, en 1605, à cause de sa foi chrétienne. **Fête le 5 septembre.** — Prêtre, William Ward est exécuté à Tyburn, Angleterre, en 1641. Sur trente ans de mission, il en a passé une vingtaine en prison. **Fête le 26 juillet.**

WILLIANE (f) Cf. Guillaume.

WILLIBALD (m) Etym. germanique (*will*, volonté et *bald*, hardi). Fils de saint Richard* et frère de saint Winebald* et sainte Walburge*, Willibald est le premier Anglais connu à faire le pèlerinage des Lieux saints, de 719 à 726. Il confie des notes à sa sœur qui, dans ses dernières années, écrira la relation de ce voyage, *Hodoeporicon*, que l'on possède encore. Après un séjour à l'abbaye bénédictine du Mont-Cassin, en Italie, Willibald rejoint saint Boniface* en Bavière où il est sacré par lui premier évêque d'Eischstätt en 741. Mort vers 788 après plus de quarante-cinq ans d'épiscopat. **Fête le 7 juillet.** Prénom dérivé : Guilbaud.

WILLIBRORD (m) Etym. germanique (*will*, volonté et *brord*, frère). Moine à Rippon, Angleterre, Willibrord gagne l'Irlande, puis la Frise, avec plusieurs missionnaires, vers 690. Sacré évêque d'Utrecht par le pape Serge 1er en 695, il fonde le monastère d'Echternach (auj. au Luxembourg), baptise Pépin le Bref, évangélise les Rhénans, les Danois, les païens de Thuringe et meurt à Echternach le 7 novembre 739. Depuis le 14e s., chaque année, le mardi de la Pentecôte, une procession dansante (trois pas en avant, deux pas en arrière sur plus d'un kilomètre) se déroule à Echternach en l'honneur de saint Willibrord. En France, une église lui est dédiée à Gravelines, près de Dunkerque. **Fête le 7 novembre.**

WILLIE (m) Cf. Guillaume.

WILLIGIS (m) Etym. germanique (*will*, volonté et *ghil*, otage). Garde des sceaux de l'empereur Othon II, Willigis devient plus tard archevêque de Mayence, en Rhénanie, et se fait l'ardent défenseur de l'Eglise dans le Saint Empire romain germanique aux 10e et 11e s. **Fête le 23 février.**

WILLIS(m) Cf. Guillaume.

WILLY (m) Cf. Guillaume.

WILMART (m) Etym. germanique (*will*, volonté et *maro*, illustre). Moine bénédictin à Hautmont, Wilmart ou Vulmer fonde un monastère de femmes à Wières-au-Bois et un autre pour hommes près de Boulogne, en Picardie, où il meurt vers 700. **Fête le 20 juillet.**

WILTRUD (f) Etym. germanique (*will*, volonté et *trud*, fidélité). Epouse du duc de Bavière, Wiltrud fonde l'abbaye de Bergen après la mort de son mari, au 10e s. **Fête le 6 janvier.**

WINEBALD (m) Etym. germanique (*win*, ami et *bald*, hardi, audacieux). Né en Est-Anglie vers 700, Winebald est le frère de saint Willibald* et de sainte Walburge.* Après la mort de leur père, saint Richard*, à Lucques, en Toscane, il passe plusieurs années à Rome et y rencontre Boniface* venu voir le pape Grégoire III en 738. Il le suit en Thuringe où il prêche l'évangile, puis gagne la Bavière et y fonde à Heidenheim, non loin d'Eichstätt où son frère est évêque, un monastère de moniales qu'il confie à sa sœur et un monastère de moines qu'il gouverne jusqu'à sa mort, en 761. **Fête le 18 décembre.** Prénom dérivé : Wunibald.

WINFRID (m) Etym. germanique (*win*, ami et *frido*, paix). Moine anglais et grand apôtre des Germains au 8e s., saint Winfrid est plus connu sous le nom de Boniface. Voir ce prénom. **Fête le 5 juin.**

WINNIE (m) Cf. Winnoc.

WINNOC (m) Etym. germanique (*win*, ami). Venu d'Armorique, Winnoc se place sous la direction spirituelle de saint Bertin*, abbé de Sithiu (aujourd'hui Saint-Omer) au 7e s., avec trois compatriotes. Plus tard, fondateur et premier abbé du prieuré de Wormhoudt, en Flandre, Winnoc tient absolument à partager les travaux manuels avec ses disciples. Son biographe nous le montre chargé de moudre le grain de la communauté ; mais le plus souvent, la meule tourne seule ou actionnée par un ange pendant les extases de Winnoc. Mort à Wormhoudt vers 715, saint Winnoc est le patron des meuniers. **Fête le 6 novembre.** Prénoms dérivés : Gwinco. Vinoc.

WINSTON (m) Cf. Wistan.

WISTAN(m) Etym. celtique (*visce*, eau). Né en Angleterre, dans la famille du roi de Mercie, saint Wistan est assassiné sur l'ordre de son beau-père au 9e s. **Fête le 1er juin.**

WIVINE (f) Etym. germanique (*wid*, forêt et *win*, ami). Moniale bénédictine, Wivine fonde le monastère de Grand-Bigard, dans le Brabant, en 1129, avec l'appui du duc Godefroy VII de Lorraine. Elle en est la première abbesse et meurt le 17 décembre 1170. Ses reliques sont vénérées dans l'église du Sablon, à Bruxelles, depuis 1805. **Fête le 17 décembre.**

WLADIMIR (m) Cf. Vladimir.

WOLFGANG (m) Etym. germanique (*wulf*, loup et *angil*, lance). Né en Souabe vers 927, Wolfgang prend l'habit bénédictin à Einsiedeln en 964. Nommé évêque de Ratisbonne, Bavière, en 972, il travaille à la réforme de son clergé et rétablit la ferveur dans des monastères réputés pour leur bonne table. Wolgang laisse le souvenir d'un grand évêque, aimable et toujours très indulgent. Il sauve de la pendaison un rôdeur surpris à le cambrioler pendant son absence, lui pardonne et le renvoie avec un costume neuf. Tombé malade près de Linz pendant une visite pastorale, Wolfgang se fait transporter à l'église pour y recevoir les derniers sacrements, empêchant ses diacres d'évacuer la foule des fidèles et des curieux : « Laissez-les me regarder mourir puisqu'ils y tiennent, recommande-t-il ; cela ne peut que les inciter à préparer leur propre mort. Que Dieu nous fasse miséricorde, à eux et à moi ! ». Mort à Peppingen, près de Linz, le 31 octobre 994. **Fête le 31 octobre.**

WOLFRAM (m) Cf. Wulfran.

WULFRAN (m) Etym. germanique (*wilf*, loup et *hramm*, corbeau). Originaire de Brie et fils d'officier, Wulfran songe à se consacrer à Dieu dans un monastère lorsqu'il est nommé évêque de Sens, en Champagne. Il démissionne bientôt pour aller évangéliser les Frisons avec plusieurs moines de Fontenelle (auj. Saint-Wandrille en Normandie), témoins de son efficacité pour faire cesser les sacrifices humains et provoquer de nombreuses conversions. Mort à Fontenelle en 704. Une église lui est dédiée à Abbeville où ses reliques ont été transférées. **Fête le 20 mars.** Prénom dérivé : Wolfram.

WULSTAN (m) Etym. germanique (*wulf*, loup et *thanc*, pensée). Né à Worcester, Angleterre, en 1008, Wulstan entre au monastère bénédictin de sa ville dès son adolescence. Elu prieur, il prêche au peuple tous les dimanches et baptise les enfants des pauvres oubliés par le clergé. Evêque de Worcester, il inaugure les visites pastorales en Grande-Bretagne, fonde de nombreuses écoles, construit des églises et contribue considérablement à l'abolition de l'esclavage. Soucieux de la santé de ses moines et de ses prêtres, il leur permet de garder les cheveux longs afin qu'ils ne s'enrhument pas l'hiver. Mort à Worcester en 1095, Saint Wulstan est considéré comme l'un des plus grands évêques anglais. **Fête le 19 janvier.**

WUNIBALD (m) Cf. Winebald.

X

XANT (m) Etym. grecque (*xanthos*, jaune). Cf. Hyacinthe. Forme dérivée du prénom.

XANTHA(f) Cf. Hyacinthe.

XANTHE (f) Cf. Hyacinthe.

XANTHIE (f) Cf. Hyacinthe.

XANTHIN (m) Cf. Hyacinthe.

XAVIER (m) Etym. basque (*Javieri*, de *Etchaberri*, Maison-Neuve, nom d'une localité). Prénom inspiré d'un patronyme. Né au château de Xavier, en Navarre, en 1506, François, dit François-Xavier, est l'un des premiers disciples d'Ignace* de Loyola, fondateur de la compagnie de Jésus, et l'un des plus grands missionnaires de toute l'histoire de l'Eglise. Cf. François-Xavier. **Fête le 3 décembre.**

XAVIÈRE (f) Cf. Xavier et Françoise-Xavière.

XÉNIA (f) Etym. grecque (*xenos*, étranger). Après la mort de son mari, musicien du tsar Alexandre III à Saint-Pétersbourg au 18e s., Xénia se retire définitivement du monde et mène, le reste de ses jours, la vie des "fols" de Dieu, n'acceptant de revenir qu'une fois à la cour pour guérir le tsar, victime d'un attentat. **Fête le 24 janvier.**

XÉNOPHON (m) Etym. grecque (*xenos*, étranger et *phônê*, voix, son). Victimes d'un naufrage et recueillis par des moines, vrais pêcheurs d'hommes, au large de Bérite (auj. Beyrouth), Xénophon, sa femme et ses deux fils adoptent tous ensemble la vie monastique, au 6e s. **Fête le 26 janvier.**

XYSTRA (f) Etym. latine : "l'étrille". Prénom en vogue à l'époque romaine.

XYSTE (m) Cf. Sixte.

XYTILIS (m) Cf. Élisabeth.

XYTILISE (f) Cf. Élisabeth.

Y

YAËL (m) Cf. Joël.

YAËLLE (f) Cf. Joël.

YAGU (m) Cf. Jagu.

YAGUEL (m-f) Cf. Yagu.

YAKHIA (m) Cf. Jean. Forme touarègue du prénom.

YAN (m) Cf. Jean. Forme bretonne du prénom.

YANN (m) Cf. Jean et Gaël.

YANNA(f) Cf. Jeanne.

YANNICK (m) Cf. Jean.

YANOU (m) Cf. Jean.

YAOUEN (m) Cf. Joévin.

YASMINE (f) Cf. Benjamin.

YEDIDYA (m) Etym. hébraïque : "aimé de Yahvé" selon la Bible (2S 12, 25). Cf. Salomon.

YEUN (m) Cf. Yves. Forme bretonne du prénom.

YOANN (m) Cf. Jean.

YOANNA(f) Cf. Jeanne.

YOBA (f) Cf. Lioba.

YOËL (m) Cf. Joël.

YOËLLE (f) Cf. Joël.

YOHANAN(m) Cf. Jean. Forme hébraïque du prénom.

YOLANDE (f) Etym. latine (*viola*, violette) et germanique (*land*, pays, domaine). Fille de Bela IV , roi de Hongrie, et femme de Boleslas le Pieux, duc de Kalisz, Yolande se retrouve veuve en 1279. Elle établit deux de ses filles et entre avec une autre chez les moniales de Gnesen, près de Poznan (auj. en Pologne), monastère fondé par son époux. Abbesse, elle meurt en 1299. Sainte Yolande est la nièce de sainte Elisabeth* de Hongrie. **Fête le 11 juin.**

YON (m) Etym. grecque (*ion*, de *ienai*, aller). Disciple de saint Denis* et apôtre du Hurepoix au 3e s., saint Yon est à l'origine du sanctuaire de Notre-Dame de Longpont, dans la vallée de l'Orge (auj. dans l'Essonne), sur l'emplacement d'un temple gaulois dédié à une "virgo paritura", une vierge qui doit enfanter. **Fête le 12 août.**

YONA (f) Etym. hébraïque : "colombe". Cf. Colombe.

YONIE (f) Cf. Colombe.

YOUENN (m) Cf. Yves .

YOUN (m) Cf. Yves. Forme bretonne du prénom.

YOUNA (f) Cf. Yves ou Yvette.

YOURA (m) Cf. Georges. Forme slave du prénom.

YOURI (m) Cf. Georges.

YRIEIX (m) Cf. Aredius.

YSARN (m) Etym. germanique *(is,* glace et *arn,* aigle). Moine à l'abbaye Saint-Victor de Marseille, Ysarn en devient l'abbé, désigné par un petit oblat après de longues délibérations infructueuses. Sa première démarche est de se rendre en Espagne pour racheter aux musulmans les religieux capturés lors de leurs dernières razzias. Très austère, Ysarn est parfois la cible des taquineries de son ami Odilon*, abbé de Cluny. Mort en 1043. **Fête le 24 septembre.**

YSEULT (f) Cf. Iseult.

YSOIE (f) Cf. Eusébie.

YSOLINE (f) Cf. Eusébie.

YVAN (m) Cf. Jean. Forme slave du prénom.

YVANNA (f) Cf. Jeanne.

YVELIN (m) Cf. Yves.

YVELINE (f) Cf. Yves ou Yvette.

YVERTIN (m) Etym. cf. Yves. A Moncontour, en Bretagne, dans l'église Notre-Dame-Haut, saint Yvertin est invoqué contre les maux de tête. **Fête le 22 décembre.**

YVES (m) Etym. celtique *(iv,* if). Disciple de Lanfranc* à l'abbaye du Bec, Normandie, Yves est chanoine régulier de Saint-Quentin, à Beauvais, Ile-de-France, lorsqu'il est nommé évêque de Chartres par Urbain II en 1092. Homme intègre, il s'élève énergiquement contre les pratiques de simonie en usage dans le clergé et contre les scandales de la cour. Philippe 1er le retient prisonnier durant plusieurs mois parce qu'il a refusé d'assister au second mariage du roi qui a répudié sa première femme. Libéré, Yves travaille à la rédaction d'importants ouvrages canoniques qui révèlent un ardent pacifiste et défenseur du Saint-Siège. Auteur aussi de *Lettres* et de *Sermons,* il meurt à Chartres en décembre 1116. **Fête le 20 mai.** — Né au manoir de Kermartin, près de Tréguier, Bretagne, en 1253, Yves prend la route de Paris,

encore adolescent. Au terme de longues études de droit dans la capitale et à Orléans, il est nommé *official,* c'est-à-dire juge ecclésiastique, du diocèse de Rennes en 1280. Appelé à Tréguier par l'évêque Alain de Buc en 1284, Yves est ordonné prêtre et nommé curé de Trédez mais reste official, et son souci de toujours défendre en priorité les indigents et les persécutés le font surnommer ''l'avocat des pauvres''. En 1291 il leur ouvre le manoir dont il a hérité à Kermartin, met tous ses biens à leur disposition et, nommé curé de Louannec, près de Perros-Guirec, dépense ses dernières forces au service de ses amis déshérités. Comportement si insolite de la part d'un homme de loi qu'il soulève un immense mouvement de popularité autour d'Yves vénéré comme un saint de son vivant. Il meurt à Louannec le 19 mai 1303, est canonisé par Clément VII en 1347 et étonne encore les nombreux pèlerins qui se pressent sur son tombeau, à Tréguier, à en croire le tercet pas très aimable pour tout le monde :
Sanctus Yvo erat Brito,
Advocatus et non latro,
Res miranda populo.
(Saint Yves était breton, avocat et pas voleur, chose étonnante pour le peuple). **Fête le 19 mai.** Prénoms dérivés : Erwann, Erwin, Eozen, Even, Ewen, If, Ifig, Ivi, Ivon, Von, Vonig, Yeun, Youn, Yvelin, Yvi, Yvon, etc.

YVETTE (f) Etym. cf. Yves. Née à Huy, près de Liège, en 1158, Yvette est mariée dès l'âge de treize ans. Veuve très jeune, elle éduque ses enfants, se consacre au soin des lépreux et vit en recluse ses trente dernières années. Morte à Huy en 1228. **Fête le 13 janvier.** Prénoms dérivés : Erwana, Erwanez, Youna, Yveline, Yvonne, etc.

YVI (m) Cf. Divi ou Yves.

YVO (m) Cf. Yves.

YVON (m) Cf. Yves.

YVONNE (f) Cf. Yves ou Yvette.

Z

ZACHARIE (m) Etym. hébraïque : "Yahvé s'est souvenu". Personnage biblique, Zacharie est l'un des douze petits prophètes et le chef de la famille sacerdotale d'Iddo au 6ᵉ s. av. J.-C. **Fête le 6 septembre.** — Prêtre juif de la classe sacerdotale d'Abia, Zacharie est le père de Jean*, le Baptiste, malgré son âge avancé et la stérilité de son épouse Élisabeth*. Cf. Lc 1, 5-80. **Fête le 5 novembre**. — Grec né en Calabre, Italie méridionale, Zacharie est élu pape en 741. Il accorde la royauté à Pépin le Bref et négocie avec les envahisseurs lombards. Mort à Rome en 752. **Fête le 22 mars.**

ZACHÉE (m) Etym. hébraïque (*zecher*, mémoire). Selon l'évangile de Luc, Zachée est le chef des collecteurs d'impôts à Jéricho, Palestine, au 1ᵉʳ s., lorsque Jésus vient y annoncer la bonne nouvelle du salut pour tous ceux qui croient en lui. Petit de taille, il grimpe dans un sycomore pour voir passer le Christ, discrètement. Mais Jésus s'arrête, lève les yeux sur lui et dit : « Dépêche-toi de descendre, Zachée, je veux loger chez toi aujourd'hui ». Luc souligne l'empressement et la joie de Zachée, mais aussi l'indignation générale de la foule : « Cet homme entre dans la maison d'un pécheur ! ». Jésus écoute poliment les bonnes résolutions du petit homme et dit, pour la foule plus que pour lui : « Le salut est entré aujourd'hui dans cette maison... ; car le Fils de l'homme est venu chercher et sauver ce qui était perdu ». La tradition veut que Zachée soit venu évangéliser les Gaulois après la Pentecôte. Ses reliques sont longtemps vénérées à Rocamadour, dans le Quercy. **Fête le 23 août.**

ZAÏDE (f) Cf. Grâce.

ZAÏG (f) Cf. Louise. Forme bretonne du prénom.

ZAVIÉ (m) Cf. Xavier. Forme provençale du prénom.

ZÉA (f) Cf. Zoé.

ZÉBÉDÉE (m) Etym. hébraïque (*Zavdaï*). Pêcheur sur le lac de Galilée, Paslestine, au 1ᵉʳ s., Zébédée est l'époux de Salomé*, le père de Jacques* et Jean*, deux apôtres de Jésus. **Fête le 22 octobre.**

ZÉLA (f) Cf. Zoé.

ZELDA (f) Cf. Zoé.

ZÉLIE (f) Cf. Soline.

ZÉLINE (f) Cf. Soline.

ZÉNA (f) Cf. Zénaïde.

ZÉNAÏDE (f) Etym. grecque (*xenos*,

étranger). Convertie par Paul* à Tarse, Asie Mineure, au 1er s., Zénaïde se retire dans la solitude des montagnes qui bordent le Cydnus, au nord du pays, priant pour la conversion du monde et soignant les malades, surtout les enfants et les possédés du démon. Sainte Zénaïde est spécialement honorée dans l'Eglise grecque. **Fête le 11 octobre.**

ZÉNOBE (m) Etym. grecque (*xenos*, étranger). Médecin, Zénobe se remet aux études et demande la prêtrise afin de pouvoir soigner les âmes avec les corps à Sidon, en Phénicie, au 3e s. Arrêté et emmené à Antioche, il est martyrisé sous Dioclétien au début du 4e s. **Fête le 29 octobre.** Prénoms dérivés : Zénobie, Zénobin.

ZÉNOBIE (f) Cf. Zénobe.

ZÉNOBIN(m) Cf. Zénobe.

ZÉNODORA (f) Cf. Zénon. Prénom en vogue à l'époque romaine.

ZÉNODORE (f) Cf. Zénon.

ZÉNON (m) Etym. grecque (*xenos*, étranger). Soldat de service au tribunal, à Alexandrie, Egypte, vers 250, Zénon intervient pendant un jugement et témoigne de sa foi au Christ pour réconforter un chrétien qui lui paraît fléchir, impressionné par les menaces du juge. Zénon est martyrisé dans les jours qui suivent avec quatre de ses compagnons. Cf. Théophile d'Alexandrie. **Fête le 20 décembre.** — Africain de naissance, Zénon est élu évêque de Vérone, Italie, en 362, sous le règne de Julien l'Apostolat. Il combat énergiquement l'hérésie d'Arius, baptise chaque année un grand nombre de païens, rachète aux Goths leurs prisonniers après la bataille d'Andrinople en 378, soigne les blessés et les pauvres inlassablement jusqu'à la limite de ses forces. Mort en 380, saint Zénon est représenté avec un poisson parce que, désirant n'être à charge de personne, il

allait lui-même pêcher sa nourriture dans l'Adige. Aux 10e et 11e s. les moines bénédictins construisent sur sa tombe, à Vérone, l'une des plus belles églises romanes d'Italie. **Fête le 12 avril.** Prénoms dérivés : Zéno, Zénodora, Zénodore, Zénone, Zénonina, etc.

ZÉNONE (f) Cf. Zénon.

ZÉNONINA (f) Cf. Zénon.

ZÉPHIR(m) Cf. Zéphirin.

ZÉPHIRIN (m) Etym. grecque (*Zephurôs*, personnification du vent d'ouest dans la mythologie). Romain, Zéphirin est élu pape en 199, après la mort de Victor 1er. Il tente d'apaiser les querelles théologiques sur la Trinité, fait remplacer les calices en bois par des calices en métal et prépare Calliste*, son diacre, à lui succéder. Mort à Rome en 217, Zéphirin est inhumé près de saint Tharcisius*,sur la voie Appienne. **Fête le 26 août.** Prénoms dérivés : Zéphir, Zéphyr, Zéphirine.

ZÉPHIRINE (f) Cf. Zéphirin.

ZÉPHYR (m) Cf. Zéphirin. — Dans la mythologie, Zéphyr est la personnification du vent d'ouest et l'époux de Chloris, la divinité de la végétation.

ZÉRA (f) Cf. Zita.

ZÉRANE (f) Cf. Zita.

ZITA (f) Etym. grecque (*zêta*, sixième lettre de l'alphabet grec). Née près de Lucques en Toscane, vers 1218, sixième enfant d'une famille très pauvre, Zita va vendre au marché les fruits et les légumes du jardin sitôt qu'elle sait compter. A douze ans, elle entre au service des Fatinelli, riches bourgeois de Lucques qui la gardent jusqu'à sa mort, survenue dans sa soixantième année, malgré de graves accusations portées contre elle par des valets jaloux. Zita ne se plaint jamais mais remercie ces gens de bien vouloir l'aider à expier ses péchés. Elle se lève chaque matin une heure plus tôt pour participer à l'Eucharistie, jeûne pour donner sa nourriture à un pauvre et laisse souvent son lit à une femme sans domicile. Elle meurt le 27 avril 1278 et fait tant de prodiges en faveur des personnes qui viennent la prier sur sa tombe que l'évêque de Lucques veut la placer quatre ans après sur les autels. Sainte Zita est la patronne des gens de maison. **Fête le 27 avril**. — Prénoms dérivés . Zite, Zéra, Zérane.

ZITE (f) Cf. Zita.

ZOA (f) Cf. Zoé.

ZOÉ (f) Etym. grecque (*zôê*, vie), Au service du citoyen romain Catallus, à Antalia, Asie Mineure, au 2e s., Zoé est brûlée vive avec son mari et ses deux enfants dans le four de la maison du maître le jour où celui-ci découvre qu'ils sont chrétiens. **Fête le 2 mai**. — Canonisée par Pie XII en 1947, Zoé Labouré est plus connue sous le nom de Catherine. Voir ce prénom. **Fête le 27 juillet**. Prénoms dérivés : Zéa, Zéla, Zelda, Zoa, etc.

ZOËL (m) Etym. grecque (*zôê*, vie). Chrétien, Zoël subit le martyre en Istrie, presqu'île de l'Adriatique (auj. en Yougoslavie), dans les premiers siècles du christianisme. **Fête le 24 mai**. Prénoms dérivés : Zoélie, Zoéline, Zoëlle, Zoïs, Zoltan.

ZOÉLIE (f) Cf. Zoël.

ZOÉLINE (f) Cf. Zoël.

ZOËLLE (f) Cf. Zoël.

ZOÏS (m) Cf. Zoël.

ZOLTAN (m) Cf. Zoël.

ZOZIMA (f) Cf. Zozime.

ZOZIME (m) Etym. grecque (*zozimos*, vigoureux). Compagnon de captivité d'Ignace*, évêque d'Antioche, Zozime le suit à Rome où tous deux et plusieurs autres chrétiens sont livrés en pâture aux fauves dans le cirque de Néron, en 107, pendant les persécutions de Trajan. **Fête le 18 décembre**. — Grec, Zozime est élu pape en 417. Induit en erreur par Pélage et son disciple Caelestius, il leur donne l'absolution mais condamne le pélagianisme en 418, après le concile de Carthage, peu de temps avant sa mort. **Fête le 26 décembre**. — Prêtre et moine attaché à une laure de Jordanie, Zozime rencontre Marie* l'Egyptienne, ermite dans le désert, entend sa confession et lui donne l'Eucharistie avant de recueillir son dernier soupir, vers 422. Il l'ensevelit près de son ermitage et, plus tard, écrit son histoire afin de témoigner de l'infinie miséricorde de Dieu. **Fête le 4 avril**. — Né à Tyr, en Phénicie, au début du 6e s, Zozime affirme que « prier avec foi, c'est le faire en croyant fermement que notre Père céleste nous aime assez pour ne rien nous refuser ». Il ne fait que citer l'évangile mais prouve, par son comportement, que cela est vrai. Ainsi, après quelques instants de prière, il guérit un jour une femme qui s'est blessé un œil avec une navette de tisserand. A quelque temps de là, il rencontre un lion qui, n'ayant pas déjeuné depuis longtemps, se jette sur son âne et l'emporte. Zozime se met en prière, retrouve le lion aussitôt et l'oblige à le transporter, lui et son bagage. Mort à Tyr vers 575. **Fête le 30 novembre**. Prénoms dérivés : Zozima, Zozimène.

ZOZIMÈNE (f) Cf. Zozime.

PRÉNOMS RÉGIONAUX

Certains prénoms évoquent plus particulièrement un terroir, une région de France — ainsi Yves et Gwenaëlle la Bretagne, Baudouin le Nord, Mireille et Magali la Provence... — parce qu'ils y sont traditionnellement en vogue pour des raisons religieuses, historiques, légendaires ou littéraires. Cette liste les regroupe ici par ordre alphabétique, indiquant après chacun d'eux le prénom auquel il faut se référer éventuellement et la région concernée. (L'Occitanie déborde largement le Languedoc actuel et désigne approximativement les régions situées au sud de la Loire).

Aanor (Eléonore)	Bretagne	Argan (Barthélemy)	Bretagne
Adésios	Occitanie	Argantaël (Barthélemy)	Bretagne
Adoùfe (Adolphe)	Provence	Armaël (Armel)	Bretagne
Adrian (Adrien)	Occitanie	Armaëlle (Armelle)	Bretagne
Aela (Ange)	Bretagne	Arnec	Bretagne
Aelig (Ange)	Bretagne	Arzhelen (Hélène)	Bretagne
Aenor (Eléonore)	Bretagne	Arzhul (Arthur)	Bretagne
Aesa (Isabelle)	Bretagne	Arzur (Arthur)	Bretagne
Agueto (Agathe)	Provence	Astrid	Nord
Alaïdo (Adélaïde)	Provence	Auban (Alban)	Provence
Alaïs (Adélaïde)	Provence	Aubert (Albert)	Normandie
Alanic (Alain)	Bretagne	Audouard (Edouard)	Provence
Alayette (Eliette)	Provence	Audren	Bretagne
Albin	Occitanie	Aureguenn (Aure)	Bretagne
Albrecht (Albert)	Alsace	Auzias (Elzéar)	Provence
Aldwin (Baudouin)	Nord	Avel (Abel)	Bretagne
Alessi (Alexis)	Provence	Awen (Venance)	Bretagne
Aleyde (Adélaïde)	Occitanie	Aymon (Raymond)	Occitanie
Alfret (Alfred)	Provence	Aymone (Raymonde)	Occitanie
Aliénor (Eléonore)	Occitanie	Aziliz (Cécile)	Bretagne
Allore	Bretagne		
Allowin	Nord		
Alor (Allore)	Bretagne		
Amable (Aimable)	Auvergne	Barban (Barbe)	Provence
Amadour	Languedoc	Bartoumiéu (Barthélemy)	Provence
Amaël (Maël)	Bretagne	Basillou (Basile)	Provence
Amandino (Amandine)	Provence	Basso	Provence
Amanet (Amand)	Provence	Bastian (Sébastien)	Occitanie
Amat (Aimé)	Provence	Batistet (Baptiste)	Provence
Amiel (Emile)	Provence	Batistoun (Baptiste)	Provence
Andéol	Occitanie	Baudouin	Nord
Anaëlle (Anne)	Bretagne	Bautezar (Balthazar)	Provence
Andréu (André)	Provence	Bazire (Basile)	Normandie
Andrev (André)	Bretagne	Benead (Benoît)	Bretagne
Andreva (Andrée)	Bretagne	Bénédit (Benoît)	Provence
Anfos (Alphonse)	Provence	Bénezet (Benoît)	Provence
Anfray (Ansfrid)	Normandie	Benniged (Benoît)	Bretagne
Angelouno (Angèle)	Provence	Berchmans	Nord
Annaïg (Anne)	Bretagne	Berhed (Brigitte)	Bretagne
Anneto (Annette)	Provence	Bernat (Bernard)	Provence
Ano (Anne)	Provence	Bernez (Bernard)	Bretagne
Antounet (Antoine)	Provence	Bernward	Alsace
Aoda (Aude)	Bretagne	Bertin	Nord
Aodren (Audren)	Bretagne	Bertranet (Bertrand)	Provence
Archibald	Auvergne	Bieuzy	Bretagne

Blaisian (Blaise)	Occitanie
Blasioun (Blaise)	Provence
Bleiz (Blaise)	Bretagne
Bodmaël	Bretagne
Bounifàci (Boniface)	Provence
Bregido (Brigitte)	Provence
Briac	Bretagne
Briagenn (Briac)	Bretagne
Briec	Bretagne
Brieuc (Briec)	Bretagne
Brioc (Briec)	Bretagne
Brivaël (Briac)	Bretagne
Camiho (Camille)	Provence
Caradec (Karadeg)	Bretagne
Carantec (Karadeg)	Bretagne
Catarino (Catherine)	Provence
Cathel (Catherine)	Alsace
Cathelle (Catherine)	Alsace
Catoun (Catherine)	Provence
Césaire	Provence
Césari (Césaire)	Provence
Charlez (Charles)	Bretagne
Charloun (Charles)	Provence
Ciprian (Cyprien)	Occitanie
Clar (Clair)	Provence
Claroun (Claire)	Provence
Claudic (Claude)	Bretagne
Claus (Nicolas)	Alsace
Clervie (Klervi)	Bretagne
Conogan (Gwenegan)	Bretagne
Convoyon	Bretagne
Corentin	Bretagne
Cornély (Corneille)	Bretagne
Coustantin (Constantin)	Provence
Cristòu (Christophe)	Provence
Damian (Damien)	Occitanie
Daniè (Daniel)	Provence
Daniset (Daniel)	Provence
Dàvi (David)	Provence
Davioun (David)	Provence
Denez (Denis)	Bretagne
Deniel (Daniel	Bretagne
Derhen (Derien)	Bretagne
Désirat (Désiré)	Provence
Dewi (David et Divi)	Bretagne
Dider (Didier)	Bretagne
Didrich (Thierry et Théodoric)	Alsace
Dieter (Didier)	Alsace
Dietrich (Thierry)	Alsace
Dinan	Bretagne
Divi	Bretagne

Divinon (Divi)	Bretagne
Doetval	Bretagne
Doezwal (Doetval)	Bretagne
Dogmaël	Bretagne
Donan	Bretagne
Donasian (Donatien)	Bretagne
Donnan (Donan)	Bretagne
Dorian (Théodore)	Franche-Comté
Doufinet (Delphin)	Provence
Douménique (Dominique)	Provence
Earine (Irène)	Bretagne
Edard (Edouard)	Occitanie
Edern	Occitanie
Edernez (Edern)	Bretagne
Efflam	Bretagne
Eflamm (Efflam)	Bretagne
Ehoarn	Bretagne
Eimound (Edmond)	Provence
Eisabèu (Isabelle)	Provence
Eliaz (Elie)	Bretagne
Eliboubann (Elisabeth)	Bretagne
Elioun (Elie)	Provence
Elmer	Champagne
Elouan	Bretagne
Emilion	Aquitaine
Enogat	Bretagne
Envel	Bretagne
Envela (Envel)	Bretagne
Eodez (Yves)	Bretagne
Ergat	Bretagne
Erlé	Bretagne
Ernst (Ernest)	Alsace
Erwan (Yves)	Bretagne
Erwana (Yvette)	Bretagne
Erwanez (Yvette)	Bretagne
Erwin (Yves)	Bretagne
Esperit (Esprit)	Provence
Estéban (Etienne)	Provence
Estin (Etienne)	Bretagne
Eumaël	Bretagne
Even	Bretagne
Ewen (Even)	Bretagne
Fabian (Fabien)	Occitanie
Fanch (François)	Bretagne
Félibert (Philibert)	Provence
Feliz (Félix)	Bretagne
Fieg (Fiacre)	Bretagne
Filouméno (Philomène)	Provence
Flavian (Flavien)	Occitanie
Flaviane (Flavien)	Occitanie
Florestan (Florentin)	Occitanie

Flour	Auvergne
Flourènço (Florence)	Provence
Foëlan	Bretagne
Fragan	Bretagne
Francès (François)	Occitanie
Franceso (Françoise)	Provence
Francet (François)	Provence
Franck (François)	Alsace
Françoun (François)	Provence
Fransez (François)	Bretagne
Franseza (Françoise)	Bretagne
Frantz (François)	Alsace
Frédéri (Frédéric)	Provence
Frédrich (Frédéric)	Alsace
Fritz (Frédéric)	Alsace
Front	Aquitaine
Fulrad	Alsace
Gaël	Bretagne
Gaëlle (Gaël)	Bretagne
Gaëlig (Gaël)	Bretagne
Gaid (Marguerite)	Bretagne
Ganaël (Gwenaël)	Bretagne
Gastoun (Gaston)	Provence
Gaud (Marguerite)	Bretagne
Gaudéric	Languedoc
Gens	Provence
Géraud	Auvergne
Germond (Germer)	Alsace
Gérold	Alsace
Géry	Nord
Gestin (Estin)	Bretagne
Ghislain	Nord
Gildas	Bretagne
Giloun (Gilles)	Provence
Gireg	Bretagne
Gladez	Bretagne
Glaôde (Claude)	Bretagne
Glaude (Claude)	Provence
Glaudino (Claudine)	Provence
Goal	Bretagne
Goharz (Gohard)	Bretagne
Gouesnou	Bretagne
Goueznou (Gouesnou)	Bretagne
Goulven	Bretagne
Goustan	Bretagne
Gouziern (Gunthiern)	Bretagne
Govran (Gobrien)	Bretagne
Gradlon	Bretagne
Grégori (Grégoire)	Provence
Gretel (Marguerite)	Alsace
Greten (Marguerite)	Alsace
Gudwal (Goal)	Bretagne
Guénaël (Gwenaël)	Bretagne
Guénolé (Gwenolé)	Bretagne

Guerarht (Gérard)	Alsace
Guéthenoc	Bretagne
Guewen (Gwenn)	Bretagne
Guigner	Bretagne
Guihéume (Guillaume)	Provence
Guihéumeto (Guillaume)	Provence
Guillot (Guillaume)	Normandie
Guinou (Gouesnou)	Bretagne
Guireg (Gireg)	Bretagne
Gunther (Gunthiern)	Alsace
Gunthiern	Bretagne
Gurloès	Bretagne
Gurval	Bretagne
Gurvan (Gurval)	Bretagne
Guthenoc (Guéthenoc)	Bretagne
Gweltaz (Gildas)	Bretagne
Gwen (Gwenn)	Bretagne
Gwenaël	Bretagne
Gwenaëlle	Bretagne
Gwenegan	Bretagne
Gwenivar (Geneviève)	Bretagne
Gwenn	Bretagne
Gwennaïg (Gwenn)	Bretagne
Gwennin	Bretagne
Gwennoline (Gwendoline)	Bretagne
Gwenola (Gwenolé)	Bretagne
Gwenolé	Bretagne
Gwinog (Winnoc)	Bretagne
Gwier (Guy)	Bretagne
Gwilhem (Guillaume)	Bretagne
Gwillerm (Guillaume)	Bretagne
Gwillou (Guillaume)	Bretagne
Gwion (Guy)	Bretagne
Hans (Jean)	Alsace
Hansie (Jeanne)	Alsace
Haran (Aaron)	Bretagne
Hartman (Armand)	Alsace
Haude	Bretagne
Heinz (Henri)	Alsace
Hendrick (Henri)	Alsace
Hoedez (Haude)	Bretagne
Herbert	Alsace
Herbod	Bretagne
Hervé	Bretagne
Herveig (Hervé)	Bretagne
Hervieu (Hervé)	Normandie
Hilda (Hildebrande)	Alsace
Hoël	Bretagne
Hoëla (Hoël)	Bretagne
Houardon	Bretagne
Houarniaule (Hervé)	Bretagne
Iann (Jean)	Bretagne

Ideuc (Iltud)	Bretagne
Ifig (Yves)	Bretagne
Ingwenog	Bretagne
Ivi (Divi ou Yves)	Bretagne
Ivo (Yves)	Bretagne
Ivoun (Yves)	Provence
Ivor (Yves)	Bretagne
Ivy (Divi ou Yves)	Bretagne
Jacoumeto (Jacqueline)	Provence
Jacquou (Jacques)	Occitanie
Jacut (Jagu)	Bretagne
Jaffrez (Geoffroy)	Bretagne
Jagu	Bretagne
Jakez (Jacques)	Bretagne
Jakeza (Jacqueline)	Bretagne
Jalm (Jacques)	Bretagne
Janet (Jean)	Provence
Janeto (Jeanne)	Provence
Janik (Jeanne)	Bretagne
Jano (Jeanne)	Provence
Jaoua (Joévin)	Bretagne
Jaouen (Joévin)	Bretagne
Jaoven (Joévin)	Bretagne
Jaque (Jacques)	Provence
Jasper (Gaspar)	Alsace
Jaufret (Goeffroy)	Provence
Jaume (Jacques)	Provence
Jezekaël (Judicaël)	Bretagne
Jezekel (Judicaël)	Bretagne
Jikel (Judicaël)	Bretagne
Jili (Gilles)	Bretagne
Job (Joseph)	Bretagne
Jobig (Joseph	Bretagne
Jodoc (Josse)	Bretagne
Joéva (Joévin)	Bretagne
Joévin	Bretagne
Joran (Georges)	Bretagne
Jore (Georges)	Normandie
Jòrgi (Georges)	Provence
Jorioz (Georges)	Savoie
Jos (Joseph ou Josse)	Bretagne
Josse	Bretagne et Picardie
Josselin (Josse)	Bretagne
Jouan	Bretagne
Jóusé (Joseph)	Provence
Jova (Joévin)	Bretagne
Judaël (Judicaël)	Bretagne
Judicaël	Bretagne
Judoc (Josse)	Bretagne
Juhel (Judicaël)	Bretagne
Julian (Julien)	Occitanie
Julianne (Julienne)	Occitanie
Juluan (Julien)	Bretagne
Juthaël (Judicaël)	Bretagne

Kadeg	Bretagne
Kadiou (Kadeg)	Bretagne
Kadog (Kadeg)	Bretagne
Kaëlig (Judicaël)	Bretagne
Kaourantin (Corentin)	Bretagne
Karadeg	Bretagne
Karanteg (Karadeg)	Bretagne
Karel (Carine)	Bretagne
Kasper (Gaspar)	Alsace
Kast (Kadeg)	Bretagne
Katell (Catherine)	Alsace et Bretagne
Kay	Bretagne
Kenan (Kay)	Bretagne
Kened	Bretagne
Kilhouet (Kened)	Bretagne
Killien (Killian)	Bretagne
Kireg (Gireg)	Bretagne
Kirill (Cyrille)	Bretagne
Klaoda (Claude)	Bretagne
Kler (Clair)	Bretagne
Klervi	Bretagne
Konan	Bretagne
Konogan (Gwenegan)	Bretagne
Korvaz	Bretagne
Kou (Jacques)	Bretagne
Kouled (Couleth)	Bretagne
Koulm	Bretagne
Koulman (Colomban)	Bretagne
Kristell (Christine)	Bretagne
Kristen (Christian)	Bretagne
Kurt (Conrad)	Alsace
Laorans (Laurent)	Bretagne
Laouenan	Bretagne
Lary (Lazare)	Languedoc
Laurèns (Laurent)	Provence
Lavan (Laouenan)	Bretagne
Lavena	Bretagne
Lenaïg (Hélène)	Bretagne
Leno (Hélène)	Provence
Leuri	Bretagne
Lévana (Lavena)	Bretagne
Liboubane (Eliboubann)	Bretagne
Lodi (Elodie)	Provence
Loeiz (Louis)	Bretagne
Loeiza (Louise)	Bretagne
Loïc (Louis)	Bretagne
Loïg (Louis)	Bretagne
Lorenz (Laurent)	Alsace
Loudio (Elodie)	Provence
Louiset (Louis)	Occitanie
Lucian (Lucien)	Occitanie
Ludger	Alsace
Ludwig (Louis)	Alsace
Lunaire (Luner)	Bretagne
Luner	Bretagne

Mabel (Aimable)	Limousin	Miliau	Bretagne
Madalen (Madeleine)	Bretagne	Miquèlo (Michèle)	Provence
Madaleno (Madeleine)	Provence	Miquèu (Michel)	Provence
Madeg (Madoc)	Bretagne	Miranda (Mireille)	Provence
Madeloun (Madelon)	Provence	Mireille	Provence
Maden	Bretagne	Mireio (Mireille)	Provence
Madoc	Bretagne	Modez (Maudez)	Bretagne
Maé (Maël)	Bretagne	Morvan (Maurice)	Bretagne
Maël	Bretagne	Mounico (Monique)	Provence
Maëlle (Maël)	Bretagne		
Maëlmon	Bretagne		
Magali (Marguerite)	Provence		
Maglor (Magloire)	Bretagne	Nadalet (Noël)	Provence
Mahé (Matthieu)	Bretagne	Nadau (Noël)	Provence
Mahieu (Matthieu)	Normandie	Naïg (Anne)	Bretagne
Mai (Marie)	Bretagne	Naïk (Anne)	Bretagne
Maime (Maxime)	Provence	Nannig (Anne)	Bretagne
Maixent	Poitou	Nedelec (Noël)	Bretagne
Malcolm (Malo)	Bretagne	Nennok (Ninog)	Bretagne
Maner (Maunoir)	Bretagne	Neven (Nevenou)	Bretagne
Maodez (Maudez)	Bretagne	Nevenoe (Nevenou)	Bretagne
Marc'harid (Marguerite)	Bretagne	Nevenou	Bretagne
Marec (Marc)	Bretagne	Neventer	Bretagne
Margaine (Marguerite)	Champagne	Nicolazic (Nicolas)	Bretagne
Margalide (Marguerite)	Occitanie	Nicoulau (Nicolas)	Provence
Marganne (Marguerite)	Champagne	Ninian	Bretagne
Margarido (Marguerite)	Provence	Ninog	Bretagne
Margaux (Marguerite)	Aquitaine	Ninoun (Christiane)	Provence
Margerie (Marguerite)	Normandie	Nolwenn	Bretagne
Mariannick (Mariane)	Bretagne	Nominoé (Nevenou)	Bretagne
Marioun (Marie)	Provence	Nonn	Bretagne
Martoun (Marthe)	Provence	Norig (Eléonore)	Bretagne
Marzin (Martin)	Bretagne	Novela (Noël)	Bretagne
Matéo (Matthieu)	Bretagne	Novelenn (Noël)	Bretagne
Mativet (Matthieu)	Provence	Noyale (Nowenn)	Bretagne
Maudan	Bretagne		
Maudez	Bretagne		
Maugan	Bretagne		
Maunoir	Bretagne	Oanez (Agnès)	Bretagne
Mauri (Maur)	Provence	Oger (Roger)	Occitanie
Maurillon	Aquitaine	Olier (Olivier)	Bretagne
Mavel (Aimable)	Auvergne	Olkan (Volcan)	Bretagne
Mazé (Matthieu)	Bretagne	Omer	Nord
Mazhev (Matthieu)	Bretagne	Onnen	Bretagne
Meal (Maël)	Bretagne	Orlando (Roland)	Occitanie
Méen	Bretagne	Oudilo (Odile)	Provence
Mélaine	Bretagne	Oulevié (Olivier)	Provence
Mélar	Bretagne	Ourrias (Eléazar)	Provence
Melen (Mélaine)	Bretagne	Ousébie (Eusébie)	Provence
Meloar (Mélar)	Bretagne	Outavian (Octavien)	Provence
Méloir (Mélar)	Bretagne	Outrille (Austrégisille)	Occitanie
Menou	Bretagne		
Mériadec	Bretagne		
Meven (Méen)	Bretagne	Pabu (Tugdual)	Bretagne
Micheù (Michel)	Provence	Padern (Paterne)	Bretagne
Mieg (Rémi)	Alsace	Padrig (Patrick)	Bretagne

Paol (Paul)	Bretagne
Pascaloun (Pascal)	Provence
Pascau (Pascal)	Provence
Pascual (Pascal)	Occitanie
Paterne	Bretagne
Pauloun (Paul)	Provence
Pèire (Pierre)	Provence
Pèiroun (Pierre)	Provence
Pèirounello (Pétronille)	Provence
Per (Pierre)	Bretagne
Péran	Bretagne
Perig (Pierre)	Bretagne
Pern (Paterne)	Bretagne
Pierrick (Pierre)	Bretagne
Pieyre (Pierre)	Occitanie
Pleuigner (Guigner)	Bretagne
Pol	Bretagne
Polig (Pol ou Paul)	Bretagne
Primaël	Bretagne
Primel (Primaël)	Bretagne
Privaël (Primaël)	Bretagne
Quentin	Nord
Quirec (Girec)	Bretagne
Rafeloun (Raphaël)	Provence
Ramon (Raymond)	Occitanie
Ramoun (Raymond)	Provence
Ramuntcho (Raymond)	Pays basque
Reinhardt (Renaud)	Alsace
Reinie (René)	Provence
Renan (Ronan)	Bretagne
Richilde (Richarde)	Alsace
Riec (Rioc)	Bretagne
Rieuc (Rioc)	Bretagne
Rieul	Champagne
Rioc	Bretagne
Riowen	Bretagne
Rivanone	Bretagne
Rivoal (Rivoare)	Bretagne
Rivoare	Bretagne
Riwal (Rivoare)	Bretagne
Riwanon (Rivanone)	Bretagne
Rogasian (Rogatien)	Bretagne
Ronan	Bretagne
Roparz (Robert)	Bretagne
Roubert (Robert)	Provence
Rouland (Roland)	Provence
Rozenn (Rose)	Bretagne
Sabastian (Sébastien)	Provence

Safourian (Symphorien)	Provence
Salaün (Salomon)	Bretagne
Samzun (Samson)	Bretagne
Sande (Alexandre)	Provence
Sansoun (Samson)	Provence
Sébastian (Sébastien)	Languedoc
Segondel	Bretagne
Sekondel (Segondel)	Bretagne
Serafein (Séraphin)	Bretagne
Servan	Bretagne
Sever	Normandie
Sezni	Bretagne
Sigmund (Sigismond)	Alsace
Silvan (Sylvain)	Provence
Simian (Siméon)	Provence
Simoun (Siméon)	Provence
Sklaer (Clair)	Bretagne
Sklerijenn (Claire)	Bretagne
Soaz (Françoise)	Bretagne
Soazic (Françoise)	Bretagne
Soizic (Françoise)	Bretagne
Suliac	Bretagne
Suzel (Suzanne)	Bretagne
Symphorian (Symphorien)	Occitanie
Tadeg (Thaddée)	Bretagne
Tangi (Tanguy)	Bretagne
Tanguy	Bretagne
Tarieg	Bretagne
Tégonec	Bretagne
Téliau (Thélo)	Bretagne
Tenenan	Bretagne
Terèso (Thérèse)	Provence
Thégonnec (Tégonec)	Bretagne
Thélo	Bretagne
Thibald (Thibaud)	Alsace
Tifenn (Epiphane)	Bretagne
Titou (Christophe)	Provence
Toni (Antoine)	Provence
Trémeur	Bretagne
Tréphine (Trifine)	Bretagne
Tréveur (Trémeur)	Bretagne
Trevor (Trémeur)	Bretagne
Trifine	Bretagne
Tual (Tugdual)	Bretagne
Tudal (Tugdual)	Bretagne
Tudec (Tudi)	Bretagne
Tudi	Bretagne
Tugal (Tugdual)	Bretagne
Tugdual	Bretagne
Ubert (Hubert)	Provence
Uniac	Bretagne

Unieg (Uniac)	Bretagne	Walther (Gauthier)	Alsace
Urban (Urbain)	Provence	Weltaz (Gildas)	Bretagne
Urfol	Bretagne	Werner	Alsace
Uriel (Urielle)	Bretagne	Wilhelm (Guillaume)	Alsace
Urielle	Bretagne	Wolgang	Alsace

Vaast (Gaston)	Nord	Yagu (Jagu)	Bretagne
Valérian (Valérien)	Provence	Yan (Jean)	Bretagne
Vaodez (Maudez)	Bretagne	Yann (Jean)	Bretagne
Véfa (Geneviève)	Bretagne	Yannick (Jean)	Bretagne
Veïa (Hervé)	Bretagne	Yaouen (Joévin)	Bretagne
Veig (Hervé)	Bretagne	Yeun (Yves)	Bretagne
Vennec (Guéthenoc)	Bretagne	Yoanna (Jeanne)	Bretagne
Véran	Provence et Queyras	Youenn (Yves)	Bretagne
Vinoc (Winnoc)	Bretagne	Youn (Yves)	Bretagne
Virgiliz (Virgile)	Bretagne	Youna (Yvette)	Bretagne
Visant (Vincent)	Bretagne	Yves	Bretagne
Vitour (Victor)	Provence	Yvi (Divi ou Yves)	Bretagne
Vivette (Geneviève)	Provence	Yvo (Yves)	Bretagne
Volcan	Provence	Yvon (Yves)	Bretagne
Vonig (Yves)	Provence	Yvonne (Yvette)	Bretagne

Waast (Gaston)	Nord	Zaïg (Louise)	Bretagne
Walder (Gauthier)	Alsace	Zavié (Xavier)	Provence

CALENDRIER

Afin d'être aussi complet que possible, ce calendrier comporte :

— toutes les fêtes fixes de l'année,

— tous les prénoms usuels que mentionnent les agendas, almanachs et calendriers courants,

— tous les autres prénoms contenus dans ce livre, suivis éventuellement d'une indication concernant une origine, une fonction, un titre, etc. permettant de faire la distinction en cas d'homonymie.

JANVIER

1. **JOUR DE L'AN.**
MARIE MÈRE DE DIEU, Guillaume de Volpiano, Fulgence, Eugend, Euphrosine, Télémaque.

2. BASILE, Grégoire de Naziance, Stéphanie, Clair du Dauphiné, Macaire l'ermite, Macrine, Emmélie, Adalard, Adalphard, Viance.

3. GENEVIÈVE, Bertilie, Anthère, Gordius.

4. ODILON, Angèle de Foligno, Betty-Ann, Fausta, Rigobert, Pharaïlda.

5. ÉDOUARD, Eddie, Emilienne, Siméon le stylite, Convoyon, Rénilde, Jean-Népomucène, Télesphore.

6. **ÉPIPHANIE.**
MÉLAINE, Melchior, Gaspar, Balthazar, Frédéric d'Arras, Péran, Guérin, Julitte, Raphaëlle-Marie, Wiltrud.

7. RAYMOND, Virginie, Lucien d'Antioche, Aldric, Cédric, Reynold, Renaud de Montauban, Théau.

8. LUCIEN de Beauvais, Claude Apollinaire, Séverin de Vienne, Erhard.

9. ALIX, Adrien de Canterbury, Marcienne, Foëlan, Vaneng, Brithwald.

10. GUILLAUME de Bourges, Agathon, Pierre Oséolo, Valéric, Nicanor, Gonzalès d'Amaranthe.

11. PAULIN, Hortense, Palamon, Salvé, Honorata, Hygin.

12. TATIANA, Marguerite Bourgeoys, Benoît Biscop, Aelred, Tigre, Césarie.

13. YVETTE, Hilaire de Poitiers, Bernon, Léonce de Césarée, Serdieu, Godefroy de Cappenberg, Enogat, Hildemare.

14. NINA, Véronique de Binasco, Félix de Nole, Malachie, Kentigern, Séraphin de Sarov, Tarieg, Fulgence d'Ecija, Sabas d'Ipeck.

15. REMI, Pierre de Castelnau, Paul l'ermite, Maur, Michée, Odoric, Alexandre l'acémète, Rachel, Itta, Marie-Thérèse Noblet, Habacuc.

16. MARCEL, Bérard, Fursy, Othon le martyr, Accurse, Honorat d'Arles, Adjutus.

17. ROSELINE, Antoine l'ermite, Sulpice, Amalbert, Sabin.

18. PRISCA, Benjamin, Libert de Marmoutier, Ailbe, Déicole.

19. MARIUS, Marthe, Canut, Jacob de Toul, Laumer, Audifax, Nathalan, Abachum, Wulstan, Ingwenog.

20. SÉBASTIEN, Fabien, Eumaël, Euthime le Grand.

21. AGNÈS, Epiphane de Pavie, Bennon, Fructueux, Augure, Meinrad, Euloge de Taragone.

22. VINCENT, Blésille, Landry de Melsbroeck, Brithwold.

23. BARNARD, Ildefonse, Kadeg, Messaline, Emérentienne.

24. FRANÇOIS de Sales, Paule Gambara, Babylas, Xénia.

25. PAUL, Ananie, Marie-Gabrielle, Juventin, Maximin d'Antioche, Artème, Eurosie, Poppon, Prix.

26. PAULE, Timothée, Tite, Gabriel de Jérusalem, Konan, Xénophon, Mélanie l'ancienne, Eystein, Hazeka.

27. ANGÈLE Mérici, Julien du Mans, Vitalien, Dévote, Gilduin.

28. THOMAS d'Aquin, Jacques le Palestinien, Julien Maunoir, Charlemagne, Amédée de Lausanne.

29. GILDAS, Oyant, Sulpice Sévère, Gentile.

30. MARTINE, Charles 1er Stuart, Charlie, Aleaume, Bathilde, Joseph Wiaux, Mutien-Marie, Aldegonde.

31. MARCELLE, Jean Bosco, Pierre Nolasque, Thomas Greene, Tobie, Ulphe.

FÉVRIER

1. ELLA, Gaël, Brigitte d'Irlande, Henri Morse, Sébastien Valfré, Cinnie, Sever, Viridiana, Sigerbert.

2. **PRÉSENTATION DU SEIGNEUR**
   JEAN-THÉOPHANE, Jeanne de Lestonnac, Corneille.

3. BLAISE, Anatole de Salins, Anastase pape, Nelson, Lader, Werburge, Anschaire.

4. VÉRONIQUE, Bérénice, Jean de Britto, Jeanne de France, Raban, Gilbert de Sempringham, Théophile d'Adana.

5. AGATHE, Joseph de Léonissa, Dominica, Voël, Gonzalès, Avit.

6. GASTON, Paul Miki, Louis Ibaraki, Pierre-Baptiste, Ina, Mel, Amand de Flandre, Dorothée de Césarée.

7. EUGÉNIE, Richard, Audren, Rosalie Rendu, Derien, Néventer, Parthène, Théodore d'Euchaïta.

8. JACQUELINE, Jean de Matha, Etienne de Grandmont, Jagu, Mengold, Jérôme-Emilien, Elflèda.

9. APOLLINE, Joséphine, Miguel, Ansbert, Prime, Quinta.

10. ARNAUD, Salomé de Bavière, Scholastique, Austreberte, Sotère.

11. **N.-D. DE LOURDES.**
ADOLPHE, Séverin d'Agaune, Savinien, Caedmon.

12. FÉLIX, Alexis de Moscou, Rioc, Mélèce, Hilarion d'Abitène, Eulalie de Barcelone, Ehoarn, Saturnin de Carthage.

13. BÉATRICE, Paul Doc, Gertrude de Nivelles, Fulcran, Erménilde, Harlinde et Relinde, Lézin.

14. VALENTIN, Cyrille et Méthode, Maroun, Constantin, Auxence.

15. CLAUDE La Colombière, Georgia, Jourdain, Walfrid, Jovite, Faustin de Brescia.

16. JULIENNE, Daniel de Césarée, Elie, Isaïe, Jérémie, Samuel, Lucille, Onésime, Macrobe, Mareria.

17. ALEXIS Falconieri, Jean-François Clet, Pierre Ryou, Silvin, Gireg, Barthélemy Amidei, Loman, Gérardin, Anastase d'Antioche, Fintan, Oringa, Théodule de Césarée.

18. BERNADETTE, Marie-Bernard, Jean-Pierre, Béatrice de Ferrare, Siméon de Jérusalem, Flavien de Constantinople.

19. GABIN, Lucie de Kay-Tchéou, Conrad de Plaisance, Quodvultdeus.

20. AIMÉE, Séverien, Eucher d'Orléans, Ulric, Volcan, Eleuthère.

21. PIERRE-DAMIEN, Réginald, Noël Pinot, Dinan, Georges de Constantinople, Pépin.

22. ISABELLE, Marguerite de Cortone, Houardon, Papias, Thalasse.

23. LAZARE, Jean-Michel, Dosithée, Madoc, Polycarpe, Sérène, Milburge, Willigis.

24. MODESTE, Flavien de Carthage, Prétextat, Montan, Lucius, Ethelbert.

25. ROMÉO, Robert d'Arbrissel, Sébastien d'Apparizio, Gerland, Taraise, Adeltrude.

26. NESTOR, Marc Barkworth, Alexandre, Galmier, Porphyre de Gaza, Avertan, Edigna, Walbruge.

27. HONORINE, Gabriel dell' Addolorata, Philippa, Léandre.

28. ROMAIN, Daniel Brottier, Antonia, Lupicin.

29. AUGUSTE Chapdelaine, Agile, Oswald d'York, Victorie.

MARS

1. AUBIN, Albin, Jonathan, David le Gallois, Félix III, Eudoxie, Roseind, Suitbert.

2. CHARLES le Bon, Henri Suso, Simplice, Chad.

3. GWENOLÉ, Pierre-René, Cunégonde, Astère, Gerwin, Marin de Césarée, Guethenoc, Arthellaïs.

4. CASIMIR, Placide Viel, Nonn, Humbert de Savoie, Sadoc, Innocent de Berzo, Lucius pape, Nundina.

5. OLIVE, Adrien de Césarée, Jean-Joseph, Eusèbe de Crémone, Gérasine, Aubule, Kieran.

6. COLETTE, Rose de Viterbe, Cadroe, Fridolin, Kineburge, Rotgang, Kineswide.

7. FÉLICITÉ, Nevenou, Nathan, Perpétue, Rogatus, Easterwin, Saturus, Théophylacte.

8. JEAN de Dieu, Pons, Apollone, Sezni, Humfroy, Arien.

9. FRANÇOISE, Catherine de Bologne, Grégoire de Nysse, Philémon, Jouan, Melle, Pacien.

10. VIVIEN ou Vivian, Dominique Savio, Macaire de Jérusalem, Sacerdon, Anastasie de Constantinople, Augias, Smaragde, Droctovée, Acace, Claude de Sébaste, Athanase, Domnus, Candide, Editius, Elien, Aétius et Flavius de Sébaste.

11. ROSINE, Pierre Yu, Marc Chong, Auria, Constantin de Cornouailles, Gloria, Euloge de Cordoue.

12. JUSTINE, Pol de Léon, Marie-Rose, Fine, Galla, Maximilien de Carthage, Théophane de Samothrace.

13. RODRIGUE, Jean Ogilvie, Gérald de Mayo, Salomon, Agnel, Heldrad, Nicéphore, Kennoc'ha.

14. MATHILDE, Eve de Liège, Eustate, Acepsimas.

15. LOUISE, William Hart, Lucrèce, Ours, Saintin de Verdun.

16. BÉNÉDICTE, Eusébie, Héribert, Christodule.

17. PATRICK ou Patrice, Gabriel Lalemant, Joseph d'Arimathie, Agricole.

18. CYRILLE, Jean de Fiesole, Alexandre de Jérusalem, Edouard le martyr, Salvator, Korvaz.

19. JOSEPH, Landoald, Isnard, Sibylline.

20. HERBERT, Alexandra, Dinah, Photine, Claudia, Anatole et Victor de Galilée, Euphémie, Euphrasie, Julienne d'Amide, Wulfran, Cuthbert d'Hesham.

21. CLÉMENCE, Nicolas de Flüe, Jean de Valence, Maurice Csaky, Sérapion l'ermite.

22. LÉA, Bienvenu, Zacharie pape, Deogratias, Wandelin.

23. VICTORIEN, Pélage, Paule-Élisabeth Thuribe, Rebecca du Liban.

24. CATHERINE de Suède, Christine de Bretagne, Aldemar, Hildelitte.

25. **ANNONCIATION.**
Annonciade, Humbert, Lucie Filippini, Margaret Clitherow, Dismas, Hermeland.

26. LARISSA, Ludger de Münster, Montan et Maxime, Braulion, Ergat, Goal, Alla, Animaïda, Duklida et Gaatha, Mamica.

27. HABIB, Augusta, Ludolph, Pélerin de Fallerone.

28. GONTRAN, Hilaire de Rome, Jeanne-Marie, Sixte, Venturin, Spes, Isice.

29. GLADEZ ou Gwladys, Jonas, Barachise, Eustase, Archibald, Longin, Rupert de Salzbourg.

30. AMÉDÉE de Savoie, Jean Climaque, Léonard Murialdo, Joachim de Flore.

31. BENJAMIN, Guy de Pomposa, Camilla, Amos, Balbine, Acace d'Antioche.

AVRIL

1. HUGUES de Grenoble, Méliton, Evagre, Valéri, Urcisse.
2. SANDRINE, Alexandrine, Marie l'Egyptienne, François de Paule, Nicet, Ebba, Théodosie, Apphien, Tite de Constantinople.
3. RICHARD, Issac le Syrien, Nicétas, Sixte, Burgondofare.
4. ISIDORE de Séville, Benoît l'Africain, Zozime de Jordanie, Aleth, Guier, Platon.
5. IRÈNE, Vincent Ferrier, Gérald de Corbie, Julienne de Mont-Cornillon, Agapé, Chiona, Crescentia.
6. MARCELLIN, Prudence de Troyes, Michel Rua, Célestin 1er, Régnobert.
7. JEAN-BAPTISTE de La Salle, Adésios, Clotaire, Aybert, Calliope, Aphianos, Hégésippe, Aphraate.
8. JULIE, Albert Avogrado, Constance.
9. GAUTHIER ou Gautier, Hugues de Rouen, Vadim, Casilda, Perpet, Dentelin, Fridesta, Gaucher, Valtrude.
10. FULBERT, Michel Argemir, Hélène Guerra, Ezéchiel.
11. STANISLAS, Georges de Tyburn, Godeberte, Gemma, Gutlac.
12. JULES, Victor, Joseph, Marie-Dominique, Bodmaël, Zénon de Vérone.
13. IDA, Godefroy, Madeleine de Canossa, Martin pape, Mars de Clermont.
14. MAXIME, Lambert de Lyon, Tiburce, Valérien, Lidwine, Euvert, Herménégild.
15. PATERNE, César, Anastasie de Rome, Vassilissa, Elmer de Tuy, Hune.
16. BENOÎT-JOSEPH, Jacques Viale, Druon, Optat de Saragosse.
17. ANICET, Robert de la Chaise-Dieu, Etienne Harding, Isadora, Donan, Claire Gambacorta, Even, Kateri, Macaire de Chio.
18. PARFAIT, Apollonius, Barbe Avrillot, Lasérian, Aya, Idesbald, Anthia, Hydulphe.
19. EMMA, Werner, Brunon, Aventin, Ludger, Elphège, Expédit, Timon, Galatas, Flobert, Gérold, Estin, Hermogène.
20. ODETTE, Oda, Ephraïm, Marcellin d'Embrun, Hamon, Théotime, Géraud de Salles, Hildegonde, Héliéna.
21. ANSELME, Anastase du Sinaï, Beuno, Siméon de Séleucie.
22. ALEXANDRE, Léonide, Agapet, Caïus, Opportune, Epipode, Sôter, Senorina, Chrodegang.
23. GEORGES, Gérard de Toul, Gilles d'Assise, Egide, Adalbert, Fortunat.
24. FIDÈLE, Rose-Virginie, Déodat, Egbert, Veuve, Mellit, Dode, Euphrasie Pelletier.
25. MARC, Jean-Marc, Rustique de Lyon, Anien, Ermagoras, Héribald, Ermin.
26. ALIDA ou Alda, Franca, Riquier, Clet ou Anaclet, Paschase, Clarance, Segondel.
27. ZITA, Anthime, Floribert, Louthiern, Maughold.
28. VALÉRIE, Pierre-Marie, Louis-Marie, Didyme, Vital de Ravenne, Théodora, Lucius, Glossinde, Villana.

29. CATHERINE de Sienne, Pierre de Vérone, Hugues de Cluny, Ava, Tropez, Tychique.

30. ROBERT de Molesme, Rosemonde, Aphrodise, Joseph-Benoît, Pie V, Antonie, Onnen, Eutrope, Adjutor, Foreannan.

MAI

1. JOSEPH artisan, Jérémie, Jean-Émile, Andéol, Briec, Florine, Sigismond, Amateur, Horace et Horacien, Tamara, Orens, Marcoul, Théodard.

2. BORIS, Eléonore, Athanase d'Alexandrie, Gaubert, Mafalda, Zoé, Jean-Louis, Achaire, Cyriaque et Exupère, Walbert de Luxeuil, Flaminia, Ultan, Adalbald.

3. PHILLIPPE et JACQUES, Alexandre pape, Ophélie, Frédian, Alphée, Théodule de Rome, Féodose, Juvénal de Narni, Théodose de Petchersk.

4. SYLVAIN de Gaza, Florian, Gothard, Aristion.

5. JUDITH, Hilaire d'Arles, Ange, Marien, Nunzio, Antonin, Tusca.

6. PRUDENCE, Léonard de Beauce, Evode, Lucius de Cyrène, Eadbert, Pétronax.

7. GISÈLE, Jean de Beverley, Flavie, Domitille.

8. DÉSIRÉ, Pierre de Tarentaise, Frédéric d'Hishau, Ulrique, Itte.

9. PACÔME, Ferréol de Limoges, Ortolana, Tudi, Amand de Limousin, Sour.

10. SOLANGE, Dorothée de Thèbes, Gordien, Epimaque, Philadelphe.

11. ESTELLE, Mamert, Walbert, Mayeul, Ansfrid, Gengulphe.

12. ACHILLE, Epiphane de Salamine, Abdias, Kongar, Achillée, Nérée, Pancrace, Rictrude.

13. ROLANDE, André-Hubert, Ismaël, Servais, Imelda.

14. MATTHIAS, Michel Garicoïts, Gilles de Santarem, Aglaé, Boniface le Romain, Pascal 1er, Erembert.

15. DENISE, Pierre de Lampsaque, Clément- Marie, Primaël, Isidore de Madrid, Halward, Rupert de Rhénanie.

16. HONORÉ, Jean-Népomucène, Simon Stock, Germier, Ubald, Brandan, Gauzelin, Phal, Gens.

17. PASCAL, Hippolyte, Karadeg.

18. ÉRIC, Jean 1er, Claudia d'Ancyre, Phanie, Félice, Dioscore, Euphrasie, Théodote, Matrona, Venant, Potamon.

19. YVES de Tréguier, Célestin V, Théophile de Corte, Dunstan.

20. BERNARDIN, Yves de Chartres, Germain de Constantinople, Baudile, Basille, Austrégisille.

21. CONSTANTIN, Thibaud et Venant de Vienne, Gisèle d'Artois, Eugène de Mazenod, Second.

22. ÉMILE, Rita, Julie de Corse, Jean-Vladimir, Loup de Limoges, Foulques, Quiterie, Marcan, Castus.

23. DIDIER de Vienne, Didier de Langres, Guibert.

24. DONATIEN et ROGATIEN, Manahen, Socorro.

25. SOPHIE, Madeleine-Sophie Barat, Marie-Madeleine de Pazzi, Urbain 1er, Bède, Lye, Aldhelm.

26. BÉRANGER, Philippe Néri, Anne-Marie Parédès, Eleuthère pape, Godon.

27. AUGUSTIN de Canterbury, Margaret Pole, Jules de Dorostore, Hildebert.

28. GERMAIN de Paris, Guillaume le Grand, Lanfranc, Eliboubann, Calliste de Constantinople.

29. AYMARD, Géraldine, Ursule Ledochowska, Maximin de Trèves, Martory.

30. FERDINAND, Jeanne d'Arc, Félix 1er.

31. **VISITATION.**
Pétronille, Baptista, Blanda, Cant, Cantien et Cantianille.

JUIN

1. JUSTIN, Ignace de Onia, Ronan, Valens, Caprais de Lérins, Pamphile et Porphyre de Césarée, Guigner, Wistan.

2. BLANDINE, Pothin, Ponticus, Sanctus, Eugène pape, Algis, Biblis, Emilie, Epagathe, Alcibiade, Maturus.

3. KÉVIN, Coemgen, Charles Lwanga, Kizito, Matthias Mulumba, Mgaba, Mugagga, Noé Mwaggali, Laurentin, Vartan, Vital Grandin, Morand, Lucillien.

4. CLOTILDE, Vincente, Ascagne, Optat de Milève, Ninog, Perreux, Adegrin.

5. IGOR, Marc de Chio, Ferdinand de Portugal, Sanche, Winfrid, Boniface de Fulda, Ermengarde.

6. NORBERT, Claude du Jura, Philippe diacre, Gurval, Marcellin Champagnat, Gérase, Agobart, Norman, Péronnelle.

7. GILBERT, Marie-Thérèse de Soubiran, Mériadec, Alène, Ponce.

8. MÉDARD, Jacques Berthieu, Marie Droste-Vishering, Achène, Godard.

9. DIANE, José, Anne-Marie Taïgi, Prime et Félicien, Ephrem, Délia, Colomba, Maximien.

10. LANDRY, Foulques de Reims, Bogomile.

11. BARNABÉ, Yolande, Paule Frassinetti, Adélaïde de Shaerbeck, Parisio.

12. GUY, Antonine, Onuphre, Eberhard de Salzbourg, Quirin.

13. ANTOINE de Padoue, Gérard de Clairvaux, Rambert, Herbod, Aquiline.

14. ÉLISÉE, Dogmaël, Toll, Rufin, Valère.

15. GERMAINE, Bernard de Menthon, Guy, Crescence et Modeste, Landelin, Tancrède.

16. JEAN-FRANÇOIS RÉGIS, Aurélien d'Arles, Julitte de Tarse, Cyr, Ferréol et Ferjeux, Similien, Luthgarde d'Aywières.
17. HERVÉ, Grégoire, Adam, Rainier, Odon de Cambrai, Bessarion, Sancia.

18. LÉONCE, Marcellin et Marc, Amand de Bordeaux, Osanna, Maëlmon.

19. ROMUALD, Micheline, Gervais et Protais, Julienne Falconieri, Rivanone, Déodat de Nevers, Brunon de Querfurt.

20. SILVÈRE, Florence de Séville, Doetval, Gobain.

21. RODOLPHE, Raoul, Louis de Gonzague, Ambroise de Cahors, Méen, Basilide, Héron, Térence, Héraïs, Plutarque, Engelmond, Leufroy, Héraclide, Potamiène.

22. ALBAN, Thomas More, Henri Walpole, Paulin de Nole, Aaron d'Aleth, Innocent V.

23. AUDREY, Marie d'Oignies, Joseph Cafasso, Libert de Cambrai, Agrippine.

24. JEAN-BAPTISTE, François-Antoine, Théodulphe.

25. PROSPER, Vincent Yen, Eléonore, Salaün, Inès de Benigarim, Lucin.

26. ANTHELME, Thérèse Fantou, Françoise Lanel, David de Salonique, Gabrielle, Maixent, Vigile, Saulve, Supéry.

27. FERNAND, Cyrille d'Alexandrie, Ladislas, Valère de Onhaye, Crescent, Gohard, Sampson.

28. IRÉNÉE, Marie Tsiu, Marie Fan-Kounn, Marie Tcheng- Su, Heimrad, Paul pape.

29. PIERRE et PAUL, Judith de Bavière, Chouchan.

30. MARTIAL, Georges l'hagiorite, Aurélien de Limoges, Erentrude.

JUILLET

1. THIERRY, Thibaud de Champagne, Aaron, Servan, Luner, Goulven, Callais, Esther, Gall de Clermont.

2. MARTINIEN, Pierre de Luxembourg, Bernardin de Lecce, Erasme, Axel, Anatole de Laodicée, Monegonde, Othon de Bamberg, Processe.

3. THOMAS, Raymond Lulle, Gaudens, Thamar, Rombaud, Booz, Héliodore.

4. FLORENT, Élisabeth de Portugal, Berthe, Ulric d'Augsbourg, Osée, Gertrude de Blangy, Adalbéron, Déotille, Emme.

5. ANTOINE-MARIE, Hélie, Mars de Nantes, Athanase.

6. MARIETTE, Suzanne Deloye, Dominique de Campanie, Goar, Isaïe, Félix de Nantes Marie-Thérèse Ledochowska, Nolwenn, Sexburge, Austremoine, Godelieve.

7. RAOUL Milner et Roger Dickenson, Jean Niou, Luthgarde, Panthène, Allyre, Gunthiern, Willibald, Edelburge.

8. THIBAUD, Pierre l'ermite, Adrien de Rome, Eugène pape, Edgar, Aquila, Coloman, Grimaud, Killian, Procope, Landrade, Priscille, Sunniva, Symphorose.

9. AMANDINE, Véronique Guiliani, Andrée, Marie-Anne, Marianne, Pauline, Nicaise Jansen, Adolphine, Armand de Louvain, Clélia, François Fogolla, Iphigénie, Théodoric, Hermine, Everilde.

10. ULRIC de Zell, Emmanuel Ruiz, Marc Ki-Tien-Siang, Pacifique, Rufine et Seconde.

11. BENOÎT, Bénezet, Olga, Alithe, Pie 1er, Hidulphe.

12. OLIVIER, Grégoire Palamas, Léon de Salerne, Valbert, Jason.

13. HENRI, JOËL, Eugène de Carthage, Morgan, Clélia Barbieri, Silas, Maure, Sara, Turio, Mildred.

14. **FÊTE NATIONALE.**
Camille de Lellis, Vincent Madelgaire, Richard Langhorne, Pair.

15. DONALD, Anne-Marie Javouhey, Vladimir, Ignace Azevedo, Bonaventure.

16. **N.-D. DU MONT-CARMEL.**
Marie-Madeleine Postel, Elvire, Reinelda, Fulrad, Tenenan, Milon.

17. CHARLOTTE, Alexis de Rome, Marie-Claude, Marie-Françoise, Henriette, Marcelline, Ennode, Kenelme, Speratus, Nersès de Tarse, Théodose d'Auxerre.

18. FRÉDÉRIC, Emilien, Arnoul de Metz, Clou, Goneri.

19. ARSÈNE, Arsinoé, Madem, Aura, Menou, Symmaque, Epaphras.

20. MARINA, Marguerite d'Antioche, Elie le prophète, Wilmart, Aurèle de Carthage, Jagu, Ignace ou Léon Mangin, Ali, Anségise.

21. VICTOR, Laurent, Daniel, Albéric, Hector, Colombe de Cordoue, Domnin, Trifine.

22. MARIE-MADELEINE, Alain d'Avignon, Mercure, Sylvain du Berry, Wandrille.

23. BRIGITTE de Suède, Liboire, Sève, Cassien de Marseille, Romula.

24. CHRISTINE, Louise de Savoie, Miliau, Ségolène, Alypius, Gleb.

25. JACQUES, Christophe de Lycie, Paul de Césarée, Valentine, Baudouin de Baudeloo, Magnéric, Théana.

26. ANNE et JOACHIM, Joris, William Ward, Bartholomée, Eraste, Nausicaa.

27. NATHALIE et Aurèle de Cordoue, Natacha, Aurélie, Liliane, Pantaleimon, Martien Galactoire, Malchus.

28. SAMSON, Raymond de Plaisance, Victor pape, Nazaire, Innocent 1er, Gibrien, Celse.

29. MARTHE et Marie de Béthanie, Guillaume de Saint-Brieuc, Béatrix, Loup de Troyes, Olaf, Urbain II, Faustin et Simplice.

30. JULIETTE, Julie, Jean-Martin, Pierre-Chrysologue, Sennen, Donatilla, Maxima et Seconde.

31. IGNACE de Loyola, Léopold Mandic, Germain d'Auxerre, Justin de Jacobis.

AOÛT

1. ALPHONSE, Alphonse-Marie, Pierre-Julien, Almeda, Alma, Friard, Arcade, Eléazar, Ethelwold.

2. JULIEN, Eusèbe de Verceil, Syméon de Constantinople, Béthaire, Palais, Uniac.

3. LYDIE, Dorothée, Nicodème de Jérusalem, Kened, Gorgon.

4. JEAN-MARIE VIANNEY, Reinier, Ia, Aristarque, Euphrone.

5. ABEL, Oswald de Northumbrie, Félicissime, Paloma, Sixte et Vincent, Afra, Palmyre, Memmie, Nonna.

6. **TRANSFIGURATION DU SEIGNEUR.**
Just et Pasteur, Octavien, Cyriaque de Constantinople, Ausone.

7. GAÉTAN, Claudia de Rome, Donat, Cassien de Nantes, Agathange, Magnus.

8. DOMINIQUE, Jean Felton, Hugoline, Agrippin, Liébaut, Sigrade.

9. AMOUR, Maurille, Erlé, Numidicus.

10. LAURENT, Philomène, Dieudonné.

11. CLAIRE d'Assise, Suzanne, Gilberte, Agilberte, Géry.

12. CLARISSE, Equitus, Yon.

13. HIPPOLYTE, Bénilde, Cassien d'Imola, Pontien, Radegonde, Wibert, Diciole, Vitaliana.

14. EVRARD ou Eberhard, Maximilien Kolbe, Jean-Berchmans, Riowen, Athanasie.

15. **ASSOMPTION DE NOTRE-DAME.**
Marie-Assomption, Stanislas Kostka, Alfred d'Essen, Arnold, Tharcisius.

16. ARMEL, Etienne de Hongrie, Béatrice de Silva, Thomas Ghengoro, Roch de Montpellier, Théodule.

17. HYACINTHE, Jeanne Delanoue, Eusèbe pape, Servus, Libérat, Mamas, Rogat, Maxime de Carthage, Septime, Carloman.

18. HÉLÈNE, Laetitia, Agapet.

19. JEAN-EUDES, Guerric, Sébald, Gwennin.

20. BERNARD, Philibert, Samuel, Amadour, Gobert, Oswin.

21. CHRISTOPHE, Pie X, Ahmed ou Bernard d'Alcira, Grâce et Marie d'Alcira, Ombeline, Privat, Albéric ou Aubry, Sidoine, Quadratus, Léovigild, Noémie.

22. FABRICE, Symphorien, Sigfried, Ovin, Castule.

23. ROSE de Lima, Zachée, Asceline, Tharsille, Exupérantia.

24. BARTHÉLEMY, Nathanaël, Emilie de Vialar, Adon, Dodon, Ouen.

25. LOUIS roi, Genès, Marcien, Ebba l'ancienne, Arédius, Gurloès.

26. NATACHA, Mariam, Élisabeth Bichier, Edern, Césaire d'Arles, Herluin, Zéphirin.

27. MONIQUE, Thierry de Leernes, Lucas, Eubert, Lazare de Kyoto, Lewis.

28. AUGUSTIN d'Hippone, Julien de Brioude, Elouan, Elmer, Hermès de Rome, Joaquine, Mussé, Vivien, Adelinde.

29. SABINE, Mikaël Ghebra, Merri, Richard Herst, Crispin de Viterbe, Pammaque, Sérapie, Vérone, Gaspard Bertoni.

30. FIACRE, Alexandre Newski, Fantin, Juvénal Ancina, Jeanne Jugan.

31. ARISTIDE, Raymond Nonnat, Paulin de Trèves.

SEPTEMBRE

1. GILLES, Douceline, Loup de Sens, Nivard, Gédéon, Véréna, Sinice, Josué, Sixte de Reims.

2. INGRID, Armand, Eustache, Salomon Leclerq, Saintin Huré, Just de Lyon, Charles-Régis, Viateur, Nonnose.

3. GRÉGOIRE, Rieul, Euxane, Remacle, Chrysole.

4. ROSALIE de Palerme, Moïse, Boniface pape, Iris, Marin de Rimini, Ida, Irmengarde.

5. RAÏSSA ou Iraïs, Bertin, William Browne, Génébaud, Madruyna.

6. BERTRAND, Déborah, Eve de Dreux, Zacharie, Magnoald, Onésiphore, Bee, Laetus.

7. REINE, Clodoald, Thomas Tsouji, Koneg, Melchior Grodecz, Madelberte, Tégonec.

8. **NATIVITÉ DE N.-D.**
Serge pape, Adrien de Nicomédie, Corbinien.

9. ALAIN de La Roche, Pierre Claver, Jacques-Désiré, Séraphine, Omer, Bettelin.

10. INÈS, Nicolas de Tolentino, Aubert, Richard de Nagasaki, Salvy, Apelles, Pulchérie.

11. ADELPHE, Jean-Gabriel, Patient, Vinciane, Frobert, Paphnuce.

12. APOLLINAIRE, Jean, Michel et Paul Tomachi, Guy d'Anderlecht, Victoire Fornari, Maudan.

13. AIMÉ, Jean-Chrysostome, Maurille d'Angers, Théophraste, Lidoire.

14. **EXALTATION DE LA CROIX.**
Gabriel Taurin, Paul-Serge, Materne, Lubin.

15. **N.-D. DES DOULEURS.**
ROLAND, Catherine de Gênes, Dolorès, Emile de Cordoue, Epvre, Nicomède.

16. ÉDITH, Didier Epifani, Corneille pape, Victor III, Régnault, Abondance, Cyprien de Carthage, Ludmilla, Ninian, Wilfride.

17. RENAUD, Robert Bellarmin, Pierre d'Arbues, Lambert de Liège, Polyeucte, Flocel, Arnoul, Hilegarde, Urfol, Satyre.

18. NADÈGE, Véra, Sophie, Liubbe, Didier de Rennes, Joseph de Copertino, Ariane, Richarde, Méthode d'Olympe, Ferréol.

19. ÉMILIE, Janvier, Nil de Palestine, Goëric, Rivoare, Seine, Pélée, Théodore de Canterbury.

20. DAVY, Jean-David, Eustache, William Horn, Agapet.

21. MATTHIEU, Pierre-Henri, Martin-Luc, Jonas, Gagnoald, Conon, Just de Bretenières, Gérulphe.

22. MAURICE d'Agaune, Thomas de Villeneuve, Gaïane, Exupère, Laud, Emmeran, Salaberge, Phocas, Emérita.

23. CONSTANT, Lin, Castor.

24. THÈCLE, Gérard de Csanad, Mercedes, Andoche, Donan d'Ecosse, Germer, Ysarn, Leuri.

25. HERMANN, Serge de Radonège, Firmin d'Amiens, Solenne, Pallade, Céolfrid.

26. COME et DAMIEN, Thérèse Couderc, Cyprien d'Antioche, Maugan, Nil de Rossano, Berchaire, Dalmace.

27. VINCENT de Paul, Hiltrude, Elzéar, Helenum.

28. VENCESLAS, Kongal, Lioba, Exupère de Toulouse, Aunemond, Faust, Eustochium.

29. MICHEL, GABRIEL, RAPHAËL, Guillaume Courtet, Richard Rolle, Alaric, Lorenzo.

30. JÉRÔME, Claudine, Grégoire l'Illuminateur, Honorius.

OCTOBRE

1. THÉRÈSE de Lisieux, Louis-Marie Palazzolo, Romanos le Mélode, Urielle, Suliac, Piat, Allowin, Bavon.

2. **LES ANGES GARDIENS.**
   LÉGER, Lucie de Nagasaki, Ruth, Mélar, Lycomède.

3. GÉRARD, François de Borgia, Cyprien de Toulon, Bianca, Fragan, Eswald, Klervi, Candide.

4. FRANÇOIS d'Assise, Alain de Solminihac, Aure, Bérénice d'Antioche, Klervi, Candide.

5. FLEUR (et tous les prénoms inspirés par une fleur ou un fruit), Maurice de Loudéac, Placide, Raymond de Capoue, Enimie.

6. BRUNO, Marie-Françoise Gallo, Foy, Divi, Arhtaud, Pardoux, Apollinaire de Valence.

7. **N.-D. DU ROSAIRE.**
   SERGE, Auguste de Bourges, Gustave, Marc pape, Bacchus, Osith, Kay.

8. PÉLAGIE, Léonce de Fréjus, Siméon, Thaïs, Démétrius, Rangenfrède.

9. DENIS, Rustique et Eleuthère de Paris, Denis d'Athènes, Sibylle, Jean-Léonard, Sabin de Poitou, Publia, Andronic.

10. GHISLAIN, Daniel, Paulin d'York, Clair de Nantes, Virgile, Hugolin, Venant d'Artois, Tertullia, Domné, Théodechilde.

11. FIRMIN, Bruno le Grand, Alexandre Sauli, Zénaïde, Agilbert, Cainnech, Soledad, Arnec.

12. WILFRID, Jacques d'Ulm, Séraphin d'Ascoli, Efflam, Edwin, Ethelbruge.

13. GÉRAUD, Gérard Majella, Fatima, Théophile d'Antioche, Ebbon.

14. JUSTE, Calliste, Céleste, Gwendoline, Enora, Ménéhould, Parascève, Angadrème.

15. THÉRÈSE d'Avila, Aurélie, Rebecca, Sévère de Trèves, Euthime le jeune, Thècle de Kitzingen.

16. EDWIGE, Marguerite-Marie, Bertrand de Comminges, Sylvain de Limousin, Gall, Junien, Gaudéric, Viaud.

17. BAUDOUIN, Ignace d'Antioche, Soline, Anstrude.

18. LUC, Aimable, Gwenn, Monon, Aquilin.

19. RENÉ Goupil, Noël Chabanel, Isaac Jogues, Antoine Daniel, Charles Garnier, Philippe Howard, Paul de la Croix, Pierre d'Alcantara, Laure, Idunet, Cléopâtre, Ptolémée de Rome, Frideswide, Vare.

20. ADELINE et Vital, Marie-Bertille, Irène de Portugal, Moran, Caprais d'Agen, Pulchrône.

21. CÉLINE, Ursule de Cologne, Grégoria, Hilarion de Gaza, Saula, Sophonie le Roumain, Walfroy, Sentia, Gwenegan.

22. SALOMÉ, Elodie, Benoît de Massérac, Sévère, Philippe et Hermès, Pélerin d'Auxerre, Vallier, Ruaud.

23. JEAN de Capistran, Marie-Marguerite, Marie-Louise, Marie-Geneviève, Marie-Augustine, Marie-Liévine, Jeanne-Louise, Jeanne-Régine, Nathalie Vanot, Anne-Josèphe, Hyacinthe de Valenciennes, Ode, Séverin de Cologne, Boèce.

24. FLORENTIN, Antoine-Marie, Martin de Vertou, Evergilde, Magloire, Marin de Montemassico.

25. CRÉPIN et CRÉPINIEN, Gouesnou, Gaudence, Darie, Front, Théodorine, Chrysante.

26. DIMITRI, Evariste, Nelly, Rogatien de Carthage, Bonne, Allore, Rustique de Narbonne.

27. ÉMELINE, Antoinette, Frumence.

28. SIMON et JUDE, Thaddée, François Serrano, Honorat de Verceil, Engerand, Faron.

29. NARCISSE, François-Marie, Marcel de Tanger, Ermelinde, Zénobe, Theudère.

30. BIENVENUE, Camille de Florence, Hernin, Dorothée Swartz.

31. QUENTIN, Alphonse Rodriguez, Maurillon, Wolgang, Pholien.

NOVEMBRE

1. **FÊTE DE TOUS LES SAINTS.**
   Toussaint, Marcel de Paris, Jean Bar Mariam, Jacques le Zélote, Harold, Valentin Berrio-Ochoa, Eponine, Bénigne, Cucufa, Berthold, Ezéquiel Moreno, Annibal, Facond, Gradlon.

2. **COMMÉMORATION DES FIDÈLES DÉFUNTS.**
   Marguerite de Lorraine, Victorin, Ambroise d'Agaune, Malachie d'Armagh.

3. HUBERT, Gwenaël, Pierre-François, Martin de Porrès, Papoul, Lavéna, Alpais, Rumwald, Pirmin.

4. CHARLES Borromée, Françoise d'Amboise, Joannice, Emeric, Flour, Girard, Jessé, Modeste de Trèves, Vital et Agricola, Amance.

5. SYLVIE, Élisabeth et Zacharie, Gaïc, Théodore de Stoudios.

6. BERTILLE de Chelles, Léonard de Noblat, Sara, Winnoc, Théobald, Iltud.

7. CARINE, Ernest, Antoine Baldinucci, Florent de Strasbourg, Engelbert, Amandin, Lazare d'Ephèse, Baud, Willibrord, Trémeur.

8. GEOFFROY ou Godefroy, Clair de Tours, Adéodat, Duns Scot, Willard.

9. THÉODORE, Louis Morbioli, Élisabeth de la Trinité, Mathurin, Vanne, Liborius, Ursin, Thomaïs.

10. LÉON, Noé, André Avellin, Just de Canterbury, Baudolin, Modeste, Florence et Tibère, Natalène, Nymphe (et tous les prénoms inspirés des nymphes et des muses).

11. MARTIN, Lambert d'Angoulême, Véran, Ménas, Lizier.

12. CHRISTIAN, René, Josaphat, Emilien de la Cagolla, Isaac de Kazimierz, Cunibert, Astrik, Cadwallader.

13. BRICE, Nicolas le Grand, Maura, Arcadius, Homobon, Abbon.

14. SIDOINE, Saëns, Etienne Cuenot, Edmond Rich, Amand de Rennes, Laurent O'Toole, Sérapion d'Alger, Maxellende.

15. ALBERT le Grand, Arthur, Malo, Lucie de Narni, Léopold, Victoire d'Hippone.

16. MARGUERITE, Denis d'Alexandrie, Gertrude d'Helfta, Gobrien, Eucher de Lyon, Otmar.

17. ÉLISABETH de Hongrie, Grégoire de Tours, Emilion, Agnan, Hildebrande.

18. AUDE, Philippine, Maudez, Roch Gonzalès, Odon de Cluny.

19. TANGUY, Haude, Grégoire le thaumaturge, Eudes, Aymard de Cluny, Mechtilde, Patrocle, Narsès.

20. EDMOND, François-Xavier Can, Ambroise Traversari, Octave et Solutor, Ana, Bernward, Nersès de Perse, Adventor.

21. **PRÉSENTATION DE N.-D.**
Albert de Louvain, Rufus, Gélase, Dimitri de Rostov.

22. CÉCILE, Sabine de Troyes, Sabinien, Salvatore, Sulpice de Bourges.

23. CLÉMENT, Colomban, Attale, Laouenan, Babolin, Ermenfroy, Alle, Trudon.

24. FLORA, Colman, Walatta, Chrysogone, Pourçain.

25. CATHERINE, Moïse de Rome, Bieuzy, Imma, Thélo.

26. DELPHINE, Léonard de Port-Maurice, Thomas Du, Sirice, Conrad de Constance.

27. SÉVERIN de Paris, Alain de Quimper, Fergal, Goustan, Maxime de Riez, Astrid, Eusice, Odran.

28. JACQUES de la Marche, Jacques Thompson, Hilaire de Dijon, Sosthène, Quiéta.

29. SATURNIN de Toulouse, Pierre Berthelot, Radbod, Rédempt, Cuthbert Mayne, Siffrein.

30. ANDRÉ, Samson, Maxence, Tugdual, Zozime de Tyr, Trojan.

DÉCEMBRE

1. FLORENCE, Eloi, Edmond Campion, Airy, Nahum, Ansan.

2. VIVIANE ou Bibiane, Néon, Cléophas, Vigor.

3. FRANÇOIS-XAVIER, Xavier, Galgano, Sophonie.

4. BARBARA, Jean-Damascène, Adnette, Simon Yempo, Tadeg, Osmond.

5. GÉRALD de Braga, Sabas, Cyran, Crispine, Basso.

6. NICOLAS de Myre, Pierre-Pascal, Aselle, Denise de Vite, Léontia, Majoric.

7. AMBROISE de Milan, Marie-Josèphe, Eutychien.

8. **IMMACULÉE CONCEPTION DE MARIE.**

ÉDITH, Macaire d'Alexandrie, Elfried, Hildemann.

9. PIERRE Fourier, Claire-Isabelle, Valérie de Chambon, Nectaire, Léocadie, Budoc, Gorgonie.

10. ROMARIC, Eulalie de Mérida, Couleth, Melchiade.

11. DANIEL, Fuscien, Victoric, Envel, Damase, Gentien, Asclèpe.

12. JEANNE-FRANÇOISE de CHANTAL, Alfred le Grand, Corentin, Simon Hoa, Finnian.

13. LUCIE, Benoît d'Aniane, Vincent Grossi, Josse.

14. ODILE, Jean de la Croix, Eginer, Nicaise et Florent de Reims, Folcuin, Eutropie, Venance.

15. NINON, Christiane, Marie Crocifissa, Valérien d'Avensa.

16. ALICE ou Adélaïde, Hoël, Adon, Eberhard de Musiestro.

17. GAËL, JUDICAËL, Amélie, Tess, Lazare, Begge, Olympe, Wivine.

18. GATIEN, Briac, Rufus et Zozime, Jud, Flavy, Winebald.

19. URBAIN, François Mau, Réparate, Anastase pape, Samthann.

20. THÉOPHILE, Abraham, Isaac, Jacob, Israël, Joseph, Ammon, Ingénès, Philogone, Servule, Ursan, Ptolémée et Zénon d'Alexandrie.

21. PIERRE Canisius, Joseph-Marie, Prothade.

22. FRANÇOISE-XAVIÈRE, Gratien, Aggée, Yvertin.

23. ARMAND, Marie-Louise de France, Europus, Thorlak, Agathopos.

24. ADÈLE, Delphin, Charbel, Irmine, Tarsilla.

25. **NOËL.**
EMMANUEL, Pierre le Vénérable, Koulm, Jacopone, Victoire et Anatolie, Eugénie de Rome, Adalsinde.

26. ETIENNE, Denis pape, Nicodème de Tismana, Irinarh, Zozime.

27. JEAN l'évangéliste, Fabiola, Théophane.

28. SAINTS INNOCENTS, Domna, Gaspard del Bufalo, Troade.

29. DAVID, Thomas Becket, Salomon, Evroult, Trophime, Quiriace.

30. ROGER, Maël, Anysia, Ogier.

31. SYLVESTRE, Mélanie la jeune, Saturnina, Colombe de Sens, Rogata, Israël du Dorat, Marius, Catherine.

BIBLIOGRAPHIE

Les prénoms de Bretagne. Yvon Autret. Ouest-France.

Les prénoms de Provence. Charles Galtier. Ouest-France.

Dictionnaire des prénoms et des saints. Pierre Pierrard. Larousse.

Dictionnaire étymologique des noms de famille et prénoms de France. A. Douzat, Larousse.

Dictionnaire biblique. L. Monloubou et F.M. Du Buit. Desclée.

Vie des saints et des bienheureux. Bénédictins de Paris. Letouzet et Ané.

Les saints nos frères. S.-G. Couneson. Beauchesne.

Les saints au Moyen Age. Régine Pernoud. Plon.

La fleur des saints. Omer Englebert. Albin Michel.

Crédit photographique

Jean-Paul Gisserot (pages 65, 92-93, 100, 180, 185, 188-189, 192).
Xavier Navatte (pages 69, 165).
Octave Zimmermann (pages 77, 177, 260, 273).
Nicolas Fediaevsky (81, 257, 285).
Hervé Champollion (85, 89, 96, 169, 173, 265, 281, 288).
Philippe Thomas (269).
Michel Dillange (277).

Cet ouvrage a été imprimé par l'Imprimerie Hérissey à Évreux (27) - N° 88284
I.S.B.N. 2.7373.1844.0 - Dépôt légal : mai 1995
N° d'éditeur : 3233.05.06.11.00